QFD

DESDOBRAMENTO DA FUNÇÃO QUALIDADE NA GESTÃO DE DESENVOLVIMENTO DE PRODUTOS

Lin Chih Cheng
Leonel Del Rey de Melo Filho

DESDOBRAMENTO DA FUNÇÃO QUALIDADE NA GESTÃO DE DESENVOLVIMENTO DE PRODUTOS

2ª edição revista

O Método que busca a satisfação do cliente
e induz a construção de sistema robusto de
desenvolvimento de produto nas organizações

QFD
© 2010   Lin Chih Cheng
            Leonel Del Rey de Melo Filho
2ª edição – 2010
3ª reimpressão – 2017
Editora Edgard Blücher Ltda.

Blucher

Rua Pedroso Alvarenga, 1245, 4º andar
04531-934 – São Paulo – SP – Brasil
Tel.: 55 11 3078-5366
contato@blucher.com.br
www.blucher.com.br

Segundo o Novo Acordo Ortográfico, conforme 5. ed.
do *Vocabulário Ortográfico da Língua Portuguesa*,
Academia Brasileira de Letras, março de 2009.

FICHA CATALOGRÁFICA

Cheng, Lin Chih
    QFD – Desdobramento da função qualidade
na gestão de desenvolvimento de produtos /
Lin Chih Cheng, Leonel Del Rey de Melo Filho –
São Paulo: Blucher, 2010.

Bibliografia.
ISBN 978-85-212-0541-8

1. Administração da produção – Controle de
qualidade 2. Função qualidade – Desdobramento
3. Produção – Planejamento 4. Produtos novos –
Administração I. Melo Filho, Leonel Del Rey de.
II. Título.

10-06098   CDD-658.562

Índices para catálogo sistemático:

1. Função qualidade: Desdobramento: Administração
da produção   658.562

2. Produtos: Desenvolvimento: Controle da qualidade:
Administração da produção   658.562

序文

　　Lin Chih Cheng先生及びLeonel Del Rey先生の著書「製品開発管理における品質機能展開」の序文を執筆できることを大変嬉しく思います。

　　クリスチアーノ・オトーニ財団 (Fundação Christiano Ottoni)の品質管理プロジェクトより１９９３年に、ブラジルの企業にＱＦＤの導入支援をするためにブラジルへ行く招待を頂きました。当時多忙のため、託された任務を達成するため大藤正先生に協力の要請をしました。その結果１９９３年より１９９７年の間に施された大藤先生の指導及びCheng先生との交流は今日まで確実な実を結んでいます。

　　記憶をたどると、１９９５年３月に東京で開催された「第１回ＱＦＤ国際シンポジウム」に私が発表した特別論文「開発管理へ向けてのＱＦＤ　（QFD Towards Development Management)」を契機に、世界のＱＦＤコミュニティーメンバーが開発管理業務に積極的にＱＦＤを導入、実施し、特に製品の品質実現に利用することを促しました。以来、皆様が著者（Cheng先生）の呼びかけに応じて下さり、最高のＱＦＤ理論及び事例を含めたこの貴重な書物を、１０章の理論文と１７件の事例を以ってブラジル企業の実施者や教育機関の学生に贈られることになりました。

　　また１９９９年にベロ・オリゾンテ市ミナス・ジェライス国立大学キャンパス内にて著者の献身的努力によって「第５回ＱＦＤ国際シンポジウム」が開催されました。ブラジル企業における多くの高レベルＱＦＤ実践事例発表に接することができ、参加した多くの日本人と共に、ブラジルにおけるＱＦＤ実施者の熱意を感じました。

　　最後にこの書物によりＱＦＤ手法の拡充に貢献して下さっている著者に対し感謝の念を述べさせて頂きます。私の望みはこの著書が読者の皆様が製品及びサービスを開発する際、更に大きい付加価値を生み出すために役立てて下さり、世界中においてブラジル製品が貴重視され賞賛されるようになることを望んでおります。

　　　　　　　　　　　　　　　　　　　　　　　　　　赤尾　洋二

PREFÁCIO

É com muita satisfação que escrevo este prefácio do livro Desdobramento da Função Qualidade na Gestão de Desenvolvimento do Produto dos Professores Lin Chih Cheng e Leonel Del Rey de Melo Filho.

Em 1993, recebi um convite do Projeto Gestão da Qualidade da Fundação Christiano Ottoni para estar no Brasil para ensinar o método QFD e auxiliar a implementá-lo nas empresas brasileiras. Como estava muito atarefado, pedi ao Professor Tadashi Ohfuji que me ajudasse nessa tarefa. Vejo que os ensinamentos e a convivência do Professor Ohfuji com o Professor Cheng, durante os anos de 1993 a 1997, estão gerando resultados concretos até hoje.

Recordando, em Março de 1995, num artigo especial com o título *QFD Towards Development Management* apresentado durante o *First International Symposium on Quality Function Deployment* realizado em Tóquio, Japão, conclamei membros da comunidade do QFD no mundo a inserirem e utilizarem proativamente o método QFD dentro da estrutura de trabalho da gestão de desenvolvimento, principalmente para obtenção da dimensão qualidade dos produtos. Vejo que, após esse tempo, eles atenderam o meu pedido e estão entregando a praticantes das empresas e alunos de instituições acadêmicas brasileiras um livro precioso que contém o melhor da teoria e prática do QFD em forma de dez capítulos teóricos e dezessete relatos de casos de aplicação.

Em 1999, durante o *Fifth International Symposium on QFD* realizado graças ao grande empenho e esforço do autor, nas dependências da Universidade Federal de Minas Gerais, em Belo Horizonte, pude apreciar, juntamente com vários participantes japoneses, relatos de vários trabalhos de alto nível de aplicação do QFD em empresas brasileiras, como também observar o entusiasmo dos praticantes de QFD no Brasil.

Agradeço imensamente aos autores por divulgarem ainda mais extensivamente o método QFD. O meu desejo é que esse livro seja muito útil a vocês na tarefa de desenvolver produtos e serviços, de valor agregado cada vez maior, para que produtos brasileiros sejam mais apreciados e valorados no mundo!

Professor Yoji Akao

APRESENTAÇÃO E AGRADECIMENTOS

A literatura de QFD revela que ele tem alcançado um estágio em que é bem conhecido na literatura acadêmica de gestão de desenvolvimento de produto (GDP) e de desenvolvimento do produto (DP) e tem sido amplamente aplicado em vários países. Visando contribuir para a acumulação do conhecimento de QFD e para aplicações eficazes do método QFD em organizações brasileiras, este livro oferece uma visão da base conceitual do método e um guia para intervenção. Este é um produto de um Programa de Pesquisa-ação em implementação do método QFD em sistema de desenvolvimento de produto de organizações brasileiras, programa realizado por um grupo de professores, pesquisadores, gerentes e consultores de empresas. Refletindo sobre a trajetória do nosso programa, que começou no início da década de 1990, pode-se dizer que a nossa compreensão e prática de QFD têm sido robustecidas pelo nosso entendimento das bases teóricas e também por intervenções nas empresas. Existe um forte consenso no grupo de que há uma necessidade urgente de, através do que e do como nós realizamos nossa pesquisa, trazer contribuição social e econômica direta às organizações brasileiras e, ao mesmo tempo, contribuir para o acúmulo do conhecimento. Portanto, nosso trabalho em GDP, do ponto de vista de Engenharia, em particular na aplicação do método QFD, é encapsulado pela conciliação do binômio teoria-prática, através do movimento bidirecional de reforçar uma com a outra – bom entendimento da teoria metodológica levando à prática eficaz e, concomitantemente, boa prática gerando ou refinando continuamente teoria metodológica existente.

Com essa visão em mente publicamos o primeiro livro *QFD - Planejamento da Qualidade* em 1995 dentro do "Projeto Gestão da Qualidade Total" da Fundação Christiano Ottoni (FCO) da Escola de Engenharia da UFMG. O livro esgotou-se em 1998/99. Em agosto de 1999, tivemos uma oportunidade ímpar de organizar e sediar o *5th. International Symposium on QFD* aqui em Belo Horizonte, Brasil. Os eventos organizados pelo *International Council for QFD* tinham sido anteriormente nos seguintes países: Japão (1st.), EUA (2nd.), Suécia (3rd.) e Austrália (4th.). Pudemos receber pessoas e delegações de vários países na ocasião: americanos, japoneses, alemães, chineses, suecos, australianos, taiwaneses, suíços, finlandês, e muitos outros da comunidade do QFD no mundo. Foi uma ocasião de rica confraternização e de muito aprendizado.

Ainda em 1999, dia seguinte ao evento do QFD, tivemos a oportunidade de sequenciar um importante evento, o 1º. Congresso Brasileiro de Gestão de Desenvolvimento do Produto (CBGDP), que já teve as seguintes edições subsequentes: 2º. (UFSCar/EESC-USP - São Carlos), 3º. (UFSC - Florianópolis), 4º. (UFRGS - Gramado), 5º. (CEFET/PR - Curitiba). Logo após o primeiro evento foi fundado o Instituto de Desdobramento da Função Qualidade e Gestão de Desenvolvimento do Produto (IQFD&GDP) que posteriormente foi renomeado como IGDP e pode ser acessado pelo sítio www.igdp.org.br. Desses encontros e das amizades surgiu uma rede de grupos de pesquisa e prática, dentro das empresas e das universidades, voltados para o tema de GDP. Temos uma grande alegria e orgulho de fazermos parte dessa comunidade de colegas e amigos. Entre resultados concretos, podemos listar: o primeiro livro de GDP brasileiro (*Gestão de Desenvolvimento de Produtos: Uma Referência para Melhoria do Processo* conduzido pelo Professor Henrique Rozenfeld e outros), um sítio especial de GDP, www.pdp.org.br e um periódico, *Product Development & Management*, que pode ser acessado pelo sítio http://pmd.hostcentral.com.br/, editado pelo Professor José Carlos de Toledo.

Desde então, esperávamos por uma oportunidade de podermos reescrever e publicar um novo livro adicionando os recentes aprendizados da teoria e da prática. Cá estamos, portanto, com o novo livro que possui várias novidades, como também conserva alguns aspectos importantes do livro anterior. Conservamos o livro estruturado ainda em duas partes, conceitual e casos, por acreditarmos que QFD se aprende tanto por compreender a parte conceitual-teórica, como também por intermédio do relato de casos de outros praticantes. Engrossamos o novo livro nas duas partes, tentando esclarecer muitos pontos conceituais obscuros do livro anterior como também diversificamos e aumentamos significativamente o número de casos, de três para dezessete. Na parte conceitual-operacional do método, colocamos o método QFD dentro da área de conhecimento da GDP, ao invés da Gestão da Qualidade Total (GQT) por considerarmos essa inserção mais consistente e oportuna com a nossa trajetória. Essa primeira parte é composta por dez capítulos. Nela há três novos capítulos que não existiam no livro anterior (Capítulos 1, 7 e 10), outros três foram inteiramente reescritos (Capítulos 2, 3 e 6) e quatro outros capítulos que, apesar de reescritos estão fortemente embasados e não poucas vezes transcritos diretamente do texto anterior (Capítulos 4, 5, 8 e 9 correspondem aos Capítulos 3, 5 e 6 do antigo livro). Esses que não sofreram grandes mudanças foram considerados muito relevantes e atuais, pois não se tornaram obsoletos.

Na parte do relato dos casos, pudemos acumular nesse período uma boa variedade de casos de diferentes setores industriais, de empresas que estão posicionados em diferentes estágios da cadeia produtiva, de QFD aplicado em etapas diferentes do processo de desenvolvimento do produto e, finalmente, casos com diferentes objetivos a serem obtidos na aplicação do método. Os casos iniciam com uma enquete sobre o contorno e a profundidade de aplicação do QFD nas 500 maiores empresas brasileiras. Chega-se à conclusão de que é recente a introdução do método nas empresas, que ainda há um longo caminho a ser percorrido e necessita-se de uma maior compreensão e apoio da alta administração na implementação pelas empresas. A seguir, um conjunto de sete casos em indústria de alimentos é apresentado, cada um com seu destaque e colorido especial (produto, embalagem, escolha de equipamento, transferência de tecnologia, uso de técnicas estatísticas etc.) que está resumido na Tabela 1 da Parte II. Logo a seguir, são apresentados três casos da indústria automobilística, dois na linha de motores de uma montadora e um caso numa empresa de autopeças. O terceiro conjunto vem de duas grandes empresas de materiais de um mesmo grupo corporativo: filmes flexíveis e cimento e derivados. Nesse conjunto, cinco casos são relatados com objetivos específicos e suas particularidades (desenvolvimento do produto, escolha de equipamentos, desenvolvimento de serviço melhorando atendimento comercial, uso de técnicas estatísticas etc.). Por fim, o conjunto de dois casos aplicado a desenvolvimento de software.

Gostaríamos de lembrar nesse ponto a importância da inclusão dos quatro apêndices. O primeiro é sobre os fundamentos metodológicos do método QFD, enquanto os três seguintes descrevem técnicas (Mapa de Percepção, Mapa de Preferência, Análise de Conglomerados e Análise Conjunta) de auxílio na aplicação do QFD. Queremos, portanto, incentivar os nossos leitores a buscar uma compreensão mais profunda da parte conceitual-teórica do método, como também encorajar o uso de outras técnicas de suporte na aplicação do QFD.

Durante a caminhada nós fomos agraciados pela amizade e companheirismo de muitas pessoas (professores, profissionais de empresas, empresários, pesquisadores e alunos) que, se quiséssemos mencioná-los todos, não teria espaço suficiente. Somos gratos a todos. Entretanto, precisamos mencionar em particular algumas pessoas que nos ensinaram e auxiliaram de maneira especial para que pudéssemos chegar ao estágio em que estamos. Somos especialmente gratos aos nossos Professores Yoji Akao e Tadashi Ohfuji, que não pouparam esforços e se dedicaram exemplarmente a ensinar o método para o nosso grupo da FCO durante o período de 1993 -1998. Ao Eng. Ichiro Miyauchi, agradecemos as aulas particulares que nos iniciaram no método no ano de 1990/91.

Durante os anos de 1993 a 1995, pudemos usufruir da companhia dos autores do primeiro livro de QFD. A eles, Profa. Fátima Brant Drumond, Eng. Carlos Alberto Scapin, Eng. Renato Machado Vilela, Eng. Eduardo Krafetuski, Eng. Flávio Souto Boan, Eng. Carlos Augusto de Oliveira e Eng. Luiz Roberto Prates, somos gratos pela alegria do tempo saudoso em que estudávamos, discutíamos e aplicávamos juntos o método na Escola de Engenharia da UFMG e nas empresas. Aos três primeiros autores, nossos agradecimentos pela gentileza de permitirem usar seus escritos e sermos coautores dos seus capítulos nesse novo livro. Somos, ao mesmo tempo, gratos pela contribuição do Eng. Luiz Antônio Castanheira Polignano no Apêndice 2.

Somos imensamente gratos aos autores dos casos relatados e às suas empresas que contribuíram com o melhor deles e sem reservas para melhor compreensão do método por intermédio da prática do QFD. Aos seus autores, Prof. Paulo A. Cauchick Miguel, Eng. Ioanis A. Sarantopoulos, Sra. Priscila J. C. C. Camargo, Eng. Angelo Bernardinis Fernandes, Enga. Maria Tereza E. L. Galvão, Sr. Luis Henrique Genari, Sra. Maria Cristina Youn Lui, Eng. Luis S. Pulitano, Eng. Plinio Luiz Sottomaior Pereira,

Sra. Walkira Aparecida Santos, Sra. Tania T. Soffiatti, Sr. Ricardo Watanabe, Enga. Lúcia B. R. Guedes, Dr. Inaldo di Antoni, Dr. Nelson J. Beraquet, Sr. João Carlos Andrade, L. C. Oliveira, Sra. Patrícia H. Matsunaga, Sr. Marcos Cremaschi, Eng. Paulo E. Cabral, Sr. Denis Viudez, Eng. Alvaro Barbosa Azanha, Enga. Lúcia Mitiko Urata, Sra. Raquel Angela Saraiva, Sr. Luciano Cesar de Luttis, Sra. Stela Fanara Cruz, Sr. Iuri Filus Ludkevitch, Sr. José Quaresma Silva, Sr. Fabrizio di Girolamo, Sra. Angélica Barros Carnevale, Sra. Simoni Berger, Eng. Aloysio A. P. de Carvalho, Sr. Pedro E. Felício, Prof. Leonardo Pereira Santiago, Eng. Flávio Aguiar Araújo, Profa. Marta Afonso Freitas, Sra. Érika Pacheco Alves, Sra. Nilma Rodrigues Alves, Prof. Clarindo Isaías Pereira da Silva e Pádua, Prof. Rodolfo Sérgio Ferreira Resende e Eng. Bruno Augusto Pfeilsticker, nosso imenso obrigado. Pois somente com eles é que esse novo livro de QFD revela a sua verdadeira contribuição ao desenvolvimento econômico e social da sociedade brasileira.

Queremos agradecer às empresas brasileiras que nos confiaram a tarefa de auxiliá-las na implementação do método. Delas pudemos aprender o que são Sistemas de Desenvolvimento de Produtos (SDP), cada um com sua peculiaridade, e como podem ser geridos para que melhores e mais produtos possam ser lançados no mercado. Agradecemos aos profissonais e empresários que nelas trabalham pois nos proporcionaram aprendizados inesquecíveis de como ouvir a voz do cliente e transformar as exigências em produtos palpáveis, e nunca mediram esforços para nos dar o suporte no desempenho das nossas tarefas.

Entre muitas delas, gostaríamos de agradecer primeiramente à empresa Sadia S.A. nas pessoas representadas por Sr. Eduardo Fontana d'Avila, Sr. Antônio Paulo Lazzaretti, Sr. Geraldo Cia, Sr. Paulo Cabral, Eng. Ioanis Athanase Sarantopoulos e Enga. Lúcia Guedes, que nos deram oportunidade de exercitar o método em vários produtos e aprender na prática em que consiste Gestão de Desenvolvimento de Produtos (GDP) durante o período de 1993-1998.

À Maxion Componentes Automotivos, representada pelo Eng. Humberto Gonçalves Casadei e Eng. Darwin Gea Zschaber Nogueira, e à Brasil Design do Grupo RHEA, representada pelo Eng. Joubert Andrade do Prado, Eng. Ronaldo Jacques Dolabella e Eng. Eduardo Moura Lott agradecemos pela acolhida e aprendizado durante os anos de 1997/98.

À Fiat Automóveis, na pessoa representada por Sra. Silvana Rizziolli, e à *FPT – Powertrain Technologies* nas pessoas do Eng. Túlio Machado Nogueira, Eng. José Vieira Sobrinho, Eng. Antônio José Pêgas Pereira, Eng. César Rocha, Sr. Dirley Correa da Costa, Sr. José Carlos Ferreira, Eng. Marcelo Reis de Oliveira e Sr. Mário Lúcio de Oliveira nossos agradecimentos pelo convívio e aprendizado durante os anos de 1998/99.

À empresa Takenet, organização de pequeno porte, porém de grandes ideais e dinamismo, agradecemos pelo convívio e suporte, nas pessoas representadas pelo Sr. Daniel Costa e Eng. Roberto Costa de Oliveira durante os períodos de 1999 a 2001 e 2003 a 2005.

À empresa Votocel, nas pessoas do Sr. Ivan R. P. Gianolla, Eng. Aldo Arruda Mortara, Eng. José Adalberto Lopes (*in memoriam*), Sr. Dirceu Varejão, Sr. Adilson Dorta Mariano, Sra. Mônica Telfser, Sra. Adriana de Fátima Pereira Collares, pelo imenso aprendizado da realidade de gerir uma empresa nas discussões da Gestão de Portfólio e da implementação do QFD durante os anos de 2000/01, somos profundamente gratos.

À segunda empresa do Grupo Votorantim, Votorantim Cimento, expressamos nossos agradecimentos por ter nos dado a oportunidade ímpar de implementarmos o método para ouvir melhor a voz do cliente num ambiente especialmente rico de aprendizados, nas pessoas representadas pelo Eng. Luiz Vilar de Carvalho, Sr. Jorge A. Wagner, Eng. Rômulo Fabri Miranda, Sr. Lauro Klüber Junior, Sr. Petrônio Dias de Carvalho, Eng. Alysson Marques Andrade, Eng. Tarcísio Chaves Simões, Enga. Natacha L. Rotondo e Eng. Antônio Denes, durante os anos de 2003/04.

Aos Professores Augusto Virgílio Mascarenhas da Fonseca, Leonardo Pereira Santiago e Marta Afonso Freitas, do DEP da UFMG, Professor Paulo Augusto Cauchick Miguel, do Departamento de Engenharia de Produção da Politécnica da USP, e Eng. Flávio Aguiar Araújo, da empresa de consultoria DM&P, pois juntos pudemos aprender e aplicar o método em algumas empresas, com muitos desafios superados, porém repletos de aprendizado, nosso muito obrigado.

Aos nossos pesquisadores e alunos do passado e do presente do Núcleo de Tecnologia da Qualidade e da Inovação - NTQI (Enga. Anna Letícia Melloni, Eng. Fernando Vollu Cyríaco, Profa. Caroline Liboreiro Paiva, Sra. Lilian Cristina de Oliveira, Prof. Marcelo Alvim Scianni, Eng. Christiano Porto Almeida, Eng. Daniel Naoki Kaji, Prof. Noel Torres Jr., Sra. Sônia Maria Lucas da Silva, Profa. Cristina Abijaode A. M. Nascimento, Prof. Lauro Soares de Freitas, Eng. Philemon Mattos Neto, Prof. Pedro H. F. Drummond, Sr. Rafael A. S. R. de Paula, Eng. João Marcos Belisário Dantas, Enga. Sílvia Satiko Onoyama, Prof. Geraldo Nilton de Oliveira, Sra. Solange Gomes Leonel, Eng. Raoni Barros Bagno, Eng. Márcio Barbosa G. Cota Jr., Enga. Luciana Paula Reis, Jonathan Simões Freitas, Lucas Maia Alves de Lima, Leonardo Augusto Vasconcelos, Fernando Ferreira Manso, Bruno França Pádua Coelho, Thiago Souza Cruz Amaral, Thiago Botelho Braga, Frederico César de Vasconcelos e Ricardo Fernandes) que, no decorrer dos muitos anos, nos estimularam a aperfeiçoar permanentemente, na alegria do conviver dia após dia, nossa especial gratidão.

Aos colegas do DEP, nesses trinta anos da construção do nosso Departamento de Engenharia de Produção da UFMG, com suas alegrias e conquistas, não poucas vezes de muita luta e trabalho, para implementar Cursos de Pós-graduação (1995) e Graduação (2001), nossos agradecimentos pelo suporte e companheirismo. Às Sras. Nazareth Ventura, Inês de Cássia Fidelis Couto, Ismênia Pereira Bonaparte, Mabel Vieira Soares que, no caminhar desses anos, têm construído junto conosco o departamento, a nossa gratidão. Ao amigo Professor João Martins da Silva, formulador e autor do 5S: Ambiente da Qualidade, tema que tem sido implementado e contribuído imensamente às organizações brasileiras, agradecemos pela amizade e estímulo constante a seguirmos valores e ideais trancendentais. Finalmente, queremos agradecer profundamente à Dra. Lin Cheng Wen Tzeng, que desde o início do projeto deste segundo livro, não poupou esforços, dedicou o seu precioso tempo, contribuiu com brilhantismo e inteligência a todo o projeto e seus detalhes até a consecução do presente volume.

Tu és digno, Senhor e Deus nosso, de receber a glória, a honra e o poder, porque todas as coisas tu criaste, sim, por causa da tua vontade vieram a existir e foram criadas. (Apocalipse 4:11).

CONTEÚDO

PARTE I – O MÉTODO DESDOBRAMENTO DA FUNÇÃO QUALIDADE (QFD) NA GESTÃO DE DESENVOLVIMENTO DE PRODUTOS

PARTE II – RELATOS DE CASOS DE APLICAÇÃO DO MÉTODO QFD EM EMPRESAS BRASILEIRAS

APLICAÇÃO DO QFD EM INDÚSTRIA AUTOMOBILÍSTICA E DE AUTOPEÇAS

APLICAÇÃO DO QFD EM INÚSTRIA DE MATERIAIS

APLICAÇÃO DO QFD EM EMPRESA DE SOFTWARE

26. **APLICAÇÃO DO MÉTODO DESDOBRAMENTO DA FUNÇÃO QUALIDADE PARA ANÁLISE DE REQUISITOS DE USABILIDADE**......................................459
Nilma Rodrigues Alves, Clarindo Isaías Pereira da Silva e Pádua e Rodolfo Sérgio Ferreira Resende

    26.1. Introdução...459

    26.2. Especificação de Requisitos de Usabilidade.......................461

    26.3. Aplicação do QFD à Definição de Requisitos.....................464

    26.4. Um Estudo de Caso..471

    26.5. Considerações Finais...476

27. **UMA APLICAÇÃO DO MÉTODO QFD NA ESTRUTURAÇÃO E MELHORIA DO SISTEMA DE DESENVOLVIMENTO DE PRODUTOS DE UMA EMPRESA DE TECNOLOGIA DE INTERNET MÓVEL**...479
Bruno Augusto Pfeilsticker, Flávio de Aguiar Araújo e Lin Chih Cheng

    27.1. Introdução...479

    27.2. Primeira Intervenção: Uso do Desdobramento da Qualidade (QD).....................479

    27.3. Segunda Intervenção: Uso do QD e do Desdobramento da Função Qualidade no Sentido Restrito (QFDr)..............................480

    27.4. Terceira Intervenção: Uso do QD na Fase de Derivação do Produto.................483

    27.5. Conclusões e Resultados...486

APÊNDICES

A1. **FUNDAMENTOS METODOLÓGICOS DO MÉTODO QFD**...................489
Lin Chih Cheng

    1.   Introdução...489

    2.   Fenômeno de Interesse do Método QFD................................490

    3.   Características Metodológicas Manifestas...............................491

    4.   Características Metodológicas Subjacentes do QFD...............493

    5.   Conclusão...497

A2. **UTILIZAÇÃO DOS MAPAS DE PERCEPÇÃO E PREFERÊNCIA COMO TÉCNICAS AUXILIARES DO QFD DURANTE O DESENVOLVIMENTO DE PRODUTOS ALIMENTÍCIOS**...499
Luiz Antonio Castanheira Polignano e Fátima Brant Drumond e Lin Chih Cheng

    1.   Introdução...499

    2.   Algumas Dificuldades Encontradas Durante a Elaboração da Matriz da Qualidade..500

    3.   Mapa de Percepção e sua Utilização no Contexto do Desenvolvimento.....501

    4.   Mapa de Preferência Durante o Desenvolvimento................505

    5.   Conclusões...509

PARTE I

O MÉTODO DESDOBRAMENTO DA FUNÇÃO QUALIDADE (QFD) NA GESTÃO DE DESENVOLVIMENTO DE PRODUTOS

Introdução

O objetivo da Parte I do livro é apresentar a base conceitual-operacional do método QFD. Esta primeira parte é composta por dez capítulos. O Capítulo 1 tem como objetivo mostrar a importância do tema Gestão de Desenvolvimento de Produto (GDP), caracterizá-lo, delinear o seu contorno por intermédio de um conjunto de tópicos inter-relacionados. E por último, deve destacar a contribuição do método Desdobramento da Função Qualidade (QFD) dentro da GDP.

No Capítulo 2, o objetivo é caracterizar, de forma mais completa possível, o que é o método QFD. Iniciamos essa caracterização com uma breve descrição da origem do método no TQC Estilo Japonês. Em seguida, abordamos tópicos, como evolução do método QFD e a sua relação com o tema GDP, o que é QFD com suas unidades operacionais, dimensões de cobertura do QFD (qualidade positiva, tecnologia, custo e confiabilidade) e desdobramento do trabalho. Apresentamos um guia para intervenção ao nível operacional usando QFD, e discutimos sobre como obter o máximo de benefício com o uso do método.

Nos capítulos seguintes, Capítulos 3 a 9, é apresentado um detalhamento de como operacionalizar o método QFD. No Capítulo 3 em particular, apresentamos o QFD restrito (QFDr) como alternativa para alcançar o conceito da Garantia da Qualidade que enfatiza "a satisfação integral do cliente". No Capítulo 4, iniciamos a apresentação detalhada do Desdobramento da Qualidade (QD). O objetivo deste capítulo é detalhar como a voz do cliente pode ser captada e traduzida e como construir, a partir dessa voz, a Tabela de Desdobramento das Qualidades Exigidas. No Capítulo 5, efetuamos o processo de planejar a melhoria do desempenho do novo produto de acordo com as exigências dos clientes – denominado de Processo de Qualidade Planejada. No Capítulo 6, abordamos os passos para se transformar as informações do mundo dos clientes em informações do mundo da tecnologia. A Matriz da Qualidade é apresentada como a ferramenta para realizar esta atividade. O objetivo do trabalho de conversão da Voz do Cliente em linguagem de projeto deve ser a definição das características técnicas do produto que atendam às exigências do mercado. No Capítulo 7, entramos no processo do projeto detalhado do produto e dos processos de fabricação. Para articular esse processo, apresentamos o modelo conceitual. O modelo conceitual é uma forma estruturada de estabelecer relações entre o produto final e os fatores contribuintes. Junto à descrição do modelo, é mostrado como elaborá-lo e como transmitir a importância relativa das exigências do cliente para esses fatores. No Capítulo 8, apresentamos o modelo conceitual do desdobramento da qualidade em associação aos desdobramentos de custo, tecnologia e confiabilidade. No Capítulo 9, descrevemos o processo de transmissão da informação obtida durante o desenvolvimento do produto para a produção. Nele são apresentados exemplos de padrões gerados durante este procedimento, o objetivo de cada um e como são elaborados.

Para finalizar, no Capítulo 10, mostramos como o método QFD pode ser difundido e consolidado nos projetos de desenvolvimento das empresas e como este induz a busca de robustecimento do Sistema de Desenvolvimento de Produto (SDP) no interior das empresas.

GESTÃO DE DESENVOLVIMENTO DE PRODUTOS (GDP) E O MÉTODO DE DESDOBRAMENTO DA FUNÇÃO QUALIDADE (QFD)

Lin Chih Cheng
Leonel Del Rey de Melo Filho

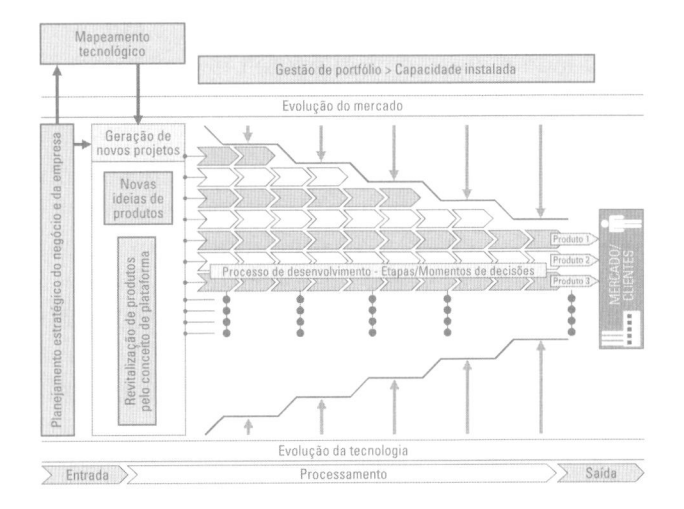

1.1. Introdução

Este primeiro capítulo tem como objetivo mostrar a importância do tema Gestão de Desenvolvimento de Produto (GDP), caracterizá-lo, delinear o seu contorno por intermédio de um conjunto de tópicos inter-relacionados, e por último, destacar a contribuição do método Desdobramento da Função Qualidade (QFD) dentro da GDP.

Sucesso na gestão do Sistema de Desenvolvimento de Produto (SDP) é crucial para a competitividade e sobrevivência de qualquer empresa nos dias de hoje. Nas últimas décadas, temos observado movimentos de globalização econômico-financeira seguidos de globalização de produção-consumo. Essas transformações no cenário econômico têm gerado forte concorrência nunca antes vista entre organizações. Diante disso, as empresas enfrentam questões de difícil decisão sobre desenvolvimento de produtos. Essas questões podem ser classificadas em dois tipos: as de longo alcance e as de curto alcance, na linha do tempo.

Podemos citar como exemplos de questões de longo alcance: (1) quais são os produtos ou famílias de produtos que poderão estar à venda daqui a cinco ou dez anos na empresa, para que o faturamento anual e a lucratividade tenham um crescimento contínuo; (2) que produtos ou famílias inovadores devem ser introduzidos e quais devem ser revitalizados; (3) como a empresa pode aumentar a fatia de participação de seus produtos no mercado e abocanhar outras fatias de participação, que ainda não possuem penetração hoje; (4) que tecnologias de produto, processo e matérias-prima devem ser pesquisadas ou adquiridas, para que os produtos da empresa continuem sendo percebidos pelos clientes como inovadores e superem com sucesso os concorrentes.

Identificamos como questões de curto alcance aquelas pertencentes ao tema GDP, porém voltadas a projetos específicos de desenvolvimento. Alguns exemplos são: (1) que alterações de qualidade e custo devem ser feitas, para que o produto continue sendo campeão no mercado; (2) que tecnologia inovadora deve ser incorporada ao produto, para que ele continue sendo percebido como de vanguarda; (3) quais membros da empresa devem compor a equipe de desenvolvimento, e quem deve liderar o projeto de desenvolvimento, para que as competências técnicas e humanas possam ser complementares; (4) que prazo nós dispomos, para que o produto seja lançado ou relançado antes do concorrente; (5) que áreas funcionais da empresa devem participar, e como deve ser essa participação no processo de desenvolvimento e de lançamento do produto. O tema GDP pretende responder a esse tipo de perguntas, e em particular, algumas delas serão respondidas pelo método QFD.

1.2. Gestão de Desenvolvimento de Produtos: Características e Tópicos

As questões colocadas acima nos permitem inferir algumas características do tema GDP. A primeira delas é a sua importância na contribuição ao sucesso empresarial. O sucesso empresarial, o aumento de faturamento e lucratividade e o aumento da participação no mercado têm sido creditados a uma boa gestão do desenvolvimento de produtos. Empresas que mais crescem têm sido aquelas que inovam permanente-mente, lançando novos produtos no mercado.

A segunda característica é com relação ao nível organizacional, ao qual se atribui responsabilidade. Decisões e ações da GDP são de responsabilidade tanto da alta administração quanto das áreas operacionais das empresas, e são dependentes do horizonte e da amplitude destas. Nas médias e pequenas empresas, a responsabilidade recai sobre a alta direção ou mesmo sobre o seu proprietário.

A terceira característica do tema, multifuncionalidade da atribuição, refere-se à necessidade de envolver diversas áreas funcionais, como as de mercado, de pesquisa e desenvolvimento, e também em menor intensidade, porém sempre desejável, de logística e de produção, dentro das corporações e grandes empresas. Pode-se dizer, portanto, que é aconselhável que a prática da GDP nas empresas seja interfuncional ou multifuncional nas decisões e ações.

A quarta característica é com relação ao objeto sob consideração – conjunto de projetos ou programa de desenvolvimento de produtos da empresa ou projeto de desenvolvimento individual. Quando o nível considerado é a empresa, isto é, o programa, as decisões e ações são voltados para a priorização e o escalonamento de projetos de desenvolvimento num horizonte temporal de acordo com um conjunto de critérios estabelecidos pela empresa – muitas vezes denominado como gestão de portfólio. Quando o objeto considerado é um projeto individual, as decisões e ações são voltadas para a busca da eficácia e eficiência no uso de recursos do desenvolvimento. As etapas de desenvolvimento do produto vão desde a identificação de oportunidades até o lançamento do produto, passando pela pesquisa de mercado, seleção de conceito, projeto de produto e processo e pré-produção.

Portanto, um SDP pode ser compreendido pelo esquema de entrada, processamento e saída, envolto pelo mercado e tecnologia, conforme mostrado pela Figura 1.1. A gestão desse sistema, denominado de GDP, refere-se ao conjunto de processos, tarefas e atividades de planejamento, organização, decisão e ação envolvidos para que

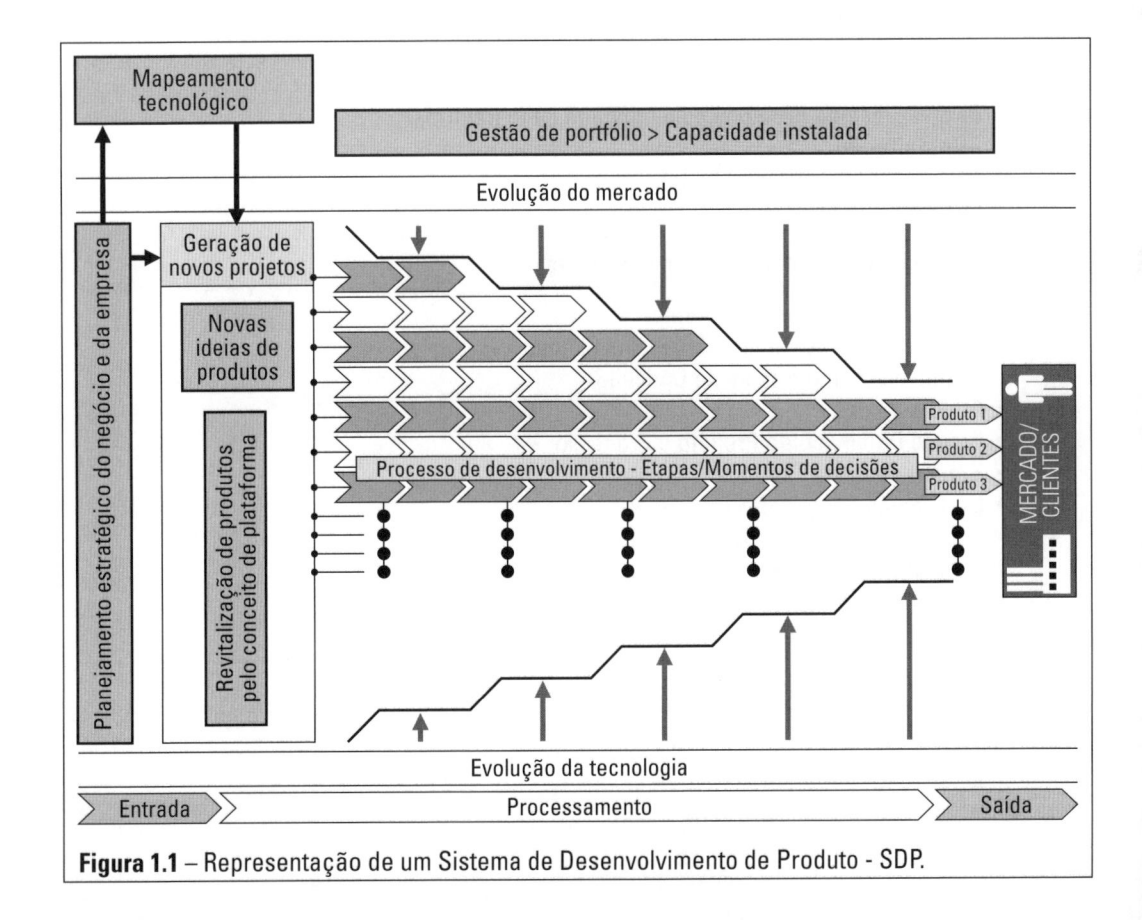

Figura 1.1 – Representação de um Sistema de Desenvolvimento de Produto - SDP.

o sistema considerado alcance os resultados de sucesso esperado. Associado a isso, obter sucesso significa saber integrar os diversos agentes, tanto externos como parcerias, fornecedor e cliente, e internos como áreas funcionais de Marketing, Vendas, Engenharia, P&D e Produção, de forma a trabalharem cooperativamente, envidando ao sistema os esforços e competências grupais e individuais em conceitos, métodos e técnicas qualitativas e quantitativas.

A seguir, faremos uma breve consideração dos tópicos mostrados no SDP da Figura 1.1, que estão agrupados sob três grandes subtemas (I, II e III) conforme a Figura 1.2 e indicados na Figura 1.3.

SUBTEMAS E TÓPICOS
I. Avaliação do Sistema de Desenvolvimento de Produtos:
• Mensuração de Desempenho • Identificação dos Fatores de Sucesso
II. Nível Estratégico: Empresa/Programa de Desenvolvimento
A – Processo: • *Technology Roadmapping* - TRM • Gestão de *Portfólio*: Alinhamento Estratégico, Maximização de Valor e Balanceamento entre Projetos. Capacidade Instalada. • Revitalização de Produtos pelo Conceito de Plataforma **B - Organização:** • Integração Interorganizacional • Integração Interfuncional
III. Nível Operacional: Projeto de Desenvolvimento
A - Processo de Desenvolvimento: • Identificação das Necessidades dos Clientes • Desenvolvimento e Teste de Conceito • Projeto Básico • Projeto Detalhado do Produto e Processo • Preparação para Produção • Lançamento • Redução do Tempo de Desenvolvimento **B - Organização da Equipe de Desenvolvimento:** • Integração Interfuncional na Equipe de Desenvolvimento • Desenvolvimento de Competência Individual e Coletiva
Figura 1.2 – Uma estrutura de classificação dos tópicos do SDP.

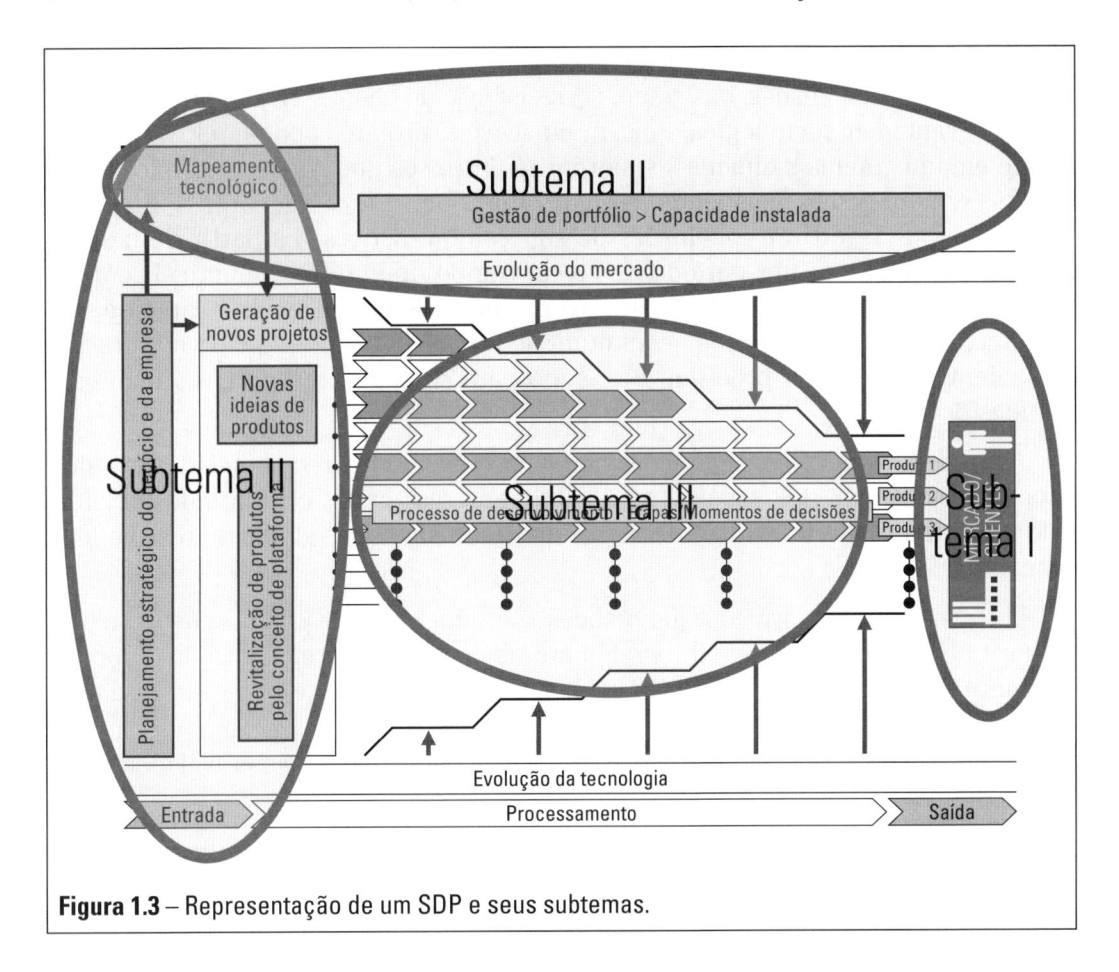

Figura 1.3 – Representação de um SDP e seus subtemas.

1.3. Avaliação de Desempenho do SDP

Este subtema é certamente de grande importância, pois é necessário conhecer como o resultado do desenvolvimento pode ser mensurado e quais são os fatores que efetivamente influem nesse processo.

Mensuração do Desempenho

A preocupação com a mensuração do desempenho encontra-se registrada desde o início da década de 1980 pela empresa de consultoria Booz, Allen & Hamilton[1]. Hoje, o tópico continua sendo uma das grandes preocupações de acadêmicos e gerentes de empresas. Pesquisas sobre a evolução dessa mensuração têm sido empreendidas e relatadas pela associação *Product Development Management Association*

---

[1] GRIFFIN, A . e PAGE, A . An Interim Report on Measuring Product Development Success and Failure. *Journal of Product Innovation Management.* Vol. 10: 291-308. 1993.

(PDMA)[2]. Sabe-se que a mensuração de performance precisa levar em consideração pelo menos três dimensões, tais como: (I) satisfação do cliente; (II) retorno financeiro; e (III) vantagem tecnológica. Pois, muitas vezes, projetos podem ter boa performance em uma ou mais dimensões, porém são raros os que conseguem excelência nas três dimensões. E mais ainda, é importante que se leve em conta a dimensão tempo; não se deve tirar conclusões de sucesso ou insucesso a partir de mensuração pontual ou em um período curto de tempo após o lançamento. Produtos podem ter características muito distintas: produtos de moda decolam rapidamente enquanto produtos inovadores necessitam de um período de tempo de maturação, pois clientes potenciais precisam de tempo para se adaptarem a novos hábitos e atitudes de uso.

Associada às duas considerações acima, a mensuração recomendada tem sido feita pelo menos em dois níveis – ao nível de empresa ou do conjunto de projetos, e ao nível de projeto individual. Descrevemos com algum detalhe essa divisão logo abaixo.

Pesquisas têm confirmado que o sucesso de um programa de desenvolvimento no nível de empresa depende integralmente da estratégia de inovação da empresa, enquanto o sucesso de um projeto individual depende da estratégia da empresa para o projeto. Segundo Griffin e Page[3], utilizando-se a estrutura de trabalho derivada de Miles e Snow para estratégias empresariais de desenvolvimento, é possível identificar quatro diferentes tipos de empresa:

1- **Pioneiras (*prospectors*):** valorizam ser vanguardas em novos produtos, mercados e tecnologia, mesmo sem a garantia de lucro. Respondem rapidamente a quaisquer sinais de oportunidades em áreas de interesse. No mercado global automobilístico e de eletroeletrônicos de consumo, Honda e Sony são respectivamente empresas desse tipo.

2- **Analisadoras (*analyzers*):** raramente são primeiras em um mercado com o lançamento de novos produtos. Entretanto, por monitorarem cuidadosamente as ações dos maiores competidores, podem ser frequentemente rápidas seguidoras (*fast-follower*), introduzindo muito rapidamente no mercado produtos com maior custo/benefício ou mais inovadores. Toyota e Panasonic são empresas analisadoras.

3- **Defensoras (*defenders*):** tentam postar e manter um nicho de mercado seguro, em uma área de produto ou serviço relativamente estável. Protegem seus domínios oferecendo alta qualidade, serviço superior e/ou menores preços.

---

[2] PDMA é uma associação de difusão de conhecimento dessa área e pode ser acessado pelo site www.pdma.org. Os artigos representativos são: Griffin e Page (1993); e GRIFFIN, A. e PAGE, A . PDMA Success Measurement Project: Recommended Measures for Product Development Success and Failure. *Journal of Product Innovation Management*. Vol. 13: 478-496. 1996.
[3] GRIFFIN, A. e PAGE, A . 1996.

Essas empresas ignoram mudanças industriais, que não influenciam diretamente suas operações correntes. A General Motors é uma defensora.

4- **Reativas (*reactors*):** não são tão agressivas em manter mercados e produtos estabelecidos quanto os competidores. Respondem somente quando forçadas por forte pressão ambiental. A Subaru é reativa.

Os critérios de mensuração para cada tipo de empresa variaram na pesquisa feita pela PDMA (ver Figura 1.4).

Pioneira	Analisadora	Defensora	Reativa
% de lucro vindo de produtos com até "n" anos de vida	Grau de produtos alinhados com a estratégia empresarial de desenvolvimento	Retorno do investimento (RI) do programa de desenvolvimento	Retorno do Investimento (RI) do programa de desenvolvimento
Quantidade de produtos atuais que conduzem a oportunidades futuras	Retorno do investimento (RI) do programa de desenvolvimento	Quantidade de produtos desenvolvidos conforme a estratégia empresarial de desenvolvimento	Taxa de sucesso/fracasso
% de vendas geradas por produtos com até "n" anos de vida	% de lucro vindo de produtos com até "n" anos de vida		Quantidade de produtos alinhados com a estratégia empresarial de desenvolvimento
	Taxa de sucesso/fracasso		Critério subjetivo de avaliação do sucesso do programa

Nota: Critérios em ordem de utilidade, sendo os mais usados localizados no topo da lista.
Fonte: Adaptado de Griffin and Page (1996).

Figura 1.4 – Critérios de mensuração mais utilizados para diferentes estratégias empresariais de desenvolvimento.

Com relação à avaliação do sucesso ao nível de projetos individuais de desenvolvimento, seis tipos de projetos foram derivados a partir de um trabalho de Ansoff. Este elaborou uma estrutura de seis estratégias geradas a partir de uma matriz de duas dimensões: novidade para a empresa *versus* novidade para o mercado (ver Figura 1.5). Os seis tipos de projetos derivados dessa matriz são: novo para o mundo, novo para empresa, adição em linhas existentes, melhoramentos de um produto, reposicionamento e redução de custo. Os critérios mais úteis de mensuração dos projetos, segundo a pesquisa, estão apresentados na Figura 1.6.

	Novidade para o mercado		
	Baixo		**Alto**
Alto	Novo para a Empresa		Novo para o Mundo
	Melhoramento de um produto	Adição em Linhas Existentes	
Baixo	Redução de Custo	Reposicionamento	

(Eixo vertical: **Novidade para a empresa**)

Fonte: Adaptado de Griffin and Page (1996)

Figura 1.5 – Tipos de projetos de desenvolvimento.

	Novidade para o mercado		
	Baixo		**Alto**
Alto	**Novo para a Empresa** Participação no Mercado (*Market Share*) Rendimento ou Satisfação Alcançar a Meta de Lucro Vantagem Competitiva		**Novo para o Mundo** Aceitação do Consumidor Satistação do Consumidor Obtenção da Meta de Lucro ou Taxa Interna de Retorno - Retorno do Investimento Vantagem Competitiva
	Melhoramento de um Produto Satisfação do Consumidor Participação no Mercado ou Aumento do Retorno Alcançar a Meta de Lucro Vantagem Competitiva	**Adição em Linhas Existentes** Participação no Mercado Retorno/Aumento do Retorno/Satisfação/Aceitação Alcançar a Meta de Lucro Vantagem Competitiva	**Legenda** 1.º Critério relativo ao Consumidor 2.º Critério relativo ao Consumidor 3.º Critério - Medida Financeira 4.º Critério - Medida de Performance
Baixo	**Redução de Custo** Satisfação do Consumidor Aceitação ou Retorno Alcançar a Meta da Margem de Lucro Performance ou Qualidade	**Reposicionamento** Aceitação do Consumidor Satisfação ou Participação no Mercado Alcançar a Meta de Lucro Vantagem Competitiva	

(Eixo vertical: **Novidade para a empresa**)

Fonte: Adaptado de Griffin and Page (1996)

Figura 1.6 – Critérios de mensuração mais utilizados para diferentes tipos de projetos de desenvolvimento de produto.

Fatores de Sucesso

Quanto à questão dos fatores que contribuem para o sucesso, diversos estudos têm sido relatados. Descrevemos, a seguir, dois estudos mais recentes.

A associação de PDMA vem mapeando as melhores práticas de desenvolvimento de novos produtos. De acordo com os estudos da associação[4], avaliações das melhores práticas vêm sendo realizadas desde o final da década de 1960. As duas primeiras pesquisas foram realizadas pela empresa de consultoria Booz, Allen & Hamilton nos anos de 1968 e 1982. Desde então, pelo menos mais nove pesquisas foram executadas. Percebe-se, nesse período, que cinco tópicos referentes a fatores de sucesso têm consistentemente emergido. O primeiro deles é com relação ao processo de Desenvolvimento de Novos Produtos (DNP). No decorrer dos anos, o processo de DNP passou pelas seguintes ênfases: (1) definir um processo apropriado; (2) assegurar a implementação do processo; (3) gerenciar melhor as etapas iniciais; (4) mensurar melhor o processo; (5) continuar melhorando o processo; e finalmente (6) conhecer melhor a necessidade do cliente e gerenciar melhor o processo de alocação de recursos ao projeto e ao portfólio.

O segundo tópico é com relação ao suporte da alta administração aos projetos. É necessário que se tenha suporte tangível e visível dos membros, para que os projetos de desenvolvimento tenham sucesso. Isso significa, além da participação nas decisões, fazer aporte financeiro, prover recursos adequados e, também, traçar estratégias explícitas e consistentes para alocação dos recursos entre os vários projetos.

O terceiro e o quarto tópicos são relativos à organização. O terceiro refere-se à necessidade premente de uma organização interfuncional para obter sucesso. O quarto tópico se refere à necessidade de flexibilização da arquitetura organizacional para estruturação da interfuncionalidade mencionada, pois as empresas possuem particularidades que devem ser levadas em consideração. Até o momento, não se tem por certo qual estrutura pode proporcionar performance superior. Finalmente, as pesquisas das melhores práticas levam a crer que elas são específicas ao contexto, por exemplo, por setor industrial ou por nível de uso de tecnologia pela empresa (alta, intermediária, ou tecnologia tradicional).

De acordo com a segunda fonte mais recente – o relato do Cooper[5] – apesar de todo o trabalho de pesquisa sobre fatores de sucesso nos últimos 25 anos, tem-se visto repetir os mesmos erros na prática. Ele aponta os erros que têm sido mais comuns e prescreve, mais uma vez, o que deve ser feito para melhorar o desempenho nessa área. A prescrição está baseada em experiências de intervenção em centenas de empresas, e oito fatores críticos de sucesso atuáveis pelos atores envolvidos foram identificados: (1) trabalho sólido na definição do produto e na justificativa do projeto;

---

[4]GRIFFIN, A. PDMA Research on New Product Development Practices: Updating Trends and Benchmarking Best Practices. *Journal of Product Innovation Management.* Vol. 14: 429-458. 1997.
[5]COOPER, R. G. From Experience: The Invisible Success Factors in Product Innovation. *Journal of Product Innovation Management.* Vol. 16: 115-133. 1999.

(2) dedicação profunda na captação dos dados do mercado e da voz do cliente ao longo do projeto; (3) produto com valor superior para o cliente por intermédio da diferenciação e benefícios especiais; (4) definição clara, precisa e antecipada do produto, antes do início do desenvolvimento; (5) lançamento do produto no mercado bem planejado, com recursos adequados e competentemente executados; (6) pontos rigorosos de decisão sobre continuar ou abortar o projeto em desenvolvimento; (7) grupos interfuncionais responsáveis, dedicados, apoiados, e com líderes fortes; e (8) orientação internacional em termos de grupos de trabalho, pesquisas de mercado e produtos globais.

1.4. Gestão de Desenvolvimento de Produto no Nível Estratégico

O estudo de desenvolvimento de produtos, no nível estratégico, pode ser visto como uma permanente tentativa de articular as necessidades do mercado, as possibilidades da tecnologia e as competências da empresa, num horizonte tal que assegure a continuidade dos negócios da empresa. Três métodos interessantes que tratam da gestão de desenvolvimento do produto a esse nível são *Technology Roadmapping* (TRM), Gestão de Portfólio e Revitalização de Produtos pelo Conceito Plataforma. Abaixo, cada um destes é descrito, seguido de organização do trabalho no nível estratégico.

O Método TRM

O TRM fornece um potencial de suporte no mapeamento tecnológico às organizações no desenvolvimento e implementação de uma estratégia que integra o planejamento do negócio (mercado), produto, tecnologia e recursos necessários[6]. Nesse planejamento, algumas questões são discutidas, como: quais são as oportunidades de mercado futuras, quais são os projetos ou tipos de produtos (grau de inovação) a serem desenvolvidos ao longo do tempo; quais são as metas de mercado ao longo do tempo; que recursos são necessários; avaliação do potencial de aplicação das tecnologias pertencentes à empresa no novo produto e processo; análise da viabilidade de desenvolver ou comprar novas tecnologias; e possibilidade no desenvolvimento de parcerias.

O TRM foi concebido pela *Motorola* e pela *Corning* no final da década de 1970 e início de 1980, e estima-se que permaneceu, aproximadamente, por 20 anos dentro dessas empresas. A *Motorola* aponta o surgimento do método como resultado da busca por um processo que agilizasse o lançamento de novos produtos direcionados para a solução de problemas específicos dos clientes, de forma a se antecipar às

---

[6] PHAAL, R., FARRUKH, C., PROBERT, D. *T-Plan: Fast Start to Technology Roadmapping – Planning your Route to Success.* Cambridge: Cambridge University. 2001.

necessidades, buscando a obsolescência dos seus próprios produtos[7]. Depois, várias organizações de grande porte adotaram o TRM, como *Lucent, HP, Philips, ABB, GM, Vodafone, Boeing, NASA, Roche, Domino, Rockwell Automation,* entre outras, indo além dos conceitos iniciais. Entretanto, o TRM também pode ser aplicado por pequenas e médias empresas, podendo ainda contribuir para o planejamento de um novo negócio de base tecnológica[8].

A definição do *Technology Roadmapping* adotada aqui é a de um método flexível, cujo objetivo principal é auxiliar na GDP no nível estratégico, integrando mercado, produto e tecnologia ao longo do tempo. A lógica de integração baseia-se no estabelecimento de relações explícitas de causa-efeito entre mercado/negócio (*know-why*), produto/serviço (*know-what*) e tecnologia/recurso (*know-how*), de maneira a construir um modelo conceitual temporal que norteie o planejamento estratégico de desenvolvimento (Figura 1.7). Com relação à estrutura do mapa, as camadas (*layers*) superiores estão relacionadas às motivações e aos propósitos da organização; as inferiores referem-se à tecnologia e aos recursos que são demandados para atender às solicitações das camadas intermediárias, que representam o que será entregue (ex. produto/serviço). A construção pode seguir duas rotas: uma utilizando

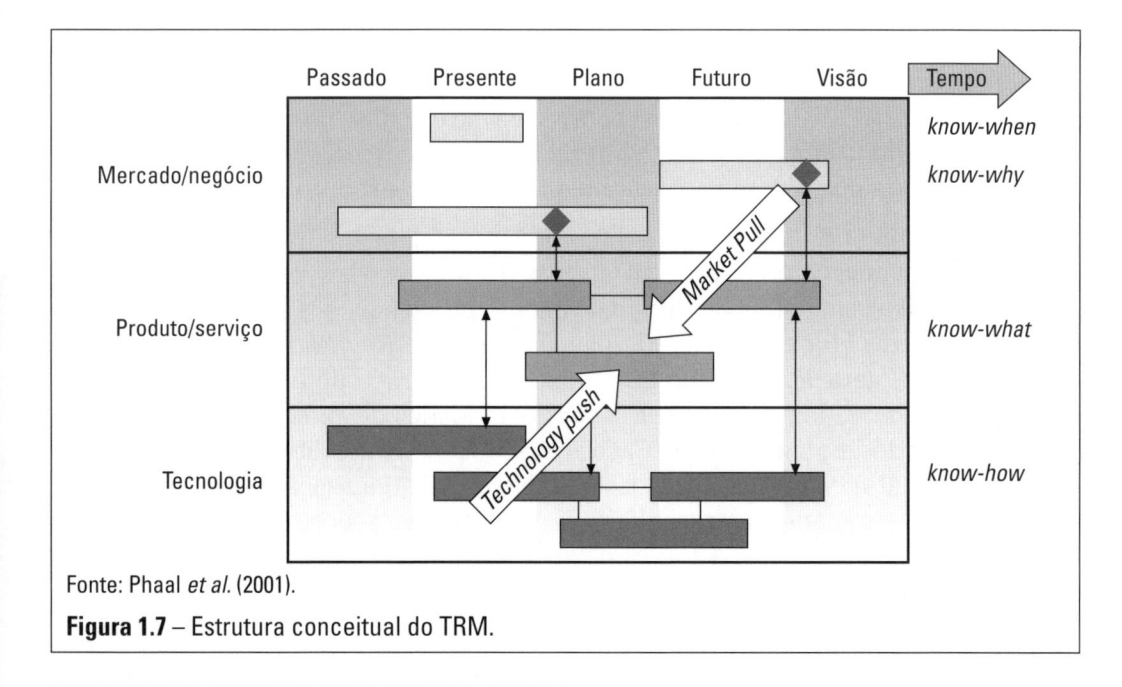

Fonte: Phaal *et al.* (2001).

Figura 1.7 – Estrutura conceitual do TRM.

---

[7] PROBERT, D. e RADNOR, M. Frontier Experiences From Industry-Academia Consortia. *Research Technology Management.* Vol. 46(2). p. 27. 2003.
WILLARD, H. e McCLEES, W. Motorola's Technology Roadmap Process. *Research Management.* Vol. 30(5): 13 – 19. 1987.
[8] CHENG, L. C., DRUMMOND, P. e MATTOS, P. A Integração do Trinômio Tecnologia, Produto e Mercado na Pré-incubação de uma Empresa de Base Tecnológica. Anais da 3ª Conferência Internacional de Pesquisa em Empreendedorismo na América Latina (CIPEAL). Rio de Janeiro: PUC-RJ. 2004.

a abordagem de *market pull* (puxado pelo mercado) e a outra, *technology push* (empurrado pela tecnologia). Assim, para as organizações que têm alto nível de contato com o consumidor final, o *Roadmap*, provavelmente, será direcionado pelas necessidades do cliente, enquanto uma abordagem de *technology push* pode ser útil quando o desenvolvimento tecnológico for o ponto de partida.

Os principais benefícios do método são: (i) prover o desenvolvimento, comunicação e implementação das estratégias ao longo do tempo, de maneira a integrar as áreas de mercado, produto e tecnologia, identificando as necessidades críticas de novos produtos demandados pelo mercado, orientando a seleção de tecnologias que precisarão ser desenvolvidas para aplicações futuras e auxiliando na correta alocação de recursos, bem como no direcionamento de investimentos ao longo do tempo, de acordo com as prioridades estratégicas do negócio; (ii) fortalecer e estruturar o processo de planejamento e monitoramento do ambiente tecnológico e de mercado, orientando e auxiliando o processo decisório de desenvolvimento numa perspectiva de médio e longo prazo; (iii) facilitar a visualização das deficiências (*gaps*) no processo de planejamento, alinhando metas futuras e atividades presentes na empresa; e (iv) promover um fórum de discussão coordenada entre as áreas funcionais da empresa.

Segundo Radnor & Probert[9], o TRM deve ser aplicado em conjunto com outros métodos e técnicas, tais como: planejamento de cenários[10]; inteligência competitiva[11]; gestão de portfólio; e planejamento de plataformas de produtos[12]. Percebe-se que esses métodos e técnicas contribuem para a geração e análise dos dados demandados e gerados pelo *Roadmapping*, mas a interação entre eles e o TRM precisa ser melhor estruturada, para que o sistema de desenvolvimento de produto seja robustecido.

O método TRM é utilizado para diferentes propósitos e abrangências, podendo ser aplicado em uma empresa específica, em setores industriais, ou até na formulação de políticas governamentais de desenvolvimento de ciência e tecnologia. O método TRM envolve três etapas básicas: (i) planejamento do *Roadmapping*; (ii) criação do mapa; e (iii) geração do plano de ação. Sendo um método bastante flexível, ele necessita ser adaptado para atender às particularidades de cada organização, o que representa um desafio significativo. Cada aplicação tende a ser diferente, dependendo dos seguintes fatores: (i) necessidades e objetivos da organização; (ii) a forma com que o negócio se encontra estruturado; (iii) os sistemas, processos, procedimentos, ferramentas e informações existentes na organização; (iv) a área de aplicação; e (v) os recursos disponíveis.

---

[9] RADNOR, M. e PROBERT, D. Viewing the Future. *Research Technology Management.* Vol. 47(2). p. 25. 2004.
[10] KAMEOKA, A. Road-mapping for Corporate Strategy: A Japanese Case Study Involving Delphi-scenario Writing, International Center for Science and High Technology (ICS-UNIDO). 2003.
[11] BELLIVEAU, B., GRIFFIN, A. e SOMERMEYER, S. The PDMA Toolbook for New Product Development, New York: Wiley, 2002.
[12] MEYER, M.H. e MUGGE, P.C. Make Platform Innovation Drive Enterprise Growth. *Research Technology Management.* Vol. 44(1). p. 25. 2001.

Gestão de Portfólio

Gestão de Portfólio é um processo de planejamento e revisão visando selecionar os melhores projetos a serem desenvolvidos pela empresa em um horizonte de, por exemplo cinco anos, dependendo do setor industrial inserido. No caso da indústria de tecidos voltada para moda, o portfólio muda-se a cada seis meses, devido a feiras de exposição (primavera/verão e outono/inverno), enquanto para indústria automobilística o horizonte é normalmente de dez anos. O processo é revisado normalmente a cada seis meses pela alta administração da organização, apoiado por um conjunto de dados previamente preparado pelos assessores e gerentes funcionais. A gestão de portfólio visa atender simultaneamente a três objetivos: (1) alinhamento estratégico dos projetos de desenvolvimento com a estratégia do negócio; (2) maximização do valor do portfólio; e (3) balanceamento entre projetos sob critérios diversos[13].

A questão do alinhamento estratégico de projetos com o negócio certamente pode ser desdobrada em pelo menos duas partes: (a) alinhamento das estratégias funcionais com a estratégia do negócio; e (b) alinhamento da estratégia dos projetos de desenvolvimento com a estratégia funcional da Pesquisa & Desenvolvimento e Engenharia. O tratamento do alinhamento pode ser feito por intermédio do método qualitativo (Mapeamento Estratégico)[14] complementado por método quantitativo (Modelo de Atribuição de Valor)[15].

O segundo objetivo da gestão de portfólio é a maximização do valor do conjunto de projetos em desenvolvimento. Por causa do ambiente dinâmico, os projetos em desenvolvimento têm que ser continuamente monitorados para avaliar se estes permanecem otimizados no critério financeiro. Para inclusão ou exclusão de projetos, métodos de maximização do valor financeiro ou outro tipo de quantificação têm sido utilizados. Cálculo do valor comercial esperado do projeto que leva em consideração o retorno esperado, probabilidade de sucesso comercial e técnico e o custo do projeto têm sido os métodos mais utilizados.

O terceiro objetivo da gestão de portfólio é o balanceamento entre projetos. Não é possível para a sobrevivência de uma empresa desenvolver somente projetos de alto risco ou projetos de longa duração – é necessário obter equilíbrio entre os extremos de cada um dos critérios. Os critérios de balanceamento são diversos: alinhamento à estratégia da corporação, impacto competitivo das tecnologias, custos de P&D, compensação financeira, tempo até a finalização, probabilidade de sucesso técnico e comercial, tipo de projeto (plataforma, derivativo, rompimento etc.), investimento de marketing de lançamento etc. Para facilitar a visualização do balanceamento entre

[13] COOPER, R. G., EDGETT, S. J. e KLEINSCHMIDT, E. J. Portfolio Management in New Product Development: Lessons from the Leaders – I. *Research Technology Management.* Vol. 40(5): 16-28. 1997a.

[14] CLARK K. B. e WHEELWRIGHT, S. C. *Managing New Product and Process Development.* New York: The Free Press, 1993. 896 p.

[15] COOPER, R. G., EDGETT, S. J. e KLEINSCHMIDT, E. J. Portfolio Management for New Products. Reading: Addison-Wesley Publishing, 1998. 230p.

os parâmetros listados acima, auxílios visuais, como diagrama de bolhas, têm sido muito utilizados.

O estudo da capacidade instalada de desenvolvimento é outro tópico importante da Gestão de Portfólio. Nas empresas há sempre mais projetos que precisam ser desenvolvidos ou em desenvolvimento do que as equipes podem suportar – as horas demandadas excedem em muito às horas disponíveis de engenharia ou de marketing. As causas são normalmente subdimensionamento das equipes de desenvolvimento, falta de priorização dos projetos, não remoção de projetos já ultrapassados e inclusão de projetos baseada em critérios pouco objetivos. Para resolver esse problema, pode-se implementar estudo de compatibilização entre os recursos disponíveis, tais como horas demandadas e horas disponíveis, semelhante ao estudo da gestão da produção num horizonte de planejamento (Plano Mestre de Produção). Esse tipo de estudo é denominado de Planejamento Agregado de Projetos.[16] Um plano agregado consiste de uma planilha de dupla entrada, na qual se coloca, num eixo, a dimensão tempo e, no outro, os projetos a serem desenvolvidos, agrupados por famílias. O preenchimento se faz, portanto, por intermédio de setas de quando se iniciam e terminam os projetos num horizonte de planejamento (ver Figura 1.8).

Recursos Comprometidos para o Desenvolvimento (Engenheiros DE*)	Tipo de projeto	Projetos	Projetos/Sequência
15 (recursos separados)	Pesquisa e Desenvolvimento Avançado (novo para o mundo)	PD-1 PD-2 PD-3	
10 (12,5%)	Desenvolvimento de Rompimento	NE-3	
42 (52,5%)	Plataformas	PT-1 PT-2 PT-3 PT-4	
15 (18,75%)	Derivativos	D-1 D-2 D-3 D-4	
8 (10%)	Parcerias	P-1 P-2	

*Dedicação Exclusiva
    Total de Engenheiros de DE designados: 75
    Total de Engenheiros de DE disponíveis: 80
Fonte: Clark & Wheelwright (1993)

Início do Projeto: ●
Término do Projeto: ◆
Planejamento e Análise do Pré-Projeto: - - - -
Projeto em Desenvolvimento: ——

Figura 1.8 – Exemplo de uma planilha do Plano Agregado de Desenvolvimento de uma empresa.

---

[16] Um guia prático de estudo de Planejamento Agregado de Projetos, com exemplo prático, pode ser encontrado no Capítulo 4 do livro de CLARK e WHEELWRIGHT, 1993.

Para desenvolver um plano agregado, deve-se trilhar um conjunto de oito etapas:

- Etapa 1 – definir tipos ou classes de projetos de desenvolvimento que serão cobertos pelo Plano Agregado de Projetos;

- Etapa 2 – definir, para um projeto representativo de cada tipo, recursos críticos e o ciclo de tempo requerido para seu completo desenvolvimento (mais frequentemente o recurso crítico é o recurso humano, nas áreas de P&D e Marketing);

- Etapa 3 – identificar os recursos existentes disponíveis para esforços de desenvolvimento (em unidades equivalentes, por exemplo, 80 homens-hora de engenharia em dedicação integral) e projetos ativos existentes, com suas exigências de término;

- Etapa 4 – calcular a capacidade de utilização gerada na etapa 3;

- Etapa 5 – estabelecer o *mix* de projetos por tipo desejado para o futuro;

- Etapa 6 – estimar o número de projetos de cada tipo que podem ser realizados simultaneamente com os recursos existentes;

- Etapa 7 – decidir que projetos a executar;

- Etapa 8 – determinar e integrar, no plano, mudanças necessárias para melhorar a performance de desenvolvimento (velocidade, produtividade e qualidade) no decorrer do tempo.

Revitalização de Produtos pelo Conceito de Plataforma

Uma importante corrente de estudo, relacionada à GDP no nível estratégico, particulariza o estudo das plataformas[17] de produto. É comum encontrar nas empresas a divisão de produtos por famílias, tendo como critério uma mesma base tecnológica. Por exemplo, uma plataforma para produtos montados significa (computador, automóvel, telefone celular e outros), haver produtos com alto compartilhamento de subsistemas, componentes etc. Enquanto para produtos não montados, plataforma de produto se refere a uma mesma base de tecnologia de fabricação. Por exemplo, na família de embutidos (presunto, apresuntado, mortadela etc.) os produtos possuem processos de fabricação similares. A importância do estudo da plataforma reside principalmente no fato de o resultado financeiro das empresas ser altamente dependente deste. Pois é por intermédio do mapeamento correto que novas plataformas ou extensões e derivativos das plataformas existentes são gerados. Os estudos de Meyer e Lehnerd[18] têm sugerido a revitalização das linhas de produto por

---

[17] Plataforma de produto pode ser conceituada como a estrutura comum formada por subsistemas, componentes, materiais, interfaces e/ou processos de fabricação que são compartilhados dentro de uma família de produtos.

intermédio de uma renovação contínua do produto plataforma. Os autores identificam quatro tipos de estratégias utilizadas pelas empresas: (1) plataformas de nicho específico com compartilhamento restrito de subsistemas e processos de fabricação; (2) alavancagem horizontal (busca de novos segmentos) com compartilhamento de principais subsistemas e processos de fabricação; (3) alavancagem vertical (busca de preços versus desempenhos) com compartilhamentos; (4) estratégia de "cabeça de praia" que combina alavancagem vertical e horizontal com alto nível de compartilhamento. Os autores recomendam o uso das três últimas estratégias (ver Figura 1.9).

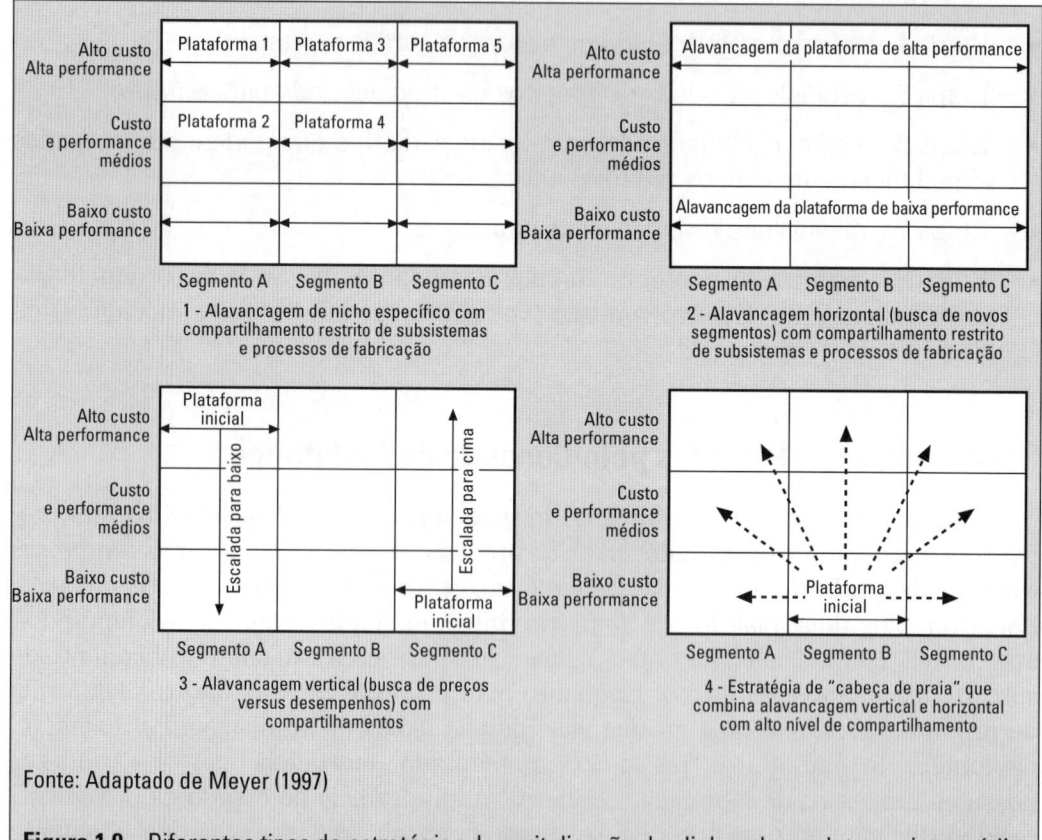

Fonte: Adaptado de Meyer (1997)

Figura 1.9 – Diferentes tipos de estratégias de revitalização das linhas de produto por intermédio de uma renovação contínua do produto plataforma.

---

[18] MEYER, M. H. Revitalize Your Product Lines Through Continuous Platform Renewal. *Research Technology Management.* Vol. 40(2): 17-28.1997.
MEYER, M. H. e LEHNERD, A. P. *The Power of Product Platforms.* New York: The Free Press, 1997. 267p.

Para efetuar o estudo da revitalização das plataformas existentes, Meyer prescreve um conjunto de nove passos:

- Passo 1 – segmentar os mercados;

- Passo 2 – identificar áreas de crescimento;

- Passo 3 – definir mapa atual das plataformas de produto;

- Passo 4 – formular uma plataforma de produto de solução superior;

- Passo 5 – efetuar uma pesquisa aprofundada das necessidades dos clientes;

- Passo 6 – analisar produtos concorrentes;

- Passo 7 – reestudar processos de manufatura e canais de distribuição;

- Passo 8 – entender as implicações do núcleo de competência da nova plataforma de produto;

- Passo 9 – constituir a equipe de desenvolvimento da plataforma e formular o cronograma e o orçamento.

Organização do Trabalho

Para finalizar o estudo da GDP no nível estratégico, é necessário abordar a questão da organização do trabalho no nível empresa. Temos visto que, devido ao crescente compartilhamento do conhecimento associado à evolução acelerada da tecnologia da informação, formas alternativas de integração têm sido buscadas, tanto no nível interorganizacional como interfuncional dentro de uma empresa. Uma pesquisa recente relacionada à pessoa e à organização, junto às quatorze melhores empresas farmacêuticas da Europa, revela a necessidade de integração de quatro características estratégicas organizacionais e gerenciais do futuro sobre esses dois elementos: formulação de visão inspiradora, obtenção da motivação pessoal, organização flexível e construção de fortes redes de comunicação externa e interna[19].

Integração interorganizacional para desenvolvimento de produtos, principalmente entre cliente e fornecedores, tem sido considerada como extremamente benéfica para alcance de sucesso em tempo, qualidade e custo. Para romper as barreiras dessa integração, alguns requisitos são necessários: participação do fornecedor no grupo de desenvolvimento, compartilhamento da educação e treinamento, construção de um processo de confiança mútua, compromisso da alta administração de ambas as partes, compartilhamento dos sistemas de informação, equipamentos etc.[20]

---

[19] OMTA, S. W., ONNO, F. e ENGELEN, van M. L. Preparing for the 21st Century. *Research Technology Management*. Vol. 41(1): 31-35. 1998.

[20] RAGATZ, G. L., HANDFIELD, R. B. e SCANNEL, T. V. Success Factors for Integrating Suppliers into New Product Development. Journal of Product Innovation Management. Vol. 14(3): 190-202. 1997.

Associada à integração interorganizacional, sabe-se que para haver bom programa de desenvolvimento é necessária uma eficaz interação entre áreas funcionais da organização[21]. A integração interfuncional nos programas de desenvolvimento, consiste em alinhar a visão da alta direção de todas as áreas funcionais, estabelecer conjuntamente planos e metas de desenvolvimento, acordar o plano de alocação de recursos, para que o programa de desenvolvimento da organização alcance metas do Plano Estratégico do Negócio. Muitas vezes, para obter essa integração utilizam-se métodos genéricos de mapeamentos ou particulares como TRM.

1.5. Gestão de Desenvolvimento de Produto no Nível Operacional

Com relação às questões operacionais do desenvolvimento, voltado para projeto específico, pode-se dizer que grande parte dos estudos da GDP se concentra nesse subtema, em particular sobre o Processo de Desenvolvimento de Produto (PDP) em si e no uso de métodos e técnicas. Pesquisas têm revelado que as empresas com melhores práticas são aquelas que utilizam um PDP formal para guiar seus processos de desenvolvimento[22]. Vários modelos formais têm sido apresentados como alternativas. Citamos aqui três modelos muito conhecidos e utilizados: (a) o processo de funil com as suas variantes (ver Figura 1.10)[23]; (b) o processo de *stage-gate* com suas etapas e processos de decisão (ver Figura 1.11)[24]; e, (c) o processo de *total design* em forma de espiral (ver Figura 1.12)[25]. O modelo do funil é meramente uma representação gráfica que engloba as ações de gestão de portfólio e de gestão de desenvolvimento do produto inseridas na dinâmica do mercado e tecnologia em constante mudança. Não há descrição das etapas, decisões e atividades. O modelo de *stage-gate* possui um detalhamento das etapas, decisões e também das atividades. Tem um viés voltado ao mercado por causa da área de formação dos autores que o prescreveram. No último modelo, processo de *total design*, há também uma

[21] SOUDER, W. E. Managing Relation Between R & D and Marketing in New Product Development Projects. *Journal of Product Innovation Management.* Vol. 5: 6-19. 1988.
GRIFFIN A. e HAUSER, J. R. Integrating R and D and Marketing: A Review and Analysis of the Literature. Journal of Product Innovation Management. Vol. 13(3): 191-215. 1996.
SUSMAN, G. I. Integrating Design and Manufacturing for Competitive Advantage. New York: Oxford University Press, 1992. 298 p.
[22] GRIFFIN, A. PDMA Research on New Product Development Practices: Updating Trends and Benchmarking Best Practices. *Journal of Product Innovation Management.* Vol. 14: 429-458. 1997.
[23] CLARK K. B. e WHEELWRIGHT, S. C. *Managing New Product and Process Development.* New York: The Free Press, 1993. 896 p.
[24] COOPER, R. G. *Winning at New Products: Accelerating the Process from Idea to Launch.* Second Edition. Reading: Addison-Wesley Publishing, 1993. 358p.
[25] PUGH, S. *Total Design: Integrated Methods for Successful Product Engineering.* London: Addison-Wesley Publishing. 1991.

descrição detalhada dos estágios, atividades, e inter-relações entre eles. Porém, o foco se volta para engenharia enfatizando o projeto do produto por causa da área de atuação de seu autor. Portanto, é importante que cada empresa busque um formato de desenvolvimento mais adequado à sua realidade.

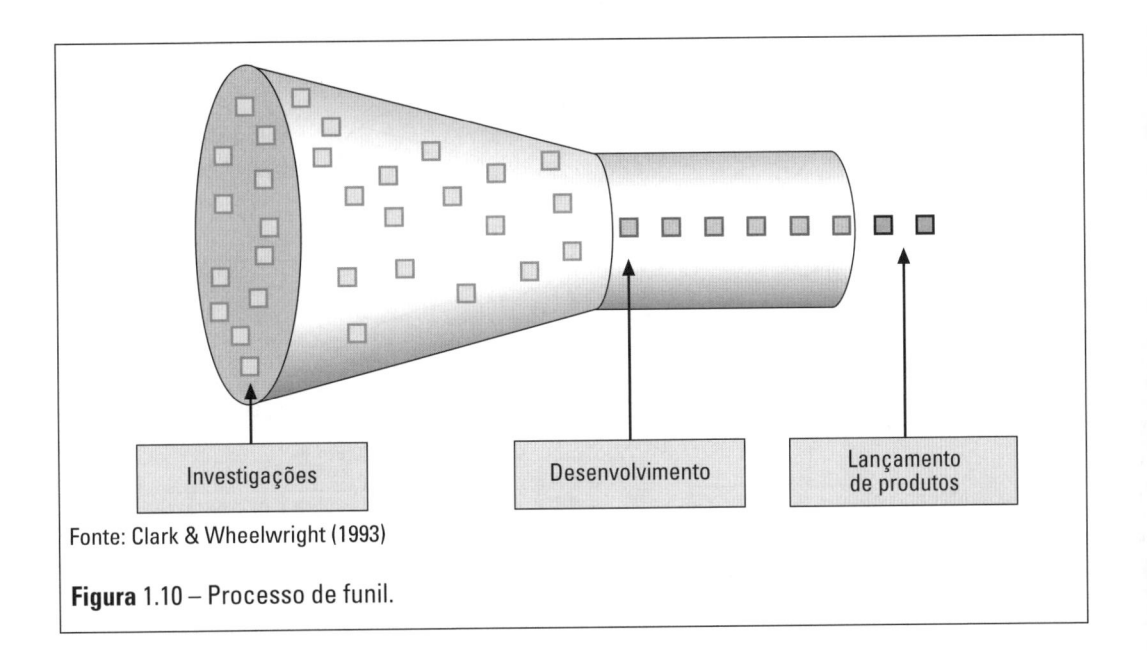

Fonte: Clark & Wheelwright (1993)

Figura 1.10 – Processo de funil.

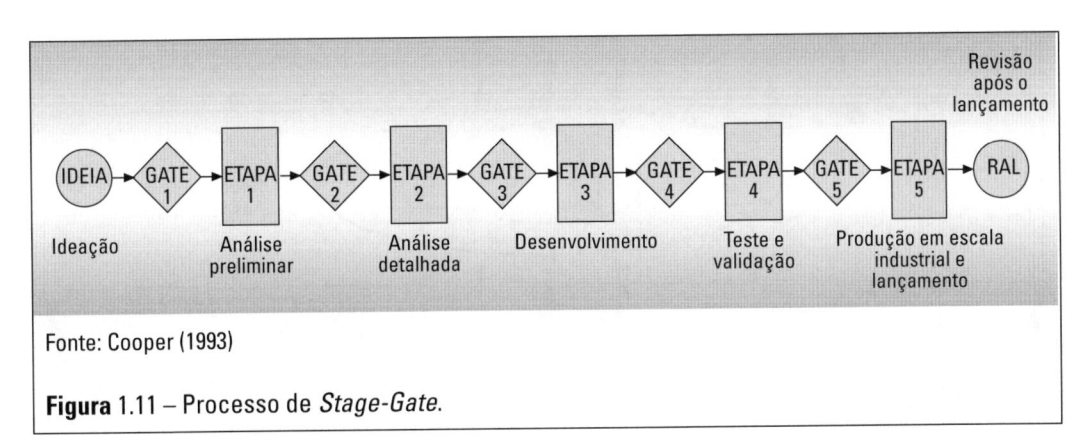

Fonte: Cooper (1993)

Figura 1.11 – Processo de *Stage-Gate*.

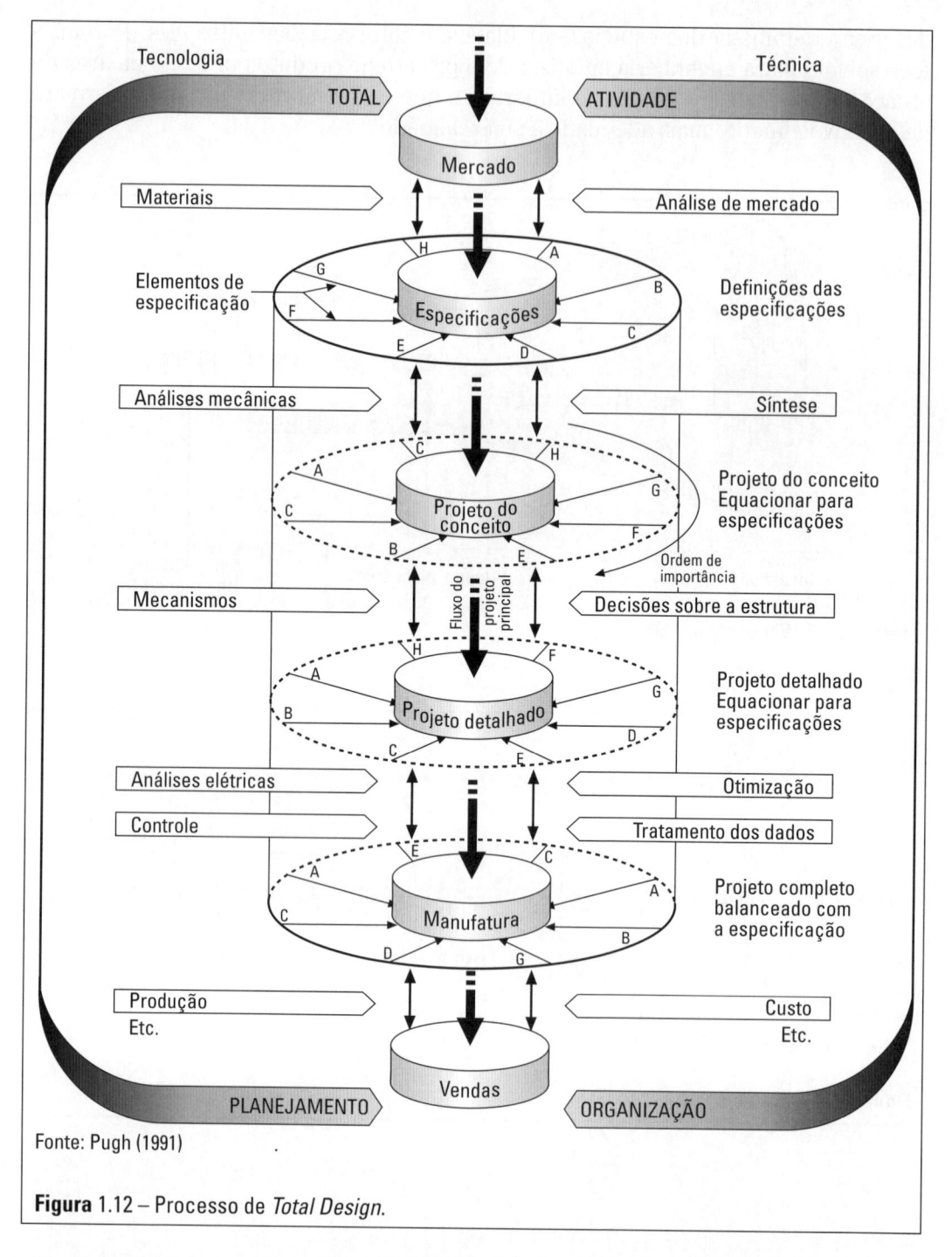

Figura 1.12 – Processo de *Total Design*.

Aprofundando nos tópicos específicos do Processo de Desenvolvimento de Produto, temos o planejamento do produto que compreende as etapas de identificação das necessidades dos clientes, desenvolvimento e teste do conceito (ver Figura 1.2). Exame minucioso de cada uma das etapas certamente envolverá compreensão da parte conceitual-teórica do tema, como também da aplicação de técnicas apropriadas. A área de marketing voltada para planejamento do produto tem apresentado estudos detalhados. Há muitos textos que abordam com muita pertinência o tema, inclusive com exemplos de casos[26].

Nas etapas seguintes, projeto do produto, projeto do processo e preparação para produção, que usualmente estão sob o domínio da P&D e Engenharia, há pequenas diferenciações metodológicas de acordo com o tipo de setor industrial. Entretanto, há diferenças marcantes para técnicas de apoio a estas etapas. Por exemplo, certas técnicas de suporte, como mapas de preferência, utilizadas no projeto e análise sensorial em setor alimentício, talvez não sejam úteis em indústria de autopeças. Pois este setor necessita de técnicas de suporte do tipo DFX (*Design for Manufacturing, Design for Assembly* etc.), CAE/CAD/CAM, Análise/Engenharia de Valor, FTA, FMEA e outras. Porém, há algumas técnicas que são comuns a diversos setores, como técnica de planejamento e análise de experimentos e técnica de estudo do controle estatístico de processo, para etapa de projeto de produto e de processo, e de preparação para produção respectivamente.

A última etapa do desenvolvimento é a do lançamento e monitoramento. Pode-se afirmar que uma preparação correta para o lançamento é complexa e exige uma coordenação eficaz entre Marketing, P&D, Manufatura, Venda e Logística. Questões que influem no processo podem ser divididas em três blocos: atividades relacionadas a estratégias; atividades relacionadas a táticas; e atividades de suporte voltadas à coleta de informações[27].

Assim como há técnicas de uso comum a diversos setores, há também métodos que transitam/atravessam várias etapas listadas acima. QFD é um método desse gênero, que acomoda um conjunto de técnicas dentro dele, e que visa auxiliar no desenvolvimento do produto focalizado na tradução e transmissão da voz do cliente até a pré-produção e, portanto, resultando na qualidade do produto a ser entregue ao cliente.

Quanto ao tópico redução do tempo de desenvolvimento, várias abordagens têm sido desenvolvidas para lidar com a questão de chegar mais rápido ao mercado, antes dos concorrentes. Três abordagens mais conhecidas são Gestão de Projetos, utilizando técnicas tradicionais de PERT e CPM, já empacotada em softwares, Engenharia Simultânea (CE)[28] e Resolução Antecipada de Problema (*Front-Loading Problem-*

---

[26] DOLAN, R. J. *Managing the New Product Development Process.* Reading: Addison-Wesley Publishing Company, 1993. 392 p.
URBAN, G. L. e HAUSER J. R. *Design and Marketing of New Products.* Englewood Cliffs: Prentice Hall, 1993. 701 p.
[27] DI BENEDETTO, C. A . Identifying the Key Success Factors in New Product Launch. *Journal of Product Innovation Management.* Vol. 16(6): 530-542. 1999.
[28] NEVINS, J. L. e WHITLEY, D. E. Concurrent Design of Products and Processes. New York: Mc Graw-Hill, 1989. 538 p.

Solving)[29]. A Primeira abordagem é muito conhecida e promovida por Project Management Institute (PMI). A segunda abordagem, apesar de já ter sido praticada há algum tempo em empresas japonesas, a sua estruturação e difusão mundial ocorreram a partir da década de 1980, principalmente nos Estados Unidos. Hoje, essa abordagem possui diversas variantes e é uma prática comum entre empresas. A terceira abordagem é mais recente, porém não é uma ideia nova. É uma explicitação da integração e inserção do conceito de resolução de problema, normalmente visto como reativo, dentro do desenvolvimento – assumindo dessa forma um enfoque proativo.

Organização do Trabalho

A integração interfuncional no projeto de desenvolvimento consiste principalmente na integração entre os participantes das áreas de Marketing, P&D, Engenharia e Manufatura, cobre questões de arquitetura organizacional e comunicação. Quanto à arquitetura estrutural, três formas têm sido sugeridas (arranjo funcional, matricial e na força-tarefa), enquanto na de comunicação, quatro modos teóricos, porém didáticos, de interação são apresentados por Clark e Wheelwright[30]. Cada um destes é detalhado a seguir.

Com relação à organização do trabalho em grupo para desenvolvimento, quatro possíveis formas de arranjo estrutural, que derivam das três formas de arquiteturas listadas anteriormente, são bastante conhecidas: funcional, peso-leve, peso-pesado e autônomo (ver Figura 1.13).

A definição de cada estrutura apresentada pode ser resumida da seguinte forma:

- Estrutura de equipes funcionais – neste modelo cada segmento do projeto fica sob responsabilidade de uma unidade funcional, mas não há a definição de uma liderança central.

- Estrutura de equipes peso-leve – neste modelo o projeto tem um coordenador que atua como líder de projeto, mas sem grande poder de decisão, e a responsabilidade dos recursos fica com a unidade funcional.

- Estrutura de equipes peso-pesado – neste modelo o projeto possui um gerente que é responsável por todas as suas fases, e possui total responsabilidade pelo trabalho, recursos financeiros, e pelas pessoas envolvidas no projeto. No entanto, estas permanecem alocadas em suas áreas funcionais.

---

[29] THOMKE, S. e FUJIMOTO T. The Effect of Front-Loading Problem-Solving on Product Development Performance. *Journal of Product Innovation Management.* Vol. 17: 128-142. 2000.
[30] CLARK K. B. e WHEELWRIGHT, S. C. *Managing New Product and Process Development.* New York: The Free Press, 1993. 896 p.

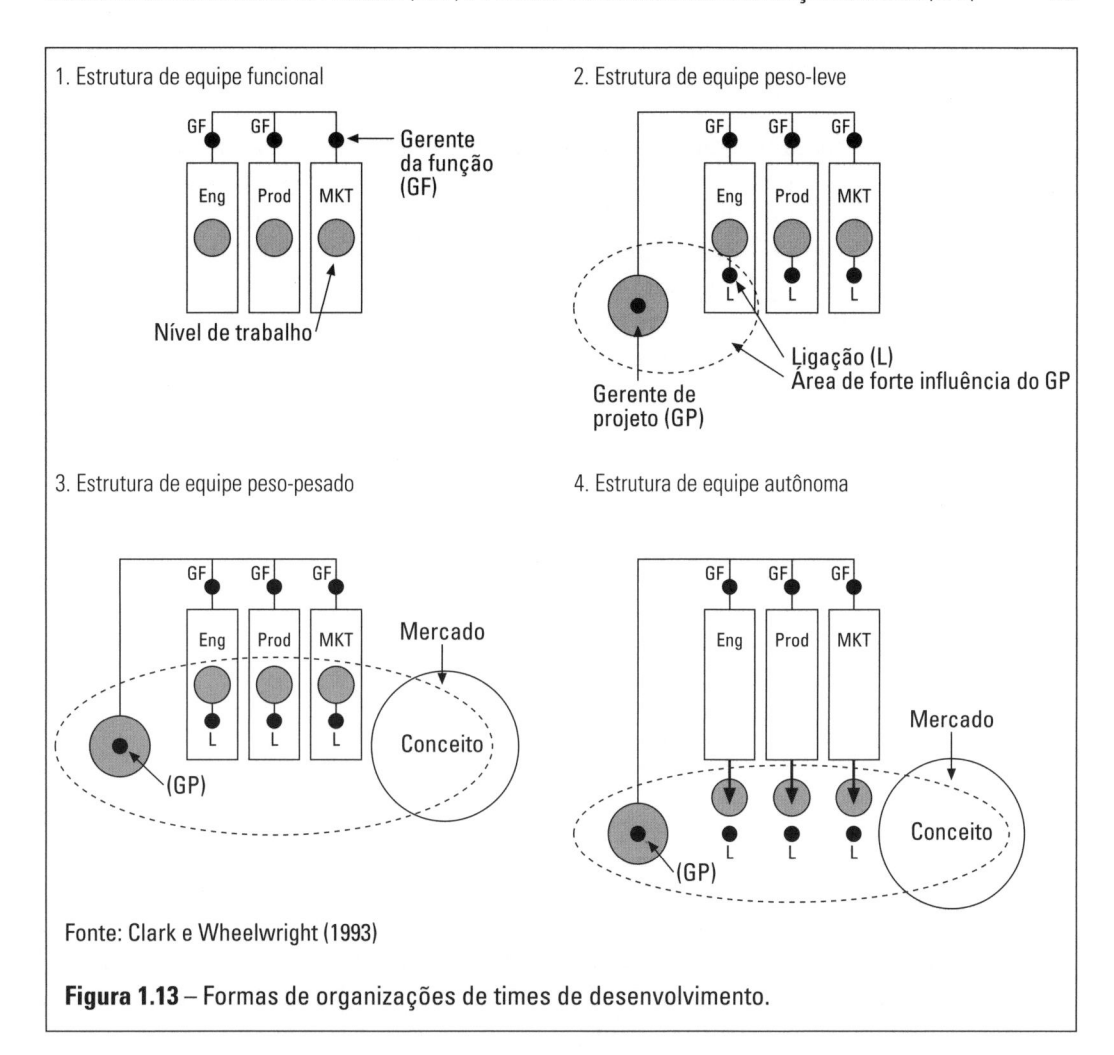

Fonte: Clark e Wheelwright (1993)

Figura 1.13 – Formas de organizações de times de desenvolvimento.

- Estrutura de equipes autônomas – este modelo segue as mesmas características do anterior, mas é formado por equipes temporárias, cujos membros são afastados de suas áreas funcionais.

O arranjo estrutural de um grupo de desenvolvimento não pode ser estabelecido em função de um modelo genérico e, sim, deve ser adaptado às contingências específicas da empresa. Na prática, seu formato é moldado em função das necessidades específicas do projeto, pelos fatores culturais e organizacionais históricos que cada organização possui.

Quanto à comunicação, a Figura 1.14 apresenta quatro modos de comunicação. Na primeira, Integração Segmentada, a equipe responsável pela Etapa II só inicia os trabalhos após a finalização completa dos trabalhos da Etapa I. Os trabalhos finalizados nesta etapa são transmitidos em um lote único de informações para a equipe da Etapa II. Nesse tipo de comunicação ocorre um período de ajustes dos trabalhos da Etapa I, realizados na Etapa II, o que aumenta o tempo de processamento. Ainda, as equipes não trabalham em conjunto para solução dos problemas existentes nas duas etapas.

Na segunda forma, Integração Segmentada Mais Tarde, existe uma ligação entre as equipes das diferentes etapas, mas os trabalhos finalizados continuam sendo transmitidos em um lote único e unilateral. Este modo ocorre quando a equipe responsável pela Etapa II verifica que os trabalhos concluídos na Etapa I somente poderão ser utilizados após o início dos trabalhos em sua etapa (Etapa II). Nesse tipo de comunicação também ocorre um período de ajustes dos trabalhos da Etapa I, realizados na Etapa II, o que aumenta o tempo de processamento. Mesmo existindo

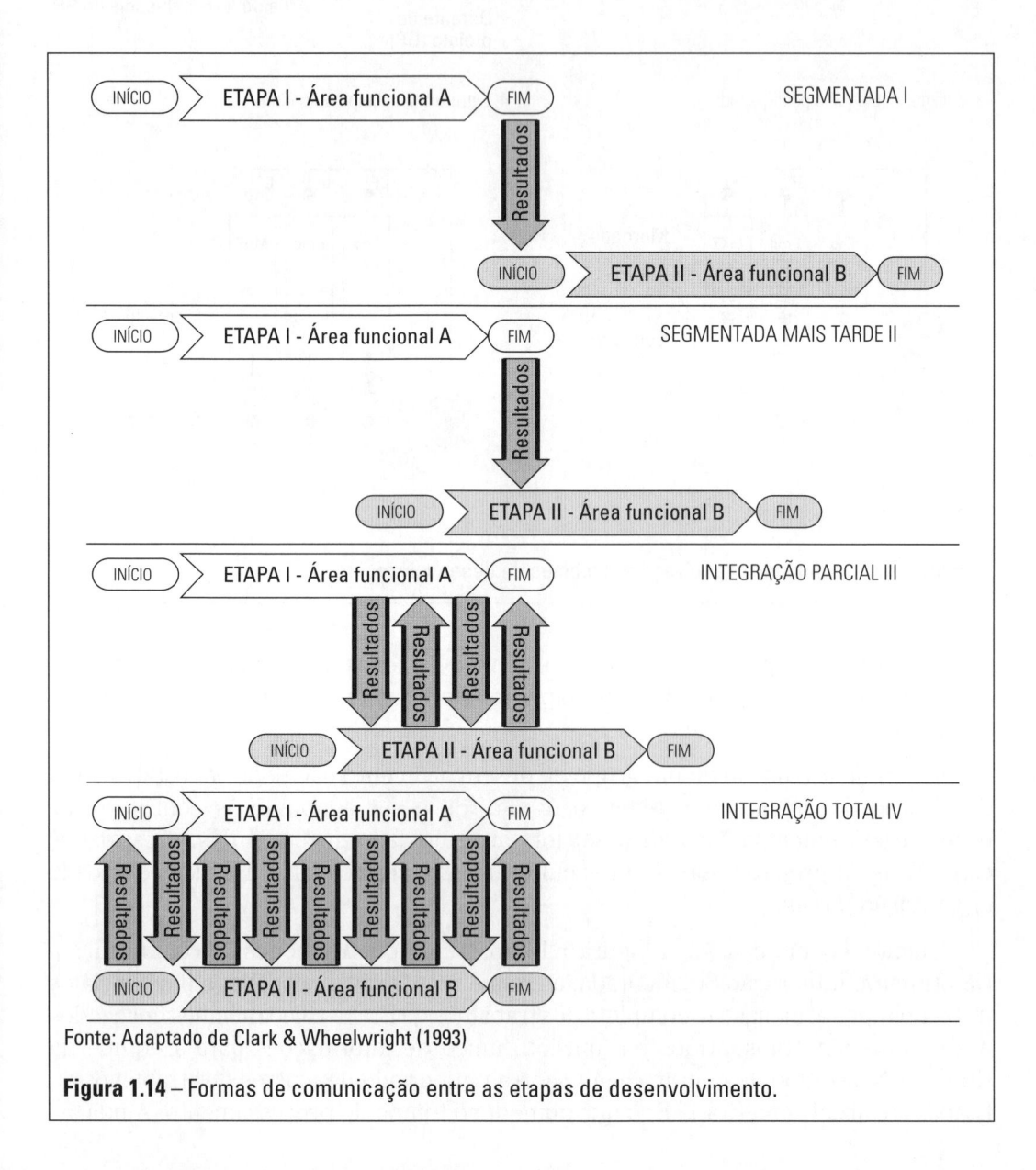

Fonte: Adaptado de Clark & Wheelwright (1993)

Figura 1.14 – Formas de comunicação entre as etapas de desenvolvimento.

um trabalho paralelo entre as equipes, essas não trabalham em conjunto para solução dos problemas existentes nas duas etapas.

Na terceira forma, Integração Segmentada Parcial, consiste de um início em direção a uma integração real. Nesse modelo, as equipes responsáveis pelas Etapas I e II estão interligadas em um padrão interativo de comunicação parcial. A equipe da Etapa I se envolve em parte do início das atividades da equipe da Etapa II, e vice-versa, a equipe da Etapa II se envolve em parte do fim das atividades da equipe da Etapa I. Nesse modelo, o trabalho se torna mais interativo, existe um diálogo de informações, há um melhor entendimento das informações confrontadas com o processo de desenvolvimento, há também uma redução dos atrasos do processo; e as equipes trabalham em conjunto para solução dos problemas que ocorrem durante o final das atividades da Etapa I e início da Etapa II. Assim, os trabalhos finalizados não são mais transmitidos em um lote único e unilateral, e sim discutidos e ajustados em conjunto pelas duas equipes.

Na quarta forma, Integração Total, as equipes responsáveis pelas Etapas I e II estão interligadas em um padrão interativo de comunicação total. Nesse modelo, as equipes não se comunicam somente no final e início das atividades de cada etapa, e sim ao longo de todo processo. Existe um aproveitamento do fluxo bilateral de informações pela equipes; há mudanças constantes no conteúdo de informações entre os dois grupos; os trabalhos são coordenados em tempo real, e as equipes trabalham em conjunto para solução dos problemas que ocorrem nas atividades, quando estes interferem nas duas equipes.

Esses modelos apresentados são exemplos de formas de comunicação entre etapas dos projetos. Como todo projeto possui várias etapas, cabe às organizações escolherem os melhores modelos para o desenvolvimento de seus trabalhos, podendo ser utilizados todos, um, dois ou três desses combinados, e/ou outros.

Dois aspectos relativos ao elemento humano aparecem com certo destaque atualmente: gestão do conflito e aprendizagem organizacional. Com relação ao primeiro, sabe-se que a existência de um determinado nível de conflito - tensão criativa - pode ser considerada saudável como forma de se encorajar inovação[31]. Entretanto, quando o conflito extrapola o nível aceitável é necessário entender como ele surge, qual a sua intensidade e como pode ser resolvido[32]. Quanto à aprendizagem, a importância desse tópico tem aumentado significativamente, já que no trabalho de desenvolvimento há, acima de tudo, incorporação direta do conhecimento humano. A aprendizagem pressupõe fases como aquisição, transformação e difusão de conhecimento, que acontecem ao nível de indivíduo, de grupo de desenvolvimento, entre grupos e para a organização. Acredita-se que a aprendizagem é um dos fatores críticos de sucesso no desenvolvimento de novos produtos e na otimização do

---

[31] LEONARD, D. e SWAP, W. *When Sparks Fly: Igniting Creativity in Groups*. Boston: Harvard Business School Press, 1999. 242p.
[32] GOBELI, D. H., KOENIG, H. F. e BECHINGER, I., Managing Conflict in Software Development Teams: A Multilevel Analysis. *Journal of Product Innovation Management*. Vol. 15(5): 423-435. 1998.

tempo de desenvolvimento, e que algumas práticas auxiliam a aprendizagem dentro dos grupos, tais como: anotação e revisão da informação, facilidade da busca da informação, clareza do objetivo e processo formal de desenvolvimento[33].

1.6. Robustecendo Sistema de Desenvolvimento de Produto com QFD

Desde 1991, temos focalizado as nossas experiências de intervenção em empresas brasileiras no robustecimento do SDP por intermédio da utilização do método QFD. Essas experiências têm nos esclarecido o principal contorno de ação do QFD (ver Figura 1.15) e trazido ensinamentos importantes sobre como devemos empreender essas aplicações. Esses ensinamentos vêm reforçar duas ideias importantes: a) **"QFD possui um forte potencial inerente ao método que é de ouvir, traduzir e transmitir, de forma priorizada, a voz do cliente para dentro da empresa"**; b) **"QFD é um método indutor da busca e da integração de conhecimentos das áreas funcionais da empresa, como também de métodos e técnicas de alta relevância para o processo de robustecimento do SDP da empresa"**. Com relação à primeira ideia, não há dúvida de que o método foi estruturado originalmente para essa finalidade, e tem sido valorado e reconhecido como tal pela academia e pelos praticantes das empresas até os dias de hoje. Com relação à segunda ideia, apesar de ser menos conhecida, ela tem sido marcante para nós e também para os praticantes do método nas empresas do Brasil. O QFD induz à busca e à partilha do conhecimento específico das áreas funcionais, permitindo aos agentes uma melhor compreensão do papel e da função de cada um. Ainda como indutor, as aplicações têm exigido e motivado os praticantes a buscar, a apreender e a aplicar outros métodos e técnicas para solucionar outras questões do SDP que não podem ser resolvidas pelo método QFD.

No decorrer dos anos, formulamos e aperfeiçoamos um procedimento de intervenção que tem nos auxiliado a diagnosticar e a intervir no SDP das empresas. Ele é resultado da nossa experiência na implementação do método QFD em empresas brasileiras por intermédio de um programa de pesquisa-ação no Núcleo de Tecnologia da Qualidade e da Inovação (NTQI) do Departamento de Engenharia de Produção da UFMG. Esse procedimento tem sido aplicado em dezenas de projetos pelos pesquisadores do programa nos processos de intervenção. A grande vantagem dele consiste no seu potencial em promover, desde o momento inicial dos projetos, um entendimento detalhado da situação-problema para os pesquisadores e também para os que pretendem robustecer os sistemas de desenvolvimento de produtos sob sua gestão.

---

[33] LYNN, G. S. et al. Learning is the Critical Success Factor in Developing Truly New Products. *Research Technology Management.* Vol. 41(2): 45-51. 1998.
LYNN, G. S., SKOV, R. B. e ABEL, K. D. Practices that Support Team Learning and Their Impact on Speed to Market and New Product Success. *Journal of Product Innovation Management.* Vol. 16(5): 439-454. 1999.

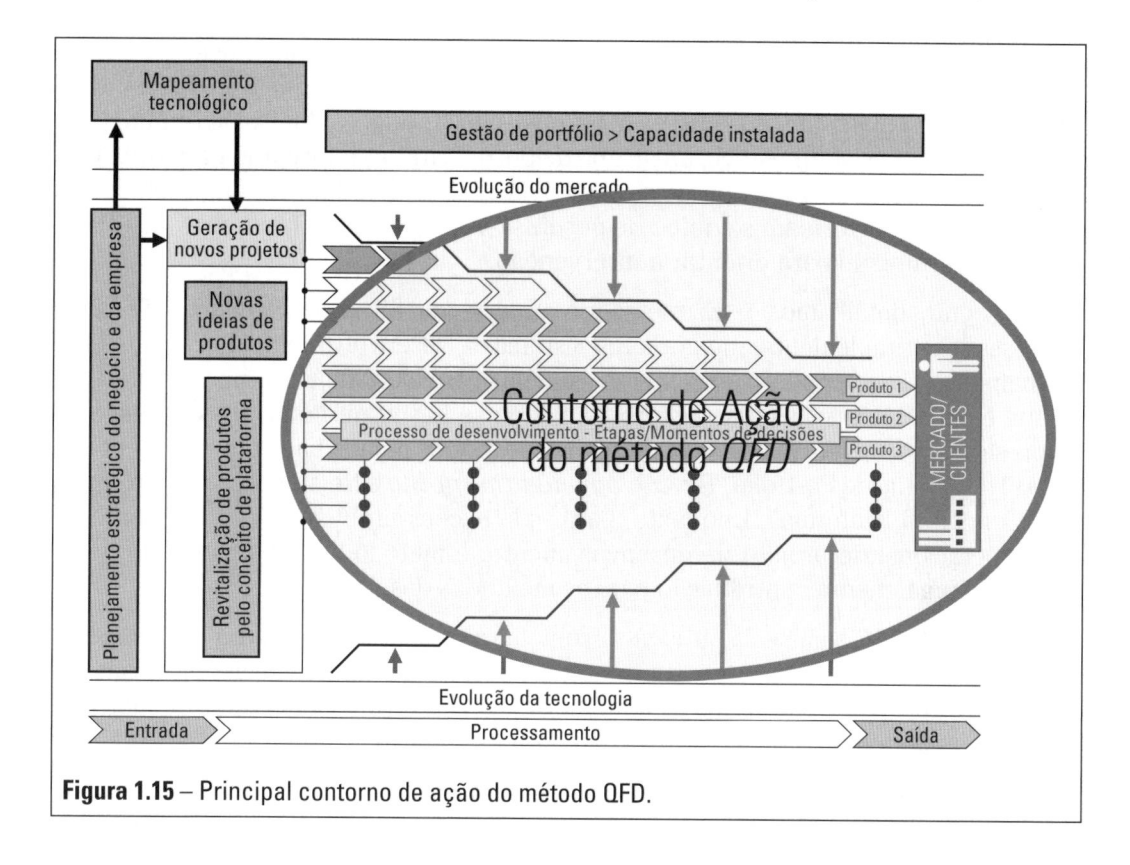

Figura 1.15 – Principal contorno de ação do método QFD.

O primeiro passo nesse procedimento de intervenção é apresentar à empresa o seguinte conjunto de perguntas que tem como objetivo **auxiliar na elucidação da situação antes da intervenção:**

1- Qual é o motivo real que levou a empresa a solicitar uma intervenção?

2- Qual é o contexto do SDP, no qual o método QFD será aplicado?

3- Qual é o escopo e a natureza do projeto, no qual QFD será utilizado?

4- Que tipo de papel o método QFD terá no projeto?

5- Qual é a extensão e o tipo de uso do método QFD?

6- Em qual área funcional da organização QFD mais contribuirá?

7- Que outros conceitos, métodos e técnicas serão necessários para complementar o método QFD no processo de intervenção?

Para orientar a nossa análise das questões acima, elaboramos um Esquema de Análise da Situação-Problema, no qual as questões propostas e as possíveis alternativas foram estruturadas de forma a facilitar a compreensão e a visualização da situação específica da empresa solicitante (ver Figura 1.16). Esse esquema apresenta uma visão mais voltada para Engenharia do que para Marketing, pois a maioria dos professores e pesquisadores do nosso programa tem formação em Engenharia ou Estatística.

Ainda antes da intervenção propriamente dita, algumas questões gerais são discutidas com a empresa para o propósito de planejamento: (1) que tipo de resultado é esperado; (2) quais são os recursos disponíveis; e (3) qual é o limite de tempo. Uma vez respondidas essas questões, um grupo de pesquisadores é formado para trabalhar de maneira integrada ao grupo de desenvolvimento de produto da empresa. Esses dois grupos juntos formam a equipe de pesquisa-ação. Subsequentemente, um plano de ação é formulado para orientar a intervenção.

A seguir, detalhamos o Esquema de Análise da Situação-Problema. O leitor interessado em implementar melhorias no Sistema de Desenvolvimento de Produtos sob sua responsabilidade poderá utilizar esse esquema para identificar a situação específica de sua empresa. Para as situações-problema que se focalizam no nível estratégico da empresa, o leitor deverá buscar o auxílio do corpo teórico mencionado anteriormente na seção 1.4 (Gestão de Portfólio, *Technology Roadmapping* e Revitalização de Produtos pelo Conceito Plataforma). Enquanto, para as situações-problema essencialmente do nível operacional de projeto de desenvolvimento, o método QFD apresentado neste livro trará uma imensa contribuição para as melhorias desejadas.

O Esquema de Análise da Situação-Problema apresentado na Figura 1.16 consiste de três perguntas e seu respectivo conjunto de situações possíveis. Na primeira pergunta, "Por que o SDP precisa de melhoria?", classificamos dois tipos de motivos: um olhando para o passado e o outro visualizando o futuro.

Houve uma vez, em que num caso de intervenção, foi-nos solicitado que auxiliássemos uma empresa de processamento de carne (aves, suínos e outros) com atuação nacional. Na ocasião, por volta de 1993, foi explicitado que a empresa era percebida como uma empresa **agroindustrial** e que necessitava de se preparar para um futuro competitivo. Ao mesmo tempo, como visão de futuro, era preciso que em dez anos a empresa viesse a ser percebida como uma empresa de **alimentos**. A lógica do argumento era que, no decorrer dos anos, concorrentes regionais e locais, principalmente frigoríficos cárneos que negociam peças inteiras, iniciariam o processo de fatiamento de carnes, buscando maior forma de agregação de valor ao produto. O desdobramento seguinte dessas empresas seria o processamento industrial da carne, gerando os embutidos (presunto, linguiça, salsicha e outros). Para enfrentar essa concorrência e superá-la continuamente, seria necessário que a empresa buscasse também a agregação de valor aos seus produtos; ao invés de permanecer produzindo embutidos, ela teria que desenvolver novos produtos mais nobres (pratos prontos como lasanha que utilizassem presunto), que pudessem satisfazer cada vez mais os clientes, antecipando as possíveis mudanças de hábitos e atitudes no futuro. Esse caso é um exemplo de busca de alinhamento do portfólio de projetos de desenvolvimento com a visão estratégica da empresa, preparando-se para um futuro de maior acirramento de concorrência, no qual o método QFD foi utilizado para desenvolvimento de novos produtos.

Na segunda pergunta, "a intervenção foi solicitada no nível da empresa?", identificamos três tipos de situações de intervenção no **processo de gerenciamento** e dois tipos de situações de intervenção na **organização do trabalho.**

I – Por que o sistema de desenvolvimento de produto precisa de melhoria?

1. Sensação de dificuldade devida a um conjunto de fatos e dados relativos ao desempenho organizacional, que demonstram que o sistema de desenvolvimento de produto da empresa, comparado aos concorrentes e/ou numa avaliação longitudinal no tempo, não satisfaz as metas estabelecidas.
2. Visualização de um futuro mais competitivo e é preciso se preparar para tal cenário.

II- Intervenção foi solicitada no nível da empresa?

A. Processo de Gerenciamento:
1. Relativo ao posicionamento da empresa no setor e na cadeia de valor, nos aspectos de inovação tecnológica, de capacidade em desenvolvimento de novos produtos, de escala produtiva, de capacidade de distribuição, de custo etc.
2. Relativo ao alinhamento estratégico das áreas funcionais envolvidas no gerenciamento de portfólio e desenvolvimento de produto com os objetivos estratégicos globais da empresa.
3. Relativo à otimização da capacidade interna de desenvolvimento ou equilíbrio entre tipos de projetos a serem desenvolvidos.

B. Organização do Trabalho:
1. Relacionada à coordenação e integração entre empresas em gerenciamento de portfólio e desenvolvimento de produto – consórcio ou rede.
2. Relacionada à coordenação e/ou integração das áreas funcionais no gerenciamento de portfólio e desenvolvimento de produto.

III- Intervenção foi solicitada no nível de projeto?

A. Processo de Desenvolvimento:
1. Relacionado ao estabelecimento ou melhoria do processo formal de desenvolvimento e tarefas.
2. Relacionado à compreensão de um produto quanto à estrutura do mercado, posicionamento, demandas de clientes, definição do conceito etc.
3. Relacionado à conversão, correlação e priorização das demandas de clientes em forma de especificação das características de qualidade do produto, processo e matéria-prima.
4. Relacionado à identificação e balanceamento das metas de qualidade, custo, confiabilidade, devido à inovação ou estrangulamento tecnológico no processo do *design* de produto, processo e especificação de matéria-prima.
5. Relacionado ao estabelecimento e obtenção das especificações durante o processo de *design* do produto e do processo, seleção de matéria-prima e, também, quanto à preparação e gerenciamento para a produção em escala – *scale-up* e *ramp-up*.
6. Relacionado à redução do tempo até o lançamento, através de engenharia simultânea e/ou solução de problema na ponta inicial (*front-end problem solving*).

B.- Organização do trabalho:
1. Relacionado à coordenação e organização da equipe de desenvolvimento de produto.
2. Relacionado à competência de desenvolvimento e aprendizagem dos membros da equipe de desenvolvimento de produto.

Figura 1.16 – Esquema de análise da situação-problema.

Vamos ilustrar com um caso de intervenção no processo de gerenciamento, em particular, posicionamento de uma empresa frente ao seu setor e na cadeia produtiva. Essa empresa, líder do mercado nacional de produção de filmes flexíveis para embalagem, era vista no mercado nacional como uma empresa inovadora, porém no cenário internacional era considerada uma *fast follower* (seguidora rápida). Dentro da cadeia produtiva, ela servia a grandes clientes de alimentos (chocolates, picolés, biscoitos, chips) que adquiriam o produto para ser impresso nos convertedores (gráficas que desenham e imprimem embalagens) enquanto recebia matéria-prima dos fornecedores – empresas petroquímicas. A empresa queria permanecer nessa posição (inovadora nacional e seguidora rápida internacional) nos próximos anos, porém visualizava ampliação no mercado nacional e em outros países da América do Sul. Para cumprir a visão, precisava ter um portfólio de produtos a ser desenvolvido muito bem gerido (produtos corretos e eficientemente desenvolvidos). Na intervenção no sistema de desenvolvimento de produtos dessa empresa, foram então utilizados conceitos e métodos de gestão de portfólio e QFD.

Com relação à situação três da solicitação de intervenção no processo gerencial ao nível da empresa, capacidade instalada de desenvolvimento, este é um problema crônico nas empresas – demandar mais horas de desenvolvimento das áreas funcionais (marketing ou pesquisa e desenvolvimento ou engenharia) do que elas têm para oferecer. Nas nossas experiências, ainda não encontramos nenhuma empresa que tivesse capacidade instalada ociosa. Se no sistema de produção há linhas de produção ou montagem, aqui temos grupos de desenvolvimento liderados por pessoas. Constituir grupos de trabalho com membros capacitados, segundo as exigências de conhecimento do projeto, motivados durante todo o período de desenvolvimento, e ainda mais, de áreas funcionais distintas que necessitam de integração nas atividades, não é com certeza uma tarefa fácil. Ficam sempre no ar perguntas do tipo, "idealmente, quantos projetos um membro é capaz de assumir?", "quantos projetos um coordenador é capaz de liderar?", "qual é o tempo de desenvolvimento para cada tipo de projeto?", "como superar ou transpor dificuldades tecnológicas no transcorrer do desenvolvimento que inicialmente não estavam previstas?", e outras.

Cremos que este problema não é trivial, pois a necessidade de desenvolver mais produtos será sempre maior do que a capacidade existente. O método QFD responde, aliviando a sobrecarga, por intermédio da acumulação sistemática e formal do conhecimento, evitando duplicação de esforços em projetos similares, com a consequente redução do tempo de desenvolvimento. Em projetos similares, utiliza-se sempre que possível conceito de produto-plataforma e derivativos. Nas intervenções, tem sido sugerida a utilização deste conceito para abreviar o tempo.

Quanto à terceira pergunta, "a intervenção foi solicitada no nível de projeto?", são listados seis tipos de situações tratando de assuntos do processo de desenvolvimento, desde a demanda de mercado e de cliente até o *scale-up* (produção inicial – lote piloto) e *ramp-up* (elevação do volume de produção em direção à quantidade projetada) da produção. Além disso, listamos dois tipos de necessidades de intervenção sobre a organização do trabalho no nível de projeto: coordenação e organização, e aprendizagem das equipes de desenvolvimento de produto. Pode-se dizer que necessidades de intervenção sobre o Processo de Desenvolvimento no Nível de Projeto são situações, para as quais QFD pode ser considerado um método potencialmente útil. QFD restrito (QFDr) é particularmente importante para uma situação tipo 1, através do desdobramento das funções, trabalhos e tarefas necessários para a Garantia de Qualidade durante todo o processo de desenvolvimento de produto. Esse item será explorado em detalhes no Capítulo 3. Para lidar com as situações tipo 2, 3 e 4, Desdobramento da Qualidade (QD) é o mais apropriado. QD pode ser considerado como um poderoso instrumento para induzir à participação e orquestrar debate de diferentes pontos de vista. A real vantagem de se utilizar QFD consiste na maneira estruturada de desdobrar do abstrato ao concreto, do todo às partes, traçando correlação entre fatores e efeitos explicitamente e mostrando visivelmente as especificações de *design* diferentes e comparativas. Explicações mais detalhadas sobre QFDr e QD estão nos capítulos que se seguem.

Esperamos que, ao apontar os potenciais de QFD em lidar com tópicos específicos dentro do Sistema de Desenvolvimento de Produto, estejamos também mostrando que QFD tem suas limitações e necessita de outros tipos de teoria, métodos e técnicas nos seus processos de intervenção. Abaixo mostramos alguns benefícios da utilização do QFD apontados pelas empresas brasileiras.

• Benefícios do QFD

Os benefícios do QFD, já comprovados pelo uso, são:

- Melhoria do sistema de desenvolvimento de produtos, lançando mais produtos e produtos de sucesso no mercado;
- Aumento da satisfação do cliente;
- Aumento do faturamento e lucratividade;
- Melhoria na percepção do cliente quanto à capacidade de inovação tecnológica da empresa;
- Aumento da participação na fatia de mercado;
- Redução do tempo de desenvolvimento;
- Redução de número de mudanças de projeto;
- Redução das reclamações de clientes;
- Melhoria da qualidade do produto percebida pelo cliente;
- Redução de custos e perdas;
- Melhoria da comunicação entre os setores interfuncionais;
- Redução de transtornos e mal-estar entre funcionários;
- Maior capacitação de recursos humanos da empresa;
- Maior capacidade de retenção do conhecimento tecnológico da empresa.

1.7. Conclusão

Esse primeiro capítulo teve como objetivo mostrar a importância do tema Gestão de Desenvolvimento de Produto (GDP), caracterizar o Sistema de Desenvolvimento de Produto (SDP) e delinear o seu contorno por intermédio de um conjunto de tópicos inter-relacionados, e por último destacar o método Desdobramento da Função Qualidade (QFD), inserindo-o dentro do tema GDP. Para isso, discutimos sobre as características do tema GDP e os principais tópicos desse campo de estudo, as questões relativas à avaliação de desempenho do SDP, a gestão de desenvolvimento de produtos no nível estratégico da empresa e no nível operacional dos projetos de desenvolvimento. Por fim, apresentamos o método dentro do contexto de robustecimento do SDP. Foram apontadas situações-problema, onde o conhecimento apresentado neste livro será de grande relevância.

Nos próximos capítulos, passaremos a detalhar, passo a passo, as partes constituintes do método QFD, e mostraremos como ele pode e deve ser implementado, de forma a aproveitarmos ao máximo o potencial que ele nos oferece.

REFERÊNCIAS BIBLIOGRÁFICAS

AKAO, Y. Introdução ao Desdobramento da Qualidade. Vol. 1. Belo Horizonte: Editora Fundação Christiano Ottoni, 1996. 187 p.

AKAO, Y. QFD Toward Product Development Management. In *Proceedings of International Symposium on Quality Function Deployment*. Tokyo: JUSE, 1995. P 1-10.

BAXTER, M. Projeto de Produto: Guia Prático para o Desenvolvimento de Novos Produtos. São Paulo: Blucher, 1998. 261p.

BELLIVEAU, B., GRIFFIN, A. e SOMERMEYER, S. The PDMA Toolbook for New Product Development, New York: Wiley, 2002.

BLUM, F. Action Research – A Scientific Approach? *Philosophy of Science*. Vol 22(1): 1-7. 1955.

BROWN, S. L. e EISENHART, K. M. Product Development: Past Research, Present Findings, and Future Directions. *Academy of Management Review*. Vol. 20(2): 343-378. 1995.

BURRELL, G. e MORGAN, G. *Sociological Paradigms and Organisational Analysis*. London: Heineman, 1979. 432 p.

CHENG, L. C., DRUMMOND, P. e MATTOS, P. A Integração do Trinômio Tecnologia, Produto e Mercado na Pré-incubação de uma Empresa de Base Tecnológica. Anais da 3ª Conferência Internacional de Pesquisa em Empreendedorismo na América Latina (CIPEAL). Rio de Janeiro: PUC-RJ. 2004.

CHENG, L, C. Caracterização da Gestão de Desenvolvimento do Produto: Delineando o Seu Contorno a Dimensões Básicas. Anais do *2° Congresso Brasileiro de Gestão de Desenvolvimento de Produto*. São Carlos: Universidade Federal de São Carlos, p. 1-9. 2000.

CLARK K. B. e WHEELWRIGHT, S. C. *Managing New Product and Process Development*. New York: The Free Press, 1993. 896 p.

CLARK K. B. e WHEELWRIGHT, S. C. *The Product Development Challenge: Competing Through Speed, Quality and Creativity.* Boston: Harvard Business School Publishing, 1994. 431 p.

CLAUSING, D. Total Quality Development. New York: ASME Press, 1994. 506 p.

COOPER, R. G., EDGETT, S. J. e KLEINSCHMIDT, E. J. New Problems, New Solutions: Making Portfolio Management More Effective. *Research Technology Management.* Vol. 43(2): 18-33. 2000.

COOPER, R. G. From Experience: The Invisible Success Factors in Product Innovation. *Journal of Product Innovation Management.* Vol. 16: 115-133. 1999.

COOPER, R. G., EDGETT, S. J. e KLEINSCHMIDT, E. J. Portfolio Management for New Products. Reading: Addison-Wesley Publishing, 1998. 230p.

COOPER, R. G., EDGETT, S. J. e KLEINSCHMIDT, E. J. Portfolio Management in New Product Development: Lessons from the Leaders – I. *Research Technology Management.* Vol. 40(5): 16-28. 1997a.

COOPER, R. G., EDGETT, S. J. e KLEINSCHMIDT, E. J. Portfolio Management in New Product Development: Lessons from the Leaders – II. *Research Technology Management.* Vol. 40(6): 43-52. 1997b.

COOPER, R. G. e KLEINSCHMIDT, E. J. Winning Businesses in Product Development: The Critical Success Factors. *Research Technology Management.* Vol. 39(4): 18-29. 1996.

COOPER, R. G. *Winning at New Products: Accelerating the Process from Idea to Launch.* Second Edition. Reading: Addison-Wesley Publishing, 1993. 358p.

DI BENEDETTO, C. A. Identifying the Key Success Factors in New Product Launch. *Journal of Product Innovation Management.* Vol. 16(6): 530-542. 1999.

DOLAN, R. J. *Managing the New Product Development Process.* Reading: Addison-Wesley Publishing Company, 1993. 392 p.

FLEURY, A. e FLEURY, M. T. L. Estratégias Empresariais e Formação de Competências: Um Quebra-cabeça Caleidoscópico da Indústria Brasileira. São Paulo: Editora Atlas, 1999. 169 p.

FOSTER, M. An Introduction to the Theory and Practice of Action Research in Work Organizations. *Human Relations.* Tavistock Institute, Vol. 25(6): 529-556. 1972.

GOBELI, D. H., KOENIG, H. F. e BECHINGER, I., Managing Conflict in Software Development Teams: A Multilevel Analysis. *Journal of Product Innovation Management.* Vol. 15(5): 423-435. 1998.

GRIFFIN, A. PDMA Research on New Product Development Practices: Updating Trends and Benchmarking Best Practices. *Journal of Product Innovation Management.* Vol. 14: 429-458. 1997.

GRIFFIN, A. e PAGE, A . PDMA Success Measurement Project: Recommended Measures for Product Development Success and Failure. *Journal of Product Innovation Management.* Vol. 13: 478-496. 1996.

GRIFFIN A. e HAUSER, J. R. Integrating R and D and Marketing: A Review and Analysis of the Literature. *Journal of Product Innovation Management.* Vol. 13(3): 191-215. 1996.

GRIFFIN, A. e PAGE, A . An Interim Report on Measuring Product Development Success and Failure. *Journal of Product Innovation Management.* Vol. 10: 291-308. 1993.

GRIFFIN, A. e HAUSER, J. R. Patterns of Communication Among Marketing, Engineering and Manufacturing – A Comparison Between Two New Product Teams. *Management Science.* Vol. 38(3): 360-373. 1992.

KAMEOKA, A. Road-mapping for Corporate Strategy: A Japanese Case Study Involving Delphi-scenario Writing, International Center for Science and High Technology (ICS-UNIDO). 2003.

KANO, N. e KOURA, K. Development of Quality Control Seen Through Companies Awarded the Deming Prize. *Reports of Statistical Application Research.* Vol. 37(1): 79-105. 1990.

LEONARD, D. e SWAP, W. *When Sparks Fly: Igniting Creativity in Groups.* Boston: Harvard Business School Press, 1999. 242p.

LYNN, G. S., SKOV, R. B. e ABEL, K. D. Practices that Support Team Learning and Their Impact on Speed to Market e New Product Success. *Journal of Product Innovation Management.* Vol. 16(5): 439-454. 1999.

LYNN, G. S. et al. Learning is the Critical Success Factor in Developing Truly New Products. *Research Technology Management.* Vol. 41(2): 45-51. 1998.

MEYER, M.H. e MUGGE, P.C. Make Platform Innovation Drive Enterprise Growth. *Research Technology Management.* Vol. 44(1) p. 25. 2001.

MEYER, M. H. Revitalize Your Product Lines Through Continuous Platform Renewal. *Research Technology Management.* Vol. 40(2): 17-28.1997.

MEYER, M. H. e LEHNERD, A. P. *The Power of Product Platforms.* New York: The Free Press, 1997. 267p.

MIZUNO, S. e AKAO, Y. QFD: The Customer-Driven Approach to Quality Planning and Deployment. Tokyo: Asian Productivity Organization, 1994. 365 p.

MORGAN, G. *Beyond Method: Strategies for Social Research.* London: Sage Publications, 1983. 424 p.

NEVINS, J. L. e WHITLEY, D. E. Concurrent Design of Products and Processes. New York: Mc Graw-Hill, 1989. 538 p.

NONAKA, I. e TAKEUCHI, H. The Knowledge-Creating Company. New York: Oxford University Press, 1995. 284 p.

OMTA, S. W., ONNO, F. e ENGELEN, van M. L. Preparing for the 21st Century. *Research Technology Management.* Vol. 41(1): 31-35. 1998.

PAGE, A. L. Assessing New Product Development Practices and Performance: Establishing Crucial Norms. *Journal of Product Innovation Management.* Vol. 10(4): 273-290. 1993.

PHAAL, R., FARRUKH, C. e PROBERT, D., *T-Plan: Fast Start to Technology Roadmapping – Planning your Route to Success.* Cambridge: Cambridge University, 2001.

PROBERT, D. e RADNOR, M. Frontier Experiences From Industry-Academia Consortia. *Research Technology Management.* Vol. 46 Issue 2, p. 27. 2003.

PUGH, S. *Total Design: Integrated Methods for Successful Product Engineering.* London: Addison-Wesley Publishing. 1991.

RADNOR, M. e PROBERT, D. Viewing the Future. *Research Technology Management.* Vol. 47, Issue 2, p. 25. 2004.

RAGATZ, G. L., HANDFIELD, R. B. e SCANNEL, T. V. Success Factors for Integrating Suppliers into New Product Development. *Journal of Product Innovation Management.* Vol. 14(3): 190-202. 1997.

RAPOPORT, R. N. Three Dilemmas in Action Research. *Human Relations.* Tavistock Institute, Vol. 23(6): 499-513. 1970.

SOUDER, W. E. Managing Relation Between R & D and Marketing in New Product Development Projects. *Journal of Product Innovation Management.* Vol. 5: 6-19. 1988.

SUSMAN, G. I. Integrating Design and Manufacturing for Competitive Advantage. New York: Oxford University Press, 1992. 298 p.

SUSMAN, G. I. Action Research: A Sociotechnical Systems Perspective. in Morgan, G. (Editor) *Beyond Method: Strategies for Social Research.* London: Sage Publications. 1983.

SUSMAN, G. I. e EVERED, R. D. An Assessment of the Scientific Merits of Action Research. *Administrative Science Quarterly.* Vol. 23: 582-603. 1978.

TERVIESCH C. e LOCH C. H. Managing the Process of Engineering Change Orders: The Case of the Climate Control System in Automobile Development. *Journal of Product Innovation Management.* Vol. 16(2): 160-172. 1999.

THIOLLENT, M. *Metodologia da Pesquisa-Ação.* São Paulo: Cortez Editora, 1996. 108p.

THOMAS, R. J. *New Product Development: Managing and Forecasting for Strategic Success.* New York: John Wiley, 1993. 352 p.

THOMKE, S. e FUJIMOTO T. The Effect of " Front-Loading" Problem-Solving on Product Development Performance. *Journal of Product Innovation Management.* Vol. 17: 128-142. 2000.

URBAN, G. L. e HAUSER J. R. *Design and Marketing of New Products.* Englewood Cliffs: Prentice Hall, 1993. 701 p.

WARMINGTON, A. Action Research: Its Methods and Its Implications. *Journal of Applied Systems Analysis.* University of Lancaster, Vol. 7: 23-39. 1980.

WILLARD, H. e McCLEES, W. Motorola's Technology Roadmap Process. *Research Management.* Vol. 30(5):13-19. 1987.

O MÉTODO DE DESDOBRAMENTO DA FUNÇÃO QUALIDADE (QFD)

Lin Chih Cheng
Leonel Del Rey de Melo Filho

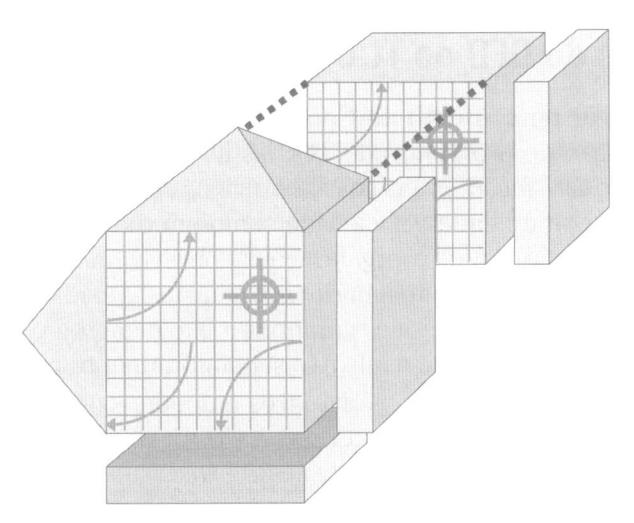

2.1. Introdução

O objetivo do capítulo é mostrar o que o método QFD é. O método tem sido aplicado tanto a produtos de consumo (entendidos como um bem tangível ou serviço) que são adquiridos pelo consumidor final (geladeira, automóvel, presunto, chocolate, cimento, serviço bancário, serviço de turismo e outros), como também a produtos industriais intermediários, pertencentes a uma cadeia produtiva entre cliente e fornecedor (minério de ferro, peça fundida, cal, filme flexível para embalagem e outros). Ele tem sido aplicado, também, tanto para desenvolvimento de novos produtos quanto para remodelagem ou melhoria de produtos existentes. A implantação do método QFD originalmente objetivava duas finalidades específicas: (1) auxiliar no processo de desenvolvimento do novo produto, buscando, traduzindo e transmitindo as necessidades e desejos do cliente; e (2) garantir qualidade.

Para cumprir o objetivo de proporcionar uma visão geral do que é o método QFD, vamos fazer uma caracterização mais completa possível do método neste capítulo. O detalhamento de como operacionalizar o método será feito nos Capítulos 3 a 9. Iniciamos essa caracterização com uma breve descrição da origem do método no TQC Estilo Japonês. Em seguida, abordaremos tópicos como: evolução do método QFD e a sua relação com o tema GDP; o que é QFD com suas unidades operacionais; dimensões de cobertura do QFD (qualidade positiva, tecnologia, custo e confiabilidade); e desdobramento do trabalho. Apresentaremos um guia para intervenção ao nível operacional usando QFD, e discutiremos sobre como obter o máximo de benefício com o uso do método.

2.2. Surgimento do QFD no TQC Estilo Japonês

O método QFD surgiu no contexto do Controle da Qualidade Total (TQC), estilo japonês. A implantação de programas de TQC estilo japonês nas organizações tem como objetivo gerar satisfação às pessoas envolvidas, por exemplo, clientes, funcionários, acionistas, comunidade e sociedade como um todo. Para que a satisfação seja alcançada é necessário que as organizações sobrevivam, gerando lucros para remunerar adequadamente seus funcionários e acionistas, beneficiando socialmente comunidades no entorno da empresa e "garantindo que o cliente possa comprar um produto ou serviço com confiança e usufruí-lo satisfatoriamente por um longo período de tempo" [1]. Para cumprir esse objetivo, três enfoques complementares de Garantia da Qualidade (GQ) foram desenvolvidos no TQC: Garantia da Qualidade pela Inspeção, Garantia da Qualidade pelo Controle do Processo e Garantia da Qualidade durante o Desenvolvimento do Produto.

O primeiro enfoque é caracterizado pela separação do defeituoso do perfeito, comparando aquilo que foi produzido com um padrão. O segundo enfoque, da GQ pelo controle do processo, iniciou-se na década de 1930 com Shewhart e Deming nos Estados Unidos e, por volta de 1949, no Japão [2]. Desde então, essa prática tem sido usual nas empresas japonesas. Esse enfoque caracteriza-se pelo controle de todos os processos envolvidos na formação do produto final, tanto no seu efeito como nas suas causas. O controle é centrado no processo de formação do produto final e não na detecção quando o produto já está formado. O que existe em comum entre os dois primeiros enfoques é a tentativa de buscar: (1) a aproximação entre a "Qualidade de Fabricação" e a "Qualidade de Especificação de Projeto"; e (2) o estreitamento da faixa de variação da "Qualidade de Fabricação" ou redução da variabilidade.

---

[1] ISHIKAWA, K. *Introduction to Quality Control.* Tokyo: 3A Corporation, 1989.

[2] MIZUNO, S. Company-Wide Quality Control Activities in Japan. Reports of Statistical Application Research. Tokyo: JUSE. Vol. 16(3): 2-13. 1969.

Quanto à necessidade do conceito da Garantia da Qualidade pelo Desenvolvimento do Produto, esta foi evidenciada por volta de 1959[3]. Sabia-se desde então que, para que as empresas fossem verdadeiramente competitivas, não bastava "fazer ou formar bem", mas era necessário ir além dessa prática, isto é, era preciso conceber, projetar, produzir e "entregar bem" os produtos. Esse terceiro enfoque difere dos dois primeiros porque, além de necessitar dos enfoques anteriores, busca uma aproximação entre a "**Qualidade Exigida**" dos clientes e a "**Qualidade do Produto e Serviço Recebido**", passando pela "**Qualidade de Especificação e Qualidade de Fabricação do Produto**". Se no primeiro enfoque visa-se detectar algo errado no produto final já pronto e no segundo, formar bem o que foi especificado, o terceiro enfoque vai além: visa conceber bem o que se propõe a produzir e entregar de acordo com as necessidades e os desejos captados dos clientes.

Estes três enfoques podem ser vistos como uma evolução do conceito de GQ, e esta evolução é a operacionalização do conceito de "controle a montante" no ciclo de vida do produto dentro de uma empresa. É uma caminhada de prevenção de problemas ou resolução antecipada de problemas[4]. Nessa evolução pode-se identificar pelo menos duas importantes mudanças: visão do potencial do homem e escopo de atuação do controle da qualidade.

O pressuposto quanto ao potencial do homem, com a evolução do enfoque, passou a ser mais "voluntarista". Isto é, "o ser humano possui uma maior capacidade de ser o sujeito transformador do ambiente que o cerca, ao invés de ser um mero objeto influenciado pelo ambiente – um produto do meio sem capacidade de transformá-lo". Por exemplo, para o grande contingente de pessoas, anteriormente restritas ao nível de execução, vê-se que elas são mais do que capazes de planejar, verificar o próprio trabalho e efetuar ação corretiva, como também de estabelecer as relações de causa e efeito dos processos sob seus cuidados e aperfeiçoar os modos de execução das suas tarefas. Por outro lado, aqueles que no passado eram meros capatazes (inclusos os com formação de nível superior) são agora considerados como capazes de aprofundar os seus conhecimentos, tanto no plano de gestão quanto no plano da tecnologia intrínseca aos processos. Mantém-se a divisão do trabalho, mas com atribuição de novas funções aos escalões inferiores, dando-lhes maior autonomia.

A segunda mudança se refere ao escopo de atuação do controle da qualidade. A tarefa de controle da qualidade executada como inspeção passa a alcançar todos os processos da empresa – desde planejamento de um produto, passando pela assistência técnica do produto vendido e chegando até a retroalimentação de informações para replanejamento do produto. Portanto, indistintamente, a prática do controle da

---

[3] MIZUNO, S. Company-Wide Quality Control Activities in Japan. Reports of Statistical Application Research. Tokyo: JUSE. Vol. 16(3): 2-13. 1969.

[4] AKAO, Y. *Introdução ao Desdobramento da Qualidade.* Série Manual de Aplicação do Desdobramento da Função Qualidade. Vol. 1. Belo Horizonte: Editora Fundação Christiano Ottoni, 1996. 187 p.

qualidade passa a ser tarefa de todos. Isto significa dizer que todos os funcionários dentro de uma organização estão direcionados para a GQ, e alcançá-la na sua plenitude só é possível quando todas as pessoas de todas as áreas funcionais da empresa contribuem para esse objetivo.

É importante salientar que o QFD não fazia parte do conjunto do conhecimento do Controle da Qualidade ou do TQC no início do processo de implantação do TQC no Japão. Mesmo depois de duas décadas de prática do TQC estilo japonês, no final dos anos 1960, o tema gestão do desenvolvimento de produtos era relatado ainda como um processo que necessitava de aperfeiçoamento[5]. Certamente, os grupos de estudo e pesquisa, constituídos pelos professores universitários e profissionais de empresas, fizeram um grande esforço para suprir essa lacuna. Esses estudos foram patrocinados pela *Union of Japanese Scientists and Engineers (JUSE)*. Por volta de 1978, com a publicação do livro dos professores Mizuno e Akao em japonês (traduzido e publicado em inglês somente em 1994[6]) após um lapso de dez anos, o método QFD foi finalmente reconhecido como o método que operacionaliza a garantia da qualidade durante o desenvolvimento do produto. Para obter um aprofundamento da origem do QFD, favor recorrer ao apêndice do livro do Akao publicado em 1996[7].

Resumindo, é importante salientar que os três enfoques de GQ não são mutuamente excludentes, mas sim praticados necessariamente de forma complementar. A distinção está na ênfase e não na exclusão de um enfoque em relação ao outro. Portanto, foi nesse contexto de viabilizar o conceito de GQ desde o desenvolvimento de produto que o método QFD foi concebido.

2.3. Evolução do Método e Proximidade com a GDP

O método QFD, conforme visto na seção anterior, foi formulado pelos professores Akao e Mizuno no final da década de 1960[8]. Desde então, vários elementos conceituais e metodológicos foram acrescentados pelo próprio Akao e por outros importantes autores japoneses engajados no TQC estilo japonês e no QFD. Isso resultou num modelo amplo de QFD e num compêndio de formas alternativas de aplicação do QFD.

---

[5] MIZUNO, S. Company-Wide Quality Control Activities in Japan. Reports of Statistical Application Research. Tokyo: JUSE. Vol. 16(3): 2-13. 1969.

[6] MIZUNO, S. e AKAO, Y. *QFD: The Customer-Driven Approach to Quality Planning and Deployment.* Tokyo: Asian Productivity Organization. 1994.

[7] AKAO, Y. *Introdução ao Desdobramento da Qualidade.* Série Manual de Aplicação do Desdobramento da Função Qualidade. Vol. 1. Belo Horizonte: Editora Fundação Christiano Ottoni, 1996. 187 p.

[8] AKAO, Y. History of Quality Function Deployment in Japan in *The Best on Quality: targets, improvements, systems.* H. J. Zeller (Editor) International Academy for Quality Book Series. Munich: Hanser Publishers. Vol. 3: 183-196.1990a.

A aplicação do método QFD no Japão originou-se do uso do diagrama de causa-e-efeito para definição dos pontos de controle e, posteriormente, tabelas de garantia da qualidade, particularmente na produção. Nos últimos anos, o QFD tem sido direcionado à etapa inicial do ciclo de vida do desenvolvimento de produto e planejamento do produto dentro de uma empresa. Se no passado as aplicações eram na maioria das vezes sobre produtos tangíveis, ultimamente tem sido crescente o uso sobre produtos menos tangíveis, como serviços e software. Há excelentes exemplos de aplicação num grande espectro de indústrias japonesas, e também de países asiáticos, por empresas coreanas e taiwanesas.

Em paralelo a essa evolução metodológica no Japão, a partir de 1986[9], houve nos Estados Unidos uma difusão intensa de QFD, porém com características diferentes daquele desenvolvido pela equipe do professor Akao. A existência de variadas versões de QFD cria uma certa confusão no entendimento do que seja verdadeiramente o QFD. A confusão acontece pelo menos em dois aspectos: nas diferentes formas de denominar o método e nas diferentes versões existentes.

O QFD é um método conhecido e utilizado nos Estados Unidos e na Europa onde, em termos de conteúdo, é restrito ao Desdobramento da Qualidade – QD. Ao passo que, no Japão, o QFD (em japonês, *Hinshitsu Kino Tenkai*) é composto de QD e QFDr e é entendido de forma mais ampla, ligado ao sistema de garantia da qualidade – garantia da qualidade durante o desenvolvimento do produto. No Brasil, com poucas exceções, verifica-se que o entendimento do QFD tem sido influenciado fortemente pela visão americana e europeia. Portanto, a confusão está em atribuir o mesmo nome a conteúdos diferentes.

Quanto ao segundo aspecto, a existência de diferentes versões do QFD, há nos Estados Unidos duas versões distintas adotadas por duas instituições diferentes. A primeira versão, a mais conhecida, é caracterizada por quatro desdobramentos principais – planejamento do produto, desdobramento dos componentes, planejamento do processo e planejamento da produção. Esta versão, adotada pelo *American Supplier Institute* (ASI), foi desenvolvida por Makabe e transmitida ao ASI por Don Clausing. O método QFD do ASI inclui somente o QD. É certamente uma versão simplificada, à qual as melhorias e avanços da prática do método QFD não foram integralmente incorporados. A aplicação desenvolvida por Clausing foi denominada de QFD Melhorado (*Enhanced QFD*), na qual o método de *Robust Design* é acrescido a QFD, e ambos são colocados dentro de uma estrutura de desenvolvimento denominada *Total Quality Development* – TQD[10].

A segunda versão americana é difundida pelo *Goal/QPC* de Bob King. De acordo com King, o método QFD teve origem nos trabalhos de Akao, porém na versão desenvolvida pelo *Goal/QPC*, o QFD também contempla somente o QD. Esta versão caracteriza o QFD como um desdobramento sistemático de matrizes ao invés de

---

[9] SULLIVAN, L. P. Quality Function Deployment. *Quality Progress*. Vol. 19(6): 39-50. 1986.

[10] CLAUSING, D. Total Quality Development. New York: ASME Press, 1994.

tabelas. Ela não faz distinção de modelos conceituais, o que na visão japonesa é um requisito básico para diferentes estudos em diferentes indústrias (tabelas, matrizes e modelos conceituais serão explicados em detalhes na seção 2.4.1).

É provavel que o QFDr (QFD restrito) não tenha sido aplicado nos Estados Unidos, porque já havia naquele país processos bem estabelecidos de desenvolvimento de produto[11]. Um exemplo disso é o uso da Análise de Sistemas e Métodos de Engenharia de Sistemas[12] pela *General Motors*, substituindo o QFDr por esses processos bem conhecidos para desenvolvimento de projetos complexos de engenharia[13]. No entanto, as simplificações apontadas fazem com que o potencial do método QFD não seja plenamente aproveitado. Entretanto, tem havido um esforço no sentido de usar todo o conteúdo do QFD, *Comprehensive QFD*, tanto nos Estados Unidos quanto na Europa, impulsionado pelo *QFD Institute* dos Estados Unidos. No Brasil, alguns praticantes têm utilizado as versões do ASI ou do King. Porém, é bom salientar mais uma vez que essas versões não são completas. São simplificações do original e, por isso, limitadas para alcançar o resultado em toda sua plenitude. Portanto, o nosso objetivo, ao escrever este livro, é de difundir a versão completa do QFD como ele é realmente entendido no Japão pelos seus criadores. Retornaremos à discussão sobre as diferentes versões de QFD mais adiante.

Com relação à prática de QFD nos EUA, ela se encontra em quase todos os setores da indústria. Vale mencionar algumas aplicações especiais na indústria automobilística, serviços e software. Na Europa, QFD é também bastante conhecido, e diversos casos de aplicação têm sido relatados; por exemplo, desenvolvimento de software na Alemanha; planejamento urbano e indústria da construção civil na Suíça; e desenvolvimento habitacional na Finlândia. Na Suécia, além das aplicações de QFD, há uso articulado de técnicas estatísticas em conjunto com o método QFD. Na Itália, há também relatos de várias aplicações de QFD.

De outras partes do mundo, podemos citar as aplicações inovadoras de QFD na Austrália, na área de planejamento estratégico e desenvolvimento de novo negócio ou melhoria de negócio existente, em conjunto com o uso do método de *Hoshin Kanri*. No Brasil há relatos de aplicações de QFD nas indústrias automobilística e de alimentos desde 1995.

Finalmente, existem estudos sobre como o método tem sido aplicado em alguns países. Esses estudos exploratórios e descritivos têm complementado os relatos de casos mais detalhados, e têm trazido importantes revelações para reflexões sobre

---

[11] BOOZ, ALLEN e HAMILTON. *Management of New Products.* New York: Booz, Allen and Hamilton, 1968.
COOPER, R. G. e KLEINSCHMIDT, E. J. An Investigation into the New Product Process: Steps, Deficiencies and Impact. Journal of Product Innovation Management. Vol. 3 (1): 71-85. 1986.

[12] CHECKLAND, P. B. Systems Thinking, Systems Practice. Chichester: Wiley, 1981.

[13] ROSS, H. M. e PARYANI, K. QFD Status in the U. S. Automative Industry. *Transactions of the Seventh Symposium on Quality Function Deployment.* Ann Arbor: QFD Institute. p. 575-584. 1995.

as ações do passado e do presente; e, acima de tudo, têm contribuído para redirecionar as atividades e os planos futuros da comunidade de QFD. Esses estudos vêm do Japão[14], EUA[15], Suécia[16], Brasil [17] e Reino Unido[18]. Há ainda um importante estudo descritivo-comparativo entre Japão e EUA[19]. Todos esses estudos examinam quem aplica QFD, o grau e o modo de uso, as áreas funcionais envolvidas, os tipos de produtos ou projetos nos quais QFD é aplicado e, principalmente, o resultado obtido. Podemos citar como fatores contribuintes de sucesso mais frequentemente citados: recursos alocados, apoio da alta gerência, motivação e comprometimento da equipe.

Baseado na breve revisão da evolução da literatura do QFD acima, podemos afirmar que existe uma comunidade ativa de QFD, composta por praticantes de empresas, consultores e acadêmicos, que estudam, usam e refletem sobre o método em vários cantos do globo. Para nós, aqui no Brasil, como parte dessa grande comunidade mundial de QFD, a preocupação é como tornar o método mais eficaz, melhor compreendido e aplicado, e nisso consiste o propósito deste trabalho. Este livro é resultado de mais de quinze anos de experiência na condução e gestão de um programa de pesquisa-ação sobre implementação do QFD nos sistemas de desenvolvimento do produto em empresas brasileiras.

Quanto à relação do método QFD com o tema de estudo GDP, pode-se dizer que ela só foi publicamente reconhecida pela comunidade QFD durante o primeiro simpósio internacional de QFD realizado em Tóquio, em 1995. Nesse evento, o Prof. Akao, um dos criadores do QFD, fez uma declaração sobre a necessidade de colocar o método QFD dentro da estrutura de trabalho da GDP, com o artigo *"QFD Toward Product Development Management"*.

Contudo, dentro da comunidade da GDP, a inserção do QFD em GDP já vem sendo reconhecida há mais tempo, principalmente sob três diferentes perspectivas

---

[14] AKAO, Y. e NAOI, T. Survey and Reviews on Quality Function Deployment in Japan. Proceedings of the International Conference on Quality Control. Tokyo: Union of Japanese Scientists e Engineers – JUSE, 1987.

[15] GRIFFIN, A. Evaluating QFD's Use in US Firms as a Process for Developing Products. Journal of Product Innovation Management. Vol. 9(3): 171-187. 1992.
VONDEREMBSE, M. A. e RAGHUNATHAN, T. S. Quality Function Deployment's Impact on Product Development. International Journal of Quality Science. Vol. 2(4): 253-271. 1997.

[16] EKDAHL, F. e GUSTAFSSON, A. QFD: The Swedish Experience. Transactions from the Ninth Symposium on Quality Function Deployment. Novi: QFD Institute. p. 15-27. 1997.

[17] CAUCHICK MIGUEl, P. A. e CARPINETTI, L. C. R. Some Brasilian Experiences in QFD Application. *Proceedings of the Fifth Annual International Symposium on Quality Function Deployment.* Belo Horizonte:Universidade Federal de Minas Gerais – UFMG. p. 229-239. 1999.

[18] MARTINS, A. e ASPINWALL, E. M. Quality Function Deployment: An Empirical Study in the UK. *Total Quality Management.* Vol. 12 (5): 575-588. 2001.

[19] CRISTIANO, J. J., LIKER, J. K. e WHITE, C. C. Customer-Driven Product Development Through Quality Function Deployment in the U.S. and Japan. *Journal of Product Innovation Management.* Vol. 17: (4): 286-308. 2000.

da GDP: Marketing, Engenharia e Design. Vejamos alguns exemplos de inserção do QFD na GDP como um método importante. Da área de Marketing temos pelo menos dois livros que no seu conteúdo descrevem QFD como um importante método: *Managing the New Product Development Process* de Dolan[20]; e *Design and Marketing of New Products* de Urban e Hauser[21]. Da área de Engenharia temos também descrição explícita do QFD no conteúdo dos seguintes livros: *Managing New Product and Process Development* de Clark e Wheelwright[22]; *Total Design* de Pugh[23]; e *Total Quality Developmen – TQD* de Clausing[24]. Da área de *Design* temos o livro do Baxter[25]. Portanto, baseado nessa literatura da GDP e DP, pode-se dizer que: (1) QFD é reconhecido como um método importante no campo da Gestão de Desenvolvimento de Produto; e (2) QFD é amplamente conhecido e aplicado no desenvolvimento de uma grande diversidade de produtos no mundo.

Entretanto, vale relembrar que o QFD mencionado pelos autores da GDP acima é uma versão simplificada do método. Pois, quando da sua introdução nos Estados Unidos da América, a divulgação realizada foi da versão do *American Supplier Institute* (ASI) – que consistia basicamente em Casa da Qualidade e em um número reduzido de matrizes com pouca flexibilidade de aplicação.

2.4. O Que é QFD

O QFD pode ser conceituado como "**uma forma de comunicar sistematicamente informação relacionada com a qualidade e de explicitar ordenadamente trabalho relacionado com a obtenção da qualidade, tem como objetivo alcançar o enfoque da garantia da qualidade durante o desenvolvimento de produto e é subdividido em Desdobramento da Qualidade (QD) e Desdobramento da Função Qualidade no sentido restrito (QFDr)**" (ver Figura 2.1). Portanto, com base na conceituação acima, pode-se dizer que o QFD possui duas partes constituintes, isto é, QFD amplo = QD + QFD restrito.

O QD visa desdobrar a qualidade, utilizando a lógica da causa e efeito, de forma estruturada, hierarquizada e priorizada. O desdobramento parte da voz do consumidor final ou do cliente intermediário, dependendo do elo da cadeia produtiva, da qual a empresa faz parte, passando por características da qualidade do produto final, subsistemas e componentes (ou produtos intermediários num processo contínuo de

---

[20] DOLAN, R. J. *Managing the New Product Development Process.* Reading: Addison-Wesley, 1993.
[21] URBAN, G. L. e Hauser, J. R. *Design and Marketing of New Products.* Prentice Hall. 1993.
[22] CLARK, K. B. e WHEELWRIGHT, S. C. *Managing New Product and Process Development.* New York: The Free Press, 1993.
[23] PUGH, S. *Total Design: Integrated Methods for Successful Product Engineering.* Reading: Addison-Wesley Publishing. 1991.
[24] CLAUSING, D. *Total Quality Development.* New York: ASME Press, 1994.
[25] BAXTER, M. *Projeto de Produto.* São Paulo: Blucher, 1998. 261p.

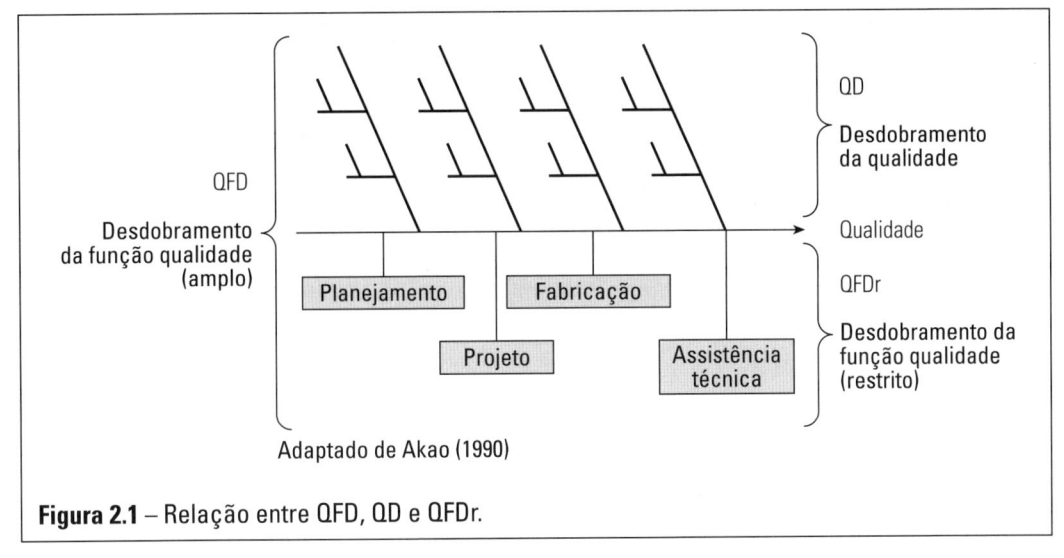

Figura 2.1 – Relação entre QFD, QD e QFDr.

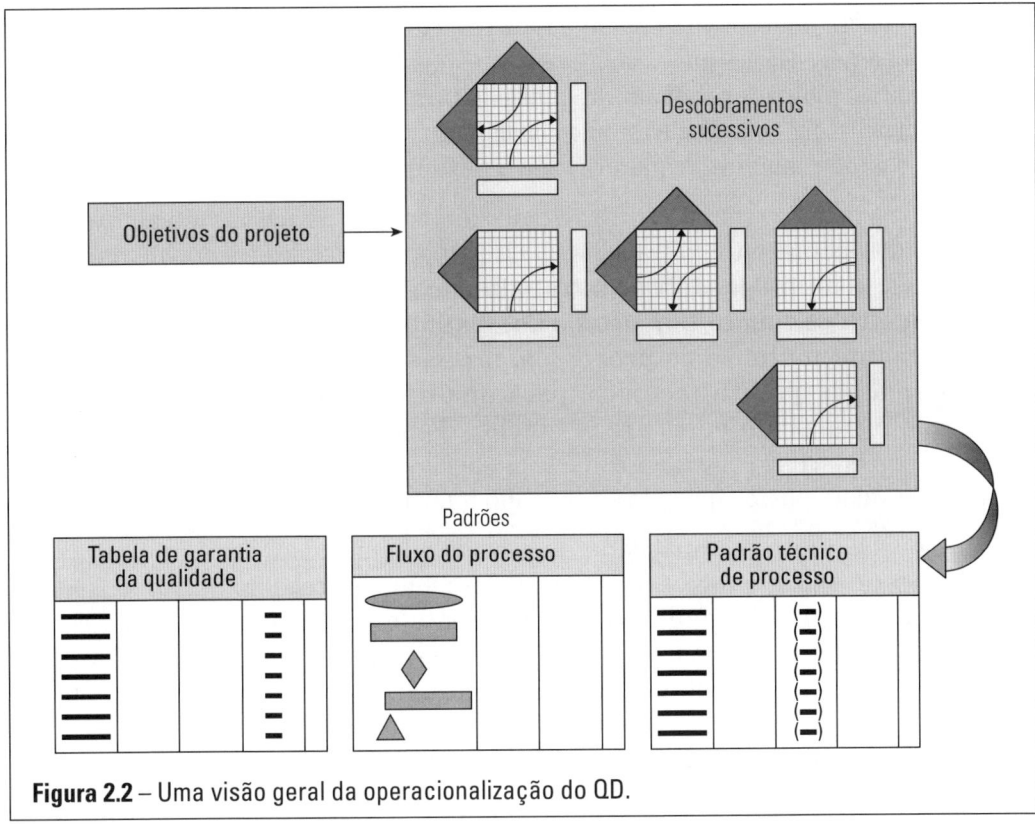

Figura 2.2 – Uma visão geral da operacionalização do QD.

fabricação), até chegar a um determinado valor de um parâmetro de controle de um processo industrial de fabricação (ver Figura 2.2). Portanto, o QD pode ser conceituado como um processo que visa: **buscar, traduzir e transmitir as informações necessárias para que o produto desenvolvido atenda as necessidades dos**

clientes, por intermédio de desdobramentos sistemáticos, iniciando-se com a determinação da voz do cliente, passando por todos os fatores necessários para o desenvolvimento do produto (bens e serviços) como: características de qualidade do produto, funções, características de qualidades dos produtos intermediários e matérias-primas, parâmetros de controle, processos, mecanismos, componentes, padrões, entre diversos outros, cujas escolhas dependem da natureza de cada projeto.

Para facilitar a visualização, a compreensão e a operacionalização, o QD é dividido em três blocos: (1) objetivos do projeto; (2) desdobramentos sucessivos; (3) conjunto de padrões.

Por exemplo, se estivermos desenvolvendo um presunto e o cliente demandar um presunto "de cor rosadinha mais bonita do que concorrentes", certamente esta exigência tem relação com a matéria-prima e com o processo industrial de cozimento, em particular com os valores da temperatura e do tempo deste processo. A questão é como determinar a cor rosadinha mais bonita e como essa cor se relaciona com matéria-prima, parâmetros de controle e os respectivos valores dos parâmetros. Somado a isso, é necessário que esses registros estejam nos padrões que seguirão para setor de fabricação, antes mesmo do início da produção. A questão da necessidade de determinação das relações e da necessidade de confecção dos padrões, anterior à produção, foi precisamente o que originou a pesquisa do QFD.

O QFD no sentido restrito (QFDr) é o desdobramento da função trabalho, ou simplesmente desdobramento do trabalho. O QFDr pode ser conceituado como um processo que consiste em "**desdobrar o trabalho de garantir qualidade desde o desenvolvimento passando por produção, distribuição, vendas até assistência técnica, em um conjunto de processos, tarefas, atividades e procedimentos, tanto gerenciais quanto técnicos, para que o trabalho possa ser atribuído, executado e cumprido pelas áreas funcionais da empresa, de forma integrada**". A origem do QFDr remonta à área de conhecimento da Análise de Valor e da Engenharia de Valor, que foi aplicado ao trabalho humano voltado para a qualidade.

Se, no QD, o foco é a qualidade ou a qualidade exigida do produto requerida pelo cliente, no QFDr, o foco é a execução bem feita do trabalho humano. A lógica do QFDr é "se o trabalho humano for claramente estabelecido, se houver contribuição real das áreas funcionais envolvidas, e se o trabalho for bem executado de forma integrada, consequentemente o resultado almejado será obtido". Portanto, é necessário que o trabalho executado sobre o produto, desde a sua ideação até a sua assistência técnica ao usuário, seja desdobrado em trabalhos cada vez mais detalhados e que esses trabalhos sejam atribuídos aos setores funcionais da empresa. Essas atribuições, como parte da rotina do trabalho do dia a dia das áreas funcionais, contribuem para o objetivo da garantia da qualidade.

Assim, esse conjunto de trabalho do QFDr, no entendimento do TQC estilo japonês, não está circunscrito ao desenvolvimento do produto; ele se estende à etapa de assistência técnica, passando por produção, distribuição e venda. QFDr é visto como um importante contribuinte na arquitetura do Sistema de Garantia da Qualidade da empresa. Dois documentos que podem ser confeccionados, a partir do QFDr, e que fazem parte desse sistema são: Tabela de Atividades de Garantia da Qualidade e Diagrama do Sistema de Garantia da Qualidade. A seção 2.4.3 apresenta esses dois documentos do sistema de garantia da qualidade e descreve como QFDr pode contribuir para a confecção deles.

2.4.1. Unidades Operacionais do Desdobramento da Qualidade (QD)

O desdobramento da qualidade (QD) acontece em pelo menos dois planos: vertical e horizontal. Desdobrar qualidade no plano vertical, ou em maior detalhamento, é detalhar concretizando o raciocínio de causas e efeito, de forma encadeada, em vários níveis hierárquicos. As unidades operacionais do QD são: tabela, matriz, modelo conceitual e conjunto de padrões para produção. O desdobramento da qualidade na direção horizontal, ou em amplitude, contempla quatro dimensões: qualidade (positiva), tecnologia, custo e confiabilidade (qualidade negativa). O desdobramento vertical é realizado desde as etapas iniciais de desenvolvimento do produto, enquanto o desdobramento horizontal acontece mais nas etapas do projeto do produto e do processo. A Figura 2.3 representa os dois planos do desdobramento.

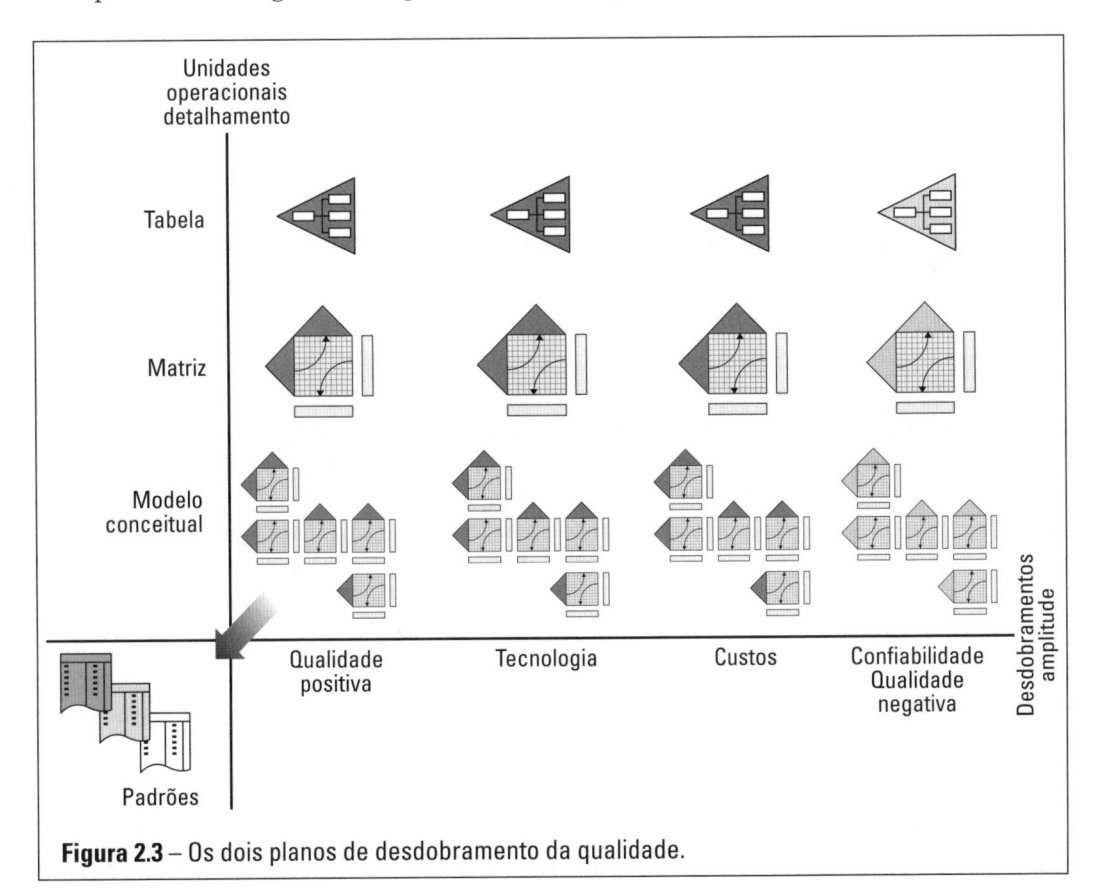

Figura 2.3 – Os dois planos de desdobramento da qualidade.

Vamos iniciar pelo desdobramento da qualidade na direção vertical, conforme mostra a Figura 2.4.

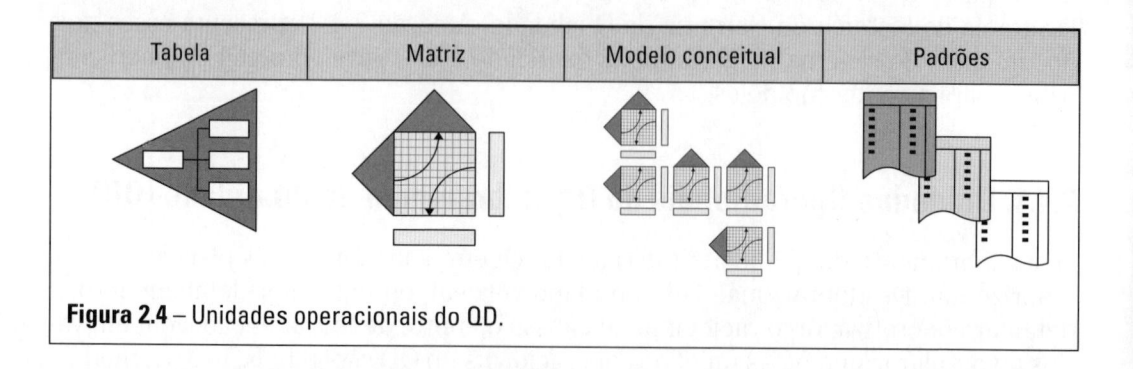

Figura 2.4 – Unidades operacionais do QD.

• Tabela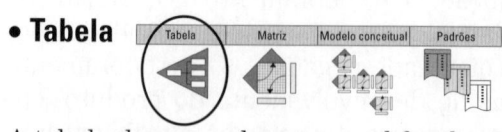

A tabela desempenha um papel fundamental, pois é considerada a unidade elementar do QD. Esta normalmente é representada graficamente por uma figura triangular. O significado da palavra desdobramento na tabela é de detalhamento. A tabela é um detalhamento de algo, de forma agrupada e ordenada, em níveis, assim como um diagrama de árvore, mas com os itens dispostos em retângulos interligados em função de suas afinidades. Este algo pode ser qualidade exigida, características de qualidade do produto e/ou serviço, parâmetros de controle, características de qualidade de matérias-primas principais e auxiliares, ou seja, qualquer conjunto de fatores necessários para desenvolver o projeto. A Figura 2.5 representa um Diagrama de Árvore e uma tabela de QFD.

O objetivo do desdobramento é permitir que o desconhecido se torne conhecido, o que é implícito seja explicitado, ou o que é informal seja formalizado. O desdobramento geralmente é agrupado e ordenado da esquerda para a direita, caminhando assim de um nível mais subjetivo para um nível mais objetivo, ou do mais abstrato para o mais concreto; pois, quanto mais estratificarmos um item, maior será o conhecimento sobre o mesmo. A confecção da tabela deve ser feita em equipe, e os dados que a compõem podem ser obtidos de fontes bem variadas. Por exemplo, no caso da tabela de qualidade exigida, os dados são obtidos a partir da(s) voz(es) do(s) cliente(s). Em se tratando da tabela de características da qualidade do produto, os dados são normalmente obtidos a partir das especificações do produto, quando o cliente possui conhecimento técnico sobre o produto, ou pela voz do cliente, efetuando o processo de extração (o detalhamento desse processo está descrito no Capítulo 6). Para confecção da tabela de desdobramento dos processos, os dados vêm provavelmente da Engenharia do Processo ou da Produção.

Para confeccionar as tabelas, recebe-se primeiramente a contribuição dos membros do grupo de desenvolvimento. Esta contribuição pode ser feita por meio

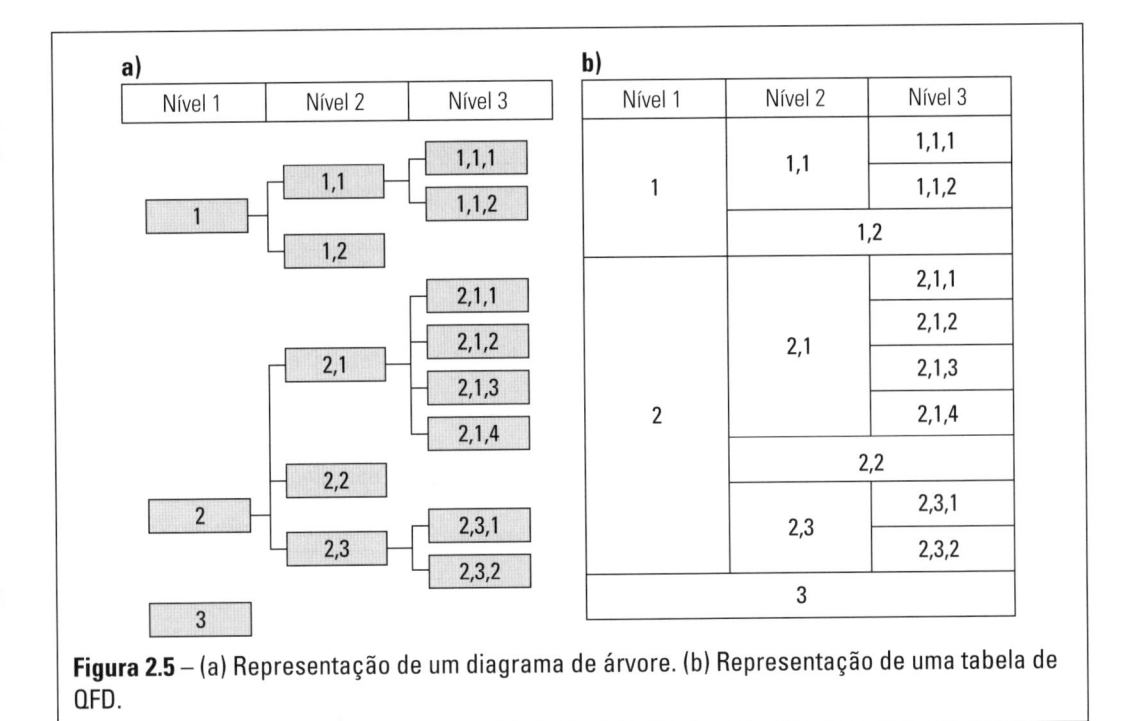

Figura 2.5 – (a) Representação de um diagrama de árvore. (b) Representação de uma tabela de QFD.

de ferramentas como *Brainstorming* ou outras de criatividade e participação mais sofisticadas, em seções de trabalho onde são definidos os itens que compõem um conjunto. No segundo momento, utiliza-se o Diagrama de Afinidade, de forma a unir os itens em classes sob algum critério de relação. O objetivo é agrupar os itens afins. Uma vez estruturada a tabela, realiza-se uma análise para verificar a consistência e coerência entre os níveis. As tabelas mais comumente usadas são: Tabela de Desdobramento da Qualidade Exigida, Tabela de Desdobramento de Característica da Qualidade, Tabela de Desdobramento de Funções, Tabela de Desdobramento de Mecanismos, Tabela de Desdobramento de Componentes, Tabela de Desdobramento de Processos, Tabela de Desdobramento de Características dos Produtos Intermediários, Tabela de Desdobramento de Parâmetros de Controle, Tabela de Desdobramento das Características da Qualidade da Matéria-Prima, Tabela de Desdobramento de Custo, Tabela de Desdobramento de Falhas, Tabela de Desdobramento de Projetos, Tabela de Desdobramento de Serviços etc. A Figura 2.6 apresenta parte de uma Tabela de Desdobramento de Qualidade Exigida.

É importante salientar que, apesar de terem sido listados vários tipos de tabelas, o seu uso depende inteiramente do tempo de desenvolvimento disponível, objetivos do produto, tipo de indústria, natureza do produto e grau de proximidade do consumidor. Não é necessário confeccionar todas as tabelas listadas acima em todos os projetos de desenvolvimento. A lista foi colocada somente a título de exemplo. Maior detalhamento de como confeccionar tabelas está nos Capítulos 4, 5 e 6.

Nível 1	Nível 2	Nível 3
1 Ensino eficaz	1.1 Bom instrutor	1.1.1 Instrutor transmite entusiasmo pelo assunto
		1.1.2 Instrutor esclarece bem as dúvidas
		1.1.3 Instrutor prende a atenção dos participantes
	1.2 Material didático de boa qualidade	1.2.1 Material de fácil entendimento
		1.2.2 Material que estimule maior "participação"
		1.2.3 Material de fácil utilização
		1.2.4 Material agradável aos 4 sentidos
	1.3 Bom conteúdo programático	1.3.1 Conteúdo adequado
		1.3.2 Bom equilíbrio teoria x prática
		1.3.3 Boa distribuição das atividades do curso
2 Aula agradável	2.1 Ambiente físico agradável aos 4 sentidos	2.1.1 Ambiente com temperatura agradável
		2.1.2 Ambiente com boa iluminação

Figura 2.6 – Um exemplo de uma Tabela de Desdobramento da Qualidade Exigida. O produto é a ministração de um curso.

• Matriz

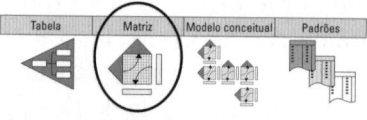

Uma matriz é constituída de duas tabelas quaisquer, a partir da lista exemplificada anteriormente. Graficamente, a matriz é normalmente representada por dois triângulos (A e B) e um quadrado com duas abas (C e D) – ver Figura 2.7.

Ao confeccionar uma matriz, o que se deseja é tentar dar **visibilidade** às relações entre duas tabelas. As relações podem ser de três tipos: qualitativa, quantitativa e de intensidade. Quando a relação é do tipo qualitativo, denomina-se o processo de **extração** (seta 1). Quando a relação é quantitativa, esta é denominada de **conversão** (seta 2). E quando a relação é de intensidade, esta é denominada de **correlação** (símbolo 3) e **proporcionalidade** (símbolo 4). As setas dão direção e sentido de precedência às tabelas, na ocasião da sua confecção e da leitura. Ou seja, a seta 1

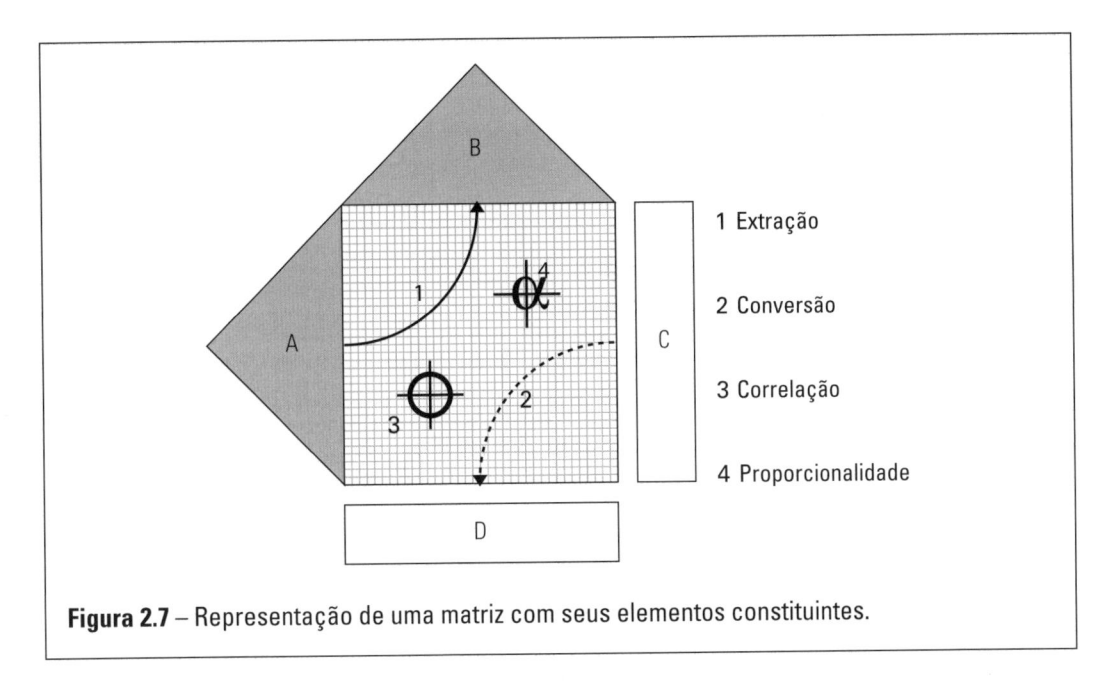

Figura 2.7 – Representação de uma matriz com seus elementos constituintes.

mostra que a tabela A foi confeccionada primeiro, e a B foi construída em função da tabela A. A seta 2 indica que a aba C foi construída antes da D, e a D foi elaborada em função da aba C.

A **extração** acontece quando é obtida uma tabela a partir da outra ou, mais precisamente, quando são obtidos elementos de uma tabela a partir de elementos de outra tabela. Por exemplo, é usual extrair a partir da Tabela de Desdobramento da Qualidade Exigida, a Tabela de Desdobramento das Características da Qualidade do Produto. A **conversão**, como foi dito, é um processo quantitativo. O que se deseja é transmitir o grau de importância dos elementos de uma tabela para outros elementos de outra tabela. No caso do exemplo acima, é transmitir as importâncias atribuídas aos elementos da Tabela de Desdobramento da Qualidade Exigida para os elementos da Tabela de Desdobramento das Características da Qualidade do Produto. É bom observar que o processo de conversão só pode ser feito se o processo de correlação entre os elementos já tiver sido efetuado. A **correlação** visa identificar as relações entre os elementos desdobrados de duas tabelas diferentes. O nível de desdobramento (nível 1, 2, 3 etc.) das tabelas que são correlacionadas é definido pela equipe de desenvolvimento do projeto. O grau ou a intensidade da correlação recebe valores numéricos, que podem ser representados por símbolos equivalentes a, por exemplo, Forte, Média e Fraca (em alguns casos a graduação pode ser: certeza absoluta de que mede, é possível medir, é provável que meça). Além da análise de correlação, é também importante identificar aquelas colunas ou linhas em que a correlação é totalmente inexistente, isto é, aquelas colunas e linhas em branco. Quando isto acontece, significa que algo foi omitido ou está em excesso. A **proporcionalidade** visa identificar as relações entre os elementos desdobrados da mesma tabela. O grau de proporcionalidade pode ser indicado por números ou símbolos, tais como Fortemente

Figura 2.8 – Um exemplo de uma matriz da qualidade.

Matriz da qualidade (QFD). Legenda de correlações e de símbolos:

Correlações (Grau de importância e avaliação de desempenho variam de 1 a 5): ⊙ = 4   △ = 2   ○ = 1

Argumento de venda: ● = 1,5   ⊖ = 1,2

Qualidade planejada — Demandas de qualidade (Qualidade Exigida)

Qualidade Exigida (Nível 2 / Nível 3)	Grau de importância	Nossa empresa	Empresa X	Empresa Y	Plano de qualidade	Índice de melhoria	Argumento de venda	Peso absoluto	Peso relativo
Bom instrutor — Instrutor transmite entusiasmo pelo assunto	4	2	2	3	3	1,5		6	3,0%
Bom instrutor — Instrutor esclarece bem as dúvidas	5	4	3	5	5	1,3		6,25	3,1%
Bom instrutor — Instrutor prende a atenção dos participantes / Instrutor tem estilo dinâmico / Instrutor tem postura dinâmica	4	3	4	4	4	1,3		5,33	2,7%
Bom instrutor — Instrutor realiza interação dinâmica	5	2	3	4	5	2,5	●	18,8	9,4%
Ambiente físico agradável aos 4 sentidos — Ambiente com temperatura agradável	3	4	4	4	4	1		3	1,5%
Ambiente físico agradável aos 4 sentidos — Ambiente com boa iluminação	4	3	3	4	4	1,3		5,33	2,7%
Ambiente físico agradável aos 4 sentidos — Ambiente silencioso	5	5	5	5	5	1		5	2,5%
Ambiente físico agradável aos 4 sentidos — Ambiente com boa sonorização	5	4	4	4	5	1,3		6,25	3,1%
Total								200	100%

Matriz de relacionamento — Características da Qualidade × Qualidade Exigida

Colunas (Qualidade Exigida):
D1 = Instrutor transmite entusiasmo pelo assunto;
D2 = Instrutor esclarece bem as dúvidas;
D3 = Instrutor tem postura dinâmica;
D4 = Instrutor realiza interação dinâmica;
D5 = Ambiente com temperatura agradável;
D6 = Ambiente com boa iluminação;
D7 = Ambiente silencioso;
D8 = Ambiente com boa sonorização.

Características da Qualidade (Nível 2 / Nível 3)	D1	D2	D3	D4	D5	D6	D7	D8	Peso absoluto	Peso relativo
Dinamismo / Entonação da voz — Grau da variação da voz	⊙	△	⊙	○					68,7	10,5%
Dinamismo / Entonação da voz — Intensidade média da voz			○						46,2	7,1%
Dinamismo / Contato visual — % de contato visual por aula	○	○	○	○					55,2	8,4%
Dinamismo / Contato visual — Tempo por contato	○	⊙	△	⊙					87,9	13,4%
Dinamismo / Contato visual — Brilho nos olhos	⊙								18,0	2,7%
Nível de clareza do instrutor — Índice de perguntas esclarecidas por perguntas feitas	⊙								18,0	2,7%
Nível de clareza do instrutor — Tempo médio de resposta por pergunta		○	△						41,7	6,4%
Interação verbal — Tempo gasto com interações verbais		△	○	⊙					69,9	10,7%
Interação verbal — Tempo em interações iniciadas pelo instrutor com resposta dos participantes		△		⊙					78,9	12,1%
Interação verbal — N.º de "ganchos" aproveitados por N.º de oportunidades	△	○		⊙					87,9	13,4%
Condição ambiental — Temperatura					△				9,0	1,4%
Condição ambiental — Luminosidade						○ ⊙			20,1	3,1%
Condição ambiental — N.º de pontos de iluminação						○ ⊙			20,1	3,1%
Condição ambiental — N.º de decibéis							⊙	⊙	33,0	5,0%
Total									654,6	100%

Qualidade projetada: Peso (Peso absoluto / Peso relativo), Nossa instituição, Concorrente Y, Concorrente Z, Plano de melhoria.

Proporcional, Proporcional, Inversamente Proporcional e Fortemente Inversamente Proporcional. A questão que se deseja analisar é: quando um valor de um elemento é alterado, como os outros elementos se comportam? As funções apresentadas serão detalhadas nos capítulos 5, 6 e 7.

A matriz mais conhecida é denominada de Matriz da Qualidade. Esta é constituída pela Tabela de Desdobramento da Qualidade Exigida (ou Tabela de Qualidade Exigida) e Tabela de Desdobramento das Características da Qualidade do Produto Final (ou Tabela das Características da Qualidade do Produto Final). Entretanto, o seu uso não pode ser generalizado para qualquer situação; em alguns casos, o seu uso não é apropriado. Por exemplo, em um estudo de QFD numa empresa fornecedora de autopeças, onde a empresa recebe o desenho e as especificações do produto do seu cliente, certamente esta primeira matriz não é tão necessária. A Figura 2.8 mostra um exemplo de uma Matriz da Qualidade. O produto ou serviço prestado é um curso. Voltaremos a essa matriz no capítulo 6.

• Modelo Conceitual

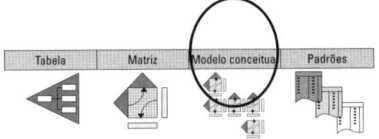

O Modelo Conceitual é o conjunto formado pelas tabelas e matrizes de um determinado projeto de desenvolvimento. Ele representa o caminho do QD por onde o desenvolvimento deve percorrer para alcançar os objetivos do desenvolvimento. Um modelo conceitual completo contempla quatro dimensões de desdobramento: desdobramento da qualidade positiva (ou simplesmente desdobramento da qualidade), da tecnologia, do custo e da confiabilidade (ou qualidade negativa). Entretanto, a decisão sobre a necessidade de efetuar ou não o desdobramento nessas quatro dimensões depende dos objetivos de cada projeto de desenvolvimento. Portanto, pode-se dizer que o tipo de modelo conceitual a ser construído é inteiramente dependente dos objetivos do projeto, do tipo de empresa, da natureza do produto e da proximidade aos clientes, conforme colocado anteriormente.

A explicitação do modelo conceitual no início do desenvolvimento é importante, pois este serve como o plano que norteia o QD. Entretanto, a sua explicitação exige experiência dos envolvidos que, muitas vezes, no início do processo de aplicação do QFD, ainda não possuem. O que pode ser um auxílio na confecção do modelo conceitual é o entendimento da lógica que norteia sua confecção. A lógica existente é a lógica da ideia de sistemas: Entrada-Processo-Saída. As perguntas a serem feitas são: o que se necessita ou deseja como saída; e o que se possui como entrada. O percurso a ser feito dentro do modelo conceitual, por intermédio de tabelas e matrizes, é a ação efetuada sobre a qualidade de entrada para obter a qualidade de saída.

A Figura 2.9 apresenta parte de um modelo conceitual de desenvolvimento do produto, em uma empresa do setor de montagem metal-mecânica, direcionado para a dimensão "qualidade positiva", tendo como cliente somente o consumidor final do produto (maior detalhamento de como são os modelos conceituais e como confeccioná-los é apresentado no Capítulo 7).

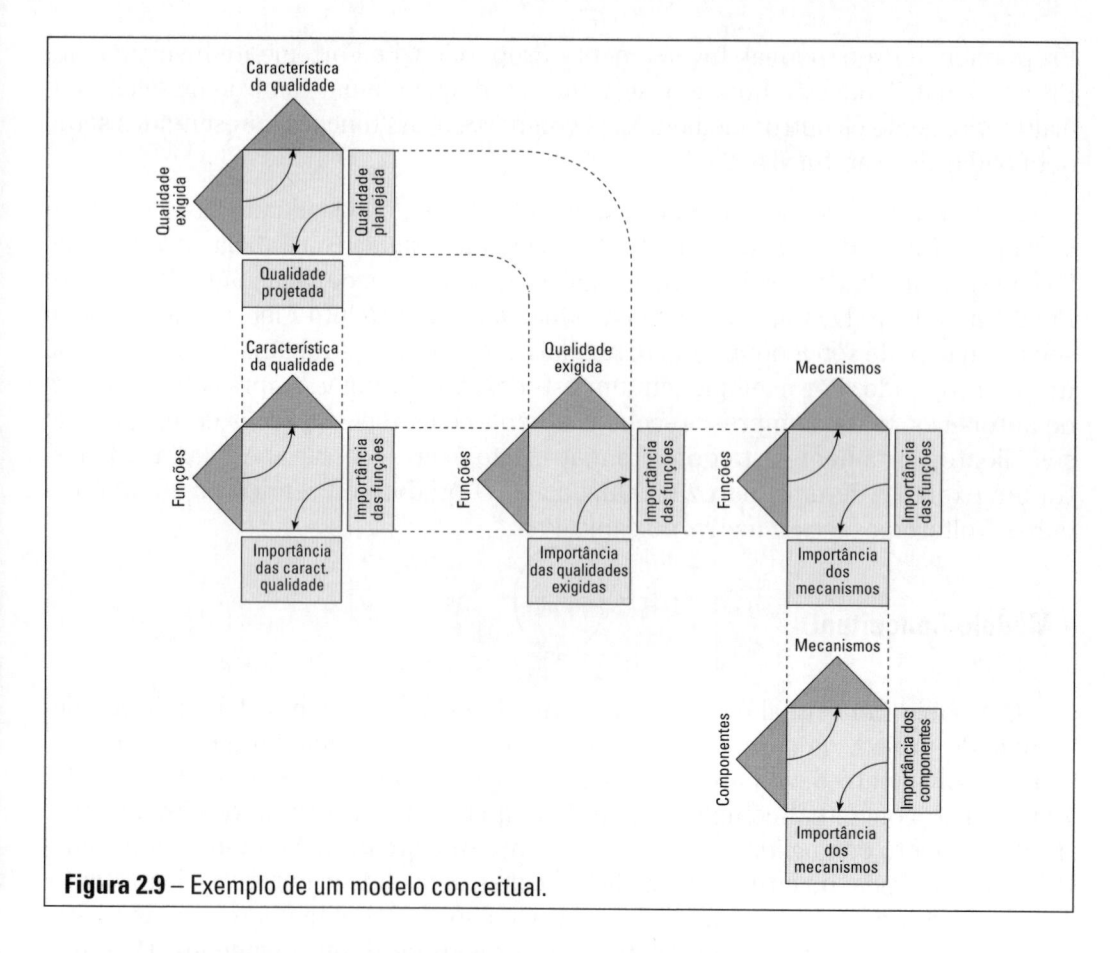

Figura 2.9 – Exemplo de um modelo conceitual.

• Conjunto de Padrões: Fluxo de Informação do Projeto para Produção

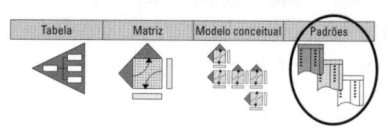

O processo QD não termina com o preenchimento e análise das informações contidas nas unidades operacionais anteriores. Estas informações precisam ser transmitidas para as áreas funcionais que produzirão o produto ou serviço. O conjunto de padrões é o meio para efetuar essa transmissão de informação (ver Figura 2.10). Portanto, para que o desenvolvimento de um novo produto por intermédio do QFD tenha sucesso, é necessário que o processo de padronização na empresa esteja em bom nível. Pois, de nada adiantaria se as áreas funcionais da empresa não forem capazes de formar o produto de acordo com o especificado.

Uma divisão possível dos padrões seria: padrões de **produto** e de **procedimento**. Os padrões de **produto** podem ser Padrão de Especificação do Produto, Padrão de Especificação da Matéria-Prima e Padrão de Especificação de Insumos. Nesses padrões, o produto final, os produtos intermediários, a matéria-prima e os insumos são especificados de forma bem detalhada. Os padrões de **procedimento** podem ser

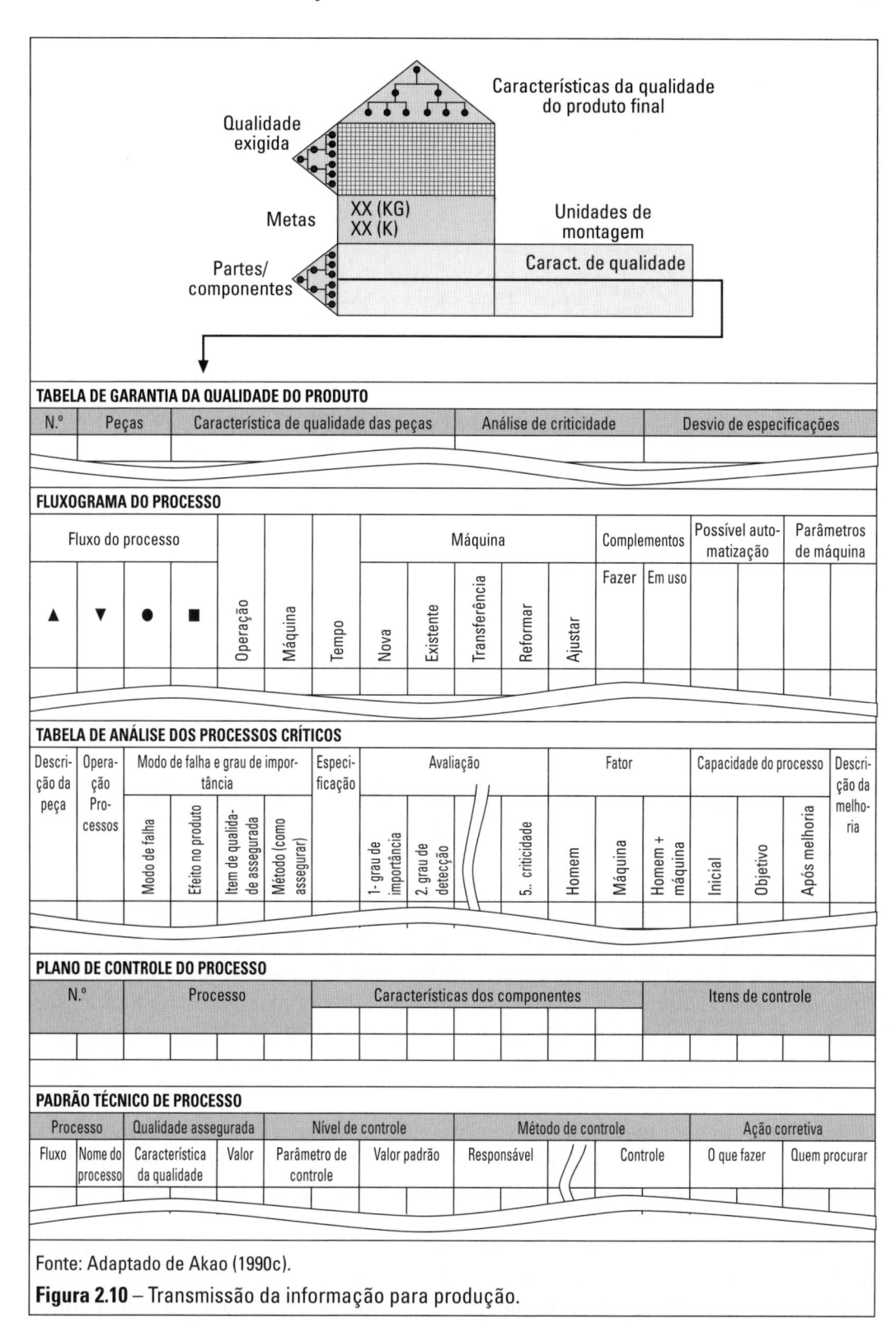

Fonte: Adaptado de Akao (1990c).

Figura 2.10 – Transmissão da informação para produção.

Processo		Qualidade assegurada		Nível de controle		Método de controle				Ação corretiva	
Fluxo	Nome do processo	Característica da qualidade	Valor assegurado	Parâmetros de controle	Valor padrão	Pessoa responsável	Medição (hora/frequência)	Instrumento de medida	Registro	O que fazer	Quem procurar
●	Metalurgia na panela	Homogeneidade	Variações de composição e temperatura ao longo da corrida inferiores a 3%	Tempo de sopro de argônio	Entre 2,5 e 3 min.	Operador de sopro	Todas as corridas	Timer	Mapa de corrida	Padrão de correção BS-7318	Líder
				Pressão de sopro	Entre 2 e 2,5 atm.	Operador de sopro	Todas as corridas	Medidor de pressão AS-432	Mapa de corrida	Padrão de correção BS-7318	Líder
				Vasão	Entre 1 e 1,5 Nm^3/t	Operador de sopro	Todas as corridas	Medidor de vazão AS-538	Mapa de corrida	Padrão de correção BS-7318	Líder
		Teor de carbono	Entre 0,45 e 0,56%	Acerto do carbono na panela	Padrão de injeção BS-5201	Operador de plataforma	Todas as corridas	Raios X	Mapa de corrida		Chefe de turno
●	Lingotamento	Qualidade superficial	100% (ausência de bolhas, trincas e falhas)	Temperatura	Entre 1570 e 1600	Operador de torre	Todas as corridas	Termopar AX-32	Mapa de corrida	Padrão de correção BS-6881	Chefe de turno
				Velocidade	Entre 2 e 3 m/min	Operador de painel	Todas as corridas	Medidor de velocidade	Registro contínuo AM-031	PO-538	Chefe de turno

Fonte: Campos (1992).

Figura 2.11 – Um exemplo de um padrão técnico de processo.

Tabela de Fluxo do Processo, Tabela de Análise do Processo Crítico, Plano de Controle do Processo, Padrão Técnico de Processo (*QC Process Chart*), Procedimento Operacional Padrão – POP (*Standard Operation Procedure*) e Padrão de Inspeção. A Figura 2.11 mostra parte de um Padrão Técnico de Processo (PTP).

O PTP, conforme conhecido, é o documento final do trabalho de QFD. Pois é para o PTP que o Desdobramento da Qualidade (QD) e o Desdobramento da Função Qualidade no sentido restrito (QFDr) convergem. De acordo com a Figura 2.11, há, nas três primeiras colunas Processos, Qualidade Assegurada e Nível de Controle, com suas respectivas divisões. As três colunas são preenchidas a partir dos dados das tabelas, matrizes e modelo conceitual do QD. Para completar o PTP, as duas colunas restantes (Método de Controle e Ação Corretiva) são preenchidas a partir do desdobramento do trabalho (QFDr).

O PTP é um documento que deve ser confeccionado pelas áreas de Engenharia de Produto e Processo, com a participação ativa da Produção. Uma vez feito o PTP, os Procedimentos Operacionais e os Manuais de Treinamento de fabricação poderão ser confeccionados. É importante salientar, ainda, que o PTP pode ter pelo menos três versões no decorrer do trabalho de desenvolvimento. A primeira versão, de maneira muito rudimentar, é elaborada no planejamento da fabricação do protótipo. Logo após o protótipo, antes de fabricar o lote-piloto, confecciona-se a segunda versão. Finalmente, a terceira versão é feita no momento que antecede a produção em série.

2.4.2. Dimensões de Desdobramento do QD: Qualidade, Tecnologia, Custo e Confiabilidade

O Desdobramento da Qualidade no plano horizontal, conforme a Figura 2.3, contempla quatro dimensões possíveis que são realizadas principalmente nas etapas de projeto do produto e do processo. As quatro dimensões são normalmente trabalhadas de duas em duas, tendo o desdobramento da qualidade como eixo-pivô: desdobramento da qualidade (qualidade positiva) com desdobramento da tecnologia; desdobramento da qualidade com desdobramento de custo; e desdobramento da qualidade com desdobramento da confiabilidade (ver Figura 2.12). Quando se inicia a implantação do QFD numa empresa, não é recomendável implementar todos os desdobramentos de uma só vez. Pelo contrário, deve-se iniciar pelo desdobramento da qualidade em um primeiro projeto e somente no segundo projeto, incorporando-se o que foi apreendido no primeiro, efetua-se por exemplo, o desdobramento da qualidade com a do desdobramento da tecnologia. Daí, para os projetos seguintes, busca-se a implementação dos outros desdobramentos, qualidade com custo e qualidade com confiabilidade, até que se obtenham todas as dimensões horizontais do QD. Fez-se abaixo uma breve descrição dos desdobramentos e somente no Capítulo 8 um maior detalhamento é apresentado.

O desdobramento que contempla as dimensões da qualidade e da tecnologia visa principalmente resolver, de forma antecipada, problemas relacionados a atendimento de metas de desempenho ou estreitamento das faixas de variabilidade de características de qualidade dos produtos, de parâmetros de processos de fabricação e de características de qualidade de matérias-primas. Portanto, os desdobramentos possuem o objetivo de remover gargalos de engenharia (*Bottleneck Engineering - BNE*), de forma antecipada, para que o projeto de desenvolvimento alcance resultados dentro das metas estabelecidas. Gargalos de engenharia podem ser definidos como problemas de projeto que surgem quando tecnologias convencionais conhecidas não conseguem atingir aquela meta de qualidade estabelecida ou redução da faixa de variabilidade para características de qualidade do produto.

O desdobramento da qualidade com o do custo visa principalmente equilibrar o foco de alcance da meta da característica da qualidade estabelecida e o custo. Para alcançar a meta de qualidade estabelecida, podem ser buscadas novas tecnologias, redução da variabilidade e melhoria da confiabilidade (redução de qualidade negativa). Essas três possibilidades podem provocar aumento no custo do produto final. Para evitar isso, pode-se resolver de forma antecipada o problema, fazendo o desdobramento da qualidade com o do custo. Duas formas de redução de custo são possíveis: método de Redução de Custo (RC) *versus* Garantia da Qualidade apresentado pelo Prof. Furukawa; e o método de distribuição de pesos relativos com valor do custo-meta apresentado por Prof. Akao.

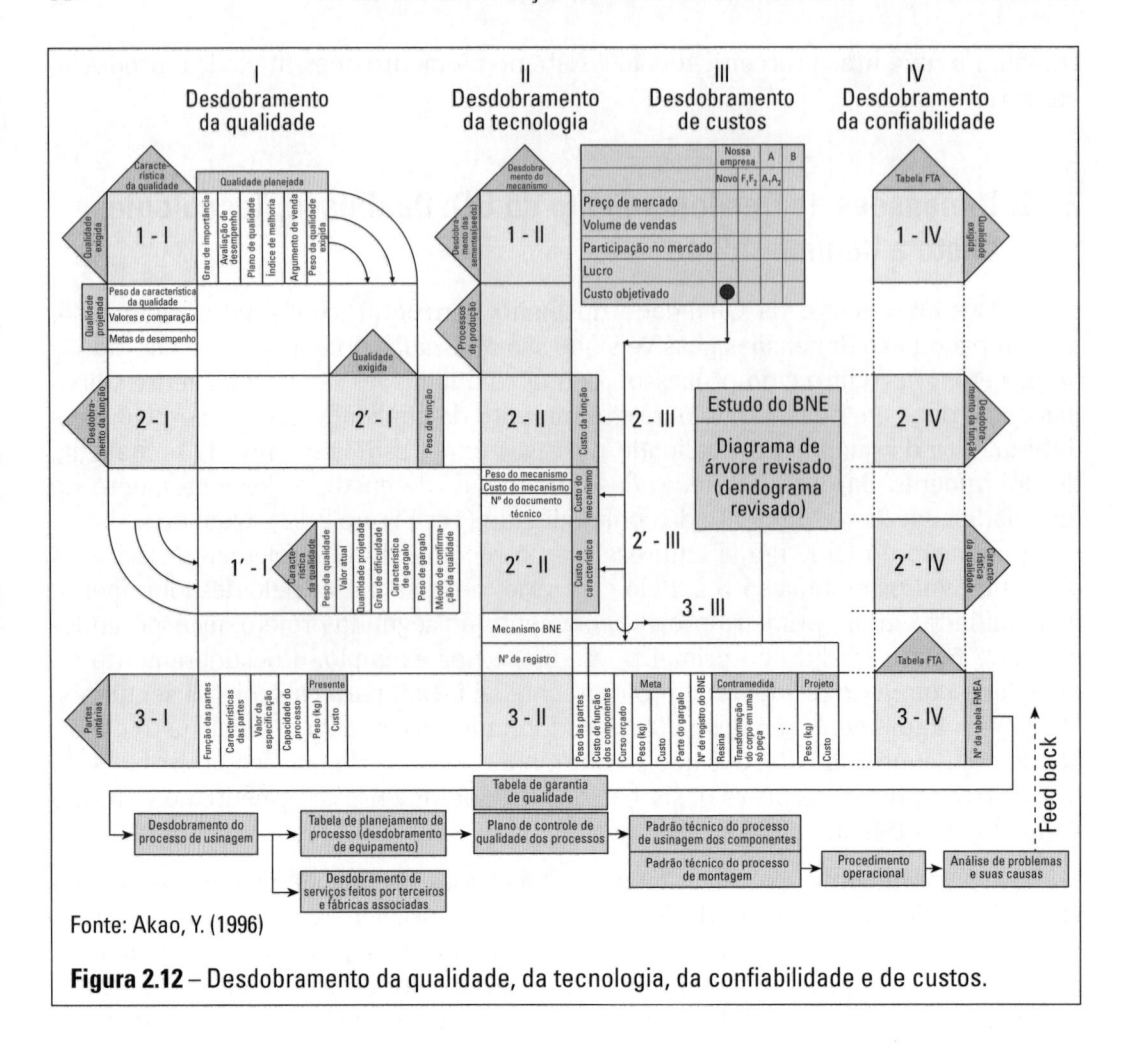

Fonte: Akao, Y. (1996)

Figura 2.12 – Desdobramento da qualidade, da tecnologia, da confiabilidade e de custos.

O desdobramento da qualidade (ou qualidade positiva) junto com o desdobramento da confiabilidade (qualidade negativa) visa prevenir contra falhas do produto, subsistemas, componentes e dos processos de fabricação. Quatro situações de desdobramento são possíveis. Na primeira situação, no desenvolvimento de uma nova geração de produto ou uma nova plataforma, por possuir dados históricos do produto da geração anterior, busca-se como um dos objetivos a redução de falhas da nova plataforma. Nesse caso, utiliza-se a técnica de Análise da Árvore de Falhas (*Fault Tree Analysis* – FTA) para reduzir a taxa de falhas, identificando-se em que situações de uso falhas ocorreram, com que frequência e com que grau de influência. Elaboram-se planos de melhoria individuais contendo medidas de prevenção de ocorrência. A segunda situação é quando se faz estudo para subsistemas do produto depois de estar montado o produto. Na terceira situação, quando um produto já foi definido, após o estabelecimento da qualidade projetada, permite-se que se faça o desdobramento dos componentes. Para os componentes mais críticos, faz-se o estudo do efeito e modo de falha (*Failure Mode and Effect Analysis* - FMEA). Finalmente, uma quarta situação é o estudo das ocorrências das falhas dos processos de fabricação, onde se fazem estudos de FMEA de processo.

2.4.3. Desdobramento do Trabalho (QFDr): Contribuição ao Sistema de Garantia da Qualidade

QFDr, conforme conceituado anteriormente, é voltado para o desdobramento do trabalho humano e contribui para a confecção de dois importantes documentos do Sistema de Garantia da Qualidade da empresa. Os dois documentos são: Diagrama do Sistema de Garantia da Qualidade (DSGQ) e Tabela de Atividades da Garantia da Qualidade (TAGQ). O DSGQ é um padrão gerencial que consiste de um quadro de dupla entrada, onde, de um lado, estão listadas as áreas funcionais da empresa que contribuem para a garantia da qualidade e, no outro lado, as etapas do ciclo de vida do produto dentro e fora da empresa. O fluxograma pode iniciar com o processo identificação de oportunidades de mercado e terminar com a assistência técnica; ele deve, preferencialmente, ser particular para cada empresa (ver Figura 2.13). Complementando o DSGQ, temos a TAGQ que especifica com detalhes as atividades de garantia da qualidade. São esses documentos que vão orientar as ações das áreas funcionais, de forma a garantir a qualidade do trabalho de toda a empresa e, consequentemente, garantir a qualidade dos produtos desenvolvidos e produzidos.

Para montar TAGQ a partir de DSGQ, fazem-se desdobramentos sucessivos. Por exemplo, "identificar as necessidades dos clientes" pode ser considerado como uma função do primeiro nível. Esta pode ser desdobrada em funções do segundo nível (por exemplo, uma delas pode ser "fazer pesquisa de mercado para ouvir a voz do cliente"). A função "fazer pesquisa de mercado", por sua vez, pode desdobrar em funções do terceiro nível (por exemplo, uma delas pode ser "acompanhar vendedores no processo de venda para ouvir a voz do cliente"), e assim sucessivamente. Para efetuar este processo de desdobramento de forma ordenada, emprega-se a ferramenta Diagrama de Árvore. Esta ferramenta utiliza a lógica do "o que" e "como" e faz parte do conjunto das Sete Novas Ferramentas do Controle da Qualidade. Após o desdobramento, acrescentam-se outros itens importantes para que a garantia da qualidade possa ser obtida: item de garantia, serviço para garantia, responsável pela garantia, principais padrões e principais documentos de controle (ver Figura 2.14).

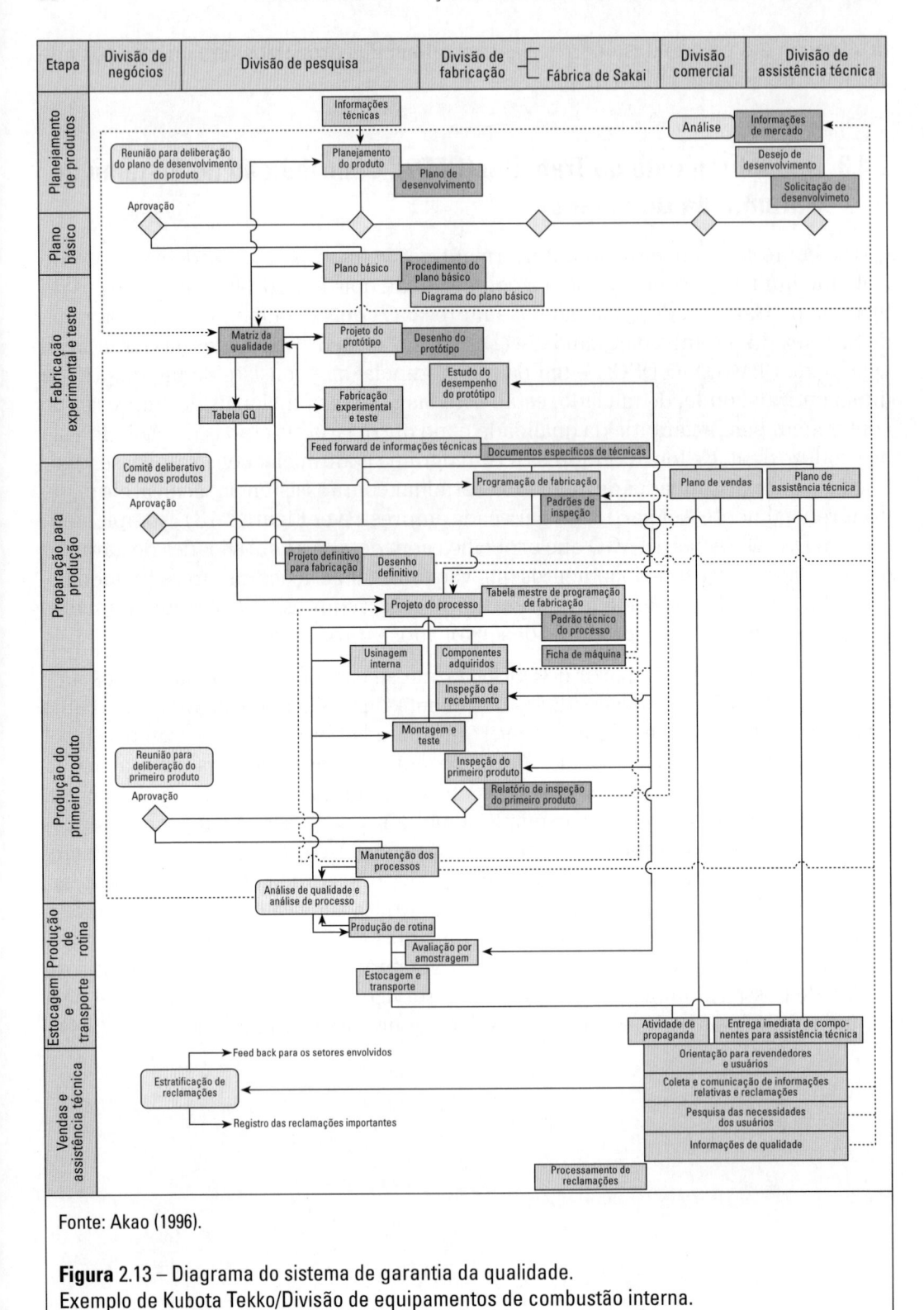

Fonte: Akao (1996).

Figura 2.13 – Diagrama do sistema de garantia da qualidade.
Exemplo de Kubota Tekko/Divisão de equipamentos de combustão interna.

Etapa 1º	Etapa 2º	Etapa 3º	Item de garantia		Serviço para garantia	Responsável pela garantia		Principais padrões	Principais documentos de controle
Planejamento do produto	Pesquisa de mercado	Adequação do levantamento das necessidades do mercado	1	Pesquisa de mercado coleta de informação	Gerente geral de comercialização	Gerente de promoção de vendas (Gerente de exportação)	Regulamento sobre execução do sistema de informações comerciais	Relatório de informações comerciais. Folha de opinião do membro do comitê de melhoria tecnológica
				2	Análise e comunicação das informações				
				3	Estudo técnico das necessidades do mercado e criação de ideia	Gerente de tecnologia		Regulamento sobre execução do sistema de informações comerciais	
				4	Pesquisa de mercado quanto ao produto atual				
				5	Pesquisa de produtos dos concorrrentes				
				6	Pesquisa de regulamentação legal quanto à poluição e suas tendências			Regulamento de deliberação do tema de planejamento de desenvolvimento	Planejamento do tema de desenvolvimento, Tabela Q tipo A, Ata de reunião do resultado de avaliação do tema de desenvolvimento
				7	Pesquisa de tendência quanto à questão da PL (responsabilidade sobre o produto)				
		Adequação do tema de desenvolvimento		1	Elaboração do esboço de concepção do planejamento	Gerente de tecnologia			
				2	Comparação com as tendências do mercado de tecnologia				
				3	Possibilidade de realização da tecnologia necessária				
				4	Previsão de demanda e ciclo de vida				
				5	Médio prazo				

Fonte: Akao (1996).

Figura 2.14 – Tabela de atividades de garantia da qualidade

2.5. Fundamentos Metodológicos do Método QFD

Todo método é produto de seu contexto, e QFD não é exceção. Métodos podem ser definidos como processos desenvolvidos pelo homem para melhorar, resolver e projetar artefatos humanos. Eles são desenvolvidos visando fins específicos, sob um certo enfoque para obter determinados resultados e possuem seus pressupostos. No entanto, não é sempre claro para os usuários dos métodos e, algumas vezes, nem mesmo para os que os criaram, quais são suas características metodológicas e seus pressupostos.

No caso do método QFD, esforços têm sido feitos para tornar mais explícito o que ele é. Professor Akao tem escrito sobre as origens e os motivos por trás do desenvolvimento do método QFD[26]. Segundo ele, QFD originou-se no contexto do Controle da Qualidade Total (TQC) no Japão, principalmente devido a duas dificuldades existentes: (1) como definir a qualidade do design, e (2) ocasião e tempo apropriado para formular tabela de controle do processo ou Padrão Técnico de Processo (mais conhecido no Brasil como PTP). Um outro esforço vem do Professor Ohfuji. Segundo este, o método QFD é construído sobre três pares de ideias básicas: segmentação e integração, pluralismo e visualização, totalização e parcelamento. Esses três pares de ideias são considerados como o fundamento do método QFD[27]. Há também a contribuição de Mazur que tenta elaborar o corpo de conhecimento de QFD[28].

Entretanto, acreditamos que ainda falta uma discussão e descrição mais detalhada sobre as características metodológicas de QFD, de um modo mais estruturado. Portanto, inserimos no final do livro o Apêndice 1[29], onde utilizamos uma estrutura analítica do campo de enfoques sistêmicos para efetuarmos uma análise metodológica pormenorizada do QFD. A Figura 2.15 sintetiza a análise apresentada. Leitores com maior interesse sobre os fundamentos metodológicos do QFD, favor recorrerem ao Apêndice 1.

---

[26]AKAO, Y. History of Quality Function Deployment in Japan in *The Best on Quality: targets, improvements, systems*. H. J. Zeller (Editor) International Academy for Quality Book Series. Munich: Hanser Publishers. Vol. 3: 183-196.1990a.
AKAO, Y. e MAZUR, G. H. The Leading Edge in QFD: Past Present e Future. *International Journal of Quality and Reliability Management.*. Vol. 20(1): 20–35. 2003.
[27]OHFUJI, T. Quality Function Deployment: The Basics of QFD. *Societas Qualitatis.* Tokyo: JUSE. Vol. 7(2): 2-3. 1993.
[28]MAZUR, G. The QFD Body of Knowledge. *Proceedings of 7th International Symposium on Quality Function Deployment.* Tokyo: JUSE. p. 101-106. 2001.
[29] CHENG, L. C. QFD in Product Development: Methodological Characteristics and a Guide for Intervention. *International Journal of Quality e Reliability Management.* Vol. 20(1): 107- 122. 2003.

I- Fenômeno de Interesse	II- Características metodológicas manifestas	III- Características metodológicas subjacentes
• Tipo de problema de Interesse: *Bem definido e/ou estruturado* • Objeto de Interesse: *Lógica de estruturação e raciocínio dos indivíduos envolvidos*	• Características holísticas: Fim metodológico: *Consenso levando a ações acordadas* Orientação metodológica: *Segmentação e integração; pluralismo e visualização; e enfoques amplos e parciais.* Critério de sucesso: *Mudança e/ou melhoria da lógica de estruturação e raciocínio dos membros participantes sobre o objeto de interesse* • Processo e estágios da metodologia: *Definição do objetivo; modelagem; e implementação das ações acordadas*	• Pressupostos paradigmáticos: Ontologia: *realista* Natureza humana: *ativa e voluntária* Epistemologia: *fenomenológica* Natureza da sociedade: *reguladora* • Posição epistemológica: uso de metáforas Alvo: *definir objetivo e alcançá-lo* Sistemas: *conceitualização e investigação sistêmica* • Visão pluralista: *multilógica e multirraciocínio de membros da equipe de projeto de desenvolvimento de produto* • Estratégia de pesquisa: Pesquisa-ação

Figura 2.15 – Resumo das características metodológicas de QFD sob três dimensões.

2.6. Aplicando o Método QFD: um Guia de Intervenção

Apresentamos aqui um guia de intervenção referente à operacionalização de QFD, em particular, objetivo que se pretende alcançar com o uso de QFD e, como as unidades básicas de QFD podem ser operacionalizadas. Ele se baseia em três perguntas e ações recomendadas (ver Figura 2.16).

A primeira pergunta é: "Qual é o objetivo a ser alcançado com o uso de QFD?". Três tipos de situações possíveis, relacionadas a "qual função organizacional o método QFD deverá dar suporte na realização de tarefas específicas", determinarão a extensão e a complexidade do modelo conceitual necessário. Se a situação for do tipo 1, basta então montar a Matriz da Qualidade que é composta de Tabela de Desdobramento da Qualidade Exigida e Tabela de Desdobramento da Característica da Qualidade. Se for da situação do tipo 2 e/ou 3, é preciso um modelo conceitual mais elaborado. Então, necessariamente passa-se para a segunda pergunta: "Como o modelo conceitual pode/deve ser formulado?"

Na primeira consideração para esta pergunta chama atenção a necessidade, em vários casos de intervenção, de elaborar o modelo conceitual principal num fluxo longo de matrizes e outros modelos conceituais auxiliares compostos de um número de matrizes não diretamente conectadas ao principal. Normalmente, os resultados gerados pelos auxiliares alimentam as matrizes do modelo conceitual principal.

I- Qual é o objetivo a ser alcançado com o uso de QFD?	
Tipos de Situação	**Recomendação**
1. Relacionado ao desenvolvimento de produto, visando apoiar a função <u>Marketing</u> no refinamento da definição do conceito e na realização da análise competitiva, dentro das dimensões requisitos do cliente e características do produto.	– Matriz da Qualidade seria suficiente
2. Relacionado ao desenvolvimento de produto, visando apoiar a função <u>Pesquisa e Desenvolvimento</u> no projeto e especificação do produto, processos e materiais, de forma que os requisitos do cliente sejam alcançados.	– Um modelo conceitual mais elaborado seria necessário
3. Relacionado à garantia de qualidade, para ajudar a função <u>Produção</u> a entender e relacionar especificações de produto, partes e materiais, e parâmetros de controle do processo.	– Um modelo conceitual mais elaborado, incluindo tabela de parâmetros de controle do processo, seria necessário.
II- Como o Modelo Conceitual deve ser formulado?	
Tipos de Considerações	**Recomendação**
1. Quanto ao <u>tipo</u> de modelo conceitual	– Elaborar um modelo principal e modelos auxiliares.
2. Quanto à <u>lógica</u> por trás da formulação do modelo conceitual	– Formular de acordo com o raciocínio da equipe de design e desenvolvimento e/ou estágios da linha de produção.
3. Quanto às <u>características</u> do modelo conceitual	– Levar em consideração o objetivo do estudo, tipo de indústria, tipo de organização, tipo de produto e proximidade ao usuário final.
III- Como as Tabelas e Matrizes devem ser desdobradas e preenchidas?	
Tipos de Dúvida	**Recomendação**
1. Quanto ao nível de <u>desdobramento da tabela</u>	– Depende da utilidade em clarificar o que está "oculto".
2. Quanto à <u>formação da matriz</u>	– Depende da utilidade, criatividade e flexibilidade são encorajadas na combinação das tabelas.
3. Quanto à <u>atribuição da importância</u> das linhas e colunas	– Independe da especificação de valor – criatividade e flexibilidade são encorajadas.
4. Quanto à <u>especificação de valor</u> das linhas e colunas	– Independe da atribuição de importância, conhecimento tecnológico específico, técnicas estatísticas e de otimização são necessários.

Figura 2.16 – Guia para intervenção ao nível operacional usando QFD.

A segunda consideração é relacionada à lógica da construção de modelo conceitual. Modelos conceituais são meios de expressar a relação entre resultados e fatores, ou efeitos e causas, de uma maneira estruturada. A lógica por trás deles tem a ver com o raciocínio da equipe de desenvolvimento sobre como um produto específico pode ser formado, trabalhando do todo a partes e materiais. Um caminho que facilita enormemente a elaboração desse fluxo estruturado é seguir as fases de uma linha de produção real existente quando isso é possível.

Com relação à terceira consideração, características do modelo conceitual são altamente dependentes do objetivo do estudo, do tipo de indústria, tipo de organização (se o projeto e a produção são realizados dentro de uma mesma organização ou em organizações separadas), tipos de produto (montado ou não, processo com ou sem mudança de características de material) e proximidade ao usuário final. Em alguns casos, a Matriz da Qualidade não é relevante quando a organização é somente um fornecedor de componentes para um fabricante de produto final, e especificações do produto são fornecidas por esse fabricante. Um outro exemplo é o desenvolvimento de medicamento genérico, onde as especificações do produto são dadas pelo medicamento original.

Finalmente, a terceira pergunta é "Como tabelas e matrizes devem ser desdobradas e preenchidas?" A literatura sobre os procedimentos e regras de desdobramento e preenchimento das tabelas e matrizes passo a passo é bem conhecida[30]. Nossa intenção aqui é de chamar atenção a alguns aspectos específicos. Com relação ao primeiro tipo de dúvida, o desdobramento de tabela deve prosseguir a tantos níveis quantos necessários, a julgar pela sua utilidade em clarificar o que está "oculto". No segundo tipo de dúvidas, matrizes, em princípio, podem ser formadas pela combinação de qualquer tipo de tabela, sempre que se julgue útil relacionar um conjunto de elementos a um outro. Os exemplos clássicos de matrizes devem ser considerados como meros exemplos, não para serem seguidos rigorosamente. Criatividade e flexibilidade devem ser encorajadas.

Com respeito ao terceiro e quarto tipos de dúvidas, relacionados à atribuição de importância e especificação de valor das colunas e linhas das matrizes, elas devem ser tratadas como tarefas independentes. Atribuição de importância envolve atividades de correlacionar colunas e linhas, convertendo importância das colunas para as linhas ou vice-versa, e depois priorizá-las de acordo com alguma regra. Novamente, encorajamos o uso da criatividade e flexibilidade. Os procedimentos listados na literatura existente sobre essas atividades devem ser visto como exemplo e não como norma. Quanto à especificação de valor das colunas e linhas, ela é frequentemente relacionada a medidas ou desempenho. Para especificar esses valores requer-se conhecimento tecnológico daquele setor de indústria em particular, baseado nas disciplinas tecnocientíficas e, não raramente, técnicas estatísticas e de otimização.

---

[30] AKAO, Y. Introdução ao Desdobramento da Qualidade. Série Manual de Aplicação do Desdobramento da Função Qualidade. Vol. 1. Belo Horizonte: Editora Fundação Christiano Ottoni, 1996. 187 p.
OHFUJI, T., Ono, M. e Akao, Y. Métodos de Desdobramento da Qualidade. Série Manual de Aplicação do Desdobramento da Função Qualidade, Vol. 2. Belo Horizonte: Editora Fundação Christiano Ottoni, 1997. 256p.

2.7. Conclusão

O objetivo do capítulo foi mostrar o que o método QFD é. Para isso, procuramos apresentar uma caracterização mais completa possível do método, com uma breve descrição da origem do método no TQC Estilo Japonês e abordamos tópicos como: evolução do método QFD e a sua relação com o tema GDP; o que é QFD com suas unidades operacionais; dimensões de cobertura do QFD (qualidade positiva, tecnologia, custo e confiabilidade); e desdobramento do trabalho. Apresentamos também uma estrutura de classificação para revelar os fundamentos metodológicos do QFD e um guia para aplicação do QFD ao nível operacional de desenvolvimento de produto.

No próximo capítulo, passaremos a focalizar o processo de desenvolvimento de produtos (PDP) voltado para garantia da qualidade. Apresentaremos os PDPs mais conhecidos, e examinaremos a contribuição do QFDr para a estruturação de um PDP orientado para a satisfação do cliente.

REFERÊNCIAS BIBLIOGRÁFICAS

ACKOFF, R. L. e SASIENI, M. W. *Fundamentals of Operations Research*. New York: Wiley, 1968.

AKAO, Y. *Introdução ao Desdobramento da Qualidade*. Série Manual de Aplicação do Desdobramento da Função Qualidade. Vol. 1. Belo Horizonte: Editora Fundação Christiano Ottoni, 1996. 187 p.

AKAO, Y. QFD Toward Product Development Management. *Proceedings of International Symposium on Quality Function Deployment*. Tokyo: Union of Japanese Scientists e Engineers – JUSE. p. 1-10. 1995.

AKAO, Y. History of Quality Function Deployment in Japan in *The Best on Quality: targets, improvements, systems*. H. J. Zeller (Editor) International Academy for Quality Book Series. Munich: Hanser Publishers. Vol. 3: 183-196.1990a.

AKAO, Y. *Introduction to Quality Deployment - Application Manual of Quality Function Deployment (1)*. Tokyo: JUSE Press. 1990b.

AKAO, Y. *QFD: Integrating Customer Requirements into Product Design*. Cambridge: Productivity Press. 1990c.

AKAO, Y. e MAZUR, G. H. The Leading Edge in QFD: Past Present e Future. *International Journal of Quality and Reliability Management.*. Vol. 20(1): 20–35. 2003.

AKAO, Y. e NAOI, T. Survey and Reviews on Quality Function Deployment in Japan. *Proceedings of the International Conference on Quality Control*. Tokyo: Union of Japanese Scientists e Engineers – JUSE, 1987.

AMERICAN SUPPLIER INSTITUTE. *Quality Function Deployment: Implementation Manual for Three Day Workshop*. Dearborn: ASI, 1989.

ARAÚJO, F. A. e CHENG, L. C. Uso do QFD no Projeto do Produto e do Processo em uma Pequena Empresa de Internet Móvel. *Anais do 3o. Congresso Brasileiro de Gestão de De-*

senvolvimento do Produto. Florianópolis: Universidade Federal de Santa Catarina - UFSC, 2001.

BANG, I. H. e LEE, J. S. Development of New Product Associated With Quality Deployment e V21 Activity. *Proceedings of International Symposium on Quality Function Deployment.* Tokyo: Union of Japanese Scientists e Engineers – JUSE. p. 103-112. 1995.

BAXTER, M. *Projeto de Produto*. São Paulo: Blucher, 1998. 261p.

BERGMAN, B. On The Use of QFD in Europe. *Proceedings of International Symposium on Quality Function Deployment.* Tokyo: Union of Japanese Scientists e Engineers. p. 11-18. 1995.

BLUM, F. H. Action research – A Scientific Approach? *Philosophy of Science* Vol. 22(1): 1-7. 1955.

BOOZ, ALLEN e HAMILTON. *Management of New Products.* New York: Booz, Allen and Hamilton, 1968.

BURRELL, G. e MORGAN, G. Sociological Paradigms e Organisational Analysis. London: Heinemann, 1979.

CABRAL, P. E. et al. Adding Value to the Packaging Development Guided by QFD. *Proceedings of the Fifth Annual International Symposium on Quality Function Deployment.* Belo Horizonte:Universidade Federal de Minas Gerais – UFMG. p. 75-82. 1999.

CAMPOS, V. F. *TQC: Controle da Qualidade Total no Estilo Japonês*. Belo Horizonte: Editora Fundação Christiano Ottoni, 1992.

CARVALHO, A. e CHENG, L. C. The Use of QFD for Choosing Equipment. *Proceedings of the World Innovation and Strategy Conference 1998/4th. International Symposium on Quality Function Deployment.* Sidney: University of Western Sidney – Macarthur. p. 167-175. 1998.

CAUCHICK MIGUEL, P. A. e CARPINETTI, L. C. R. Some Brasilian Experiences in QFD Application. *Proceedings of the Fifth Annual International Symposium on Quality Function Deployment.* Belo Horizonte:Universidade Federal de Minas Gerais – UFMG. p. 229-239. 1999.

CAUCHICK MIGUEL, P. A. e CHENG, L. C. QFD in Brasil: Present Status and Future Perspectives. *Proceedings of 7th International Symposium on Quality Function Deployment.* Tokyo: JUSE. p. 147-152. 2001.

CHECKLAND, P. B. *Systems Thinking, Systems Practice*. Chichester: Wiley, 1981.

CHENG, L. C. QFD in Product Development: Methodological Characteristics and a Guide for Intervention. *International Journal of Quality e Reliability Management.* Vol. 20(1): 107- 122. 2003.

CHENG, L. C. Caracterização da Gestão de Desenvolvimento de Produto: delineando o seu contorno e tópicos básicos. *Anais do Segundo Congresso Brasileiro de Gestão de Desenvolvimento do Produto – CBGDP.* São Carlos: Universidade Federal de São Carlos – UFSCar. p. 1-10. 2000.

CHENG, L. C. e SARANTÓPOULOS, I. A. QFD in Brasil: A Successful Diffusion Process into Organizations. *Proceedings of International Symposium on Quality Function Deployment.* Tokyo: Union of Japanese Scientists e Engineers – JUSE. p. 77-84. 1995.

CHENG, L. C. et al. *QFD - Planejamento da Qualidade*. Belo Horizonte: Fundação Christiano Ottoni, 1995.

CHENG, L. C. e DRUMOND, F. B. Desdobramento da Função Qualidade (QFD): Uma Comparação das Versões Disponíveis. *Anais do 11o. Simpósio Nacional de Probabilidade e Estatística – SINAPE*. Belo Horizonte: Universidade Federal de Minas Gerais – UFMG. 1994.

CHENG, L. C. On The Combination of Operational Research Methodology e Soft Systems Methodology. *Unpublished Ph. D. Dissertation*. Lancaster: University of Lancaster, 1990.

CHURCHMAN, C. W., ACKOFF, R. L. e ARNOFF, E. L. *Introduction to Operations Research*. New York: Wiley, 1957.

CLARK, K. B. e WHEELWRIGHT, S. C. *Managing New Product and Process Development*. New York: The Free Press, 1993.

CLAUSING, D. *Total Quality Development*. New York: ASME Press, 1994.

COOPER, R. G., EDGETT, S. J. e KLEINSCHMIDT, E. J. *Portfolio Management for New Products*. Reading: Addison-Wesley Publishing, 1998.

COOPER, R. G. *Winning at New Products: Accelerating the Process from Idea to Launch*. Second Edition. Reading: Addison-Wesley Publishing, 1993.

COOPER, R. G. e KLEINSCHMIDT, E. J. An Investigation into the New Product Process: Steps, Deficiencies and Impact. *Journal of Product Innovation Management*. Vol. 3 (1): 71-85. 1986.

CRISTIANO, J. J., LIKER, J. K. e WHITE, C. C. Customer-Driven Product Development Through Quality Function Deployment in the U.S. and Japan. *Journal of Product Innovation Management*. Vol. 17: (4): 286-308. 2000.

DEL REY, L. M. F. Aplicação do Método QFD em uma Indústria de Materiais: Desdobramento da Qualidade Positiva e da Tecnologia do Processo de Fabricação com o Auxílio da Técnica de Planejamento e Análise de Experimentos. *Dissertação Submetida ao Programa de Pós-graduação em Engenharia de Produção*. Belo Horizonte: Universidade Federal de Minas Gerais - UFMG. 2005.

DOLAN, R. J. *Managing the New Product Development Process*. Reading: Addison-Wesley, 1993.

DRUMOND, F. B., DELLARETTI, O . F. e CHENG, L. C. Integração do Desdobramento da Função Qualidade (QFD) e Métodos Estatísticos ao Desenvolvimento de Produtos. *Anais do 1° Congresso Brasileiro de Gestão de Desenvolvimento de Produtos – CBGDP.* Belo Horizonte: Universidade Federal de Minas Gerais – UFMG. p. 262-273. 1999.

DRUMOND, F. B. e CHENG, L. C. Papel dos Métodos Estatísticos no Desdobramento da Função Qualidade (QFD). *Anais do 11o. Simpósio Nacional de Probabilidade e Estatística - SINAPE*. Belo Horizonte: Universidade Federal de Minas Gerais – UFMG. 1994.

EKDAHL, F. e GUSTAFSSON, A. QFD: The Swedish Experience. *Transactions from the Ninth Symposium on Quality Function Deployment*. Novi: QFD Institute. p. 15-27. 1997.

FONSECA, A . V. M., DRUMOND, F. B. e ANDERY, P. R. P. A Unified Analysis of the Tools Applied to Product e Process Development. *Proceedings of the Fifth Annual International Symposium on Quality Function Deployment*. Belo Horizonte: Universidade Federal de Minas Gerais – UFMG. p. 150-158. 1999.

GRIFFIN, A. Evaluating QFD's Use in US Firms as a Process for Developing Products. *Journal of Product Innovation Management.* Vol. 9(3): 171-187. 1992.

GUEDES, L. B. R. et al. Obtaining Countrywide Success Through QFD Implementation in the Development Process of a Popular Brasilian Food Product. *Proceedings of the Fifth Annual International Symposium on Quality Function Deployment.* Belo Horizonte: Universidade Federal de Minas Gerais – UFMG. p. 66-74. 1999.

GUSTAFSSON, A., EKDAHL, F. e BERGMAN, B. Conjoint Analysis – A Useful Tool in the Design Process. *Transactions from the Eighth Symposium on Quality Function Deployment concurrent with International Symposium on QFD'96.* Novi: QFD Institute. p. 261-285. 1996.

HERZWURM, G. e SCHOCKERT, S. Virtual Product Development – Using the Internet as a Communication Platform for QFD. *Proceedings of the Fifth Annual International Symposium on Quality Function Deployment.* Belo Horizonte: Universidade Federal de Minas Gerais – UFMG. p. 83-98. 1999.

HUNT, R. A. Hoshin Planning, QFD and TQM. *Transactions of the 11th. Symposium on Quality Function Deployment.* Ann Arbor: QFD Institute. 1999.

ISHIKAWA, K. *Introduction to Quality Control.* Tokyo: 3A Corporation, 1989.

ISHIKAWA, K. Quality and Standardization: Program for Economic Success. *Quality Progress.* Vol. 17 (1): 16-20. 1984.

ITOH, K. Deployment of Hydraulic Power Plant Construction Project Using QFD - Case of Shiobara Power Plant Construction. *Proceedings of International Symposium on Quality Function Deployment.* Tokyo: Union of Japanese Scientists e Engineers – JUSE. p. 67-76. 1995.

KANDA, N. *Seven Tools for Product Planning.* Tokyo: JUSE Press, 1998.

KANEKO, N. QFD Implementation in the Service Industry. *45th Annual Quality Congress Transactions.* Milwaukee: American Society for Quality Control – ASQC. p. 808-813. 1991.

KANO, N. e KOURA, K. Development of Quality Control Seen Through Companies Awarded the Deming Prize. *Reports of Statistical Application Research.* Tokyo: JUSE. Vol. 37(1-2): 79-105. 1990.

KING, B. *Better Designs in Half the Time: Implementing QFD in America.* 3rd. Edition. Methuen: Goal/QPC, 1989.

KOGURE, M. e AKAO, Y. Quality Function Deployment and CWQC in Japan – a strategy for assuring that quality is built into new products. *Quality Progress.* Vol. 16(10): 25-29.1983.

LAURIKKA, P., LAKKA, A. e VAINIO M. QFD in Building Design. *Transactions from the Eighth Symposium on Quality Function Deployment concurrent with International Symposium on QFD'96.* Novi: QFD Institute. p. 197-207. 1996.

LEE, C. S. e YANG J. R. Product Development System Using QFD and Other Methods at Kinpo Electronics. *Transactions from the Eighth Symposium on Quality Function Deployment concurrent with International Symposium on QFD'96,* Novi: QFD Institute. p. 391-410. 1996.

MARTINS, A. e ASPINWALL, E. M. Quality Function Deployment: An Empirical Study in the UK. *Total Quality Management.* Vol. 12 (5): 575-588. 2001.

MAZUR, G. The QFD Body of Knowledge. *Proceedings of 7th International Symposium on Quality Function Deployment.* Tokyo: JUSE. p. 101-106. 2001.

MAZUR, G. Service QFD: State of the Art Update. *Proceedings of the Fifth Annual International Symposium on Quality Function Deployment.* Belo Horizonte: UFMG. p. 39-50. 1999.

MIZUNO, S. Company-Wide Quality Control Activities in Japan. *Reports of Statistical Application Research.* Tokyo: JUSE. Vol. 16(3): 2-13. 1969.

MIZUNO, S. e AKAO, Y. *QFD: The Customer-Driven Approach to Quality Planning and Deployment.* Tokyo: Asian Productivity Organization. 1994.

MIZUNO, S. *Management for Quality Improvement : The Seven New QC Tools.* Cambridge: Productivity Press, 1988.

MORGAN, G. *Images of Organization.* Beverly Hills: Sage Publications, 1986.

MORGAN, G. *Beyond Method: Strategies for Social Research.* Beverly Hills: Sage Publications, 1983.

NOGUEIRA, T. M. et al. Quality Assurance: Application of QFD to the Production Start-up of a New Engine Line. *Proceedings of the Fifth Annual International Symposium on Quality Function Deployment.* Belo Horizonte: UFMG. p. 26-38. 1999.

NOGUCHI, K. et al. Innovative Product Planning and Development Process. *Transactions from the Tenth Symposium on Quality Function Deployment.* Ann Arbor: QFD Institute. p. 321-330. 1998.

OHFUJI, T., ONO, M. e AKAO, Y. *Métodos de Desdobramento da Qualidade.* Série Manual de Aplicação do Desdobramento da Função Qualidade, Vol. 2. Belo Horizonte: Editora Fundação Christiano Ottoni, 1997. 256p.

OHFUJI, T. ONO, M. e NAGAI K. *QFD Guidebook.* Tokyo: Japan Standards Association Press, 1997.

OHFUJI, T. Development Management and Quality Function Deployment. *Proceedings of International Symposium on Quality Function Deployment.* Tokyo: JUSE. p. 29-36. 1995.

OHFUJI, T. Quality Function Deployment: The Basics of QFD. *Societas Qualitatis.* Tokyo: JUSE. Vol. 7(2): 2-3. 1993.

ORMENESE, F. M. et al. Exploring a New Market Using QFD. *Transactions from the Eighth Symposium on Quality Function Deployment concurrent with International Symposium on QFD'96.* Novi: QFD Institute. p. 197-207. 1996.

PAIVA, C. L. e CHENG, L. C. O Emprego do QFD como Ferramenta para a Implantação do Processo de Desenvolvimento de Novos Produtos em uma Pequena Empresa de Massas Alimentícias. *Anais do Terceiro Congresso Brasileiro de Gestão de Desenvolvimento do Produto.* Florianópolis: Universidade Federal de Santa Catarina – UFSC. 2001.

PFEILSTICKER, B. A. e CHENG, L. C. Um Procedimento para Identificação de Oportunidades e Definição de Conceito de Aplicativos para Internet em uma Pequena Empresa de Tecnologia. *Anais do Terceiro Congresso Brasileiro de Gestão de Desenvolvimento do Produto.* Florianópolis: Universidade Federal de Santa Catarina – UFSC. 2001.

POLIGNANO, L. A . C., DRUMOND, F. B. e CHENG, L. C. Mapa de Preferência: uma ponte entre Marketing e P&D. *Anais do Segundo Congresso Brasileiro de Gestão de Desenvolvimento do Produto*. São Carlos: Universidade Federal de São Carlos – UFSCar. 2000.

POLIGNANO, L. A . C., DRUMOND, F. B. e CHENG, L. C. Utilização dos Mapas de Percepção e Preferência como Técnicas Auxiliares do QFD Durante o Desenvolvimento de Produtos Alimentícios. *Anais do do 1º Congresso Brasileiro de Gestão de Desenvolvimento de Produtos*. Belo Horizonte: Universidade Federal de Minas Gerais – UFMG. p. 274-284. 1999.

PUGH, S. *Total Design: Integrated Methods for Successful Product Engineering*. Reading: Addison-Wesley Publishing. 1991.

RAPOPORT, R. N. Three Dilemmas in Action Research. *Human Relations*. Vol. 23(6): 499-513. 1970.

ROSS, H. M. e PARYANI, K. QFD Status in the U. S. Automative Industry. *Transactions of the Seventh Symposium on Quality Function Deployment*. Ann Arbor: QFD Institute. p. 575-584. 1995.

SANTIAGO, L. P., ARAÚJO, F. A. e CHENG, L. C. The Combination of QFD and PDT: The Improvement in Daily Routine Management of a Shoop Floor. *Transactions from the Twelveth Symposium on Quality Function Deployment concurrent with International Symposium on QFD'2000*. Ann Arbor: QFD Institute. p. 40-52. 2000.

SANTIAGO, L. P. e CHENG, L. C. Improving the Product Development System of Auto Suppliers Using the QFD Method. *Proceedings of the Fifth Annual International Symposium on Quality Function Deployment*. Belo Horizonte: UFMG. p. 182-191. 1999.

SARANTÓPOULOS, I. A. et al. Food Product Upgrade Using QFD. *Transactions from the Eighth Symposium on Quality Function Deployment concurrent with International Symposium on QFD'96*. Novi: QFD Institute. p. 181-195. 1996.

SHINDO, H. *Advanced QFD Technology for Value Creation*. Tokyo: JUSE Press, 1998.

SHINDO, H. e WEI, X. An Application of the Quality Table Concept to Analysis of Software Structure. *Proceedings of International Symposium on Quality Function Deployment*. Tokyo: JUSE. p. 37-44. 1995.

SULLIVAN, L. P. Quality Function Deployment. *Quality Progress*. Vol. 19(6): 39-50. 1986.

SUSMAN, G. I. e EVERED, R. D. An Assessment of the Scientific Merits of Action Research. *Administrative Science Quarterly*. Vol. 23: 582-603. 1978.

SUSUMU, Y. QFD at Kawasaki Heavy Industry. *Transactions from the Eighth Symposium on Quality Function Deployment concurrent with International Symposium on QFD'96*. Novi: QFD Institute. p. 355-366. 1996.

SWOBODA, F. QFD in Strategic Real State Portfolio Management - How to Meet Infrastructure e Construction Needs of Diverse and Innovative Clients. *Proceedings of the Fifth Annual International Symposium on Quality Function Deployment*. Belo Horizonte: UFMG. p. 106-118. 1999.

TORRES JR. N. e CHENG, L. C. Estudo de Caso da Separação entre o Desenvolvimento e a Produção: Identificação dos Fatores que Contribuem para a Obtenção da Qualidade do Produto Final. *Anais do Terceiro Congresso Brasileiro de Gestão de Desenvolvimento do Produto*. Florianópolis: Universidade Federal de Santa Catarina – UFSC. 2001.

URBAN, G. L. e HAUSER, J. R. *Design and Marketing of New Products*. Prentice Hall. 1993.

VILELA, R. M. e CHENG, L. C. QFD and CE: a Successful Arrangement. *Proceedings of the Third International Symposium on Quality Function Deployment*. Linköping: University of Linköping. p. 199-212. 1997.

VONDEREMBSE, M. A. e RAGHUNATHAN, T. S. Quality Function Deployment's Impact on Product Development. *International Journal of Quality Science*. Vol. 2(4): 253-271. 1997.

YOSHIZAWA, T. and OTHERS Recent Aspects of QFD in the Japanese Software Industry. *ASQC Quality Congress Transactions*. San Francisco: ASQC. p. 460-465. 1990.

ZUCCHELLI, F. 1985-95 10 Years of QFD in Italy - Different Typologies of Applications of QFD in Various Sectors of Manufacturing and Service Industries. *Proceedings of International Symposium on Quality Function Deployment*. Tokyo: JUSE. p. 51-58. 1995.

ZULTNER, R. E. Software Quality Deployment: Adapting QFD to Software. *Transactions of the Second Symposium on Quality Function Deployment*. Novi: QFD Institute. p. 132-149. 1990

UMA CONTRIBUIÇÃO DO QFDr: O PROCESSO GERENCIAL DE DESENVOLVIMENTO DO PRODUTO ORIENTADO PARA CLIENTE - PGDPOC

Lin Chih Cheng
Leonel Del Rey de Melo Filho

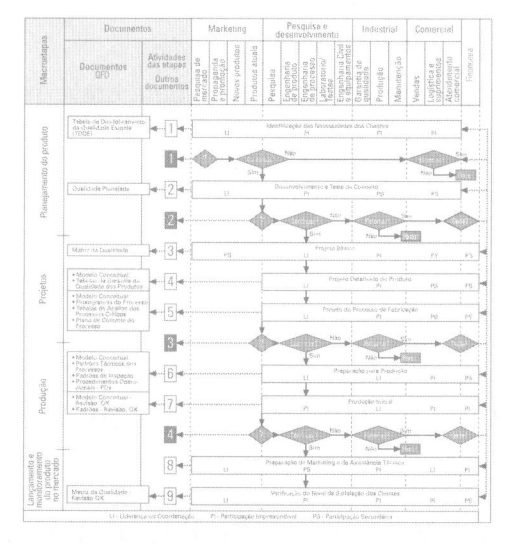

3.1. Introdução

O conceito da Garantia da Qualidade que enfatiza "a satisfação integral do cliente" é certamente um diferencial competitivo das empresas no mundo globalizado. Acredita-se que essa ênfase tem gerado muitos resultados positivos não só para empresas japonesas, mas também para várias outras em todo o mundo. Conforme registrado no Capítulo 2, o conceito permeia todo o sistema de garantia da qualidade da empresa, na concepção do TQC estilo japonês, iniciando desde as primeiras etapas do desenvolvimento do produto até a assistência técnica, passando por produção e comercialização.

Seguindo a mesma lógica, o grande desafio que se coloca para o tema da Gestão de Desenvolvimento do Produto é gerir o trabalho proposto de desenvolvimento de qualquer produto com o foco voltado para garantia da qualidade. Essa, portanto, é a nossa proposta. Acreditamos que os processos de desenvolvimento de produto (PDPs), prescritos na literatura de GDP, necessitam de uma adequação. A adequação passa pela incorporação do conceito de satisfação do cliente em todos os processos do desenvolvimento do produto. Em resumo, a orientação não deve ser a prescrição de um processo formal de PDP para aquelas organizações que ainda não possuem um, nem aconselhar as organizações a executarem bem o trabalho de desenvolvimento. Ao invés disso, deve-se prescrever e executar o trabalho de desenvolvimento visando essencialmente à satisfação do cliente. Portanto, aqui preferimos denominá-lo de PDP orientado para satisfação do cliente. Nesse caso, o QFDr possui uma contribuição real à estruturação desse PDP.

Para cumprir esse objetivo, o capítulo inicia com uma breve revisão dos PDPs sob diferentes enfoques, e logo a seguir apresentamos um PDP com ênfase na satisfação do cliente – denominado de Processo Gerencial de Desenvolvimento do Produto Orientado para o Cliente (PGDPOC, lê-se, P, G, D, POC). Junto às etapas do PGDPOC são apresentadas maneiras de uso das unidades operacionais de QFD (Tabelas, Matrizes, Modelo Conceitual e Padrões), e sugestão de técnicas auxiliares que podem ser aplicadas.

3.2. Modelos de Processo de Desenvolvimento do Produto (PDP)

Desenvolver produto de acordo com um determinado PDP visa principalmente obter menor tempo de chegada do produto ao mercado (*time-to-market*), menor custo do desenvolvimento e melhor qualidade do produto desenvolvido. A necessidade de estabelecer um PDP deve-se a três razões: (1) o processo de desenvolvimento do produto contém um número muito grande de atividades interdependentes entre as áreas funcionais da empresa que precisam ser integradas; (2) o processo de desenvolvimento de produto envolve uma margem grande de risco de insucesso que pode ser reduzida; e (3) por ser um longo processo, existe uma grande chance de perda de foco, por isso deve ser melhor norteado.

Há na literatura vários modelos de PDPs, os quais se diferenciam principalmente pela importância atribuída às diferentes etapas do ciclo de desenvolvimento, devido à origem e à atuação dos seus autores. Alguns, vindos da área de Marketing, dão maior ênfase às primeiras e às últimas etapas do desenvolvimento, como o planejamento do produto e a elaboração do plano de marketing para o lançamento. Já outros, com atuação na área de Engenharia, concentram-se mais no projeto do produto e do processo. Há ainda aqueles que visualizam o PDP sob a perspectiva de Design, atividade de projeto menos tecnológico, porém possuindo dimensões de forma e função, e não poucas vezes artística, como design gráfico e design de produto (joias, móveis, moda, estilo do carro e outros). Um outro ponto de diferenciação entre os PDPs é a amplitude do ciclo de desenvolvimento contemplada. Alguns consideram que o desenvolvimento termina quando o produto começa a ser produzido. Outros definem que o processo de desenvolvimento engloba também as atividades de Marketing durante o lançamento do produto, como estratégia de vendas e propaganda. Ainda, há aqueles que consideram que o PDP deve continuar durante o período inicial de comercialização, como monitoramento do produto no mercado, e outros que vão até o descarte ou a reciclagem do produto. A seguir, apresentamos seis diferentes modelos de PDP.

PDP – 1: Urban e Hauser[1]

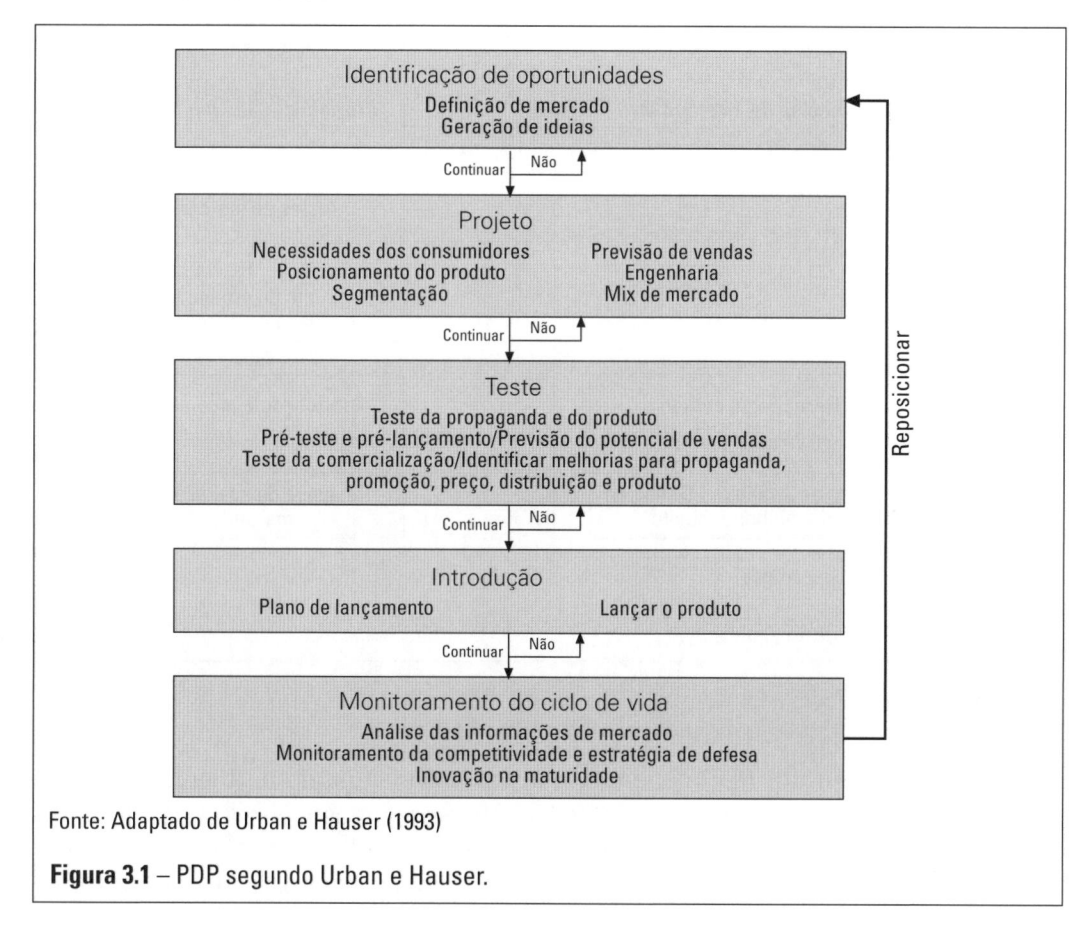

Fonte: Adaptado de Urban e Hauser (1993)

Figura 3.1 – PDP segundo Urban e Hauser.

O PDP apresentado por Urban e Hauser é integralmente focado no Marketing (Figura 3.1), e o ciclo de desenvolvimento continua após o lançamento do produto, durante o monitoramento do ciclo de vida do produto no mercado.

---

[1] URBAN G. L. and HAUSER J. R. *Design and Marketing of New Products*. Englewood Cliffs: Prentice Hall, 1993. 701 p.

PDP – 2: Kanda[2]

O modelo desenvolvido por Kanda também foca nas etapas e atividades de Marketing (Figura 3.2), realizadas no início e no fim do desenvolvimento. Assim como no exemplo anterior, o ciclo de desenvolvimento continua após o lançamento do produto, durante o monitoramento do seu ciclo de vida.

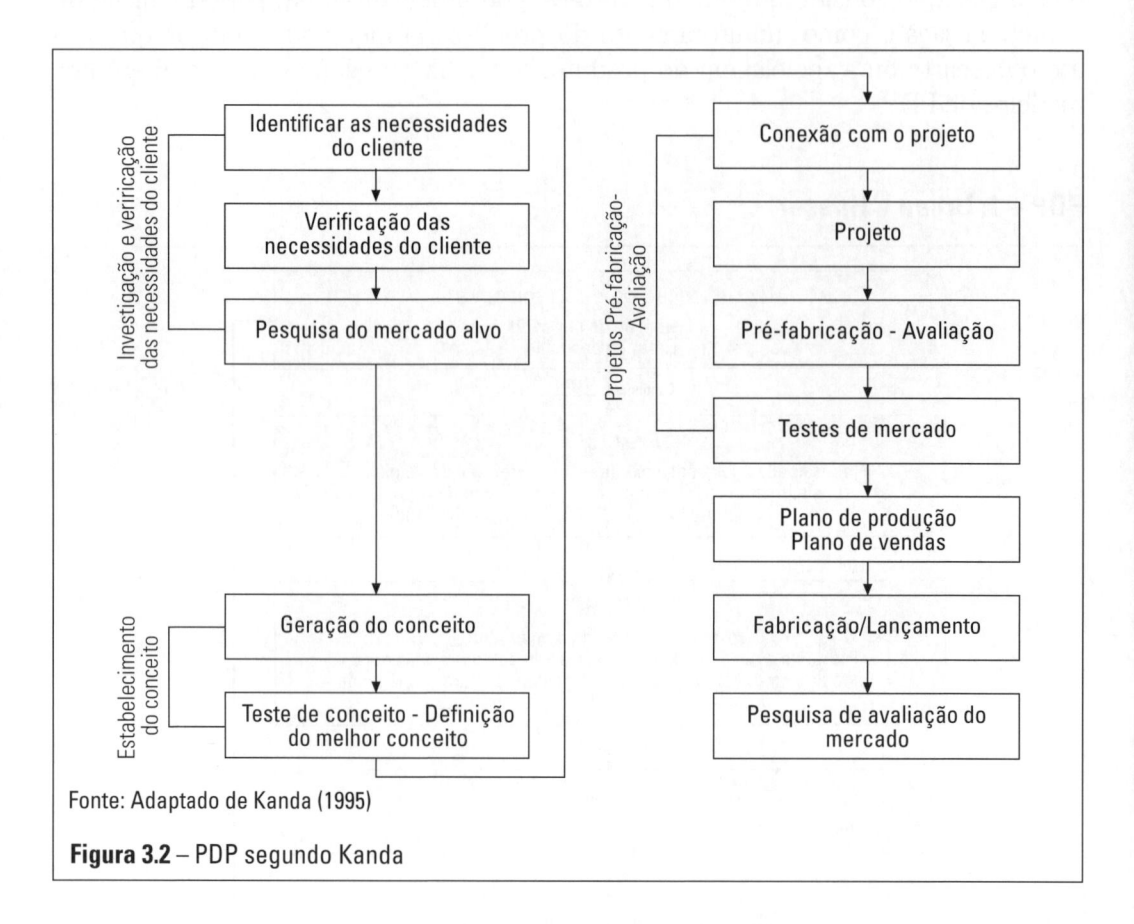

Fonte: Adaptado de Kanda (1995)

Figura 3.2 – PDP segundo Kanda

PDP – 3: Cooper[3]

Cooper desenvolveu um PDP genérico, que está representado na Figura 3.3. Este processo recebeu o nome de *Stage-Gates-System* e é composto por estágios de ações e pontos de decisões, onde o andamento do projeto é analisado. A Figura 3.4 é uma outra forma de representar esse PDP, com descrição das macroatividades anexadas ao processo.

---

[2] KANDA, N. et al. Outros Sete Ferramentas do Planejamento das Mercadorias – Conjunto de Ferramentas para Desenvolvimento de Novas Mercadorias. Tóquio: Editora da JUSE, 1995. (em japonês).
[3] COOPER, R. G. *Winning at New Products: Accelerating the Process from Idea to Launch*. Second Edition. Reading: Addison-Wesley Publishing, 1993. 358p.

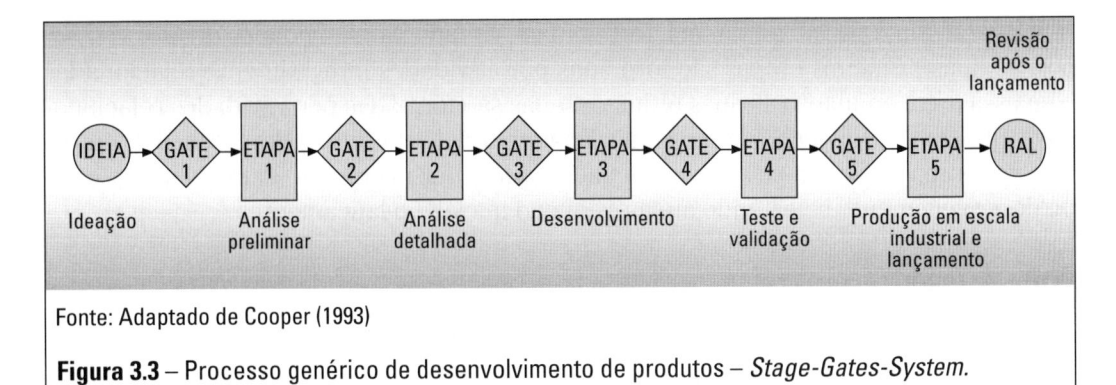

Fonte: Adaptado de Cooper (1993)

Figura 3.3 – Processo genérico de desenvolvimento de produtos – *Stage-Gates-System*.

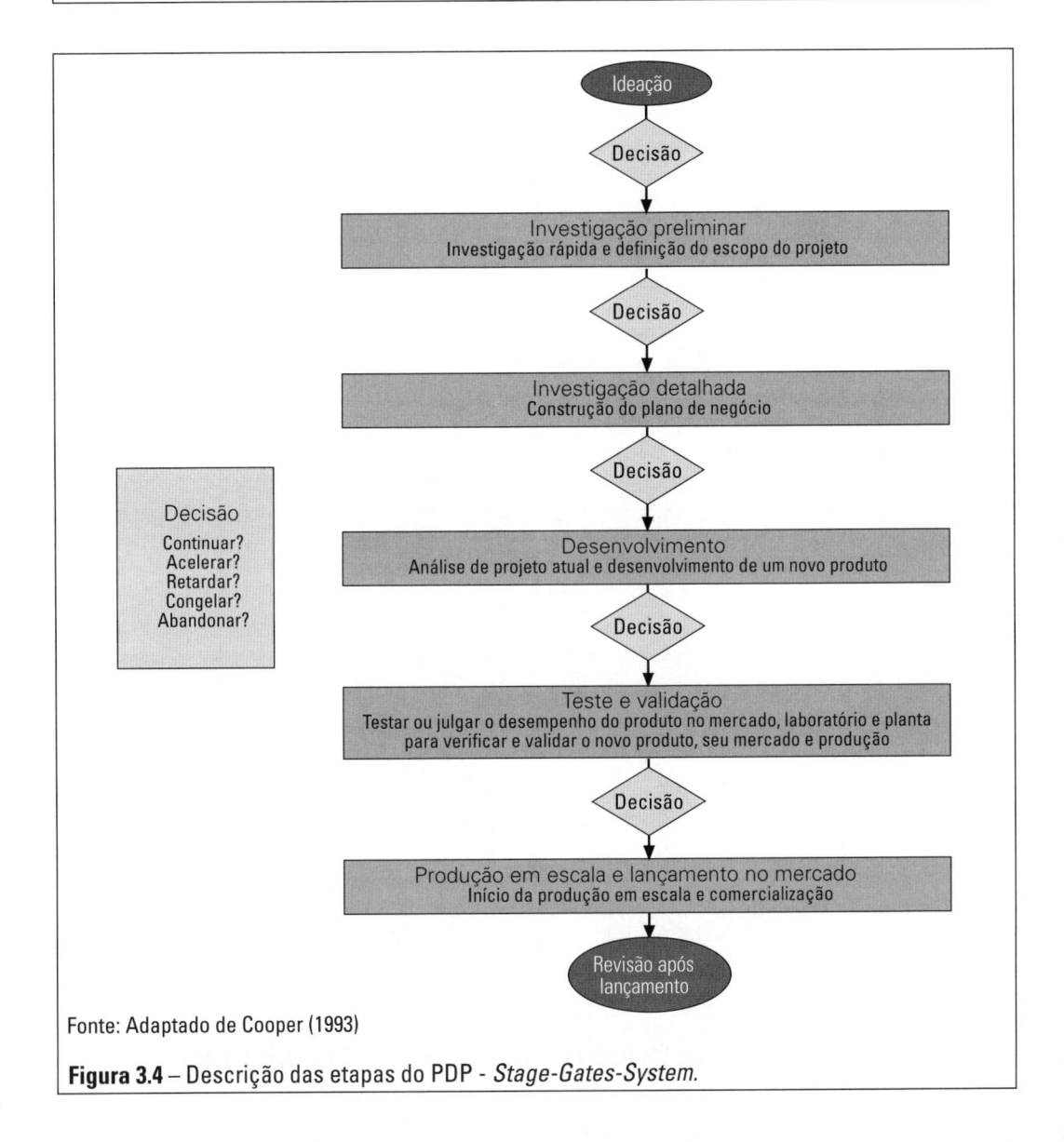

Fonte: Adaptado de Cooper (1993)

Figura 3.4 – Descrição das etapas do PDP - *Stage-Gates-System*.

Esse modelo possui ainda uma forte ênfase voltada para atividades de *Marketing*, pois as duas primeiras etapas são formadas por atividades integralmente relacionadas com essa área, enquanto as duas últimas etapas são formadas por atividades relacionadas tanto com o *Marketing* como com a Engenharia do Produto e Processo. Somente a terceira etapa relaciona-se apenas com atividades de Engenharia. Para Cooper o ciclo de desenvolvimento se estende até a produção inicial e o lançamento.

PDP – 4: Pugh[4]

O PDP desenvolvido por Pugh, denominado de *Total Design*, possui uma ênfase maior em Engenharia (Figura 3.5). Apenas a primeira etapa e a última são relacionadas com o *Marketing*, sendo estas pouco detalhadas. As outras quatro etapas são focadas na Engenharia do Produto e do Processo. Ainda, esse autor considera que o ciclo de desenvolvimento se estende até o início da comercialização do produto, porém não há detalhamento dessas atividades.

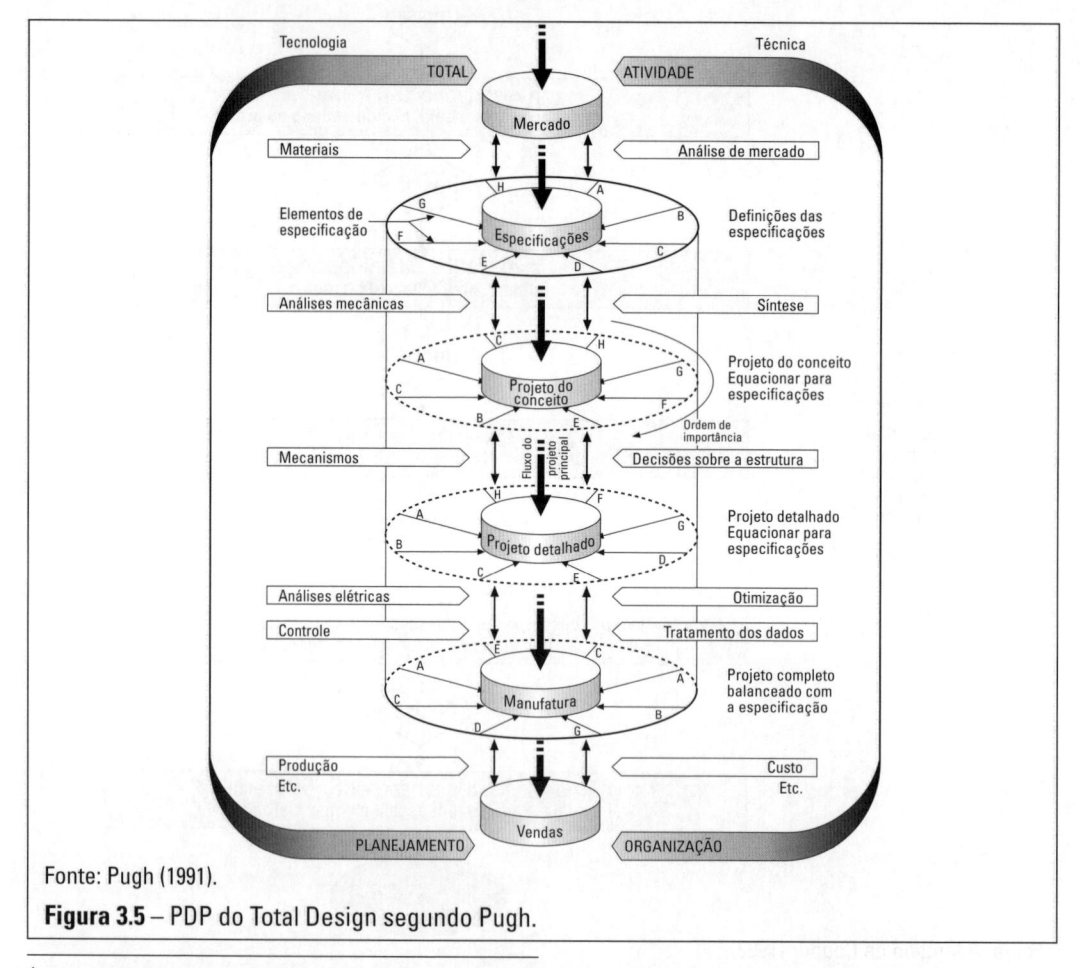

Fonte: Pugh (1991).

Figura 3.5 – PDP do Total Design segundo Pugh.

---

[4] PUGH, S. *Total Design: Integrated Methods for Successful Product Engineering*. Reading: Addison-Wesley Publishing. 1991.

PDP – 5: Clark e Wheelwright[5]

O modelo desenvolvido por Clark e Weelwright (Figura 3.6) também possui um enfoque mais de Engenharia do que de Marketing. A primeira etapa é focada mais no Marketing, enquanto as outras três etapas são voltadas à Engenharia do Produto e do Processo, da Pré-produção e Produção. Nota-se que os autores deste PDP consideram que o ciclo de desenvolvimento finaliza-se com a produção inicial do produto.

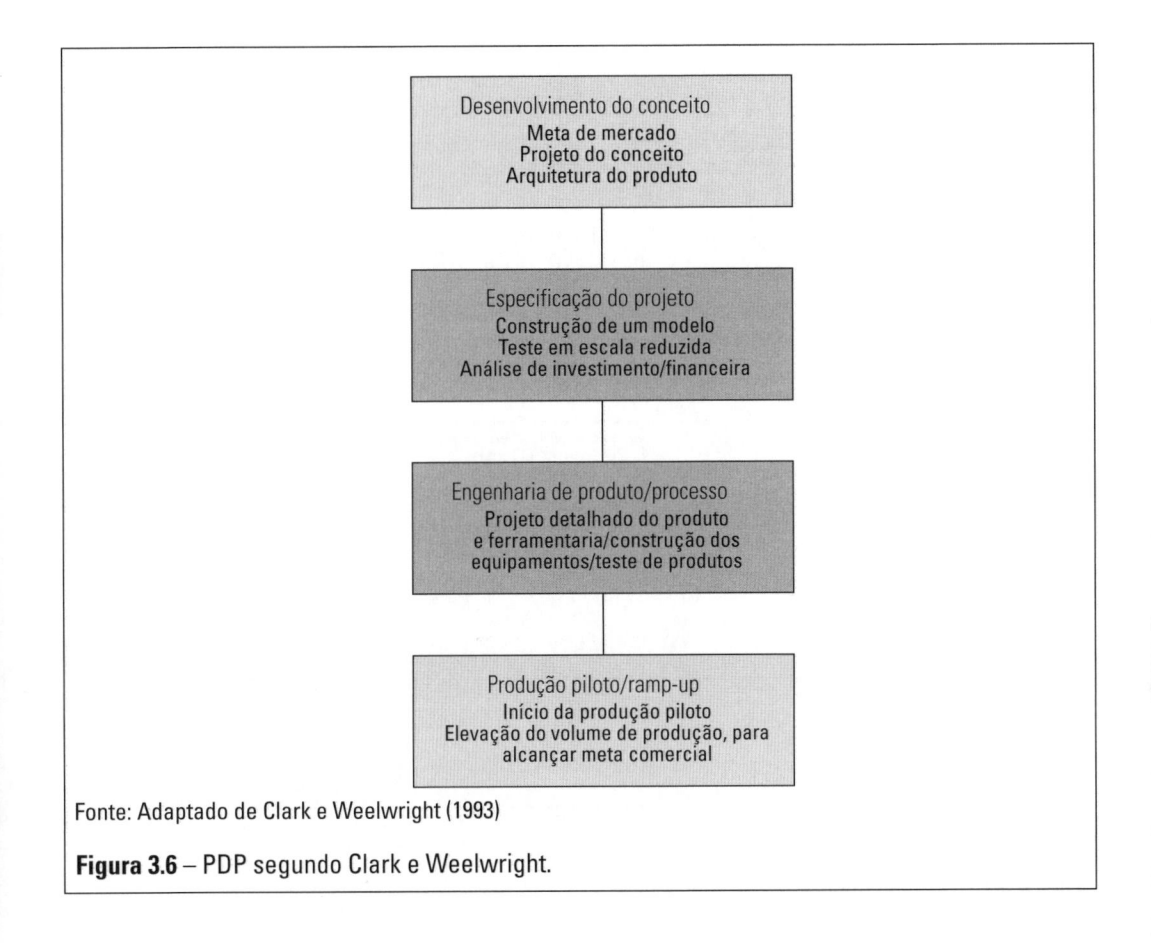

Fonte: Adaptado de Clark e Weelwright (1993)

Figura 3.6 – PDP segundo Clark e Weelwright.

[5] CLARK K. B. e WHEELWRIGHT S. C. *Managing New Product and Process Development.* New York: The Free Press, 1993. 896 p.

PDP – 6: Baxter[6]

O PDP desenvolvido por Baxter é um modelo que foca no Design do Produto (Figura 3.7). O ciclo de desenvolvimento termina quando o protótipo produzido em escala industrial é obtido. Diferentemente dos modelos anteriores, este não considera as atividades de início de produção como parte do desenvolvimento.

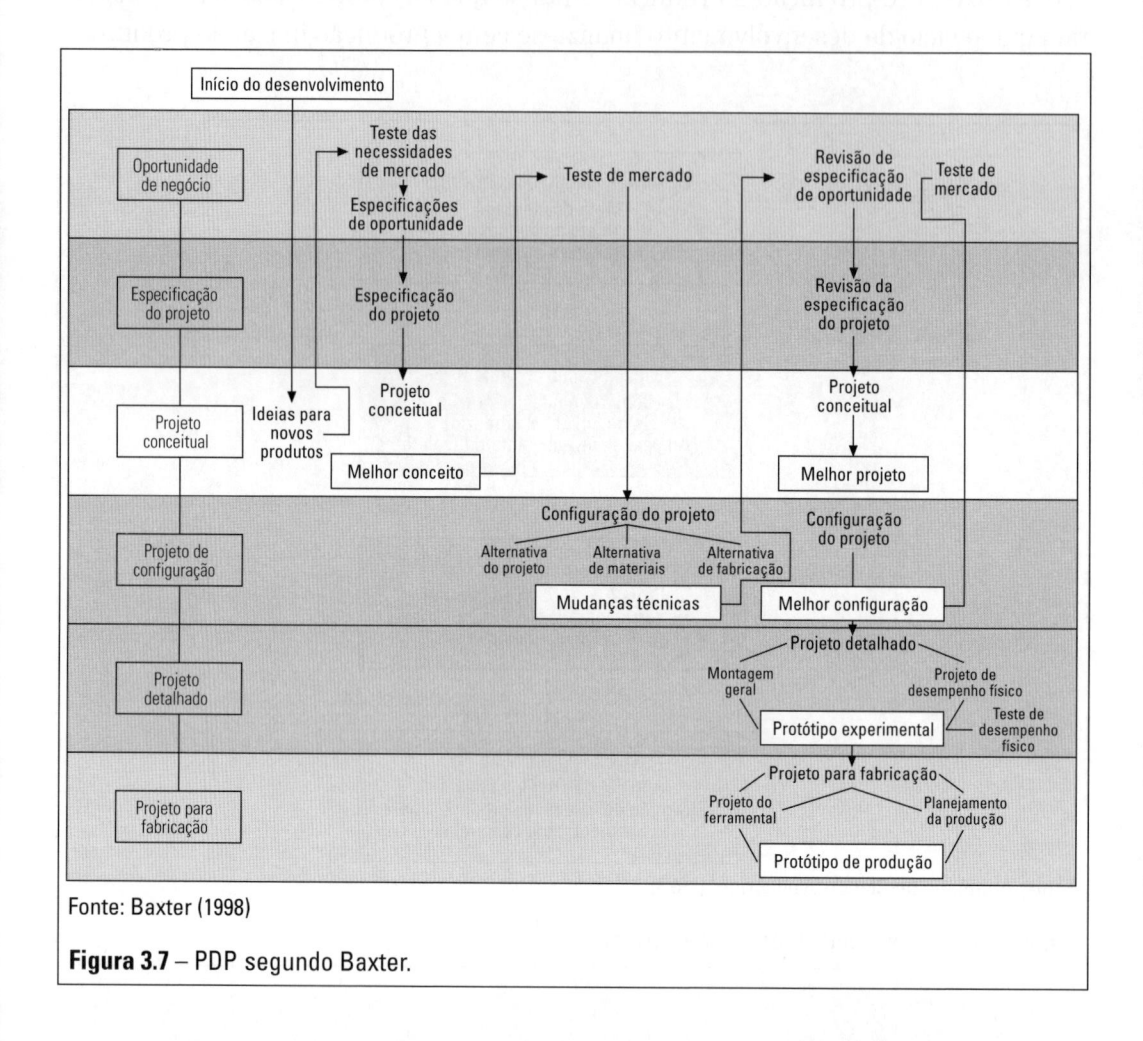

Fonte: Baxter (1998)

Figura 3.7 – PDP segundo Baxter.

Não foi apresentado nenhum PDP específico para desenvolvimento de serviços. Os modelos já formulados para este fim são muito parecidos com os formulados para bens duráveis. Se for interesse do leitor sugerimos que consulte bibliografias especializadas no assunto. Gostaríamos de enfatizar que cabe às organizações desenvolverem os seus próprios PDPs, de forma que se adaptem às suas contingências específicas.

---

[6] BAXTER, M. *Projeto de Produto*. São Paulo: Blucher, 1998. 261p.

3.3. Processo Gerencial de Desenvolvimento do Produto Orientado para Cliente (PGDPOC)

Conforme apresentado acima, há vários modelos de PDP, cada um formulado a partir de uma determinada perspectiva. A questão que se coloca é: "Como podemos formular um PDP a partir da perspectiva da garantia da qualidade ou da satisfação do cliente?".

De acordo com a conceituação do Capítulo 2, o QFD é "**uma forma de comunicar sistematicamente informação relacionada com a qualidade e de explicitar ordenadamente trabalho relacionado com a obtenção da qualidade; tem como objetivo alcançar o enfoque da garantia da qualidade no desenvolvimento do produto e é subdividido em Desdobramento da Qualidade (QD) e Desdobramento da Função Qualidade no sentido restrito (QFDr).** Portanto, um PDP a partir da perspectiva da qualidade, deve ser um PDP que busque atender às exigências de qualidade dos clientes por intermédio do desdobramento da qualidade (dimensões vertical e horizontal) e do desdobramento das atividades voltadas para obtenção da qualidade do produto. Propõe-se, portanto, um Processo de Desenvolvimento de Produto Orientado para o Cliente (PDPOC, lê-se, P, D, POC) (ver Figura 3.8).

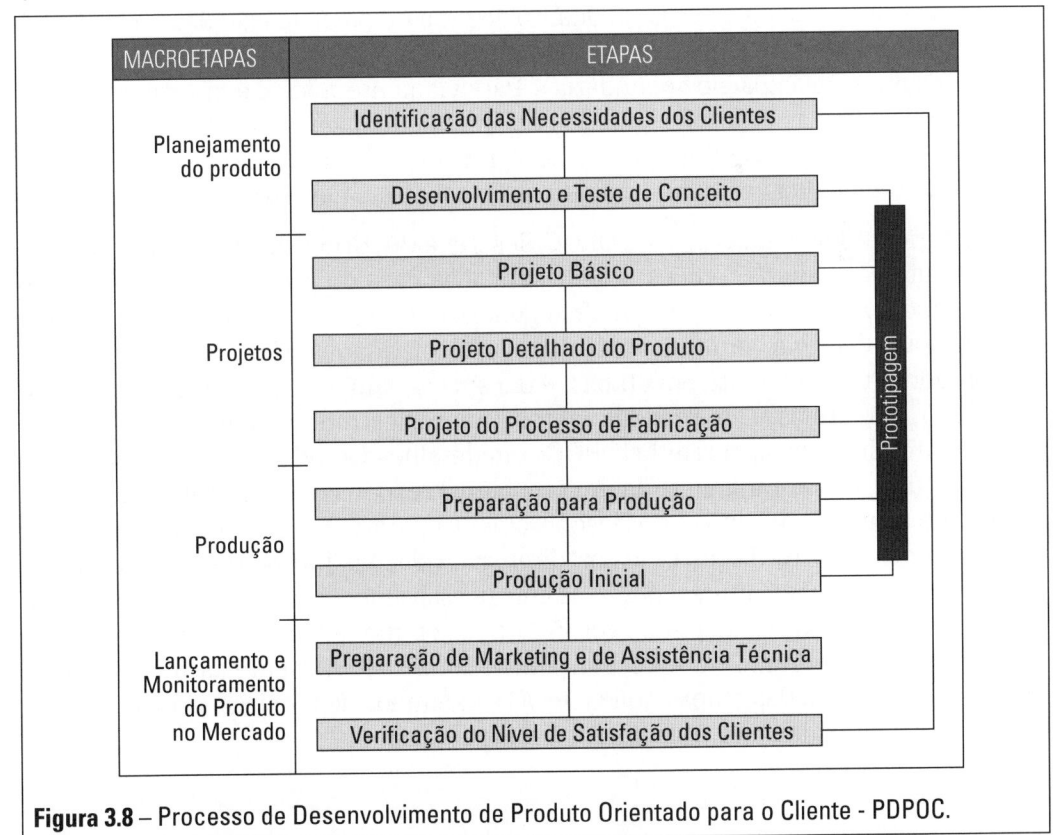

Figura 3.8 – Processo de Desenvolvimento de Produto Orientado para o Cliente - PDPOC.

Quanto à obtenção da qualidade, ela deve ser um trabalho que tenha participação de várias áreas funcionais da empresa, e deve ser executada e gerenciada com objetivo de obter uma maior e melhor contribuição de todos de forma sinérgica. Podemos, portanto, nomear o nosso modelo de PDPOC como Processo Gerencial de Desenvolvimento do Produto Orientado para o Cliente – PGDPOC (ver Figura 3.9).

O PGDPOC diferencia-se dos outros PDPs descritos anteriormente em quatro aspectos: (1) inicia com a busca da voz do cliente e termina com avaliação da sua satisfação; (2) mostra a necessidade de desdobramento do trabalho de desenvolvimento em níveis com diferentes abrangências; (3) mostra a necessidade da participação cooperativa de várias áreas no processo de forma hierárquica; e (4) indica possibilidade de uso de tabelas e matrizes do método QFD como forma de tradução e transmissão da voz do cliente em todo o percurso do processo de desenvolvimento de forma visível para todas as áreas participantes. Acreditamos que essa forma de PDP é mais capaz de obter a qualidade no processo de desenvolvimento.

O PGDPOC é apresentado em um quadro de dupla entrada, onde na vertical estão as macroetapas, enquanto na horizontal estão listadas as áreas funcionais da empresa. O quadro é preenchido por etapas e avaliações numeradas, ou melhor, pelos trabalhos e decisões a serem realizados, com a respectiva atribuição desses às áreas funcionais (diretorias e gerências). Quanto ao grau de participação das áreas, fez-se uma graduação diferenciada (legenda em letras), que vai desde a liderança até uma mera consulta (participação secundária). Paralelamente a isso, é apresentada uma indicação de como as tabelas e matrizes do QFD podem ser utilizadas na realização dos trabalhos de desenvolvimento. No decorrer dos capítulos seguintes, serão mostrados qual a finalidade e como construir essas tabelas e matrizes.

No formato apresentado, o PGDPOC descreve de forma sucinta, ordenada e de fácil visualização, como o processo de desenvolvimento do produto pode ser executado. O que é apresentado é um modelo genérico. Cada empresa deve desenvolver o seu próprio PGDPOC em função de suas particularidades. Um processo pode ser desdobrado arbitrariamente em etapas, e daí sucessivamente em atividades (ver Figura 3.10), em tarefas e em procedimentos. Como mostrado na Figura 3.11, os desdobramentos sucessivos geram PGDPOCs em detalhes variados, tanto no escopo do trabalho quanto na abrangência da área funcional responsável (diretoria, gerência e seção). Portanto, de um nível de desdobramento para outro podemos ter relações interdiretorias, dentro de uma mesma diretoria, relações intergerências, dentro de uma gerência, relações interseções, e assim sucessivamente. Entre as etapas de trabalho estão os pontos de decisão (ver Figura 3.12) que devem também seguir essa dinâmica de desdobramento e responsabilidade de decisão em cascata. Segue-se uma breve descrição das etapas do PGDPOC e exemplos de técnicas, principalmente estatísticas, que podem ser utilizadas nas suas etapas.

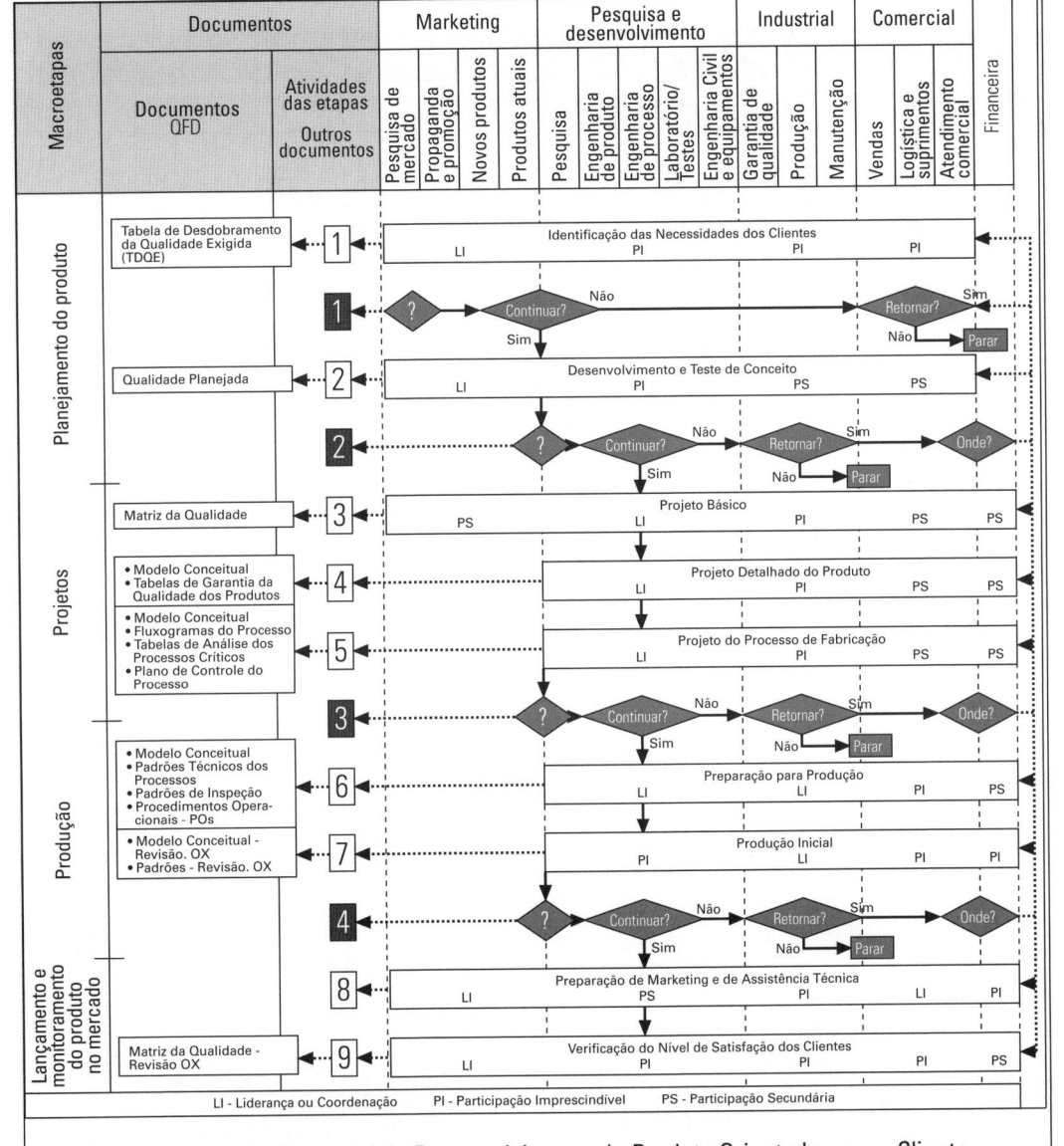

Figura 3.9 – Processo Gerencial de Desenvolvimento do Produto Orientado para o Cliente – PGDPOC.

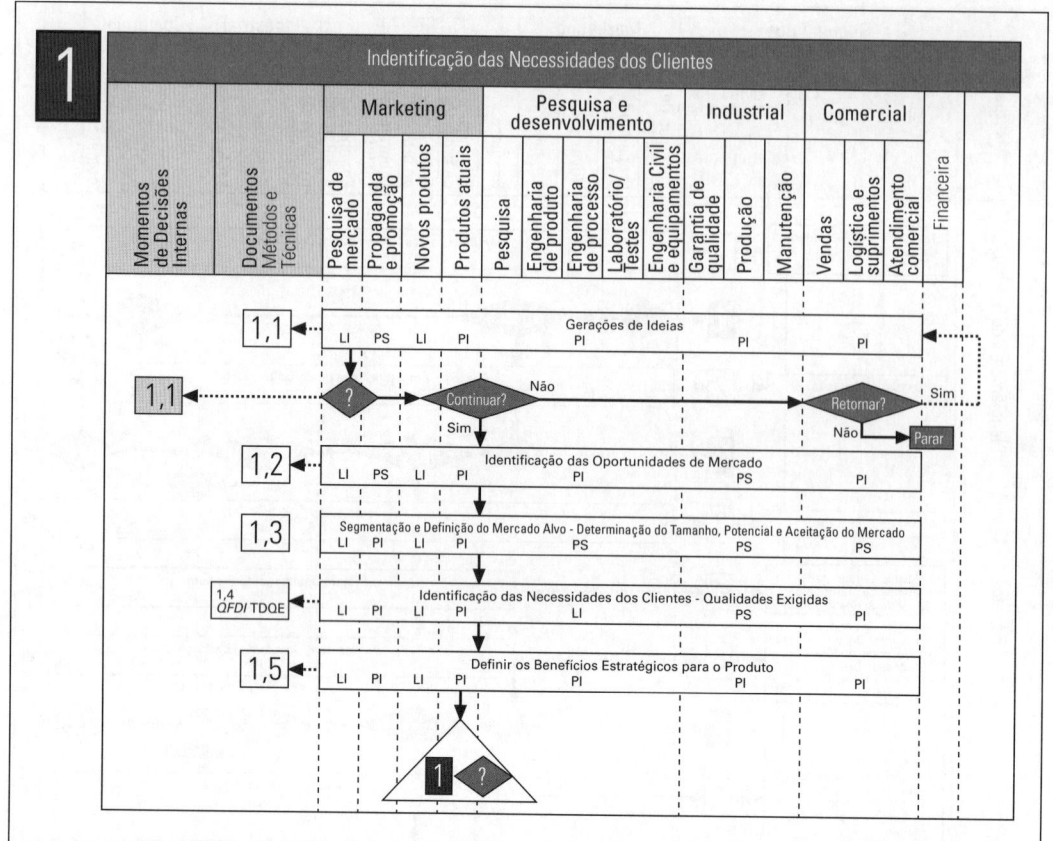

Figura 3.10 – PGDPOC - Desdobramento da etapa de identificação das necessidades dos clientes.

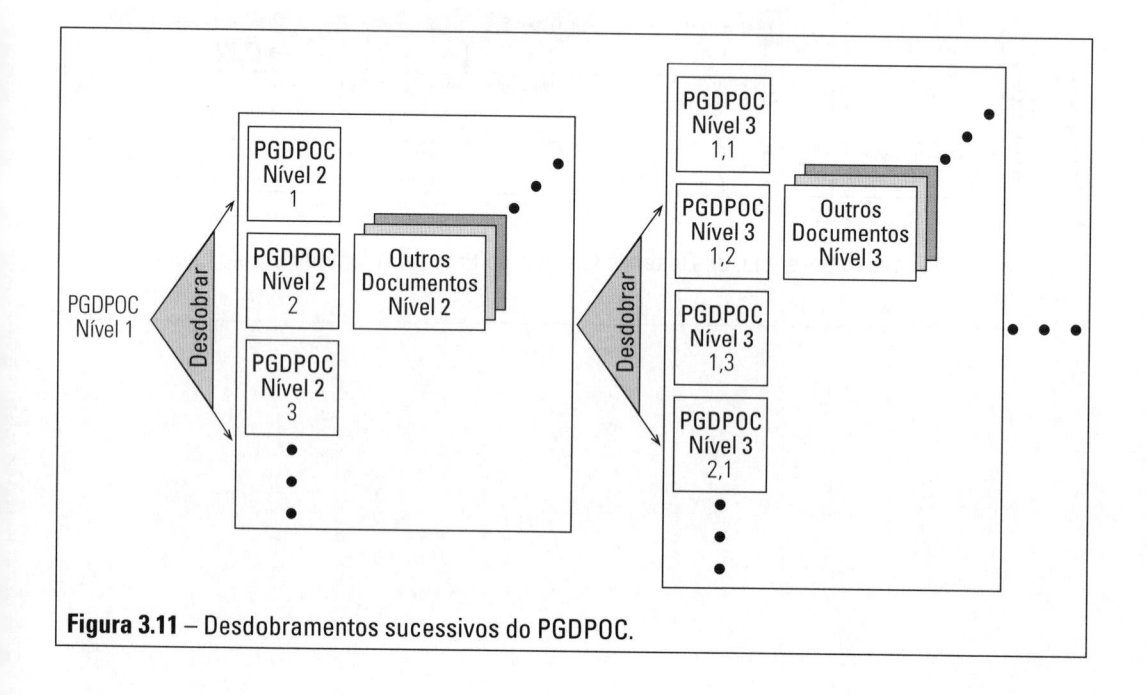

Figura 3.11 – Desdobramentos sucessivos do PGDPOC.

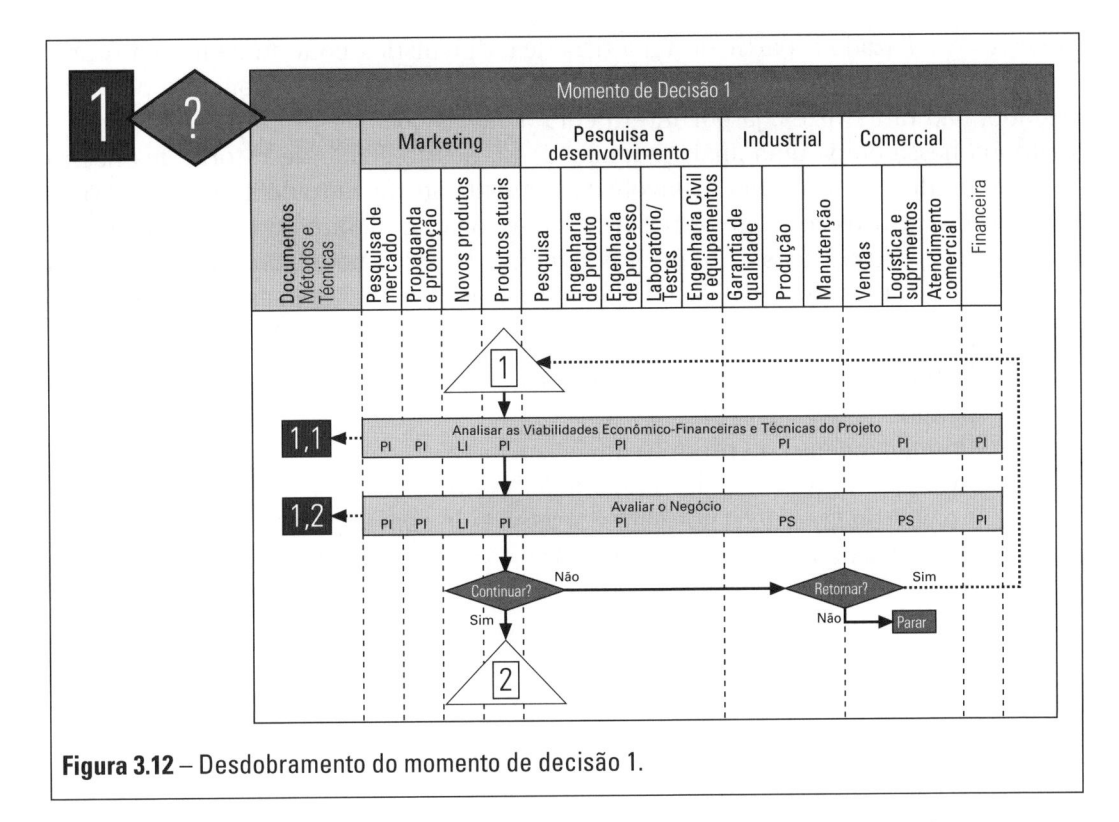

Figura 3.12 – Desdobramento do momento de decisão 1.

3.3.1. Planejamento do Produto

• Etapa 1 - Identificação das Necessidades dos Clientes

Esta primeira etapa do PGDPOC é formada principalmente por atividades da área de Marketing. O foco desta etapa é a obtenção e compreensão da voz do cliente e uma definição preliminar da ideia de um produto que supra a necessidade identificada. Algumas atividades possíveis são:

- Geração de ideias;
- Identificação de oportunidades de mercado;
- Segmentação e definição de mercado-alvo;
- Determinação do tamanho, potencial e aceitação do mercado;
- Identificação das necessidades dos clientes;
- Definição dos benefícios estratégicos para o produto.

• Etapa 2 - Definição e Teste de Conceito

O conceito do produto pode ser definido como uma descrição detalhada do produto na linguagem do cliente, tendo como base benefícios estratégicos definidos. Essa etapa é dividida em duas grandes atividades. Na primeira, a definição e o teste do conceito é realizado a partir de uma descrição linguística com ou sem uma representação muitas vezes não detalhada do produto. Na segunda, o conceito pode ser testado, não raras vezes, já por intermédio de avaliações de protótipos. Também é realizada nessa etapa uma análise detalhada da possibilidade de retorno financeiro do novo produto, se este for desenvolvido fielmente ao conceito definido. O foco desta etapa é avaliar os conceitos alternativos e escolher o melhor conceito que atenda os benefícios estratégicos. Um aprofundamento do tema pode ser obtido junto aos textos dos autores Dolan (1993) e Urban e Hauser (1993). Algumas atividades são:

- Geração de conceitos;
- Determinação das principais funções de qualidade e suas metas de desempenho;
- Posicionamento do produto no mercado;
- Avaliação e validação do conceito do produto;
- Análise do grau de renovação e atratividade competitiva;
- Avaliação do investimento necessário e possível retorno financeiro;
- Análise do risco, custo, *time-to-market* e possíveis benefícios estratégicos;
- Definição do *mix* de mercado e previsão de vendas;
- Avaliação da intenção de compra.

3.3.2. Projetos

• Etapa 3 - Projeto Básico

A partir dessa etapa, iniciam-se as atividades focadas na Engenharia do Produto e Processo. Essa etapa está focada principalmente em estabelecimento das especificações técnicas do produto, de modo que atendam às necessidades dos clientes. Alguns projetos, ao invés de iniciarem pelas etapas citadas anteriormente, iniciam por essa etapa, pois podem ter clientes que estabelecem diretamente especificações técnicas do novo produto. Isto ocorre principalmente em empresas que produzem produtos que são utilizados como matérias-primas, produtos intermediários (componentes ou subconjuntos) e sistemas por outras indústrias. Geralmente, são empresas produtoras de materiais e montadoras de produtos intermediários que possuem clientes que desenvolvem produtos para cliente ou consumidor final. Quando um projeto se inicia nessa etapa, cabe ao grupo responsável pelo desenvolvimento definir se é importante a execução das atividades contidas nas etapas 1 e 2. Muitas vezes, além de analisar a viabilidade técnica e econômica do produto antes de desenvolvê-lo, é também necessário conhecer as verdadeiras (latentes) necessidades dos seus clientes.

• Etapa 4 - Projeto Detalhado do Produto

Os produtos são formados, compostos, por elementos constituintes. Esses elementos também precisam ser projetados e /ou definidos, para que o produto seja desenvolvido. Nessa etapa do projeto, os elementos constituintes são: mecanismos, componentes, matérias-primas, produtos intermediários, conhecimentos técnicos do consultor (no caso de serviços de consultoria); ou seja, todos os elementos necessários para o desenvolvimento do produto final, sejam produtos tangíveis ou intangíveis. Algumas atividades da etapa de Projeto Detalhado do Produto são:

- Estabelecimento dos subsistemas (ex. mecanismos/componentes), e/ou da composição química e física de produtos intermediários de fabricação, assim como suas especificações;
- Estabelecimento das matérias-primas e suas especificações;
- Desenvolvimento da embalagem.

• Etapa 5 - Projeto do Processo de Fabricação

Nessa etapa, projetam-se os processos de fabricação de acordo com as especificações do produto final, como também dos elementos constituintes. É necessário levar em conta os valores especificados, como também as variabilidades inerentes aos processos de fabricação. Algumas atividades dessa etapa são:

- Estabelecimento dos processos de produção e respectivos parâmetros de controle;
- Projeto do *layout*.
- Análise da confiabilidade dos processos.

• Prototipagem

No transcorrer das Macroetapas Planejamento do Produto e Projetos, há um processo denominado de prototipagem. No processo de prototipagem, três fases são executadas, projeto-construção-teste[7]. Este ciclo possibilita a definição de pontos de monitoramento e validação do progresso do projeto, dispondo para o grupo informações referentes à eficiência de suas ações e oportunidades de melhoria.

Um Protótipo deve ser construído segundo o conceito do produto definido e com as especificações projetadas. É comum a construção de Protótipos em diferentes escalas, mas devem ser mantidas as relações de proporcionalidade (quando o produto é uma estrutura física). O protótipo desenvolvido é muito utilizado em testes com clientes, onde são verificados e validados o conceito do produto e a previsão de vendas, e é definido um diagnóstico que guia seu posicionamento no mercado, isto por meio de testes com bens físicos[8]. Nesses testes podem ser verificadas as preferências dos clientes com relação a diferentes produtos (produto atual e/ou protótipos distin-

---

[7] CLARK K. B. and WHEELWRIGHT S. C. Managing New Product and Process Development. New York: The Free Press, 1993. 896 p.
[8] DOLAN, R. J. *Managing the New Product Development Process.* Reading: Addison-Wesley Publishing Company, 1993. 392 p.

tos e/ou produtos concorrentes), o que guia essa preferência, e uma otimização das especificações do novo produto, para melhor atender aos consumidores. Também, são realizados testes físicos, para que o desempenho do produto seja verificado.

O ciclo de Prototipagem é utilizado também na verificação e validação do Projeto do Processo, Preparação Para Produção e Produção Inicial, pois, obviamente o processo produtivo deve ser capaz de produzir o produto conforme projetado. E, muitas vezes, informações importantes são levantadas somente a partir de testes com estruturas físicas. As atividades da etapa de Prototipagem podem ser assim resumidas:

- Fabricação de protótipo e testes de funções e desempenho;
- Verificação de adequação às condições reais de uso;
- Testes de confiabilidade / testes de segurança;
- Revisão de custos do produto;
- Implementação de redução de custos.

3.3.3. Produção

• Etapa 6 - Preparação para Produção

Esta etapa somente é realizada se as informações geradas nas etapas de Projetos forem suficientes. Ou seja, não devem existir gargalos tecnológicos que impeçam a fabricação do novo produto. Gargalos tecnológicos podem ser de dois tipos. O primeiro se refere à natureza do produto, por exemplo, a impossibilidade de alcance de uma especificação do produto em função da não existência de um subsistema específico, ou matéria-prima. O segundo tipo de gargalo se refere à tecnologia do processo de fabricação, por exemplo, a impossibilidade de obtenção de uma especificação do produto final em função de uma incapacidade tecnológica do processo de fabricação. Essas e outras questões devem ser discutidas nos Momentos de Decisão 3 e 4. Esses possíveis problemas devem ser resolvidos nas etapas de Projetos e, se necessário, na Definição e Teste do Conceito do Produto, se for importante alterar o conceito planejado.

A preparação para produção de um novo produto é uma etapa crucial, pois é nesse momento que as informações definidas nos projetos são transmitidas para o chão da fábrica. Não adianta desenvolver excelentes projetos se quem efetivamente irá operacionalizar o projetado não estiver preparado para tal. Exemplos de atividades dessa etapa são:

- Obras civis e instalação dos equipamentos;
- Estabelecimento dos padrões de produção do produto;
- Estabelecimento dos padrões da embalagem;
- Treinamento do pessoal de produção;
- Revisão do custo-alvo do produto.

• Etapa 7 - Produção Inicial

A produção inicial é o momento em que tudo o que foi realizado até o momento será colocado em prática. É na Produção Inicial que o produto fabricado na linha pode ser integralmente testado e, na maioria das vezes, ainda é necessária a realização de pequenas alterações no produto para que este atenda às especificações técnicas. Também, com produtos obtidos em um lote piloto pode-se realizar testes finais de conceito e de especificações do produto junto ao(s) cliente(s). A atividade de permitir a produção dos primeiros lotes pilotos nas instalações reais de produção denomina-se *scale-up,* enquanto a elevação do volume de produção projetada num período de tempo é chamada de *ramp-up.* Assim atividades dessa etapa são:

- Produção piloto – *scale-up;*
- Aumento de volume de produção – *ramp-up.*

3.3.4. Lançamento e Monitoramento do Produto no Mercado

• Etapa 8 - Preparação de Marketing e de Assistência Técnica

As atividades dessa etapa podem iniciar em paralelo à etapa de Definição e Teste de Conceito do Produto. No momento em que se define o conceito do novo produto, pode-se fazer questionamentos a respeito de como seria o plano de seu lançamento no mercado-alvo. Também, pode-se realizar atividades dessa etapa junto com o Projeto Básico, Detalhado e Prototipagem, pois, quando se validam as especificações do produto, pode ser importante a verificação do impacto em sua capacidade de comercialização.

Mas as atividades de preparação de Marketing e de Assistência técnica são intensificadas a partir do momento que o conceito e projeto do produto são testados e validados em todas as etapas mencionadas anteriormente. O produto não deve ser lançado no mercado antes que seja verificada a satisfação do cliente. Estas questões são tratadas nos Momentos de Decisão 2, 3 e principalmente 4, que seria o último ponto de decisão sobre a comercialização ou não do produto. Assim como nas etapas anteriores, ao longo dessa etapa devem existir Momentos de Decisões Internas que possibilitem definir se o produto deverá mesmo ser lançado, além de quando e como. Algumas atividades desta etapa são:

- Teste da propaganda do produto; Pré-teste e pré-lançamento; Previsão do potencial de vendas; Teste da comercialização; Identificação de melhorias para propaganda, promoção, preço, distribuição e produto;
- Lançamento do produto;
- Preparação de literatura de suporte à assistência técnica; educação e treinamento.

• Etapa 9 – Verificação do Nível de Satisfação dos Clientes

Após o lançamento do novo produto, é necessário monitorar seu desempenho no mercado para avaliar o nível de satisfação do cliente. Não são raros lançamentos de produtos com algum defeito de qualidade. Claro que esses defeitos devem ser evitados durante o projeto, mas, se não for possível, devem ser resolvidos o quanto antes. Como exemplo, temos os famosos *recalls* de automóveis.

É importante a definição do real posicionamento do produto no mercado com relação aos concorrentes, para verificar se o planejado foi cumprido, ou se há necessidades de contramedidas. Também o ciclo de vida de um produto não é eterno, e as necessidades dos clientes se alteram ao longo do tempo. Assim o nível de satisfação do cliente deve ser monitorado periodicamente, para que sejam definidas novas estratégias e ações sobre o mesmo, como a necessidade ou não de um novo projeto de melhoria, ou renovação de plataforma. Algumas atividades dessa etapa são:

- Coleta de informações da satisfação do cliente durante o gerenciamento do período inicial após o lançamento do produto;
- Identificação de problemas de qualidade; implementação de contramedidas;
- Monitoramento da competitividade e estratégia de defesa;
- Inovação na maturidade.

3.4. Unidades Operacionais do QFD e Técnicas Auxiliares Associadas ao PGDPOC

Como relatado anteriormente, durante a aplicação do QFD é necessário que sejam levantadas informações sobre diferentes agentes, como mercado-alvo, necessidades dos clientes e suas priorizações, análises de concorrência, grau de correlações, entre outros. Essas informações, que servem de entrada (*in-put*) na utilização das unidades operacionais do método (seção 2.4.1), muitas vezes não estão facilmente disponíveis ou são obtidas de fontes duvidosas, e/ou merecem um tratamento mais criterioso em relação às necessidades de quem as aplica.

Na Figura 3.13, é mostrada uma visão geral de como as unidades operacionais do QFD estão associadas às etapas do PGDPOC. Nos capítulos seguintes estaremos descrevendo em detalhe como cada uma dessas unidades pode ser construída.

Para obtenção e análise dessas informações, utilizam-se técnicas, tanto qualitativas quanto quantitativas, trabalhadas dentro das unidades operacionais (tabelas, matrizes, modelo conceitual e padronização) como auxiliares em um trabalho de QFD[9,10,11,12,13,14,15,16,17,18,19,20]. Exemplos de técnicas, principalmente estatísticas,

[9] MONTGOMERY D. C. *Design and Analysis of Experiments*. Chichester: Wiley, 1997. 704 p.

[10] MONTGOMERY, D. C. Introdução ao Controle Estatístico da Qualidade. 4a. Edição. Rio de Janeiro: LTC, 2004.

que podem ser utilizadas nas etapas do PGDPOC, são mostrados na Figura 3.13. A aplicação dessas técnicas deve ser adaptada à realidade de cada trabalho de desenvolvimento de produtos e cada setor industrial. Nos capítulos seguintes, são apresentados alguns exemplos de aplicações de técnicas estatísticas como auxiliares em um trabalho de QFD.

Macro-etapas	Etapas	Método *QFD*	Técnicas	
Planejamento do produto	Identificação das necesidades dos clientes	Tabela de desdobramento das qualidades exigidas (TDQE)	Folha de verificação da geração de ideias (*Brainstorming*); Métodos de amostragem; Pesquisa qualitativa; Análise de *cluster*; Mapas de percepção; Mapa de preferência; Séries temporais; Análise conjunta; Sete ferramentas do planejamento*, outras.	
	Desenvolvimento e teste de conceito	Qualidade planejada	Folha de verificação da geração de ideias (*Brainstorming*); Mapas de percepção; Mapa de preferência; Componentes principais; Análise fatorial; Escalonamento muldimensional; Regressão múltipla; Análise de correlação; Análise de variância; Análise descritiva; Métodos de amostragem; Pesquisas quantitativas; Pesquisas qualitativas; Análise conjunta; Análise de quadrantes; Mapa preço-valor; Séries temporais; Sete ferramentas do planejamento*; outras.	
Projetos	Projeto básico	Matriz da qualidade (ou Matriz do Efeito Final x Causa)	Análise conjunta; Planejamento e análise de experimentos; Análise descritiva; Regressão múltipla, Análise de correlação; Mapa de preferência, Sete ferramentas do planejamento*; Sete ferramentas da qualidade**; outras.	Prototipagem
	Projeto detalhado do produto	Modelo Conceitual, Tabelas de garantia da qualidade dos produtos	Planejamento e análise de experimentos; Análise descritiva; Método taguchi; Regressão múltipla; FTA; FMEA; Análise de tempo de falha; Teste de vida acelerada; Sete ferramentas do planejamento*; Sete ferramentas da qualidade**; outras.	
	Projeto do processo de fabricação	Modelo conceitual, Fluxograma do processo, Tabelas de análise dos processos críticos, Plano de controle do processo	Planejamento e análise de experimentos; Método taguchi; Análise das capacidades dos sistemas de medições; Análise descritiva; Estudo da capacidade de processo; Sete ferramentas do planejamento*; Sete ferramentas da qualidade**; FTA; FMEA; outras.	
Produção	Preparação para produção	Modelo conceitual, Padrões técnicos dos processos, Padrões de inspeção, Procedimentos operacionais - POs	Método de amostragem; Sete ferramentas da qualidade**; Estudo da capacidade do processo; Inspeção; Análise das capacidades dos sistemas de medições; FTA; FMEA; outras.	
	Produção inicial	Modelo conceitual - revisão X, Padrões - revisão X	Planejamento e análise de experimentos; EVOP; FMEA; FTA; Estudo da capacidade de processo; Sete ferramentas da qualidade**; Inspeção, outras.	
Lançamento e monitoramento do produto no mercado	Preparação de marketing e de assistência técnica		Pesquisas quantitativas e qualitativas; Análise descritiva; Análise conjunta; Mapa preço-valor; Mapa de percepção; Mapa de preferência; Séries temporais; outras.	
	Verificação do nível de satisfação dos clientes	Matriz da qualidade (ou Matriz do Efeito Final x Causa) - revisão X	Pesquisas quantitativas e qualitativas; Análise descritiva; Planejamento e análise de experimentos; Método taguchi; EVOP; FMEA; FTA; Mapa de percepção; Mapa de preferência; Mapa preço-valor; Análise conjunta; Séries temporais; Análise do ciclo de vida; outras.	
"Replanejar e/ou reprojetar o produto – Reiniciar desenvolvimento"				

*Diagrama de afinidades; Diagrama de relações; Diagrama de árvore; Diagrama de matriz; Diagrama de priorização; Diagrama de processo decisório; Diagrama de setas.
** Estratificação; Folha de verificação; Gráfico de Pareto; Diagrama de causa e efeito; Histograma; Diagrama de dispersão; Gráfico de controle.

Figura 3.13 – Unidades operacionais de QFD e técnicas auxiliares associadas ao PGDPOC.

Alguns benefícios da utilização das unidades operacionais do QFD e técnicas listadas em associação ao PGDPOC são: (1) obtenção da voz dos clientes e focalização em suas satisfações; (2) aumento do conhecimento da empresa sobre o mercado, as necessidades dos clientes, os produtos e os processos; (3) domínio de técnicas eficientes no estabelecimento das relações de causa e efeito entre todos os fatores contribuintes necessários para o desenvolvimento dos produtos, como: características de qualidade do produto final, dos mecanismos, componentes, produtos intermediários, das matérias-primas, embalagens e insumos, parâmetros de controle dos processos, entre outros.

3.5. Conclusão

Iniciamos este capítulo com uma revisão dos PDPs mais conhecidos e, em seguida, apresentamos um PDP com ênfase na satisfação do cliente – denominado de Processo de Desenvolvimento de Produto Orientado para o Cliente (PDPOC). Este último associado com a participação das áreas funcionais da empresa, mais os documentos, métodos e técnicas necessários constituem o Processo Gerencial de Desenvolvimento do Produto Orientado para o Cliente – PGDPOC. Vale ressaltar que o apresentado é um modelo genérico. Cada empresa deve desenvolver o seu próprio PGDPOC em função de suas particularidades.

[11]URBAN G. L. and HAUSER J. R. *Design and Marketing of New Products*. Englewood Cliffs: Prentice Hall, 1993. 701 p.

[12] MALHOTRA, N. K. *Pesquisa de Marketing: uma orientação aplicada.* 3°. Edição. Porto Alegre: Bookman, 2001.

[13] DOLAN, R. J. *Managing the New Product Development Process*. Reading: Addison-Wesley Publishing Company, 1993. 392 p.

[14] DILLON, W. R. e GOLDSTEIN, M. *Multivariate Analysis*. Chichester: Wiley. 1984.

[15]DRUMOND, F. B., DELLARETTI, O . F. e CHENG, L. C. Integração do Desdobramento da Função Qualidade (QFD) e Métodos Estatísticos ao Desenvolvimento de Produtos. *Anais do 1° Congresso Brasileiro de Gestão de Desenvolvimento de Produtos – CBGDP.* Belo Horizonte: Universidade Federal de Minas Gerais – UFMG. p. 262-273. 1999.

[16]GUSTAFSSON A. *QFD and Conjoint Analysis*. Linköping: Linköping Studies in Science and Technology. Thesis No. 393. 1993.

[17]JUSE – Union of Japanese Scientists and Engineers. *The Problem-Solving Process*. Vol. 1. Cambridge: Productivity Press. 1991.

[18]CHAN, L. K. e WU, M. L. Quality Function Deployment: a literature review. *European Journal of Operational Research*. Vol. 143: 463–497. 2002.

[19]MELO FILHO L. D. R. Aplicação do Método QFD em uma Indústria de Materiais: Desdobramento da Qualidade Positiva e da Tecnologia do Processo de Fabricação com o Auxílio da Técnica de Planejamento e Análise de Experimentos. *Dissertação de Mestrado*. Programa de Pós-Graduação em Engenharia de Produção - UFMG. Belo Horizonte. 2005. 167p.

[20] POLIGANO L, A, C., DRUMOND F, B. e CHENG L. C. Utilização dos Mapas de Percepção e Preferência como Técnicas Auxiliares do QFD Durante o Desenvolvimento de Produtos Alimentícios. *Anais do 3° Congresso Brasileiro de Gestão de Desenvolvimento de Produtos*. Florianópolis: UFSC. 2001.

Por último, apresentou-se uma associação das unidades operacionais de QFD e de técnicas auxiliares (principalmente técnicas estatísticas) com as etapas do PGD-POC. A partir do próximo capítulo, passaremos a focalizar no passo-a-passo do desenvolvimento do produto usando o método QFD, iniciando pela captação e tradução da voz do cliente.

REFERÊNCIAS BIBLIOGRÁFICAS

AKAO, Y. *Introdução ao Desdobramento da Qualidade.* Série Manual de Aplicação do Desdobramento da Função Qualidade. Vol. 1. Belo Horizonte: Editora Fundação Christiano Ottoni, 1996. 187 p.

AKAO, Y. QFD Toward Product Development Management. *Proceedings of International Symposium on Quality Function Deployment.* Tokyo: Union of Japanese Scientists e Engineers – JUSE. p. 1-10. 1995.

AKAO, Y. History of Quality Function Deployment in Japan in *The Best on Quality: targets, improvements, systems.* H. J. Zeller (Editor) International Academy for Quality Book Series. Munich: Hanser Publishers. Vol. 3: 183-196.1990a.

AKAO, Y. *Introduction to Quality Deployment - Application Manual of Quality Function Deployment (1).* Tokyo: JUSE Press. 1990b.

AKAO, Y. e MAZUR, G. H. The Leading Edge in QFD: Past Present e Future. *International Journal of Quality and Reliability Management.*. Vol. 20(1): 20–35. 2003.

BAXTER, M. *Projeto de Produto.* São Paulo: Blucher, 1998. 261p.

CHAN, L. K. e WU, M. L. Quality Function Deployment: a literature review. *European Journal of Operational Research.* Vol. 143: 463–497. 2002.

CHENG, L. C. et al. *QFD - Planejamento da Qualidade.* Belo Horizonte: Fundação Christiano Ottoni, 1995. 261p.

CLARK K. B. e WHEELWRIGHT S. C. *Managing New Product and Process Development.* New York: The Free Press, 1993. 896 p.

COOPER, R. G. *Winning at New Products: Accelerating the Process from Idea to Launch.* Second Edition. Reading: Addison-Wesley Publishing, 1993. 358p.

COOPER, R.G., EDGETT, S.J. e KLEINSCHNIDT, E.J. Benchmarking Best NDP Practices – I. *Research Technology Management.* Vol. 47(1): 31–43. 2004.

COOPER, R.G., EDGETT, S.J. e KLEINSCHNIDT, E.J. Benchmarking Best NDP Practices – II. *Research Technology Management.* Vol. 47(3): 50-59. 2004.

DILLON, W. R. e GOLDSTEIN, M. *Multivariate Analysis.* Chichester: Wiley. 1984.

DOLAN, R. J. *Managing the New Product Development Process.* Reading: Addison-Wesley Publishing Company, 1993. 392 p.

DRUMOND, F. B., DELLARETTI, O . F. e CHENG, L. C. Integração do Desdobramento da Função Qualidade (QFD) e Métodos Estatísticos ao Desenvolvimento de Produtos. *Anais do 1° Congresso Brasileiro de Gestão de Desenvolvimento de Produtos – CBGDP.* Belo Horizonte: Universidade Federal de Minas Gerais – UFMG. p. 262-273. 1999.

DRUMOND, F. B. *Ouvindo o Cliente para o Planejamento do Produto*. In: CHENG, L. C. et al. *QFD - Planejamento da Qualidade*. Belo Horizonte: Fundação Christiano Ottoni, 1995. pp 56 – 78.

FLEURY, A. C. C. e VARGAS, N. Organização do Trabalho. São Paulo: Editora Atlas, 1983. 232p.

GUSTAFSSON A. *QFD and Conjoint Analysis*. Linköping: Linköping Studies in Science and Technology. Thesis No. 393. 1993.

JUSE – Union of Japanese Scientists and Engineers. *The Problem-Solving Process*. Vol. 1. Cambridge: Productivity Press. 1991.

KANDA, N. et al. *Outros Sete Ferramentas do Planejamento das Mercadorias – Conjunto de Ferramentas para Desenvolvimento de Novas Mercadorias*. Tóquio: Editora da JUSE, 1995. (em japonês).

MALHOTRA, N. K. *Pesquisa de Marketing: uma orientação aplicada*. 3°. Edição. Porto Alegre: Bookman, 2001.

MELO FILHO L. D. R. Aplicação do Método QFD em uma Indústria de Materiais: Desdobramento da Qualidade Positiva e da Tecnologia do Processo de Fabricação com o Auxílio da Técnica de Planejamento e Análise de Experimentos. *Dissertação de Mestrado*. Programa de Pós-Graduação em Engenharia de Produção - UFMG. Belo Horizonte. 2005. 167 p.

MONTGOMERY D. C. *Design and Analysis of Experiments*. Chichester: Wiley, 1997. 704 p.

MONTGOMERY, D. C. *Introdução ao Controle Estatístico da Qualidade*. 4a. Edição. Rio de Janeiro: LTC, 2004.

POLIGANO L, A, C., DRUMOND F, B. e CHENG L. C. Utilização dos Mapas de Percepção e Preferência como Técnicas Auxiliares do QFD Durante o Desenvolvimento de Produtos Alimentícios. *Anais do 3° Congresso Brasileiro de Gestão de Desenvolvimento de Produtos*. Florianópolis: UFSC. 2001.

PUGH, S. *Total Design: Integrated Methods for Successful Product Engineering*. Reading: Addison-Wesley Publishing. 1991.

URBAN G. L. and HAUSER J. R. *Design and Marketing of New Products*. Englewood Cliffs: Prentice Hall, 1993. 701 p.

DESDOBRAMENTO DA QUALIDADE (QD): CAPTANDO E TRADUZINDO A VOZ DO CLIENTE PARA CONSTRUIR A TABELA DE DESDOBRAMENTO DAS QUALIDADES EXIGIDAS

Fátima Brant Drumond
Leonel Del Rey de Melo Filho

4.1. Introdução

O objetivo deste capítulo é detalhar: (a) como a voz do cliente pode ser captada e traduzida e (b) como construir, a partir dessa voz, a Tabela de Desdobramento das Qualidades Exigidas.

São abordadas as etapas de Identificação das Necessidades dos Clientes e Verificação do Nível de Satisfação dos Clientes, com foco na primeira, do Processo de Desenvolvimento de Produto Orientado para o Cliente (PDPOC) (ver Figura 4.1).

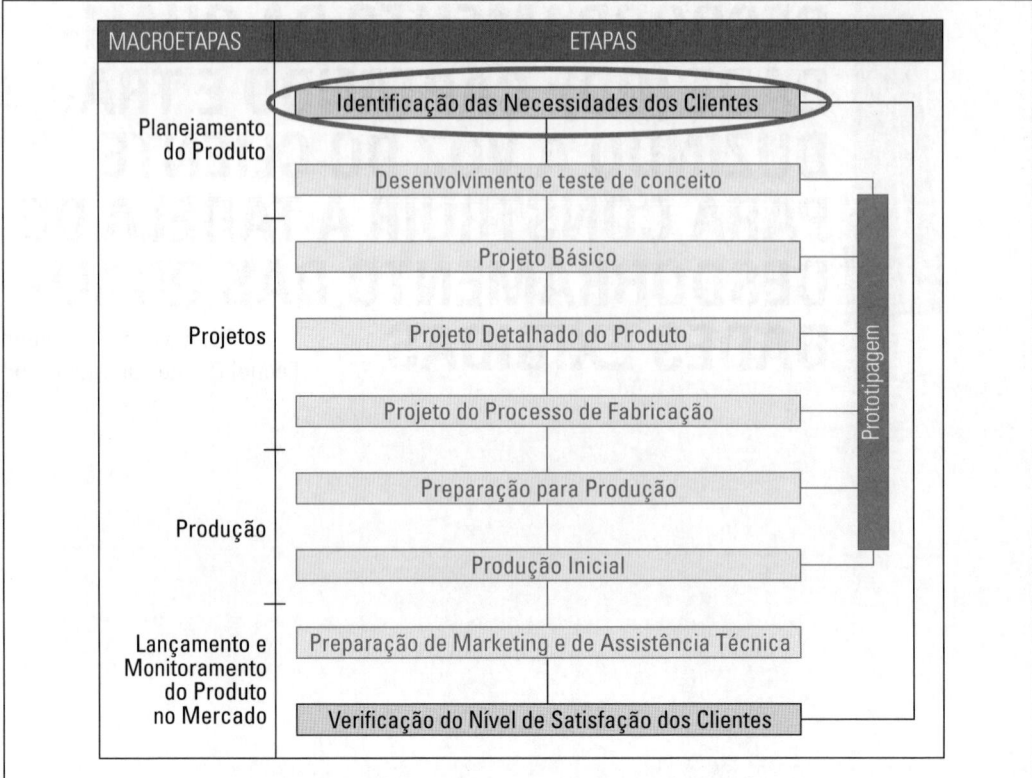

Figura 4.1 – Localização das Etapas de Identificação das Necessidades dos Clientes e Verificação do Nível de Satisfação dos Clientes no PDPOC.

Conforme conceituado no Capítulo 2, QD é um processo que visa buscar, traduzir e transmitir as informações necessárias para que o produto seja desenvolvido com qualidade, ou seja, para que o produto atenda às necessidades dos clientes. Esse processo é realizado em desdobramentos sistemáticos, iniciando-se com a determinação da voz do cliente, passando por todos os fatores necessários para o desenvolvimento do produto, como características de qualidade do produto, funções, mecanismos, componentes, características de qualidade dos produtos intermediários, características de qualidade das matérias-primas, processos de produção, parâmetros de controle dos processos, entre diversos outros, cujas escolhas dependem da natureza de cada projeto.

Ainda de acordo com o exposto no Capítulo 2, para facilitar a visualização, a compreensão e a operacionalização, o processo de Desdobramento da Qualidade (QD) pode ser dividido em três blocos (ver Figura 4.2): (1) definição dos objetivos do projeto; (2) desdobramentos sucessivos; e (3) elaboração do conjunto de padrões.

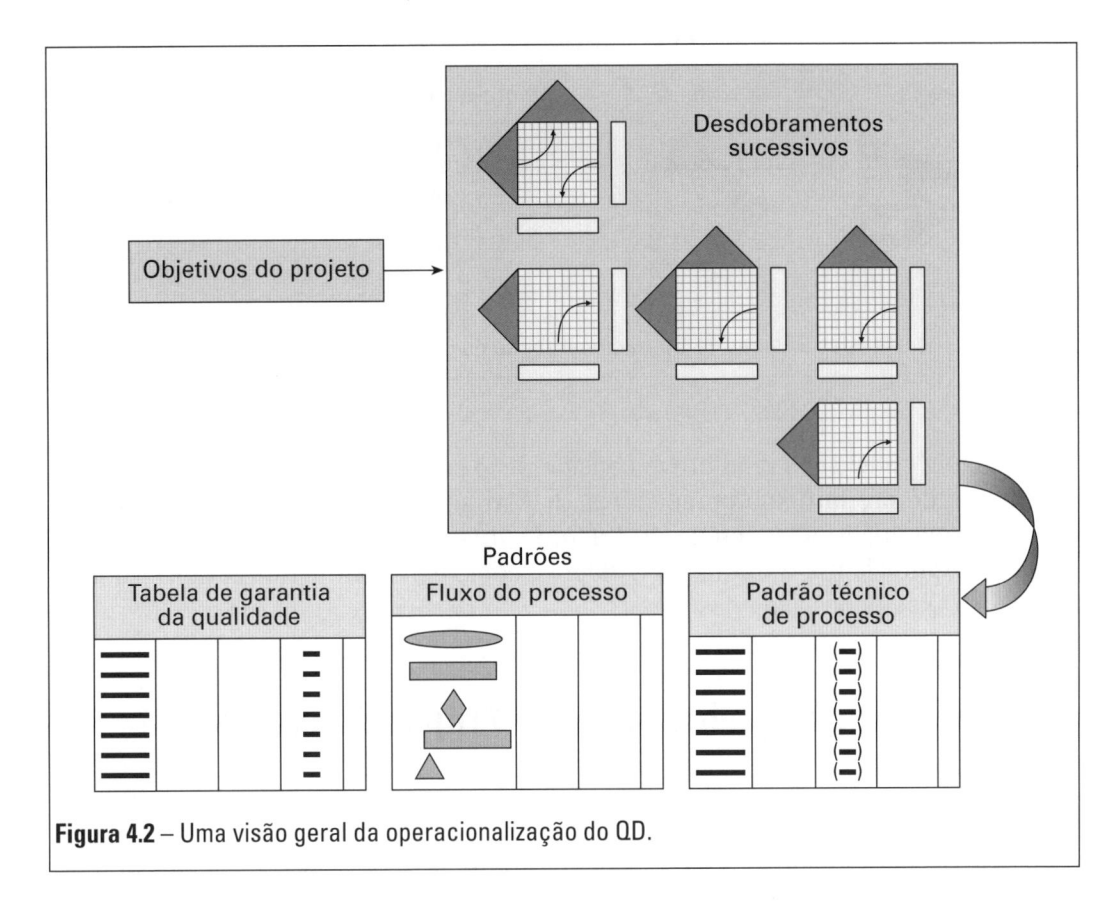

Figura 4.2 – Uma visão geral da operacionalização do QD.

Os objetivos de um projeto de QFD foram tratados na seção 2.6 do Capítulo 2. A partir dos objetivos definidos para cada projeto são desenvolvidos os desdobramentos sucessivos e, por fim, é elaborado o conjunto de padrões necessário para que a qualidade seja mantida durante a rotina de produção da empresa. Quanto aos desdobramentos sucessivos, usam-se tabelas, matrizes e modelo conceitual, que junto com os padrões são denominados de unidades básicas (UB) de operacionalização do QD (ver Figura 4.3).

Neste capítulo, será tratada apenas a tabela, em particular a Tabela de Desdobramento da Qualidade Exigida, que é a tabela onde as exigências dos clientes e/ou do consumidor final são primeiramente estabelecidas. No Capítulo 5, será detalhado como planejar a melhoria do desempenho do novo produto de acordo com as exigências dos clientes – denominada de Processo de Qualidade Planejada. No Capítulo 6, será descrito como construir a Tabela de Desdobramento das Características da Qualidade e como obter uma matriz, em particular a Matriz da Qualidade (formada pelo cruzamento da Tabela de Desdobramento das Qualidades Exigidas com a Tabela de Desdobramento das Características da Qualidade).

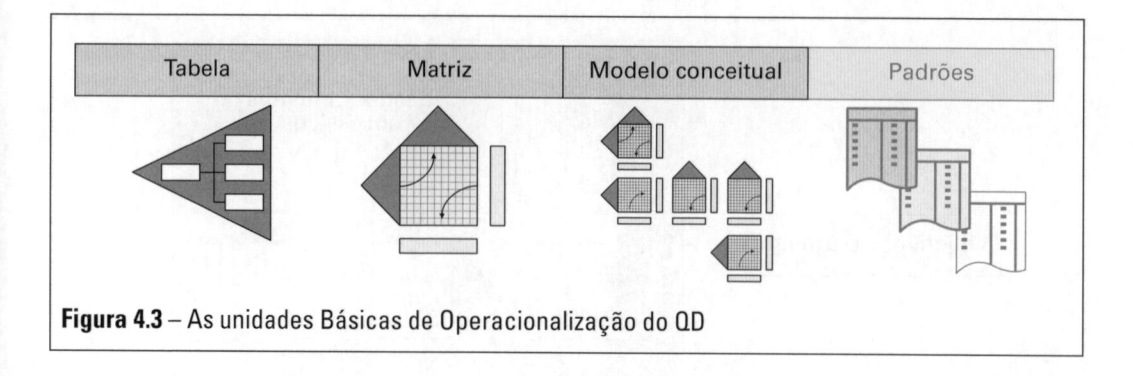

Figura 4.3 – As unidades Básicas de Operacionalização do QD

A seguir, teceremos uma breve consideração sobre tipos de projetos de desenvolvimento de produto sob perspectivas de Marketing e de Engenharia, e faremos uma pequena análise do Modelo do Kano. Logo em seguida, descreveremos como captar a voz do cliente e traduzi-la e, depois, como construir a Tabela de Desdobramento das Qualidades Exigidas.

4.2. Considerações sobre Tipos de Projetos de Novos Produtos

Dúvidas sempre vêm à mente quando alguém pergunta: "Como vou obter a voz do cliente se os meus clientes desconhecem o produto que pretendo desenvolver, pois este é um produto novo para o mercado?". A distinção entre novos produtos e produtos existentes não é tão óbvia como parece à primeira vista. Da perspectiva tecnológica e conceitual, poucos produtos são completamente novos; a maioria dos produtos considerados novos é apenas a utilização de tecnologias existentes em uma arquitetura ainda não experimentada, e marcas novas lançadas no mercado.

Do ponto de vista de organização (empresa, centro de pesquisa, universidades, entre outras), os projetos de desenvolvimento de produtos, no sentido amplo, podem ser classificados em cinco categorias[1] (ver Figura 4.4).

1. Pesquisas e desenvolvimentos avançados: o desenvolvimento de produtos pela empresa a partir de pesquisas de tecnologias ainda não existentes no mercado.

2. Rompimento: projetos que envolvem mudanças significativas em produtos e processos. Seriam projetos de tecnologias ainda não utilizadas pela empresa. Estes projetos visariam a entrada em um mercado, onde a firma ainda não atua.

3. Próxima Geração ou Plataforma: projetos que representam novos sistemas de soluções para consumidores, envolvendo mudanças significativas tanto na manufatura quanto no produto, o que formará uma nova família de produtos antes

---

[1] CLARK, K. B. e WHEELWRIGHT, S. C. *Managing New Product and Process Development.* New York: The Free Press, 1993. 896 p.

não existentes na empresa. Nestes projetos, a empresa possui a tecnologia necessária para realizá-los.

4. Melhoramentos ou projetos derivativos: pequena mudança realizada em produtos já existentes visando objetivos específicos, como aumento da qualidade ou redução de custos.

5. Alianças ou associações em projetos: desenvolvimento de produtos a partir de alianças ou associações com outros órgãos, como empresas e universidades e centros de pesquisas. Essas alianças podem ser subclassificadas de acordo com as quatro categorias apresentadas anteriormente. Por exemplo: pode ser um projeto em aliança para o desenvolvimento de nova plataforma.

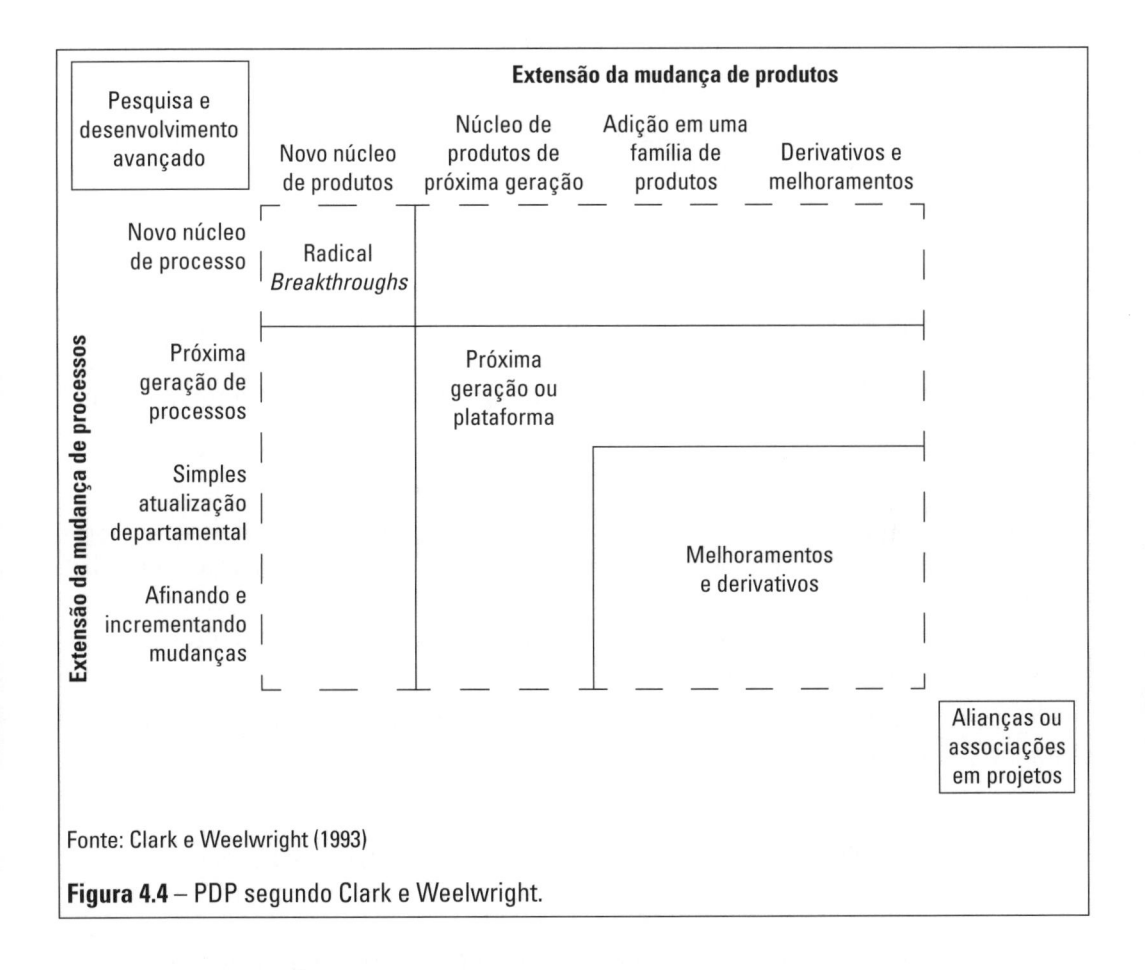

Fonte: Clark e Weelwright (1993)

Figura 4.4 – PDP segundo Clark e Weelwright.

As atividades de um projeto de desenvolvimento de um produto dependem, fortemente, da categoria em que o projeto do novo produto se enquadra. Portanto, é muito importante que a organização esclareça a categoria pertinente no início do desenvolvimento (outra classificação foi apresentada anteriormente no Capítulo 1, seção 1.3, sob a perspectiva de novidade do produto para o mercado e a empresa).

4.3. Avaliação da Qualidade – Modelo do Kano

Antes de discutir como captar a voz do cliente, é importante conhecer a relação que existe entre nível de satisfação do cliente e nível de desempenho do produto. O Prof. Noriaki Kano[2] e colaboradores identificaram relação entre esses dois pontos de vista, no modelo apresentado na Figura 4.5. Este modelo é útil para a classificação dos diversos itens de qualidade do produto conforme percebido pelos clientes. Vejamos a classificação:

1. Itens de qualidade linear: são os itens de qualidade que trazem maior satisfação aos clientes, à medida que aumenta o nível de desempenho do produto. Em outras palavras, são os itens que trazem satisfação aos clientes quando alcançam a suficiência no desempenho, enquanto a sua ausência ou insuficiência traz insatisfação. O enfoque tradicional de desenvolvimento de projetos apresenta uma tendência a esse raciocínio linear.

2. Itens de qualidade óbvia, compulsória ou obrigatória: são os itens de qualidade considerados óbvios, quando o desempenho é suficiente, porém sua ausência ou insuficiência provoca insatisfação. Estão relacionados com as necessidades básicas dos clientes que pressupõem que o produto as satisfaz.

3. Itens de qualidade atrativa: são os itens de qualidade que, mesmo com desempenho insuficiente, são aceitos com resignação pelos clientes, do tipo "não tem jeito". Porém, a suficiência ou presença traz grande satisfação. Estão relacionados com as necessidades que, se fossem satisfeitas pelo produto, surpreenderiam e encantariam os clientes.

No passado relativamente recente, o controle remoto de televisão era considerado uma qualidade atrativa, pois poucos modelos o tinham. Com o passar do tempo, ter controle remoto tornou-se qualidade linear, pois alguns produtos tinham e outros, não. Hoje, praticamente todos os televisores são equipados com o referido item, transformando-o em qualidade óbvia.

É um fato comprovado que a avaliação em relação aos itens de qualidade apresenta um fenômeno de obsolescência, passando de:

QUALIDADE ATRATIVA $\Rightarrow$ QUALIDADE LINEAR $\Rightarrow$ QUALIDADE ÓBVIA

Consequentemente, é preciso estar sempre criando qualidades atrativas para manter a preferência dos clientes.

---

[2] KANO, N. et al. Miryokuteki Hinshitsu to Atarimae Hinshitsu (Qualidade Atrativa e Qualidade Óbvia). *Hinshitsu*, Vol. 14(2): 39-48. 1984 (em japonês).

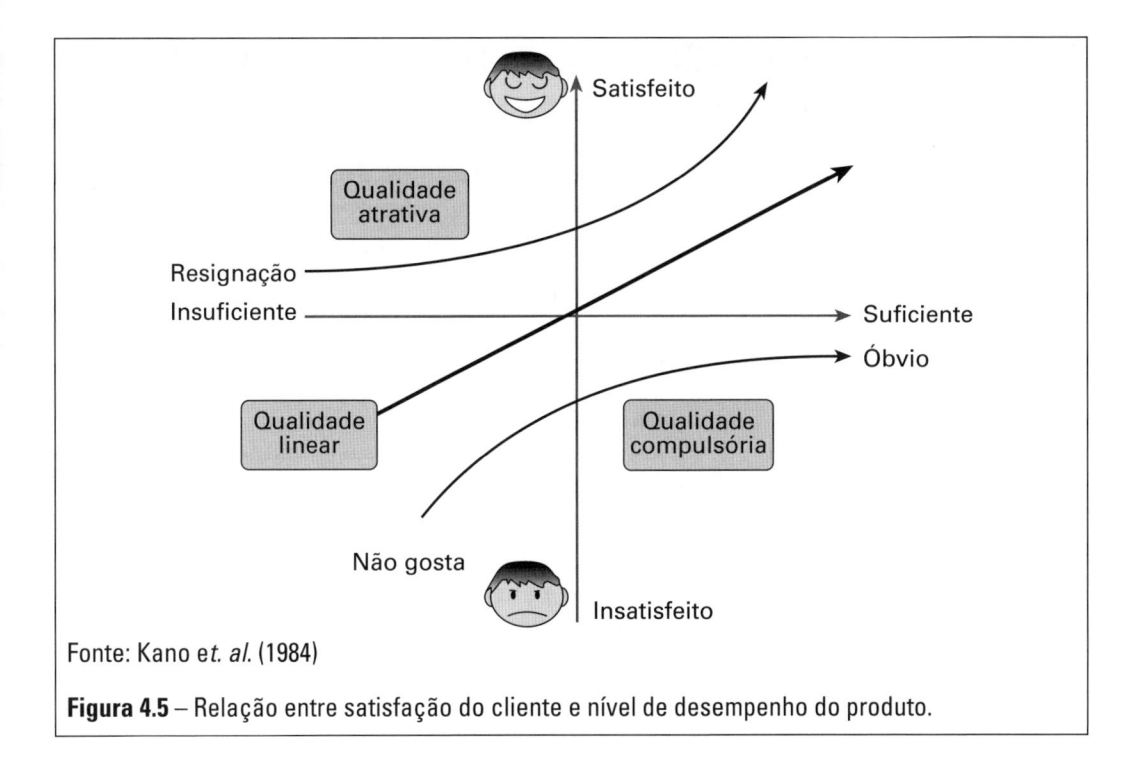

Fonte: Kano et. al. (1984)

Figura 4.5 – Relação entre satisfação do cliente e nível de desempenho do produto.

Os três itens de qualidade mencionados são os principais, mas existe a possibilidade de surgirem dois outros tipos de itens:

4. Itens de qualidade indiferente: são os itens que provocam indiferença no cliente – nem satisfação, nem insatisfação – independentemente do nível de desempenho apresentado pelo produto.

5. Itens de qualidade reversa: são os itens que provocam insatisfação quando presentes no produto e satisfação quando ausentes. Ocorrem, principalmente, em situações em que a incorporação do item, apesar de ser considerada satisfatória pelo fabricante, provoca sentimento de rejeição nos clientes.

As pesquisas de mercado, realizadas por meio de entrevistas ou questionários com questões abertas, usualmente detectam apenas os elementos de qualidade linear, ou seja, os clientes geralmente não mencionam espontaneamente itens de qualidade óbvia (não se lembram, pois já são esperados, a menos que tenham tido alguma experiência negativa) ou atrativa (pensam que não são possíveis, não são esperadas). A observação direta dos clientes e entrevistas em grupo, no entanto, fornecem muitas pistas para a detecção de itens de qualidade atrativa e óbvia.

É importante aprofundar na classificação dos itens de qualidade na fase de estabelecimento do conceito do produto, durante o desenvolvimento de produtos. A abordagem adequada para cada tipo de item depende dessa classificação.

4.4. Captando a Voz do Cliente para Desenvolvimento de Produtos com QFD

Esta seção aborda as atividades da primeira etapa do desenvolvimento de projetos utilizando o método QFD – identificação das necessidades dos clientes – nas quais as informações provenientes do mercado e do cliente têm uma participação essencial.

Serão mostradas algumas técnicas auxiliares a um trabalho de QFD, adequadas para ouvir o(s) cliente(s), converter a voz original em verdadeiras necessidades e organizar as informações numa forma útil para o desenvolvimento do projeto (tabela de Qualidade Exigida).

Os dados resultantes de pesquisa de mercado (pesquisas qualitativas) são a fonte principal de informações (dados primários), sendo coletados para dar suporte ao processo de tomada de decisões gerenciais nas diversas etapas do desenvolvimento do projeto, aumentando as suas chances de sucesso. A obtenção destes dados exige um contato estreito com o mercado para obter informações qualitativas que representem as necessidades e os desejos dos clientes, expressos ou latentes. Estes últimos são desejos não expressados, mas existem e devem ser identificados. Muitas vezes, esses desejos latentes revelam qualidades atrativas.

A organização que desenvolve um trabalho de QFD deve usar toda informação disponível para melhorar a qualidade de suas decisões sobre as ações do projeto. Frequentemente, existem dados já coletados (dados secundários), tais como estatísticas governamentais, publicações técnicas, dados comercializados por empresas de pesquisa de mercado e informações internas da empresa, que complementam os dados primários.

4.4.1. Conceitos Básicos

Os termos necessidades, desejos, demanda, produto e mercado são conceitos básicos de marketing que devem ser entendidos para uma melhor obtenção e utilização da voz do cliente externo (consumidor), e serão amplamente utilizados neste texto. Apresentamos, a seguir, breves definições e a interligação existente entre esses termos[3].

• Necessidades

Uma necessidade humana é um estado em que se percebe alguma privação. Maslow[4] desenvolveu uma hierarquia para as necessidades humanas, ordenando-as conforme

---

[3] DRUMOND, F. B. Ouvindo o Cliente para o Planejamento do Produto. In: Cheng, L. C. *et al. QFD - Planejamento da Qualidade*. Belo Horizonte: Editora Fundação Christiano Ottoni, 1995. p. 56 – 78.
[4] MASLOW, A. H. Motivation and Personality. 2ª. ed. New York: Harper e Row, 1970. 369 p.

a prioridade utilizada pelas pessoas na busca de sua satisfação, da mais urgente a menos urgente: necessidades fisiológicas, de segurança, sociais, de estima e de auto-realização.

• Desejos

São as necessidades humanas moldadas pela cultura e as características físicas individuais. São descritos em termos de objetos ou serviços que satisfaçam as necessidades.

Um erro comum e extremamente danoso no desenvolvimento de projetos é a organização confundir desejos com necessidades. Ela concentra a atenção nos seus produtos/serviços atuais, julgando que eles atendem bem aos desejos dos clientes e esquece as reais necessidades que o produto/serviço satisfaz. Esta postura torna a empresa despreparada para competir com o lançamento de um novo produto e/ou serviço que atenda melhor às necessidades dos clientes.

• Demandas

São os desejos viáveis de serem adquiridos, isto é, compatíveis com o poder de compra de cada pessoa.

• Produtos

São quaisquer coisas que possam ser oferecidas a um mercado para satisfazer uma necessidade ou um desejo. Incluem bens (produtos de consumo e produtos industriais) e serviços. A partir desse ponto, sempre que for mencionado produto no texto, poderá ser bens e/ou serviço.

Os clientes veem o produto como um conjunto de benefícios e, naturalmente, escolhem aquele que lhes proporciona o máximo de satisfação, desde que compatível com seus recursos financeiros.

• Mercado

É o grupo de compradores reais e potenciais de um produto.

Todos os conceitos apresentados estão interligados em uma relação de causa e efeito:

NECESSIDADE ⇒ DESEJO ⇒ DEMANDA ⇒ MERCADO ⇒ PRODUTO

Uma organização que adota a estratégia de desenvolvimento de produtos orientado pelo mercado deve definir com clareza o seu mercado-alvo e dedicar-se com perseverança a pesquisar, para compreender e satisfazer as necessidades e desejos deste mercado.

4.4.2. Identificação das Oportunidades de Mercado e Definição dos Mercados-Alvo

Os objetivos de desenvolvimento de produtos de uma organização devem ser definidos em função de seu Plano Estratégico estabelecido pela alta gerência[5]. A primeira etapa do ciclo de desenvolvimento de produtos e suas atividades devem estar relacionadas com a "identificação das oportunidades de mercado" e "definição dos mercados-alvo" que visam buscar maneiras novas e melhores de satisfazer o mercado (clientes atuais e novos), para que esses objetivos sejam alcançados[6].

A atividade de identificação das oportunidades de mercado exige muitas informações, que devem ser captadas sistematicamente pelas organizações. Estas informações são necessárias na avaliação da atratividade dos mercados em potencial, que depende de vários fatores, tais como:

- Fatores de mercado: tamanho do mercado, taxa de crescimento, diversidade, sazonalidade etc.

- Fatores de competitividade: intensidade de concorrência, entradas e saídas de concorrentes, mudanças na participação do mercado etc.

- Fatores econômicos e financeiros: investimento necessário, lucratividade, economia de escala, barreiras para entrada ou saída do setor etc.

- Fatores tecnológicos: maturidade tecnológica, complexidade tecnológica, patentes e direitos, processos tecnológicos industriais exigidos etc.

- Fatores sociopolíticos: atitudes sociais e tendências, leis e regulamentos governamentais etc.

As organizações devem obter as informações que julgam relevantes, atribuir pesos a cada fator e avaliar a sua posição no setor em estudo, para definir as boas oportunidades.

Selecionados os mercados que apresentam boas oportunidades, deve-se refinar a definição do mercado, estabelecendo-se segmentos com limites bem claros. A escolha do segmento (grupo de consumidores-alvo) deve levar em consideração as vantagens competitivas da organização, identificando o mercado, no qual ela está apta

---

[5] DRUMOND, F. B. Ouvindo o Cliente para o Planejamento do Produto. In: Cheng, L. C. *et al. QFD - Planejamento da Qualidade.* Belo Horizonte: Editora Fundação Christiano Ottoni, 1995. p. 56 – 78.

[6] AKAO, Y. *Introdução ao Desdobramento da Qualidade da Série Manual de Aplicação do Desdobramento da Função Qualidade.* Vol. 1. Belo Horizonte: Editora Fundação Christiano Ottoni, 1996. 187 p.

a satisfazer melhor as necessidades dos clientes que os concorrentes. Esta atividade consiste em:

- Mensuração e previsão da demanda: estimativa precisa do tamanho atual e futuro de mercado e de seus vários segmentos a partir de dados sobre as vendas atuais dos concorrentes. Se o produto for totalmente inovador, não havendo concorrência, deve ser realizada uma pesquisa para avaliar se haverá mercado para o produto. A previsão do crescimento do mercado é uma informação importante e exige estudos baseados em fatores, como taxa de crescimento demográfico, condições econômicas, mudanças no estilo de vida, entre outros.

- Segmentação do mercado: como o mercado é uma combinação de vários tipos de clientes, necessidades e produtos, é necessário determinar quais são os segmentos mais adequados para se atingir as metas estabelecidas para o desenvolvimento do produto. Há vários critérios para se definir os segmentos: fatores demográficos, geográficos, psicográficos, comportamentais etc. Cada empresa deve analisar quais fatores são relevantes para realizar a segmentação.

- Definição do mercado (segmento-alvo): com os dados anteriores, pode-se decidir para quais grupos (ou grupo) de clientes seria adequado direcionar o produto.

Apresentamos, a seguir, como obter a voz do(s) cliente(s) e o método sugerido pelo QFD para conversão destas informações em verdadeiras necessidades e organização dos dados obtidos.

4.4.3. Como Obter a Voz do Cliente para Desenvolvimento de Produtos

Como exposto, o QFD é um método utilizado para o desenvolvimento de projetos focado na satisfação do(s) cliente(s) e se orienta sob o seguinte pressuposto: todo projeto terá sucesso se, somente se, o(s) cliente(s) ficar(em) satisfeito(s) com o produto desenvolvido. Assim, o ponto de partida para realização dos desdobramentos sistemáticos é a Voz do Cliente (necessidades e desejos), pois, se atendida satisfatoriamente, haverá boa possibilidade de sucesso do novo produto. Por isso, é importante que as organizações possuam meios para obtenção da Voz do Cliente[7].

Várias questões surgem quando desejamos ouvir os clientes diretamente:

1. Qual é o segmento-alvo de mercado (público-alvo)?

2. Qual técnica auxiliar ao QFD será utilizada para obtenção das informações?

3. Qual será o tamanho da amostra?

4. Como as pessoas serão selecionadas?

---

[7] DRUMOND, F. B. Ouvindo o Cliente para o Planejamento do Produto. In: Cheng, L. C. *et al. QFD - Planejamento da Qualidade*. Belo Horizonte: Editora Fundação Christiano Ottoni, 1995. p. 56 – 78.

As duas últimas questões são utilizadas quando o produto é de consumo de massa (existem vários consumidores), não se aplicando quando houver poucos ou um único consumidor.

Respostas precisas para cada uma dessas questões são fundamentais para se garantir a qualidade dos dados que servirão de base para a tomada de decisões (ver Figura 4.6). É preciso estar consciente de que a qualidade do projeto está diretamente associada à qualidade dos dados obtidos, pois todos o desdobramentos sistemáticos do QFD estão em função destes. Pesquisas descuidadas podem levar a erros de desenvolvimento e perdas de oportunidade de negócio.

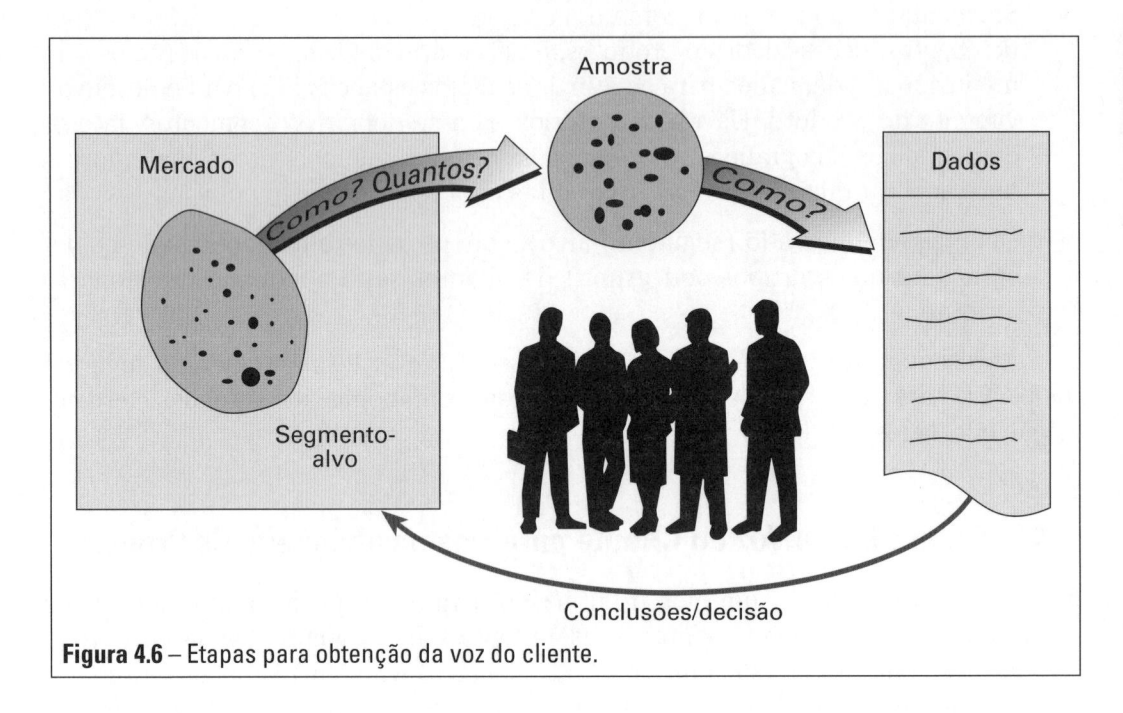

Figura 4.6 – Etapas para obtenção da voz do cliente.

A seguir, vamos analisar brevemente cada questão. O leitor interessado em aprofundar-se no tema deve consultar literatura especializada[8,9].

1. Qual é o segmento-alvo de mercado (público-alvo)?

A resposta a esta pergunta deve ser precedida pela definição estratégica do mercado, onde a organização irá atuar. Identificam-se áreas de oportunidade com base no potencial dos mercados e nas vantagens competitivas da empresa. Essas informa-

[8] DRUMOND, F. B. Ouvindo o Cliente para o Planejamento do Produto. In: Cheng, L. C. *et al. QFD - Planejamento da Qualidade*. Belo Horizonte: Editora Fundação Christiano Ottoni, 1995. p. 56 – 78.
[9] AKAO, Y. *Introdução ao Desdobramento da Qualidade da Série Manual de Aplicação do Desdobramento da Função Qualidade*. Vol. 1. Belo Horizonte: Editora Fundação Christiano Ottoni, 1996. 187 p.

ções possibilitam uma criteriosa definição dos limites do mercado, a que o produto se destina. A definição do mercado pode ser refinada, à medida que se ampliam as informações sobre os clientes potenciais ao longo do desenvolvimento do produto.

Depois de definido o mercado, deve-se identificar o público-alvo ou clientes potenciais pela segmentação deste mercado, que é a base para se decidir as características das pessoas que serão ouvidas na pesquisa. Por exemplo, uma empresa que deseja desenvolver uma máquina de lavar louças pode definir como mercado a população da América Latina e definir o público-alvo como pessoas com renda elevada (classe econômica A). Esta definição admite a possibilidade de ouvir pessoas de qualquer idade. No entanto, opiniões de crianças provavelmente seriam irrelevantes para o desenvolvimento do produto. Uma outra alternativa poderia ser a escolha do segmento composto por mulheres entre 25 e 45 anos. Esta definição, embora englobe parte considerável dos clientes potenciais, é restrita, pois exclui segmentos importantes que podem ter opiniões úteis.

A escolha do público-alvo é a definição das pessoas, das quais se deseja obter as informações, estando atentos para não incluir pessoas com opiniões irrelevantes (segmento muito amplo) ou excluir aquelas com opiniões relevantes (segmento estreito). Esta tarefa é muito simples para as empresas que possuem poucos ou um cliente único, como é o caso de muitas indústrias de processos. Nesta situação, todos os clientes devem ser ouvidos.

2. Qual técnica auxiliar ao QFD será utilizada para obtenção das informações?

A seleção da técnica mais apropriada depende da informação desejada e do orçamento disponível. No início do desenvolvimento do produto, estamos interessados em descobrir quais são as necessidades e os desejos dos clientes, expressos em linguagem verbal. As técnicas qualitativas são as mais apropriadas nesta fase, por permitirem a geração de ideias e aprofundamento no ponto de vista do usuário do produto. O objetivo principal é produzir uma lista de necessidades que seja a mais ampla possível, com a mente livre de ideias preconcebidas, buscando aprender, simplesmente ouvindo e observando os clientes.

Algumas técnicas qualitativas de maior interesse são[10, 11]:

- Entrevistas individuais: um pesquisador entrevista um cliente durante aproximadamente uma hora, buscando suas verdadeiras necessidades em relação ao produto. Um recurso útil no esclarecimento e aprofundamento das verbalizações dos clientes é o desdobramento de cenas: pedir que os clientes descrevam "quais", "como", "quando" e "onde" os produtos atuais são utilizados. Deve-se buscar descobrir as necessidades que são satisfeitas e as que não são, as exigências declaradas e as latentes.

[10] DRUMOND, F. B. Ouvindo o Cliente para o Planejamento do Produto. In: Cheng, L. C. *et al. QFD - Planejamento da Qualidade*. Belo Horizonte: Editora Fundação Christiano Ottoni, 1995. p. 56 – 78.
[11] Malhota, N. K. *Pesquisa de marketing: uma orientação aplicada*. 3ª ed. Porto Alegre: Bookman, 2001.

- Entrevistas em grupo (grupos-foco): consiste em discussões abertas com um grupo composto de 6 a 12 clientes, com duração de uma a duas horas. Um moderador treinado fornece o "foco" das discussões, dirigindo o grupo gentilmente para os itens de interesse, aprofundando no que parece superficial e mudando o tema quando parecer exaurido. Em geral, a sessão é filmada e assistida pela equipe de desenvolvimento do produto através de vidros espelhados e/ou por meio de vídeo.

- Outra técnica é a observação direta do comportamento do cliente ao usar ou escolher o produto quando bem de consumo. Algumas vezes, é possível associar a entrevista com observação direta do cliente; outras vezes, é mais apropriado utilizar observadores eletrônicos (filmadora, fotos etc.). De particular interesse para o projeto de produtos industriais (matérias-primas para outras empresas) é a visita ao chão de fábrica das empresas clientes, associada a entrevistas profundas, com o objetivo de conhecer as reais condições de uso do produto.

A elaboração de questionários é tarefa delicada e exige muitos cuidados para se conseguir coletar a informação desejada com o mínimo de vícios (erros). Deve-se estar atento, principalmente, para a redação apropriada das perguntas e realização de pré-testes.

3. Qual será o tamanho da amostra?

A decisão sobre o tamanho apropriado da amostra deve levar em consideração a precisão estatística, o nível de confiança desejado, a política da empresa e as restrições financeiras. Uma boa decisão é relativamente complexa e exige o conhecimento de técnicas de amostragem.

As técnicas qualitativas produzem bons resultados com amostras relativamente pequenas. Com o objetivo de fornecer uma referência prática, Urban e Hauser[12] sugerem 3 ou 4 grupos-foco com 8 a 10 pessoas ou 20 a 30 entrevistas individuais.

4. Como as pessoas serão selecionadas?

A resposta a esta questão é fornecida por técnicas de amostragem. Recomenda-se utilizar amostras aleatórias, escolhendo o tipo mais apropriado, conforme as características do público-alvo.

Algumas vezes, é difícil ou muito caro obter amostras aleatórias e usa-se como alternativa a amostragem por quotas associadas com correções estatísticas para se evitar vícios. Embora atrativas devido ao seu custo mais baixo, seu uso deve se restringir aos estudos exploratórios realizados na fase de identificação das necessidades dos clientes. Nas etapas de projeto do produto, em que a precisão e confiabilidade dos dados são mais críticas, amostras aleatórias são essenciais para se garantir sua representatividade.

---

[12] Urban, G.L. e Hauser, J.R. *Design and Marketing of New Products*. Englewood Cliffs: Prentice Hall, 1993.

• Outras fontes de dados sobre as necessidades e desejos dos clientes

Uma organização deve fazer o uso efetivo de todas as formas disponíveis de informação sobre as necessidades dos clientes, tais como[13,14]:

- Reclamações: informações preciosas estão contidas nas reclamações dos clientes. O Sistema de Atendimento ao Cliente (SAC) da organização deve conter um procedimento para a coleta, análise e disponibilização das informações relativas às verdadeiras exigências dos clientes.

- Cartões de opinião distribuídos no instante da compra: o uso destas informações é restrito, pois os clientes usualmente não são objetivos após fazer uma compra e não indicam problemas de confiabilidade do produto, que são revelados com o uso prolongado.

- Documentações internas: em geral, as organizações têm muita informação acumulada, que não está disponível no momento e local onde seria útil. Essa riqueza está em arquivos físicos e eletrônicos, apostilas e livros dispersos pela organização, que valem o esforço de criação de um amplo banco de dados.

- Conhecimento e experiência das pessoas: muitas informações estão nas cabeças das pessoas das organizações, mas não estão disponíveis para todos. Se essas forem explicitadas, poderão ser úteis durante a obtenção da voz do cliente. Os membros do grupo de desenvolvimento que já participaram de outros projetos possuem experiências que também poderão ajudar na obtenção da voz do cliente.

- Treinamento especializado: muitas organizações (principalmente empresas que produzem matérias-primas para outras) não compreendem como seu novo produto será utilizado por seu(s) cliente(s). A realização de treinamentos, cursos, com especialistas sobre o assunto, sem dúvida, poderá ajudar essas organizações a compreenderem como seu produto será empregado no processo de seu(s) cliente(s), o que revelará várias necessidades do(s) mesmo(s).

- "Ser o cliente": "uma forma de conhecer e entender os desejos e as necessidades dos clientes é se tornando um". Integrantes do grupo de desenvolvimento podem utilizar este artifício para tentar prever desejos e necessidades dos clientes, que posteriormente deverão ser comprovados pelos verdadeiros consumidores por meio de pesquisas e/ou testes.

---

[13] OHFUJI, T., ONO, M. e AKAO, Y. *Métodos de Desdobramento da Qualidade.* Série Manual de Aplicação do Desdobramento da Função Qualidade, Vol. 2. Belo Horizonte: Editora Fundação Christiano Ottoni, 1997. 256p.

[14] MELO FILHO, L. D. R. Aplicação do Método QFD em uma Indústria de Materiais: Desdobramento da Qualidade Positiva e da Tecnologia do Processo de Fabricação com o Auxílio da Técnica de Planejamento e Análise de Experimentos. *Dissertação Submetida ao Programa de Pós-graduação em Engenharia de Produção.* Belo Horizonte: Universidade Federal de Minas Gerais - UFMG. 2005.

4.5. Traduzindo a Voz do Cliente em Qualidade Exigida

As informações obtidas junto aos clientes por meio de pesquisas de mercado, ou por outro meio, produzem uma grande quantidade de informações que são denominadas de dados originais ou informações primitivas[15]. Em geral, os clientes não expressam suas necessidades diretamente, mas por meio de descrições sobre seus desejos. Tomando como referência os produtos existentes, eles expressam aspectos de que não gostam, sugerem contramedidas para melhorar o produto ou, ainda, falam muito genericamente sobre como eles gostariam que o produto fosse. Estes dados precisam, então, ser trabalhados para se transformarem em informações úteis para o projeto de desenvolvimento do produto. Assim, é preciso converter os dados originais em necessidades, denominadas aqui de item exigido. No início de um projeto de desenvolvimento de produto, é importante pensar em todas as possíveis necessidades dos clientes; recomenda-se que o grupo crie novas exigências, exercitando a imaginação a partir dos dados originais dos clientes. O método de Desdobramento de Cenas é útil no processo de geração de ideias[16]. O grupo visualiza cenas possíveis de uso do produto fazendo as seguintes perguntas: Quem? Quando? Onde? Como? Por quê? E para mudar a cena, pergunta-se: "E Se?". Assim, a partir de uma necessidade expressa vagamente pelo cliente, pode-se obter uma grande quantidade de necessidades concretas, na linguagem das pessoas do grupo de desenvolvimento. Os itens exigidos se referem a necessidades de todo tipo: qualidade intrínseca do produto, preço, serviços etc. É conveniente classificar esses itens para serem utilizados no momento adequado do desenvolvimento. Este processo está ilustrado na Figura 4.7.

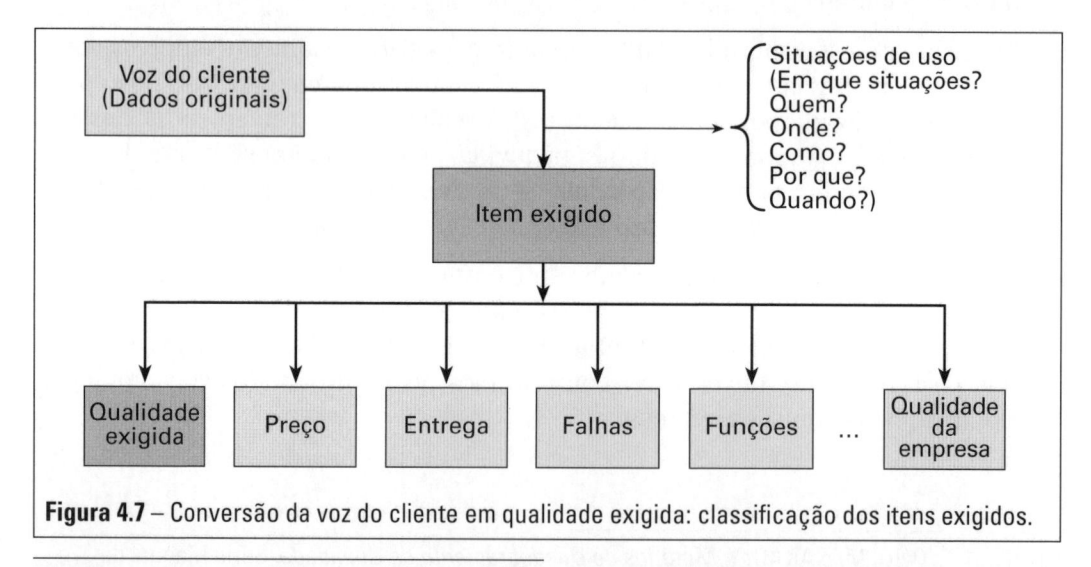

Figura 4.7 – Conversão da voz do cliente em qualidade exigida: classificação dos itens exigidos.

---

[15] AKAO, Y. *Introdução ao Desdobramento da Qualidade da Série Manual de Aplicação do Desdobramento da Função Qualidade*. Vol. 1. Belo Horizonte: Editora Fundação Christiano Ottoni, 1996. 187 p.

[16] OHFUJI, T., ONO, M. e AKAO, Y. *Métodos de Desdobramento da Qualidade*. Série Manual de Aplicação do Desdobramento da Função Qualidade, Vol. 2. Belo Horizonte: Editora Fundação Christiano Ottoni, 1997. 256p.

Nesta etapa, o interesse é identificar e organizar os itens exigidos que se referem à qualidade intrínseca do produto. Esses itens podem ser mais detalhados utilizando também o Desdobramento de Cenas e são chamados de Qualidade Exigida do produto. O procedimento completo, desde os Dados Originais até a obtenção da Qualidade Exigida, está mostrado na Tabela 4.1.

Tabela 4.1 – Conversão da voz do cliente em qualidade exigida usando-se o desdobramento de cena e item exigido (exemplo de um projetor de imagens).

Dados originais	Cena (quem, onde, quando, como, por quê, e se)	Item exigido	Qualidade exigida
Fácil de transportar	Carregando com as mãos junto com outros materiais	Prático ao transportar	Transportável com uma só mão
			Fácil de entender o modo de transporte
			Permite rápido preparo para transporte
		Estável ao transporte	Estável ao transporte
		Transporte agradável	Boa aderência às mãos
			Transportável sem machucar
			Transportável com pouco esforço
			Estável ao transportar
		Resistente ao transporte	Resistente a impactos
			Mantém integridade durante o transporte
Tenha duas lâmpadas		Funciona sem interrupção	Fácil substituição de lâmpadas queimadas
			Rápida substituição de lâmpadas queimadas
Fácil encontrar peça de reposição		Fácil encontrar peça de reposição	X
Fácil de usar	Utilizando como único recurso didático em exposição prolongada	Fácil acesso ao comando liga/desliga	Fácil acesso ao comando liga/desliga
		Não perturba a dinâmica da aula	Acionamento rápido
			Acionamento silencioso
			Fácil acesso ao comando liga/desliga
			Funciona silenciosamente
			Funciona sem interrupção
			Mantém o foco com o uso prolongado
	Ajustando o retroprojetor antes da utilização	Focalizar facilmente	Fácil de entender o modo de focalização
			Focalizar rapidamente
			Focalizar sem esforço

A transformação dos dados originais em Qualidades Exigidas pode ser realizada de outras maneiras. O importante é obter informações sobre as reais necessidades do(s) cliente(s) na linguagem do grupo de desenvolvimento, úteis para o desenvolvimento do projeto. Outro exemplo mais simples da transformação dos dados originais em Qualidades Exigidas está demonstrado na Tabela 4.2, abaixo.

Tabela 4.2 – Conversão da voz do cliente em qualidade exigida usando o desdobramento de cena: exemplo de um retroprojetor.

Dados originais	Desdobramento de cena (quem, onde, quando, como, por quê, e se)	Verdadeiras necessidades Qualidades exigidas
Fácil de usar	Quando está focalizando	Fácil de entender como focalizar Focaliza rapidamente Focaliza sem esforço
	Quando está ligando ou desligando	Fácil acesso ao comando Acionamento rápido Acionamento silencioso
	Durante a exposição	Funciona sem interrupção Mantém o foco Funciona silenciosamente
Precisa de 2 lâmpadas	Quando uma queimar e não interromper a exposição	Funciona sem interrupção Permite a manutenção rápida Fácil de consertar
Imagem projetada com nitidez	Quando usar transparências coloridas	Imagem projetada com nitidez Mantém cores do original

4.6. Construindo a Tabela de Desdobramento das Qualidades Exigidas

Para organizar os itens de qualidade exigida é utilizada uma das unidades básicas do QFD (QD), a Tabela, explicada na seção 2.4.1 do Capítulo 2. A Tabela fornece visibilidade e detalhamento das informações, de forma organizada.

A Tabela de Qualidade Exigida é a representação organizada e detalhada das verdadeiras exigências do(s) cliente(s), na linguagem do grupo de desenvolvimento. Essas exigências, obtidas das várias fontes de informação, são resumidas em forma sistemática, desdobradas do nível abstrato para o concreto, do resumido para o detalhado, utilizando o procedimento descrito na Tabela 4.3.

Tabela 4.3 – Procedimento para elaboração da Tabela de Qualidade Exigida
1   Converter as informações originais (Voz do Cliente) em itens de qualidade exigida, usando expressões simples e com apenas um significado (ver FIGURA 4.7, TABELAS 4.1 e 4.2).
2   Utilizar o Diagrama de Afinidades para agrupar os itens similares de qualidade exigida e escrever uma expressão (título) que descreva o conteúdo de cada grupo formado (ver FIGURA 4.8).
3   Considerar esses títulos como itens de nível secundário, aproximadamente. Agrupar esses itens em conjuntos similares para formar itens primários, mediante a utilização do Diagrama de Afinidades. Colocar um título para cada conjunto formado. Utilizar quantos níveis forem necessários.
4   Esclarecer quais são os itens primários de qualidade e fazer um rearranjo, acrescentando convenientemente os itens não incluídos como sendo níveis secundários e/ou terciários, ou outro.
5   Colocar a numeração de classificação e montar a Tabela de Qualidade Exigida (ver FIGURA 4.9).
6   Realizar uma análise crítica da tabela, observando se há consistência na hierarquização e classificação dos itens, e se a tabela está completa tanto no sentido vertical quanto horizontal. Acrescentar os itens de qualidade óbvia e atrativa, se necessários.

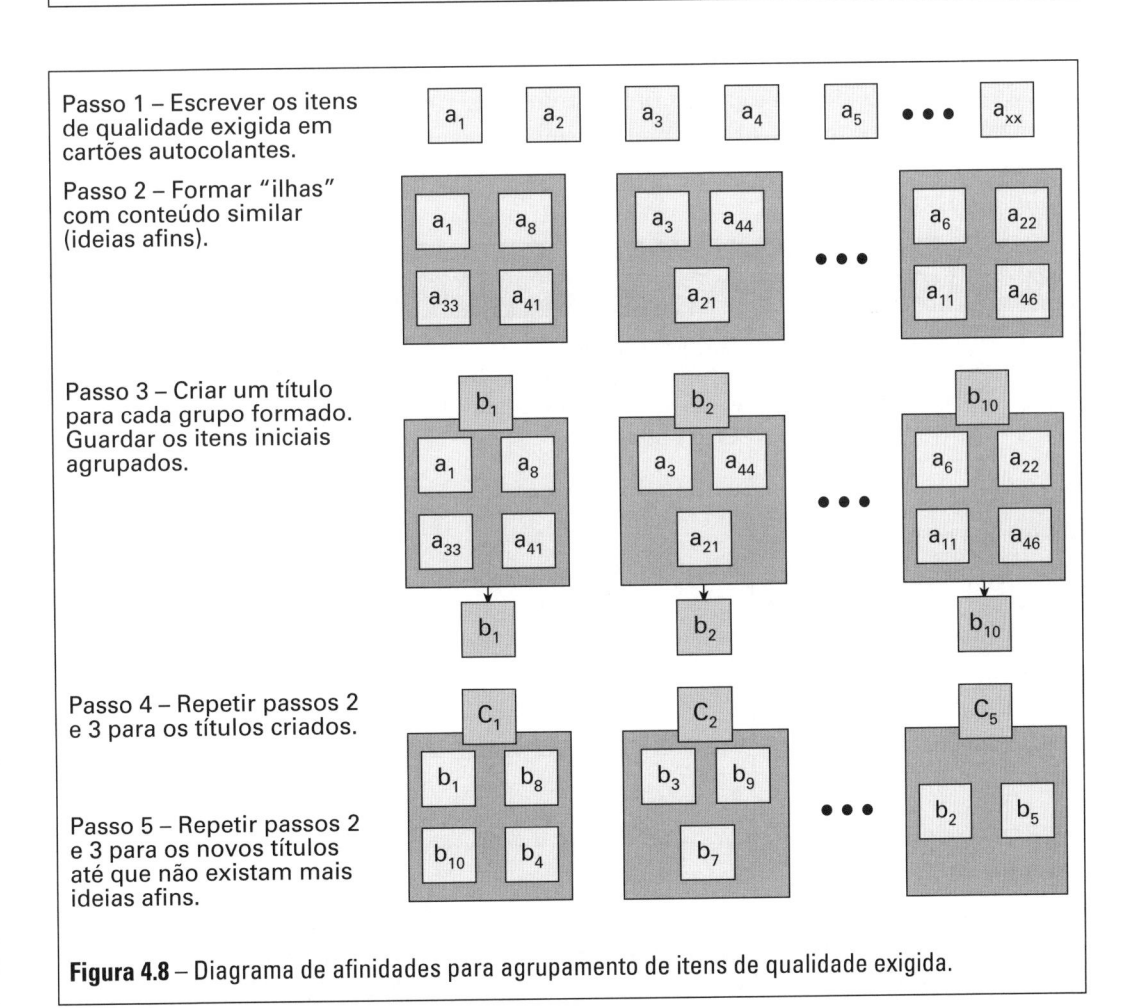

Figura 4.8 – Diagrama de afinidades para agrupamento de itens de qualidade exigida.

Nível 1	Nível 2	Nível 3
1 C_1	1.1 b_1	1.1.1 a_1
		1.1.2 a_7
	1.2 b_2	
2 C_2	2.1 b_4	2.1.1 a_{21}
		2.1.2 a_{18}
		2.1.3 a_3
		2.1.4 a_{15}
	2.2 b_7	
	2.3 b_9	2.3.1 a_{22}
		2.3.2 a_{13}
3 c_3		

FIGURA 4.9 – Configuração da Tabela de Qualidade Exigida.

A Tabela de Qualidade Exigida, ou qualquer outra tabela do QFD, é representada em forma de triângulo, porque tem a estrutura de estratificação ou hierarquização (diagrama de árvore), conforme mostrado no capítulo 2 (Figura 2.5). As duas tabelas que se seguem, 4.4 e 4.5, mostram dois exemplos de Tabelas de Qualidade Exigida.

Tabela 4.4 – Tabela de Qualidade Exigida elaborada para o desenvolvimento de um bombom fino.

Gostoso de comer	Dura longo tempo	Tem aparência de novo Tem sabor de novo
	É firme para morder	É consistente Casca crocante Não esfarela Tem casca dura
	Não precisa mastigar	Recheio macio Só precisa morder Não escorre Tamanho adequado Não adere ao dente
	Chocolate gostoso	Doce suave Não amarga Derrete na boca Não enjoa
Boa aparência	Boa apresentação	Atraente Sofisticada Bonita
	Boa variedade	Formato variado Embalagem sortida
	Informações claras	Ingredientes claros Boa identificação Indica como abrir

Tabela 4.5 – Tabela de Qualidade Exigida elaborada para a melhoria do serviço de atendimento em uma loja de departamento.

Bom atendimento	Ter boa orientação na compra	Ter bom conhecimento do produto
		Ter informações corretas
		Ter facilidade de obter informações
	Ter atendimento diferenciado	Ter atendimento personalizado
		Ter atendimento pró-ativo
		Ter atendimento especializado
	Boa aparência dos funcionários	Boas condições de higiene pessoal
		Boa apresentação
	Boa postura no atendimento	Ter atendimento cortês
		Ter atendimento com respeito

4.7. Casos Especiais de Construção da Tabela de Desdobramento das Qualidades Exigidas

Os conceitos apresentados nas seções anteriores se referem a produtos de consumo em que o cliente é o usuário final. Existem várias empresas que fabricam produtos industriais (matéria-prima ou bens de capital) sob encomenda para outras empresas que, em geral, processam o produto para transformá-lo em outro produto final, ou montam o produto para produzir outro mais complexo, ou utilizam-no como bem de capital em seu processo produtivo. Exemplos dessas empresas, que produzem matérias-primas ou bens de capital são: indústria de materiais, tecidos, componentes eletrônicos ou mecânicos, indústria de equipamentos industriais, entre diversas outras. Nessas circunstâncias, a empresa cliente muitas vezes fornece especificações e/ou desenho do produto; outras vezes, fornece apenas a concepção do mesmo.

A maneira mais adequada para a construção da Tabela de Qualidade Exigida, nesse caso, consiste em considerar como ponto de partida as características de qualidade do produto especificadas pelo cliente (peso X, altura Y, granulometria Z, porcentagem do composto K etc.). Deve-se, então, pesquisar o "PORQUÊ" de tais exigências, buscando as verdadeiras necessidades que irão compor a Tabela de Qualidade Exigida. Esse procedimento é chamado de extração inversa, que será mais detalhada na seção 6.4.2. Com base nessa investigação, a empresa posiciona-se como fabricante especializado, propõe os valores mais adequados para as características de qualidade e agrega aspectos não mencionados explicitamente nas especificações.

A empresa que fabrica produto sob encomenda de outras, mas cujo produto fica exposto diretamente ao usuário final, deve levar em consideração também as necessidades destes clientes. Em princípio, a empresa deve satisfazer as exigências de todos os níveis de clientes, desde o direto, que compra o produto, até o consumidor final. Coletam-se, separadamente, as exigências do cliente direto (intermediário) e usuário final, construindo uma tabela para as necessidades de cada um. Com essas informações, pode-se verificar a existência de contradições nas exigências da qualidade, tornando-se possível identificar as possíveis incompatibilidades de interesse no início do desenvolvimento do produto. As contradições devem ser solucionadas imediatamente ou consideradas gargalos de engenharia. Essa situação é similar àquela em que o produto é vendido para grandes distribuidores que, em geral, têm exigências que devem ser identificadas e atendidas.

Quando, por algum motivo, não for possível a obtenção das necessidades dos consumidores, a equipe de desenvolvimento deve utilizar outros meios para a identificação das possíveis qualidades exigidas do produto. Algumas situações que levam a isso são: restrições financeiras, falta de interesse do(s) cliente(s) em revelar suas necessidades, entre outras. Meios alternativos, ou complementares, para obtenção de informações sobre as necessidades dos consumidores são: documentações internas, conhecimento e experiência das pessoas, treinamento especializado e "ser o cliente".

Outros casos especiais são aqueles em que o projeto de QFD não necessita de desenvolvimento da Tabela de Qualidade Exigida, sendo desdobrado apenas em função da Tabela de Características de Qualidade do Produto Final. Esses casos ocorrem quando as especificações do produto estão claras para a empresa fabricante, e não é necessária a avaliação de possíveis alterações nas dimensões dessas especificações (peso, altura, densidade, torque etc.) do produto. Um exemplo vem de empresas que desenvolvem produtos farmacêuticos genéricos. No entanto, esses casos são restritos, sendo muito importante a identificação das reais necessidades do(s) cliente(s) para a grande maioria dos projetos de QFD.

Quando o cliente for interno da empresa, a Tabela de Qualidade Exigida é composta pelas exigências das próprias pessoas da empresa. A Voz desse cliente é mais fácil de ser obtida e transformada em verdadeiras necessidades, pois geralmente as pessoas das organizações possuem uma linguagem afim. Muitas vezes, as informações coletadas são as próprias qualidades exigidas, não necessitando de um desdobramento. Para obtenção da Voz do Cliente interno, recomenda-se a utilização de entrevistas diretas com todas as pessoas necessárias, pois o mundo das organizações é restrito, o que facilita a realização de pesquisas sobre toda a população.

4.8. Conclusão

Este capítulo teve como objetivo detalhar (a) como a voz do cliente pode ser captada e traduzida e (b) como, a partir da voz do cliente, construir a Tabela de Desdobramento das Qualidades Exigidas. QD é um processo que visa buscar, traduzir e transmitir as informações necessárias, para que o produto atenda às necessidades dos clientes. Esse processo é realizado em desdobramentos sistemáticos, iniciando-se com a determinação da voz do cliente, passando por todos os fatores necessários para o desenvolvimento do produto, tais como características de qualidade do produto, funções, mecanismos, componentes, características de qualidade dos produtos intermediários, características de qualidade das matérias-prima, processos de produção, parâmetros de controle dos processos, entre diversos outros, cujas escolhas dependem da natureza de cada projeto. Neste capítulo, foi tratada em especial a Tabela de Desdobramento da Qualidade Exigida, que é a tabela onde as exigências dos clientes e/ou do consumidor final são primeiramente estabelecidas. No próximo capítulo, serão detalhados o processo e o resultado do planejamento da qualidade, isto é, planejamento da melhoria de desempenho do novo produto de acordo com as exigências dos clientes – denominado de Processo de Qualidade Planejada.

REFERÊNCIAS BIBLIOGRÁFICAS

AKAO, Y. *Introdução ao Desdobramento da Qualidade da Série Manual de Aplicação do Desdobramento da Função Qualidade*. Vol. 1. Belo Horizonte: Editora Fundação Christiano Ottoni, 1996. 187 p.

CHENG, L. C. *et al. QFD - Planejamento da Qualidade*. Belo Horizonte: Editora Fundação Christiano Ottoni, 1995. 216 p.

CLARK, K. B. e WHEELWRIGHT, S. C. *Managing New Product and Process Development*. New York: The Free Press, 1993. 896 p.

DRUMOND, F. B. Ouvindo o Cliente para o Planejamento do Produto. In: Cheng, L. C. *et al. QFD - Planejamento da Qualidade*. Belo Horizonte: Editora Fundação Christiano Ottoni, 1995. p. 56 – 78.

KANO, N. *et al.* Miryokuteki Hinshitsu to Atarimae Hinshitsu (Qualidade Atrativa e Qualidade Óbvia). *Hinshitsu*, Vol. 14(2): 39-48. 1984 (em japonês).

MALHOTA, N. K. *Pesquisa de marketing: uma orientação aplicada*. 3ª. ed. Porto Alegre: Bookman, 2001.

MASLOW, A. H. *Motivation and Personality*. 2ª. ed. New York: Harper e Row, 1970. 369 p.

MELO FILHO, L. D. R. Aplicação do Método QFD em uma Indústria de Materiais: Desdobramento da Qualidade Positiva e da Tecnologia do Processo de Fabricação com o Auxílio da Técnica de Planejamento e Análise de Experimentos. *Dissertação Submetida ao Programa de Pós-graduação em Engenharia de Produção*. Belo Horizonte: Universidade Federal de Minas Gerais - UFMG. 2005.

OHFUJI, T., ONO, M. e AKAO, Y. *Métodos de Desdobramento da Qualidade*. Série Manual de Aplicação do Desdobramento da Função Qualidade, Vol. 2. Belo Horizonte: Editora Fundação Christiano Ottoni, 1997. 256p.

URBAN, G. L. e HAUSER, J. R. *Design and Marketing of New Products*. Englewood Cliffs: Prentice Hall, 1993. 701 p.

DESDOBRAMENTO DA QUALIDADE (QD): CAPTANDO E TRADUZINDO A VOZ DO CLIENTE PARA ESTABELECER A QUALIDADE PLANEJADA

Fátima Brant Drumond
Leonel Del Rey de Melo Filho

5.1. Introdução

No capítulo anterior, iniciamos o detalhamento do processo de Desdobramento da Qualidade. Vimos como a voz do cliente pode ser captada e traduzida e como, a partir da voz do cliente, podemos construir a Tabela de Desdobramento das Qualidades Exigidas. Neste capítulo, vamos aprofundar no processo de planejar a melhoria do desempenho do novo produto de acordo com as exigências dos clientes – denominado de Processo de Qualidade Planejada. Tomamos como ponto de partida a Tabela de Qualidade Exigida, e o ponto de chegada, a atribuição do peso relativo a cada item de qualidade exigida, visando a priorização desses itens. Para isso, abordaremos os seguintes tópicos: benefício estratégico e conceito do produto; avaliação quantitativa da preferência e percepção dos clientes; planejamento da qualidade e priorização das qualidades exigidas; verificação da satisfação dos clientes.

São abordadas as etapas de Desenvolvimento e Teste de Conceito e Verificação do Nível de Satisfação dos Clientes, com foco na primeira, do Processo de Desenvolvimento de Produto Orientado para o Cliente (PDPOC) (ver Figura 5.1). Técnicas auxiliares ao trabalho de QFD nessa etapa do PDPOC, em especial Análise de Clusters e Mapa de Percepção, estão apresentadas no Apêndice 3 ao final do livro. Outras técnicas auxiliares serão mostradas na segunda parte do livro, nos casos de aplicação apresentados.

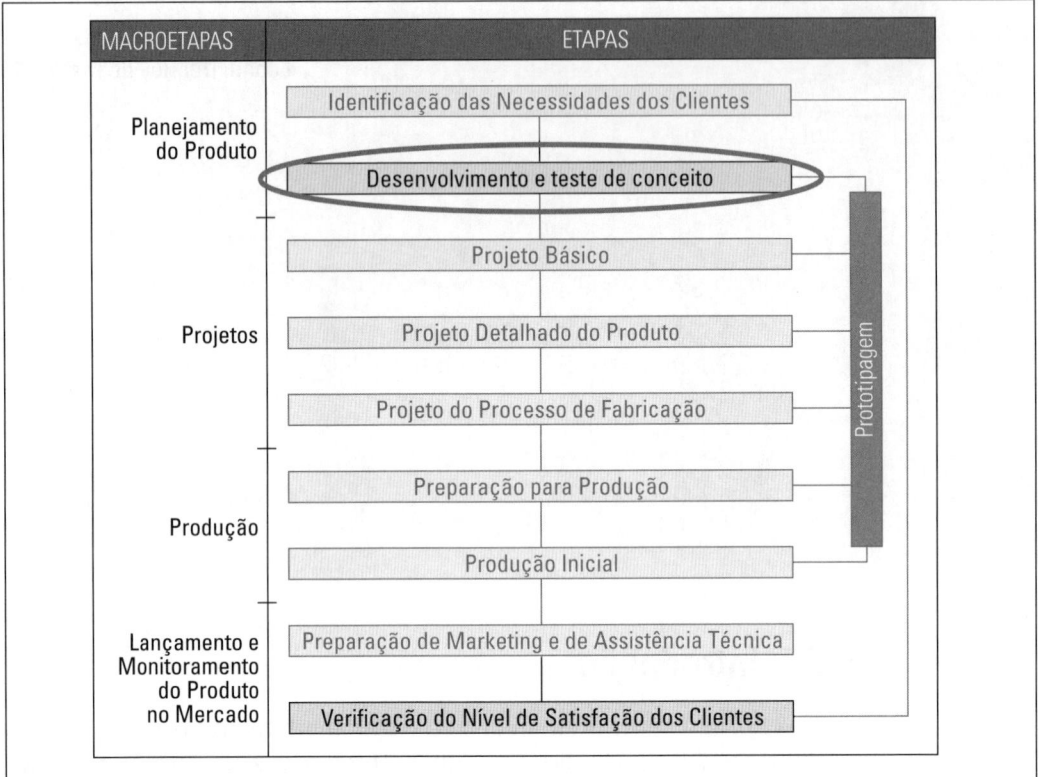

Figura 5.1 – Localização das etapas de desenvolvimento e teste de conceito e verificação do nível de satisfação dos clientes no PDPOC.

5.2. Estabelecimento da Qualidade Planejada

A Tabela de Desdobramento da Qualidade Exigida é a representação organizada e estruturada da lista de todas as necessidades dos clientes. Esta tabela é o ponto de partida para o estabelecimento da qualidade planejada. É certamente desejável atender a todas as exigências dos clientes. Entretanto, esse atendimento poderia exigir um custo muito alto ou trazer dificuldades operacionais para incorporar certas características ou superior desempenho. O que se faz nessa hora, na maioria das vezes, é uma priorização das exigências do cliente de acordo com a importância a elas atribuída[1]. Portanto, é preciso confirmar junto aos clientes que exigências são mais importantes e verificar como eles percebem ou avaliam os produtos atuais que estão no mercado, tanto os da própria empresa quanto aqueles dos principais concorrentes.

Assim, existem dois pontos de vista que devem ser analisados na determinação da Qualidade Planejada[2]. O primeiro é o do cliente: quais são as qualidades exigidas mais importantes para ele. O segundo é o da própria organização: comparando o produto da empresa com o(s) de outras, quais seriam os itens em que está pior, igual ou melhor. Essas informações, quando coletadas com precisão junto aos clientes que representam o público-alvo, constituem uma base segura para a definição dos benefícios estratégicos e o conceito do produto.

A definição dos benefícios estratégicos consiste na decisão dos benefícios-chaves que o novo produto fornecerá aos clientes, visando o atendimento de suas necessidades. Essa atividade visa estabelecer uma posição estratégica para o produto no mercado-alvo com relação aos produtos concorrentes, para que ele seja percebido e diferenciado claramente pelos clientes. O objetivo desta definição é construir uma vantagem competitiva para o produto, explorando a capacidade da empresa em criar valor para os clientes. Esses benefícios devem ser definidos em consenso pelo grupo de desenvolvimento e servirão de foco para todas as atividades posteriores (todas as atividades do projeto devem ser realizadas com o objetivo de construir estes benefícios no produto real). Vejamos exemplo de um benefício estratégico:

> Uma empresa está desenvolvendo uma nova Lasanha à Bolonhesa, e o objetivo do projeto é ganhar 5% do mercado do concorrente direto. Uma das exigências que os clientes mostraram ser mais importante para a decisão de compra é "Ser Consistente". A comparação entre o produto do concorrente e o atual da empresa revelou que os clientes percebem que esta qualidade é igual para ambos. A empresa pode decidir estrategicamente que, quando o novo produto chegar no mercado, os clientes deverão perceber que, para este item de qualidade, "Ser Consistente", o novo produto será melhor em comparação ao do concorrente direto.

O Conceito do Produto é a descrição detalhada do produto na linguagem do cliente, tendo como base os benefícios estratégicos definidos. Uma forma de definir o melhor conceito do produto é a seguinte: a equipe desenvolve vários conceitos e os apresenta a uma amostra de pessoas selecionadas do público-alvo, utilizando recursos audiovisuais. A seleção do conceito leva em consideração a reação dos consumidores, que são questionados sobre a compreensão do conceito, preferências, preço, intenção de compra, bem como sugestões de melhorias. Utilizando o caso da escolha estratégica para a Lasanha à Bolonhesa apresentado anteriormente, um exemplo de um conceito do produto seria:

---

[1] DRUMOND, F. B. Ouvindo o Cliente para o Planejamento do Produto. In: Cheng, L. C. *et al. QFD - Planejamento da Qualidade.* Belo Horizonte: Editora Fundação Christiano Ottoni, 1995. p. 78 - 88.
[2] AKAO, Y. *Introdução ao Desdobramento da Qualidade.* Série Manual de Aplicação do Desdobramento da Função Qualidade. Vol. 1. Belo Horizonte: Editora Fundação Christiano Ottoni, 1996. 187 p.

"Ser a mais consistente do mercado", ser tão nutritiva quanto a dos concorrentes.

Estas duas importantes definições – benefícios estratégicos e conceito do produto – devem ser baseadas em informações coletadas junto aos clientes. No mínimo, deve-se conhecer as necessidades dos mesmos (Tabela de Desdobramento de Qualidade Exigida), quais necessidades são mais importantes para eles, e a percepção que eles possuem dos produtos existentes no mercado. Deve-se, então, realizar uma pesquisa quantitativa para obter essas informações.

5.2.1. Avaliação Quantitativa da Preferência e Percepção dos Clientes

A Tabela de Desdobramento de Qualidade Exigida é a representação da lista completa de necessidades dos clientes e deve ser complementada com as seguintes informações quantitativas:

- Preferência dos clientes, medida pelo grau de importância que atribuem a cada item de qualidade exigida. Quando o produto é inovador, não existem similares no mercado, as definições das qualidades exigidas e grau de importância podem ser realizadas pelo próprio grupo de desenvolvimento, em função de suas experiências; e depois, quando existir um protótipo, realizar testes junto aos clientes para validar as exigências e respectivas importâncias.

- Percepção que os clientes possuem dos produtos existentes, medida pela avaliação do desempenho do produto atual da empresa e daqueles dos principais concorrentes. Quando o produto é inovador, esta análise de concorrência pode ser realizada em produtos que desempenham funções semelhantes, ou não se realiza uma análise de concorrência. Por exemplo: quando o primeiro computador pessoal foi desenvolvido não existiam produtos concorrentes diretos, mas havia produtos de funções similares, como máquinas de escrever elétricas, que poderiam ser utilizadas para essa análise. Também, quando existir um protótipo, poder-se-á realizar uma análise de desempenho do produto inovador.

Estes dados devem ser obtidos com amostras de clientes representativas do público-alvo, utilizando levantamentos por questionários[3]. Um exemplo de questionário é apresentado na Figura 5.2. Quando houver poucos ou um único consumidor, esta pesquisa deve ser realizada sobre toda a população.

Assim como em pesquisas qualitativas, a elaboração de questionários é tarefa delicada e exige muitos cuidados para se conseguir coletar a informação desejada com o mínimo de vícios (erros). Deve-se estar atento, principalmente, para a redação apropriada das perguntas, escolha das escalas e realização de pré-testes. A escala

---

[3] AKAO, Y. *Introdução ao Desdobramento da Qualidade.* Série Manual de Aplicação do Desdobramento da Função Qualidade. Vol. 1. Belo Horizonte: Editora Fundação Christiano Ottoni, 1996. 187 p.

Pesquisa de Opinião sobre O Prato Pronto: Lasanha à Bolonhesa Congelada

Vamos fazer duas perguntas que devem ser respondidas no questionário abaixo

Pergunta 1: Foram listados os prováveis itens que poderiam ser importantes às Lasanhas à Bolonhesa Congeladas. Qual a importância que você atribui a cada item? Marque a resposta na coluna denominada "grau de importância". Siga o seguinte procedimento.

Passo 1 - Leia todos os itens a serem avaliados.
Passo 2 - Marque com um X no número 5 os itens que você considera "muito importantes".
Passo 3 - Marque com um X no número 4 os itens que você considera "importantes".
Passo 4 - Marque com um X no número 3 os itens que você considera que tem "alguma importância".
Passo 5 - Marque com um X no número 2 os itens que você considera que tem "pouca importância".
Passo 6 - Marque com um X no número 1 os itens que restaram, isto é, aqueles que você considera que não têm "nenhuma importância".

Pergunta 2: Preencha abaixo o nome da marca que você consome atualmente.

Marca X - Fabricante (   )

Marca Y - Fabricante (   )

Marca Z - Fabricante (   )

Como você avalia estas Lasanhas? Para cada item, marque a resposta correpondente às marcas X, Y e Z.

1. Identificação
Sexo: [M] [F] / Idade:_____ anos / Profissão:_____/ Locais onde usa o produto_____

2. Avaliação das Lasanhas

Item a ser avaliado	Grau de importância					Desempenho das Lasanhas				
	Nenhuma importância	Pouca importância	Alguma importância	Importante	Muito importante	Péssimo	Ruim	Regular	Bom	Ótimo
1. Ter tempero suave	1	2	3	4	5	Marca X [1][2][3][4][5] Marca Y [1][2][3][4][5] Marca Z [1][2][3][4][5]				
2. Ser molhadinha	1	2	3	4	5	Marca X [1][2][3][4][5] Marca Y [1][2][3][4][5] Marca Z [1][2][3][4][5]				

Figura 5.2 – Questionário para avaliação quantitativa (exemplo do prato pronto Lasanhas Congeladas).

utilizada no questionário apresentado é um exemplo, e cada trabalho deve utilizar o tipo de escala em função de diferentes fatores, como natureza do produto, forma com que os dados irão ser tratados posteriormente, entre outros.

É importante que os dados obtidos sejam tratados utilizando gráficos, como histogramas[4] (ver exemplo na Figura 5.3) e medidas estatísticas, como moda, média e desvio padrão, entre outros, como mostrado na Tabela 5.1. Uma análise cuidadosa destes dados fornece argumentos para avaliar a melhor estratégia, como: criar um único produto para todos os consumidores ou segmentar o mercado, produzindo uma linha de produtos, cada um dirigido a um grupo específico de clientes[5]. Por exemplo, o item "ser molhadinha" apresenta um histograma com dois picos sugerindo que, possivelmente, há dois tipos de consumidores: um que não dá importância a este item e outro que, ao contrário, considera-o importante. A empresa deve avaliar se deve proceder com a segmentação do mercado-alvo, analisando: o tipo de cliente e o tamanho de cada segmento, a habilidade da empresa em atender a esta exigência no prazo estabelecido, e o custo envolvido.

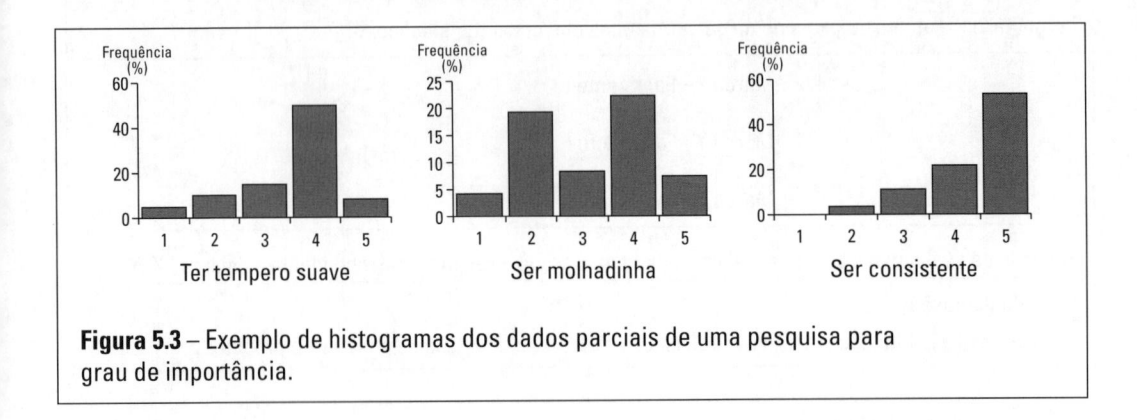

Figura 5.3 – Exemplo de histogramas dos dados parciais de uma pesquisa para grau de importância.

Tabela 5.1 - Resumo parcial dos dados da pesquisa para grau de importância			
Item	Média	Moda	Desvio Padrão
Ter tempero suave	3,5	4	0,86
Ser molhadinha	3,2	4	1,57
Ser consistente	4,4	5	0,55

Uma forma interessante de representação do resumo das informações quantitativas, que permite uma rápida e efetiva interpretação gerencial, é apresentada na Figura 5.4. Os gráficos tornam visível a posição que o produto atual da empresa ocu-

---

4 DRUMOND, F. B. Ouvindo o Cliente para o Planejamento do Produto. In: Cheng, L. C. *et al. QFD - Planejamento da Qualidade*. Belo Horizonte: Editora Fundação Christiano Ottoni, 1995. p. 78 - 88.
5 DRUMOND, F. B. Ouvindo o Cliente para o Planejamento do Produto. In: Cheng, L. C. *et al. QFD - Planejamento da Qualidade*. Belo Horizonte: Editora Fundação Christiano Ottoni, 1995. p. 78 - 88.

pa no mercado, conforme percebido pelos clientes, pela análise dos pontos fracos e fortes do produto da empresa em comparação com o dos concorrentes. Estes resultados fornecem um ponto de partida para a definição dos benefícios estratégicos e estabelecimento do conceito do novo produto.

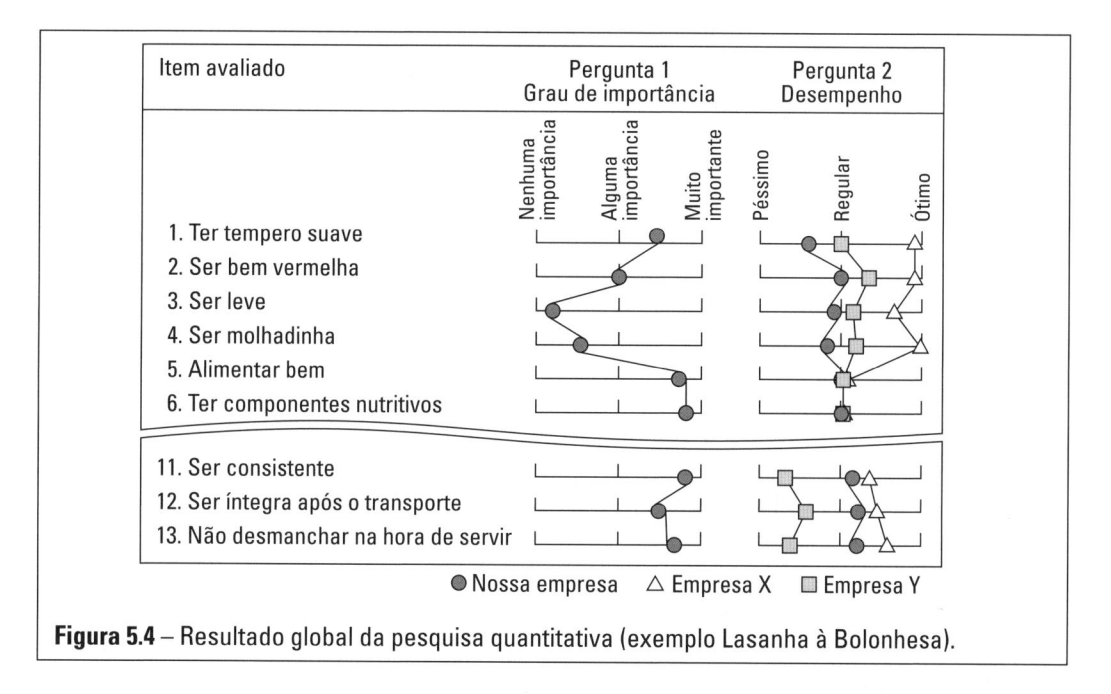

Figura 5.4 – Resultado global da pesquisa quantitativa (exemplo Lasanha à Bolonhesa).

Existem diversas outras formas de representar as avaliações por meio de ferramentas estatísticas auxiliares ao método, como mapa de percepção. Voltaremos a essa ferramenta no Apêndice 2, ao final do livro.

Os valores do grau de importância e a avaliação de desempenho dos produtos devem ser alocados em uma tabela, sendo relacionados aos respectivos itens de qualidade exigida. Esta tabela é a primeira parte da Tabela de Qualidade Planejada e será detalhada na próxima seção.

5.2.2. Planejamento da Qualidade e Priorização das Qualidades Exigidas

O QFD sugere uma forma de dispor os dados necessários para o estabelecimento do Plano Estratégico e definição do Conceito do Produto que torna todo o processo claro, coerente e consistente. O procedimento sugerido está indicado abaixo, e a organização dos dados é apresentada na Figura 5.5. Um exemplo é mostrado na Figura 5.6.

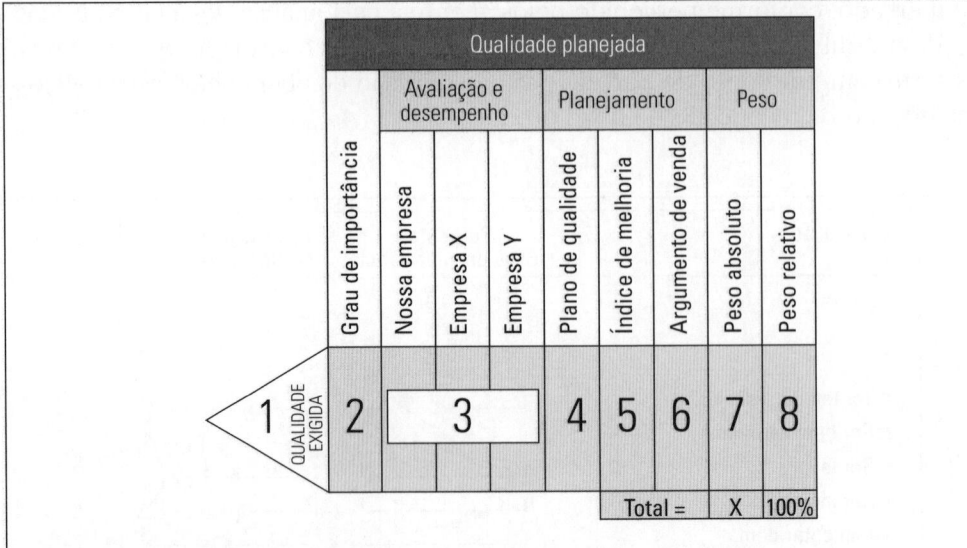

Figura 5.5 – Possíveis passos para o estabelecimento da Qualidade Planejada.

Procedimento para Estabelecimento da Qualidade Planejada[6]:

Passo 1: Construir a Tabela de Qualidade Exigida.

Passo 2: Pesquisar a opinião de uma amostra, ou todo o público-alvo, quanto ao grau de importância que atribui a cada item de qualidade exigida. Utilizar o nível de desdobramento da tabela que possibilite uma boa avaliação comparativa pelos clientes (são sugeridos 20 itens no máximo).

Passo 3: Pesquisar a opinião de uma amostra do público-alvo quanto à avaliação do desempenho do produto atual da empresa e dos principais concorrentes, com relação aos itens de qualidade exigida.

Passo 4: Estabelecer o plano de qualidade (nível de desempenho) da empresa para cada item de qualidade exigida. É um valor numérico que deve possuir a mesma escala que foi utilizada na avaliação de desempenho. Consiste na decisão estratégica da avaliação que se pretende obter dos clientes, após o lançamento no mercado do novo produto (seria o passo 3 para o novo produto), de modo que o produto seja competitivo. Para definição dos níveis de desempenho deve ser feita uma avaliação sobre: objetivos para o produto, grau de importância e análise competitiva. É importante ressaltar que o valor do plano de qualidade pode ser maior ou igual ao que a empresa possui no momento, e também menor, se for estratégico para empresa "piorar" a qualidade do produto por algum motivo, como entrar em outros nichos de mercado.

---

[6] DRUMOND, F. B. Ouvindo o Cliente para o Planejamento do Produto. In: Cheng, L. C. *et al. QFD - Planejamento da Qualidade*. Belo Horizonte: Editora Fundação Christiano Ottoni, 1995. p. 78 - 88.

Passo 5: Calcular o índice de melhoria, dividindo o plano da qualidade (Passo 4) pela avaliação atual do produto da empresa (Passo 3).

$$\boxed{\textbf{Índice de melhoria}} = \frac{\text{Plano de qualidade}}{\text{Nossa empresa}}$$

Passo 6: Decidir quais itens serão utilizados como argumentos de venda. O argumento de venda é um valor numérico que é acrescentado a itens de qualidade exigida com o objetivo de aumentar o valor de seus pesos (ver passo 7). A atribuição de um argumento de venda a um item de qualidade, assim como seu valor, é definida em função da previsão de que, se for garantida a qualidade deste item, este pode contribuir para o aumento da possibilidade de venda do novo produto no mercado. Por isso, deve-se aumentar o valor de seu peso. Esta escolha deve ser baseada nos benefícios estratégicos do produto, com relação a diferentes fatores, como plano de qualidade definido, estratégia de posicionamento no mercado, plano de propaganda, intenção de compra do produto se possuir determinadas qualidades, entre outros. Pode-se utilizar os seguintes valores para o argumento de venda.

Classificação do argumento de venda	Símbolo	Valor
Especial	●	1,5
Comum	◐	1,2
Sem argumento	"vazio"	1

A simbologia apresentada é apenas uma forma de dar mais visibilidade ao argumento de venda. Pode-se também utilizar cores, ou qualquer forma de representação. O valor do argumento de venda de 1,5 aumenta o valor do peso do item em 50% (ver Passo 7). Enquanto o valor de 1,2 aumenta em 20%.

Por exemplo, voltando ao caso da Lasanha à Bolonhesa exemplificado anteriormente, o conceito do produto escolhido foi: "Ser a mais consistente do mercado, ser tão nutritiva quanto a dos concorrentes". Foi definido pela empresa que o *slogan* para propaganda do produto seria: "Nossa Lasanha é a MAIS CONSISTENTE!" É evidente que o item de qualidade exigida "Ser Consistente" é estratégico para organização. Assim, este mereceria receber um argumento de venda Especial (1,5) aumentando o valor de seu peso, para que fosse despendida maior atenção sobre ele.

Outros critérios para o estabelecimento do argumento de venda serão listados mais adiante. No entanto, é importante que o grupo de desenvolvimento de cada projeto escolha em consenso o melhor critério para atribuição desse fator, para a sua pontuação, bem como pondere se realmente vale a pena utilizá-lo.

Passo 7: Calcular o peso absoluto de cada item de qualidade exigida pela multiplicação:

> Grau de Importância × Índice de Melhoria × Argumento de Venda
>
> ou
>
> Passo 2 × Passo 5 × Passo 6

A definição do peso absoluto é muito importante para o trabalho de QFD, pois, é uma forma de quantificar a importância que os itens de qualidade exigida possuem no projeto.

Passo 8: Calcular o peso relativo de cada item de qualidade exigida, convertendo o peso absoluto em contribuição percentual no peso total.

$$\textbf{Peso relativo} = \frac{\text{Peso absoluto}}{(\text{soma de todos os pesos absolutos})}$$

Os pesos relativos permitem uma melhor comparação entre os itens de qualidade exigida. Esta quantificação dos itens de qualidade permite que sejam mais facilmente priorizados. Os itens com peso elevado devem receber mais atenção do grupo de desenvolvimento, pois, se atendidos, contribuirão mais efetivamente para a satisfação do(s) cliente(s).

EXEMPLO

A Figura 5.6 mostra um exemplo de estabelecimento da qualidade planejada para uma Lasanha à Bolonhesa. Continuando este caso ilustrativo, a empresa objetivava ganhar mercado do concorrente direto, que era a empresa Y, e pretendia primeiramente se diferenciar no item "Ser consistente". Foi montada a Tabela de Qualidade Exigida. Realizou-se então uma pesquisa quantitativa para obtenção do grau de importância dos itens de qualidade e avaliação de desempenho dos produtos no mercado. Analisando a estratégia da empresa junto com os dados obtidos nesta pesquisa, o grupo de desenvolvimento definiu o plano de qualidade do novo produto. Decidiu-se que o novo produto deveria, pelo menos, igualar-se aos do concorrente Y nos itens 1.1, 1.2 e 2.1. Pois estes possuíam uma certa importância percebida pelos clientes (grau de importância), e o concorrente Y apresentava um melhor desempenho em dois destes. Nos itens 2.2 e 2.3, o grupo de desenvolvimento decidiu manter seu nível de qualidade, pois, apesar de a concorrente Y apresentar melhor desempenho nesses itens, os clientes não davam muita importância aos mesmos. Para o item 3.1 (Ser nutritivo), o grupo visualizou uma oportunidade de diferenciação, pois a avaliação do desempenho revelou que todos os produtos no mercado possuíam desempenho regular, sendo que o grau de importância era 4. Assim, decidiu-se aumentar a qualidade deste item estrategicamente. Para o item 3.2, decidiu-se manter a sua qualidade, pois, possuía o mesmo desempenho que

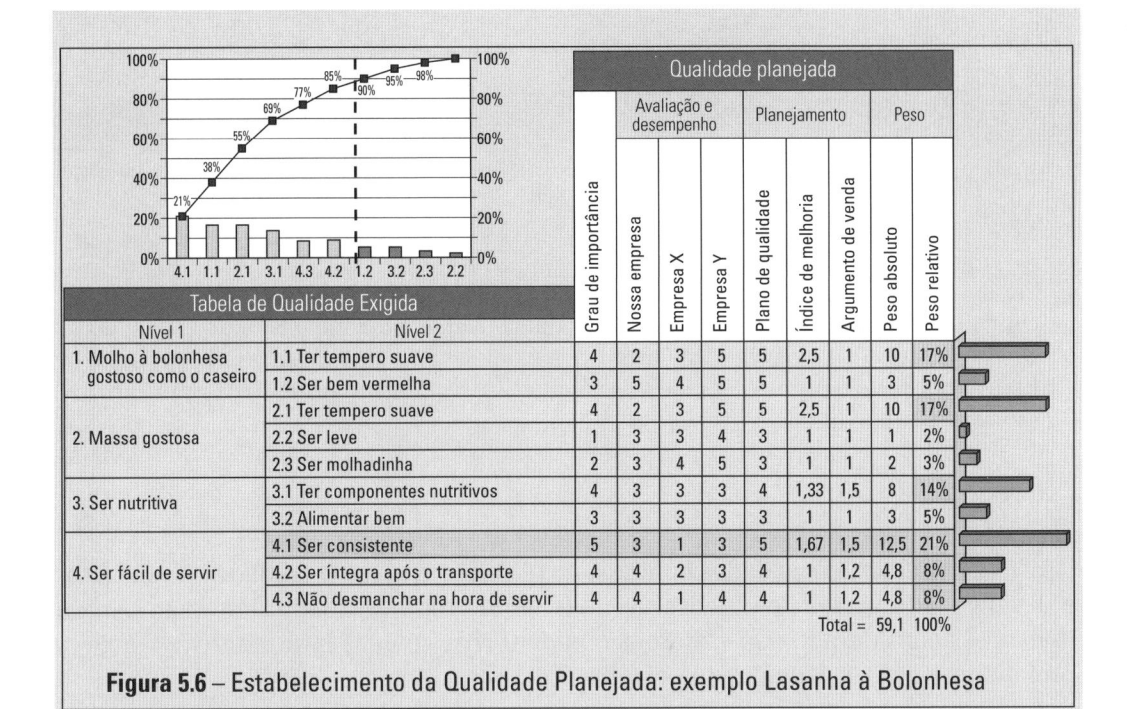

Figura 5.6 – Estabelecimento da Qualidade Planejada: exemplo Lasanha à Bolonhesa

os concorrentes e o grau de importância era de Alguma Importância. Já o item 4.1 (Ser consistente), como foi exposto anteriormente, era estratégico para a empresa; o consumidor considerava-o como muito importante, e o concorrente direto possuía desempenho regular. Por isso, esse item recebeu a maior pontuação no plano de qualidade (5). Para o item 4.2, o grupo de desenvolvimento decidiu manter seu desempenho, pois o consumidor percebia uma importância sobre o mesmo, e a concorrência já era inferior. Enquanto para o item 4.3 decidiu-se manter o desempenho que era igual ao do concorrente.

Após a definição dos valores do Plano de qualidade, foram calculados os Índices de Melhoria. Esses valores revelaram o quanto que a empresa deveria melhorar em relação ao seu produto atual. Enquanto para a definição dos argumentos de venda, decidiu-se atribuir valor máximo, em especial 1,5, para os itens de qualidade estratégicos. O item "Ter componentes nutritivos", como seria utilizado para diferenciar o produto, recebeu valor de 1,5. Obviamente, o item "Ser consistente" também recebeu valor de 1,5, pois foi escolhido como o principal fator de diferenciação, e seria utilizado como item propaganda para o novo produto: "Nossa Lasanha é a MAIS CONSISTENTE!" Os itens 4.2 e 4.3 receberam argumento de venda comum, 1,2, pois a equipe de desenvolvimento sabia que estes itens possuíam uma relação direta com o "Ser consistente", e também que a garantia do 4.2 seria importante, pois o produto teria que ser transportado para os pontos de venda e depois para a casa dos consumidores, e não poderia se deteriorar neste percurso. Para os outros itens não foram atribuídos argumentos de venda.

Após a definição dos valores citados acima, foram calculados os pesos absolutos e posteriormente os pesos relativos dos itens de qualidade exigida. O cálculo para o item "Ser consistente" está demonstrado a seguir.

$$\underbrace{\frac{5}{3}=1,67}_{\text{Índice de melhoria}} \qquad \underbrace{5\times1,67\times1,5=12.5}_{\text{Peso absoluto}} \qquad \underbrace{\frac{12,5}{59,1}=0,21=21\%}_{\text{Peso relativo}}$$

Para melhor comparar estes itens foi construído um gráfico de barras. A empresa decidiu que seriam priorizados os itens que contribuíam em torno de 80% do total. Para isto foi construído um gráfico de Pareto, que revelou quais seriam os itens prioritários. Estes gráficos estão demonstrados na Figura 5.6. Os itens considerados prioritários são os seis primeiros.

Vale ressaltar que os dados contidos no planejamento da qualidade não são fixos, e devem ser analisados e atualizados ao longo de todo o projeto. Por exemplo, um item antes considerado não estratégico pode tornar-se mais importante ao longo do projeto em função de alguma informação.

Seguem-se algumas recomendações sobre a estratégia no planejamento da qualidade de produtos:

- Qualidades óbvias devem ser plenamente atendidas (nota máxima no plano de qualidade), independentemente do grau de importância dado pelos clientes, sob pena de o produto não ter mercado.

- As qualidades lineares devem estar pelo menos no nível dos concorrentes, pois definem a base da competição entre os produtos. Não é necessário planejar níveis superiores aos concorrentes em todos os itens de qualidade exigida, mas é essencial superá-los em itens criteriosamente selecionados, em função da estratégia da organização. Estes itens de qualidade podem ser transformados em argumentos de venda, no caso de os clientes atribuírem grau de importância elevado e forem amplamente superiores aos concorrentes. Os itens nos quais a empresa é percebida como superior aos concorrentes poderão ser considerados argumentos de venda sem qualquer ação de melhoria.

- As qualidades atrativas são planejadas visando despertar a atenção dos clientes e, consequentemente, aumentar a participação do produto no mercado. Devem ser tratadas como argumentos de venda especiais.

- Os itens que forem utilizados para divulgação do produto, propaganda, devem receber argumento de venda alto, pois é fundamental que a qualidade destes sejam alcançadas.

- Não é necessária a utilização dos mesmos critérios de priorização apresentados. Cada empresa deve utilizar aqueles que são mais úteis à sua realidade.

5.2.3. Verificação da Satisfação dos Clientes

A opinião dos clientes sobre o produto em desenvolvimento deve ser ouvida em vários momentos, como forma de verificar se os benefícios objetivados para o produto estão realmente sendo embutidos no projeto e percebidos pelos clientes[7]. Em particular, sugere-se fazer pesquisas de mercado para verificar a satisfação dos clientes nas fases de definição do conceito (teste do conceito), projeto do protótipo (teste do protótipo) e, por fim, na produção-piloto (teste de mercado).

Nos testes de mercado são observadas as reações dos clientes em condições reais de consumo, simulando o lançamento do produto em larga escala. Deve-se avaliar não somente a satisfação do cliente em relação ao produto, como também o programa de marketing, envolvendo preço, marca, propaganda etc., bem como a previsão de vendas do produto. Com base nestas informações, pode-se melhorar o produto e a promoção do mesmo.

Os produtos de consumo, em geral, são testados em um número reduzido de cidades em que são feitas campanhas de propaganda e promoção. Pesquisa-se, junto aos consumidores e distribuidores, a avaliação de desempenho do produto, tomando como referência, por exemplo, os itens com maior peso na Tabela de Qualidade Exigida. Os produtos industriais (matérias-primas para outras empresas) são avaliados por meio de teste do produto feito por um grupo de clientes em potencial, que se dispõe a utilizar o produto experimentalmente por um curto período de tempo.

Vale ressaltar que os Apêndices 2 e 3 mostram como as técnicas estatísticas de Mapa de Percepção e Análise de Clusters (Conglomerados) podem Auxiliar o QFD na etapa apresentada neste capítulo.

5.3. Conclusão

Neste capítulo, aprofundamos no estudo do processo de planejamento da qualidade do novo produto de acordo com as exigências dos clientes – denominado de Processo de Qualidade Planejada. Foram abordados os seguintes tópicos: benefício estratégico e conceito do produto; avaliação quantitativa da preferência e percepção dos clientes; planejamento da qualidade e priorização das qualidades exigidas; e verificação da satisfação dos clientes. No próximo capítulo, passaremos à próxima etapa do Desdobramento da Qualidade, o projeto do produto.

---

[7] DRUMOND, F. B. Ouvindo o Cliente para o Planejamento do Produto. In: Cheng, L. C. *et al. QFD - Planejamento da Qualidade*. Belo Horizonte: Editora Fundação Christiano Ottoni, 1995. p. 78 - 88.

REFERÊNCIAS BIBLIOGRÁFICAS

AKAO, Y. *Introdução ao Desdobramento da Qualidade*. Série Manual de Aplicação do Desdobramento da Função Qualidade. Vol. 1. Belo Horizonte: Editora Fundação Christiano Ottoni, 1996. 187 p.

DRUMOND, F. B. Ouvindo o Cliente para o Planejamento do Produto. In: Cheng, L. C. *et al*. *QFD - Planejamento da Qualidade*. Belo Horizonte: Editora Fundação Christiano Ottoni, 1995. p. 78 - 88.

DESDOBRAMENTO DA QUALIDADE (QD): ELABORANDO A MATRIZ DA QUALIDADE PARA PROJETAR O PRODUTO

Leonel Del Rey de Melo Filho
Lin Chih Cheng

6.1. Introdução

Nos dois capítulos anteriores, foram apresentados procedimentos para obtenção da Voz do Cliente, definição das qualidades exigidas e construção da Qualidade Planejada. No entanto, ter somente a definição das necessidades dos clientes não é suficiente para o desenvolvimento do produto. A questão é: qual é o próximo passo no desdobramento da qualidade? Ou melhor, qual é o fator (causa) que deve ser projetado para que os clientes fiquem satisfeitos (efeito)? Os consumidores querem obter os produtos (bens e serviços) com determinadas qualidades, assim, os produtos devem ser especificados, de forma que os clientes fiquem satisfeitos.

Portanto, neste capítulo, serão abordados os passos para se transformar as informações do mundo dos clientes em informações do mundo da tecnologia. A Matriz da Qualidade é apresentada como a ferramenta para realizar esta atividade. O objetivo final do trabalho de conversão da Voz do Cliente em linguagem de projeto deve ser a definição das características técnicas do produto que atendam às exigências do mercado. Essas características devem ser definidas tanto em termos qualitativos como quantitativos, e são comumente chamadas de Características da Qualidade do Produto. Ao longo do capítulo, vamos responder às seguintes perguntas: Como definir as Características da Qualidade do Produto? Como priorizá-las em função das Qualidades Exigidas? Como estabelecer valores técnicos dessas características (especificações)? Como fazer a análise comparativa com o desempenho dos concorrentes?

Os conteúdos do QFD apresentados neste capítulo abordam a etapa de Projeto Básico do PDPOC (ver Figura 6.1).

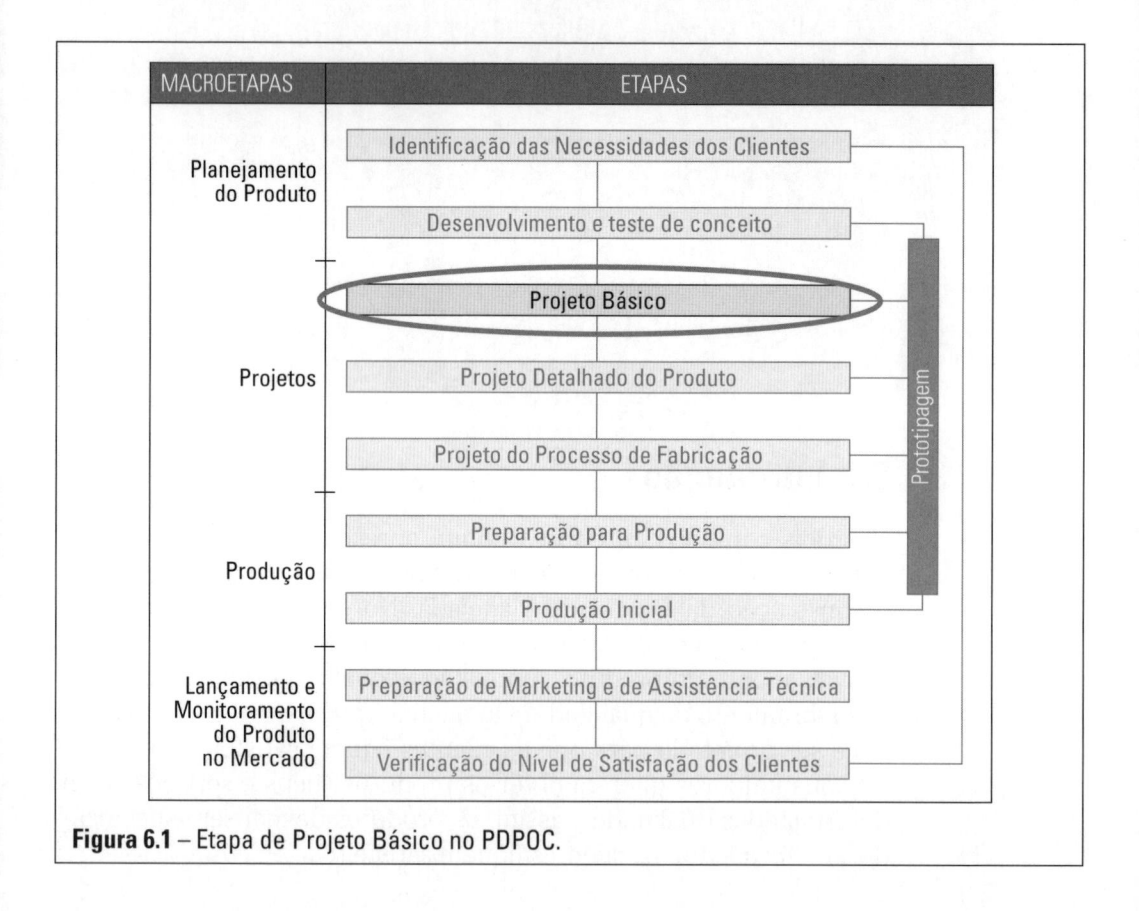

Figura 6.1 – Etapa de Projeto Básico no PDPOC.

6.2. Uma Visão Geral da Matriz da Qualidade

A Matriz da Qualidade é geralmente a primeira matriz a ser construída em um trabalho de QFD, e exerce um importante papel no desdobramento da qualidade com foco nas necessidades dos clientes. Ela pode ser definida da seguinte forma: **"Matriz da Qualidade é a matriz que tem por finalidade executar o projeto da qualidade, sistematizando as verdadeiras qualidades exigidas pelos clientes por meio de expressões linguísticas, mostrando a correlação entre essas expressões e as características da qualidade do produto, e convertendo a importância atribuída aos itens de qualidade exigida, obtida no planejamento da qualidade, para os itens de características da qualidade que devem ser projetados".**

Essa matriz é formada por dois mundos interligados por uma relação de causaefeito, sistematizada pelas funções de extração, correlação e conversão (ver seção 2.4.1). Os dois mundos se referem ao Mundo do Cliente e ao da Tecnologia. O Mundo do Cliente é representado pela Tabela de Desdobramento da Qualidade Exigida e Qualidade Planejada; enquanto o Mundo da Tecnologia, que está em função do primeiro, é representado pelo Projeto Básico formado pela Tabela de Desdobramento das Características da Qualidade e Qualidade Projetada. Pode-se considerar que a Matriz da Qualidade possui um significado mais profundo, isto é, "a conversão do mundo dos clientes para o mundo da tecnologia"[1]; ou ainda, em uma linguagem mais prática, "a tradução da Voz dos Clientes em informações do Projeto Básico".

A Figura 6.2 representa uma matriz da qualidade genérica e as grandes etapas para a sua construção. Essas etapas incluem a construção da Tabela de Desdobramento das Qualidades Exigidas e a definição da Qualidade Planejada (Mundo do Cliente) já descritas no capítulo anterior. Além destas, inclui-se também a construção da Tabela de Desdobramento das Características da Qualidade e a definição da Qualidade Projetada (Mundo da Tecnologia), que é composta por: grau de importância dos itens de características da qualidade; comparação dos valores dos concorrentes e da empresa, e plano técnico de qualidade (metas para o novo produto).

Esta Matriz possui um papel muito importante dentro das atividades de desenvolvimento do produto, cuja operacionalização requer a colaboração de diversas áreas funcionais da empresa, como Marketing, Assistência Técnica, Pesquisa & Desenvolvimento, Engenharia, entre outras. A matriz da qualidade ajuda a organizar e dar maior visibilidade às informações, e sua utilização permite que o projeto básico do produto seja estabelecido com foco nas necessidades dos consumidores.

É importante salientar que a ênfase está no procedimento e não no uso da matriz, que é apenas uma ferramenta para melhor dispor e processar as informações. Os esforços devem estar na compreensão da essência do método, cuja operacionalização deve ser adaptada à realidade e à necessidade de cada empresa.

---

[1] AKAO, Y. *Introdução ao Desdobramento da Qualidade*. Série Manual de Aplicação do Desdobramento da Função Qualidade. Vol. 1. Belo Horizonte: Editora Fundação Christiano Ottoni, 1996. 187 p.

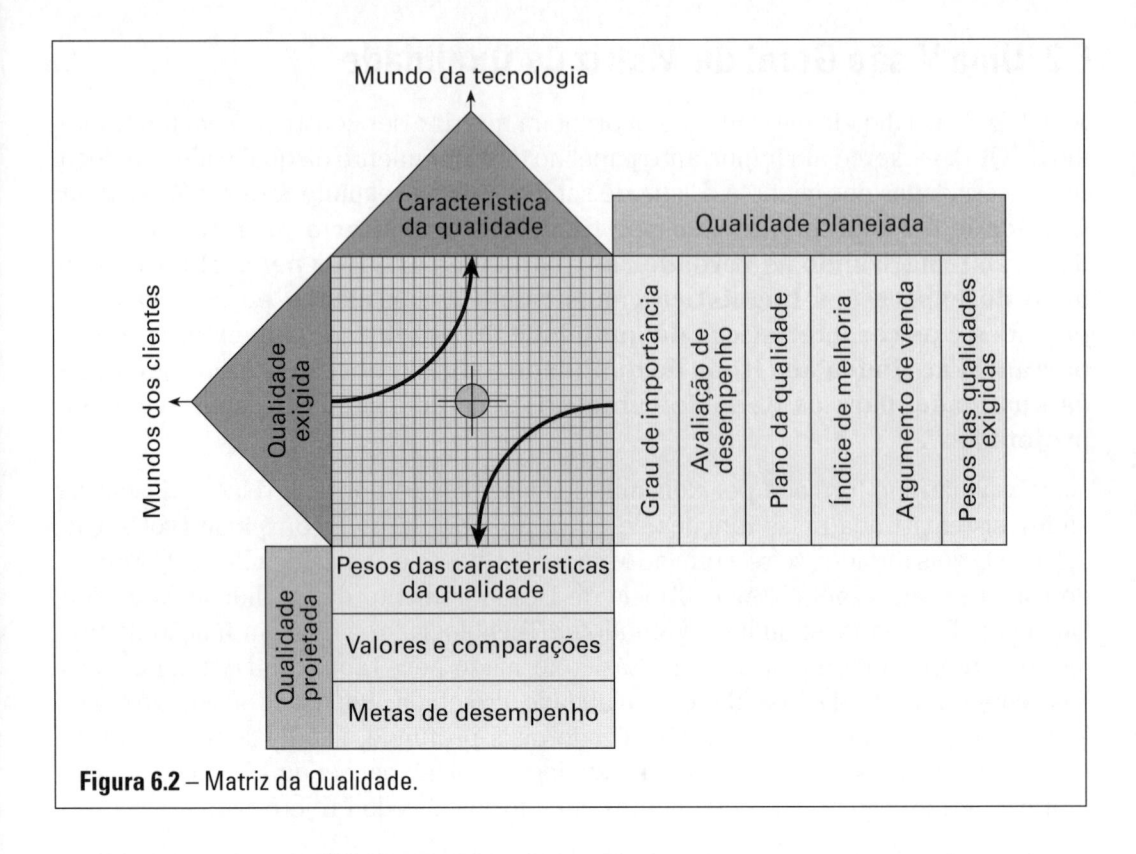

Figura 6.2 – Matriz da Qualidade.

6.3. Procedimento de Tradução da Voz do Cliente em Dados do Projeto Básico

O procedimento geral para se obter as informações do mundo da tecnologia (linguagem técnica da empresa) em função das informações do mundo dos clientes (Qualidade Exigida e Qualidade Planejada) é demonstrado na Figura 6.2.

Como mostra a figura, a matriz da qualidade é a ferramenta utilizada para organizar e dispor, em informações de projeto, os dados obtidos do procedimento de tradução da voz do cliente.

As ordens de execução de algumas etapas podem ser alteradas em função da necessidade de cada projeto de QFD. As ordens que não se alteram são as etapas 1 e 5. Nota-se que a etapa "priorizar as características da qualidade do produto" sempre ocorre após a etapa "correlacionar características". Em alguns momentos é preferível "mensurar e comparar com a concorrência" logo após, ou até em paralelo à etapa 1, pois a quantificação das características da qualidade pode facilitar o entendimento do grupo de desenvolvimento sobre as mesmas. Isto ocorre geralmente em projetos de melhoria ou derivativos, pois, as características da qualidade, seus valores atuais e os da concorrência já estão facilmente disponíveis para o grupo de desenvolvimento. Assim, durante e após a obtenção das características da qualidade, pode-se realizar

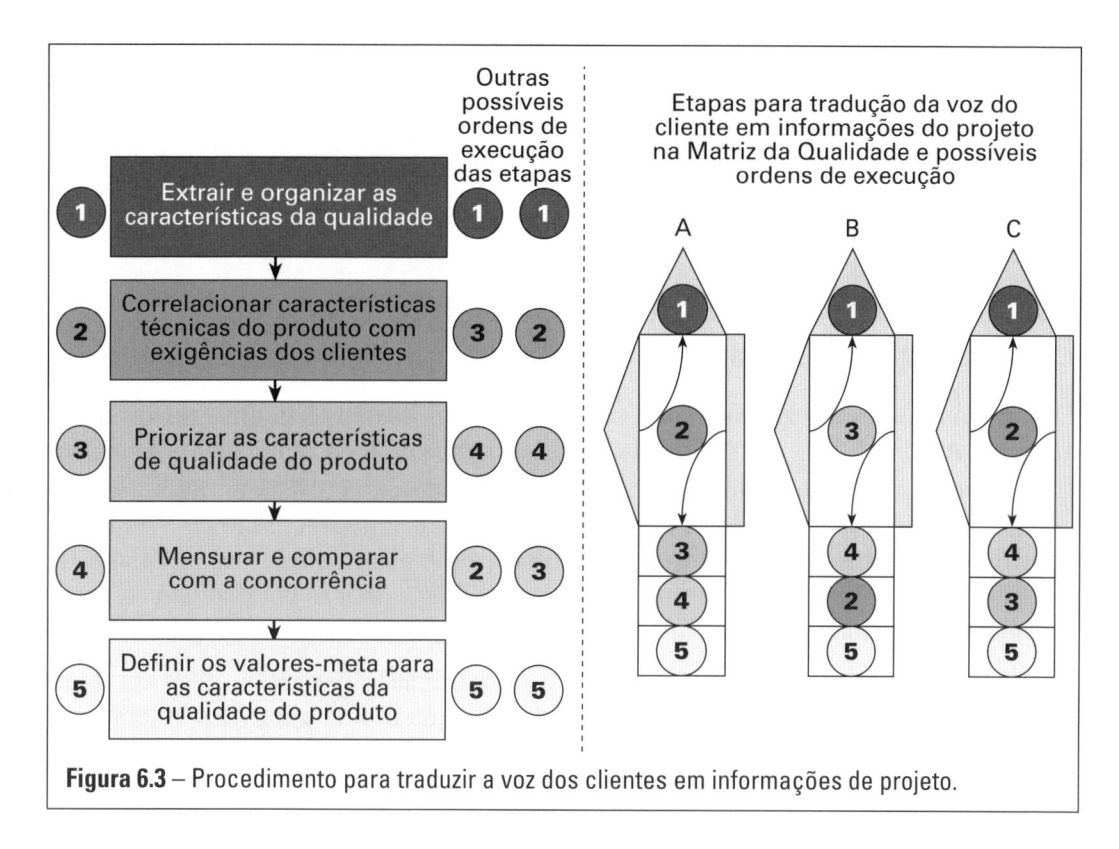

Figura 6.3 – Procedimento para traduzir a voz dos clientes em informações de projeto.

a mensuração ou aquisição dos valores e a comparação com a concorrência, se os dados já estiverem disponíveis. Esta é a sequência B representada na Figura 6.3. Quando o projeto é de uma nova plataforma ou um produto totalmente novo, geralmente é preferível utilizar a sequência A, pois, após a obtenção das características da qualidade e de suas correlações com as qualidades exigidas, as próprias características da qualidade são validadas com relação à capacidade de mensurar as qualidades exigidas, podendo ser os itens alterados, retirados ou até adicionados novos itens. Nas próximas seções todos esses procedimentos serão mais detalhados.

6.4. Elaborando a Tabela de Desdobramento das Características da Qualidade – Processo de Extração

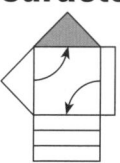

Os itens de características da qualidade de um produto são os requisitos que o caracterizam tecnicamente e que devem ser medidos no produto para verificar se a qualidade exigida está sendo cumprida. São as dimensões que o descrevem tecnicamente, e podem ser características físicas, químicas e físico-químicas, como altura, peso, densidade, porcentagem de um elemento químico, granulometria, acidez, reatividade, cor, brix, luminosidade (lux) etc. Quando o produto é serviço, muitas vezes as Características da Qualidade do Produto são tratadas como Elementos da Qualidade. Voltaremos a esse assunto posteriormente.

6.4.1. Obtendo as Características da Qualidade a Partir das Qualidades Exigidas

Em muitas empresas, as pessoas responsáveis pelo desenvolvimento de produtos ainda estabelecem as características de seus produtos com base unicamente em seus conhecimentos técnicos individuais[2]. Entretanto, estas características, muitas vezes, podem não refletir a verdadeira necessidade dos consumidores. Para se evitar esse equívoco, a voz dos clientes deve ser transformada em características da qualidade mensuráveis, por meio da extração da tabela de características da qualidade a partir da tabela de qualidade exigida.

A extração acontece quando é obtida uma tabela a partir da outra ou, mais precisamente, quando são obtidos elementos de uma tabela a partir de elementos de outra tabela. Assim, para cada qualidade exigida, deve-se identificar as características da qualidade que podem ser medidas no produto final, características que permitam avaliar no produto o atendimento às exigências dos clientes. Para isso é escolhido o nível de desdobramento da tabela da qualidade exigida que será trabalhado, geralmente o último, e para cada item faz-se o seguinte questionamento: quais são as características do produto que medem tecnicamente o item de qualidade exigida?

Nesta fase, pode-se utilizar a técnica do *brainstorming* (tempestade de ideias) para identificar preliminarmente características da qualidade, escrevendo cada item extraído em um cartão adesivo do tipo *post-it*. Em seguida, deve-se selecionar apenas aquelas que se referem ao produto final, separando os itens relativos a componentes, processos, matéria-prima etc., para serem utilizados posteriormente em outros desdobramentos. Feito isso, estes itens devem ser agrupados utilizando-se a técnica do "diagrama de afinidades", e os grupos obtidos podem ser organizados sob a forma de "diagrama de árvore" em níveis, como descrito no Capítulo 4, formando assim a Tabela de Desdobramento das Características da Qualidade do Produto.

Este mesmo procedimento é válido para diversas outras tabelas utilizadas no QFD. Por exemplo, a partir da tabela de qualidade exigida podemos extrair a tabela de funções a serem implementadas no produto; ou, a partir da tabela de características da qualidade do produto final, podemos extrair a tabela de parâmetros de controle dos processos.

---

[2] CHENG, L. C. *et al. QFD - Planejamento da Qualidade*. Belo Horizonte: Fundação Christiano Ottoni, 1995. 216p.

É importante destacar que, no caso específico da extração da tabela de características da qualidade, a essência do trabalho está na obtenção de características técnicas para o produto final que realmente atendam a uma necessidade do cliente. Muitos itens que poderiam não ser considerados no desenvolvimento do produto, com a utilização do QFD, passam a ser incorporados ao projeto após o desdobramento da qualidade.

Em alguns casos, pode surgir a necessidade de se utilizar "Elementos da Qualidade", numa etapa intermediária do processo de extração da tabela de características da qualidade[3]. Isso ocorre quando características mensuráveis não são facilmente obtidas a partir das qualidades exigidas. Os Elementos da Qualidade são definidos como itens não quantificáveis, capazes de avaliar a qualidade do produto (itens intermediários entre a qualidade exigida e a característica da qualidade). Já as Características da Qualidade são definidas como itens que devem ser medidos no produto para verificar se a qualidade exigida está sendo cumprida.

A Tabela 6.1 mostra um exemplo da diferença entre Elemento da Qualidade e Característica da Qualidade para o caso de uma estrutura metálica. As características da qualidade podem ser medidas ou calculadas, enquanto os elementos da qualidade não são diretamente quantificáveis, mas podem ser avaliados como: o produto possui ou não, está bom ou ruim, entre diversos outros meios. Este artifício é muito utilizado para serviços. No entanto, sempre que possível esses elementos da qualidade devem ser avaliados por meio de um conjunto de características da qualidade. No caso do elemento da qualidade "resistência", é necessário medir ou calcular algumas características, como resistência à tração, resistência à torção e limite de escoamento, para se obter uma avaliação precisa da qualidade da estrutura metálica.

Tabela 6.1 – Diferença entre elementos e características da qualidade.	
Elementos	Características
Resistência	Resistência à tração
	Resistência à compressão
	Resistência à torção
	Limite de escoamento
Rigidez	Rigidez horizontal
	Rigidez vertical
Dimensões	Altura
	Largura
	Comprimento
	Peso

[3] AKAO, Y. *Introdução ao Desdobramento da Qualidade.* Série Manual de Aplicação do Desdobramento da Função Qualidade. Vol. 1. Belo Horizonte: Editora Fundação Christiano Ottoni, 1996. 187 p.

Muitas vezes, na prática, durante a extração da tabela de características da qualidade, os elementos e as características da qualidade podem ser obtidos simultaneamente a partir das qualidades exigidas. Entretanto, para efeito didático, pode ser recomendável inicialmente extrair apenas os elementos da qualidade e, em seguida, obter as características da qualidade a partir desses elementos, em duas etapas bem distintas, conforme apresentado acima. Portanto, não há uma regra rígida a ser seguida. A equipe de desenvolvimento deve decidir, de acordo com a natureza do produto e a tecnologia da empresa, qual a melhor opção. Se a opção escolhida for extrair simultaneamente elementos e características da qualidade, esses itens deverão ser ordenados utilizando-se a técnica do diagrama de afinidades. Neste caso, os elementos da qualidade sempre serão escolhidos como títulos dos grupos formados por características da qualidade.

Um procedimento proposto para construção da Tabela de Desdobramento das Características da Qualidade está demonstrado na Figura 6.4.

Figura 6.4 – Exemplo de desdobramento para extrair as características da qualidade do produto.

As atividades apresentadas na Figura 6.4 devem ser organizadas de forma que fique claro "como", "onde" e "quando" serão executadas, resumindo-se tudo num plano de ação bem simples.

Entretanto, vale salientar, mais uma vez, que o uso dos elementos da qualidade não é obrigatório. O seu uso depende das particularidades do produto e da facilidade de se obter as características da qualidade diretamente das qualidades exigidas pelos clientes.

Algumas vezes, podem ser necessários vários itens de características da qualidade para se medir ou definir concretamente um único elemento da qualidade. Outras vezes, um item extraído diretamente das qualidades exigidas pode já ser "quantificável", não necessitando de qualquer outro desdobramento.

Em alguns casos, como no setor de serviços, pode haver alguma dificuldade para se determinar características da qualidade mensuráveis para os produtos. Neste caso, deve-se desdobrar os elementos da qualidade até o nível mais concreto possível, podendo ser avaliados como: o produto possui ou não, está bom ou ruim, tem ou não tem, entre outros meios. Nesses casos, utilizam-se estes elementos na elaboração da matriz da qualidade.

A seguir, mostramos três exemplos de extração de elementos da qualidade a partir das qualidades exigidas. A Tabela 6.2 mostra o exemplo de extração de elementos da qualidade para um aparelho de radiocontrole utilizado em aeromodelismo. A Tabela 6.3 mostra um exemplo de extração direta de características da qualidade para um projetor de imagens. E, finalmente, a Tabela 6.4 mostra um exemplo de extração de elementos da qualidade e extração das características da qualidade do produto Lasanha à Bolonhesa. Note que uma mesma qualidade exigida pode requerer vários elementos da qualidade para avaliar o atendimento às necessidades dos consumidores, e estes elementos podem se repetir para diferentes qualidades exigidas.

Em determinadas circunstâncias, deve-se tomar alguns cuidados especiais durante as atividades de extração da tabela de características da qualidade. No caso de desenvolvimento de produtos totalmente novos, quando a tecnologia ainda não está totalmente dominada pela empresa, alguma característica da qualidade pode ser esquecida ou menosprezada pela equipe de projetos. Este fato pode comprometer o sucesso do novo produto, pois todas as informações contidas na tabela de características da qualidade serão repassadas às demais etapas do desdobramento da qualidade, conforme será mostrado nos Capítulos 7 e 8. Isto pode ter como consequência um produto incapaz de atender às exigências dos clientes ou que apresente um comportamento inesperado no mercado. Para evitar que tal fato ocorra, deve-se verificar exaustivamente a tabela extraída, o que implica em observar se não é necessário mais algum desdobramento para tornar os elementos da qualidade totalmente mensuráveis. Na Tabela 6.1, poder-se-ia observar se foram identificadas todas as características que medem completamente a resistência de uma estrutura metálica. Além disso, pode-se realizar testes em laboratórios para verificar se uma determinada característica da qualidade realmente atende à qualidade exigida. Por exemplo, na Tabela 6.3, para a qualidade exigida "estável ao carregar", a equipe de projetos extraiu as características da qualidade "altura", "largura" e "posição do centro de gravidade". Entretanto, caso existam dúvidas de se essas características seriam suficientes para medir a "estabilidade ao carregar", pode-se realizar testes para confirmar se não existiriam outras características técnicas do produto final que influenciem diretamente nessa qualidade exigida.

Tabela 6.2 – Exemplo de extração de elementos da qualidade para um aparelho de radiocontrole.

Qualidade exigida (último nível)	Elementos da qualidade
Ser fácil de carregar	Peso
	Dimensão
	Forma
	Portabilidade
Ter estabilidade ao carregar	Peso
	Centro de gravidade
	Ângulo de inclinação
Ter estabilidade ao assentar	Forma
	Centro de gravidade
Fácil de comandar	Peso
	Forma
	Força
	Força exercida para joystick
	Tato de joystick
	Posição dos potenciômetros
	Tato dos potenciômetros

Fonte: Adaptado de Akao (1996)

Tabela 6.3 – Exemplo de extração das características da qualidade para um projetor de imagens.

Qualidade exigida (último nível)	Elementos da qualidade
Fácil de guardar	Altura (cm)
	Largura (cm)
	Razão altura/largura
	Volume (cm^3)
Ser silencioso	Nível de ruído (db)
Fácil de posicionar a imagem	Área de projeção máxima (m^2)
Estável ao carregar	Altura (cm)
	Largura (cm)
	Posição do centro de gravidade (x; y)

Fonte: Adaptado de Cheng (1995)

Tabela 6.4 – Exemplo de extração de elementos da qualidade e extração das características da qualidade para o produto Lasanha à Bolonhesa.

Qualidade exigida (voz do cliente)		Elementos da qualidade	Características de qualidade	
Nível 1	Nível 2			
1. Molho à bolonhesa gostoso como o caseiro	1.1 Ter tempero suave	Sabor	Sabor do molho	
	1.2 Ser bem vermelha	Aparência	Cor do molho após descongelado	
2. Massa gostosa	2.1 Ter tempero suave	Sabor	Sabor da massa	
	2.2 Ser leve	Propriedades físicas	Textura	Maciez da massa
				Suculência da massa
		Propriedades químicas	Teor de gorduras	
		Sabor	Sabor da massa; Sabor do molho	
	2.3 Ser molhadinha	Propriedades químicas	Sinerese; Teor de gorduras totais; Umidade	
3. Ser nutritiva	3.1 Ter componentes nutritivos	Propriedades químicas	Teor de vitaminas, proteínas e minerais	
	3.2 Alimentar bem	Propriedades químicas	Teor de gorduras totais; umidade	
		Propriedades físicas	Peso; Largura; Comprimento; Espessura	
4. Ser fácil de servir	4.1 Ser consistente	Propriedades físicas	Textura	Maciez da massa
				Suculência da massa
	4.2 Ser íntegra após o corte	Propriedades físicas	Textura	Maciez da massa
				Suculência da massa
	4.3 Não desmanchar na hora de servir	Propriedades físicas	Textura	Maciez da massa
				Suculência da massa
		Propriedades químicas	Umidade	

Após serem definidas as características da qualidade, estas devem ser organizadas em grupos afins, como demonstrado na FIGURA 6.4, para que seja construída a Tabela de Desdobramento das Características da Qualidade, que pode ser entendida como um arranjo sistemático das características e dos elementos da qualidade que formam o produto final. Como relatado anteriormente, muitas vezes os grupos são formados pelos próprios elementos da qualidade, ou seja, as características que foram extraídas do mesmo elemento da qualidade são agrupadas em um mesmo grupo que recebe o nome deste elemento. Por exemplo, na Tabela 6.4, todas as características que foram extraídas do elemento "propriedades químicas" podem ser agrupadas. E assim para os outros elementos também. A Tabela 6.5 mostra a tabela de características da qualidade da Lasanha à Bolonhesa formada a partir da extração apresentada na Tabela 6.4.

Deve-se analisar também se a tabela está consistente, ou seja, se o conteúdo dos níveis mais detalhados está de acordo com os títulos dos níveis superiores. Muitas vezes esses títulos têm muito mais um papel de classificação e visualização global do conteúdo do que propriamente de caracterização técnica.

Tabela 6.5 – Tabela de desdobramento das características da qualidade de uma Lasanha à Bolonhesa.

Nível 1	Nível 2	Nível 3
Sabor	Sabor do molho	
	Sabor da massa	
Aparência	Cor do molho após descongelado	
Propriedades químicas	Umidade	
	Composição nutricional	Teor de proteína
		Quantidades de calorias
		Teor de vitaminas
		Teor de minerais
		Teor de gorduras totais
Propriedades físicas	Massa líquida	
	Massa bruta	
	Dimensão	Largura
		Comprimento
		Espessura
	Sinerese	
	Textura	Maciez da massa
		Suculência da massa

A seguir são apresentados outros dois exemplos de partes de tabelas de desdobramento das características da qualidade para um projetor de imagens e para uma chave de ignição de um automóvel (Tabelas 6.6 e 6.7).

Tabela 6.6 – Tabela de desdobramento das características da qualidade de um retroprojetor.

Nível 1	Nível 2	Nível 3
Portabilidade	Peso	
	Dimensões	Altura
		Largura
		Comprimento
	Forma	Volume
		Razão altura/largura
Operacionalidade	Nitidez	Grau de reflexão
		Grau de refração
		Área de projeção máxima
	Acionamento	Área de contato de acionamento
		Pressão de acionamento
	Ruído	Amplitude de vibração
		Nível de ruído
	Iluminação	Potência de iluminação
		Taxa de lux

Tabela 6.7 – Tabela de desdobramento das características da qualidade de uma chave de ignição.

Nível 1	Nível 2	Nível 3
Resistência	Resistência mecânica	Resistência à flexão
		Resistência a impacto
		Resistência à torção
	Resistência química	Resistência à abrasão
		Resistência à corrosão
Dimensões	Peso	
	Tamanho	Comprimento
		Largura
		Altura
	Torque do acionamento	
Operacionalidade	Rugosidade do material	
	Flexibilidade	
Forma	Ângulo das pontas	
	Raios dos cantos	
Acabamento	Combinação de cores	
	Alto relevo do logotipo	
	Tratamento superficial	Brilho
		Espessura

6.4.2. Obtendo as Características da Qualidade Diretamente do Cliente

Algumas empresas já recebem dos seus clientes, na maioria das vezes o cliente único, as especificações técnicas para o produto em desenvolvimento. Geralmente, essas empresas fabricam produtos industriais (matéria-prima ou bem de capital) sob encomenda para outras indústrias clientes que, em geral, processam o produto para transformá-lo em outro produto final, ou montam o produto para produzir um outro mais complexo, ou utilizam-no como bem de capital em seu processo produtivo. Exemplos dessas empresas que produzem matérias-primas ou bens de capital são: indústria de materiais, tecidos, componentes eletrônicos, mecânicos, indústria de equipamentos industriais, entre diversas outras.

Nesse caso, o grupo de desenvolvimento monta a tabela de desdobramento das características da qualidade com as especificações requeridas pelo cliente, utilizando a técnica do "diagrama de afinidades" e "diagrama de árvore", como descrito anteriormente. Nesse tipo de situação, a tabela de desdobramento das características da qualidade é construída antes da tabela de desdobramento das qualidades exigidas. Realiza-se a extração inversa, que consiste na obtenção das verdadeiras exigências dos clientes a partir dos itens de características da qualidade. A Figura 6.5, itens A e

B, exemplifica a diferença da extração direta, relatada anteriormente nesse texto, e a inversa.

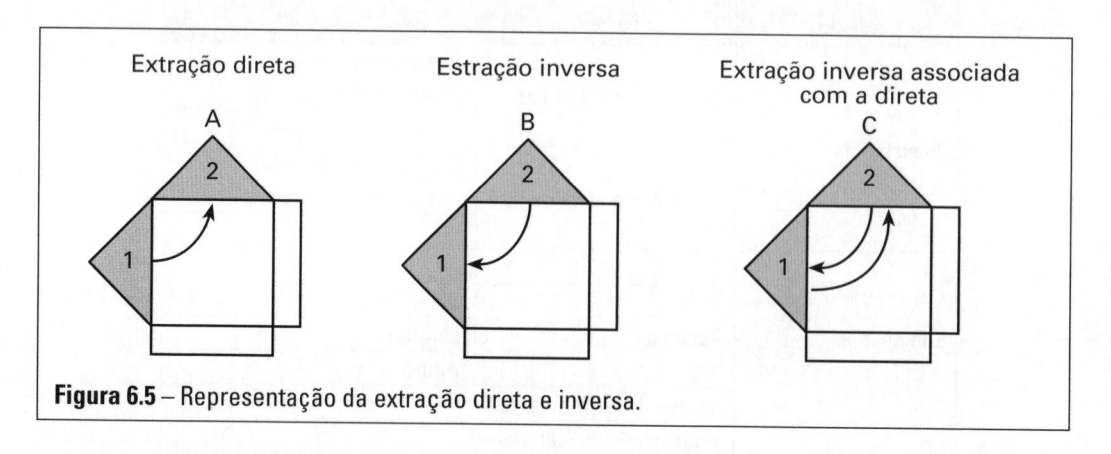

Figura 6.5 – Representação da extração direta e inversa.

Este processo de obtenção das verdadeiras necessidades dos clientes a partir das características da qualidade é semelhante ao apresentado quando a extração é direta. Utiliza-se o artifício de pesquisar (perguntar) o PORQUÊ de tais características especificadas, de forma que a resposta seja fornecida na linguagem do cliente. Assim, este questionamento deve ser realizado em reunião entre os integrantes do grupo de desenvolvimento – questionadores – com os clientes – questionados. Este procedimento é chamado de entrevista direta. A Tabela 6.8 abaixo mostra um exemplo de obtenção das necessidades dos clientes pela extração dos itens de características da qualidade do produto (material) Cal. Geralmente, quando se realiza a extração inversa, a voz do cliente é a própria qualidade exigida, pois, o grupo de desenvolvimento e os clientes já possuem uma linguagem mais técnica, não necessitando assim da transformação da voz do cliente em itens da qualidade exigida.

Vale ressaltar que, na maioria das vezes, é um cliente único que requer as especificações técnicas do produto, que deve ser desenvolvido para atendê-lo de forma cativa.

Em certas circunstâncias pode ser difícil obter do cliente algumas, ou todas, qualidades exigidas em função de problemas relacionados a: tempo, recursos, conhecimentos técnicos do cliente sobre como o produto irá se comportar em seu processo produtivo, e até a falta de interesse do cliente de realizar a reunião. Quando ocorre tal problema, o grupo de desenvolvimento deve procurar outras fontes de informações sobre o uso de seu produto pelo cliente, para se capacitarem a responder ao "porquê" das características da qualidade. Algumas fontes de informações podem ser:

• Documentação interna: em geral, as organizações têm muita informação acumulada, mas que não está disponível no momento e local onde seria útil. Esta riqueza pode estar em arquivos físicos ou eletrônicos, apostilas ou livros dispersos pela organização, que valem o esforço de criação de um amplo banco de dados.

Tabela 6.8 – Extração inversa: obtenção da voz do cliente a partir da extração das características da qualidade.

Características da qualidade especificadas	Processo	Voz do cliente/Qualidades exigidas
Reatividade 10 min	Por quê?	Baixo tempo de corrida; Menor volume de escória; Velocidade de dissolução; Cal macia; Menor volume da cal; Otimização da campanha do refratário; Escória líquida (viscosidade)
Grandeza especificada	Por quê?	Curva granulométrica homogênea; Velocidade de dissolução; Boa aparência
Grandeza abaixo do especificado	Por quê?	Curva granulométrica homogênea; Boa aparência; Menor consumo da cal; Baixo percentual de finos na cal
Grandeza acima do especificado	Por quê?	Curva granulométrica homogênea
CaO t(%)	Por quê?	Baixo tempo de corrida; Menor volume de escória; Banho mais básico; Menor consumo da cal; Otimização da campanha do refratário; Escória líquida (viscosidade)
SiO_2 (%)	Por quê?	Banho mais básico; Balanço térmico estável
MgO (%)	Por quê?	Baixo tempo de corrida; Menor volume de escória; Banho mais básico; Menor consumo da cal; Otimização da campanha do refratário; Escória líquida (viscosidade)
S (%)	Por quê?	Menor variabilidade na cal; Baixo percentual de enxofre (S)
Al_2O_3 (%)	Por quê?	Menor volume de escória
Fe_2O_3 (%)	Por quê?	Balanço térmico estável
CO_2	Por quê?	Menor variabilidade na cal
PPC (%)	Por quê?	Boa aparência
P (%)	Por quê?	Menor variabilidade na cal; Baixo percentual de enxofre (S)

- Conhecimento e experiência das pessoas: muitas informações estão nas cabeças das pessoas das organizações, mas não estão disponíveis para todos. Se essas forem explicitadas, poderão ser úteis durante a obtenção da voz do cliente. Os membros do grupo de desenvolvimento, que tenham participado de outros projetos, possuem experiências que também ajudarão na obtenção da voz do cliente.

- Treinamento especializado: muitas organizações (principalmente empresas que produzem matérias-primas para outras) não compreendem como seu novo produto será utilizado por seu(s) cliente(s). A realização de treinamentos, cursos com especialistas sobre o assunto investigado ajudam essas organizações a compreenderem como seu produto será empregado no processo de seu(s) cliente(s), revelando assim suas necessidades.

Durante e/ou após a obtenção dos dados referentes ao uso do produto pelo cliente, os dados devem ser organizados de forma que as verdadeiras necessidades sejam levantadas mais facilmente. Uma forma eficiente de organizar esses dados é a construção do modelo conceitual do processo do cliente. Este modelo revela em uma relação explícita de causa-efeito como as características da qualidade do produto interferem nos fatores do processo do cliente, revelando facilmente assim suas verdadeiras necessidades. É como se a construção do modelo conceitual do cliente estivesse inserido no processo de questionamento do "porquê" utilizado na extração inversa.

Após a obtenção das verdadeiras necessidades, que são os próprios itens de qualidades exigidas, deve-se construir a tabela de desdobramento das qualidades exigidas utilizando-se a técnica do "diagrama de afinidades" e "diagrama de árvore".

Depois de ter revelado as verdadeiras exigências do cliente a partir da extração de seus requisitos técnicos (características da qualidade), o grupo de desenvolvimento deve avaliá-las e decidir se há necessidade de acrescentar mais itens de características da qualidade, alterar outros ou até retirar itens. Este procedimento consiste na realização da extração direta, que é realizada após a extração inversa (ver Figura 6.5 C). Em função do acúmulo de conhecimento gerado pelo processo de obtenção das qualidades exigidas, o grupo de desenvolvimento pode levantar itens de características não requeridas pelo cliente, mas que são importantes para ele. Assim, pode-se utilizar estes itens como características atrativas do produto. Na Tabela 6.8, no processo de extração inversa foi revelado que duas das necessidades identificadas eram "possuir menor variabilidade da cal" e "boa aparência". No entanto, o grupo de desenvolvimento percebeu que não havia itens de características da qualidade capazes de medir diretamente estas exigências; assim, outros dois itens deveriam ser acrescentados à tabela de desdobramento das características da qualidade: "variabilidade da cal" e "cor" respectivamente.

6.5. O Processo de Estabelecimento da Correlação

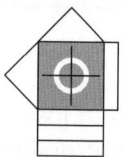

O processo de estabelecimento da correlação do QFD possui dois objetivos:

- Identificar as relações de causa-efeito entre os itens desdobrados de duas tabelas diferentes que formam uma matriz. No caso específico da matriz da qualidade, são determinadas as correlações entre os itens de qualidades exigidas e os itens de características da qualidade.

- Possibilitar a priorização dos itens de uma tabela em função dos pesos dos itens de outra tabela, estabelecendo-se assim uma relação de efeito-e-causa sobre a importância dos itens priorizados. No caso da matriz da qualidade, as correlações possibilitam que os itens das características da qualidade sejam priorizados em função dos pesos atribuídos às qualidades exigidas. Ou seja, as características da qualidade são priorizadas em função da necessidade do mercado consumidor. Este procedimento é chamado de Conversão e será descrito na seção seguinte.

Ao se correlacionar as características da qualidade com as qualidades exigidas, o grupo de QFD passa a ter informações importantes sobre a relação de causa-efeito de cada item técnico do produto sobre todas as exigências dos clientes. Estes dados são muito importantes, pois mostram como as especificações do produto afetam a satisfação dos consumidores.

Antes da realização das correlações, deve-se então organizar a tabela de desdobramento da qualidade exigida e a tabela de desdobramento das características da qualidade em forma de matriz. Em geral, os itens de último nível da tabela de qualidade exigida determinam as linhas desta matriz e os itens de último nível da tabela de características da qualidade definem as colunas. O procedimento para estruturação da Matriz da Qualidade está mostrado na Figura 6.6. O conteúdo da etapa quatro será tratado nas seções seguintes. Para facilitar este procedimento, esta matriz deve ser construída em uma planilha eletrônica.

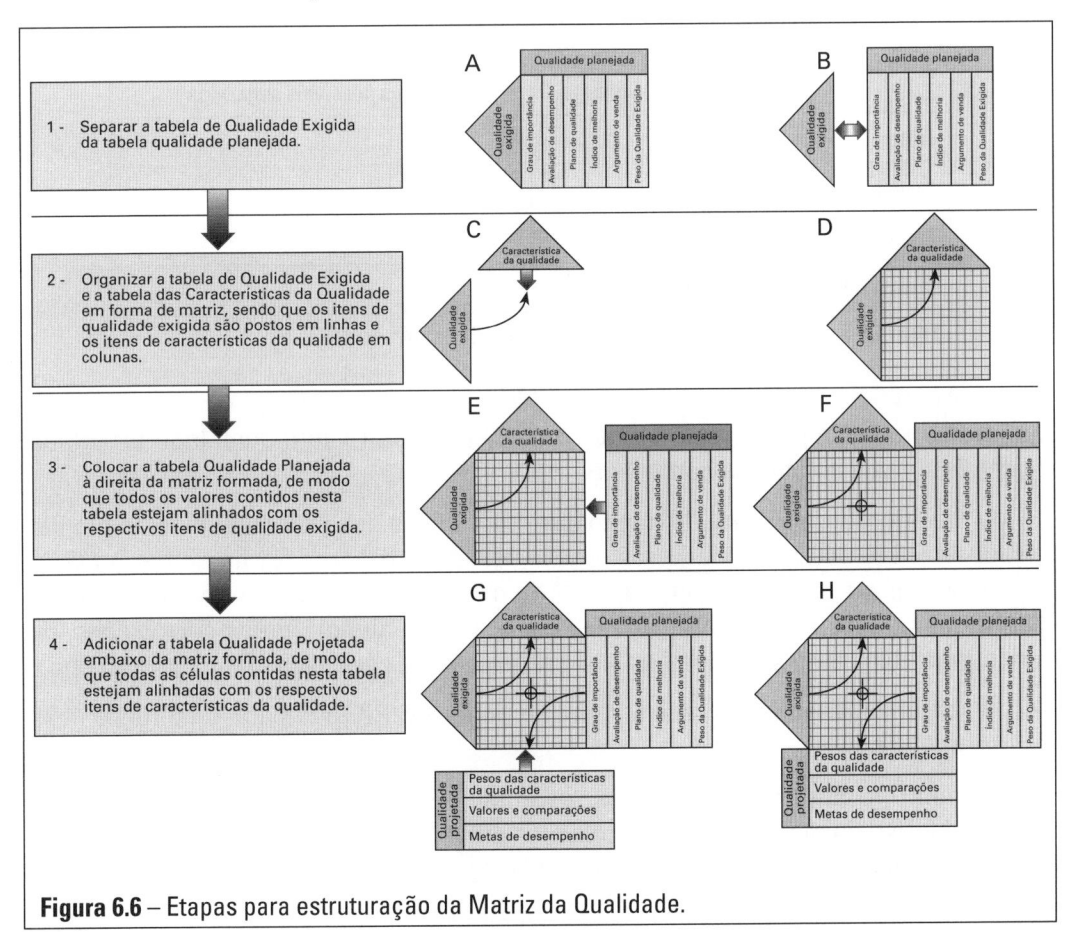

Figura 6.6 – Etapas para estruturação da Matriz da Qualidade.

Após a construção da matriz, devem ser identificadas as correlações entre os itens das duas tabelas. No entanto, ainda antes da definição das correlações, devem ser estabelecidos: (1) as intensidades das correlações que serão utilizadas; (2) o critério que será utilizado para a definição das correlações; (3) em função do critério escolhido, deve ser estabelecida a ordem de identificação das correlações, que podem ser por colunas, de cima para baixo sucessivamente, ou por linhas, da esquerda para a direita sucessivamente.

A Figura 6.7 sugere algumas formas de representação da intensidade das correlações. A utilização de símbolos e/ou cores permite uma melhor visualização da distribuição das correlações nas matrizes. As intensidades destas correlações (forte, média, fraca e inexistente) devem ser sempre relacionadas a valores numéricos, pois são estes que possibilitam a realização da Conversão da priorização dos itens de uma tabela para os itens de outra tabela (ver seção 6.6). Sugerimos a utilização de números coloridos para o preenchimento das matrizes, pois, além de fornecer o valor da intensidade da correlação diretamente nas células das matrizes, suas colorações permitem uma maior visibilidade.

Correlação	Representação sugerida				
	Cor	Símbolo	Valores possíveis sugeridos		
Forte	Vermelho	⊙	9	5	4
Média	Verde	△	3	3	2
Fraca	Azul	○	1	1	1
Inexistente		Vazio	-	-	-

Figura 6.7 – Definições para as correlações da matriz de QFD.

A Figura 6.8 representa uma Matriz da Qualidade (sem a qualidade projetada) para a lasanha à bolonhesa congelada.

O critério utilizado para definição das correlações deve ser estabelecido em função do objetivo dessa atividade. Este deve ser formulado em forma de pergunta(s). Vale ressaltar que é do nosso conhecimento prático que a forma de realização destas perguntas pode alterar as intensidades e a ordem de definição das correlações, por isso a importância de serem definidas conforme as necessidades de cada trabalho.

A seguir, apresentamos uma forma que pode ser utilizada para a definição desse critério.

Primeiro, é importante que seja respondida pela equipe a seguinte pergunta: qual o objetivo da definição das correlações entre os itens de qualidade exigida e os itens de características da qualidade?

Matriz da Qualidade — colunas (Qualidades exigidas):

- Q1 = 1. Molho à bolonhesa gostoso como o caseiro → 1.1 Ter tempero suave
- Q2 = 1.2 Ser bem vermelha
- Q3 = 2. Massa gostosa → 2.1 Ter tempero suave
- Q4 = 2.2 Ser leve
- Q5 = 2.3 Ser molhadinha
- Q6 = 3. Ser nutritiva → 3.1 Ter componentes nutritivos
- Q7 = 3.2 Alimentar bem
- Q8 = 4. Ser fácil de servir → 4.1 Ser consistente
- Q9 = 4.2 Ser íntegra após o corte
- Q10 = 4.3 Não desmanchar na hora de servir

Qualidade planejada

Característica	Q1	Q2	Q3	Q4	Q5	Q6	Q7	Q8	Q9	Q10
Peso relativo	17%	5%	17%	2%	3%	14%	5%	21%	8%	8%
Peso absoluto	10	3	10	1	2	8	3	13	4,8	4,8
Argumento de venda	1	1	1	1	1	1,5	1	1,5	1,2	1,2
Índice de melhoria	2,5	1	2,5	1	1	1,3	1	1,7	1	1
Plano de qualidade	5	5	5	3	3	4	3	5	4	4
Empresa Y	5	5	5	4	5	3	3	3	3	4
Empresa X	3	4	3	3	4	3	3	1	2	1
Nossa empresa	2	5	2	3	3	3	3	3	4	4
Grau de importância	4	3	4	1	2	4	3	5	4	4

Características da qualidade (Nível 3) — valores de correlação

Nível 1	Nível 2	Nível 3	Unid.	Dir.	Q1	Q2	Q3	Q4	Q5	Q6	Q7	Q8	Q9	Q10
Propriedades físicas	Textura (Sensorial)	Suculência da massa		←				1	3	9	1	9	9	9
		Maciez da massa		←							1	9	9	9
	Dimensão	Sinerese	%	⇄					9	3	3	3	3	
		Espessua	cm	⇄						9	1	3	3	
		Comprimento	cm	⇄						9	1	3	3	
		Largura	cm	⇄						9	1	3	3	
		Massa bruta	g	⇄				1	9	9		9	9	9
		Massa líquida	g	⇄				1	9	3		9	9	9
Propriedades químicas	Composição nutricional	Teor de gorduras totais	g	→	3			3	9	3	9	9	3	3
		Teor de minerais	mg	←		1				9	9			
		Teor de vitaminas	mg	←		1				9	1			
		Quantidade de calorias	Kcal	→					3	1	3			
		Teor de proteína	g	←	1		1	1		9	1	3	1	1
		Umidade	%	⇄				3	9	1	1	9	9	9
Aparência		Cor do molho após descongelado		←		9								
Sabor	(Sensorial)	Sabor da massa		←			9	3	3	1	1	1	1	1
		Sabor do molho		←	9			3	3	1	1	1	1	1

Figura 6.8 – Matriz da Qualidade (sem qualidade projetada) para a lasanha à bolonhesa.

Algumas respostas possíveis são:

1. Identificar até que ponto as características da qualidade **avaliam** as qualidades exigidas;
2. Identificar como as características da qualidade **afetam** as qualidades exigidas;
3. Identificar como as características da qualidade **influenciam** as qualidades exigidas;
4. Identificar como as qualidades exigidas são **afetadas** pelas características da qualidade;
5. Identificar a probabilidade de uma qualidade exigida ser **avaliada** pelos itens de característica da qualidade.

As respostas parecem iguais, mas não são, e definem o critério a ser escolhido.

O critério utilizado é estabelecido em função do verbo que é utilizado para ligar as duas tabelas em uma relação de causa e efeito (ver os verbos em negrito nas respostas apresentadas), e também pela ordem em que as tabelas aparecem nas perguntas. Nas três primeiras respostas, a tabela de características da qualidade é mencionada primeiro, assim também deve ser primeiramente mencionada nos critérios. Nas duas últimas respostas, é a tabela de qualidades exigidas, assim esta deve ser primeiramente mencionada.

Apresentamos a seguir alguns critérios:

1 – Para a resposta 1, o critério poderia ser:

"Até que ponto a característica da qualidade **avalia** o atendimento à qualidade exigida?"

a) Forte correlação: avalia diretamente. Por exemplo, na Figura 6.8, a característica da qualidade "sabor do molho", com certeza, avalia o atendimento à qualidade exigida "ter tempero suave" para uma lasanha à bolonhesa.

b) Média correlação: provavelmente avalia. Na Figura 6.8, a característica da qualidade "sabor da massa" provavelmente avalia o atendimento à qualidade exigida "ser leve" para uma lasanha à bolonhesa.

c) Fraca correlação: há uma suspeita de que avalia. Por exemplo, na FIGURA 6.8, há uma suspeita, que deve ser comprovada *a posteriori*, de que a característica da qualidade "sabor do molho" possa avaliar o atendimento à qualidade exigida "ser molhadinha" para uma lasanha à bolonhesa.

2 – Para a resposta 2, o critério poderia ser:

"Como as características da qualidade **afetam** as qualidades exigidas?"

a) Forte correlação: afeta fortemente.
b) Média correlação: afeta um pouco.
c) Fraca correlação: afeta muito pouco.

3 – Para a resposta 4, o critério poderia ser:

"Como as qualidades exigidas são **afetadas** pelas características da qualidade?"

a) Forte correlação: é fortemente afetada.
b) Média correlação: é um pouco afetada.
c) Fraca correlação: é muito pouco afetada.

Os critérios parecem iguais, mas não são, e definem a ordem de realização das correlações.

A ordem que as correlações são definidas está em função da forma que as perguntas dos critérios são realizadas. Quando a pergunta é formada para definir a intensidade com que as características da qualidade se correlacionam com as qualidades exigidas, a ordem de preenchimento deve ser por coluna, de cima para baixo, da esquerda para direita (ver Figura 6.9 A). Esta ordem é utilizada para os critérios 1 e 2 apresentados acima. Quando a pergunta é formada para definir a intensidade com que as qualidades exigidas se correlacionam com as características da qualidade, a ordem de preenchimento deve ser por linha da esquerda para direita, de cima para baixo (ver Figura 6.9 B).

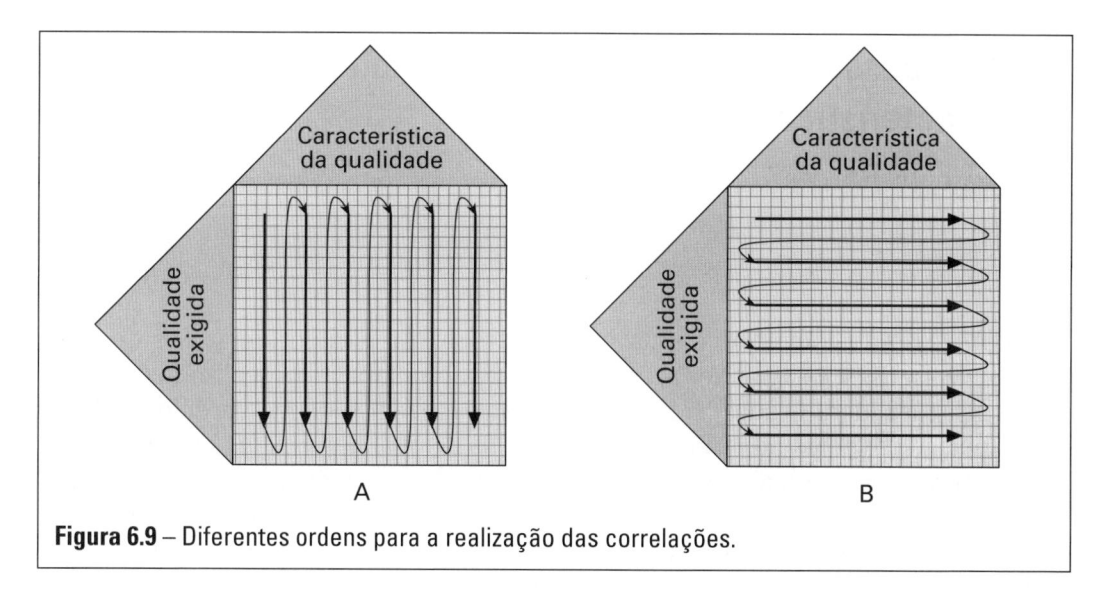

Figura 6.9 – Diferentes ordens para a realização das correlações.

No primeiro caso, atribui-se uma importância maior para as qualidades exigidas, já no segundo, a importância das características da qualidade para o projeto é maior. Com a prática da utilização do método, esta diferença ficará mais clara. Vale ressaltar que: "a forma pela qual as pessoas contribuem com seus conhecimentos está em função do modo pelo qual as questões são abordadas".

Este trabalho de definição das correlações deve ser realizado com a presença dos integrantes do grupo de desenvolvimento do produto e, se necessário, também de outras pessoas que formam o grupo de trabalho, que deve se reunir e buscar o consenso para todas as correlações existentes na matriz. Uma prática bastante comum é fazer com que cada membro do grupo preencha as correlações individualmente e, caso haja divergências, cada um deve argumentar sobre o seu ponto de vista e a decisão deve ser tomada com base no argumento mais fundamentado. Este procedimento que leva a discussões permite que conhecimentos tácitos dos indivíduos se tornem explícitos para todos, o que eleva o nível de conhecimento de todos os participantes das reuniões. Este acúmulo de conhecimento é um dos principais benefícios do método QFD.

Ao final dessa tarefa, deve-se verificar a consistência das correlações e identificar aquelas colunas ou linhas em que a correlação é totalmente inexistente, isto é, aquelas colunas e linhas em branco. Quando isso acontece, significa que algo foi omitido ou está em excesso.

Se necessário, pode-se utilizar técnicas estatísticas auxiliares na definição do grau de correlação, como Planejamento e Análise de Experimentos, e Análise Conjunta. Na Parte II deste livro – Casos de Aplicação – é apresentado um caso (cap. 23), onde se fez o uso do Planejamento e Análise de Experimentos para auxiliar o processo de correlação.

6.6. O Processo de Conversão – Priorizando as Características da Qualidade

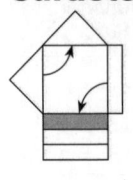

O processo de conversão é utilizado para transmitir a importância dos itens de uma tabela (seus pesos relativos) para os itens de outra tabela, e é realizado por meio das correlações identificadas na matriz[4]. No caso específico da matriz da qualidade, é realizada a conversão do peso relativo dos itens de qualidade exigida para os itens de características da qualidade. Este é um dos processos mais importantes no trabalho de construção da matriz da qualidade, pois, por meio dele é que a importância atribuída pelos clientes a cada qualidade exigida é transferida às características da qualidade, determinando as prioridades para o projeto técnico. Ou seja, em uma relação de efeito e causa, as características da qualidade são priorizadas em função da necessidade do mercado consumidor.

Assim, a conversão só pode ser feita se a correlação entre os elementos já tiver sido estabelecida. Ainda, deve-se adicionar nesse momento a tabela da Qualidade

---

[4] CHENG, L. C. *et al. QFD - Planejamento da Qualidade*. Belo Horizonte: Fundação Christiano Ottoni, 1995. 216p.

Projetada, ou pelo menos o campo dos pesos absolutos e relativos, na parte inferior da Matriz da Qualidade, de modo que todas as células contidas nesta tabela estejam alinhadas com os respectivos itens de características da qualidade. Este processo foi mostrado na Figura 6.6, etapa 4. Essa alocação é necessária, pois os pesos absolutos das características da qualidade, convertidos dos pesos relativos das qualidades exigidas, são inseridos neste campo. Posteriormente, os pesos relativos obtidos dos pesos absolutos também deverão ser adicionados neste campo, logo abaixo dos pesos absolutos (ver Figura 6.10).

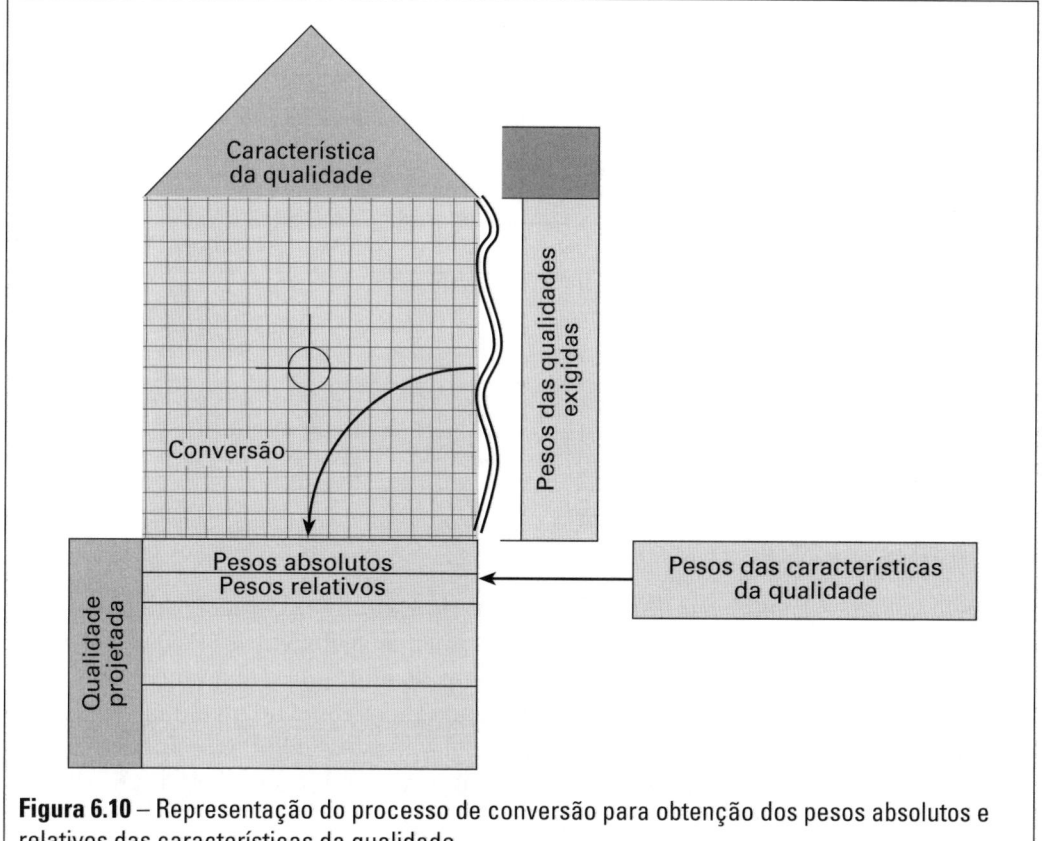

Figura 6.10 – Representação do processo de conversão para obtenção dos pesos absolutos e relativos das características da qualidade.

O cálculo que é utilizado para converter os pesos relativos das qualidades exigidas para os pesos absolutos de cada item das características da qualidade é o seguinte:

> Somar em coluna o produto entre os pesos relativos das qualidades exigidas e os respectivos valores em linha das correlações identificadas para os itens de característica da qualidade. Ou seja, multiplicar as correlações pelos pesos relativos das qualidades exigidas por linha da matriz, e somar este produto por coluna.

A seguir, apresentamos um exemplo deste cálculo. A Figura 6.11 abaixo é uma representação genérica da matriz da qualidade.

	CQ1	CQ2	CQ3	CQ4	⋯	CQp	Absoluto	Relativo
QE1	X_{11}	X_{12}	X_{13}	X_{14}	⋯	X_{1p}	PaQ1	PrQ1
QE2	X_{21}	X_{22}	X_{23}	X_{24}	⋯	X_{2p}	PaQ2	PrQ2
QE3	X_{31}	X_{32}	X_{33}	X_{34}	⋯	X_{3p}	PaQ3	PrQ3
QE4	X_{41}	X_{42}	X_{43}	X_{44}	⋯	X_{4p}	PaQ4	PrQ4
⋮	⋮	⋮	⋮	⋮	⋮	⋮	⋮	⋮
QEn	X_{n1}	X_{n2}	X_{n3}	X_{n4}	⋯	X_{np}	PaQn	PrQn

QE = Qualidades exigidas
CQ = Características da qualidade
Pesos das qualidades exigidas

Total: Σ PaQ | Σ PaQ

Pesos das características da qualidade	Absoluto	PaC1	PaC2	PaC3	PaC4	⋯	PaCp	Σ PaC	Total
	Relativo	PrC1	PrC2	PrC3	PrC4	⋯	PrCp	Σ PrC	Total

FIGURA 6.11 – Matriz da Qualidade Genérica.

As Qualidades Exigidas (QE) podem variar de 1 a n. E as características da qualidade (CQ) podem variar de 1 a p. Os valores dos pesos absolutos (PaQ) e relativos (PrQ) das respectivas qualidades exigidas são obtidos durante a elaboração da Qualidade Planejada (ver Capítulo 5). A matriz formada pelos itens de qualidades exigidas e de características da qualidade é formada por n linhas e p colunas, e as correlações desses itens são descritas em termos de elementos X_{ij}, onde i se refere às QE (linhas i = 1,2,....,n) e j refere-se às CQ (colunas j = 1,2,....,p).

Conforme descrito anteriormente, para a obtenção do peso absoluto dos itens de características da qualidade realiza-se então o seguinte cálculo:

Equação 6.1:
PaC1 = (PrQ1 · X_{11}) + (PrQ2 · X_{21}) + (PrQ3 · X_{31}) + (PrQ4 · X_{41}) ... (PrQn · X_{n1})

Ou Equação 6.2:

$$\text{PaC1} = \sum_{i=1}^{n} \text{PrQ}_i \cdot X_{i1}$$

Equação 6.3:

$$PaC2 = (PrQ1 \cdot X_{12}) + (PrQ2 \cdot X_{22}) + (PrQ3 \cdot X_{32}) + (PrQ4 \cdot X_{42}) \dots (PrQn \cdot X_{n2})$$

Ou Equação 6.4:

$$PaC2 = \sum_{i=1}^{n} PrQ_i \cdot X_{i2}$$

Assim, todos os pesos absolutos de cada item de característica da qualidade podem ser definidos como:

Equação 6.5:

$$PaCj = \sum_{i=1}^{n} PrQ_i \cdot X_{ij}$$

Para o cálculo dos pesos relativos das características da qualidade, é utilizada a seguinte fórmula:

$$\textbf{Peso relativo} = \frac{\text{Peso absoluto}}{(\text{soma de todos os pesos absolutos})}$$

Ou Equação 6.6:

$$PrCj = \frac{PaCj}{\sum PaC}$$

Terminada a correlação entre todos os elementos que formam uma matriz, deve-se então multiplicar o valor de cada correlação pelo respectivo peso relativo da qualidade exigida. Anote o resultado no canto inferior de cada célula da matriz. Por exemplo, na Figura 6.12, a qualidade exigida "ser consistente" tem peso relativo 21%, que multiplicado pela correlação forte (cujo valor é 9), na célula da característica da qualidade "Suculência da Massa", tem como resultado o valor 1,9.

Em seguida, determine o peso absoluto de cada característica da qualidade, somando os valores obtidos em cada coluna e colocando o resultado final dessa soma na célula correspondente. Por exemplo, na Figura 6.12, somando-se todos os valores da coluna da característica da qualidade "Suculência da Massa", o valor obtido é 3,9.

O peso relativo de cada característica da qualidade pode então ser obtido, convertendo-se os valores do peso absoluto em pesos relativos percentuais. Para isso, deve-se dividir o valor de cada coluna pela somatória da linha de "peso absoluto". Por exemplo, no caso da lasanha da Figura 6.11, dividindo-se o valor 3,9 da coluna da característica da qualidade "Suculência da Massa" pela soma total do peso absoluto, que é 38,7, obtém-se o resultado 10,2% para o peso relativo da respectiva característica da qualidade.

Desdobramento da Função Qualidade na Gestão de Desenvolvimento de Produtos

Qualidades exigidas Nível 1	Nível 2	Sabor do molho	Sabor da massa	Cor do molho após descongelado	Umidade	Teor de proteína	Quantidade de calorias	Teor de vitaminas	Teor de minerais	Teor de gorduras totais	Massa líquida	Massa bruta	Largura	Comprimento	Espessura	Sinerese	Maciez da massa	Suculência da massa	Grau de importância	Nossa empresa	Empresa X	Empresa Y	Plano de qualidade	Índice de melhoria	Argumento de venda	Peso absoluto	Peso relativo
(unidade)		Sensorial	Sensorial	Sensorial	%	g	Kcal	mg	mg	g	g	g	cm	cm	cm	%	Sensorial	Sensorial									
(direção)		↑	↑	↑	↕	↑	↓	↑	↑	↓	↕	↕	↕	↕	↕	↕	↑	↑									
1. Molho à bolonhesa gostoso como o caseiro	1.1 Ter tempero suave	9				1		1	1	3									4	2	3	5	5	3	1	10	17%
	1.2 Ser bem vermelha			9															3	5	4	5	5	1	1	3	5%
2. Massa gostosa	2.1 Ter tempero suave		9			1				3								1	4	2	3	5	5	3	1	10	17%
	2.2 Ser leve	3	3	3	1	3				9	1	1						3	1	3	3	4	3	1	1	1	2%
	2.3 Ser molhadinha	3	3		9					3	9	9				9		9	2	3	4	5	3	1	1	2	3%
3. Ser nutritiva	3.1 Ter componentes nutritivos				1	9	1	9	9	9									4	3	3	3	4	1,3	1,5	8	14%
	3.2 Alimentar bem	1	1		1	1	3	1	1	9	3	9	9	9	9	3	1	1	3	3	3	3	3	1	1	3	5%
4. Ser fácil de servir	4.1 Ser consistente	1	1		9	3				3	9	9	1	1	1	3	9	9	5	3	1	3	5	1,7	1,5	13	21%
	4.2 Ser íntegra após o corte				9	1				3	9	9	3	3	3	3	9	9	4	4	2	3	4	1	1,2	5	8%
	4.3 Não desmanchar na hora de servir	1	1		9	1				3	9	3	3	3	3	9	9	9	4	4	1	4	4	1	1,2	5	8%
Pesos — Peso absoluto		2,1	2,1	0,5	3,9	2,4	0,3	1,4	1,4	4,1	3,8	4,1	1,2	1,2	1,2	1,6	3,4	3,9	38,7 Total							Total = 59	100%
Pesos — Peso relativo		5,4%	5,4%	1,2%	10,1%	6,3%	0,9%	3,7%	3,7%	10,5%	9,9%	10,7%	3,0%	3,0%	3,0%	4,1%	8,8%	10,2%	100% Total								

Características da qualidade — Nível 1 / Nível 2 / Nível 3

Sabor · Aparência · Propriedades químicas (Composição nutricional) · Propriedades físicas (Dimensão / Textura) · Qualidade planejada (Avaliação de desempenho / Peso)

Qualidade projetada — Valores e comparações:
- Nossa empresa
- Produto empresa X
- Produto empresa Y
- Metas de desempenho

Correlações:
9	Forte
3	Média
1	Fraca
	Inexistente

Figura 6.12 - Matriz da Qualidade com os pesos absolutos e relativos das características da qualidade. Exemplo de uma lasanha congelada.

Pode-se construir um gráfico de Pareto com os pesos relativos obtidos para as características de qualidade. A Figura 6.13 mostra o gráfico de Pareto construído para o exemplo da lasanha.

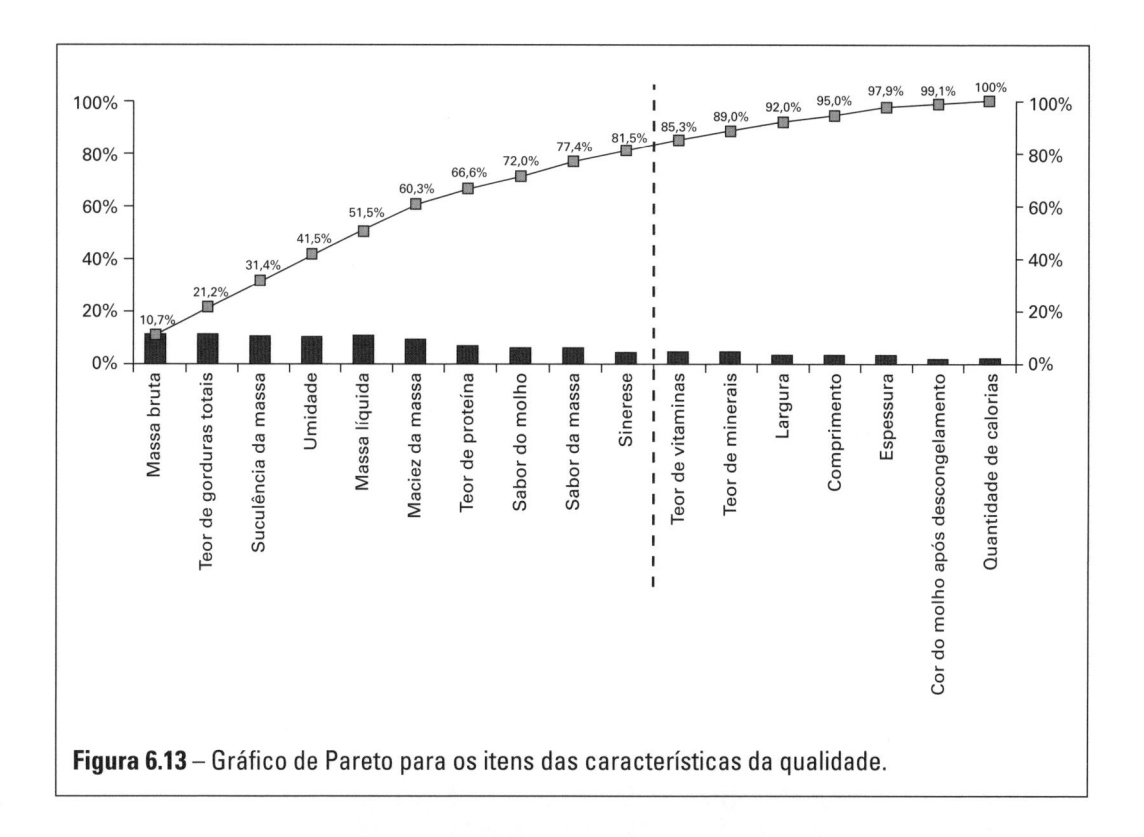

Figura 6.13 – Gráfico de Pareto para os itens das características da qualidade.

O gráfico apresentado na Figura 6.13 permite uma melhor visualização da priorização realizada para os itens de características da qualidade em função da necessidade do mercado consumidor.

Outro exemplo com valores numéricos é apresentado a seguir.

EXEMPLO

A Figura 6.14 abaixo é uma representação de uma Matriz da Qualidade de um isqueiro.

Qualidades exigiddas \ Características da qualidade	Altura	Peso	Durabilidade	Pressão de acendimento	Operacionalidade	Variedade de cores	Grau de interesse das mulheres	—	PQE Pa	PQE Pr
Acender sem falhas			3	9	3			—	6	17,1%
Fácil de usar	9	9			3			—	12	34,2%
Carregar com segurança	3	1	9	3				—	4	11,4%
Poder usar por longo tempo			9	3	3	1		—	3	8,5%
É um modelo bonito	3	3				9	3	—	6,2	17,7%
Sentir apego			1		1	3	9	—	3,9	11,1%

Qualidade planejada

Total   35,1   100%

| Qualidade projetada | PCQ | Pa | 3,9 | 3,7 | 2,4 | 2,1 | 1,9 | 2,0 | 1,5 | 17,7 Total |
| | | Pr | 22% | 21% | 14% | 12% | 11% | 11% | 9% | 100% Total |

QE = Qualidades exigidas — CQ = Características da qualidade — PQE = Pesos das QE — PCQ = Pesos das CQ
Pa = Pesos absolutos — Pr = Pesos relativos

Figura 6.14 – Matriz da Qualidade de um isqueiro.

Para calcular o peso absoluto da característica de qualidade "Altura" utilizou-se a Equação 6.5. Veja o cálculo:

$$\text{Pa(Altura)} = (17,1\% \cdot 0) + (34,2\% \cdot 9) + (11,4\% \cdot 3) + (8,5\% \cdot 0) + (17,7\% \cdot 3) + (11,1\% \cdot 0) = 3,9.$$

O peso relativo dessa mesma característica foi calculado utilizando-se a Equação 6.6. Este cálculo foi o seguinte:

$$\text{Pr(Altura)} = \frac{3,9}{17,7} = 0,22 = 22\%$$

6.7. Mensurando os Valores das Características da Qualidade e Comparando com a Concorrência – Análise Competitiva

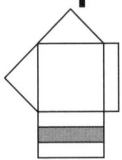

Hoje em dia, muitas empresas ainda desenvolvem seus produtos sem uma avaliação cuidadosa sobre a sua situação frente aos concorrentes, no que se refere ao desempenho das características da qualidade desses produtos[5]. Ainda não está amplamente difundida a prática de se realizar uma comparação sistemática entre os valores atuais das características da qualidade, para os produtos que competem num mesmo mercado. Algumas vezes, o estabelecimento das especificações de projeto ainda é feito sem fatos e dados, com base exclusivamente na experiência pessoal da equipe de projetos e sem levar em consideração as necessidades do mercado. É preciso reverter rapidamente esse quadro, e o uso do QFD auxilia nisso.

O processo de mensuração e comparação dos valores das características da qualidade do produto atual da empresa frente aos produtos dos concorrentes permite que seja realizada uma análise do desempenho técnico dos produtos atuais no mercado. Os valores obtidos são organizados e dispostos na Qualidade Projetada da Matriz da Qualidade (ver Figura 6.14).

Deve-se medir, inicialmente, o valor de cada característica da qualidade do produto atual da empresa, ou seja, definir qual é a posição da companhia hoje. Quando a empresa está desenvolvendo um produto totalmente novo, pode acontecer que algumas, ou todas, características da qualidade nunca tenham sido implementadas no produto. Nesse caso, os campos correspondentes ao valor atual destas características na matriz da qualidade podem ficar em branco, e deverão ser preenchidos durante o processo de Prototipagem. Em seguida, deve-se medir o valor das características da qualidade dos produtos da concorrência, pelo menos para os principais produtos que competem no mercado-alvo (ver Figura 6.15).

Para a avaliação dos produtos da empresa e dos concorrentes, tornam-se cada vez mais necessárias criação e manutenção de uma estrutura de laboratório capaz de realizar testes e medições nesses produtos. Quando a empresa não dispõe de recursos similares, ela pode utilizar laboratórios de universidades ou centros de pesquisas especializados, enquanto estuda uma forma de viabilizar essas atividades internamente, atividades que são fundamentais para os trabalhos de desenvolvimento de produtos. Não apenas os valores médios das características da qualidade

---

[5] CHENG, L. C. *et al. QFD - Planejamento da Qualidade*. Belo Horizonte: Fundação Christiano Ottoni, 1995. 216p.

devem ser observados nos produtos avaliados, mas também a sua variabilidade que irá ajudar no estabelecimento do plano de controle do processo, numa etapa posterior.

É necessária uma qualidade adequada dos sistemas de medições, para que os resultados obtidos representem o mais proximamente possível os valores reais. Quando há dúvidas sobre esta qualidade, é necessária a realização de uma avaliação desses sistemas de medições, quanto ao vício e precisão dos instrumentos (exatidão) e a repetibilidade e reprodutibilidade das medições. Para maiores detalhes, consultar bibliografia especializada.

Todos os procedimentos de medições dos itens de características da qualidade devem estar descritos em padrões. Primeiro, deve-se desdobrar o trabalho em tarefas executáveis; em seguida, deve-se alocar os recursos humanos e materiais necessários; e, finalmente, deve-se organizar o "como", "quando" e "onde" cada tarefa será realizada. Esses documentos podem ser indicados na matriz da qualidade por símbolos, números, letras e/ou desenhos, como: PO30. Quando o produto desenvolvido é utilizado pelo cliente em seu processo produtivo como matéria-prima, e as características da qualidade são medidas por este cliente no recebimento do material, é necessário que os procedimentos das medições dessas características utilizados pela empresa e pelo cliente sejam os mesmos. Assim, a empresa que desenvolve o produto deve analisar junto ao cliente a padronização dos procedimentos utilizados.

Um procedimento utilizado para a medição das características de produtos montados é a realização da engenharia reversa. Durante o desmonte, é realizada uma avaliação técnica de todas as partes do produto.

Eventualmente, pode haver produtos com concepções bastante diferentes, porém percebidos como substituíveis pelos clientes. Nesses casos pode haver dificuldades para se fazer a comparação entre algumas características da qualidade que não estão presentes em todos os produtos. Pode-se, então, tentar uma comparação entre diferentes características da qualidade que exercem papéis semelhantes quanto ao cumprimento de uma mesma qualidade exigida, avaliando-se o seu desempenho em relação à satisfação dos clientes.

Após as realizações das medições, os valores obtidos devem ser comparados. A disposição desses valores na Qualidade Projetada da Matriz da Qualidade facilita este procedimento. É importante que sejam definidas quais são as características percebidas pelos clientes como melhores, piores e quais são similares. Para auxiliar este procedimento, as características podem ser classificadas quanto ao melhor comportamento de seus valores. Uma simbologia utilizada é apresentada na Tabela 6.9. Essa mesma simbologia pode ser utilizada para classificar as Qualidades Exigidas e outros itens de outras tabelas, tais como: característica da qualidade das matérias-primas e insumos.

Tabela 6.9 – Exemplo de simbologia utilizada para representar o melhor comportamento das características da qualidade

Quanto maior melhor	↑	Quanto maior melhor, mas possui um valor limite superior	↑̄
Quanto menor melhor	↓	Quanto menor melhor, mas possui um valor limite inferior	↓
		Valor especificado em um limite superior e inferior	↓↑̄

Esta simbologia está demonstrada nas FIGURAS 6.12 e 6.15.

6.8. Definindo os Valores-Metas de Desempenho para as Características de Qualidade do Novo Produto

Após a comparação entre os valores atuais das características da qualidade para os produtos da empresa e dos concorrentes, devem ser estabelecidos os Valores-Metas de Desempenho. Ou seja, a definição das especificações técnicas do novo produto que melhor atendam às necessidades do mercado consumidor. Estes valores são colocados na Qualidade Projetada na Matriz da Qualidade. Ver Figura 6.2, campo Metas de Desempenho.

Para definição desses valores-metas devem ser analisadas: as correlações das características da qualidade com os itens de qualidades exigidas; os pesos atribuídos aos itens das características da qualidade; comparações realizadas entre os valores atuais e os da concorrência; a capacidade tecnológica da empresa; os custos necessários e os objetivos do projeto.

Estabelecer os valores-metas significa traçar o plano de melhoria para as características da qualidade do produto. A definição das metas implica em definir novos valores para as características da qualidade, manter os valores atuais com o objetivo de superar os concorrentes naqueles itens mais estratégicos, os de maior importância segundo o mercado (maior peso relativo).

Por exemplo, na Figura 6.15, a seguir, a empresa especificou o valor de $7,5 \pm 0,3$ para suculência da massa buscando melhorar o desempenho atual do produto frente à concorrência, considerando-se que essa característica tem importância relativamente alta (peso relativo).

Algumas recomendações para definição dessas metas em função das correlações e pesos relativos das características da qualidade são:

- Aqueles itens de características da qualidade que possuem fortes correlações com qualidades exigidas classificadas como <u>óbvias</u> devem ser atendidos, mesmo que seus respectivos pesos relativos sejam baixos. Assim, recomenda-se que os valores-metas para esses itens sejam no mínimo iguais aos dos concorrentes.

Matriz da Qualidade — exemplo da lasanha à bolonhesa congelada

Legenda de correlações: **9** = Forte · **3** = Média · **1** = Fraca · (em branco) = Inexistente

Matriz de relacionamento (Qualidades exigidas × Características da qualidade) e Qualidade planejada

Nível 1	Nível 2	Sabor do molho	Sabor da massa	Cor do molho após descongelado	Umidade	Teor de proteína	Quantidade de calorias	Teor de vitaminas	Teor de minerais	Teor de gorduras totais	Massa líquida	Massa bruta	Largura	Comprimento	Espessua	Sinerese	Maciez da massa	Suculência da massa	Grau de importância	Nossa empresa	Empresa X	Empresa Y	Plano de qualidade	Índice de melhoria	Argumento de venda	Peso absoluto	Peso relativo
1. Molho à bolonhesa gostoso como o caseiro	1.1 Ter tempero suave	9				1		1	1	3									4	2	3	5	5	2,5	1	10	17%
	1.2 Ser bem vermelha			9															3	5	4	5	5	1	1	3	5%
2. Massa gostosa	2.1 Ter tempero suave	3	9		3	1	3			3									4	2	3	5	5	2,5	1	10	17%
	2.2 Ser leve	3	3		9	9		9		9	1	1							1	3	3	4	3	1	1	1	2%
	2.3 Ser molhadinha	3	3		9	9	1	1	9	3	9	9				9			2	3	4	5	3	1	1	2	3%
3. Ser nutritiva	3.1 Ter componentes nutritivos	1			1	1	3	1	1	9	3	9	9	9	9	3	1	1	4	3	3	3	4	1,3	1,5	8	14%
	3.2 Alimentar bem	1			1	3				3	9	9	1	1	1	3	1	3	3	3	3	3	3	1	1	3	5%
4. Ser fácil de servir	4.1 Ser consistente	1			9	1				3	9	9	3	3	3	3	9	9	5	3	3	3	5	1,7	1,5	13	21%
	4.2 Ser integra após o corte	1			9	1				3	9	9	3	3	3	3	9	9	4	4	2	3	4	1	1,2	4,8	8%
	4.3 Não desmanchar na hora de servir	1			9	1				3	9	9	3	3	3	3	9	9	4	4	1	4	4	1	1,2	4,8	8%

Total = 59 · Total = 100%

Avaliação das características da qualidade (valores e comparações)

Pesos / Valores e comparações	Sabor do molho	Sabor da massa	Cor do molho após descongelado	Umidade	Teor de proteína	Quantidade de calorias	Teor de vitaminas	Teor de minerais	Teor de gorduras totais	Massa líquida	Massa bruta	Largura	Comprimento	Espessua	Sinerese	Maciez da massa	Suculência da massa	Total
Unidade	Sensorial	Sensorial	Sensorial	%	g	Kcal	mg	mg	g	g	g	cm	cm	cm	%	Sensorial	Sensorial	
Peso absoluto	2,1	2,1	0,5	3,9	2,4	0,3	1,4	1,4	4,1	3,8	4,1	1,2	3,0	1,2	1,6	3,4	3,9	38,7
Peso relativo	5,4%	5,4%	1,2%	10,1%	6,3%	0,9%	3,7%	3,7%	10,5%	9,9%	10,7%	3,0%	3,0%	3,0%	4,1%	8,8%	10,2%	100%
Nossa empresa	4 ±0,4	3,9 ±0,5	7,6 ±0,6	10 ±0,1	32 ±0,8	880 ±1	1.200 ±2,5	3.263 ±1,6	48 ±0,8	65 ±1,1	585 ±1,1	12 ±0,01	17 ±0,01	4 ±0,01	20 ±0,14	5,1 ±0,4	4,8 ±0,3	
Produto empresa X	4,8 ±0,3	4,4 ±0,3	6,1 ±0,3	14 ±0,3	34 ±1	870 ±1,01	1.100 ±3	3.120 ±1	42 ±0,7	91 ±1,2	559 ±1,1	12 ±0,00	17 ±0,00	4 ±0,01	20 ±0,16	3 ±0,4	2,8 ±0,3	
Produto empresa Y	7,2 ±0,5	7,5 ±0,4	7,5 ±0,28	8 ±0,11	32 ±0,8	800 ±1,3	1.120 ±2,6	3.200 ±1,4	32 ±0,9	52 ±1	598 ±1,08	12 ±0,01	17 ±0,01	4 ±0,01	25 ±0,17	4,9 ±0,12	5 ±0,2	
Metas de desempenho	7,5 ±0,3	7,5 ±0,3	7,6 ±0,3	18 ±0,01	40 ±0,8	880 ±1	1.260 ±2,5	3.300 ±1,6	44 ±0,8	40 ±1,1	610 ±1,1	12 ±0,01	17 ±0,00	4 ±0,01	25 ±0,14	7,56 ±0,3	7,5 ±0,3	

Figura 6.15 – Matriz da Qualidade completa para o exemplo da lasanha à bolonhesa congelada, inclusive com a mensuração e comparação com os valores da concorrência e valores-metas.

- Para os itens de características da qualidade que se relacionam fortemente com qualidades exigidas <u>lineares</u>, sugere-se que sejam definidos valores-metas que superem os concorrentes para os itens de maior peso relativo.

- Aqueles itens que se relacionam fortemente com qualidades exigidas classificadas como <u>atrativas</u>, devem possuir valores-metas superiores aos dos concorrentes, mesmo que os pesos relativos sejam baixos.

- Desta forma, é necessária antes uma classificação dos itens de qualidades exigidas em óbvias, lineares e atrativas. Ver Capítulo 4, seção 4.3.

A Figura 6.15 mostra a Matriz da Qualidade completa para o exemplo da lasanha à bolonhesa congelada, inclusive com a mensuração e comparação com os valores da concorrência e valores-metas.

Por exemplo: as características da qualidade "Maciez da massa" e "Suculência da massa" possuem alta correlação com o item de qualidade exigida "Ser consistente", que é um item classificado como atrativo e estratégico para empresa. Além disso, receberam um elevado peso relativo. Como para estas características quanto maior é melhor, decidiu-se estabelecer uma meta superior aos valores da empresa e dos concorrentes. Repare que, como estas características são medidas sensorialmente, o quanto maior melhor representa que quanto maior a satisfação do cliente melhor. Assim, as metas foram $7,5 \pm 0,3$ em uma escala de 1 a 9 (escala hedônica), superior aos valores médios da empresa 4,8, e aos dos concorrentes, 2,8 e 5. Nota-se que os valores das comparações são compostos pelo valor médio e variabilidade encontrada. Estes últimos são importantes, pois revelam a qualidade da padronização dos produtos no mercado. Assim, é importante medir os valores de uma amostra de produtos, e não apenas de um. Claro que esta possibilidade irá depender dos recursos disponíveis da empresa.

Além disso, em alguns casos, é importante verificar se as médias dos valores encontrados para um item de característica da qualidade em diferentes produtos podem ser consideradas estatisticamente iguais ou diferentes. Por exemplo: será que os valores do item Maciez da Massa para Nossa Empresa – 5,1 – e para o Produto da Empresa Y – 4,9 – podem ser considerados estatisticamente iguais? A resposta para esta pergunta está em função da variabilidade em torno da média e do nível de confiança estabelecido. Para esta avaliação, pode-se utilizar a técnica estatística de Análise de Variância. Essa verificação também pode ser realizada para a análise de desempenho realizada na Qualidade Planejada (ver Capítulo 5). Para maiores informações, consultar bibliografia especializada.

Os Valores-Metas de Desempenho também devem ser estabelecidos com os limites de tolerância. Estes valores são utilizados na elaboração dos padrões, e para verificação da capacidade do processo de produção em atender às metas estabelecidas. Ainda para a obtenção dos valores das metas de desempenho, a equipe de projetos deve estar atenta para as seguintes recomendações[6]:

---

[6] CHENG, L. C. *et al. QFD - Planejamento da Qualidade*. Belo Horizonte: Fundação Christiano Ottoni, 1995. 216p.

a) Considerar inicialmente as características da qualidade que não interagem com qualquer outra. Nestes casos, há liberdade para se definir seu valor ideal, levando em consideração o seu peso relativo e correlações, sua posição competitiva, capacidade tecnológica e os custo associado a sua implementação.

b) Definir em seguida as características da qualidade que correlacionam positivamente com outras, ou seja, melhorando-se o desempenho de uma, o desempenho da outra é automaticamente melhorado. Nestes casos procura-se atuar na característica cuja alteração é mais barata ou mais fácil.

c) Estabelecer, por último, as características da qualidade que se correlacionam negativamente com outras. Nestes casos, é necessário realizar uma "negociação" entre os valores-metas estabelecidos para essas características da qualidade.

Essas possíveis relações entre as características da qualidade são definidas como proporcionalidade. Uma matriz auxiliar, formada por duas tabelas idênticas de características da qualidade, pode ser utilizada nessa etapa para se obter uma compreensão exata dessas proporções. Este assunto será tratado na seção 6.10 deste capítulo.

Algumas ferramentas estatísticas que auxiliam o estabelecimento das metas de desempenho são: Mapa de Preferência, Análise Conjunta, e Planejamento e Análise de Experimentos. Para ilustração do uso dessas técnicas estatísticas, ver Apêndices 2, 3 e 4 ao final do livro e o Relato de Caso cap. 23.

6.9. Avaliando a Capacidade Tecnológica de Atendimento das Especificações: Gargalos Tecnológicos

Na seção anterior, foi mencionado que é importante verificar se a capacidade tecnológica da empresa permite que as metas especificadas sejam alcançadas. Quando uma ou mais dessas metas possuírem valores de desempenho superiores aos padrões atuais e/ou forem de difícil obtenção apenas com a extensão da tecnologia convencional que a organização possui, ocorre um problema de natureza técnica denominado de gargalo de engenharia (BNE – *Bottleneck Engeneering*)[7].

Quando um gargalo de engenharia não é detectado no início de um projeto, e quando não é tratado adequadamente, o tempo de desenvolvimento aumenta e o projeto terá de passar por várias alterações, gerando consequentemente o desenvolvimento do tipo "solução postergada de problemas". A descoberta antecipada de gargalos de engenharia torna-se fundamental no controle a montante, e é um ponto-chave que deve ocorrer durante o desdobramento da qualidade (AKAO, 1990)[8]. Para isso, durante o estabelecimento da qualidade projetada, os valores metas devem ser

---

[7] AKAO, Y. Introdução ao Desdobramento da Qualidade. Série Manual de Aplicação do Desdobramento da Função Qualidade. Vol. 1. Belo Horizonte: Editora Fundação Christiano Ottoni, 1996. 187 p.
[8] AKAO, Y. Quality Function Deployment: QFD Integrating Customer Requirements into Product Design. Cambridge: Productivity Press, 1990. 369 p.

comparados à especificação atual de cada característica de qualidade do produto, que representa a capacidade de fabricação segundo o nível tecnológico atual. Gargalos de engenharia podem ser identificados também quando estão sendo analisadas matrizes compostas por outros fatores necessários para o desenvolvimento, como: mecanismos, componentes, funções, parâmetros de controle dos processos, equipamentos, características de produtos intermediários, características de qualidade das matérias-primas, entre outros.

Quando é identificado um gargalo tecnológico, ou seja, uma ou mais metas são de difícil ou impossível alcance com as tecnologias tradicionais da organização, é necessário que sejam tomadas decisões sobre o desenvolvimento do projeto. Quando se decide pela continuidade do projeto e o(s) gargalo(s) tecnológico(s) deve(m) ser extraído(s) de forma organizada, é necessário que seja realizado o desdobramento da tecnologia em paralelo com o desdobramento da qualidade. Assim, em outras palavras, o método de extrair gargalo de engenharia de forma organizada é denominado de Desdobramento da Tecnologia[7]. A parte II da Figura 2.12 mostra um exemplo do desdobramento da tecnologia associado ao da qualidade. No Capítulo 8, retornaremos a esse assunto.

Um exemplo foi apresentado por Akao[7,8] em duas oportunidades, para o produto Radiocontrole. No caso, durante o desdobramento da qualidade identificou-se que uma importante função que o produto deveria desempenhar não poderia ser garantida no projeto, pois a empresa não possuía naquele momento a tecnologia necessária para construir o mecanismo que realizaria aquela função. Esse gargalo de engenharia foi extraído com o auxílio do desdobramento da tecnologia dos mecanismos que poderiam realizar aquela função.

A avaliação da capacidade tecnológica de atendimento das especificações, Gargalos Tecnológicos, está mais detalhada no Capítulo 8.

6.10. Matriz Auxiliar Características da Qualidade X Características da Qualidade - proporcionalidade

O processo de proporcionalidade do QFD possui o objetivo de identificar as relações entre os elementos desdobrados de uma mesma tabela que formam uma matriz. No caso que será apresentado, são estabelecidas as proporções entre os itens de características da qualidade.

A matriz formada então é Matriz de Características da Qualidade *versus* Características da Qualidade ou CQ × CQ[9]. Esta é classificada como uma matriz auxiliar, pois fornece informações importantes para o trabalho de desenvolvimento, mas não

---

[9] CHENG, L. C. *et al.* QFD - Planejamento da Qualidade. Belo Horizonte: Fundação Christiano Ottoni, 1995. 216 p.

pertence à relação de efeito e causa do modelo conceitual principal, composto pelas matrizes principais. Este assunto será detalhado no Capítulo 7.

Conforme visto anteriormente, a Matriz CQ × CQ auxilia nas decisões relativas à definição das metas de desempenho, por meio do melhor entendimento sobre as proporções entre as características da qualidade de um produto. Ou seja, esta matriz permite a seguinte análise: se um item de característica for alterado propositalmente, qual será o comportamento dos outros itens?

Realiza-se nesta matriz uma avaliação sobre a interdependência das características da qualidade de um produto que está sendo desenvolvido. Nela são indicados os sentidos e os graus desta interdependência. O sentido se refere à forma como uma característica modifica a outra. Já o grau de interdependência se refere à intensidade com que uma característica interfere na outra. Os sentidos conjugados com os graus de interdependência formam as classificações das proporções. Estas últimas são representadas por símbolos e/ou números utilizados no preenchimento da matriz. Ver Figura 6.16.

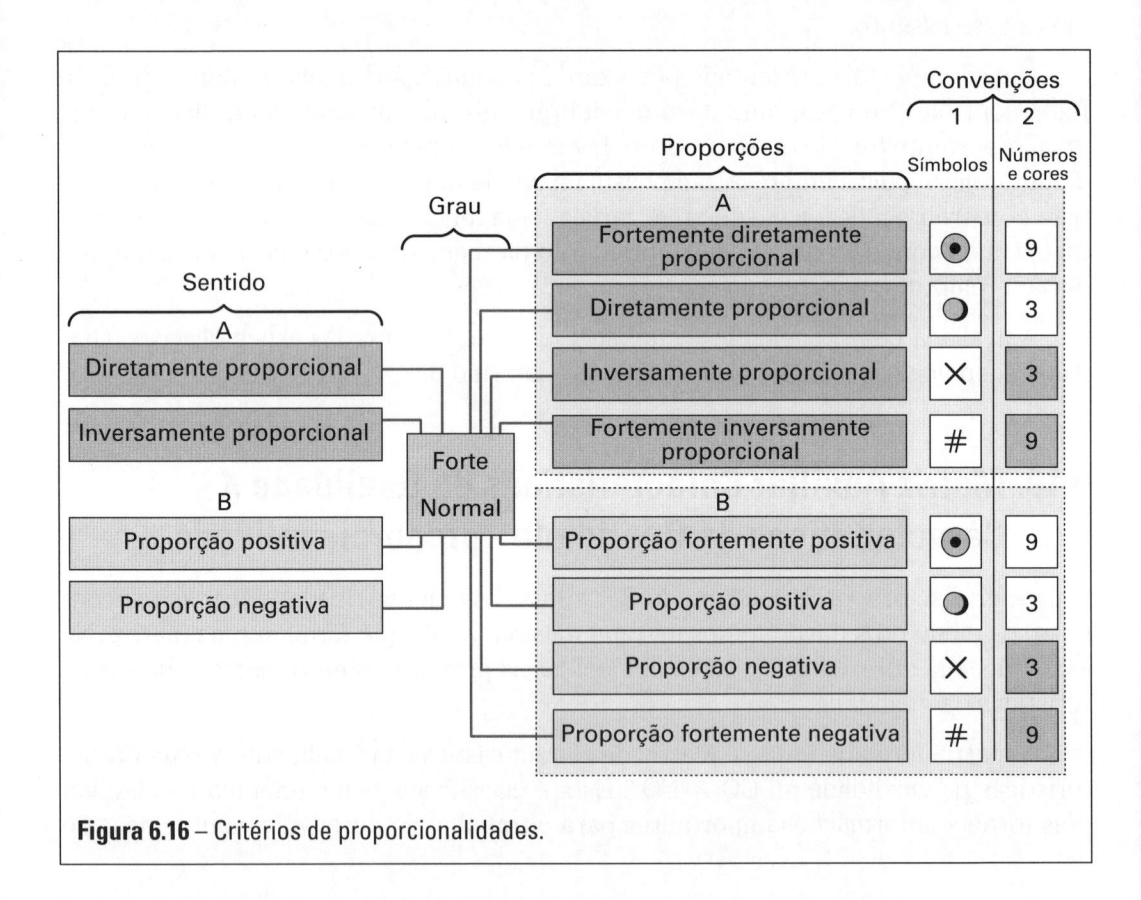

Figura 6.16 – Critérios de proporcionalidades.

Como apresentado acima, são sugeridos dois tipos de sentidos, que originam dois tipos de proporções, A e B. O tipo A permite a seguinte avaliação:

1 – Diretamente Proporcional: quando é alterada uma característica da qualidade em uma direção, outra característica se altera na mesma direção; ou seja, se uma aumenta a outra aumenta também, e se uma diminui a outra também diminui. Por exemplo, se a espessura do graveto de uma pipa for aumentada, sua resistência ao cisalhamento aumentará também. Neste caso, estas duas características são classificadas como diretamente proporcionais.

2 – Inversamente Proporcional: quando uma característica é alterada, a outra se altera em direção oposta; ou seja, se uma aumenta a outra diminui, e se uma diminui a outra aumenta. Por exemplo, se a Largura da pipa aumenta, a Razão Comprimento/Largura diminui, e vice-versa (se o comprimento for mantido constante).

O grau é utilizado para classificar os sentidos em função da intensidade com que uma altera a outra, originando as quatro proporções mostradas na Figura 6.16 (A).

Já o tipo B permite avaliar: quando se altera um item na melhor direção, o outro irá se alterar também para melhor ou para pior. Tipos de análises:

1 - Proporção positiva significa que, quando se melhora o desempenho de uma característica, automaticamente o desempenho da outra também melhora. Por exemplo, melhorando-se o valor da "Taxa de Lux" para um projetor de imagens, a característica da qualidade "Amplitude de Distância Focal" também melhora. Diferentemente do tipo anterior, para este caso independe se uma característica aumenta e a outra diminui. O que importa é: quando o valor de uma característica aumenta, e aumentando é a melhor direção, e a outra diminui, mesmo que diminua também, é a melhor direção, esta relação é de Proporção Positiva.

2 – Proporção negativa significa que, quando se melhora o desempenho de uma característica, automaticamente diminui o desempenho de outra. Por exemplo, a resistência ao cisalhamento de uma pipa possui uma Proporção Negativa com seu peso. Isto porque, ao aumentar o valor da resistência ao cisalhamento, por exemplo, por meio do aumento da espessura do plástico que reveste o corpo da pipa, o seu peso total também é aumentado, contrariando o valor-meta, que é reduzir o peso do produto. Se fosse classificado pelo tipo A, a relação entre a resistência ao cisalhamento e o peso seria Diretamente Proporcional. Mas utilizando a classificação B, como aumentar a resistência é bom e aumentar o peso é ruim, esta relação é classificada como de Proporção Negativa.

Assim como no tipo anterior, o grau é utilizado para classificar os sentidos em função da intensidade com que uma altera a outra, originando as quatro proporções mostradas na Figura 6.16 (B).

Do lado direito da Figura estão as possíveis convenções para as proporções, as quais são utilizadas no preenchimento da matriz. Os grupos de desenvolvimento devem definir quais critérios irão utilizar antes do preenchimento da matriz.

A Figura 6.17 mostra as etapas para construção e preenchimento da Matriz CQ × CQ.

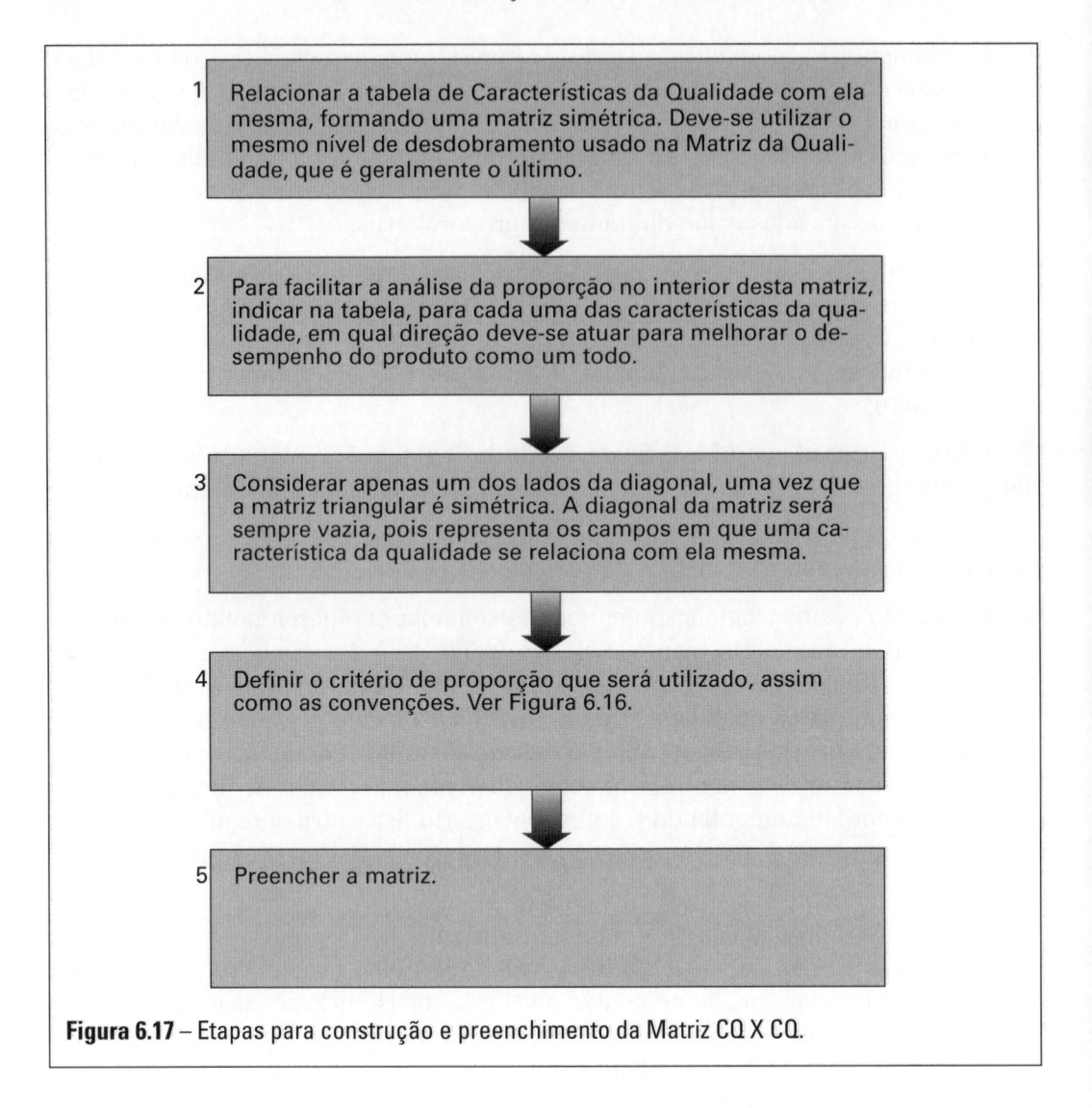

Figura 6.17 – Etapas para construção e preenchimento da Matriz CQ X CQ.

A Figura 6.18 mostra exemplo de uma matriz CQ × CQ para um projetor de imagens, montada com a utilização da proporção B e convenção 1 (ver Figura 6.16).

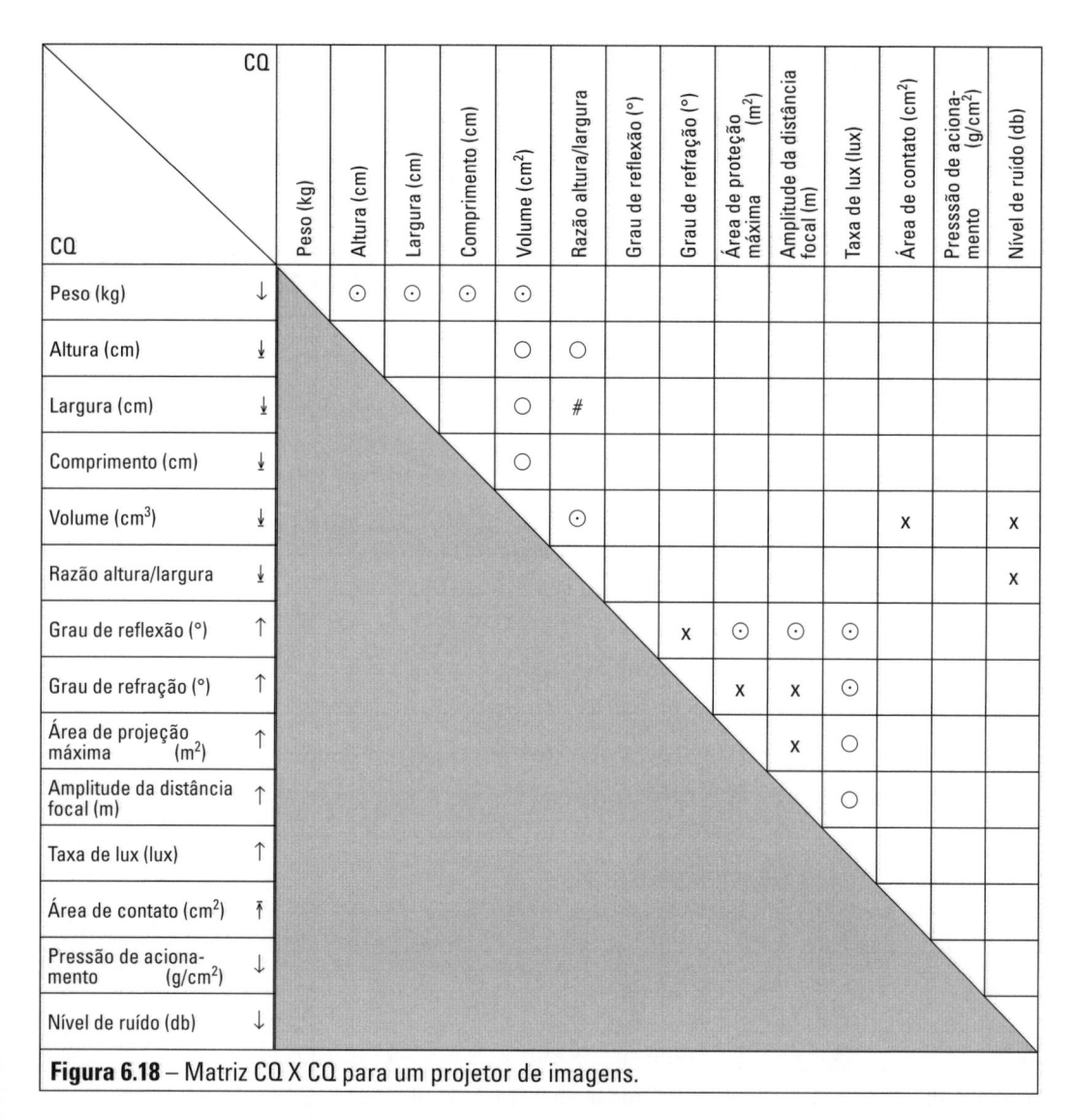

Figura 6.18 – Matriz CQ X CQ para um projetor de imagens.

A Figura 6.19 mostra exemplo de uma matriz CQ × CQ para um produto industrial Cal Hidratada, montada com a utilização da proporção A e convenção 2 (ver Figura 6.16).

CQPF (2°) \ CQPF (2°↓)	DIR (2°↓)	Reatividade	Inatividade a reação	Reação lenta	Retido Pen. 200#	Retido Pen. 325#	Cone Inhoff	Ca(OH)$_2$	CaCO$_3$	SiO$_2$ + RI	Ins. ácido	MgO	Fe$_2$O$_3$	Al$_2$O$_3$	CaO não hidratado	CaSO$_4$	Mn	Zn	Co	Cu	Ni
(direção)	DIR	↑	↓	↓	↓	↓	↓	↑	↓	↓	↓	↓	↓	↓	↓	↓	↓	↓	↓	↓	↓
Reatividade	↑		9	9					3							3	3					
Inatividade a reação	↓			9	3	3		3	3		9						3					
Reação lenta	↓						3									3						
Retido Pen 200#	↓						9	9	3	3	3	3										
Retido Pen 325#	↓							9	3	3	3	3										
Cone Inhoff	↓							9								3	3					
Ca(OH)$_2$	↑								3	9	3	3	3	3	3	3	3					
CaCo$_3$	↓										3											
SiO$_2$ + RI	↓										9					3						
Ins. ácido	↓													3	3	3						
MgO	↓																					
Fe$_2$O$_3$	↓																		3			
Al$_2$O$_3$	↓																					
CaO não hidratado	↓																					
CaSO$_4$	↓																					
Mn	↓																					
Zn	↓																					
Co	↓																					
Cu	↓																					
Ni	↓																					

Figura 6.19 – Matriz CQ X CQ para um produto industrial Cal Hidratada.

6.11. Análise da Matriz da Qualidade

Após a construção da matriz da qualidade, quando já forem concluídas as etapas de extração, correlação e conversão, é interessante que seja feita uma análise detalhada desta matriz, com a finalidade de ajudar na correta definição das Metas de Desempenho[10]. Nesta análise deve-se:

a)   Dar atenção às correlações fortes entre as qualidades exigidas e as característi-

---

[10] Cheng, L. C. et al. *QFD - Planejamento da Qualidade*. Belo Horizonte: Fundação Christiano Ottoni, 1995. 216p.

cas da qualidade e verificar se os valores da qualidade projetada realmente são capazes de cumprir a qualidade planejada.

b) Fazer um estudo detalhado dos valores de *benchmark* para cada característica da qualidade e definir qual a distância da tecnologia da empresa com relação a esses valores.

c) Fazer projeções futuras para as características da qualidade do produto da empresa, buscando valores cada vez melhores em termos de custo e satisfação dos clientes.

d) Destacar as linhas em branco. Isso indica que um item de qualidade exigida não apresenta qualquer correlação com as características da qualidade do produto final. Neste caso, pode ser que nenhuma característica da qualidade esteja sendo implementada ou medida no produto final com o objetivo de satisfazer esta qualidade exigida. Nessas circunstâncias, procurar definir alguma característica da qualidade que desempenhe este papel.

e) Destacar as colunas em branco. Isso pode significar que uma característica da qualidade não se relaciona com qualquer qualidade exigida pelos clientes. Neste caso, pode-se tratar de uma característica da qualidade inútil, com relação à qual se pode liberar controles ou reduzir custos. Porém, uma coluna em branco também pode significar que uma qualidade óbvia não foi considerada na tabela de desdobramento da qualidade exigida, o que pode levar a se subestimar uma característica da qualidade extremamente importante para a satisfação dos clientes. Portanto, este ponto merece bastante atenção.

f) Observar se há coerência entre o desempenho atribuído pelos clientes às qualidades exigidas para o seu produto e os valores atuais das características da qualidade deste produto. A Matriz da Qualidade deve dar visibilidade para a análise destas correlações. Caso haja alguma incoerência entre estes valores, verificar se há erros nas correlações definidas no interior da matriz..

g) Observar as características da qualidade que se correlacionam fortemente com argumentos de venda. Nestes casos, orientar a equipe de vendas para destacar o desempenho do produto da empresa.

h) Estar atento às oportunidades para se igualar aos melhores do mercado. Para as características da qualidade que possuem alto peso relativo e os produtos da concorrência que possuem desempenho superior, analisar a possibilidade de se utilizar a engenharia reversa estudando as boas ideias do concorrente. Praticar a engenharia reversa consiste em estudar a solução utilizada pelo concorrente com o objetivo de se estabelecer a meta de desempenho; em outras palavras, isto implica em copiar a ideia estudando as características e funções de cada parte ou mecanismo do produto dos concorrentes e adaptando esta solução ao produto da empresa. Isso pode ser mais rápido que realizar todo o desenvolvimento.

i) Atualizar periodicamente as tabelas e matrizes utilizadas no desdobramento da qualidade. Quaisquer alterações implementadas no produto da concorrência ou da própria empresa devem ser imediatamente incorporadas às tabelas e matrizes. Uma Matriz da Qualidade atualizada permite uma resposta rápida, em termos de engenharia, às ações dos concorrentes no mercado. Toda melhoria incorporada pela empresa em um determinado produto em geral provoca retaliações dos competidores, com o objetivo de buscar vantagens competitivas. Desta forma é fundamental, para garantir a agilidade da empresa, que se tenham sempre todas as informações atualizadas e acessíveis sobre os seus produtos.

Por último, os apêndices 2 e 4 mostram como as técnicas estatísticas de Mapa de Preferência e Análise Conjunta auxiliam na definição dos Valores-Metas na qualidade projetada.

6.12. Conclusão

Nos dois capítulos anteriores e neste, estudamos como desenvolver o projeto básico do produto focado no mercado consumidor com o auxílio do método QFD. Apresentamos os procedimentos para obtenção da Voz do Cliente, definição das qualidades exigidas, e construção da Qualidade Planejada. Abordamos os passos para se transformar as informações do mundo dos clientes em informações do mundo da tecnologia através da Matriz da Qualidade. Vimos como estabelecer as metas de desempenho do produto em função das necessidades do mercado. No entanto, apenas com a Qualidade Planejada e a Qualidade Projetada não é possível desenvolver o produto conforme as metas de desempenho estabelecidas. É necessário detalhar o projeto, de forma que sejam projetados todos os fatores que contribuem para a obtenção do produto final. Portanto, no próximo capítulo vamos aprofundar no estudo do modelo conceitual, que é a forma estruturada de estabelecer relações entre o produto final e os fatores contribuintes.

REFERÊNCIAS BIBLIOGRÁFICAS

AKAO, Y. *Quality Function Deployment: QFD Integrating Customer Requirements into Product Design*. Cambridge: Productivity Press, 1990. 369 p.

AKAO, Y. *Introdução ao Desdobramento da Qualidade*. Série Manual de Aplicação do Desdobramento da Função Qualidade. Vol. 1. Belo Horizonte: Editora Fundação Christiano Ottoni, 1996. 187 p.

CHENG, L. C. *et al. QFD - Planejamento da Qualidade*. Belo Horizonte: Fundação Christiano Ottoni, 1995. 216p.

DESDOBRAMENTO DA QUALIDADE (QD): ELABORANDO O MODELO CONCEITUAL PARA O PROJETO DETALHADO DO PRODUTO E PROCESSO

Leonel Del Rey de Melo Filho
Lin Chih Cheng

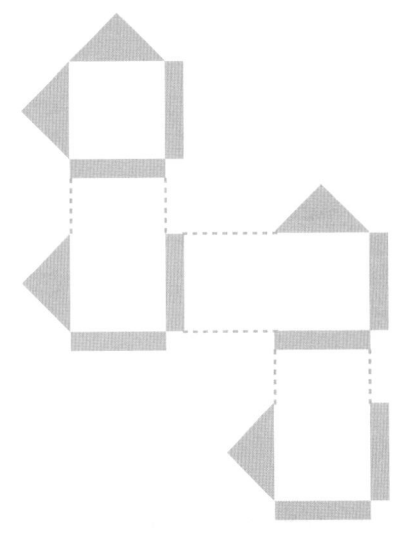

7.1. Introdução

Nos Capítulos 4, 5 e 6, apresentamos como se desenvolve o projeto básico do produto focado no mercado consumidor, com o auxílio do método QFD. Vimos como se estabelecem as metas de desempenho do produto em função das necessidades do mercado. No entanto, apenas com a Qualidade Planejada e a Qualidade Projetada não é possível desenvolver o produto conforme as Metas de Desempenho estabelecidas. É necessário detalhar o projeto, de forma que sejam projetados todos os fatores que contribuem para a obtenção do produto final. Portanto, neste capítulo, vamos abordar os seguintes tópicos: modelo conceitual como forma estruturada de estabelecer relações entre o produto final e os fatores contribuintes; como elaborar o modelo conceitual; como transmitir a importância relativa das exigências do cliente para os fatores contribuintes; diferentes tipos de modelos conceituais e tabelas mais utilizadas; e matrizes auxiliares.

No Capítulo 8, apresentaremos o modelo conceitual do desdobramento da qualidade em associação aos desdobramentos de custo, tecnologia e confiabilidade.

Neste capítulo, são abordadas as etapas de Projeto Detalhado do Produto e Processo de Fabricação do PDPOC (ver Figura 7.1).

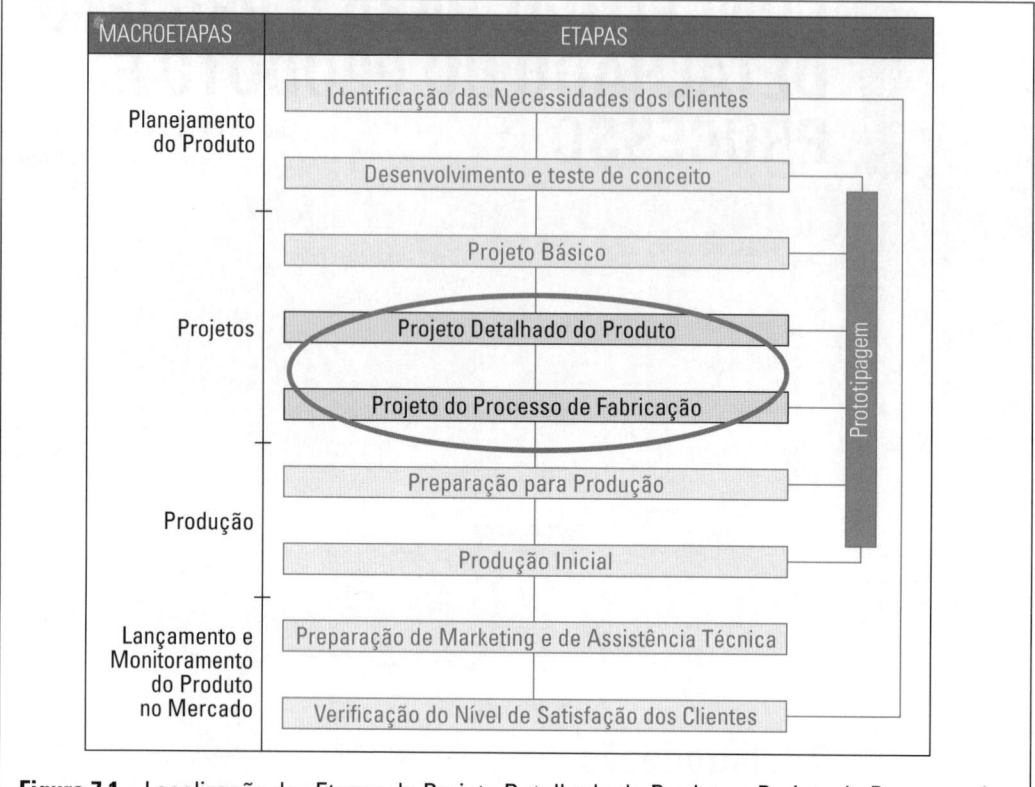

Figura 7.1 – Localização das Etapas de Projeto Detalhado do Produto e Projeto do Processo de Fabricação no PDPOC.

7.2. Estabelecendo Relações entre Produto Final e os Fatores Contribuintes de Forma Estruturada - Modelo Conceitual

Para desenvolver um produto conforme as metas de desempenho estabelecidas é necessário detalhar o projeto, de forma que todos os fatores que contribuem para a obtenção do produto final sejam projetados. Esses fatores são chamados de fatores contribuintes e podem ser divididos em dois grupos. O primeiro grupo é constituído por fatores relacionados ao projeto detalhado do produto, como qualidade exigida, características da qualidade do produto final, funções, mecanismos, componentes, produtos intermediários, matérias-primas, insumos, entre outros. O segundo grupo é composto pelos fatores relacionados ao projeto do processo de fabricação, como processos, operações de montagens, parâmetros de controle, equipamentos, entre outros. Pode-se dizer que os dois grupos de fatores consistem na definição de todo o processo de desenvolvimento do produto, desde a matéria-prima até o produto final. O método QFD auxilia no desenvolvimento deste projeto de forma organizada e com foco nas necessidades do mercado.

O projeto dos fatores contribuintes necessários, após o projeto das características da qualidade do produto final, deve ser elaborado de modo a atender as metas de desempenho destas características. A qualidade exigida pelo cliente deve, portanto, ser desdobrada ao longo do detalhamento do projeto. Neste processo, é importante a comunicação entre diferentes áreas funcionais da organização como áreas de Marketing, P&D, Engenharia de Produto, Engenharia de Processo e Produção. A utilização do QFD no desenvolvimento do projeto facilita essa comunicação, pois as pessoas de diferentes áreas funcionais são reunidas em grupos em seções, onde são discutidos os assuntos do projeto. Vale lembrar, como explicitado no Capítulo 3, que devem participar destas reuniões membros do grupo de desenvolvimento principal mais outras pessoas que possuem conhecimentos relevantes para a realização das ações nas seções.

O detalhamento do projeto do produto, quando efetuado considerando a voz do cliente e os fatores contribuintes, auxilia a etapa de Prototipagem, Construção e Testes de Protótipos, pois, uma vez explicitadas e conhecidas as relações existentes entre as características da qualidade do produto final e seus componentes, mecanismos, matéria-prima etc., o processo deixa de se basear em "tentativa e erro", evitando a solução postergada de problemas.

Uma vez detalhado o projeto do produto, são efetuados os testes nos protótipos e especificações dos parâmetros preliminares do processo. A equipe de projeto pode submeter o projeto do produto a uma revisão, pois, a essa altura do processo de desenvolvimento, já se tem conhecimento do grau de atendimento da qualidade exigida pelo cliente e dos investimentos necessários. Essa Revisão do Projeto do Produto faz parte do Estabelecimento de Padrões-Proposta, que será abordada no Capítulo 9.

Em paralelo ao projeto detalhado do produto, deve-se realizar o projeto do processo em um procedimento de engenharia simultânea. Após a aprovação dos projetos pela diretoria, deve-se começar o processo de preparação para produção e produção de um lote-piloto.

Durante o detalhamento do projeto do produto e processo, deve ser utilizado o Modelo Conceitual do QFD para organizar os fatores contribuintes de forma estruturada, estabelecendo uma relação de efeito e causa a partir das necessidades do mercado. Conforme mencionado no Capítulo 2, o Modelo Conceitual é o conjunto formado pelas tabelas e matrizes de um determinado projeto de desenvolvimento, cujas matrizes são sequenciadas em uma relação de efeito e causa.

Vale lembrar que a construção e preenchimento das matrizes do modelo conceitual fazem parte do Desdobramento da Qualidade. Como mencionado na seção 2.4.1, o Desdobramento da Qualidade possui duas dimensões de desdobramento: Vertical e Horizontal (ver Figura 2.3). No presente capítulo, focalizamos primeiramente na dimensão vertical, utilizando para a construção do modelo conceitual o Desdobramento da Qualidade Positiva, que é o desdobramento mais utilizado e mais importante para o processo de garantia da qualidade durante o desenvolvimento do produto, e que serve de espinha dorsal para outros desdobramentos da dimensão horizontal do Desdobramento da Qualidade, os quais serão explicados em uma segunda parte.

O Modelo Conceitual pode ser definido também como o "caminho" por onde o desenvolvimento do projeto deve percorrer para atingir as metas estabelecidas. O principal resultado esperado (efeito final) é a satisfação do cliente. A lógica de raciocínio segue dessa forma: para atender as necessidades dos clientes (efeito desejado final), o que deveria ser feito (causas)? A resposta seria um produto com determinados valores de características da qualidade. Assim, é construída a Matriz da Qualidade: Qualidade Exigida (efeito) × Características da Qualidade (causa). Agora, considerando os Valores-Metas das Características da Qualidade como efeito desejado, quais seriam os Fatores Contribuintes (causas) que permitiriam alcançar esses Valores-Metas? As respostas a esta pergunta seriam os Fatores Contribuintes que formariam outras matrizes junto com as Características da Qualidade do produto final. Esse desdobramento de efeito e causa prossegue até que todos os Fatores Contribuintes necessários para o desenvolvimento do produto tenham sido relacionados. Esta relação é, então, utilizada na construção do Modelo Conceitual.

7.3. Construindo o Modelo Conceitual

São apresentados na Figura 7.2 os principais passos para se construir um modelo conceitual.

Para ilustrar as etapas apresentadas na Figura 7.2, a seguir serão demonstrados dois exemplos de construção do modelo conceitual do QFD. O primeiro foi utilizado em uma indústria de processos, e o segundo em uma indústria de produtos montados.

EXEMPLO I: CONSTRUÇÃO DO MODELO CONCEITUAL DE UM PRODUTO DE UMA INDÚSTRIA DE PROCESSOS

Etapa 1 – O objetivo desse projeto era "desenvolver um novo produto que atendesse às exigências de um novo cliente". O grupo de desenvolvimento decidiu que um modelo conceitual mais elaborado seria necessário, pois seria importante estabelecer todos os fatores contribuintes necessários para o desenvolvimento do novo produto.

Etapa 2 – Construiu-se o fluxo produtivo no sentido inverso, a partir do efeito desejado que era a satisfação do cliente (ver Figura 7.3). Definiu-se uma legen-

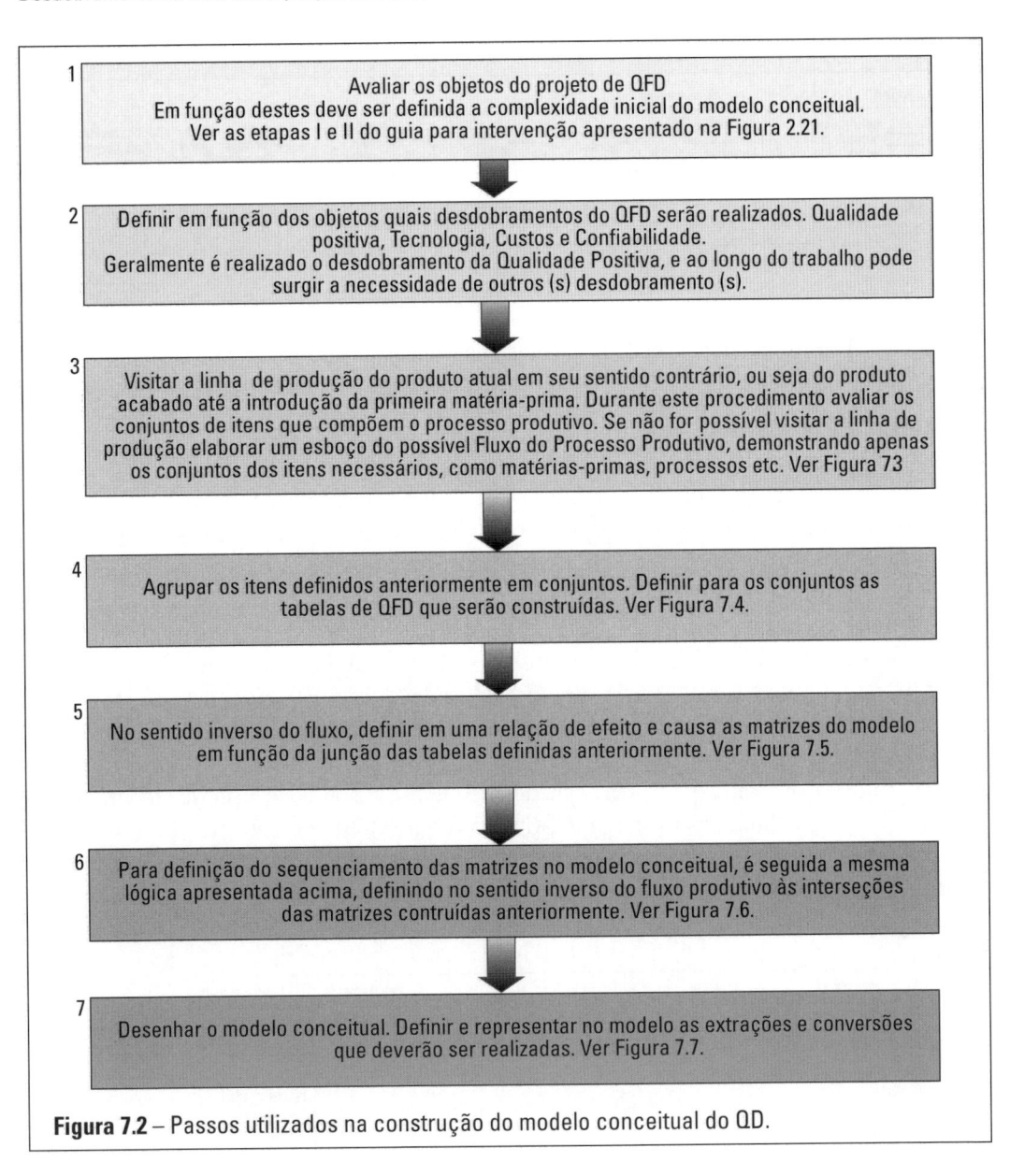

1 — Avaliar os objetos do projeto de QFD
Em função destes deve ser definida a complexidade inicial do modelo conceitual.
Ver as etapas I e II do guia para intervenção apresentado na Figura 2.21.

2 — Definir em função dos objetos quais desdobramentos do QFD serão realizados. Qualidade positiva, Tecnologia, Custos e Confiabilidade.
Geralmente é realizado o desdobramento da Qualidade Positiva, e ao longo do trabalho pode surgir a necessidade de outros (s) desdobramento (s).

3 — Visitar a linha de produção do produto atual em seu sentido contrário, ou seja do produto acabado até a introdução da primeira matéria-prima. Durante este procedimento avaliar os conjuntos de itens que compõem o processo produtivo. Se não for possível visitar a linha de produção elaborar um esboço do possível Fluxo do Processo Produtivo, demonstrando apenas os conjuntos dos itens necessários, como matérias-primas, processos etc. Ver Figura 73

4 — Agrupar os itens definidos anteriormente em conjuntos. Definir para os conjuntos as tabelas de QFD que serão construídas. Ver Figura 7.4.

5 — No sentido inverso do fluxo, definir em uma relação de efeito e causa as matrizes do modelo em função da junção das tabelas definidas anteriormente. Ver Figura 7.5.

6 — Para definição do sequenciamento das matrizes no modelo conceitual, é seguida a mesma lógica apresentada acima, definindo no sentido inverso do fluxo produtivo às interseções das matrizes contruídas anteriormente. Ver Figura 7.6.

7 — Desenhar o modelo conceitual. Definir e representar no modelo as extrações e conversões que deverão ser realizadas. Ver Figura 7.7.

Figura 7.2 – Passos utilizados na construção do modelo conceitual do QD.

da para os símbolos que serão utilizados durante as etapas de construção do modelo conceitual. A seta "Relação de Influência" é utilizada para representar uma relação de efeito e causa entre conjuntos de itens que estiverem fora do fluxo produtivo, ou não respeitarem o sentido inverso do fluxo. Por exemplo, na Figura 7.3 o conjunto "satisfação do cliente" está fora do fluxo produtivo, mas é afetado pelo produto final. Esta seta é utilizada principalmente na Etapa 4, durante a definição das matrizes do modelo.

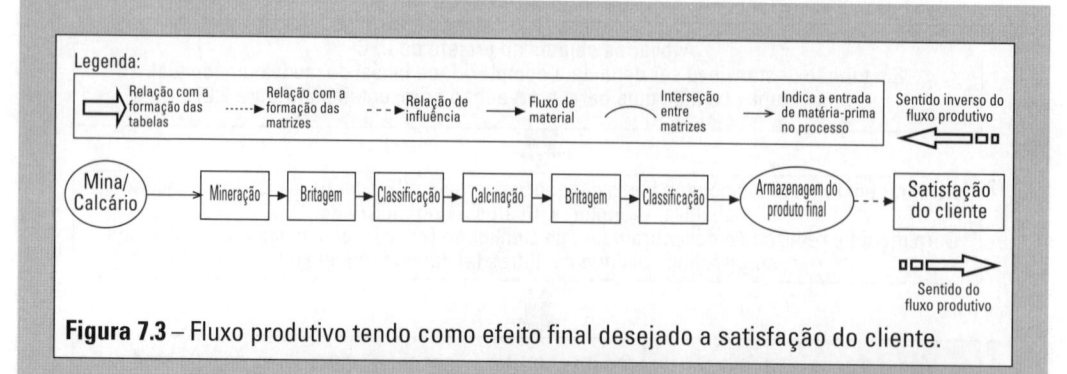

Figura 7.3 – Fluxo produtivo tendo como efeito final desejado a satisfação do cliente.

Etapa 3 – Nesta etapa, definiu-se o conjunto principal de itens, para o qual relacionou-se uma tabela de desdobramento do QD (ver Figura 7.4). O grupo de desenvolvimento definiu que, além dos processos de produção, seria necessário projetar os parâmetros de controle dos processos, por isto seria importante a construção da tabela de desdobramento dos parâmetros de controle dos processos. Em outros projetos de desenvolvimento, pode ser importante o projeto de outros fatores contribuintes, como características da qualidade da matéria-prima auxiliar e as características da qualidade dos produtos intermediários. Obviamente, o primeiro é projetado quando o processo produtivo faz uso de matérias-primas auxiliares ou insumos de produção. Já o segundo, é projetado quando for importante medir diferentes características do produto após diferentes etapas do processo de produção. Cabe à equipe de desenvolvimento definir quais fatores contribuintes realmente precisam ser projetados. No exemplo apresentado na Figura 7.3, a equipe definiu que, como as principais alterações do produto ocorrem durante dois processos, sendo o primeiro a

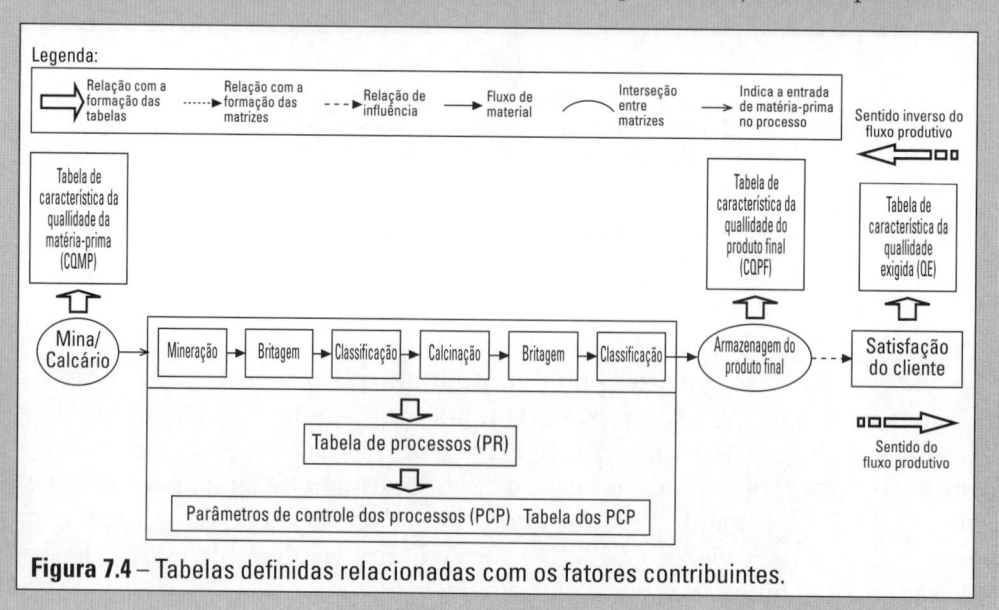

Figura 7.4 – Tabelas definidas relacionadas com os fatores contribuintes.

definição da matéria-prima, e o segundo, onde ocorrem as principais alterações no produto em processo, não seria importante a definição das características de qualidade dos produtos intermediários.

Etapa 4 – Para definição das matrizes, realizou-se uma análise de efeito-e-causa a partir da tabela de qualidade exigida, ou seja, no sentido inverso do fluxo. A lógica utilizada foi a seguinte (ver Figura 7.5): para atender às Qualidades Exigidas (QEs) (efeito), seria necessário que o produto possuísse certas características da qualidade do produto final (CQPF) (causa). Assim seria formada a primeira matriz, QE × CQPF. Para que as CQPF (efeito) fossem atendidas, seria necessário que os processos de fabricação (PR) (causa) fossem capazes. Definiu-se outra matriz, CQPF × PR. Para que os processos (efeito) fossem capazes, seria necessário controlá-los com parâmetros (PCP) (causa), que deveriam ser ajustados em faixas específicas, o que formaria outra matriz, PR × PCP. Os PCP (efeito) deveriam ser estabelecidos de forma que fossem capazes de modificar as características da qualidade de matéria-prima CQMP (causa) e as CQMP (causa) deveriam ser estabelecidas de forma que os PCP pudessem alterá-las conforme as metas estabelecidas para o produto final. Assim, formou-se outra matriz PCP × CQMP. Neste projeto, ainda haveria uma relação direta entre as CQMP e CQPF. Esta relação está exemplificada pela seta que interliga a matéria-prima ao produto final na Figura 7.4. Isto porque

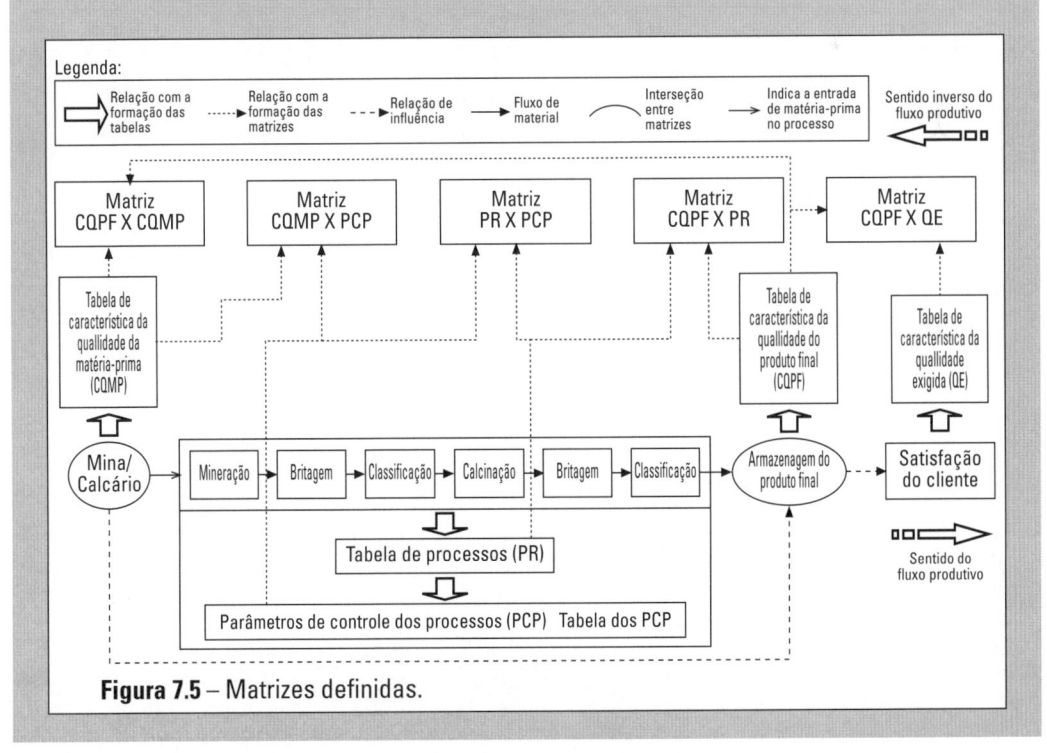

Figura 7.5 – Matrizes definidas.

as CQPF (efeito) também seriam afetadas diretamente pelas CQMP (causa). Assim, formou-se outra matriz a CQMP × CQPF.

Nota-se que, para este trabalho, seria importante a construção da matriz da qualidade: QE × CQPF.

Etapa 5 – Para definição do sequenciamento das matrizes no modelo conceitual, foi seguida a mesma lógica apresentada acima, definindo no sentido inverso do fluxo produtivo às interseções entre as matrizes (ver Figura 7.6). Por exemplo, a matriz CQPF × QE e a CQPF × PR possuem uma interseção com as CQPF: QE × CQPF ∩ CQMP × PR ou (QE × [**CQPF**] × PR].

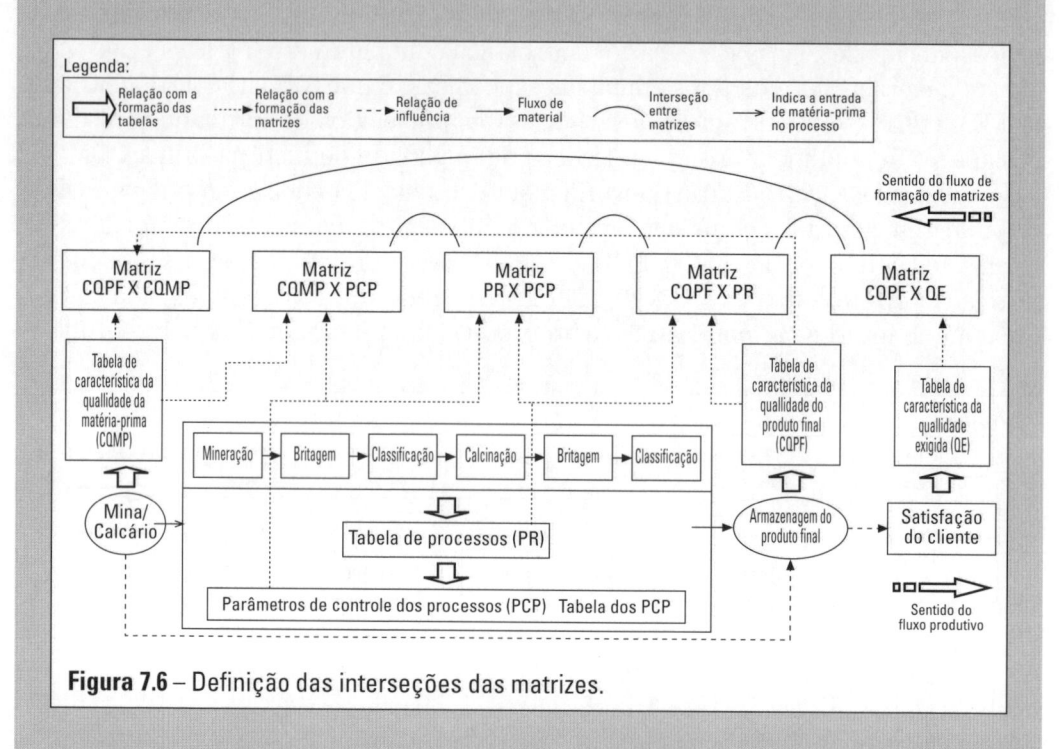

Figura 7.6 – Definição das interseções das matrizes.

Etapa 6 – Por fim, construiu-se o modelo conceitual conforme a relação de efeito e causa definida anteriormente. Definiram-se também os processos de extração e conversão que deveriam ser realizados nas matrizes (ver Figura 7.7).

Na próxima seção será explicada a lógica da representação gráfica utilizada na construção do modelo conceitual. A seguir, será mostrado outro exemplo.

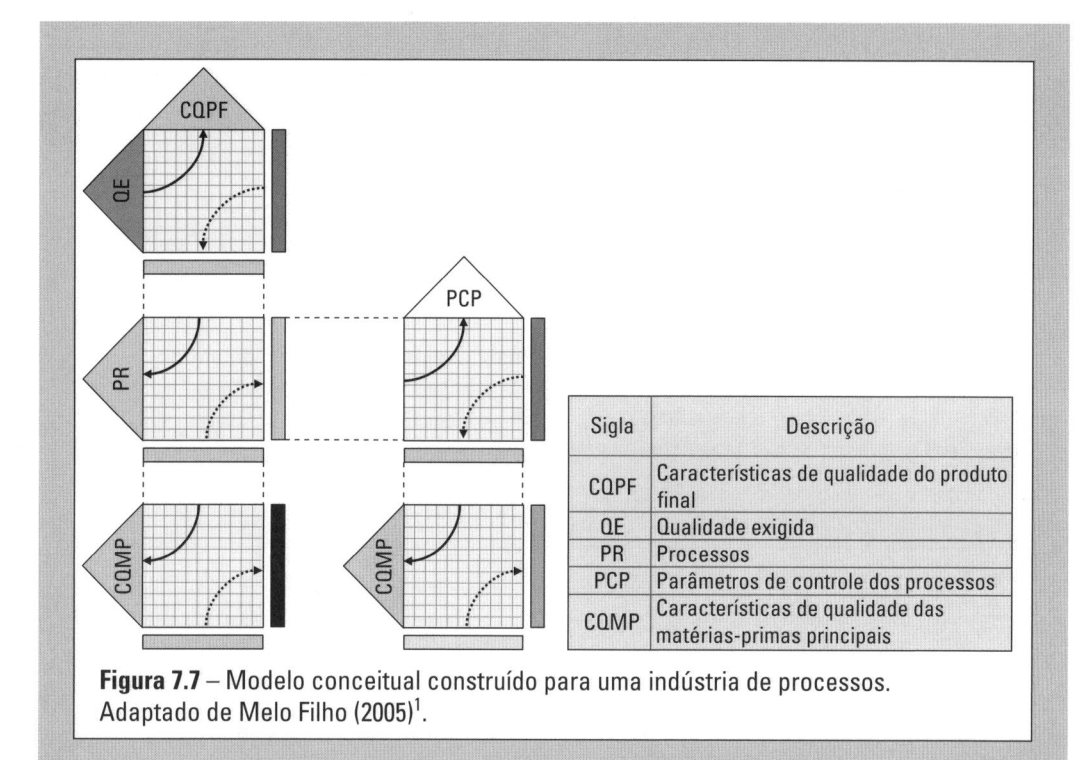

Sigla	Descrição
CQPF	Características de qualidade do produto final
QE	Qualidade exigida
PR	Processos
PCP	Parâmetros de controle dos processos
CQMP	Características de qualidade das matérias-primas principais

Figura 7.7 – Modelo conceitual construído para uma indústria de processos. Adaptado de Melo Filho (2005)[1].

EXEMPLO II: CONSTRUÇÃO DO MODELO CONCEITUAL DE UM PRODUTO DE UMA INDÚSTRIA DE PRODUTOS MONTADOS

Etapa 1 – O objetivo desse projeto era "garantir a qualidade de um novo produto para fábrica no menor tempo possível[2]". Neste caso, a qualidade do produto foi atender às metas de desempenho. O grupo de desenvolvimento decidiu que seria preciso um modelo conceitual mais elaborado, pois seria importante estabelecer todos os fatores contribuintes necessários para a fabricação do novo produto.

Etapa 2 – Construiu-se todo o fluxo produtivo no sentido inverso, a partir do efeito desejado que era ter o produto Motor com as qualidades desejadas. Neste projeto não foi importante a utilização das Qualidades Exigidas, pois estas já estavam claras para o grupo de desenvolvimento da empresa (ver Figura 7.8).

[1] MELO FILHO, L. D. R. Aplicação do Método QFD em uma Indústria de Materiais: Desdobramento da Qualidade Positiva e da Tecnologia do Processo de Fabricação com o Auxílio da Técnica de Planejamento e Análise de Experimentos. *Dissertação Submetida ao Programa de Pós-graduação em Engenharia de Produção.* Belo Horizonte: Universidade Federal de Minas Gerais - UFMG. 2005. 167p.
[2] ARAÚJO, F. A. Diferentes Formas de Utilização do QFD ao Longo do Ciclo de Desenvolvimento do Produto. *Dissertação Submetida ao Programa de Pós-graduação em Engenharia de Produção.* Belo Horizonte: Universidade Federal de Minas Gerais - UFMG. 2002. 197 p.

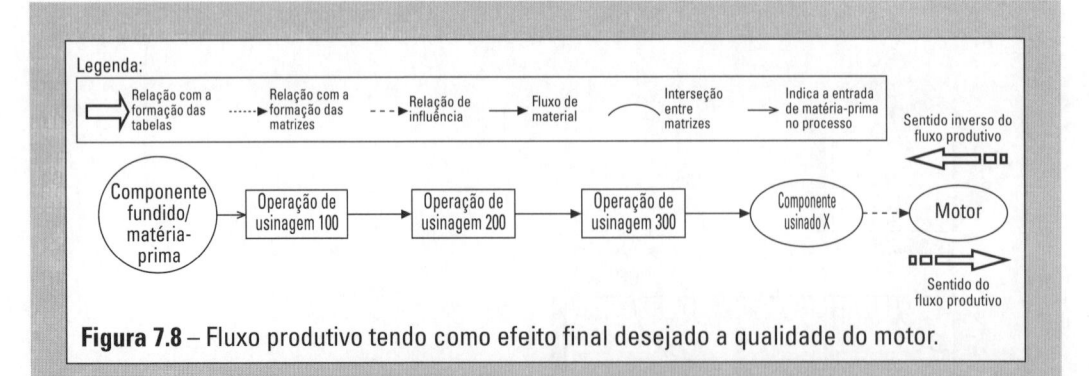

Figura 7.8 – Fluxo produtivo tendo como efeito final desejado a qualidade do motor.

Etapa 3 – Nesta etapa, definiu-se o conjunto principal de itens, para o qual relacionou-se uma tabela de desdobramento do QFD (ver Figura 7.9).

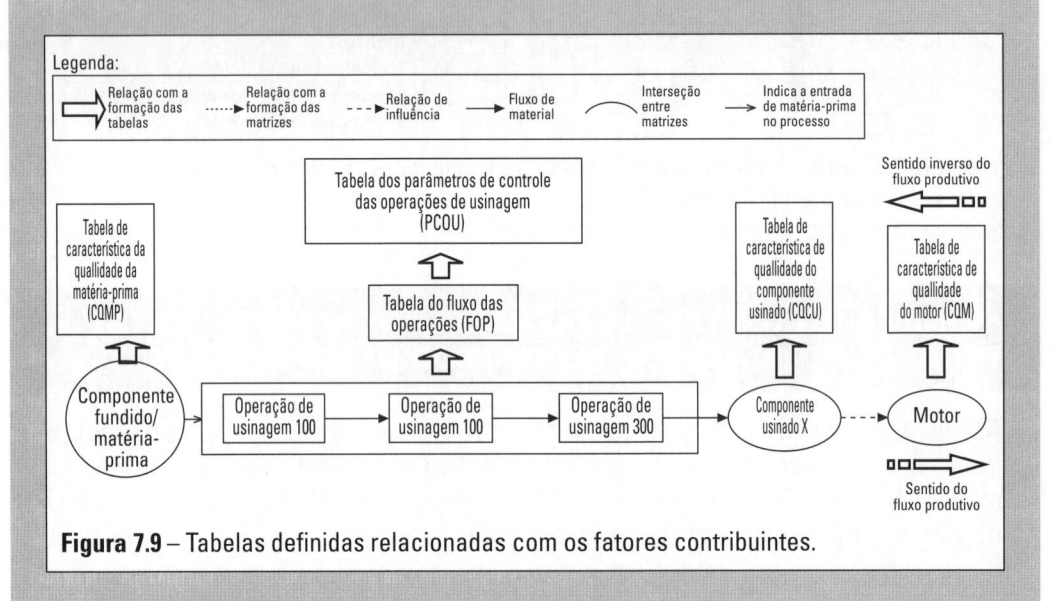

Figura 7.9 – Tabelas definidas relacionadas com os fatores contribuintes.

Etapa 4 – Como no exemplo anterior, para definição das matrizes realizou-se uma análise de efeito e causa a partir da tabela de Característica da Qualidade do Motor (ver Figura 7.10). Neste projeto foi importante estabelecer algumas relações de influências entre os fatores contribuintes, como demonstrado na Figura 7.10 adiante. Os parâmetros de controle das operações de usinagem afetariam diretamente o produto acabado e não as operações de usinagem. Análises e conclusões sobre "o que afeta o que?" (relação de causa e efeito) no modelo devem ser realizadas pelo grupo de desenvolvimento, em função dos conhecimentos e experiências das pessoas.

Nota-se que para este trabalho não foi importante a construção da matriz da qualidade QEs × CQPF.

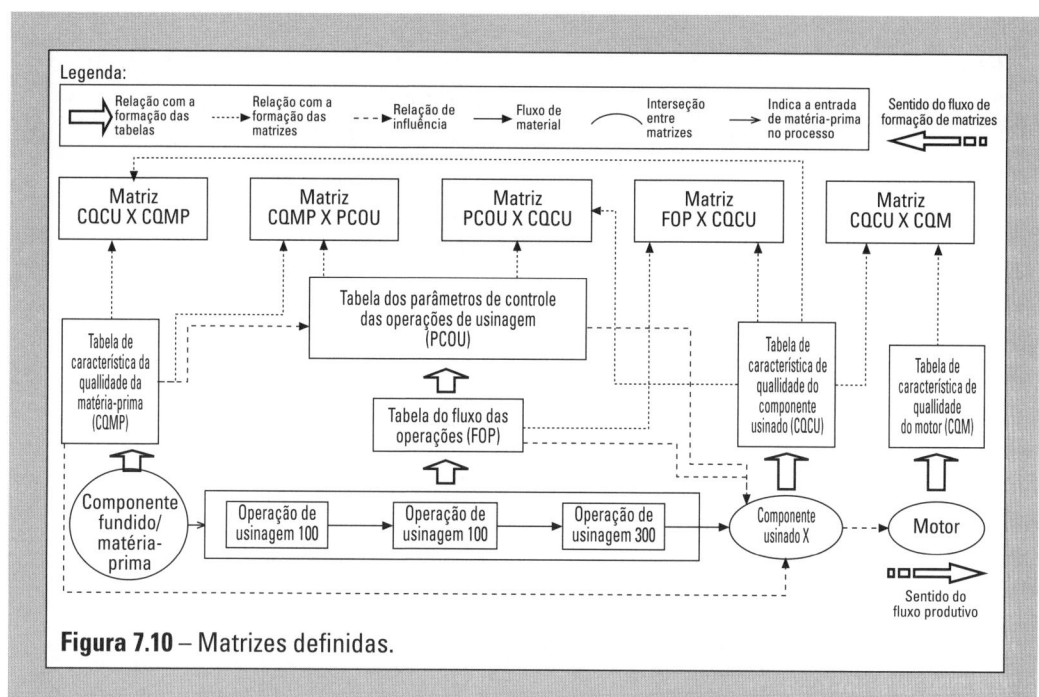

Figura 7.10 – Matrizes definidas.

Etapa 5 – Assim como no exemplo anterior, para definição do sequenciamento das matrizes no modelo conceitual, foi seguida a mesma lógica apresentada na etapa 4, definindo no sentido inverso do fluxo produtivo às interseções entre as matrizes (ver Figura 7.11).

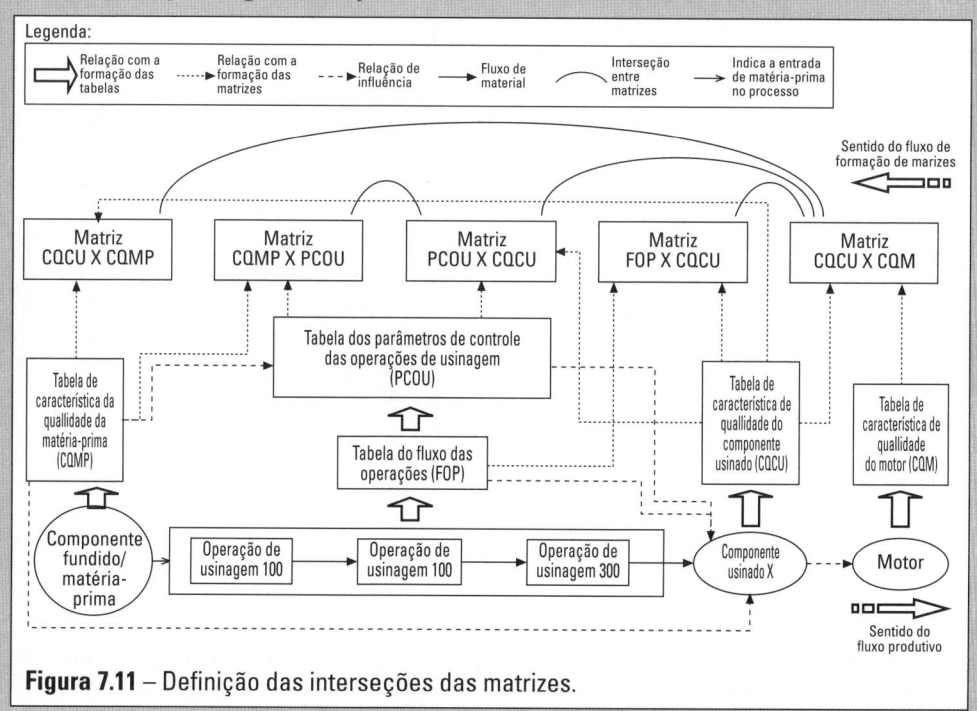

Figura 7.11 – Definição das interseções das matrizes.

Etapa 6 – Construiu-se então o modelo conceitual conforme a relação de efeito e causa definida anteriormente. Definiram-se também os processos de extração e conversão que deveriam ser realizados nas matrizes (ver Figura 7.12).

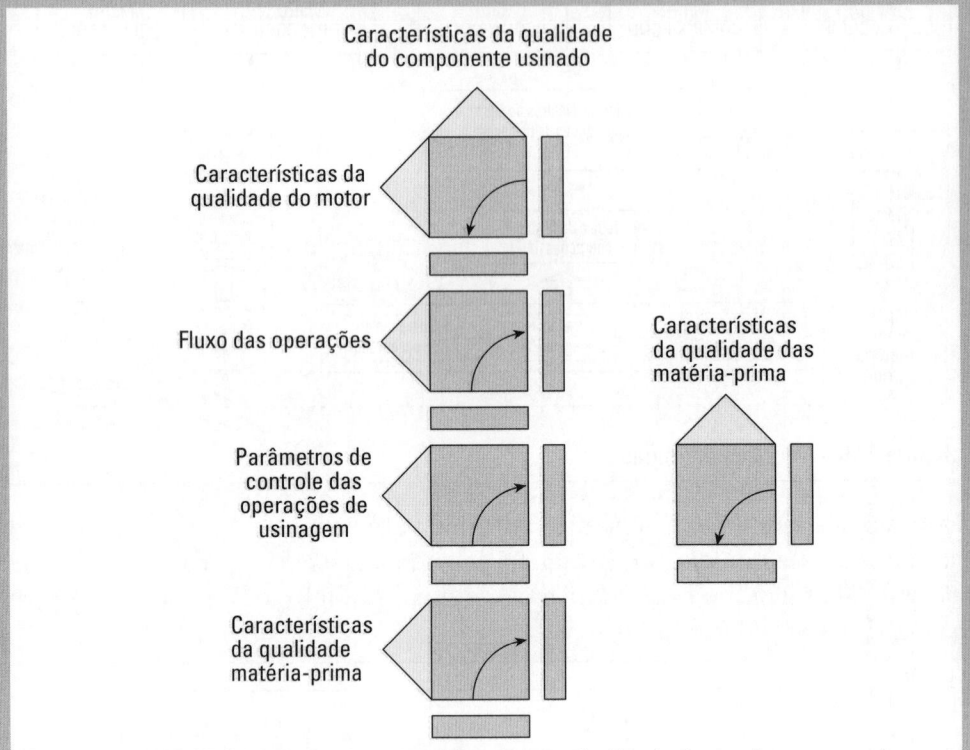

Figura 7.12 – Modelo conceitual construído para uma indústria de produtos montados. Adaptado de Araújo (2002)[3].

O procedimento para construção do modelo conceitual apresentado na Figura 7.2, e ilustrado com os dois exemplos acima, é um caminho que pode ser alterado em função da necessidade de cada trabalho de desenvolvimento. Em alguns casos, as etapas 3 e 4 são realizadas em conjunto, sendo definidas as tabelas e matrizes necessárias. Mas deve-se sempre respeitar a relação de efeito e causa. Os exemplos apresentados nas Figuras 7.7 e 7.12 formam o conjunto de itens que devem ser projetados, para que o produto desejado seja desenvolvido. Esses itens são ordenados em um caminho estabelecendo uma relação de efeito e causa.

---

[3] ARAÚJO, F. A. Diferentes Formas de Utilização do QFD ao Longo do Ciclo de Desenvolvimento do Produto. *Dissertação Submetida ao Programa de Pós-graduação em Engenharia de Produção.* Belo Horizonte: Universidade Federal de Minas Gerais - UFMG. 2002. 197 p.

Representações gráficas utilizadas na construção do modelo

Para construção dos modelos conceituais, como os apresentados nas Figuras 7.7 e 7.12, são utilizadas representações gráficas que serão melhor explicadas nesta seção.

A Figura 7.13 representa um modelo conceitual qualquer.

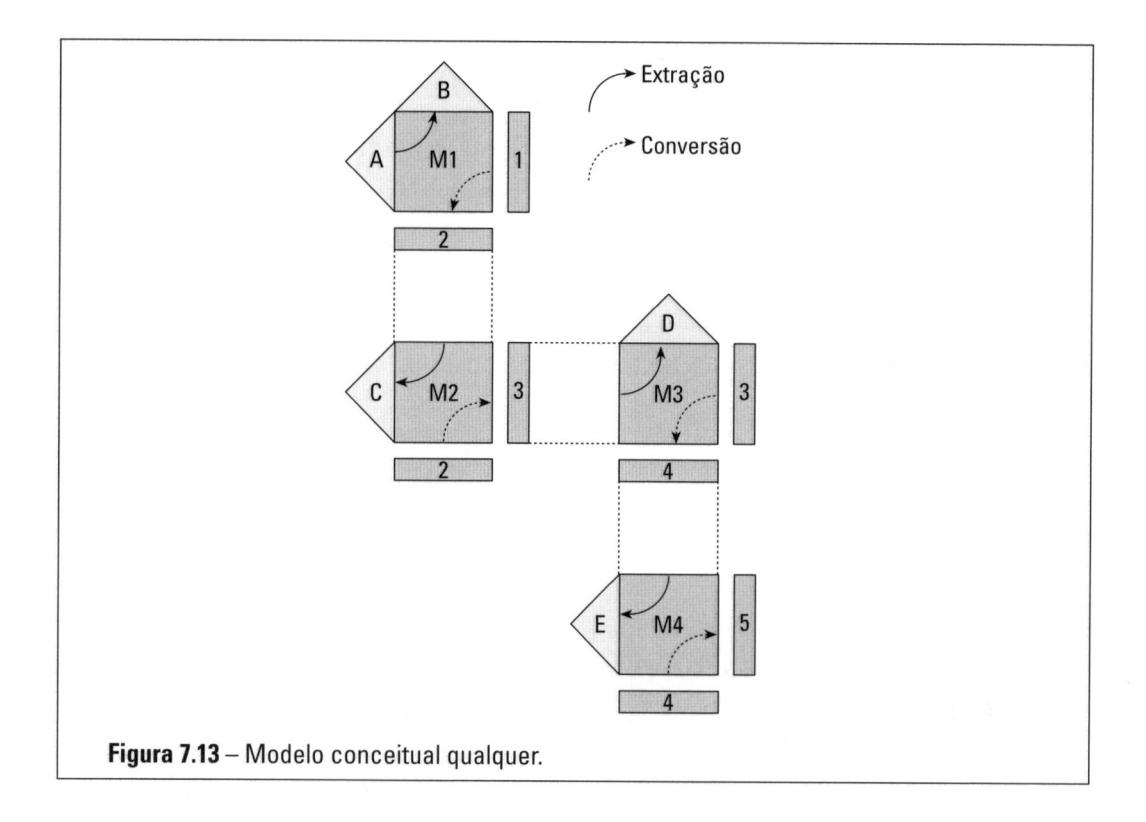

Figura 7.13 – Modelo conceitual qualquer.

Os triângulos representam as tabelas dos desdobramentos dos fatores contribuintes necessários para o desenvolvimento do produto, e estão classificados por letras. Os quadrados representam as matrizes e estão mostrados pelos Ms. Os retângulos ("abas") representam um conjunto de critérios que caracterizam os itens das tabelas que se localizam em sua frente, como peso absoluto, peso relativo, grau de importância, meta de desempenho, valor da característica projetada, faixa de operação do parâmetro de controle, capacidade do processo, padrões relacionados, entre outros. Estas abas estão mostradas por números. Por exemplo, a aba 1 caracteriza os itens da Tabela A, já a aba 4 caracteriza os itens da Tabela D. Se o triângulo A for a Tabela de Desdobramento das Qualidades Exigidas e o triângulo B for a Tabela de Desdobramento das Características da Qualidade teremos formado então a Matriz da Qualidade (ver Capítulo 6). Assim, as abas 1 e 2 seriam a Qualidade Planejada e Qualidade Projetada, respectivamente. Um exemplo de outras tabelas e abas, em um projeto de desenvolvimento de um produto montado, seria a Tabela C para o desdobramento dos Mecanismos, e a aba três para os pesos dos mecanismos e os valores de suas especificações atuais e suas metas; a Tabela D para o desdobramento dos Componentes e a aba 4 para os pesos dos componentes e os valores de suas especificações atuais e suas metas; por último, a Tabela E para o desdobramento das matérias-primas, e a aba 5 para os pesos das matérias-primas e os valores atuais e as metas de suas características.

As linhas pontilhadas em paralelo representam que uma tabela e sua respectiva aba estão repetidas em uma matriz seguinte. Geralmente, a tabela não é representada novamente (as abas também podem ser omitidas). É como se as linhas pontilhadas conduzissem às tabelas e abas. A Figura 7.14 abaixo mostra duas representações do modelo conceitual. A primeira omite as tabelas repetidas, pois estão implícitas no modelo. Esta é a representação mais utilizada. A segunda representação mostra todas as tabelas repetidas. Estas duas formas de representação são absolutamente iguais para o desenvolvimento do produto.

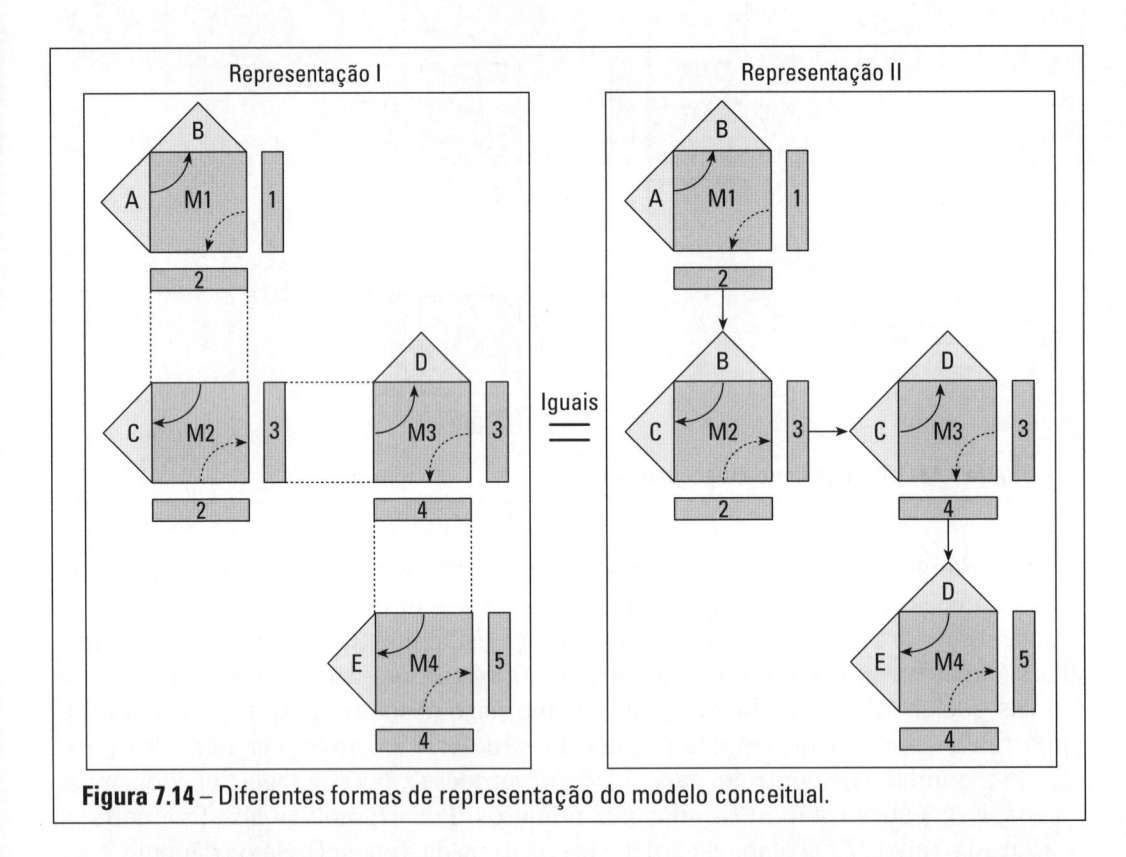

Figura 7.14 – Diferentes formas de representação do modelo conceitual.

As setas utilizadas dentro das matrizes representam as extrações e conversões. As setas de extração partem sempre de uma tabela para outra, representando que uma tabela foi construída a partir de outra tabela. Já as setas de conversão sempre partem de uma aba para outra, indicando que os pesos dos itens de uma tabela foram obtidos a partir da conversão dos pesos de outra tabela (ver explicações sobre o processo de extração e conversão no Capítulo 6). O processo de transmissão das importâncias relativas ao longo do modelo conceitual será explicado na seção 7.4 seguinte.

7.4. Convertendo Importância Relativa das Exigências do Cliente para os Fatores Contribuintes

O método QFD permite que todos os itens dos fatores contribuintes sejam priorizados em função das exigências dos clientes. O que ocorre é uma priorização realizada em cascata auxiliada pela relação de efeito e causa. Considerando o caso mais comum, o da utilização da Matriz da Qualidade (ver Capítulo 6), os itens de características da qualidade são priorizados em função dos pesos relativos das qualidades exigidas, por meio do processo de conversão, que por sua vez se realiza em função das correlações definidas na matriz (ver Capítulo 6 seções 6.5 e 6.6). Este processo de priorização é continuado ao longo das matrizes do modelo conceitual respeitando a ordem do sequenciamento proposto para as matrizes, estabelecido pela relação de efeito e causa. A Figura 7.15 mostra, em um exemplo de modelo conceitual, o caminho seguido pelas correlações e conversões.

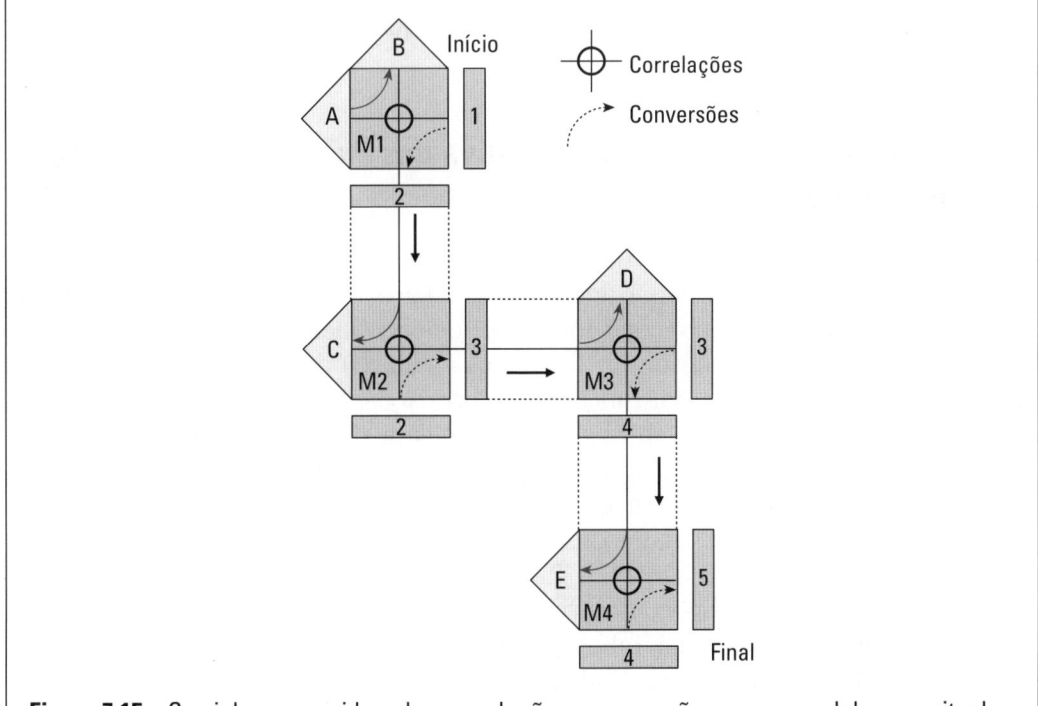

Figura 7.15 – Caminho percorrido pelas correlações e conversões em um modelo conceitual.

7.4.1. Estabelecendo as Correlações nas Matrizes do Modelo Conceitual

A análise das correlações nas matrizes do modelo conceitual é realizada conforme apresentada no Capítulo 6, onde se mostrou o caso da Matriz da Qualidade (ver seção 6.5). Como relatado, a análise da correlação no QFD possui dois objetivos: (1) identificar as relações de causa e efeito entre os itens desdobrados de duas tabelas diferentes que formam uma matriz; e (2) possibilitar a priorização dos itens de uma tabela em função dos pesos dos itens de outra tabela, estabelecendo assim uma relação de efeito e causa sobre a importância dos itens priorizados.

Após a construção das matrizes do modelo conceitual, são identificadas as correlações entre os itens das duas tabelas das matrizes. Antes de definir as correlações, devem ser estabelecidos: (1) as intensidades das correlações que serão utilizadas; (2) o critério que será utilizado para a definição das correlações; (3) em função do critério escolhido deve ser estabelecida a ordem da análise das correlações, que pode ser por colunas, de cima para baixo sucessivamente, ou por linhas, da esquerda para a direita sucessivamente. Os procedimentos apresentados valem para o preenchimento de todas as matrizes do trabalho de QFD, ou se necessário podem ser estabelecidos critérios específicos para diferentes matrizes. O sequenciamento das correlações representadas na Figura 7.15 mostra que os itens da Tabela A se correlacionam com os itens da Tabela B, que por sua vez se correlacionam com os itens da Tabela C, que se correlacionam com os itens da Tabela D, que por fim se correlacionam com os itens da Tabela E.

7.4.2. Conversão da Importância Relativa das Exigências do Cliente para Outras Tabelas

O procedimento de transmissão das Importâncias Relativas apresentado na Figura 7.14 segue dessa forma: a importância relativa (pesos relativos) para os itens da Tabela A (Qualidade Exigida), que foram obtidos na Qualidade Planejada (aba 1), são convertidos nos pesos absolutos (alocados na aba 2) dos itens da Tabela B (Características da Qualidade) em função das correlações estabelecidas na matriz da qualidade. A partir dos pesos absolutos são calculados os pesos relativos (alocados na aba 2 – Qualidade Projetada) (ver Seção 6.6). A Tabela B e a aba 2 são, então, "transportadas" para a matriz seguinte. A importância relativa dos itens da tabela B é convertida para os pesos absolutos dos itens da Tabela C, que são transformados em pesos relativos (alocados na aba 3). A Tabela C e a aba 3 são, então, "transportados" para a matriz seguinte. A importância relativa dos itens da Tabela C é convertida para os pesos absolutos dos itens da Tabela D, que são transformados em pesos relativos (alocados na aba 4). Por último, a Tabela D e a aba 4 são "transportadas" para a matriz seguinte. A importância relativa dos itens da Tabela D é, então, convertida para os pesos absolutos dos itens da Tabela E, que são transformados em pesos relativos (alocados na aba 5). Desta forma, todos os itens são priorizados a partir das necessidades dos clientes (ou outro efeito final desejado). Esta lógica é utilizada em todos os trabalhos de QFD, independentemente do formato do modelo conceitual. Figura 7.16 mostra um resumo de todo o procedimento utilizado.

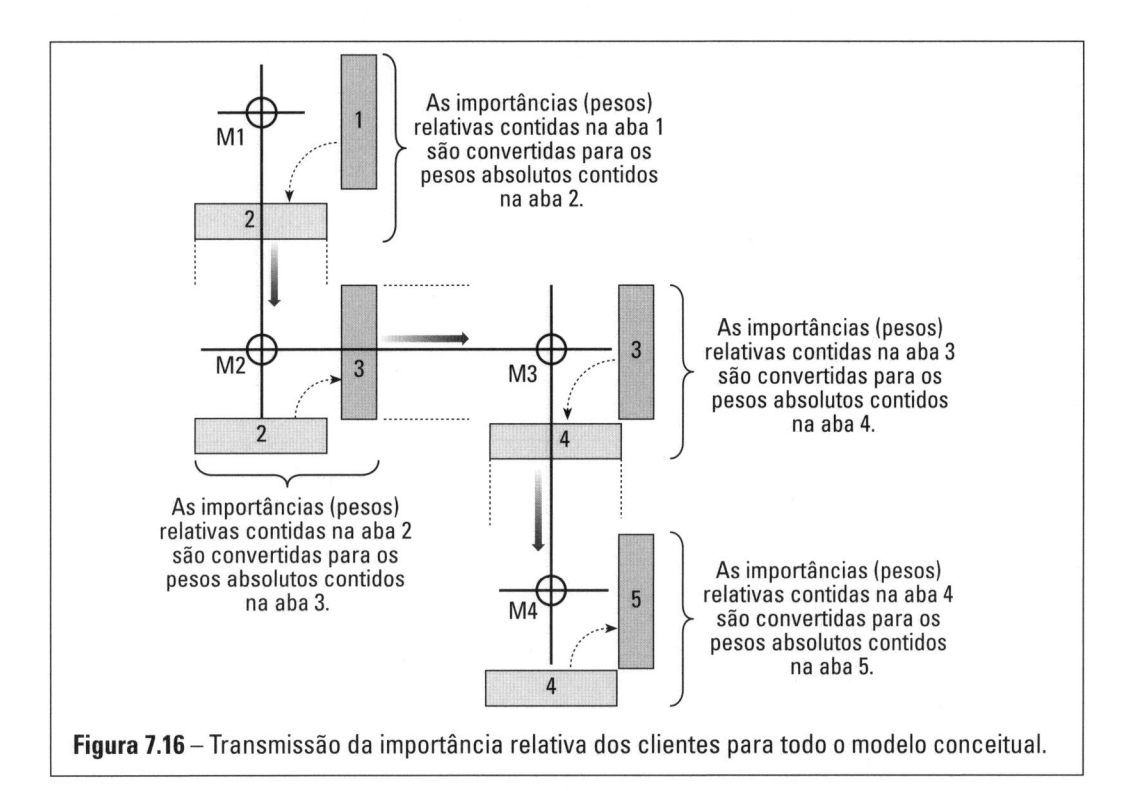

Figura 7.16 – Transmissão da importância relativa dos clientes para todo o modelo conceitual.

Os cálculos utilizados para as priorizações são os mesmos dos apresentados na seção 6.6, sendo alterados apenas os itens dos fatores contribuintes e a direção em que são realizadas as conversões, que está em função da localização dos pesos relativos que são convertidos. Quando a conversão é realizada a partir dos pesos relativos ordenados verticalmente (contidos em uma aba na vertical) para os pesos absolutos ordenados horizontalmente (contidos em uma aba na horizontal), ela recebe o nome de conversão-vertical-horizontal (ver Figura 7.17). É o caso das matrizes M1 e M3 representadas no modelo conceitual das Figuras 7.15 e 7.16. Nesse caso, o cálculo para transmissão da importância é o mesmo utilizado na Seção 6.6.

Somar em coluna o produto entre os pesos relativos do fator contribuinte (1) (como qualidade exigida) e os respectivos valores em linha das correlações identificadas para os itens do outro fator contribuinte (2) (como característica da qualidade). Ou seja, multiplicar as correlações pelos pesos relativos do fator contribuinte (1) por linha da matriz, e somar este produto por coluna[4].

---

[4] Ver exemplo numérico na seção 6.11.

Já quando a conversão é realizada a partir dos pesos relativos ordenados horizontalmente (contidos em uma aba horizontal) para os pesos absolutos ordenados verticalmente (contidos em uma aba vertical), as linhas e colunas para o cálculo da transmissão da importância são invertidas. Neste caso, a conversão recebe o nome de conversão-horizontal-vertical (ver Figura 7.17). É o caso das matrizes M2 e M4 representadas no modelo conceitual das Figuras 7.15 e 7.16. O cálculo se efetua dessa forma:

> Somar em **linha** o produto entre os pesos do fator contribuinte (2) e os respectivos valores em **coluna** das correlações identificadas para os itens do fator contribuinte (1). Ou seja, multiplicar as correlações pelos pesos relativos dos fatores contribuintes (2) por **coluna** da matriz, e somar este produto por **linha**.

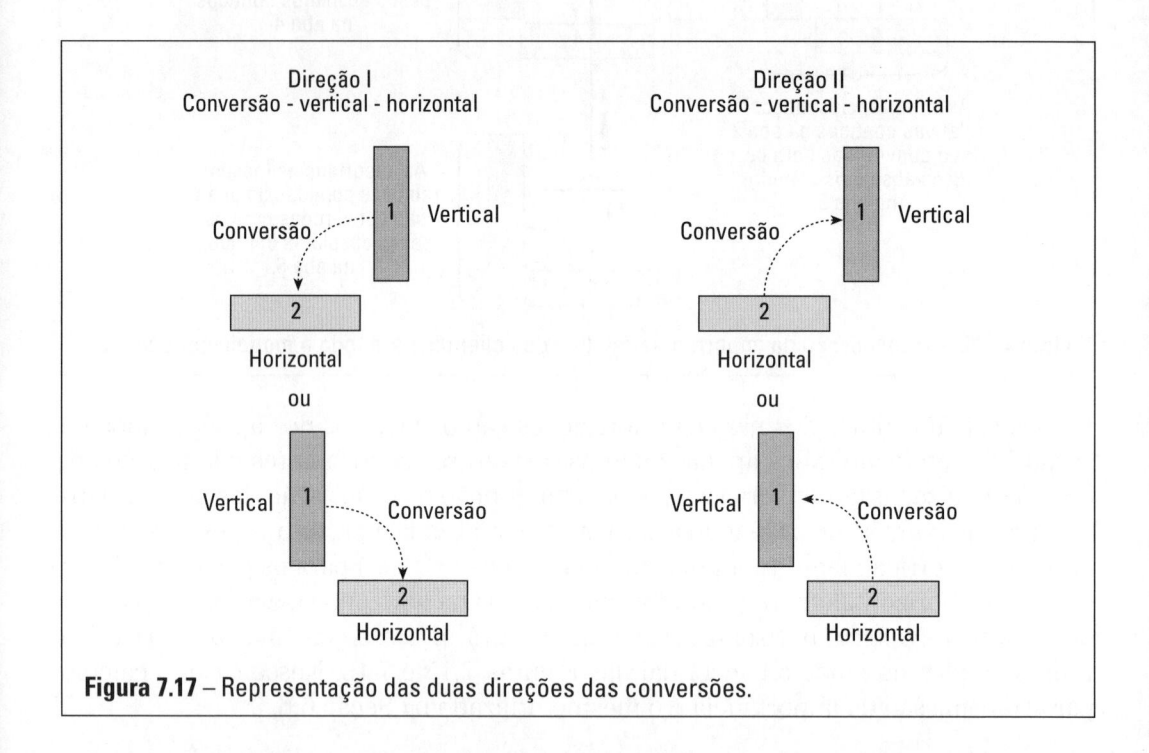

Figura 7.17 – Representação das duas direções das conversões.

A Figura 7.18 é uma representação genérica de uma matriz qualquer. Os itens do Fator Contribuinte W podem variar de 1 a n. E os itens do Fator Contribuinte Z podem variar de 1 a p. A matriz é formada por n linhas e p colunas, e as correlações entre os itens dos fatores são descritas em termos de elementos X_{ij}, onde i se refere as linhas (i = 1,2, ..., n) e j refere-se as colunas (j = 1,2, ..., p).

Z \ W	W1	W2	W3	...	Wp	Aba S — PZ — Pa	Aba S — PZ — Pr
Z1	X_{11}	X_{12}	X_{13}	...	X_{1p}	PaZ1	PrZ1
Z2	X_{21}	X_{22}	X_{23}	...	X_{2p}	PaZ2	PrZ2
Z3	X_{31}	X_{32}	X_{33}	...	X_{3p}	PaZ3	PrZ3
⋮	⋮	⋮	⋮	⋮	⋮	⋮	⋮
Zn	X_{n1}	X_{n2}	X_{n3}	...	X_{np}	PaZn	PrZn
					Total	Σ PaZ	Σ PrZ
Aba R — PW — Pa	PaW1	PaW2	PaW3	...	PaWp	Σ PaW	Total
Aba R — PW — Pr	PrW1	PrW2	PrW3	...	PrWp	Σ PrW	Total

P... = Pesos — W = Fator contribuinte W — Z = Fator contribuinte Z — P...W = Pesos dos itens do fator contribuinte W   P...Z = Pesos dos itens do fator contribuinte Z — Pa... = Pesos absolutos — Pr... = Pesos relativos

Figura 7.18 – Matriz genérica qualquer.

Se a conversão desta matriz genérica (Figura 7.17) fosse realizada a partir dos pesos relativos ordenados horizontalmente (direção II da Figura 7.17), como os casos das matrizes M2 e M4 das Figuras 7.15 e 7.16, os cálculos para obtenção dos pesos absolutos para os itens do fator contribuinte Z seriam:

$$\text{PaZ1} = (\text{PrW1} \cdot X_{11}) + (\text{PrW2} \cdot X_{12}) + (\text{PrW3} \cdot X_{13}) + \ldots (\text{PrW}n \cdot X_{1p}) \quad (7.1)$$

Ou

$$\text{PaZ1} = \sum_{j=1}^{p} \text{PrW}_{1j} \quad (7.2)$$

$$\text{PaZ2} = (\text{PrW1} \cdot X_{21}) + (\text{PrW2} \cdot X_{22}) + (\text{PrW3} \cdot X_{23}) + \ldots (\text{PrQ}p \cdot X_{2p}) \quad (7.3)$$

Ou

$$\text{PaZ2} = \sum_{j=1}^{p} \text{PrW}_{2j} \quad (7.4)$$

Assim, todos os pesos absolutos de cada item do fator contribuinte Z seriam:

$$\text{PaZ}i = \sum_{j=1}^{p} \text{PrW}_{ij} \quad (7.5)$$

Para o cálculo dos pesos relativos dos itens do fator contribuinte Z é utilizada a seguinte fórmula:

$$\boxed{\textbf{Peso relativo}} = \frac{\text{Peso absoluto}}{(\text{soma de todos os pesos absolutos})}$$

Ou

$$\mathrm{Pr}Zi = \frac{\mathrm{Pa}Zi}{\sum \mathrm{Pa}Z} \tag{7.6}$$

Vale ressaltar que se a conversão da matriz genérica (Figura 7.18) for a partir dos pesos relativos ordenados verticalmente (direção I da Figura 7.17), como no caso das matrizes M1 e M3 das Figuras 7.15 e 7.16, os cálculos para obtenção dos pesos absolutos para os itens do fator contribuinte W (Figura 7.17) serão efetuados invertendo-se os itens de linha para coluna nas Equações 7.1 a 7.6. Estes serão os mesmos cálculos realizados na seção 6.6 na Matriz da Qualidade; sendo alteradas as qualidades exigidas para os fatores contribuintes Z e as características da qualidade para os fatores contribuintes W (ver Seção 6.6). Neste caso, a equação geral para o cálculo dos pesos absolutos de W será:

$$\mathrm{Pa}Wj = \sum_{i=1}^{n} \mathrm{Pr}Z_{i} \cdot \mathrm{X}ij \tag{7.7}$$

E para o cálculo dos pesos relativos dos itens do fator contribuinte W será utilizada a seguinte fórmula:

$$\mathrm{Pr}\,Wj = \frac{\mathrm{Pa}Wj}{\sum \mathrm{Pa}W} \tag{7.8}$$

Um exemplo, com valores numéricos para as duas direções das conversões, é apresentado na Figura 7.19. Este é um exemplo didático para um projeto desenvolvido conforme modelo conceitual apresentado na Figura 7.15.

Considerando-se a matriz M1 da Figura 7.18 como sendo a Matriz da Qualidade, os cálculos dos pesos absolutos dos itens B1, B2 e B3 do Fator Contribuinte B seriam (utilizando a Equação 7.7):

$$\mathrm{Pa(B1)} = (20\% \cdot 9) + (30\% \cdot 1) + (50\% \cdot 1) = 2{,}6;$$

$$\mathrm{Pa(B1)} = (20\% \cdot 3) + (30\% \cdot 0) + (50\% \cdot 9) = 5{,}1;$$

$$\mathrm{Pa(B1)} = (20\% \cdot 0) + (30\% \cdot 3) + (50\% \cdot 9) = 5{,}4.$$

Utilizando-se a Equação 7.8, os pesos relativos seriam:

$$\mathrm{Pr(B1)} = \frac{2{,}6}{13{,}1} = 0{,}198 = 20\%;$$

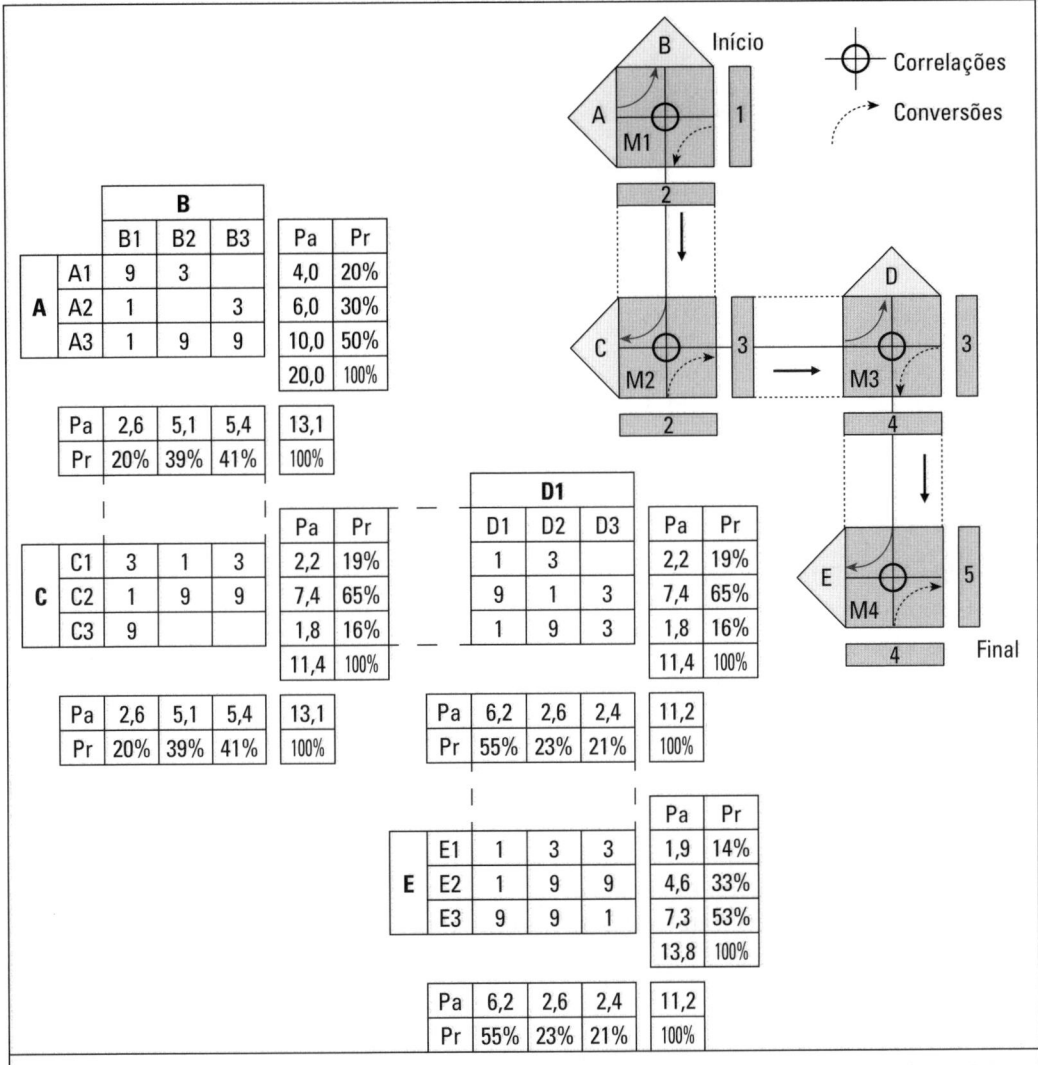

Figura 7.19 – Exemplo numérico para a transmissão da importância relativa ao longo do modelo conceitual.

$$Pr(B2) = \frac{5,1}{13,1} = 0,389 = 39\%;$$

$$Pr(B3) = \frac{5,4}{13,1} = 0,412 = 41\%.$$

As equações utilizadas, para obtenção dos pesos absolutos e relativos dos itens do Fator Contribuinte B, foram as mesmas utilizadas na seção 6.6.

Para obtenção dos pesos absolutos e relativos dos itens C1, C2 e C3 do Fator Contribuinte C da Matriz M2 da Figura 7.19, são realizados os seguintes cálculos utilizando a Equação 7.5:

$$Pa(C1) = (20\% \cdot 3) + (39\% \cdot 1) + (41\% \cdot 3) = 2,2;$$

$$Pa(C1) = (20\% \cdot 1) + (39\% \cdot 9) + (41\% \cdot 9) = 7,4;$$

$$Pa(C1) = (20\% \cdot 9) + (39\% \cdot 0) + (41\% \cdot 0) = 1,8.$$

Utilizando-se a Equação 7.6, os pesos relativos seriam:

$$Pr(C1) = \frac{2,2}{11,4} = 0,19 = 19\%;$$

$$Pr(C2) = \frac{7,4}{11,4} = 0,65 = 65\%;$$

$$Pr(C3) = \frac{1,8}{11,4} = 0,16 = 16\%.$$

Cabe ao leitor analisar os cálculos das conversões e dos pesos realizados nas matrizes M3 e M4 da Figura 7.19.

Para preenchimento das matrizes, pode-se utilizar quadros, papéis em formatos maiores que o tradicional A4, como A1 e A0, ou diretamente em um arquivo eletrônico. É importante que todos os dados sejam transportados para planilhas eletrônicas, sendo utilizada uma planilha por matriz.

Como mostrado nos Capítulos 5 e 6, pode-se montar gráficos de Pareto para todos os conjuntos de itens priorizados, estabelecendo uma relação de importância para os itens de uma mesma tabela.

O processo de preenchimento de todas as matrizes do modelo conceitual deve ser realizado pelo grupo de desenvolvimento e por toda pessoa necessária, formando-se assim os grupos de trabalhos. Durante esse processo são realizadas discussões que permitem que conhecimentos das pessoas antes implícitos se transformem em explícitos para todos.

7.5. Diferentes Tipos de Modelos Conceituais e Tabelas Mais Utilizadas

Os modelos conceituais do QFD podem ser classificados de diferentes formas. Uma das formas possíveis está apresentada na Tabela 7.1.

Os modelos conceituais podem ser classificados quanto à forma de sua construção em função de três critérios: (I) tipo de produto; (II) tipo de processo de fabricação; e (III) etapas do ciclo de desenvolvimento de novos produtos envolvidas. A seguir, apresentamos a classificação dos critérios.

Tabela 7.1 – Critérios para classificação do modelo conceitual quanto à sua construção.

Tipo de produto				Tipo de processo de fabricação	Etapas do ciclo de desenvolvimento de novos produtos envolvidas
Natureza do produto	Tipo de contato com o usuário	Tipo de especificação	Grau de inovação		
Bens industriais (tangíveis) / Serviços (intangíveis) / Digital (intangíveis)	Direto / Indireto / Híbrido	Produto com especificação prévia / Produto sem especificação prévia	Novo para o mundo / Novo para a empresa / Adição de uma linha nova (produto plataforma) / Melhoramento de um produto (agregar valor) / Reposicionamento / Redução de custos	Processos contínuos / Processoss discretos (montagem, usinagem etc.) / Prestação de serviços / Processos digitais (download, reprodução etc.)	Identificação das necessidades do cliente / Desenvolvimento e teste de conceito / Projeto básico / Projeto detalhado do produto / Projeto do processo de fabricação / Preparação para produção

Fonte: Adaptado de Araújo, 2002.

I - Tipo de Produto

I.i   Característica do Produto:

- Bens Industriais (bens físicos, tangíveis): carro, cigarro, petróleo, cimento, avião etc.

- Serviços (intangíveis): cursos, consultorias, educação, serviços da área de saúde etc.

- Digitais (intangíveis): softwares e páginas da internet.

I.ii   Tipo de Contato Com o Usuário:

- Direto (D): produto de contato direto com o usuário é aquele desenvolvido para cliente(s) finais (consumidor final) de uma cadeia produtiva. Exemplos de empresas que desenvolvem esses tipos de produtos são: montadoras de automóveis, montadoras de aeronaves, empresas de alimentos que fabricam pratos prontos congelados.

- Indireto (IN): produto de contato indireto com usuário é aquele produto desenvolvido para clientes que o utilizam como matéria-prima, transformando-o ou agregando-o em outro produto. Exemplos de empresas que desenvolvem esses tipos de produtos são: algumas montadoras de autopeças, indústria de cal, mineradoras, metalúrgicas.

- Híbrido (HI): o produto cujo contato com usuário é híbrido é aquele que tem contato tanto direto como indireto. Seriam aqueles produtos que são desenvolvidos para clientes que o utiliza como matéria-prima, mas mesmo depois de transformado ou montado, algumas de suas características permanecem inalteradas e são percebidas pelos clientes finais (usuários finais). Exemplo de empresa que desenvolve esse tipo de produto é: fabricantes de vidro de carro (para-brisa).

I.iii Tipo de Especificação:

- Produto com Especificação Prévia: são aqueles produtos desenvolvidos em função de uma encomenda prévia de um cliente, que fornece os valores das características da qualidade que o novo produto deverá possuir.

- Produto sem Especificação Prévia: são aqueles produtos desenvolvidos sem encomenda prévia, geralmente desenvolvidos para clientes pulverizados (grande mercado consumidor).

I.iv – Grau de inovação[5]:

- Novo para o mundo;
- Novo para a empresa;
- Adição de uma linha nova (produto plataforma);
- Melhoramento de um produto (agregar valor);
- Reposicionamento;
- Redução de custos.

II - Tipo de Processo de Fabricação.

II.i Processos contínuos (transformadora de propriedades): aqueles que têm como exemplos de produto alimentos processados, derivados do petróleo, produtos químicos em geral, cimento, cal, ferro, aço.

II.ii Processos discretos (montagem, usinagem etc.) (transformadora de forma): aqueles que têm como exemplos de produto carros e eletrodomésticos.

II.iii Prestação de serviços: por exemplo, vendas, consultoria, serviço de atendimento ao consumidor, serviços de hotelaria.

II.iv Processos digitais: por exemplo, softwares em geral, ringtones (músicas para telefonia móvel – celulares), páginas da internet.

---

[5] Já apresentado no Capítulo 1.

III - Etapas do Ciclo de Desenvolvimento de Novos Produtos Envolvidas

As etapas são as mesmas das apresentadas no Capítulo 3, nas quais o QFD é utilizado:

- Identificação das Necessidades dos Clientes;
- Desenvolvimento e Teste de Conceito;
- Projeto Básico;
- Projeto Detalhado do Produto;
- Projeto do Processo de Fabricação;
- Preparação para Produção.

Esta classificação inicial auxilia na construção do modelo conceitual, como: na escolha da utilização ou não da Matriz da Qualidade; na definição e forma de obtenção das tabelas e matrizes a serem utilizadas; no sequenciamento das matrizes; na identificação da melhor forma de obtenção das exigências dos clientes; entre outros.

A Tabela 7.2 abaixo mostra um exemplo de classificação do modelo conceitual apresentado na Figura 7.7.

Tabela 7.2 – Classificação do modelo conceitual apresentado na Figura 7.7.

Natureza do produto			Tipo de contato com o usuário			Tipo de especificação		Grau de inovação						Tipo de processo de fabricação				Etapas do ciclo de desenvolvimento de novos produtos envolvidas					
Bens industriais (tangíveis)	Serviços (intangíveis)	Digital (intangíveis)	Direto	Indireto	Híbrido	Produto com especificação prévia	Produto sem especificação prévia	Novo para o mundo	Novo para a empresa	Adição de uma linha nova (produto plataforma)	Melhoramento de um produto (agregar valor)	Reposicionamento	Redução de custos	Processos contínuos	Processos discretos (montagem, usinagem etc.)	Prestação de serviços	Processos digitais (downland, reprodução etc.)	Identificação das necessidades do cliente	Desenvolvimento e teste de conceito	Projeto básico	Projeto detalhado do produto	Projeto do processo de fabricação	Preparação para produção
X				X		X				X				X				X					X

O critério em que os modelos conceituais mais se distinguem é o Tipo de Processo de Fabricação, principalmente em função do tipo de tabelas e matrizes utilizadas, e da forma como são ordenadas pela relação de efeito e causa. Abaixo serão apresentadas, usando o critério de classificação Tipo de Processos de Fabricação, as tabelas de QFD (tabelas dos fatores contribuintes) mais utilizadas na formação das matrizes, e também são exemplificados modelos conceituais.

As tabelas de QFD (tabelas dos fatores contribuintes) mais utilizadas na formação das matrizes dos modelos conceituais são:

1) Processos contínuos (transformadora de propriedades): Tabela de Qualidade Exigida (QE); Tabela de Características da Qualidade do Produto Final (CQPF); Tabela das Características da Qualidade dos Produtos Intermediários (CQPI); Tabela dos Processos de Fabricação (PR); Tabela dos Parâmetros de Controle dos Processos (PCP); Tabela das Características da Qualidade das Matérias-Primas (CQMP); Tabela das Características da Qualidade das Matérias-Primas Auxiliares (CQMPA). As Figuras 7.7, 7.20 e 7.21 são exemplos de modelos conceituais para indústrias de processos contínuos.

2) Montagem e Usinagem (transformadora de forma): Tabela de Qualidade Exigida (QE); Tabela de Características da Qualidade do Produto Final (CQPF); Tabela de Desdobramento das Funções (FU); Tabela dos Subsistemas (SU); Tabela dos Mecanismos (MEC)(ou Tabela das Características da Qualidade dos Mecanismos); Tabelas dos Componentes (COM)(ou Tabela das Características da Qualidade dos Componentes); Tabela das Operações de Montagem (OM); Tabela das Operações de Usinagem (OU); Tabela das Características da Qualidade das Matérias-Primas (CQMP). As FiguraS 7.12, 7.22 são exemplos de modelos conceituais para indústrias de montagem/usinagem.

3) Prestação de Serviços: Tabela de Qualidade Exigida (QE); Tabela de Características da Qualidade do Serviço (CQS); Tabelas de Procedimentos (PC); Tabelas de Recursos (RE); Tabela dos Indicadores de Desempenho, entre outras. A Figuras 7.23 é um exemplo de modelo conceitual para serviços.

4) Processos Digitais: Tabela de Qualidade Exigida (QE)(ou requisitos do cliente); Tabela de Características da Qualidade do Produto Final (CQPF); Tabela de Especificação de Requisitos de Usabilidade (ERU); Tabela de Desdobramento das Funções (FU); Tabela dos Processos de Fabricação (PR); Tabela dos Subsistemas (SU); Tabelas de Recursos (RE), entre outras. A Figura 7.24 é exemplo de modelo conceitual para processos digitais.

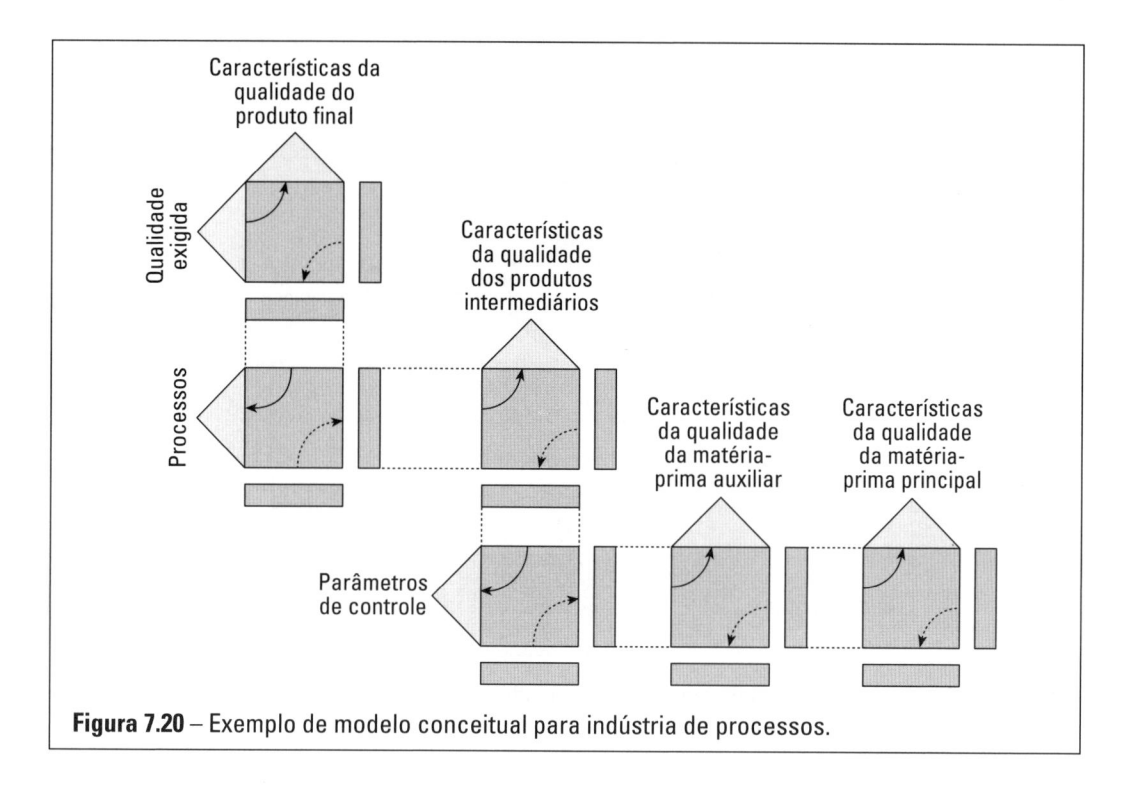

Figura 7.20 – Exemplo de modelo conceitual para indústria de processos.

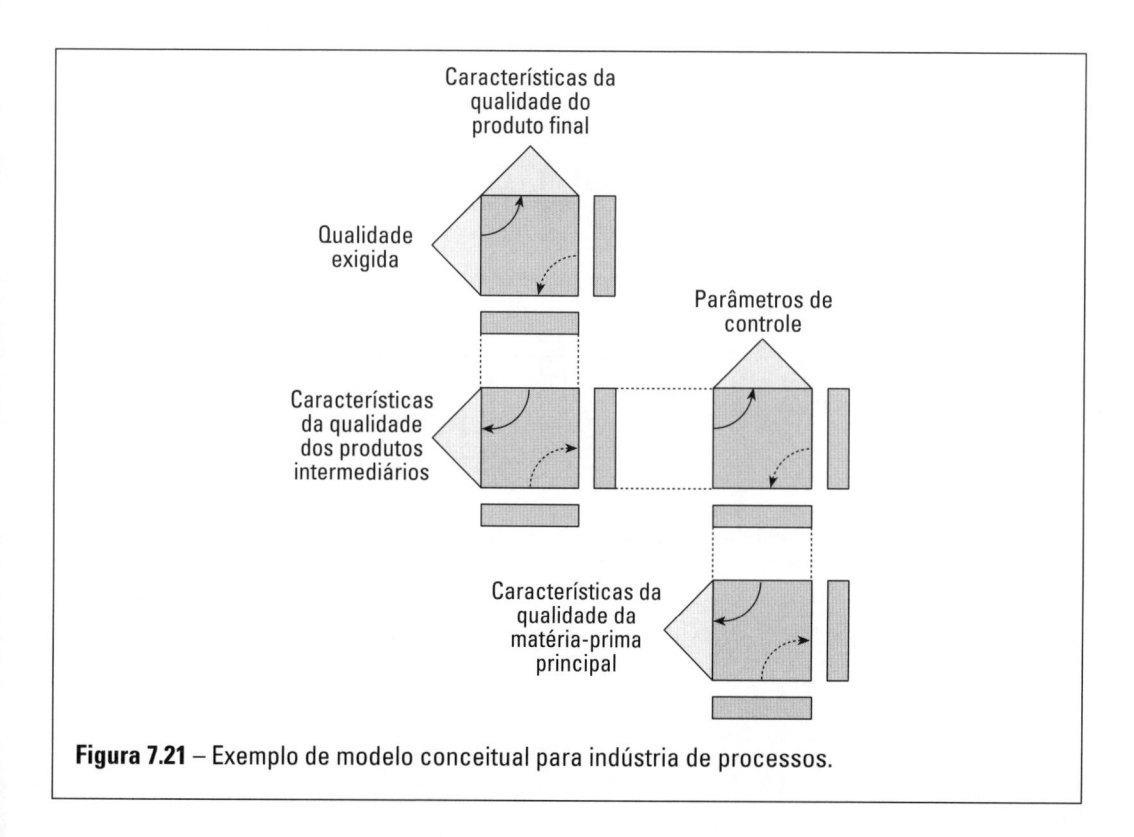

Figura 7.21 – Exemplo de modelo conceitual para indústria de processos.

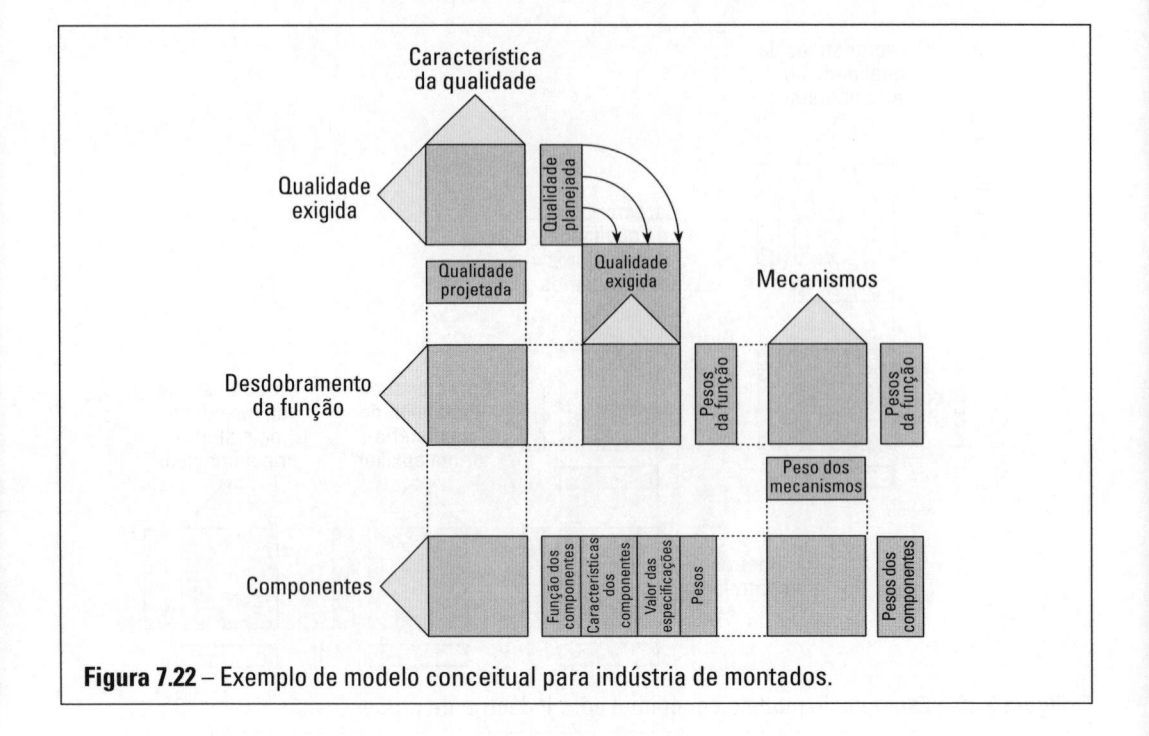

Figura 7.22 – Exemplo de modelo conceitual para indústria de montados.

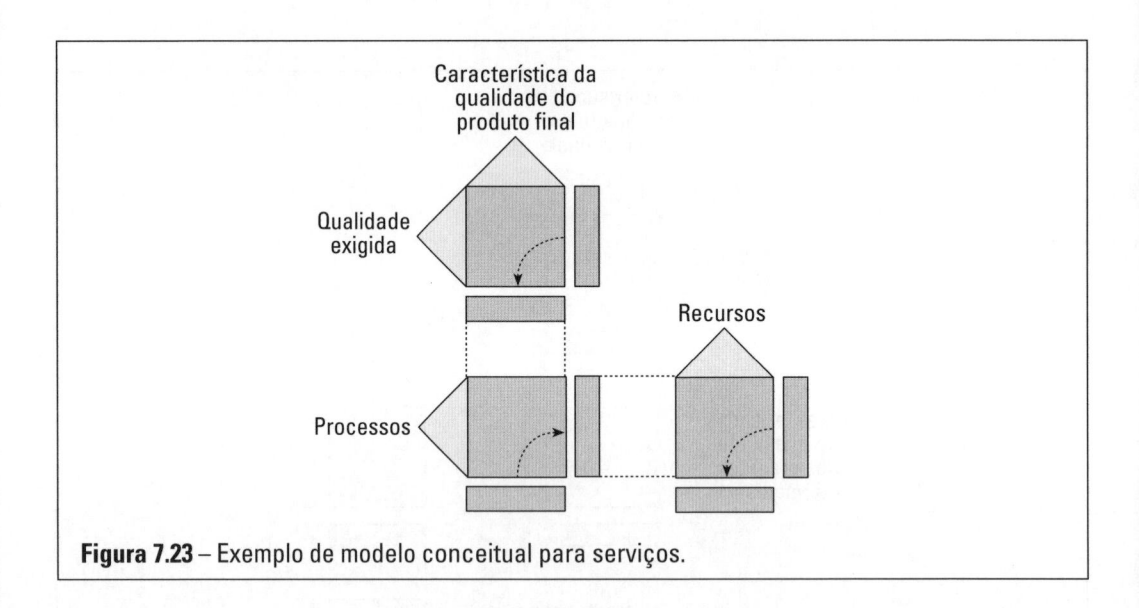

Figura 7.23 – Exemplo de modelo conceitual para serviços.

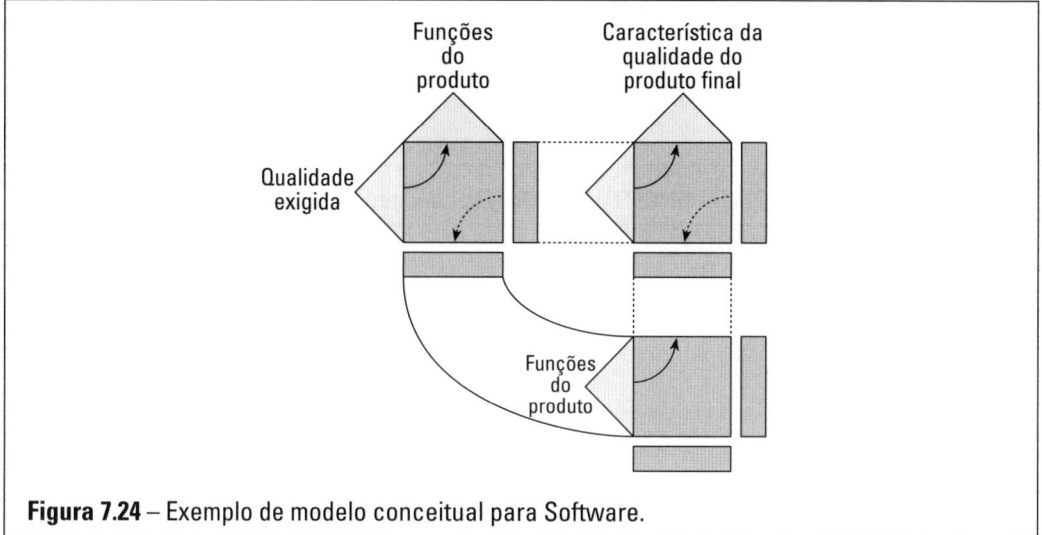

Figura 7.24 – Exemplo de modelo conceitual para Software.

7.6. Matrizes Auxiliares

Toda Matriz que não pertence à lógica de efeito e causa do modelo conceitual é chamada de Matriz auxiliar. Ela é utilizada quando é necessária alguma informação importante, auxiliar ao projeto de QFD, que possa ser obtida por meio da elaboração dela. Na Seção 6.10, foram apresentadas a matriz auxiliar CQ × CQ e a relação de proporcionalidade que ocorre em matrizes formadas por tabelas iguais.

Se durante o projeto de QFD for definido que será importante a construção de matrizes auxiliares, estas deverão ser representadas no modelo conceitual, de forma que sua importância fique explícita. Se for possível, as matrizes auxiliares deverão ser ligadas por meio de setas às matrizes do modelo conceitual principal, no local onde as informações auxiliares serão utilizadas. A Figura 7.25 exemplifica um modelo conceitual contendo matrizes auxiliares.

O Modelo Conceitual Principal, formado pelas matrizes importantes para o projeto em uma sequência de efeito e causa, mais as matrizes auxiliares somam-se na formação do modelo conceitual completo.

Tomando a Tabela B da Figura 7.25 como sendo a Tabela de Desdobramento das Características da Qualidade do Produto Final, a matriz auxiliar MA1 seria a CQ × CQ (ver Seção 6.10). As setas que ligam esta matriz ao modelo conceitual principal indicariam que as informações obtidas no preenchimento da matriz MA1 iriam auxiliar na definição das Metas de Desempenho do produto final.

Uma outra matriz auxiliar utilizada principalmente em indústria de processos é a Matriz Parâmetros de Controles dos Processos × Parâmetros de Controle dos Processos – PCP × PCP. A Figura 7.26 mostra um exemplo desse tipo de matriz para o processo de produção de Cal. Como se trata de uma matriz formada por tabelas iguais, realizou-se o procedimento de proporcionalidade para seu preenchimento. A simbologia utilizada para esse preenchimento foi apresentada na Seção 6.10 Figura 6.16 – Proporções B.

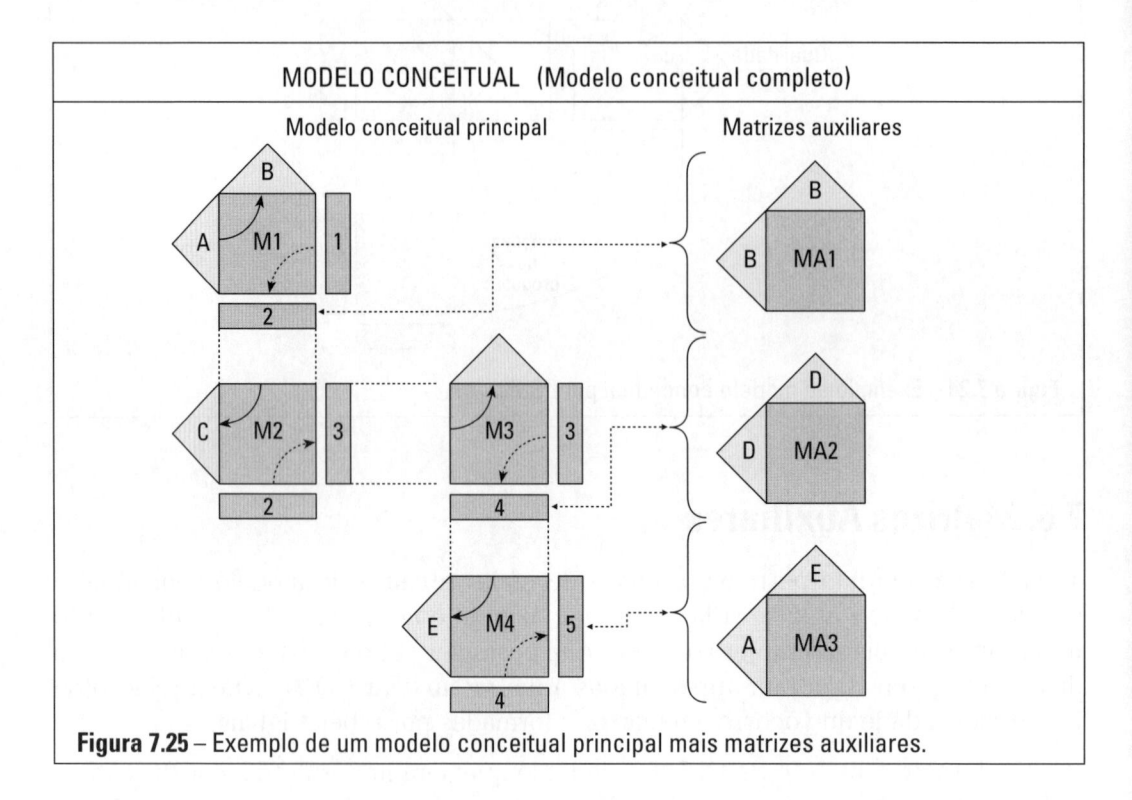

Figura 7.25 – Exemplo de um modelo conceitual principal mais matrizes auxiliares.

A Matriz PCP × PCP auxilia nas decisões relativas à definição das faixas de valores-metas estabelecidos para os parâmetros de controle, por meio do melhor entendimento sobre as proporções entre os Parâmetros de Controle dos Processos. Ou seja, esta matriz permite a seguinte análise: se um Parâmetro de Controle for alterado propositalmente, qual será o comportamento dos outros parâmetros? Por exemplo: se aumentar a temperatura de um forno, como a pressão interna deverá de comportar?

Tomando a Tabela D da Figura 7.25 como sendo a Tabela de Desdobramento dos Parâmetros de Controle, a matriz auxiliar MA2 seria a PCP × PCP. As setas que ligam esta Matriz ao modelo conceitual principal indicariam que as informações obtidas no preenchimento da matriz MA2 iriam auxiliar no projeto das faixas de valores-metas para os parâmetros de controle, que deveriam ser alocados na aba 4. Outras simbologias que poderiam ser utilizadas no preenchimento dessa matriz PCP × PCP estão demonstradas na Seção 6.6.

Podem ser construídas matrizes auxiliares com tabelas diferentes e/ou até entre partes de tabelas, em função da necessidade de cada projeto. Por exemplo, retornando à Figura 7.25, se a tabela A fosse a Tabela de Desdobramento das Qualidades Exigidas (QE) e a E fosse a Tabela de Desdobramento das Características de Qualidade das Matérias-Primas (CQMP), a matriz auxiliar MA3 seria QE × CQMP. As setas que ligam esta matriz ao modelo conceitual principal indicariam que as informações obtidas no preenchimento da matriz MA3 iriam auxiliar na definição das faixas de valores-metas para as CQMP. Esta matriz poderia ser utilizada, por exemplo, em empresas que produzem produtos industriais e o(s) cliente(s) compreende(m) de forma técnica o processo de produção do produto que está sendo desenvolvido.

PCP \ PCP	Análise da composição química do calcário	Contaminação ( )	Diâmetro do furo (pol)	Carga de explosivo (kg/ton)	Tipo de explosivo (bombeado/convencional)	Tampão (m)	Produção de cal (ton/dia)	Calcário por cuba (kg)/Setpoint fim de carga no silo	Quantidade de calorias por kg de cal (kcal/kg)	Excesso de ar nominal	Fator de ar para resfriamento (Nm³/h)	Fator de ar de resfriamento nos cones	Fator calcário/cal (%)	Poder calorífico do combustível (kcal/kg)	Ar para 1.000 kcal	Pressão barométrica (mbar)	Número de cargas por ciclo (uni)	Controle de descarga	Setpoint p/0% de nível das cubas do forno (mm)	Intervalo do pulso de subida med. de nível (s)
Análise da composição química do calcário	9						9		9	3			9							
Contaminação ( )				3	3	3		3												
Diâmetro do furo (pol)			9	3	9															
Carga de explosivo (kg/ton)				9	9															
Tipo de explosivo (bombeado/convencional)							9													
Tampão (m)																				
Produção de cal (ton/dia)								9		3			3					3		
Calcário por cuba (kg)/Setpoint fim de carga no silo									3				3				9			
Quantidade de calorias por kg de cal (kcal/kg)										9			9							
Excesso de ar nominal													3		3	9				
Fator de ar para resfriamento (Nm³/h)																9				
Fator de ar de resfriamento nos cones																9				
Fator calcário/cal (%)																				
Poder calorífico do combustível (kcal/kg)																9				
Ar para 1.000 kcal																9				
Pressão barométrica (mbar)																				
Número de cargas por ciclo (uni)																				
Controle de descarga																			3	3
Setpoint p/0% de nível das cubas do forno (mm)																				
Intervalo do pulso de subida med. de nível (s)																				

Figura 7.26 – Matriz PCP x PCP.

Diversas outras matrizes auxiliares podem ser construídas e preenchidas. A decisão de incluir essas matrizes irá depender das necessidades do grupo de desenvolvimento de cada projeto.

7.7. Conclusão

Nos capítulos anteriores apresentamos como se usa o método QFD para desenvolver o projeto básico do produto focado no mercado consumidor. Mostrou-se como estabelecer as metas de desempenho do produto em função das necessidades do mercado. Entretanto, demonstrou-se que apenas com a Qualidade Planejada e a Qualidade Projetada não é possível desenvolver o produto conforme as metas de desempenho estabelecidas. É necessário detalhar o projeto, de forma que sejam projetados todos os fatores que contribuem para a obtenção do produto final. Por essa razão, neste capítulo foram abordados os tópicos: modelo conceitual como forma estruturada de estabelecer relações entre o produto final e os fatores contribuintes; como elaborar o modelo conceitual; como transmitir a importância relativa das exigências do cliente para os fatores contribuintes; diferentes tipos de modelos conceituais e tabelas mais utilizadas; e matrizes auxiliares. No próximo capítulo, complementaremos esse assunto apresentando o modelo conceitual do desdobramento da qualidade em associação aos desdobramentos de custo, tecnologia e confiabilidade; e examinaremos o uso de Técnicas Auxiliares ao trabalho de QFD, tais como FTA, FMEA e Planejamento e Análise de Experimentos.

REFERÊNCIAS BIBLIOGRÁFICAS

ARAÚJO, F. A. Diferentes Formas de Utilização do QFD ao Longo do Ciclo de Desenvolvimento do Produto. *Dissertação Submetida ao Programa de Pós-graduação em Engenharia de Produção.* Belo Horizonte: Universidade Federal de Minas Gerais - UFMG. 2002. 197 p.

AKAO, Y. *Quality Function Deployment: QFD Integrating Customer Requirements into Product Design.* Cambridge: Productivity Press, 1990. 369 p.

AKAO, Y. *Introdução ao Desdobramento da Qualidade.* Série Manual de Aplicação do Desdobramento da Função Qualidade. Vol. 1. Belo Horizonte: Editora Fundação Christiano Ottoni, 1996. 187 p.

CHENG, L. C. *et al. QFD - Planejamento da Qualidade.* Belo Horizonte: Fundação Christiano Ottoni, 1995. 216p.

MELO FILHO, L. D. R. Aplicação do Método QFD em uma Indústria de Materiais: Desdobramento da Qualidade Positiva e da Tecnologia do Processo de Fabricação com o Auxílio da Técnica de Planejamento e Análise de Experimentos. *Dissertação Submetida ao Programa de Pós-graduação em Engenharia de Produção.* Belo Horizonte: Universidade Federal de Minas Gerais - UFMG. 2005. 167p.

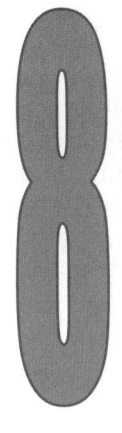

DESDOBRAMENTO DA QUALIDADE (QD): ELABORANDO O MODELO CONCEITUAL COMPLETO (QUALIDADE, TECNOLOGIA, CUSTO E CONFIABILIDADE) PARA O PROJETO DETALHADO DO PRODUTO E PROCESSO

Lin Chih Cheng
Leonel Del Rey de Melo Filho

8.1. Introdução

No capítulo anterior, abordamos os tópicos básicos referentes à construção do modelo conceitual, em particular o desdobramento da qualidade positiva (ou simplesmente desdobramento da qualidade) do QFD, que é o mais utilizado. No entanto, conforme visto no Capítulo 2, o Desdobramento da Qualidade no plano horizontal contempla quatro dimensões possíveis, que são: desdobramento da qualidade, desdobramento da tecnologia, desdobramento do custo e o desdobramento da confiabilidade (ou qualidade negativa) (ver Figura 2.3). Neste capítulo, complementamos o assunto do modelo conceitual apresentando o desdobramento da qualidade em associação aos outros desdobramentos.

Geralmente, os desdobramentos são efetuados dois a dois, tendo como eixo-pivô o da qualidade. Sugere-se que, quando se inicia a implantação do QFD em uma empresa, não se deve implementar todos os desdobramentos de uma só vez. Pelo contrário, deve-se iniciar pelo desdobramento da qualidade em um primeiro projeto e nos projetos seguintes, incorporando-se o que já foi apreendido no primeiro, efetua-se o desdobramento da qualidade com outros desdobramentos. A decisão sobre a realização de mais de um desdobramento em associação com o da qualidade pode ser tomada em dois momentos: no início de um projeto, em função dos objetivos estabelecidos; ou, ao longo do desenvolvimento do projeto, em função do aparecimento de uma necessidade. Neste capítulo, portanto, estão sendo ainda abordadas as etapas de Projeto Detalhado do Produto e Processo de Fabricação do PDPOC (ver Figura 8.1).

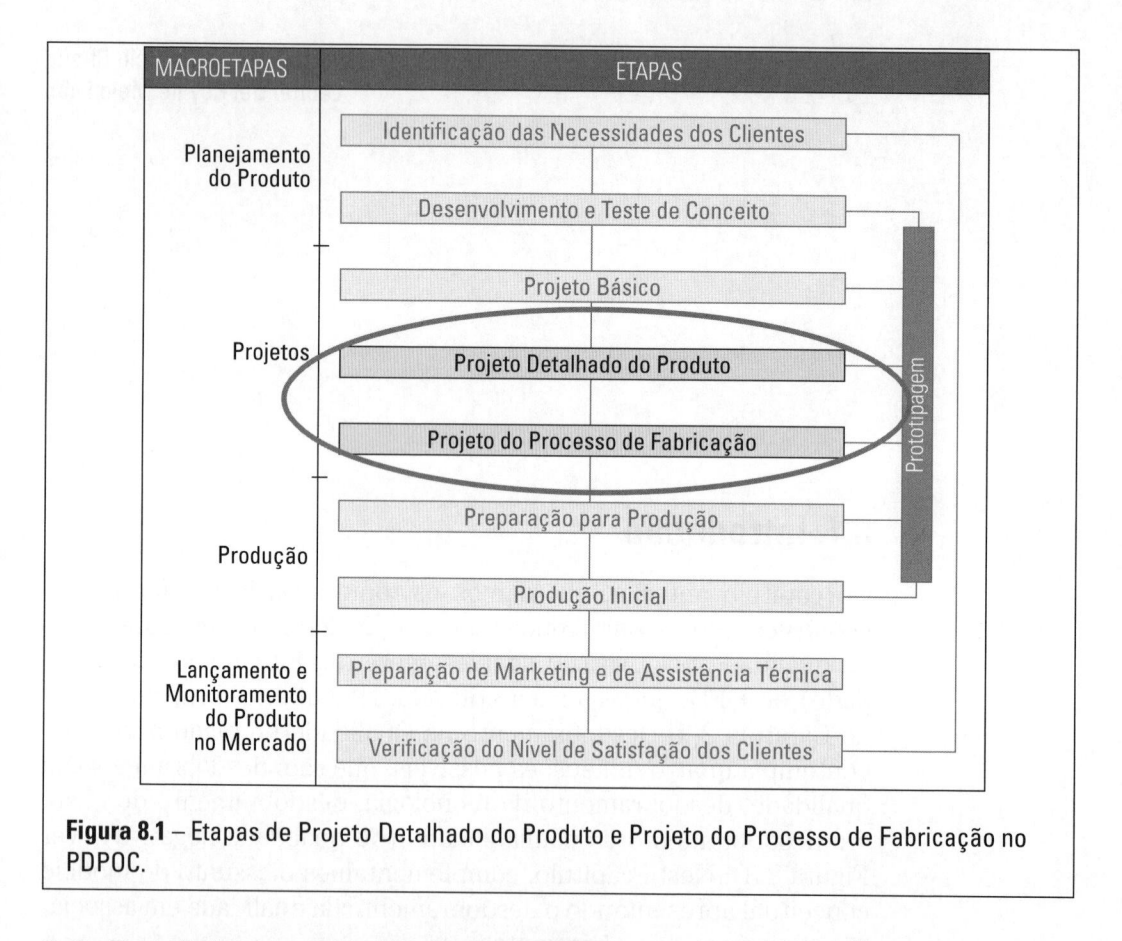

Figura 8.1 – Etapas de Projeto Detalhado do Produto e Projeto do Processo de Fabricação no PDPOC.

8.2. Desdobramento da Tecnologia

A capacidade de desenvolver um novo produto com qualidade, ou melhorar a qualidade de um produto existente, depende integralmente da competência tecnológica da empresa. A base de conhecimento tecnológico deve estar em conformidade com os projetos de novos produtos, sendo necessário uma integração entre qualidade e tecnologia. Relatou-se no Capítulo 7 que os fatores contribuintes ao projeto de QFD podem ser divididos em dois grupos: (1) fatores relacionados ao detalhamento do produto e (2) fatores relacionados ao processo de fabricação. De forma análoga, a tecnologia que viabiliza o desenvolvimento do produto pode ser dividida em dois grupos complementares: (a) tecnologia do produto e (b) tecnologia do processo de fabricação. A obtenção e/ou domínio dos dois tipos de tecnologias são fundamentais nos projetos de produto com método QFD. Os objetivos almejados podem ser classificados em três tipos:

I. Alcance de valores-meta de desempenho das características da qualidade do produto (contidos na qualidade projetada – ver Capítulo 6);

II. Capacidade de fabricar em escala industrial e replicar os valores-meta das características da qualidade do produto;

III. Obtenção de "Índices de Desempenho do Processo" (IDPs) na fabricação do produto, tais como, Produção, Eficiência, Rendimento, Disponibilidade, entre outros.

Em um projeto de QFD, quando é elaborada a qualidade projetada do novo produto, são estabelecidos os valores-meta de desempenho das características da qualidade. Para se evitar problemas futuros no decorrer do projeto, no momento da definição dessas metas deve-se avaliar se a empresa possui tecnologia própria de produto para desenvolver um produto com aqueles valores. É também necessário avaliar se a tecnologia de processo de produção existente será capaz de produzi-lo. Mais ainda, é preciso avaliar se a tecnologia de produção disponível é capaz de elevar a produção até o volume objetivado e de garantir uma eficiência meta, ambos necessários para viabilizar estrategicamente o produto. Um conjunto de perguntas nos parece pertinente nesse estágio:

• Quais são as possibilidades da empresa desenvolver um produto com os valores de características de qualidade definidos?

• Em qual etapa do desenvolvimento do produto devem ser realizados estudos/pesquisas para atender àquelas características de qualidade estabelecidas?

• Para se atingir os valores-meta de desempenho definidos para as características de qualidade final estabelecidas, quais mecanismos ou componentes do produto (ou características do produto intermediário) terão de ser modificados ou projetados?

• A tecnologia dos atuais processos de produção da empresa são capazes de produzir produtos com aqueles valores das características de qualidade?

• É possível alcançar os IDPs utilizando a tecnologia dos processos atuais na produção do novo produto?

Ocorrência de Gargalos de Engenharia

Quando as metas de desempenho do produto, que são determinadas por meio da Matriz de Qualidade, e as metas para o processo de fabricação (IDPs) não podem ser alcançadas com a tecnologia existente da empresa, seguintes situações poderão ocorrer:

- o cronograma de desenvolvimento poderá sofrer um grande atraso;
- o projeto poderá ser fortemente modificado;
- o projeto poderá ser congelado ou até mesmo abortado.

A impossibilidade de alcançar as metas estabelecidas traz dificuldades no desenvolvimento denominadas de "solução postergada de problemas[1]". Para que o projeto não seja congelado ou abortado, esses problemas, que são de natureza técnica, devem ser solucionados o quanto antes possível. Esses problemas são os chamados "Gargalos de Engenharia" (*Bottleneck Engineering - BNE*)[2]. A Figura 8.2 representa um exemplo de gargalo de engenharia.

Um Gargalo de Engenharia pode surgir pela incapacidade tecnológica da empresa de atingir dois tipos de metas do produto. Um tipo é a redução da variabilidade de um item, o outro é a melhoria do desempenho de um item. A Figura 8.2 mostra os dois tipos, itens A e B respectivamente. Um gargalo de engenharia surge, também, quando o processo de fabricação é incapaz de atingir as metas dos IDPs (como produção e eficiência) e, ao mesmo tempo, garantir as metas das características da qualidade do produto. **Portanto, "Gargalo de Engenharia" pode ser definido como sendo problema que não se consegue resolver com a extensão da tecnologia própria da empresa para melhoria da qualidade.**

Os Gargalos de Engenharia devem ser identificados o mais cedo possível de forma que as soluções sejam planejadas organizadamente, pois isso é essencial para a obtenção da Qualidade Projetada em conjunto com o alcance das metas do processo de fabricação (IDPs) - "solução antecipada de problemas"[3]. Diante disso, o Desdobramento da Tecnologia é um procedimento potente para identificar, analisar e remover, organizada e antecipadamente, Gargalos de Engenharia na fase de detalhamento do Projeto do Produto e Processo.

---

[1] AKAO, Y. *Introdução ao Desdobramento da Qualidade.* Série Manual de Aplicação do Desdobramento da Função Qualidade. Vol. 1. Belo Horizonte: Editora Fundação Christiano Ottoni, 1996. 187 p.

[2] AKAO, Y. *QFD: Integrating Customer Requirements into Product Design.* Cambridge: Productivity Press. 1990. 369p.

[3] AKAO, Y. *QFD: Integrating Customer Requirements into Product Design.* Cambridge: Productivity Press. 1990. 369p

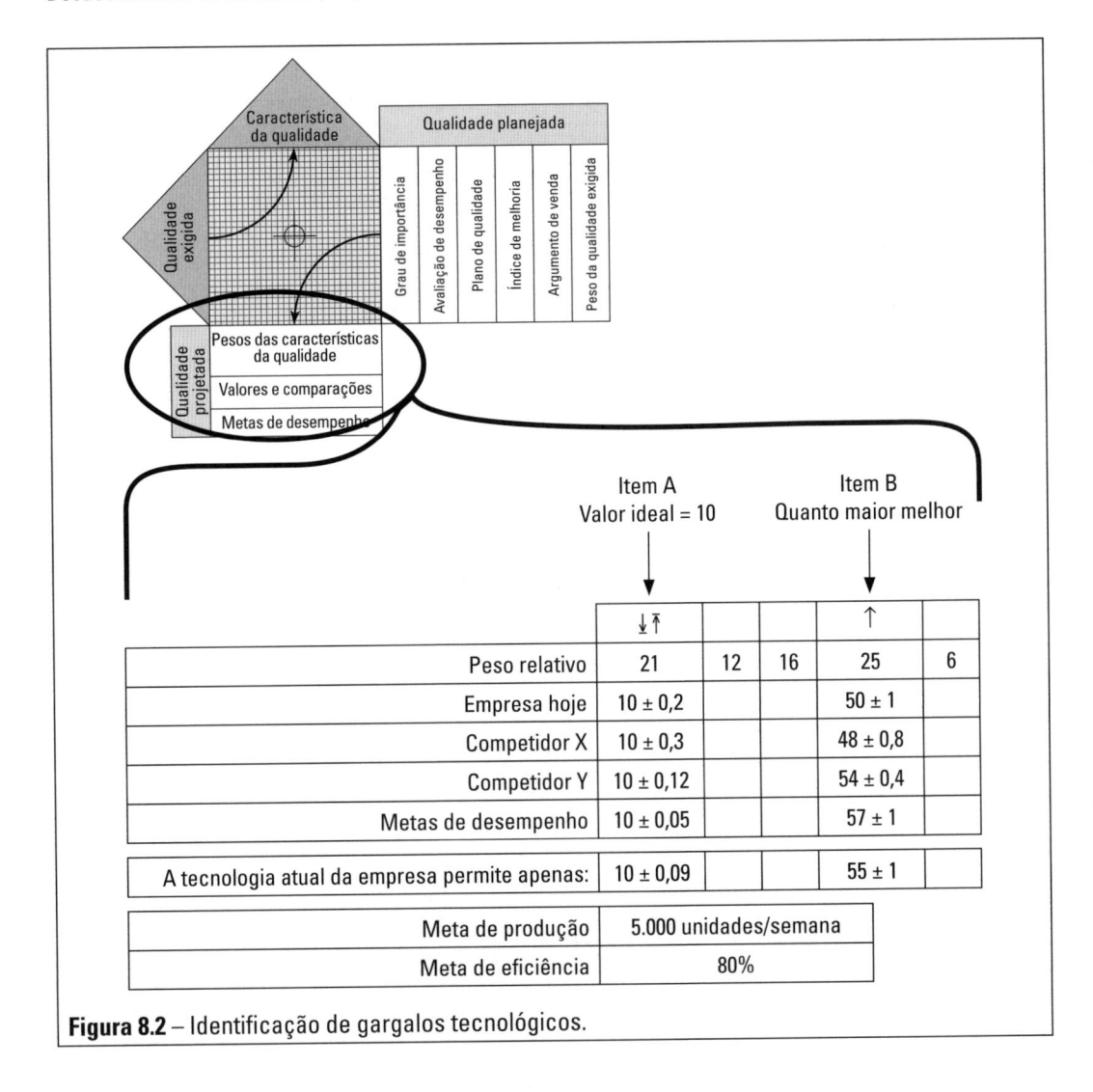

Figura 8.2 – Identificação de gargalos tecnológicos.

Desdobramento da Tecnologia: foco produto

Para exemplificar, a Figura 8.3 mostra, por intermédio de um modelo conceitual, como o desdobramento da qualidade em associação ao da tecnologia poderia ser utilizado na identificação, análise e remoção de gargalos de engenharia em um caso específico de um produto montado – um radiocontrole[4]. É um exemplo de modelo conceitual que considera os aspectos de Qualidade e Tecnologia para o projeto. A Figura 8.4 mostra parte desse modelo conceitual com alguns dados preenchidos.

---

[4] AKAO, Y. *Introdução ao Desdobramento da Qualidade.* Série Manual de Aplicação do Desdobramento da Função Qualidade. Vol. 1. Belo Horizonte: Editora Fundação Christiano Ottoni, 1996. 187 p.

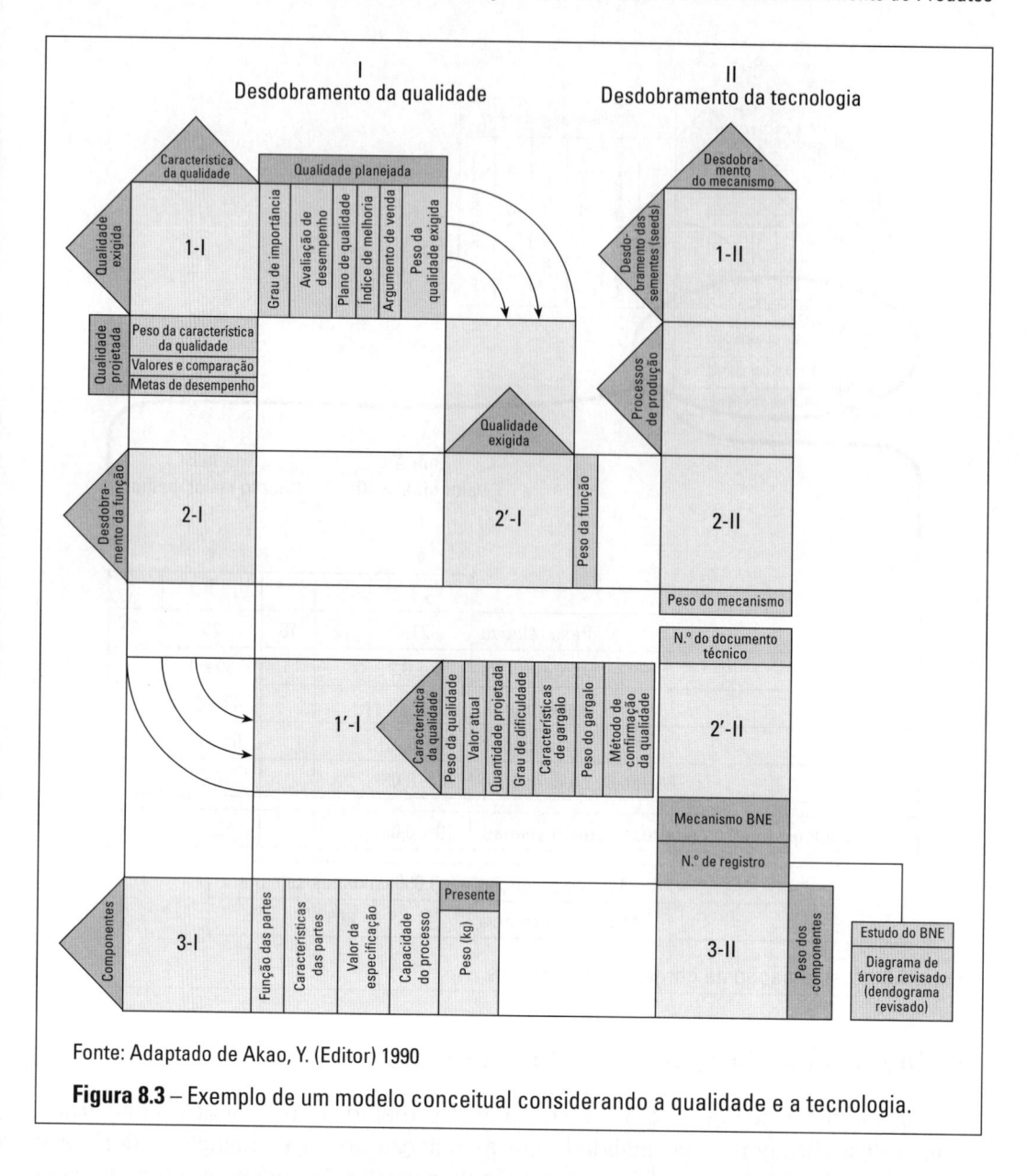

Fonte: Adaptado de Akao, Y. (Editor) 1990

Figura 8.3 – Exemplo de um modelo conceitual considerando a qualidade e a tecnologia.

A seguir, apresentamos os passos do desdobramento da tecnologia deste exemplo, com foco no produto.

Passo 1 – Utilizando a Qualidade Projetada, comparar as especificações atuais das características da qualidade que representam o nível tecnológico atual com os valores-meta projetados. As características da qualidade que apresentarem valores melhores (variabilidade ou desempenho) que os atuais poderão ser difíceis de serem atendidas. Nesse momento, este(s) provável(is) gargalo(s) de engenharia terá(ão) que ser removido(s).

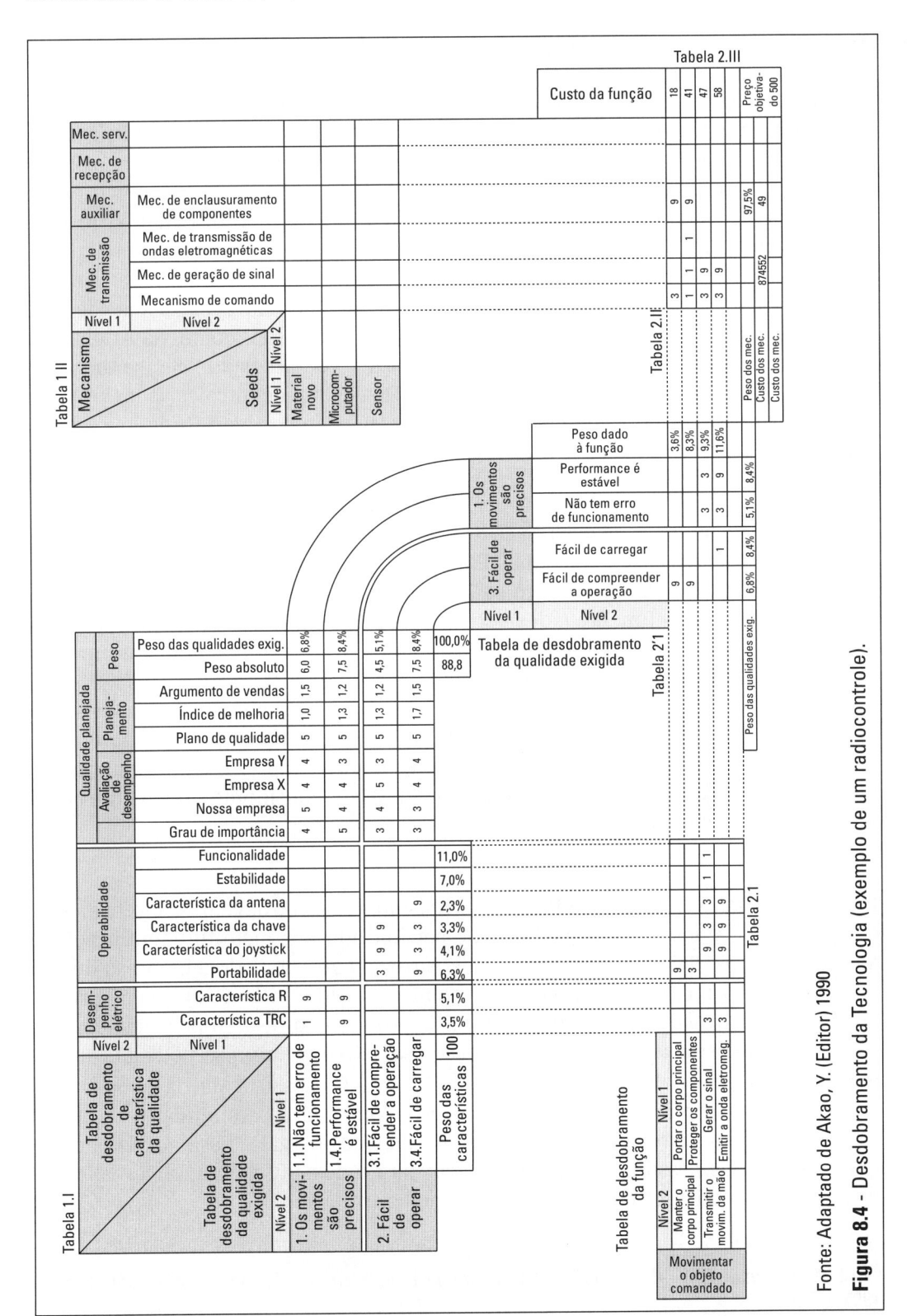

Fonte: Adaptado de Akao, Y. (Editor) 1990

Figura 8.4 - Desdobramento da Tecnologia (exemplo de um radiocontrole).

Passo 2 – Definir as funções que devem ser dadas ao produto, pois baseando-se apenas nas características de qualidade não será possível identificar a tecnologia apropriada para solucionar os problemas. As funções devem atender às características e/ou qualidades exigidas (ver matrizes 2-1 e 2'-1 na Figura 8.3). Na matriz 2-1, o desdobramento da função é: a função básica do radiocontrole é "movimentar o objeto controlado". Para movimentar o objeto controlado, é necessário "manter o corpo principal" e "transmitir o movimento da mão". No desdobramento seguinte, "manter o corpo principal" significa "portar o corpo principal" e "proteger os componentes", como "transmitir o movimento da mão" é possível se o equipamento "gerar sinal" e "emitir onda eletromagnética". Esses desdobramentos não interessam aos clientes, pois poderia ser empregada outra tecnologia de transmissão, como via satélite ou raio laser, contanto que o objeto comandado efetue o voo desejado. Mas, se tudo isso não for definido, seria impossível elaborar o projeto do radiocontrole. Na maioria das vezes, o projetista elabora tudo de forma tácita, mas é importante torná-lo explícito para todos.

Passo 3 – A constatação da existência do gargalo de engenharia é realizada por meio da análise da tecnologia convencional. Para o exemplo em questão, é preciso analisar bem os mecanismos. Assim, devem-se identificar os mecanismos necessários para desempenhar aquelas funções e deve-se, também, comparar o desempenho atual do produto com o desempenho necessário para atender aos valores-meta das características de qualidade. Esta análise é facilitada por meio da construção das matrizes: Características da Qualidade × Funções e Funções × Mecanismos (Características dos Mecanismos) (ver Figura 8.4). Caso se verifique que não é possível obter uma solução com a extensão da tecnologia convencional da empresa, então, este mecanismo (ou certa característica do mecanismo) deve ser considerado realmente como Gargalo de Engenharia.

Passo 4 – Uma vez identificados os mecanismos-gargalo, devem-se efetuar estudos para removê-los. Esse trabalho pode ser iniciado por meio de identificação e análise de novas ideias, denominadas de ideias-semente. Quando a empresa decide por desenvolver a tecnologia necessária, ao invés de adquiri-la de outras empresas, podem-se desenvolver novas ideias dentro da própria empresa ou por meio de convênios com universidades e centros de pesquisa. Isto é, a empresa pode lançar "sementes" para desenvolver novas tecnologias[5]. Nesse processo, a Matriz de Sementes × Mecanismos, conforme mostra a Figura 8.5, contribuirá para ajudar a organizar as ideias-sementes e relacioná-las com os mecanismos-gargalo. Essa matriz permite que as ideias das pessoas sejam explicitadas para todos, possibilitando a realização de discussões e análises em direção a uma melhor solução.

---

[5] CHENG, L.C. *et al. QFD - Planejamento da Qualidade*. Belo Horizonte: Fundação Christiano Ottoni, 1995. 262 p.

Mecanismos / Sementes	1º nível / 2º nível	Mecanismo de ajuste de imagem			Mecanismos auxiliares	
		Mecanismo de ajuste de posição	Mecanismo de ampliação de imagem	Mecanismo de ajuste de foco	Macnismo de ventilação	⋮
1º nível — 2º nível						...
Novo material						...
Microcomputador						...
Sensor						...

Fonte: Adaptado de Cheng (1995)

Figura 8.5 – Matriz de sementes x Mecanismos (exemplo projetor de imagens).

• Desdobramento da Tecnologia: foco processo de fabricação.

A Figura 8.6 mostra um exemplo de modelo conceitual com o desdobramento da qualidade em associação com o desdobramento da tecnologia em um caso específico de uma empresa de materiais, vista como indústria de processo contínuo. Dois desdobramentos são analisados: desdobramento da qualidade do produto (DQP) e desdobramento da tecnologia do processo de fabricação (DTPF). No primeiro, é analisada a capacidade da empresa em atingir os valores-meta das características da qualidade por meio da extensão da tecnologia existente na empresa, para que as exigências dos clientes (clientes externos) possam ser atendidas. Como, neste caso, não era possível atingir todos os valores-meta das características da qualidade (presença de gargalo de engenharia), fez-se o desdobramento do processo de fabricação para que fosse avaliado (a) como a tecnologia de processo poderia ser alterada para que a qualidade do produto fosse alcançada e (b) como essa alteração poderia afetar os índices de desempenho do processo (IDPs – Produção, Rendimento e Disponibilidade). Paralelamente, avaliou-se, nesse modelo, como os IDPs poderiam ser melhorados por meio de alterações na tecnologia do processo de fabricação e qual seria o impacto causado na qualidade do produto.

O elo de conexão entre os dois tipos de desdobramentos são os parâmetros de controle dos processos de produção. Para realizar uma alteração em um parâmetro de controle com a finalidade de melhorar uma característica de qualidade do produto final (CQPF), por meio de alteração em características da qualidade do produto intermediário (CQPI)(DQP – Matriz 1-III na Figura 8.6), é necessário alterar alguma característica dos equipamentos (DTPF – Matriz 2-I' na Figura 8.6), que pode afetar os índices de desempenho de produção (DTPF – Matrizes 2-I e 2-II na Figura 8.6). Por consequência, se for importante alterar alguma característica de equipamento, durante o desenvolvimento do produto, com a finalidade de melhorar algum IDPs (DTPF – Matriz 2-I na Figura 8.6), algum parâmetro de

Figura 8.6 – Exemplo de um modelo conceitual considerando o desdobramento da qualidade e o desdobramento da tecnologia do processo de fabricação.

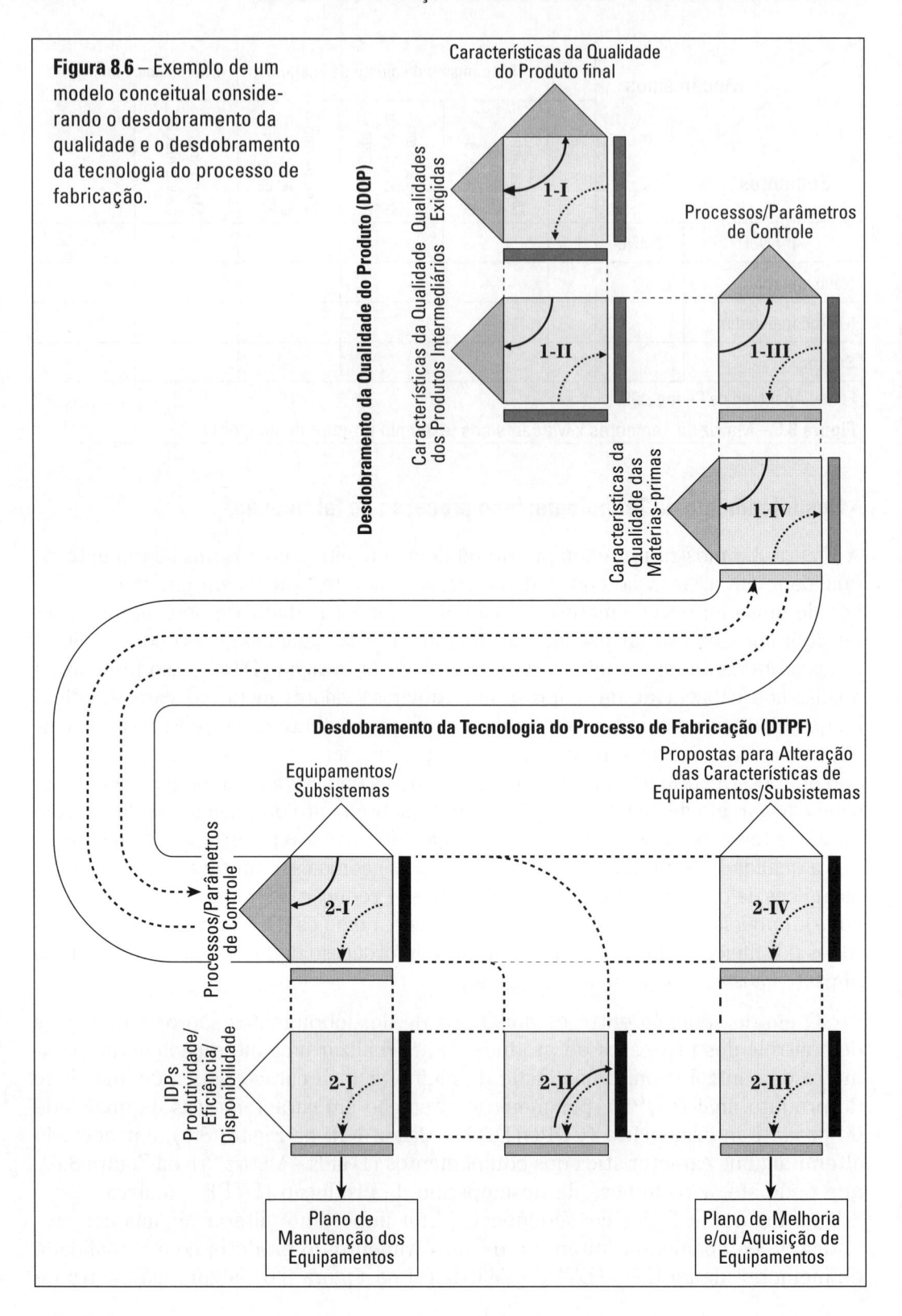

controle também poderia ser alterado (DTPF – Matrizes 2-I' e 2-II na Figura 8.6), o que poderia afetar as CQPI e, pela relação de causa-efeito, afetar as CQPF (DQP – Matriz 1-III na Figura 8.6).

Esse modelo permite uma análise de vaivém entre os dois desdobramentos, representado pelas setas que os interligam, o que robustece o modelo conceitual e também aumenta a troca de conhecimento entre as pessoas da equipe de desenvolvimento. Somado a isso, os dois desdobramentos permitem que os Parâmetros de Controles dos Processos (PCP), os Equipamentos (EQ) e os IDPs sejam priorizados. Com relação às matrizes do modelo conceitual, algumas análises podem ser feitas:

- Quais equipamentos e parâmetros de controle contribuem para uma melhora, manutenção ou piora da qualidade do produto?

- Quais equipamentos e parâmetros de controle contribuem para uma melhora, manutenção ou piora de IDPs, como produção e rendimento?

- Quais alterações realizadas na tecnologia do processo de produção (alterações de características de equipamentos e parâmetros de controle) podem melhorar a qualidade do produto e, ao mesmo tempo, afetar menos negativamente os IDPs, como diminuição da produção?

- Quais alterações realizadas na tecnologia do processo de produção podem melhorar a qualidade do produto e, ao mesmo tempo, melhorar um IDP, como aumentar o rendimento do processo?

- Quais alterações realizadas na tecnologia do processo de produção podem melhorar algum IDP e, ao mesmo tempo, pouco afetar a qualidade do produto?

É importante ressaltar que essas análises são realizadas ainda durante o desenvolvimento do produto e processo, o que facilita a antecipação da resolução de problemas. A partir dessas análises, deve ser construído um plano de ação para que as propostas prioritárias sejam realizadas.

Em suma, a implementação do desdobramento da tecnologia promove identificação e remoção de gargalos de engenharia nas fases iniciais de desenvolvimento do projeto do produto e, dessa forma, contribui na prevenção contra atrasos no cronograma provocados por alterações postergadas no projeto[6]. As análises dos Gargalos de Engenharia efetuadas nas fases iniciais do desenvolvimento fornecem à empresa dados importantes para a tomada de decisão quanto ao prosseguimento, congelamento ou abortamento do desenvolvimento. No Capítulo 23, apresentamos uma outra aplicação mais detalhada do desdobramento da qualidade em associação ao desdobramento da tecnologia do processo de produção, auxiliado pela técnica de Planejamento e Análise de Experimentos.

---

[6] CHENG, L.C. *et al. QFD - Planejamento da Qualidade*. Belo Horizonte: Fundação Christiano Ottoni, 1995. 262 p.

8.3. Desdobramento do Custo

Nas seções anteriores, analisamos o processo de detalhamento de um produto do ponto de vista das dimensões de qualidade e de tecnologia para atendimento das metas de desempenho das características da qualidade. No entanto, quando o desdobramento é conduzido com base apenas em qualidade e tecnologia, há o risco de se desenvolver um produto com custos elevados. É necessário, portanto, projetar produtos que satisfaçam os clientes, porém que estejam em equilíbrio com o custo.

Durante o projeto do produto, algumas questões relacionadas aos custos devem ser respondidas, tais como:

- É possível projetar um produto que atenda às metas de desempenho com um custo competitivo?

- Quando há um custo-meta, de que forma pode-se alterar o Projeto do Produto garantindo, ao mesmo tempo, as metas de desempenho?

- Qual será o impacto na qualidade percebida pelo cliente, se for alterado um determinado fator contribuinte do produto para reduzir o custo?

Se o custo objetivado for consideravelmente menor que o custo atual do produto, será necessário identificar onde reduzir o custo sem prejudicar a qualidade exigida pelo cliente. O desdobramento da qualidade em conjunto com o desdobramento do custo é uma maneira sistemática de fazê-lo. São apresentadas, a seguir, duas formas possíveis de execução.

Forma Redução de Custo (RC) *versus* Garantia da Qualidade (GQ)

A concepção da primeira forma originou-se dos trabalhos realizados por professor Furukawa[7]. O diagrama da Figura 8.7 descreve cada uma das etapas do método de Redução de Custo (RC) *versus* Garantia da Qualidade (GQ), em um projeto desenvolvido em uma siderúrgica. De acordo com o fluxograma, constroem-se duas colunas, uma de qualidade e a outra de custo. Entre essas duas colunas, insere-se uma adicional na qual se faz a comparação entre qualidade e custo por intermédio de estudos específicos.

---

[7] AKAO, Y. *Introdução ao Desdobramento da Qualidade.* Série Manual de Aplicação do Desdobramento da Função Qualidade. Vol. 1. Belo Horizonte: Editora Fundação Christiano Ottoni, 1996. 187 p.

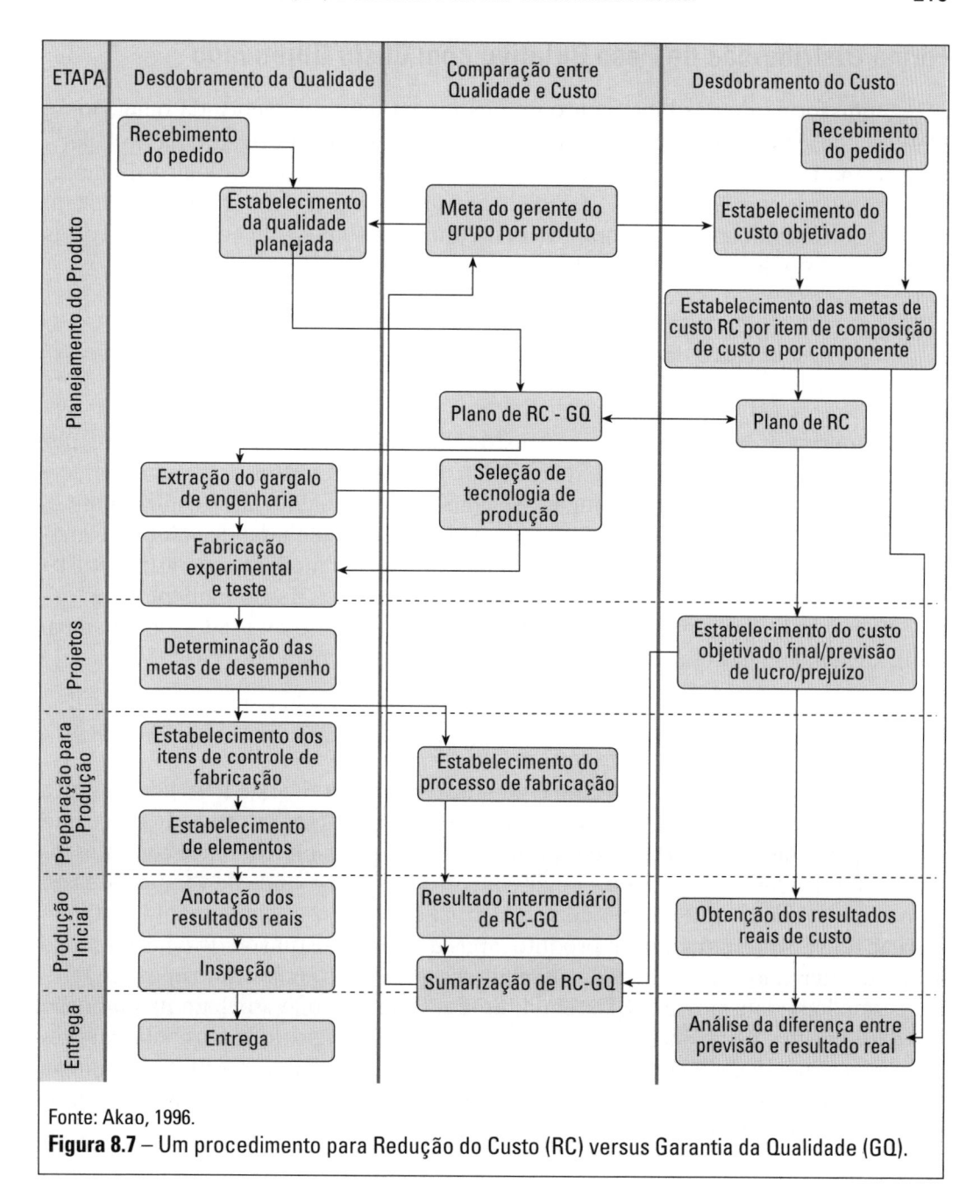

Fonte: Akao, 1996.

Figura 8.7 – Um procedimento para Redução do Custo (RC) versus Garantia da Qualidade (GQ).

Forma Distribuição do Peso Relativo com Custo Objetivado

A segunda forma de desdobramento do custo com desdobramento da qualidade é efetuar a ligação entre o desdobramento da qualidade com a Engenharia de Valor[8]. Essa forma foi apresentada pelo professor Akao e tem por base a lógica da multiplicação de pesos relativos das qualidades exigidas com um determinado valor do custo objetivado do produto, gerando assim uma distribuição de custos relativos às qualidades exigidas. A expressão de igualdade seria:

> peso relativo dado à qualidade exigida (%) × custo objetivado

Da mesma forma, calcula-se os custos dos outros fatores contribuintes, por exemplo, os custos das funções e mecanismo, indo até os custos do componentes e matérias-primas. A partir daí, compara-se com o custo atual do fator contribuinte e, se houver discrepância, atua-se efetuando estudos de engenharia de valor ou removendo o gargalo de engenharia. A Figura 8.8 mostra um modelo conceitual constituído pelo desdobramento da qualidade em associação aos desdobramentos da tecnologia e custo, para um exemplo específico de um produto montado. Detalhamos, abaixo, cada uma das etapas do desdobramento do custo para esse caso[9].

Passo 1 – Estabelecimento do Custo Objetivado (Figura 8.8)

Pode-se dizer que o custo objetivado é gerado a partir do preço de mercado. O custo objetivado deve ser estabelecido considerando-se os seguintes fatores: (1) preço que o cliente está disposto a pagar pelo produto; (2) preço de mercado dos produtos similares fabricados pela empresa e pelos concorrentes; (3) volume de vendas previsto para o novo produto e o volume de venda atual dos produtos similares; (4) fatia de mercado objetivada para o novo produto, após um tempo estimado de lançamento, e a fatia de mercado atual dos produtos similares; e (5) lucro objetivado após um tempo estimado de lançamento. Existem diferentes técnicas que auxiliam na obtenção dos dados acima, assim como há diversos sistemas de custeio utilizados pelas empresas (custeio por absorção, custeio direto, custeio padrão e custeio ABC). A empresa deve definir as técnicas a serem utilizadas, o sistema a ser adotado, e quais os tipos de custos a serem considerados no desdobramento.

---

[8] AKAO, Y. *Introdução ao Desdobramento da Qualidade.* Série Manual de Aplicação do Desdobramento da Função Qualidade. Vol. 1. Belo Horizonte: Editora Fundação Christiano Ottoni, 1996. 187 p.
[9] CHENG, L.C. *et al. QFD - Planejamento da Qualidade.* Belo Horizonte: Fundação Christiano Ottoni, 1995. 262 p.

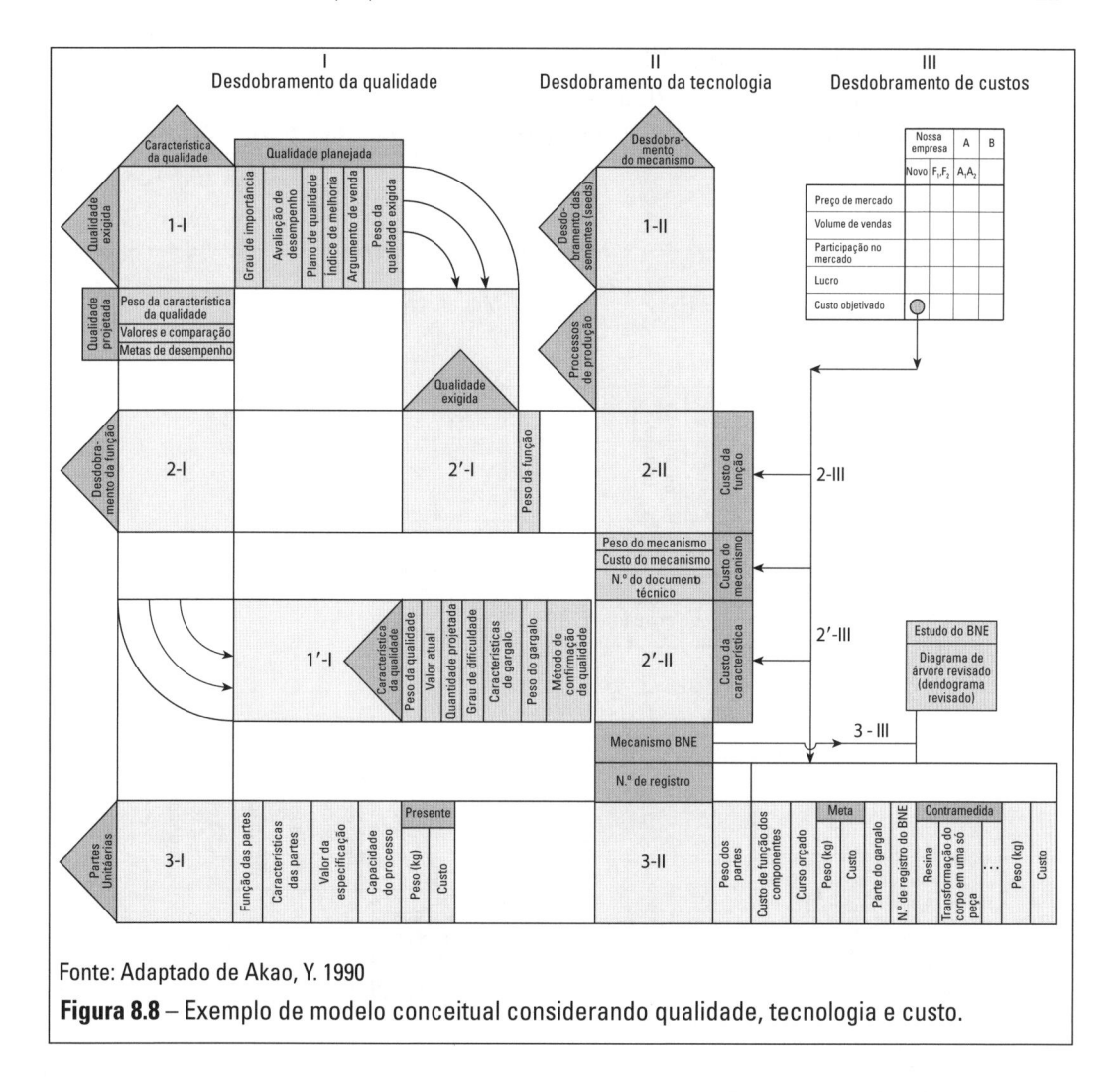

Fonte: Adaptado de Akao, Y. 1990

Figura 8.8 – Exemplo de modelo conceitual considerando qualidade, tecnologia e custo.

Passo 2 – Obtenção do Custo da Qualidade Exigida e da Função (Figura 8.9)

Identificam-se as qualidades exigidas por intermédio do desdobramento da qualidade. Efetua-se a qualidade planejada, obtendo o peso relativo de cada uma das qualidades exigidas. Obtém-se, em seguida, o custo objetivado para atendimento de cada qualidade exigida por meio da expressão matemática [peso relativo da qualidade exigida (%) × custo objetivado]. Depois, a partir do passo anterior – do custo objetivado das qualidades exigidas, obtém-se o custo objetivado das funções. Por intermédio da atribuição dos pesos relativos das qualidades exigidas, busca-se a atribuição dos pesos das funções do produto. Faz-se a atribuição do custo das funções por meio dos pesos relativos das funções. Por exemplo, no caso de um projetor, pode-se inquirir qual seria o custo necessário para que um projetor desempenhe a função de "iluminar". Ao mesmo tempo, deve-se questionar se o custo despendido para aquela função é elevado ou não. Quando se projeta um produto com um custo objetivado, pode-se estabelecer esse custo objetivado por função. Em uma situação onde uma função possui a sua importância definida pelo cliente e procura-se estabelecer um custo objetivado por função, pode-se fazer isso com base na importância atribuída pelo cliente [10].

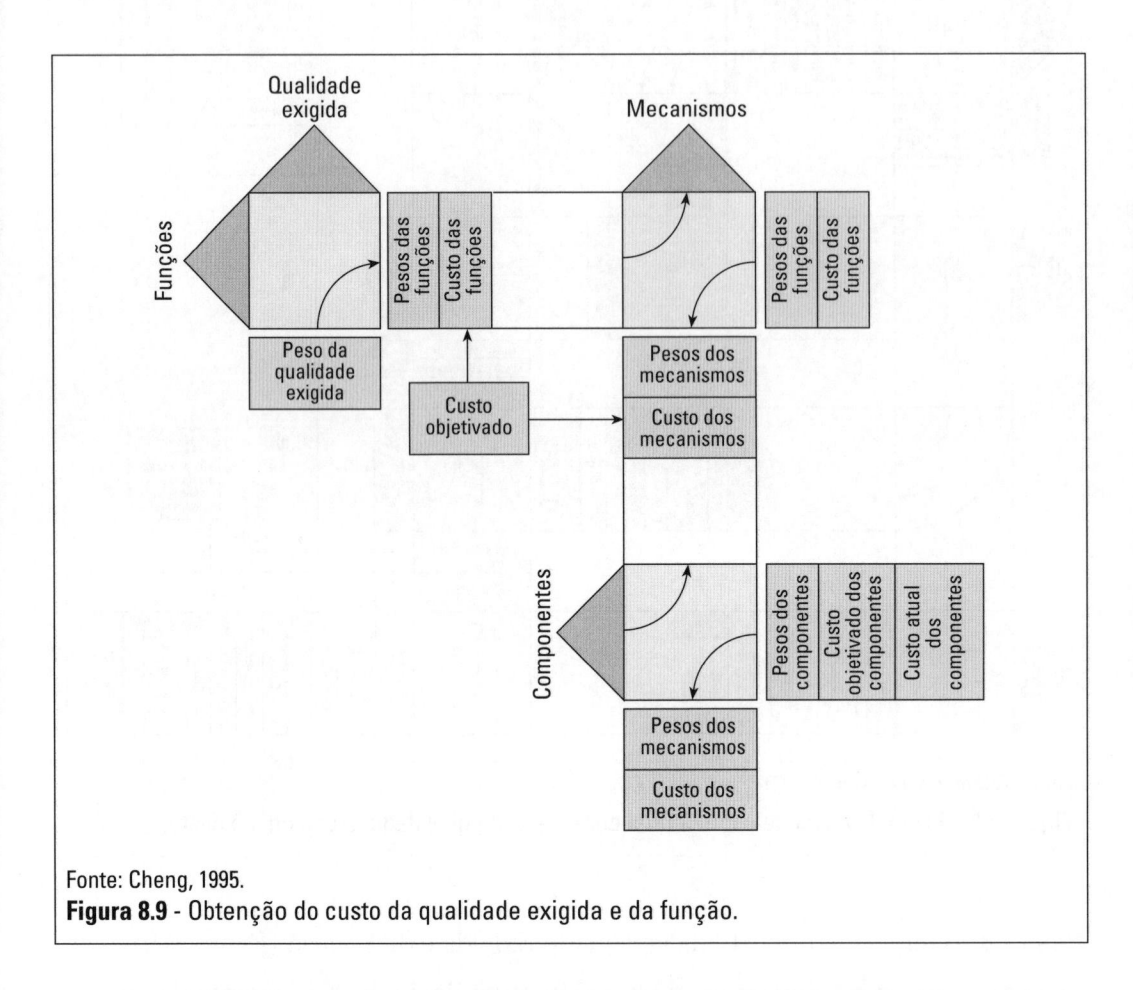

Fonte: Cheng, 1995.
Figura 8.9 - Obtenção do custo da qualidade exigida e da função.

Desta forma, o custo objetivado de cada função pode ser definido por meio do desdobramento do custo objetivado proporcionalmente ao peso relativo das funções [peso relativo das funções (%) × custo objetivado]. Sendo o peso relativo atribuído às funções originado do peso dos itens de qualidade exigida atribuído pelo cliente, o custo objetivado de cada função é, portanto, definido levando em conta o ponto de vista do cliente. A Figura 8.10 mostra um exemplo de desdobramento dos custos para as qualidades exigidas e funções de um projetor de imagens.

---

[10] CHENG, L.C. et al. *QFD - Planejamento da Qualidade*. Belo Horizonte: Fundação Christiano Ottoni, 1995. 262 p.

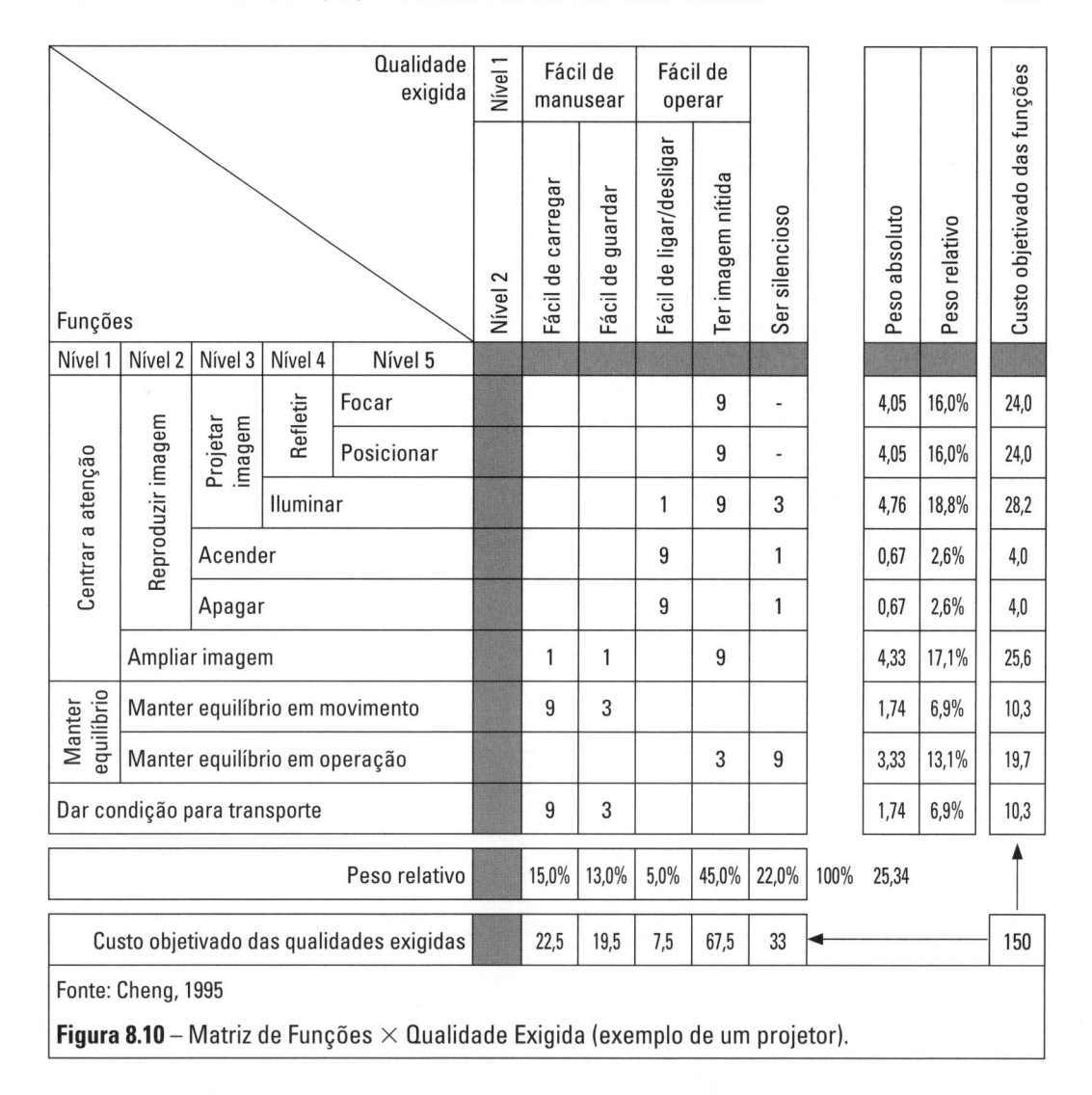

Figura 8.10 – Matriz de Funções × Qualidade Exigida (exemplo de um projetor).

Se o sistema de definição de custos da empresa possibilitar o cálculo do custo do produto por função, então, deverá ser feita uma análise comparativa do custo orçado com o custo objetivado por função. Diferença grande entre o custo orçado e o objetivado para uma determinada função pode indicar alto custo orçado em relação à importância atribuída pelo cliente à função. Devem-se priorizar os estudos de redução de custos considerando-se as maiores diferenças entre o custo orçado e o objetivado.

No exemplo da Figura 8.10, o custo objetivado para um projetor de imagens é de 150. Utiliza-se o peso relativo de cada função para calcular o seu custo objetivado, por exemplo, para a função de "iluminar", cujo peso relativo é 18,8%, multiplica-se 150 por 18,8%, e chega-se ao custo objetivado de 28,2 (150 × 18,8% = 28,2). Se o custo atual de "iluminar" for bem superior ao 28,2, poderá ser priorizado o estudo de redução de custo desta função. Entretanto, se o sistema de apropriação de custos da empresa não tiver a capacidade de identificar custo por função, uma alternativa seria desdobrar o custo objetivado por mecanismo, conforme a explanação do passo 3.

Passo 3 – Estabelecimento do Custo do Mecanismo (Figura 8.9)

Tal como no passo anterior, é possível estabelecer o custo do mecanismo multiplicando-se o custo objetivado do produto pelo peso relativo do mecanismo (ver Figura 8.9). Utilizando novamente o exemplo de projetor de imagens, se o custo atual de algum mecanismo for muito superior ao objetivado, o custo desse mecanismo deverá ser reduzido prioritariamente. Caso a tecnologia convencional da empresa não permita redução do custo do mecanismo, surge, então, um gargalo que deverá ser registrado e estudos deverão ser conduzidos para removê-lo ainda na fase inicial de detalhamento do projeto. Pode-se, também, desdobrar o custo objetivado por componentes ou por processos de fabricação desses componentes, ou ainda por outro fator contribuinte, como está mostrado no passo 4.

Passo 4 – Estabelecimento do Custo do Componente e Componente-Gargalo (Figura 8.11)

Componentes / Mecanismos	Nível 2	Mec. de reflexão	Mec. de ajuste de foco	Mec. de ajuste de posição	Mec. de iluminação	Mec. de ventilação	Peso absoluto	Peso relativo	Custo do componente objetivado	Custo atual do componente
Nível 3										
Lente		3	9	1			3,48	23,8%	35,7	33,0
Espelho		9		9			4,95	33,8%	50,8	48,0
Chave de acionamento					9	3	1,50	10,3%	15,4	17,0
Carcaça					1	1	0,22	1,5%	2,3	25,0
Lâmpada		1			9	9	2,41	16,5%	24,7	20,0
Conjunto cremalheira/pinhão			9				2,07	14,1%	21,2	24,0
Peso dos mecanismos		43%	23%	12%	14%	8%	14,63	100%		

Fonte: Adaptado de Cheng (1995)
Figura 8.11 – Matriz de Mecanismos x Componentes (exemplo de um projetor).

De forma semelhante, é possível estabelecer os custos dos componentes dos mecanismos por meio da multiplicação do custo total objetivado pelo peso relativo de cada componente (ver Figura 8.9). Na Figura 8.11, a coluna "custo atual do componente" mostra o custo atual orçado de cada componente. Examinando o componente "carcaça", verifica-se uma grande diferença entre o seu custo atual (25,0) e o custo objetivado (2,3). Isto indica que, do ponto de vista da qualidade exigida pelo cliente, deve-se priorizar o estudo para redução do custo desse componente. Se não for possível reduzir o custo do referido componente com a tecnologia atual da empresa, ele se torna um gargalo.

Considerações Sobre Desdobramento do Custo

Suponhamos que o custo objetivado do componente "lente" do exemplo utilizado na Figura 8.11 seja muito inferior ao custo atual do componente. Nessa situação, é necessário investigar as causas da baixa valoração ao invés de desconsiderar a percepção do cliente. Sabe-se que nem sempre os custos de um mecanismo, ou componente, ou outro fator contribuinte pode ser estabelecido apenas em função da valoração atribuída pelo cliente. No entanto, a percepção de valor do cliente é extremamente importante no projeto. Assim, antes da definição de um gargalo de custo/engenharia devido à diferença encontrada entre custo objetivado e o atual, é necessário verificar se existem outros fatores que encarecem o item, além daqueles atribuídos pelo cliente.

Quando existem outros importantes fatores que contribuem no acréscimo ou redução dos custos de um item, o custo objetivado deste, obtido apenas através da multiplicação da meta custo total pelo peso relativo, passa a ser não real. Dessa forma, torna-se necessária a obtenção do chamado **custo objetivado real**. Para corrigir a diferença entre o custo objetivado do item (obtido pelo peso relativo) e o custo objetivado real, alguns autores têm utilizado o artifício de normalização do peso relativo do item para um Índice de Importância Custo, por meio de um Fator Custo[11]. A Figura 8.12 ilustra o uso dessa técnica.

O valor do Fator Custo deve ser obtido por meio de critérios estabelecidos pelo grupo de desenvolvimento em função de todos os fatores que podem encarecer ou baratear um item. O Índice de Importância Custo é obtido pela multiplicação do peso relativo do item pelo Fator Custo. O custo objetivado do item é obtido pela multiplicação do Índice de Importância do Custo pelo custo objetivado do produto. Se o custo objetivado do item for inferior ao custo real atual, teremos então um gargalo de custo/engenharia, que deverá ser removido.

Em resumo, o Desdobramento da Qualidade e do Custo permite priorizar os itens que serão objetos de estudos de redução de custos, porém, mantendo ou melhorando o desempenho de qualidade. O seu objetivo primordial é identificar os Gargalos de Custo/Engenharia do produto o quanto antes possível no detalhamento do projeto. A identificação e a remoção antecipadas desses gargalos podem resultar na

---

[11] WASSERMAN, G. S. On How to Prioritize Design Requirements During the QFD Planning Process. IIE Transactions. Vol. 25(3): 59-65. 1993.

interrupção do desenvolvimento do Projeto do Produto ou na alteração da Qualidade Projetada, isto é, na alteração das metas de desempenho definidas para as características de qualidade do produto.

Mecanismos / Componentes	Nível 2	Mec. de reflexão	Mec. de ajuste de foco	Mec. de ajuste de posição	Mec. de iluminção	Mec. de ventilação		Peso absoluto	Peso relativo	Fator Custo	Índice de Importância do custo	Custo do componente objetivado (custo objetivado real)	Custo atual do componente
Nível 3													
Lente		3	9	1				3,48	23,8%	1,60	38,1%	57,1	60,0
Espelho		9		9				4,95	33,8%	1,00	33,8%	50,8	48,0
Chave de acionamento					9	3		1,50	10,3%	0,80	8,2%	12,3	17,0
Carcaça					1	1		0,22	1,5%	8,00	12,0%	18,0	25,0
Lâmpada		1			9	9		2,41	16,5%	0,90	14,8%	22,2	20,0
Conjunto cremalheira/pinhão			9					2,07	14,1%	1,00	14,1%	21,2	24,0
Peso dos mecanismos		43%	23%	12%	14%	8%		14,63	100%				

Figura 8.12 – Matriz de Mecanismos x Componentes (exemplo de um projetor) – Desdobramento de Custos.

Cada empresa possui seus próprios procedimentos de redução de custos, mas esse trabalho pode ser feito de acordo com as duas formas apontadas acima. O uso da Engenharia e Análise de Valor é, também, uma prática bastante frequente. No entanto, deve-se enfatizar que os custos do desenvolvimento do produto recaem sobre o custo final do produto, e a utilização do método QFD pode contribuir grandemente na redução desse custo.

8.4. Desdobramento da Confiabilidade

Como se define confiabilidade? O *Japan International Standards* (JIS) usa duas palavras na conceituação da confiabilidade: *shinraisei* e *shinraido*. A primeira, *shinraisei*, refere-se à <u>capacidade</u> de um item desempenhar uma função exigida sob condições preestabelecidas num período de tempo predeterminado; ao passo que a segunda, *shinraido*, refere-se à <u>probabilidade</u> de se desempenhar tal função sob as mesmas condições e durante o mesmo período de tempo. Neste livro, combinamos os dois conceitos e definimos a confiabilidade como a capacidade e a probabilidade de um item de desempenhar uma função exigida sob condições preestabelecidas durante um período de tempo predeterminado.

Dessa forma, é preciso estabelecer as metas de confiabilidade durante o desenvolvimento do Projeto de um Produto. Deve-se definir (a) por quanto tempo o produto deverá desempenhar as funções exigidas e (b) qual a probabilidade de o produto falhar no desempenho de suas funções durante esse tempo. Deve-se, também, identificar (i) formas de se prevenir contra a ocorrência de falhas do produto já na fase de detalhamento do projeto, (ii) tipos de falhas do produto que mais incomodam o cliente e (iii) meios de garantir que as falhas do produto não venham prejudicar a qualidade exigida pelo cliente.

Desdobramento da Qualidade $\times$ Desdobramento da Confiabilidade

O Desdobramento da Qualidade pode ser visto como um processo voltado para o atendimento da "Qualidade Positiva" exigida pelo cliente, ao passo que o Desdobramento da Confiabilidade é voltado para a prevenção da "Qualidade Negativa", isto é, prevenção contra a ocorrência de falhas no produto. Tanto no primeiro como no segundo, são considerados os aspectos tecnológicos e de custo. O Desdobramento da Confiabilidade em associação com o da Qualidade tem como objetivo **prevenir falhas no produto ainda na etapa de projeto do produto e do processo.** Nesse contexto, a **falha** é definida como: **a perda da capacidade de um item em desempenhar uma função exigida**[12].

A Figura 8.13 mostra o Desdobramento da Confiabilidade em associação com o da Qualidade ainda na fase de projeto em um exemplo específico de produto montado.

O estabelecimento da relação causal entre a Qualidade Exigida e as falhas que podem ocorrer no produto é essencial para a definição das metas de confiabilidade no desenvolvimento do produto e para a priorização das falhas. Mas, em que momento deve-se analisar a prevenção de falhas? É no estabelecimento da qualidade projetada para o produto final? É no detalhamento do projeto, dos componentes, dos mecanismos, dos produtos intermediários, das embalagens? É no desdobramento da matéria-prima ou dos processos de produção?

Devem-se realizar estudos de prevenção de falhas tanto no desenvolvimento do projeto de um produto novo como no desenvolvimento do projeto de um produto já existente ou similar a outro. Para cada uma dessas situações, o Desdobramento da Confiabilidade será diferente.

---

[12] Cheng L.C. et al. *QFD - Planejamento da Qualidade.* Fundação Christiano Ottoni, Belo Horizonte, Brasil. 1995, 262 p.

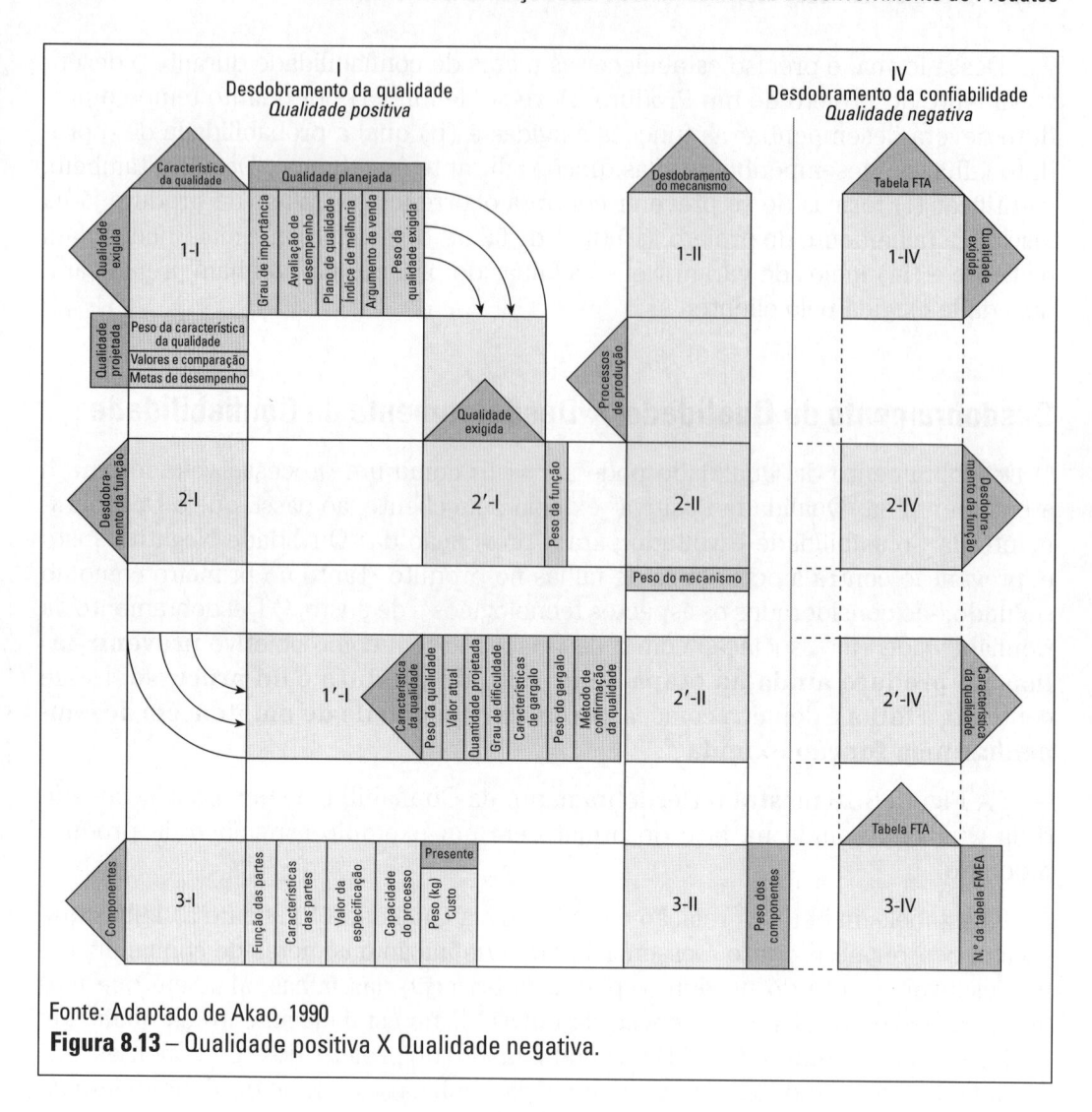

Fonte: Adaptado de Akao, 1990

Figura 8.13 – Qualidade positiva X Qualidade negativa.

A seguir, faremos uma breve apresentação de duas técnicas focalizadas na prevenção de falhas na fase de projeto. Elas facilitam a compreensão dos modelos conceituais para o desdobramento da confiabilidade que serão apresentados mais adiante (ver Figura 8.14).

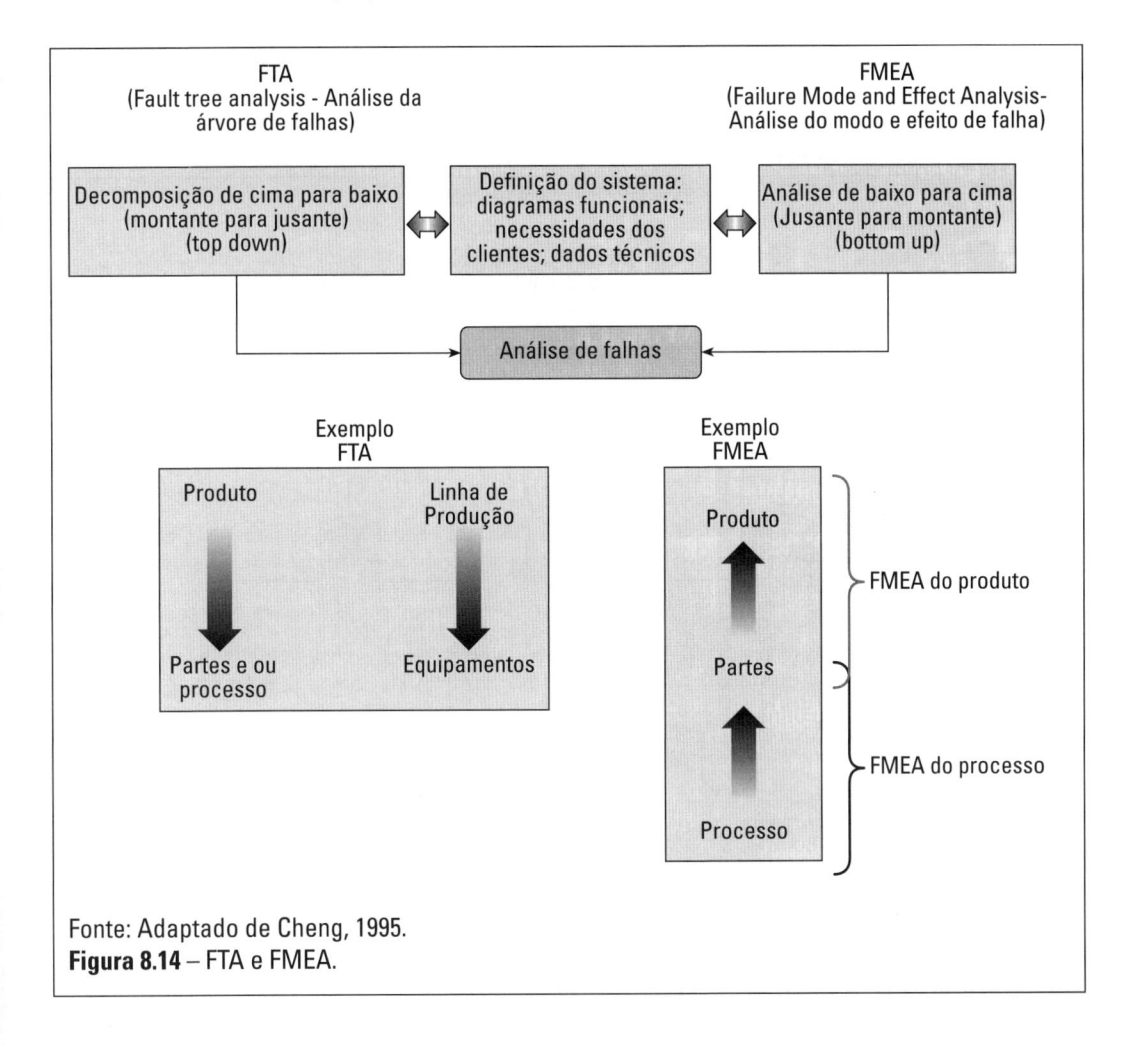

Fonte: Adaptado de Cheng, 1995.
Figura 8.14 – FTA e FMEA.

FTA - Análise da Árvore de Falhas

FTA é uma técnica que auxilia na identificação das causas fundamentais das falhas de um produto ou de um processo[13]. O raciocínio usado na construção da FTA segue de cima para baixo, isto é, a falha do produto/processo que está sendo analisada (denominada de "evento de topo") é desdobrada a partir do nível superior para os inferiores, conforme mostrado na Figura 8.15. O formato gráfico é de galhos de árvore.

A Figura 8.15 mostra como, a partir do evento topo "Motor não gira", as falhas são desdobradas para os níveis inferiores até chegar às falhas primárias nas partes individuais do motor – <u>partindo do efeito para chegar às causas</u>. Faz-se o cálculo da probabilidade de ocorrência dos eventos superiores com base nas probabilidades dos

---

[13] Cheng L.C. et al. *QFD - Planejamento da Qualidade.* Fundação Christiano Ottoni, Belo Horizonte, Brasil. 1995, 262 p.

eventos básicos, as quais são obtidas por meio da análise de dados históricos, testes, estudos, avaliação de produtos semelhantes etc.

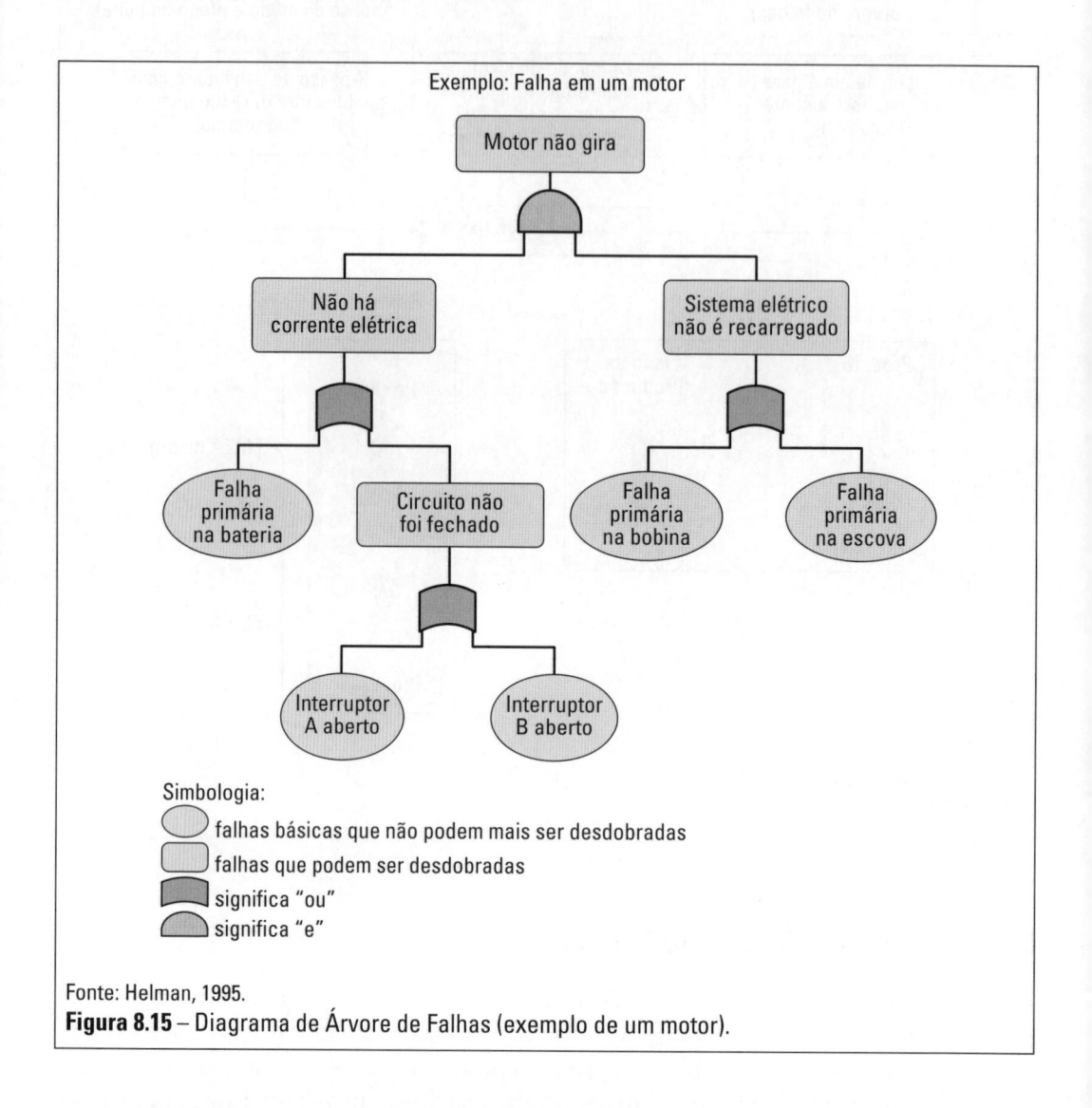

Exemplo: Falha em um motor

Fonte: Helman, 1995.
Figura 8.15 – Diagrama de Árvore de Falhas (exemplo de um motor).

FMEA - Análise do Modo e Efeito de Falha

FMEA auxilia na identificação das falhas críticas em cada parte ou processo de nível mais elementar, e suas causas e efeitos nos níveis hierárquicos superiores. Ao contrário de FTA, o processo de raciocínio em FMEA parte da causa para efeito, da falha para o problema resultante (ver Figura 8.16). O preenchimento do formulário de FMEA é um procedimento que sistematiza e explicita informações referentes às causas dos modos de falhas, sua influência no sistema, no produto ou no processo, e as contramedidas a serem tomadas para prevenir as falhas. A Figura 8.16 mostra um exemplo de FMEA.

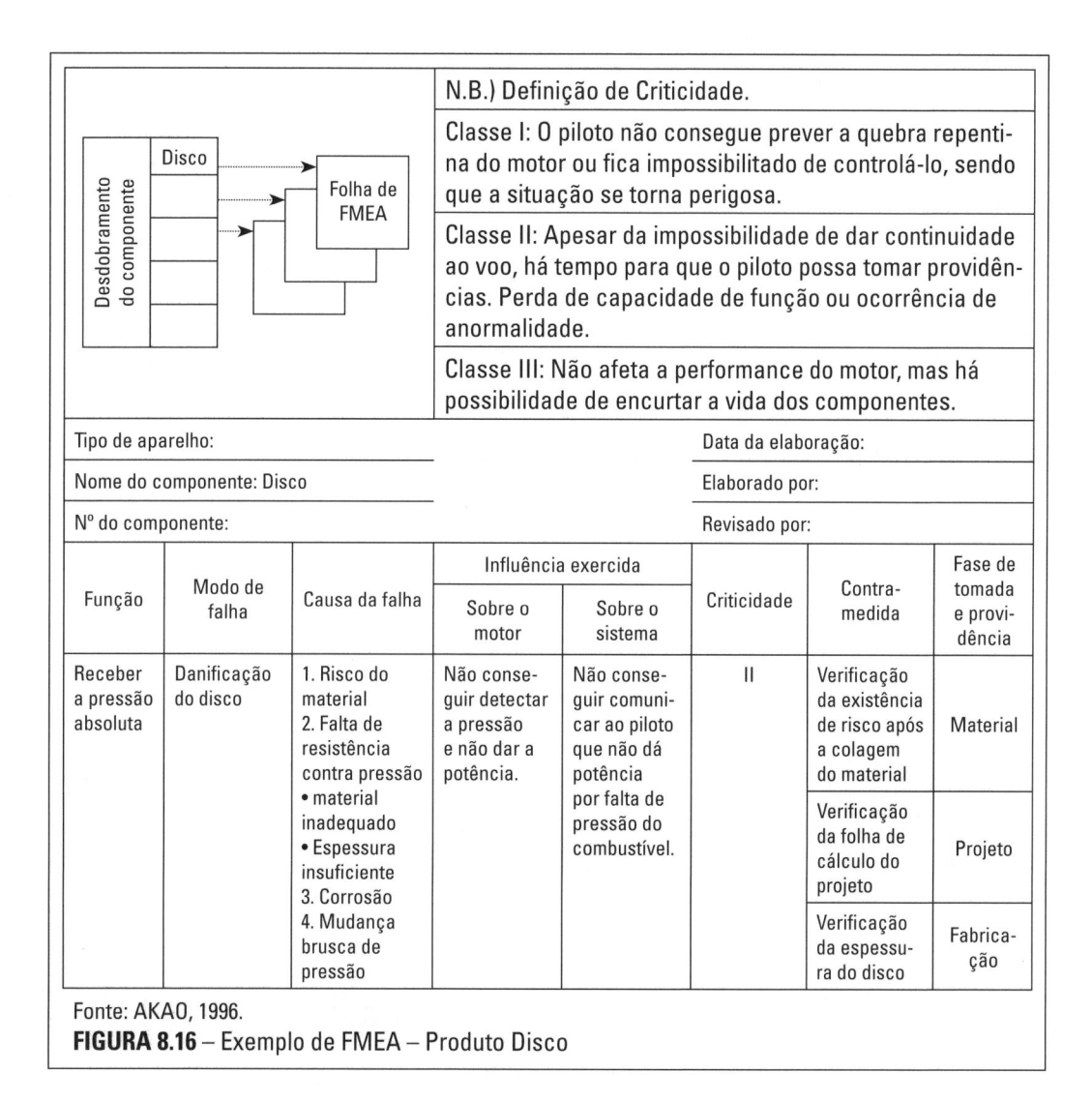

	N.B.) Definição de Criticidade.
	Classe I: O piloto não consegue prever a quebra repentina do motor ou fica impossibilitado de controlá-lo, sendo que a situação se torna perigosa.
	Classe II: Apesar da impossibilidade de dar continuidade ao voo, há tempo para que o piloto possa tomar providências. Perda de capacidade de função ou ocorrência de anormalidade.
	Classe III: Não afeta a performance do motor, mas há possibilidade de encurtar a vida dos componentes.

Tipo de aparelho: Data da elaboração:

Nome do componente: Disco   Elaborado por:

Nº do componente: Revisado por:

| Função | Modo de falha | Causa da falha | Influência exercida | | Criticidade | Contra-medida | Fase de tomada e providência |
			Sobre o motor	Sobre o sistema			
Receber a pressão absoluta	Danificação do disco	1. Risco do material 2. Falta de resistência contra pressão • material inadequado • Espessura insuficiente 3. Corrosão 4. Mudança brusca de pressão	Não conseguir detectar a pressão e não dar a potência.	Não conseguir comunicar ao piloto que não dá potência por falta de pressão do combustível.	II	Verificação da existência de risco após a colagem do material	Material
						Verificação da folha de cálculo do projeto	Projeto
						Verificação da espessura do disco	Fabricação

Fonte: AKAO, 1996.
FIGURA 8.16 – Exemplo de FMEA – Produto Disco

Há outras técnicas auxiliares que podem ser utilizadas em um trabalho de QFD durante o Desdobramento da Confiabilidade, entre elas se destacam Análise de Tempo de Falha e Testes de Vida Acelerados[14]. Sugere-se ao leitor consultar bibliografia específica. A seguir, apresentamos a aplicação de FTA e FMEA nos modelos conceituais para prevenção de falhas.

---

[14] FREITAS, M. A. e COLOCIMO, E. A. Confiabilidade: Análise de Tempo de Falhas e Testes de Vida Acelerados. Belo Horizonte: Fundação Christiano Ottoni. 1997.

Detalhamento do Projeto de um Produto "Novo"

No desenvolvimento de um produto "novo", o estudo e a prevenção de falhas nas etapas iniciais do desenvolvimento do projeto são tarefas bastante difíceis, pois o produto ainda não está definido. O caminho mais viável é executar essas tarefas no estágio de desdobramento dos componentes e/ou processos do produto, depois que o desenho do produto já está estabelecido. Pois o estudo das falhas nesse nível é mais concreto e mais visível, tendo em mãos o desdobramento da qualidade projetada e as relações com as funções, os mecanismos e os componentes claramente definidas.

Conforme mostra a Figura 8.17, aplica-se FMEA, no desenvolvimento de um produto "novo", para prevenir falhas e, com isso, assegurar o atendimento das metas de desempenho dos componentes e/ou processos críticos. Os itens críticos são identificados através dos desdobramentos e as contramedidas aplicadas nesses itens contribuirão para assegurar as metas desempenho do produto final.

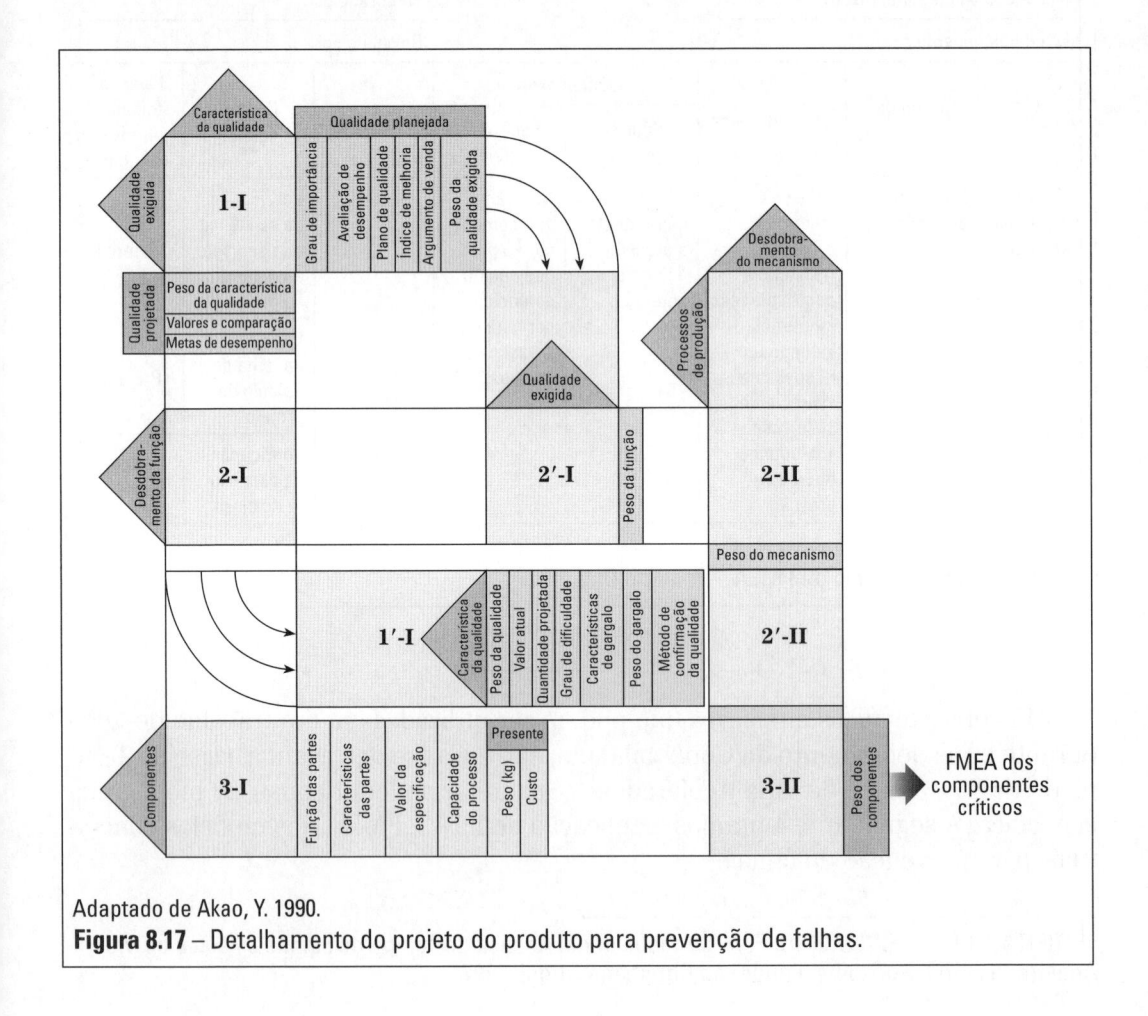

Adaptado de Akao, Y. 1990.

Figura 8.17 – Detalhamento do projeto do produto para prevenção de falhas.

Detalhamento do Projeto de um Produto Existente

No desenvolvimento de um produto já existente, identificam-se as falhas principais (evento topo) dos produtos com base nas informações obtidas de estudos, pesquisas, assistência técnica, etc. As falhas identificadas podem ser organizadas em uma tabela de desdobramento, como a Tabela de FTA (ver Figura 8.15). Essa tabela deve ser desdobrada até o nível que permita relacionar as potenciais falhas com a qualidade exigida pelo cliente. Na Figura 8.18, vemos a matriz "Tabela de FTA x Qualidade Exigida" que possibilita a priorização das falhas que afetam mais negativamente a qualidade exigida pelo cliente. Nessa matriz, o peso de cada falha é obtido multiplicando-se o peso de cada item de qualidade exigida pela intensidade da correlação existente entre a falha e o item de qualidade.

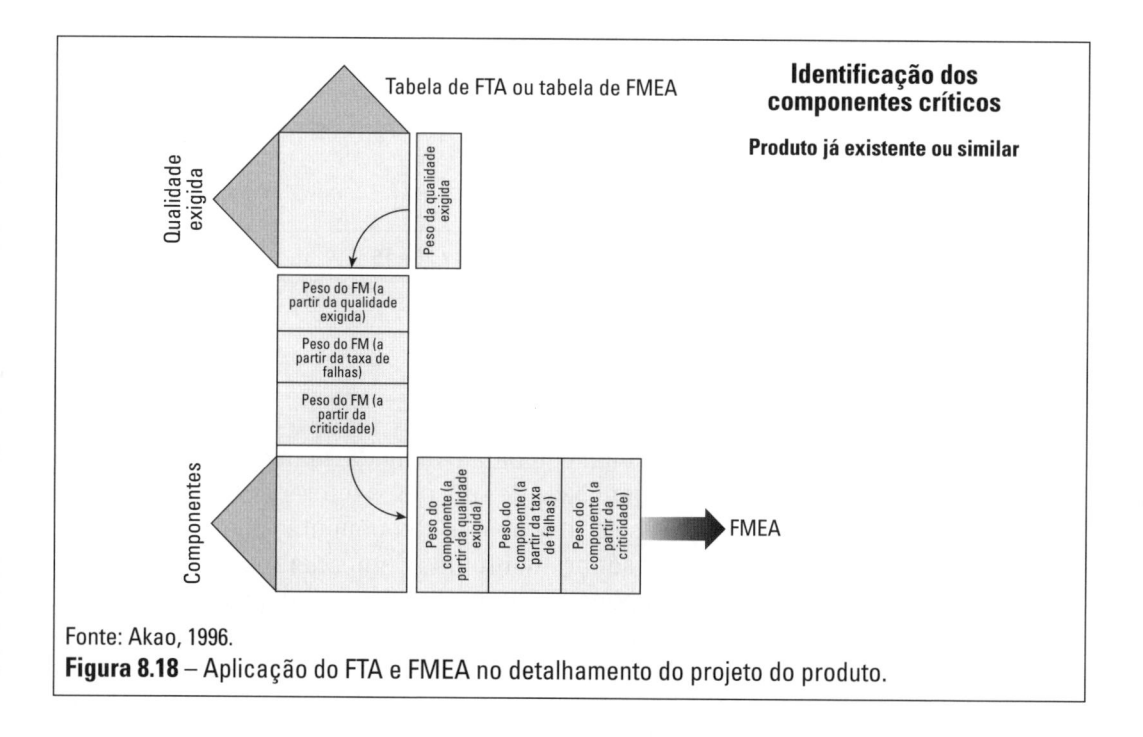

Fonte: Akao, 1996.

Figura 8.18 – Aplicação do FTA e FMEA no detalhamento do projeto do produto.

No caso de um produto que já existe no mercado, ou que tem um similar no mercado, há um outro índice que pode ser usado na priorização das falhas: a taxa de ocorrência das falhas. Calcula-se a frequência de ocorrência das falhas com base nos dados da assistência técnica, serviços de atendimento ao cliente etc.

Além desse índice, pode-se efetuar a priorização com o auxílio da engenharia da empresa, a qual pode atribuir pesos às falhas utilizando critérios de criticidade, como mostra o exemplo da Figura 8.19. Nesse caso, o conhecimento técnico que a engenharia da empresa tem sobre o produto e sobre a sua utilização constitui uma importante fonte de informação para a priorização das falhas.

Item	Conteúdo	Coeficiente
Grandeza da influência provocada pela falha - F1	Falha que provoca perda fatal Falha que provoca perda considerável Falha que provoca perda da função Falha que não provoca perda de função	5,0 3,0 1,0 0,5
Abrangência da influência sobre o sistema - F2	Provoca mais de 2 influências graves Provoca 1 influência grave Não é muito grave a influência provocada	2,0 1,0 1,0 0,5
Frequência da ocorrência da falha - F3	Alta frequência de ocorrência Possibilidade de ocorrências Pouca possibilidade de ocorrência	1,5 1,0 0,7
Possibilidade de prevenção da falha - F4	Prevenção é impossível Prevenção é possível Prevenção é fácil	1,3 1,0 0,7
Projeto novo ou não - F5	Projeto muito diferente Projeto similar Projeto idêntico	1,2 1,0 0,8
Grau de criticidade = F1 x F2 x F3 x F4 x F5		

Fonte: Akao, 1996.
Figura 8.19 – Tabela de pontuação do grau de criticidade.

Os três critérios mencionados acima – qualidade exigida, taxa de ocorrência das falhas e grau de criticidade – constituem base de três pesos diferentes para cada uma das falhas. Em sequência, identifica-se a relação dos componentes com as falhas por meio da matriz "FTA × Tabela de Desdobramento dos Componentes" (Figura 8.18), procurando-se clarificar como o componente provoca ou contribui para a ocorrência das falhas. Nesse momento, surgem dúvidas quanto à priorização da falhas para implementação de estudos de FMEA frente a existência de três pesos diferentes para cada falha. Recomenda-se que, nos componentes que têm um peso alto em qualquer um dos critérios, seja sempre aplicado o estudo de FMEA. O mesmo modelo conceitual pode ser utilizado para relacionar as falhas com os processos de produção e, assim, identificar os processos prioritários nos quais se deve efetuar estudos de FMEA.

Em suma, as técnicas FTA (Análise da Árvore de Falha) e FMEA (Análise do Modo e Efeito de Falha) são utilizadas como auxiliares ao trabalho de QFD, quando é necessário realizar análise da confiabilidade do produto e processo desenvolvidos durante o projeto. Outras técnicas podem também ser utilizadas para este fim, tais como Análise de Tempo de Falha e Testes de Vida Acelerados.

Estudos, ainda na fase de desenvolvimento do projeto do produto, que visam identificar potenciais falhas e definir contramedidas para prevenir a sua ocorrência, não só possibilitam a garantia do atendimento da qualidade exigida pelo cliente, permitem a identificação de Gargalos de Engenharia. Esses gargalos podem surgir devido à falta de tecnologia na empresa para prevenir a ocorrência da falha ou ao alto custo necessário para isso. É importante que os gargalos sejam identificados com antecedência, de forma que decisões quanto ao prosseguimento do processo de desenvolvimento do projeto do produto sejam tomadas em tempo adequado.

8.5. Conclusão

No capítulo anterior, abordamos os tópicos básicos referentes à construção do modelo conceitual e demonstramos detalhadamente o processo de desdobramento da qualidade. Neste capítulo, complementamos o assunto do modelo conceitual apresentando o desdobramento da qualidade em associação aos desdobramentos de tecnologia, custo e confiabilidade; e examinamos o uso de técnicas auxiliares ao trabalho de QFD, tais como FTA e FMEA dentro desse contexto.

Conforme visto até agora, durante o desenvolvimento do produto e do processo são levantadas muitas informações, que ficam restritas aos integrantes do grupo de desenvolvimento e do grupo de trabalho que participam desse processo. No entanto, essas informações precisam ser transmitidas para a produção, que é responsável pela fabricação do produto ou realização do serviço. Não adiantaria projetar o produto com qualidade, se tudo aquilo que foi especificado não for cumprido no processo de produção, ou na realização do serviço. Portanto, no próximo capítulo passaremos a focalizar na transmissão da informação para produção, visando à garantia da qualidade e satisfação dos clientes.

REFERÊNCIAS BIBLIOGRÁFICAS

AKAO, Y. *QFD: Integrating Customer Requirements into Product Design.* Cambridge: Productivity Press, 1990. 369 p.

AKAO, Y. *Introdução ao Desdobramento da Qualidade.* Série Manual de Aplicação do Desdobramento da Função Qualidade. Vol. 1. Belo Horizonte: Editora Fundação Christiano Ottoni, 1996. 187 p.

CHENG, L. C. *et. al.* QFD - *Planejamento da Qualidade.* Belo Horizonte: Fundação Christiano Ottoni, 1995. 262 p.

DANTAS, J. M. B. *Robustecimento do Sistema de Desenvolvimento de Produtos em PME's do Setor Eletroeletrônico a Nível Estratégico e Operacional – Aplicação em uma Indústria da Área de Materiais Elétricos de Instalação.* Dissertação de Mestrado. Programa de Pós-graduação em Engenharia de Produção da Universidade Federal de Minas Gerais. Belo Horizonte, 2006.

FREITAS, M. A. e COLOCIMO, E. A. *Confiabilidade: Análise de Tempo de Falhas e Testes de Vida Acelerados*. Belo Horizonte: Fundação Christiano Ottoni,1997. 309 p.

HELMAN, H. e ANDERY, P. R. P. Análise de Falhas: aplicação dos métodos de FMEA e FTA. Belo Horizonte: Fundação Christiano Ottoni, 1995.

MELO FILHO, D. R. *Aplicação do Método QFD em uma Indústria de Materiais: Desdobramento da Qualidade Positiva e da Tecnologia do Processo de Fabricação com o Auxílio da Técnica de Planejamento e Análise de Experimentos*. Dissertação de Mestrado. Programa de Pós-graduação em Engenharia de Produção da Universidade Federal de Minas Gerais. Belo Horizonte, 2005, 167p.

WASSERMAN, G. S. On How to Prioritize Design Requirements During the QFD Planning Process. *IIE Transactions*. Vol. 25(3): 59-65. 1993.

DESDOBRAMENTO DA QUALIDADE (QD): TRANSMITINDO A INFORMAÇÃO PARA A PRODUÇÃO

Carlos Alberto Scapin
Renato Machado Vilela
Leonel Del Rey de Melo Filho

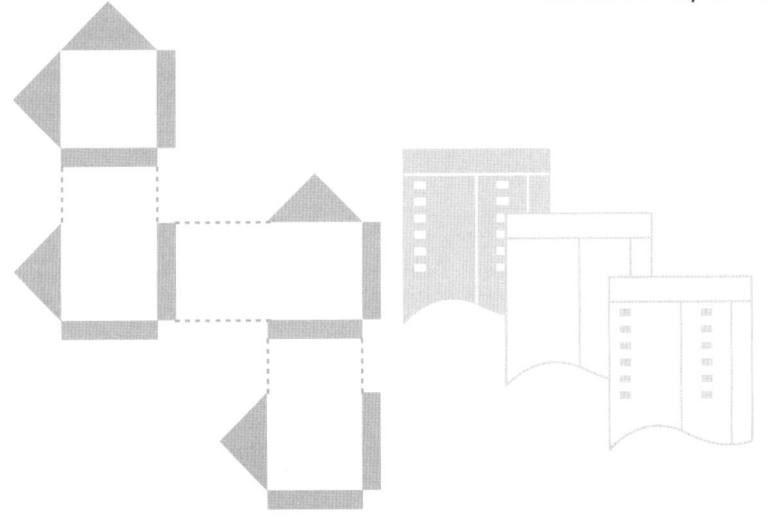

9.1. Introdução

Nos capítulos anteriores, mostramos como se realiza o projeto básico do produto. Vimos como a voz do cliente pode ser captada e transformada em Qualidades Exigidas, e como se estabelece a Qualidade Planejada. Foi apresentado como as Qualidades Exigidas são convertidas em Características da Qualidade para ser determinada a Qualidade Projetada. Apresentamos também como podem ser realizados o projeto detalhado do produto e o projeto do processo de fabricação. Para isto mostramos como se desdobra o trabalho nos fatores contribuintes necessários, formando-se, assim, o Modelo Conceitual do QFD, o qual deve ser preenchido conforme o projeto. Durante todo o procedimento de procura e aquisição de dados necessários para o preenchimento das matrizes, são levantadas muitas informações que ficam restritas aos integrantes do grupo de desenvolvimento e do grupo de trabalho que participam desse processo. No entanto, essas informações precisam ser transmitidas para a produção, que é responsável por fabricar o produto ou realizar o serviço. De nada valeria projetar o produto com qualidade, se tudo aquilo que foi especificado não se repetir no processo de produção, ou na realização do serviço. Todas as pessoas do processo produtivo devem estar cientes de como o produto deve ser fabricado. Assim, a forma como as informações sobre o desenvolvimento são passadas para a produção é muito importante.

Os conteúdos apresentados neste capítulo abordam desde a etapa de Projeto Básico até a Produção Inicial do PDPOC. Mas o foco está nas etapas de Preparação para Produção e Produção Inicial (ver Figura 9.1).

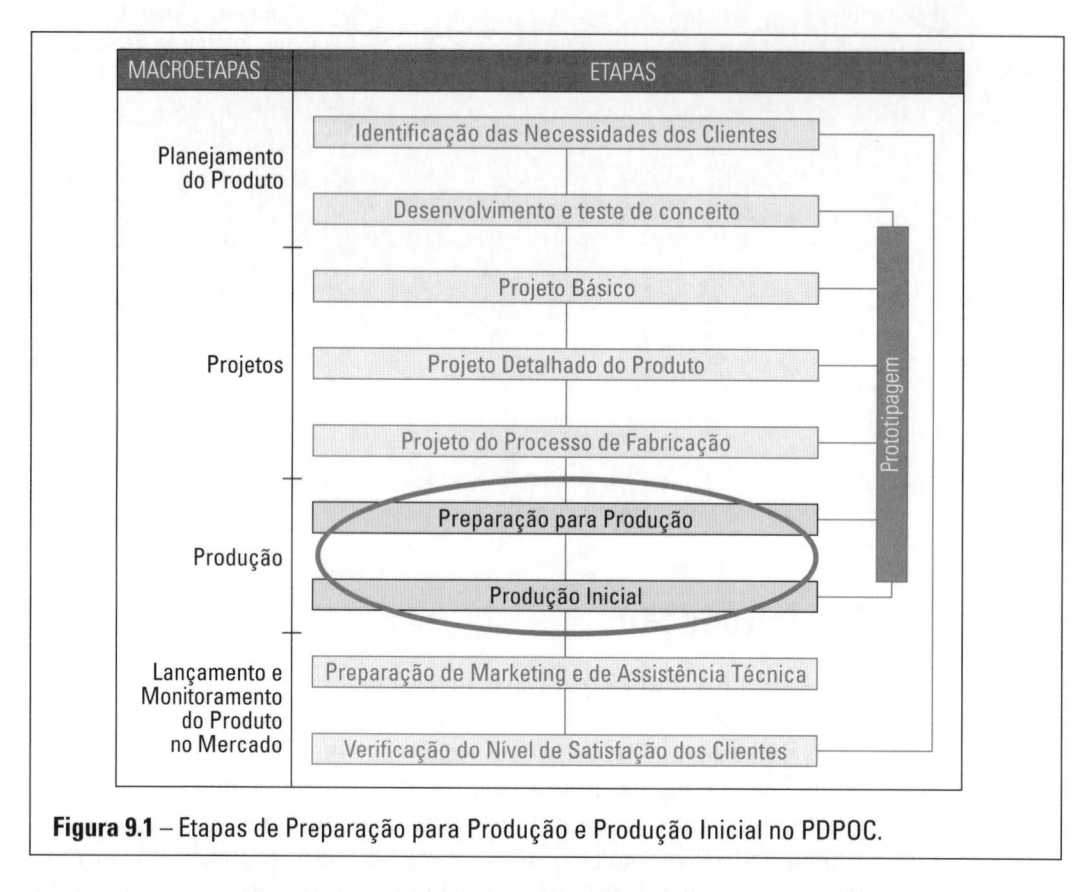

Figura 9.1 – Etapas de Preparação para Produção e Produção Inicial no PDPOC.

O conjunto de padrões é o meio responsável pela transmissão da informação para as áreas funcionais da empresa que fabricarão o produto[1]. Portanto, quando uma empresa decide utilizar o QFD, ela deve possuir um sistema de padronização eficiente, ou deve desenvolver um ao longo do projeto de desenvolvimento, caso contrário ela corre risco de desenvolver um excelente produto que atende às necessidades dos clientes, mas que não consegue manter a qualidade por falta de padronização.

---

[1] AKAO, Y. *Quality Function Deployment: QFD Integrating Customer Requirements into Product Design.* Cambridge: Productivity Press, 1990. 369 p.

O objetivo da padronização é instruir as pessoas do processo produtivo, como operadores, sobre a forma com que o produto deverá ser fabricado com qualidade, ainda nas etapas de preparação para produção e produção inicial, possibilitando, assim, que os problemas de qualidade que possam surgir sejam analisados previamente. As providências necessárias devem ser tomadas antes da produção em série. Ao assumir este enfoque, busca-se passar do desenvolvimento tradicional de produtos (em que a solução dos problemas ocorre após o lançamento) para o desenvolvimento do tipo "Solução Antecipada de Problemas". O importante é não transferir a maior parte dos problemas para a produção em série, resolvendo-os desde o projeto.

Pode-se classificar os padrões em "Padrões de Produto" ou "Padrões de Procedimento". Os padrões de produto são aqueles que especificam detalhadamente o produto propriamente dito, os produtos intermediários, a matéria-prima e os insumos. Os padrões de procedimento são aqueles relacionados aos processos produtivos. Aplicados aos processos produtivos, temos Fluxograma do Processo, Tabela de Análise de Processos Críticos, Plano de Controle do Processo, Padrão Técnico de Processo (*QC Process Chart*), Procedimento Operacional e Padrão de Inspeção[2]. Em processos administrativos, são mais utilizados os Padrões Gerenciais e Procedimentos Operacionais Padrão (POPs).

O Padrão Técnico de Processo (PTP), o principal documento responsável por transmitir ao chão de fábrica as informações de controle dos processos, existe desde a década de 1960. O PTP era preparado pelo pessoal da fábrica após a conclusão do desenvolvimento do produto. No entanto, percebeu-se que era preciso relacionar a elaboração do PTP às informações do desenvolvimento do produto. A partir desta necessidade, começaram a se desenvolver métodos adequados para este fim. Nesse momento surgiu o método QFD. A partir da criação e aperfeiçoamento do QFD, o PTP passou a ser elaborado na fase de desenvolvimento do produto com a participação de diferentes áreas funcionais, como engenharia, garantia da qualidade, marketing e produção.

Neste capítulo, descrevemos o processo de transmissão da informação obtida durante o desenvolvimento do produto para a produção. São apresentados os padrões gerados durante este procedimento, o objetivo de cada um, as pessoas que os utilizam, quem e como são elaborados. Tanto as atividades que serão descritas a seguir quanto os padrões representam apenas um exemplo, não um modelo rígido. As empresas que já possuem alguma forma de padronização não precisam abandonar o que está sendo desenvolvido. Deve-se verificar se o sistema atual exerce de maneira eficiente a transmissão da informação do desenvolvimento para a produção e, caso for necessário, complementá-lo. As empresas que não têm padronização sistemática não devem simplesmente copiar o que é proposto a seguir. É importante que façam as adaptações necessárias para se adequarem às características do produto, do processo e da organização interna.

---

[2] CHENG, L. C. *et al. QFD - Planejamento da Qualidade.* Belo Horizonte: Fundação Christiano Ottoni, 1995. 216p.

9.2. Padronização Inicial a Partir dos Dados das Matrizes do QD

As informações obtidas durante o preenchimento das matrizes do QFD são utilizadas na elaboração dos padrões. A Figura 9.2 é uma representação desse processo. Este é um processo gradual que começa nas etapas de Projeto Básico e Detalhado do Produto, Projeto do Processo de Fabricação e Prototipagem. Inicialmente, são elaboradas versões preliminares. Em seguida, estes padrões devem ser revisados, e novas versões devem ser apresentadas.

Basicamente, as atividades realizadas para elaboração e preenchimento das matrizes, assim como suas revisões, durante as Etapas de Projeto, ajudam a concretizar o conceito do produto por meio de um esboço do que será produzido, sendo apresentadas as especificações ainda preliminares, o que gera uma primeira versão da Tabela de Garantia da Qualidade do Produto. Paralelamente, identificam-se, de maneira preliminar, os processos mais adequados para construir o produto, produzindo o Fluxograma de Processos. Estes dois padrões serão apresentados a seguir.

Para fazer uma ligação precisa entre as informações processadas no desenvolvimento e o trabalho de elaboração de padrões, serão resumidas abaixo, de maneira geral, as atividades do Projeto Básico e do Produto, Projeto Detalhado do Produto e do Processo de Fabricação, e Prototipagem.

• Projeto Básico do Produto (estabelecimento das características da qualidade do produto):

Após a identificação das necessidades dos clientes e o estabelecimento do conceito do produto, é necessário concretizar as características da qualidade do produto e definir os valores das metas de desempenho dessas características, ou seja, converter as informações do mundo dos clientes para informações do mundo da tecnologia. Para se chegar a este resultado, é preciso desenvolver as atividades apresentadas nos Capítulos 4 e 5 e 6, tais como a elaboração da Tabela de Desdobramento das Características da Qualidade e a confecção da Matriz da Qualidade.

• Projeto Detalhado do Produto e do Processo de Fabricação:

Detalhar o Projeto do Produto representa desenvolver o projeto de engenharia do produto identificando e projetando todos os fatores contribuintes necessários para o desenvolvimento, como características da qualidade dos mecanismos, componentes e matérias-primas, processos e parâmetros de controle. Neste momento devem ser estabelecidos todos os valores-metas dos fatores contribuintes, como metas de desempenho para as características da qualidade do produto final, dos mecanismos,

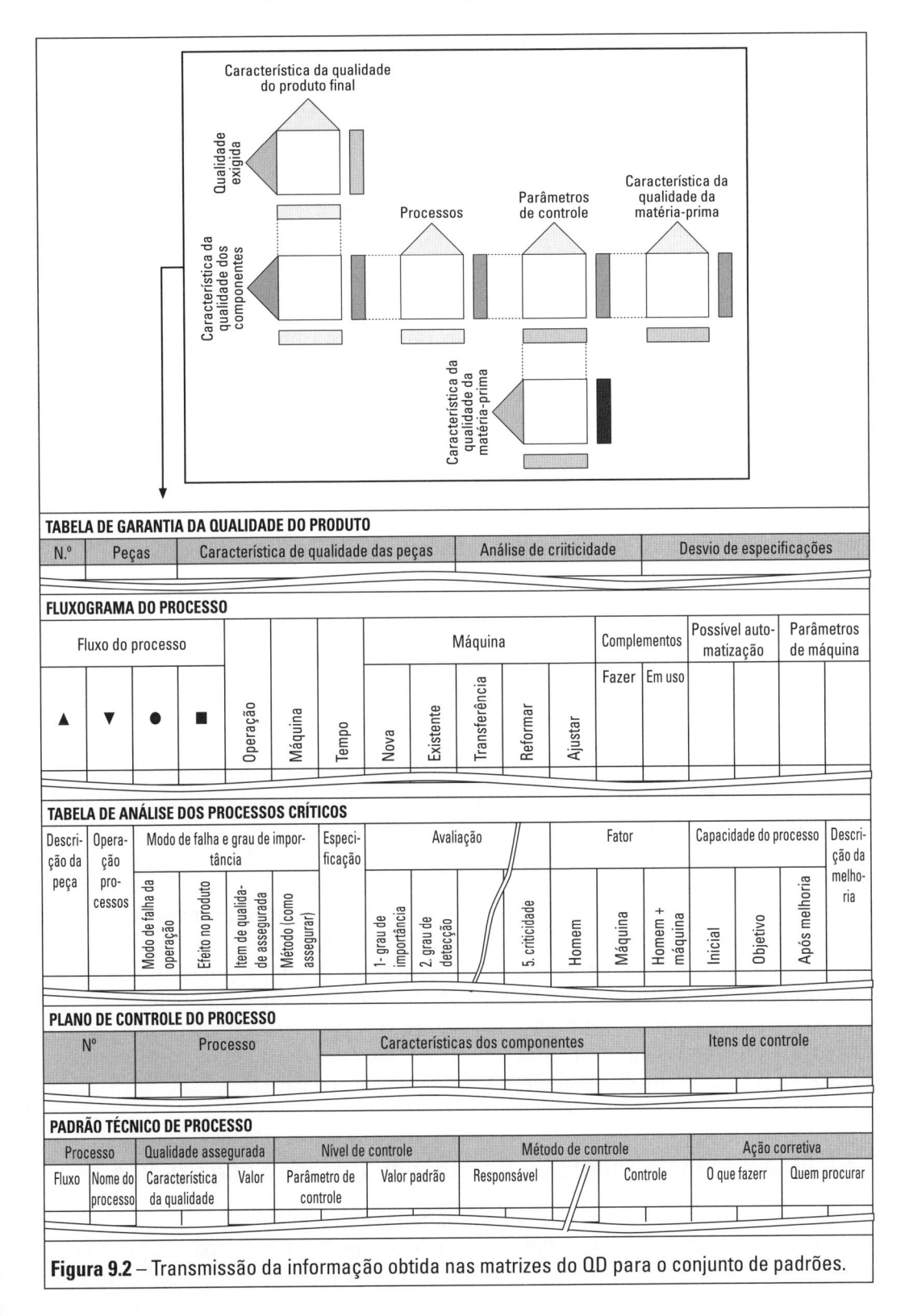

Figura 9.2 – Transmissão da informação obtida nas matrizes do QD para o conjunto de padrões.

dos componentes, das matérias-primas e dos produtos intermediários. Deve-se também estabelecer os valores-metas das faixas de operação dos parâmetros de controle e também os valores-metas para os Índices de Capacidades dos Processos (CPk). Estes valores devem estar contidos nas "abas" referentes às respectivas tabelas (ver Capítulo 7).

• Prototipagem:

A confecção de protótipos é um processo importante do desenvolvimento do produto e pode se repetir em outras etapas. O projeto é otimizado por meio da análise dos resultados obtidos nos testes efetuados nos protótipos. Uma ferramenta que auxilia esta etapa é o FMEA (Análise do Modo e Efeito da Falha) do Projeto. Informações valiosas podem ser obtidas para se priorizar ações corretivas, apesar dos estudos de viabilidade estarem baseados no projeto inicial de engenharia.

Podem, e devem, ser utilizados recursos computacionais, tais como o CAD (Projeto Auxiliado por Computador) / CAM (Manufatura Auxiliada por Computador) para que simulações sejam realizadas, antes mesmo da produção de protótipos em escala real. Este procedimento auxilia no procedimento de padronização inicial.

A fabricação de protótipos tem também o objetivo de fornecer à engenharia de processo, à produção e à área de Marketing, informações que podem ser usadas para avaliar a viabilidade de fabricação e comercialização do produto. Para se obter maior precisão nesta análise, os protótipos devem ser fabricados em condições representativas dos reais meios de produção. Nesta fase, as características da qualidade são confirmadas e são identificadas as características consideradas críticas em termos de garantia da qualidade.

Os sistemas modernos de produção têm se tornado muito complexos, aumentando a distância entre o cliente e quem fabrica. Diante disso, de nada adiantaria chamar a atenção dos operadores para produzirem com qualidade, simplesmente entregando desenhos e especificações, na esperança de que estes sejam obedecidos. As especificações de todos os fatores contribuintes devem ser descritas de maneira clara, e associadas a elas deve-se identificar claramente o efeito no produto final caso não sejam atendidas, tornando o operador mais consciente da importância do seu trabalho. Portanto, deve-se utilizar um meio mais eficiente de levar ao chão de fábrica as informações importantes de projeto. Para atender a esta necessidade, elabora-se a Tabela de Garantia da Qualidade do Produto, padrão que transmite os pontos críticos do projeto para a produção, alimentando o Padrão Técnico de Processo.

9.2.1. Elaboração da Tabela de Garantia da Qualidade do Produto

O objetivo da elaboração da Tabela de Garantia da Qualidade do Produto é transmitir as recomendações e os cuidados da engenharia de produto para a produção, identificando os efeitos que um fator contribuinte relacionado com projeto do produto causa no produto final, como componentes (e/ou Mecanismo, e/ou Produto Intermediário e/ou Matéria-Prima)[3]. O fator contribuinte escolhido para ser analisado deve ser aquele que afeta diretamente o produto final, ou seja, possui uma relação direta de causa e efeito. No modelo conceitual apresentado na Figura 9.2, este fator é representado pelos componentes. Este será o exemplo escolhido para explicar o padrão em questão.

A tabela deve ser elaborada pela equipe de desenvolvimento para enriquecer seu conteúdo. Algumas partes da tabela são apenas resultados da compilação de alguns dados de entrada, podendo ser preenchidas individualmente sem envolver todo o grupo. Os pontos polêmicos devem ser levados para o grupo para discussão e busca de consenso. A tabela deve ser avaliada e aprovada por todos os membros, representando a aprovação das diversas áreas funcionais envolvidas.

As principais informações necessárias para a elaboração da Tabela de Garantia da Qualidade do Produto são: desenho do produto, relatórios de falhas de produtos similares em campo, relatórios de testes em protótipos, FMEA do produto, análise da Matriz da Qualidade, Tabela de Desdobramento dos Componentes (ou outros) e FTA (Análise da Árvore de Falhas). As descrições de cada item mencionado acima são resumidas a seguir.

Alguns insumos para a elaboração da Tabela de Garantia da Qualidade do Produto são:

1. **Desenho do Produto:** fornece as especificações de material e características críticas (dimensões que afetam ajuste, função e durabilidade), regulamentações governamentais, ambientais e de segurança.

2. **Relatório de Falhas de Produtos Similares:** fornece uma avaliação de casos reais de falhas, possibilitando uma análise estatística e a identificação dos fatores causadores das falhas.

3. **Relatório de Testes em Protótipos:** apresenta as anormalidades identificadas, tanto em condições normais quanto em sobrecarga. As falhas identificadas nesta fase fornecem os pontos fracos do projeto.

4. **FMEA do Projeto:** identifica as falhas potenciais e as formas de evitá-las, por meio da avaliação da probabilidade de ocorrência de uma falha, identificação do seu efeito e definição das ações requeridas para preveni-Ias. O FMEA de projeto deve ser efetuado na fase inicial do projeto, sendo um resumo do pensamento dos engenheiros e técnicos. Com base na experiência de problemas passados, deve-se analisar cada item que poderá falhar.

5. **Informações Geradas no Modelo Conceitual:** todo o processamento do Modelo Conceitual é útil na elaboração da Tabela de Garantia da Qualidade do Produto, destacando-se a Matriz da Qualidade que fornece os dados da voz do

---

[3] CHENG, L. C. *et al. QFD - Planejamento da Qualidade.* Belo Horizonte: Fundação Christiano Ottoni, 1995. 216p.

cliente e informa quais características da qualidade possuem maior correlação com os desejos e as necessidades do cliente. As tabelas e matrizes formadas pelos fatores contribuintes relacionados ao projeto do produto (como componentes e/ou Mecanismo, e/ou Produto Intermediário, e/ou Matéria-Prima – desdobramento de um produto em conjuntos e em subconjuntos) mapeiam todo o produto detalhadamente. A análise da Árvore de Falhas (FTA) tem por objetivo apresentar as falhas do produto como um todo. Sendo uma análise do tipo *top-down* (de cima para baixo), permite identificar quais as possíveis falhas de cada fator contribuinte. A Figura 9.3 representa como as informações obtidas por tabelas e matrizes do modelo conceitual auxiliam na construção da Tabela de Garantia da Qualidade do Produto.

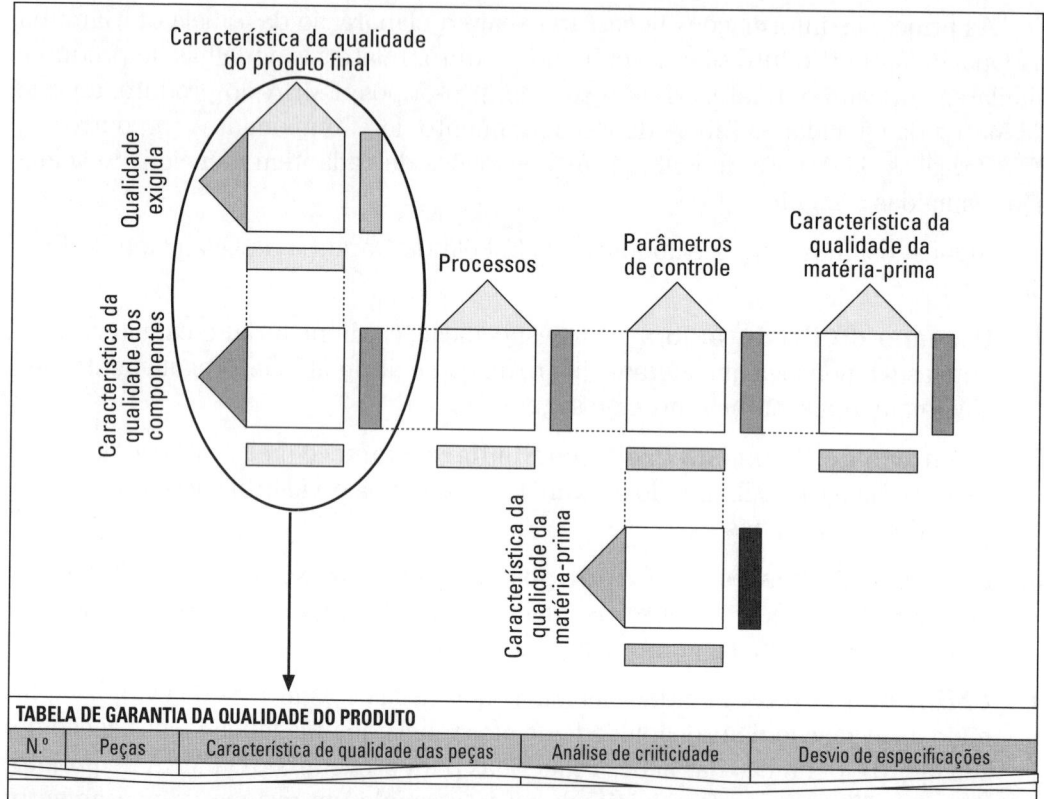

Figura 9.3 – Informações das tabelas e matrizes fornecem dados para construção da tabela de Garantia da Qualidade do Produto.

Com base nas informações listadas acima, a Tabela de Garantia da Qualidade do Produto é elaborada. Em linhas gerais, esta deve conter as seguintes informações[4]:

---

[4] CHENG, L. C. *et al. QFD - Planejamento da Qualidade.* Belo Horizonte: Fundação Christiano Ottoni, 1995. 216p.

1. **Lista de componentes (e/ou outros fatores contribuintes relacionados com o projeto do produto) e seus respectivos códigos (sistema de identificação):** padronização da nomenclatura de todos os componentes do produto.

2. **Características da Qualidade dos Componentes (e/ou outros fatores contribuintes relacionados com o projeto do produto) e suas especificações:** fornece ao chão de fábrica as especificações de engenharia de forma clara, evitando o uso de desenhos complicados e difíceis de se entender.

3. **Análise de criticidade:** apresenta uma avaliação das especificações dos componentes (e/ou outros fatores contribuintes relacionados com o projeto do produto) baseada em critérios, tais como segurança, relação com a qualidade exigida, experiência da empresa no item avaliado, problema no passado e necessidade de teste em protótipos. Esta análise tem importante papel nas identificações das Características da Qualidade consideradas críticas para posterior monitoramento. A identificação das características críticas determina pontos prioritários, nos quais os métodos de controle precisam ser melhor planejados. A Figura 9.4 apresenta um exemplo de critérios de análises críticas.

4. **Sintomas percebidos no produto:** identificam o efeito provocado no produto (percebido ou não pelos clientes), caso a característica analisada não atenda à especificação.

5. **Falhas no conjunto:** é uma análise técnica que identifica o efeito causado no conjunto (como mecanismo e/ou produto intermediário), caso a característica analisada não atenda à especificação.

Critério	Sigla	Condições	Pontuação
Segurança	S	A falha nesta característica compromete vidas humanas?	sim: 9 / não: 0
Qualidade exigida	Q	A partir dos pesos relativos das características da quallidade dos componentes, obtidos em uma matriz do modelo conceitual, associe da seguinte forma	
		Grande importância	9
		Média importância	3
		Menor importância	1
Problemas no passado	P	Muito frequente	9
		Pouco frequente	3
		Raro	1
		Inexistente	0
Novo item	N	Sim	3
		Não	0
Necessidade de teste de protótipo	T	Sim	3
		Não	0
Fonte: Adaptado de Cheng (1995)			

FIGURA 9.4 – Exemplo de critérios de análises críticas.

A Tabela de Garantia da Qualidade do Produto deve sofrer revisões durante o desenvolvimento e quando for definitivamente aprovada deve ser enviada uma cópia aos supervisores de produção para consulta e conscientização dos operadores. Sempre que houver uma alteração do projeto, esta deve ser documentada na tabela. A seguir, a Figura 9.5 mostra exemplo de uma Tabela da Garantia da Qualidade do Produto Final.

Componente		Características de qualidade		Análise de criticidade					Grau de impor-tância	Desvio de especificação	
N.º	Nome	Item	Especificação	S	Q	N	P	T		Sintoma no produto	Falhas no conjunto
1	Estru-tura lateral	Espessura da chapa	0,25 ± 0,05 mm						0	Empenamen-to da lateral	Enfraquecimen-to da estrutura
		Comprimento	350 ± 0,5 mm	1		1			2	Risco de ferimentos	Problemas de montagem e perda de con-cordância
		Largura	250 ± 0,5 mm	1		1			2	Risco de ferimentos	Perda de con-cordância
		Diâmetro dos furos	8 ± 0,1 mm	9		3			12	Dificuldade de montar os componen-tes	Baixa ou eleva-da interferência entre os compo-nentes
2	Tinta de revesti-mento	Espessura	0,01 ± 0,001 mm	9		3			12	Formação de ferrugem	Proteção insufi-ciente
		Cor	Pantone nº 218V	9		3			12	Falta de pa-dronização	Tonalidade desigual
		Brilho		9					9	Aparência de velho	Pintura fosca
		Resistência ao calor	150 °C	3		9	3		15	Pintura queima e descasca	Perda de aderência da pintura
		Viscosidade	100 Cst	3		9	3		9	Presença de manchas	Distribuição da tinta desigual

Fonte: Adaptado de Cheng (1995)

Figura 9.5 – Exemplo de uma Tabela da Garantia da Qualidade do Produto Final de uma estrutura metálica.

9.2.2. Elaboração do Fluxograma do Processo

Desde o início do desenvolvimento de um produto, a equipe responsável tem uma ideia de quais seriam os processos mais prováveis de serem utilizados para fabricá-lo. Então, simultaneamente ao detalhamento do projeto do produto e à construção e testes de protótipo, especifica-se o processo produtivo ainda de maneira preliminar, ou seja, define-se a sequência de operações para cada etapa do processo. Identificam-se também os equipamentos, dispositivos, moldes, ferramentas e outros recursos necessários para a fabricação. Nesta fase é gerado o primeiro padrão de procedimento do projeto em desenvolvimento – o Fluxograma do Processo.

O Fluxograma do Processo tem o objetivo de definir a sequência e as características do processo produtivo (equipamentos, complementos, parâmetros, índice de automação etc.). Uma proposta de fluxograma deve ser elaborada pela engenharia de processo e apresentada à equipe de desenvolvimento para estudo, indicação de sugestões e aprovação.

À medida que vai se detalhando o projeto, torna-se possível obter mais informações para a confecção do fluxo. Se na equipe de desenvolvimento houver um representante da engenharia de processos, é importante que este acompanhe a elaboração deste padrão em seu departamento.

Alguns Insumos para a elaboração do Fluxograma do Processo são[5]:

1. Desenho do Produto: fornece as especificações definidas no projeto, os tipos de acabamento e as interfaces entre componentes, possibilitando levantar o índice de capacidade dos processos (Cpk).

2. Especificação das matérias-primas: contém informações úteis para realizar a adequação dos processos às matérias-primas e possibilitar posterior detalhamento do projeto do processo.

3. Tabela de Garantia da Qualidade do Produto: apresenta o grau de importância das Características da Qualidade de cada componente, sendo um fator decisivo na escolha dos processos de fabricação.

4. Índice de Capacidade dos Processos (Cp / Cpk): para se verificar se os processos disponíveis são adequados para o produto que se pretende fabricar.

5. Tabela de Desdobramento dos Processos: permite a visualização das diversas alternativas para produzir o produto final (e/ou outro fator contribuinte como componentes, mecanismos e produtos intermediários).

6. Informações do Modelo Conceitual: obtêm-se, dos desdobramentos, informações úteis de algumas matrizes, tais como a Matriz de Processos × Características da Qualidade dos Componentes (ou de outro fator contribuinte), e Parâmetros de Controle dos Processos × Características da Qualidade dos Componentes (ou de outro fator contribuinte), para ajudar na escolha de processos mais adequados. Na indústria de processos, grande parte das informações do Modelo Conceitual é utilizada na elaboração do Fluxograma do Processo. A Figura 9.6 representa como as informações obtidas por tabelas e matrizes do modelo conceitual, e por padrões, auxiliam na construção do Fluxo do Processo.

---

[5] CHENG, L. C. *et al. QFD - Planejamento da Qualidade.* Belo Horizonte: Fundação Christiano Ottoni, 1995. 216p.

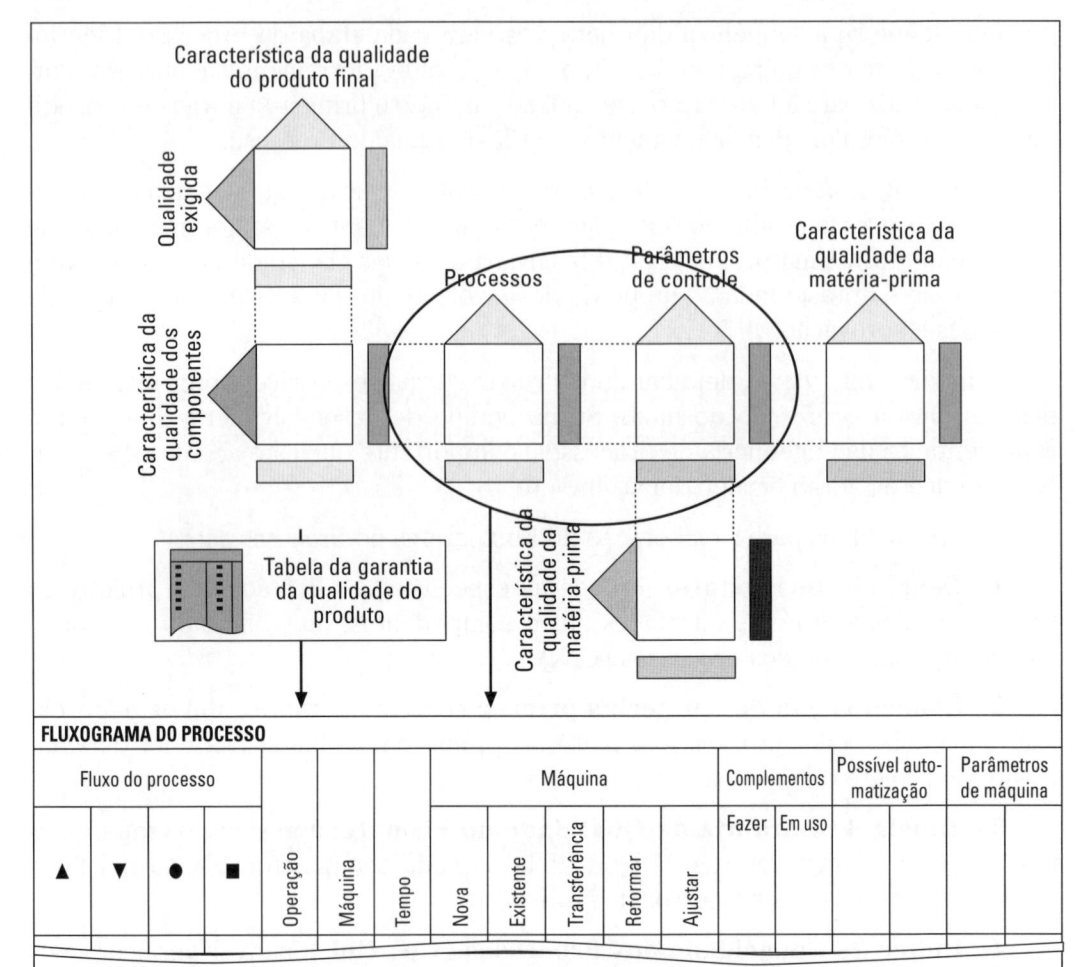

Figura 9.6 – Representação de como as informações obtidas por tabelas e matrizes do modelo conceitual, e por outros padrões, auxiliam na construção do Padrão Fluxograma do Processo.

O conteúdo do Fluxograma do Processo varia de empresa para empresa, mas algumas informações são gerais. Ele deve conter basicamente:

1. **Disposição gráfica do processo produtivo** que possibilita sua otimização, balanceando as atividades de transporte, fabricação, armazenagem e inspeção.

2. **Definição dos equipamentos e complementos** utilizados para viabilizar a operação do processo.

3. **Previsão de tempo gasto** em cada etapa do processo. O tempo de operação possibilita a definição do custo real, comparando-o com o custo objetivado.

4. **Adequação de equipamentos** com a identificação das adaptações necessárias nas máquinas e em outros meios produtivos, ainda numa fase inicial do desenvolvimento do produto, proporcionando redução no tempo total de desenvolvimento de produtos e evitando atrasos no lançamento dos mesmos.

5. **Parâmetros de controle dos processos** que são os itens de verificação, por meio dos quais pode-se influenciar direta ou indiretamente o resultado do processo. Eles fornecem base para a elaboração de um esboço do Padrão Técnico de Processo.

O Fluxograma do Processo é um padrão muito útil para diversos setores da empresa. O departamento de custos utiliza-o para prever mais precisamente o custo do produto; o departamento de planejamento e controle da produção utiliza-o para planejar a produção; e a manutenção tem as informações necessárias para iniciar a adequação dos equipamentos. A Figura 9.7 mostra um exemplo de Fluxograma do Processo.

Fluxo do processo				Operação	Equipamento	Tempo	Equipamento					Complementos		Possível automação	Parâmetros de controle
△	▽	○	□				Novo	Existente	Transferir	Reformar	Ajustar	Fazer	Em uso		
		10		Corte e furação do blank	Prensa n.º 850	15 s/ peça		x					Dispositivo n.º 2634	Sim	Curso - 150 mm Velocidade de avanço de 1,2 m/s
20				Transporte p/prensa n.º 875	Esteira	30 s/ peça	x					x		Sim	Velocidade - 0,5 m/s
		30		Dobra do blank	Prensa nº 875	45 s/ peça					x	x		Sim	Curso - 150 mm Velocidade de avanço 0,8 m/s
40				Transporte p/estoque	Empilhadeira	15 s/ peça								Não	
	50			Armazenamento	Container									Não	
60				Transporte p/soldagem	Empilhadeira	15 s/ peça								Não	
		70		Solda das abas	Solda MIG nº 635	30 s/ peça					x		Dispositivo n.º 3456	Não	Pressão 110 kg Corrente 10A Pré-pressão 50kg
			80	Verificar resistência da solda e empenamento	1 M/ peça	1 s/ peça	x					x		Não	

Fonte: Adaptado de Cheng (1995)

Figura 9.7 – Fluxograma do Processo - exemplo de uma barra metálica.

9.2.3. Esboço do Padrão Técnico do Processo (PTP)

Também faz parte da especificação preliminar do processo o estabelecimento dos prováveis pontos de controle do processo. Nesta etapa, é possível ter uma ideia do que é necessário monitorar para manter o processo sob controle. Esta atividade pode ser considerada como a preparação de um esboço do Padrão Técnico do Processo (PTP). É criada uma tabela simples, contendo a identificação dos componentes (e/ ou outro fator contribuinte relacionado com o projeto do produto), dos processos de fabricação de cada componente e de possíveis itens de controle de cada processo (Parâmetros de Controle dos Processos). Para se estabelecer os pontos de controle de forma mais segura e precisa, é necessário o detalhamento do processo de fabricação. Na Seção 9.3.3 (Elaboração do Padrão Técnico de Processo), o PTP será descrito detalhadamente.

9.3. Elaborando Padrões-Proposta a Partir dos Dados das Matrizes do QD

O objetivo principal desta etapa do desenvolvimento é estabelecer a primeira versão dos padrões a serem utilizados na produção[6]. Para se alcançar este objetivo é importante realizar uma revisão do Projeto do Produto a partir das informações de testes em protótipos e detalhar o projeto do processo produtivo. A seguir, apresentamos a descrição das atividades que podem ser realizadas no detalhamento dos padrões.

9.3.1. Revisão da Tabela de Garantia da Qualidade do Produto

A revisão da Tabela de Garantia da Qualidade do Produto deve ocorrer durante a revisão do Projeto do Produto. A revisão do Projeto do Produto é a ação gerencial que visa o aumento da confiabilidade do projeto, por meio da detecção de falhas potenciais com adoção de contramedidas. Esta não é uma atividade de inspeção simplesmente, devendo ser usada como método de prevenção de problemas.

A partir da definição do Fluxograma do Processo e de uma análise em profundidade dos resultados de testes em protótipos, deve ser realizada uma revisão ponto a ponto da Tabela de Garantia da Qualidade do Produto. Verifica-se a necessidade de alterar alguma especificação, de realizar nova análise de criticidade e de identificar outros efeitos do desvio das especificações. Finalizando, a tabela deve ser aprovada por todos os membros da equipe de desenvolvimento.

9.3.2. Detalhamento do Processo de Fabricação

Para possibilitar a elaboração do PTP, é necessário o detalhamento do processo de fabricação. Este compreende as seguintes atividades: Revisão do Fluxograma do Processo, Análise dos Processos Críticos e o Planejamento do Controle do Processo.

---

[6] CHENG, L. C. *et al. QFD - Planejamento da Qualidade*. Belo Horizonte: Fundação Christiano Ottoni, 1995. 216p.

As duas últimas atividades geram os seguintes documentos (padrões secundários), respectivamente, a Tabela de Análise de Processos Críticos e o Plano de Controle do Processo.

• Análise de Processos Críticos

O grupo de desenvolvimento é o responsável pela realização da Análise de Processos Críticos. Seu objetivo é estudar o processo como um todo, identificando os pontos críticos e buscando adequá-los às condições específicas. Esta atividade gera a Tabela de Análise de Processos Críticos, documentando de forma sistemática e detalhada todas as considerações efetuadas. Esta atividade possibilita uma análise detalhada dos processos planejados, tornando mais precisas as decisões da equipe de desenvolvimento.

A Análise de Processos Críticos é realizada, por meio do preenchimento da tabela indicada acima, baseando-se nas seguintes informações:

1. **Matriz (Qualidade Exigida × Árvore de Falhas):** fornece o grau de importância das falhas sob o ponto de vista do cliente, indicando os principais FMEAs a serem elaborados.

2. **Tabela de Garantia da Qualidade do Produto:** fornece a descrição da peça (ou fatores contribuintes), o efeito no produto e, principalmente, indica a priorização (Grau de Importância) de componentes (e/ou outros fatores contribuintes) a serem analisados.

3. **Fluxograma do Processo:** informa os processos e os equipamentos utilizados para a fabricação.

4. **Estudo da Capacidade dos Processos:** retrata as condições atuais de cada processo.

5. **Reclamações Internas e Externas:** fornece o histórico dos problemas do passado e as respectivas soluções adotadas.

A Figura 9.8 representa como as informações obtidas por tabelas e matrizes do modelo conceitual, e também por padrões, auxiliam na construção da tabela da análise de processos críticos.

As principais informações que devem estar contidas na Tabela de Análise de Processos Críticos são[7]:

1. **Descrição dos componentes** (e/ou outros fatores contribuintes, como mecanismos e resultados dos produtos intermediários) para identificar qual é o produto do processo analisado.

---

[7] CHENG, L. C. *et al. QFD - Planejamento da Qualidade*. Belo Horizonte: Fundação Christiano Ottoni, 1995. 216p.

2. Identificação do processo.

3. Análise das falhas abrangendo a descrição da falha, o efeito ocasionado no produto, as causas da falha e o método de controle.

4. Avaliação da criticidade da falha é realizada considerando critérios preestabelecidos (ver Figura 9.9). O índice de criticidade (C) é obtido por meio da multiplicação dos valores de cada critério (I × D × S × O). Este índice identifica as etapas do processo em que são exigidos maior atenção e cuidado.

5. Identificação dos fatores que levam à falha, humano (H) e máquina (M).

6. Estudo da capacidade dos processos, a partir da capacidade atual, definem-se objetivos a serem alcançados, meios para atingi-los e verifica-se a eficácia das ações tomadas.

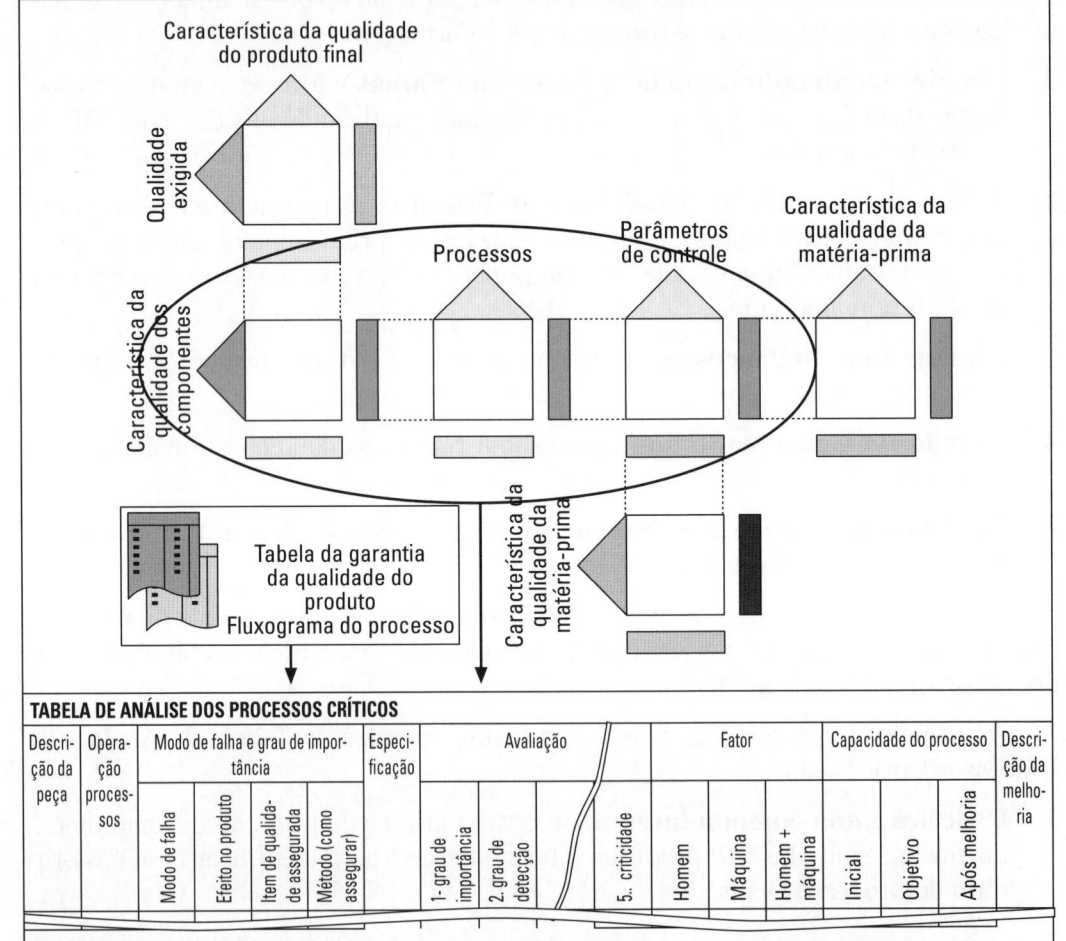

Figura 9.8 – Representação de como as informações obtidas por tabelas e matrizes do modelo conceitual, e por outros padrões, auxiliam na construção do Padrão Tabela de Análise dos Processos Críticos.

A Tabela de Análise de Processos Críticos deve ser arquivada pela engenharia de processo e revisada após cada melhoria introduzida no processo. A Figura 9.10 apresenta um exemplo desta tabela. O FMEA de processo exerce papel semelhante ao da Tabela de Análise de Processos Críticos.

Critério		Forma de avaliação	Peso
Grau de importância	I	Avalie de 1 a 5 quanto ao peso relativo extraído de matriz qualidade exigida x árvora de falhas	5 - maiores pesos 1 - menores pesos
Grau de detecção	D	Avalie de 1 a 5 quanto à capacidade de detectar a falha dentro da empresa	5 - difícil detecção 1 - fácil detecção
Severidade	S	Avalie de 1 a 5 quanto ao efeito que a falha causa no funcionamento (uso) do produto	5 - falha impossibilita o uso do produto 1 - falha não afeta em nada o uso do produto
Probabilidade de ocorrência	0	Avalie de 1 a 5 quanto à freqüência de ocorrência da falha	5 - falha muito frequente 1 - falha muito rara

Fonte: Adaptado de Cheng (1995)

Figura 9.9 – Critérios para avaliação da criticidade da falha.

Componente: Estrutura lateral   Produto: RP - 105

Processo/ operação	Modo de falha	Efeito da falha	Causas	Ações preventivas	Alterações das especificações	I	D	S	0	C	H	M	Atual	Objetivo	Após	Descrição da melhoria
Corte e furação do blank	Presença de rebarba	Dificuldade de montagem	Baixa velocidade de avanço Desgaste da ferramenta	Aumentar curso da ferramenta Realizar manutenção preventiva	160 mm cada 25.000 peças	4	2	2	3	48	X	X X				
	Posição dos furos fora da especificação	Dificuldade de montagem	Posicionamento errado na chapa	Incorporar apoios para posicionamento		4	4	1	4	64		X	1,0	1,3		Realizar treinamento operacional
Dobra do blank	Dobra na posição errada	Carcaça empenada	Posicionamento errado na chapa	Incorporar apoios para posicionamento		4	2	2	3	48		X				
	Elevada interferência das matrizes	Risco na chapa	Acoplamento impreciso das matrizes	Ajustar punção e matriz		3	3	1	3	27		X				
Solda	Excesso de material fundido	Presença de respingo	Corrente elevada	Instalar estabilizador		4	3	1	2	24		X				
	Excesso de material fundido	Furo no ponto da solda	Corrente e pressão elevada	Instalar estabilizador e verificar pressão da linha		4	2	1	5	40		X				
	Pouco material fundido	Baixa resistência da solda		Realizar manutenção preventiva Instalar estabilizador e verificar pressão da linha	a cada 20.000 peças	3	4	1	4	48	X	X X				

Cabeçalho das colunas: Análise das possíveis falhas dos processos | Avaliação | Fator | Cpk

Fonte: Adaptado de Cheng (1995)

Figura 9.10 – Tabela de Análise de Processos Críticos – exemplo estrutura metálica.

• Planejamento do Controle do Processo

A essência do Planejamento do Controle do Processo é a definição dos itens de controle de cada processo. Alguns problemas que podem ocorrer no início da produção são relacionados exatamente às definições errôneas dos itens de controle. Para possibilitar a identificação sistemática dos itens de controle relevantes em cada etapa do processo, sugere-se utilizar uma matriz que correlaciona o desdobramento do processo produtivo com as Características da Qualidade dos componentes (e/ou outro fator contribuinte). Esta matriz pode ser obtida do modelo conceitual (principal), ou pela elaboração de uma matriz auxiliar do QFD. Esta matriz, conforme o padrão, é chamada de Plano de Controle do Processo. Evita-se, assim, identificar os itens de controle baseado apenas na experiência de uma pessoa. O Planejamento do Controle do Processo pode ser preparado para um grupo ou família de produtos que são produzidos pelo mesmo processo. A Figura 9.11 representa como as informações obtidas por tabelas e matrizes do modelo conceitual auxiliam na construção do padrão Plano de Controle dos Processos, enquanto a Figura 9.12 mostra exemplo de um Plano de Controle do Processo.

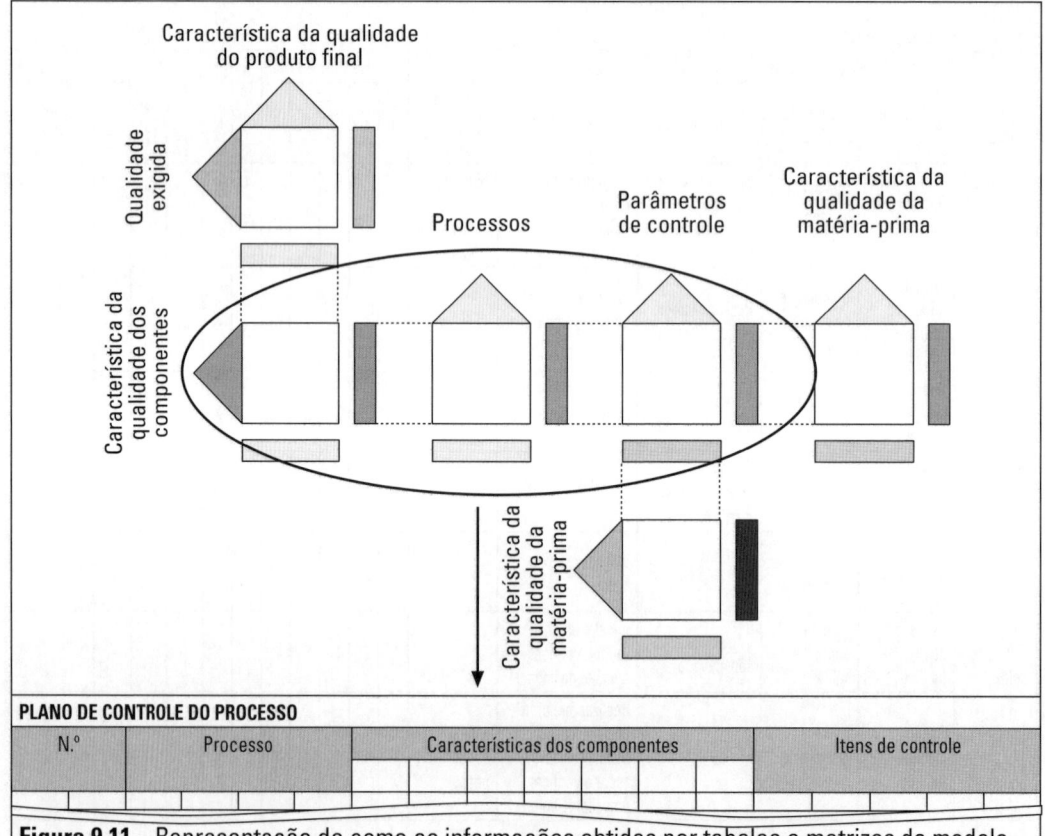

Figura 9.11 – Representação de como as informações obtidas por tabelas e matrizes do modelo conceitual auxiliam na construção do Padrão Plano de Controle do Processo.

N.º	Processo	Equipamento	Característica da qualidade dos componentes							Itens de controle
			Estrutura lateral							
			Espessura da chapa	Comprimento	Largura	Diâmetro dos furos	Cotas dos furos	Resistência à tração	Ângulo das dobras	
1	Corte de furação do blank	Prensa n.º 850	⊙	⊙	⊙	⊙				Comprimento; Largura; Diâmetro do furos; Cota dos furos
2	Dobra do blank	Prensa n.º 875	△	△				⊙	⊙	Resistência à tração; Ângulo das dobras
3	Solda	Solda MIG n.º 635						⊙	○	Resistência à tração

Fonte: Adaptado de Cheng (1995)

Figura 9.12 – Plano de Controle do Processo - exemplo estrutura metálica.

9.3.3. Elaboração do Padrão Técnico de Processo (PTP)

Os pontos de controle em termos de garantia da qualidade foram mostrados na Tabela de Garantia da Qualidade do Produto, mas para a produção é preciso definir claramente quem, quando e como deve ser feita a amostragem dos produtos, o método a ser utilizado na sua medição, os documentos utilizados para registrar os resultados, o tipo de gráfico de controle, quem deve tomar providências em caso de ocorrência de anomalia etc[8]. Nesta fase, define-se a relação entre os itens de controle do produto com os processos. Sintetizando todas estas informações, elabora-se a primeira versão do Padrão Técnico de Processo (ver Figura 9.13).

Após terem sido identificados os itens de controle, deve-se preparar o Padrão Técnico de Processo (PTP), cujo objetivo é possibilitar o controle dos processos produtivos no nível do chão de fábrica. Para elaborá-lo é necessário ter pelo menos informações da Tabela de Garantia da Qualidade do Produto, Fluxograma do Processo e Plano de Controle do Processo. O PTP representa um resumo de todas as informações processadas até esta etapa do desenvolvimento do produto. Desta forma, os dados de projeto tornam-se úteis ao chão de fábrica. O PTP deve ser confeccionado pelo grupo de desenvolvimento do produto, contando com a participação ativa da produção. Uma segunda versão do PTP, com maior refinamento, deve ser preparada antes da produção em série. O Padrão Técnico de Processo, um padrão de procedimento conhecido mundialmente por *QC process chart* (Tabela do Processo de Controle da Qualidade), já é utilizado por muitas empresas e recebe, em alguns casos, uma denominação específica.

---

[8] CHENG, L. C. *et al. QFD - Planejamento da Qualidade*. Belo Horizonte: Fundação Christiano Ottoni, 1995. 216p.

Processo		Qualidade assegurada		Nível de controle		Método de controle				Ação corretiva	
Fluxo	Operação	Característica da qualidade	Valor	Parâmetros	Valor	Responsável	Frequência	Como medir	Registro	O que fazer	Responsável
	Corte e furação do blank	Comprimento	350 ± 0,5 mm	Comprimento da matriz	350 ± 0,5 mm	Preparador da máquina	em cada preparação	Paquímetro	Ordem de serviço	Manutenção da ferramenta	Ferramentaria
		Largura	250 ± 0,5 mm	Largura da matriz	250 ± 0,5 mm	Preparador da máquina	em cada preparação	Paquímetro	Ordem de serviço	Manutenção da ferramenta	Ferramentaria
				Curso da ferramenta	160 ± 5 mm	Operador	a cada 500 peças	Medidor de curso	Controle de turno	Ajustar para especificação	Preparador
		Diâmetros dos furos	8 ± 0,1 mm	Velocidade do avanço	1,2 ± 0,1 m/s	Operador	a cada 500 peças	Medidor de velocidade	Controle de turno	Ajustar para especificação	Preparador
				Diâmetro da ferramenta	8,0 ± 0,02 mm	Preparador da máquina	em cada preparação	Paquímetro	Ordem de serviço	Manutenção da ferramenta	Ferramentaria
				Folga dos apoios	< 1 mm	Preparador da máquina	em cada preparação	Calibrador	Ordem de serviço	Manutenção da ferramenta	Ferramentaria
	Dobra do blank	Cotas dos furos	10 ± 0,2 mm	Curso da ferramenta	150 ± 5 m/s	Operador	a cada 500 peças	Medidor de curso	Controle de turno	Ajustar para especificação	Preparador
		Ângulo das dobras	90° ± 1°	Velocidade do avanço	0,8 ± 0,1 m/s	Operador	a cada 500 peças	Medidor de velocidade	Controle de turno	Ajustar para especificação	Preparador
		Comprimento das abas	15 ± 1,0 mm	Folga dos apoios	< 0,5 mm	Preparador da máquina	em cada preparação	Calibrador	Ordem de serviço	Manutenção da ferramenta	Ferramentaria

Figura 9.13 – Padrão Técnico de Processo (exemplo estrutura metálica).

• Definição de PTP

O PTP é um padrão que ilustra o processo produtivo, desde o momento em que a matéria-prima começa a ser trabalhada até a conclusão do produto final. Ele mostra os pontos e métodos de controle específicos para cada processo, e apresenta também quais características devem ser controladas, por quem e onde, com base nos tipos de dados que devem ser obtidos.

• Estrutura do PTP

O conteúdo do PTP varia de acordo com a necessidade de cada empresa. De maneira geral, a primeira parte do PTP identifica o processo e é extraída do Fluxograma do Processo[9]. A segunda parte, obtida do Plano de Controle do Processo e da Tabela de Garantia da Qualidade do Produto, identifica os itens de controle de cada processo. A terceira parte identifica os itens de verificação, os métodos de controle e as ações corretivas.

Para que o PTP seja entendido pelo pessoal do chão de fábrica, e usado corretamente, deve ser formalizado um manual, acessível a todos na fábrica, que explica como se prepara um PTP. O manual deve incluir os símbolos especiais que mostram o fluxo dos processos e indicações de como escrever um fluxo do processo, identificar os pontos de controle, determinar os métodos de controle. O manual deve também esclarecer a razão para a divisão dos pontos de controle em itens de controle e itens de verificação. É esta atenção em determinar os pontos de controle que faz do PTP um padrão tão necessário.

• Como Construir o PTP

O PTP, conforme é conhecido, é um dos documentos finais do trabalho de QFD. No PTP são combinados: (a) as informações geradas durante a elaboração e preenchimento de todas as matrizes (conforme modelo conceitual) que são sintetizadas na Tabela de Garantia da Qualidade do Produto, no Fluxograma do Processo, na Tabela de Análise de Processos Críticos, e no Plano de Controle do Processo; (b) com o desdobramento dos trabalhos necessários para o controle. A Figura 9.14 representa como as informações obtidas por tabelas e matrizes do modelo conceitual, e por padrões, auxiliam na construção do padrão Plano de Controle dos Processos.

A seguir, são descritos os passos para se preparar um PTP a partir das informações do desenvolvimento do produto.

---

[9] CHENG, L. C. *et al. QFD - Planejamento da Qualidade*. Belo Horizonte: Fundação Christiano Ottoni, 1995. 216p.

1 - Seleção dos produtos e processos objetivos

Quando se trata de um processo novo, pouco se conhece a respeito dele. Portanto, é importante selecionar os produtos e processos que serão objeto da preparação do PTP (todos os processos ou somente os processos críticos?) e obter a aprovação do responsável pela nova linha de produção. Esta seleção é realizada pela análise de: (a) tabelas e matrizes do QFD, onde os processos e produtos (componentes, mecanismos, resultados dos processos intermediários, entre outros) projetados estão detalhados; (b) Tabela de Análise dos Processos Críticos; e (c) método de manufatura e nível de conhecimento dos operadores.

Caso seja necessário priorizar a elaboração dos PTPs, sugere-se utilizar a Tabela de Análise de Processos Críticos e/ou a tabela de desdobramento dos processos correlacionada com outras tabelas relevantes (modelo conceitual do QFD). Classificações do processo devem ser posteriormente refinadas com base na produção do lote-piloto e nas áreas de responsabilidade dos gerentes e supervisores.

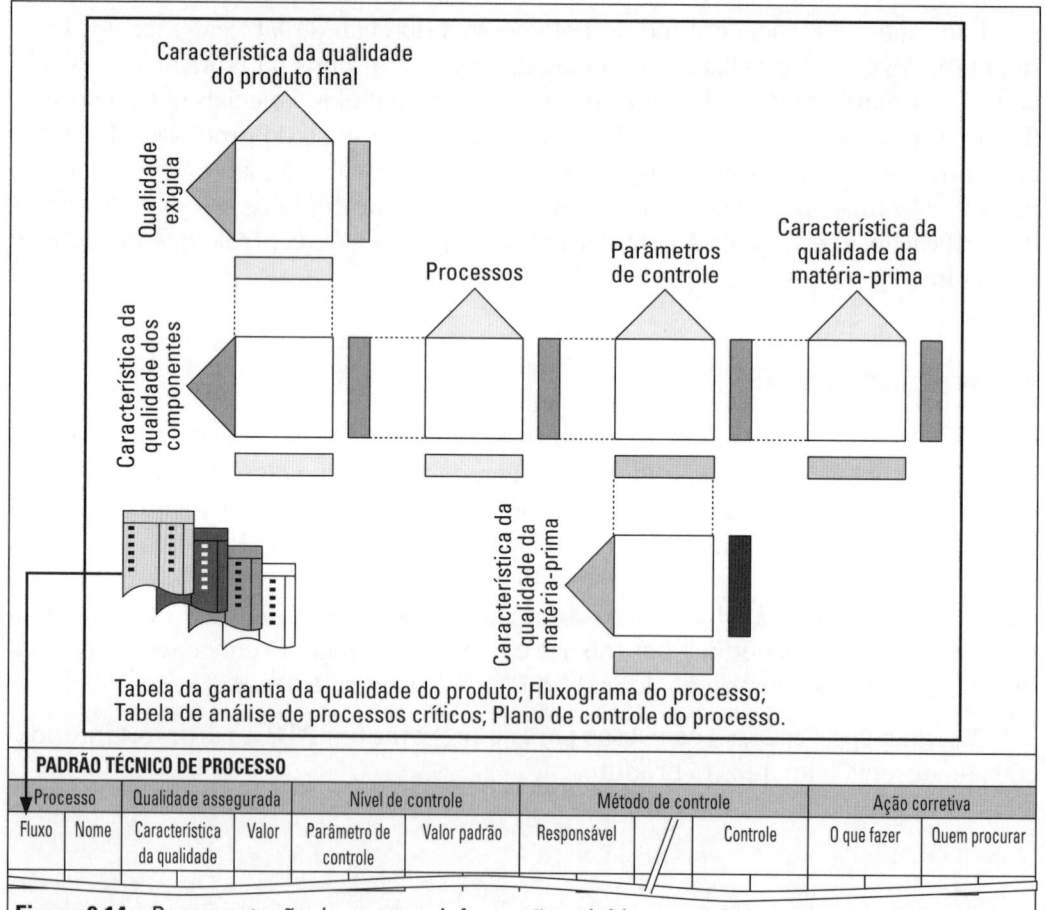

Figura 9.14 – Representação de como as informações obtidas por tabelas e matrizes do modelo conceitual, e por outros padrões, auxiliam na construção do Padrão Técnico de Processo.

2 - Investigação do processo atual

As áreas funcionais responsáveis pela engenharia de produto, engenharia de processo, controle da qualidade e produção devem conduzir uma pesquisa conjunta do estado atual de cada processo para certificar-se de que as especificações de produção estejam sendo seguidas. Estas informações podem ser obtidas da Tabela de Análise de Processos Críticos.

3 - Determinação dos itens de controle (variável resposta)

Deve-se determinar onde os itens de controle podem ser criados, usando procedimentos internos de identificação de itens de controle, ou utilizando informações do Plano de Controle do Processo ou documento semelhante. Se as características selecionadas forem mensuráveis, podem ser usadas diretamente como itens de controle. Se não forem, é necessário identificar fatores mensuráveis. As tabelas do modelo conceitual relacionadas com o projeto do produto (como as características da qualidade do produto final, dos produtos intermediários, dos mecanismos e dos componentes, entre outras) fornecem informações para determinação dos itens de controle.

4 - Determinação dos métodos de controle

Os métodos de controle para os itens de controle selecionados são baseados nos seguintes pontos[10]:

- **Pessoa responsável:** quem deverá verificar o item de controle e reportar os resultados à pessoa responsável por tomar ações corretivas.

- **Frequência:** com que frequência as verificações deverão ser feitas, o tamanho da amostra e o método de amostragem.

- **Documento de controle:** são documentos para registrar discrepâncias e dar início a medidas corretivas – são cartas de controle, gráficos, folhas de verificação, e outros.

- **Medidas corretivas:** devem conter critérios de anormalidade, medidas corretivas (ações de emergência, ações de prevenção de retorno, rotina de comunicação) e pessoas responsáveis por tomar estas medidas.

5 - Determinação dos itens de verificação (fatores/parâmetros de controle do processo)

Inicialmente, deve-se identificar todas as variáveis de cada processo (parâmetros de controle dos processos). Mas, como não é possível monitorar todas, deve-se utilizar graus de importância (A,B,C) pelo nível de efeito que as variáveis causam no item

[10] CHENG, L. C. *et al. QFD - Planejamento da Qualidade.* Belo Horizonte: Fundação Christiano Ottoni, 1995. 216p.

de controle (variável resposta). Aqueles que causam forte efeito são indicados como itens de verificação preliminares. Uma matriz do modelo conceitual formada pelos Parâmetros de Controle dos Processos (itens de verificação) *versus* Características da Qualidade do Produto (produto final e/ou produtos intermediários, mecanismos e componentes – que são os itens de controle) fornece as informações necessárias para este fim. Deve-se determinar também os valores-metas das faixas de operações dos parâmetros de controles.

Os processos devem ser analisados periodicamente em etapas posteriores, para eliminar os itens de verificação de pouco efeito. O Planejamento e Análise de Experimentos é uma técnica muito útil nesta etapa para identificar os parâmetros de controle do processo mais relevantes, assim como suas faixas de operações ideais.

6 - Preenchimento do Padrão Técnico de Processo

Durante e após a identificação de todas as informações necessárias, a área técnica (Engenharia de Produto e de Processo) deve preparar a primeira versão do PTP preenchendo o formulário de PTP. Este deve ser padronizado internamente após o consenso das áreas envolvidas. Esta versão do PTP deve ser revisada, antes de ser transferida definitivamente para a produção.

7 - Melhorias nos Processos Problemáticos

Os pontos de controle (itens de controle e itens de verificação), os métodos de controle e os planos de melhoria devem ser concluídos com a colaboração de todas as áreas funcionais envolvidas, com o objetivo de melhorar a identificação das áreas problemáticas para a revisão do processo atual. O PTP pode ser considerado completo após terem sido tomadas as medidas corretivas necessárias.

9.4. Elaboração dos Padrões Finais

Simultaneamente ao Planejamento do Controle do Processo, deve-se realizar a preparação da fábrica, ou planta-piloto, para a produção do lote-piloto (*scale-up* de produção). Os resultados obtidos pela produção do lote-piloto devem ser utilizados para avaliação das condições reais de produção, como valores das características da qualidade do produto, as fontes de variabilidade do processo, a capacidade de produção, entre outros aspectos. Deve, portanto, ser produzido nas mesmas, ou próximo às, condições da produção em série. A quantidade produzida deve ser dimensionada pela equipe de desenvolvimento para que atenda às necessidades dos testes de laboratórios e de mercado. Durante a produção do lote-piloto, os padrões construídos anteriormente devem ser verificados, e os Padrões de Inspeção, os Procedimentos Operacionais e o Manual de Treinamento devem ser elaborados. A Figura 9.15 mostra um exemplo do fluxo da elaboração dos padrões.

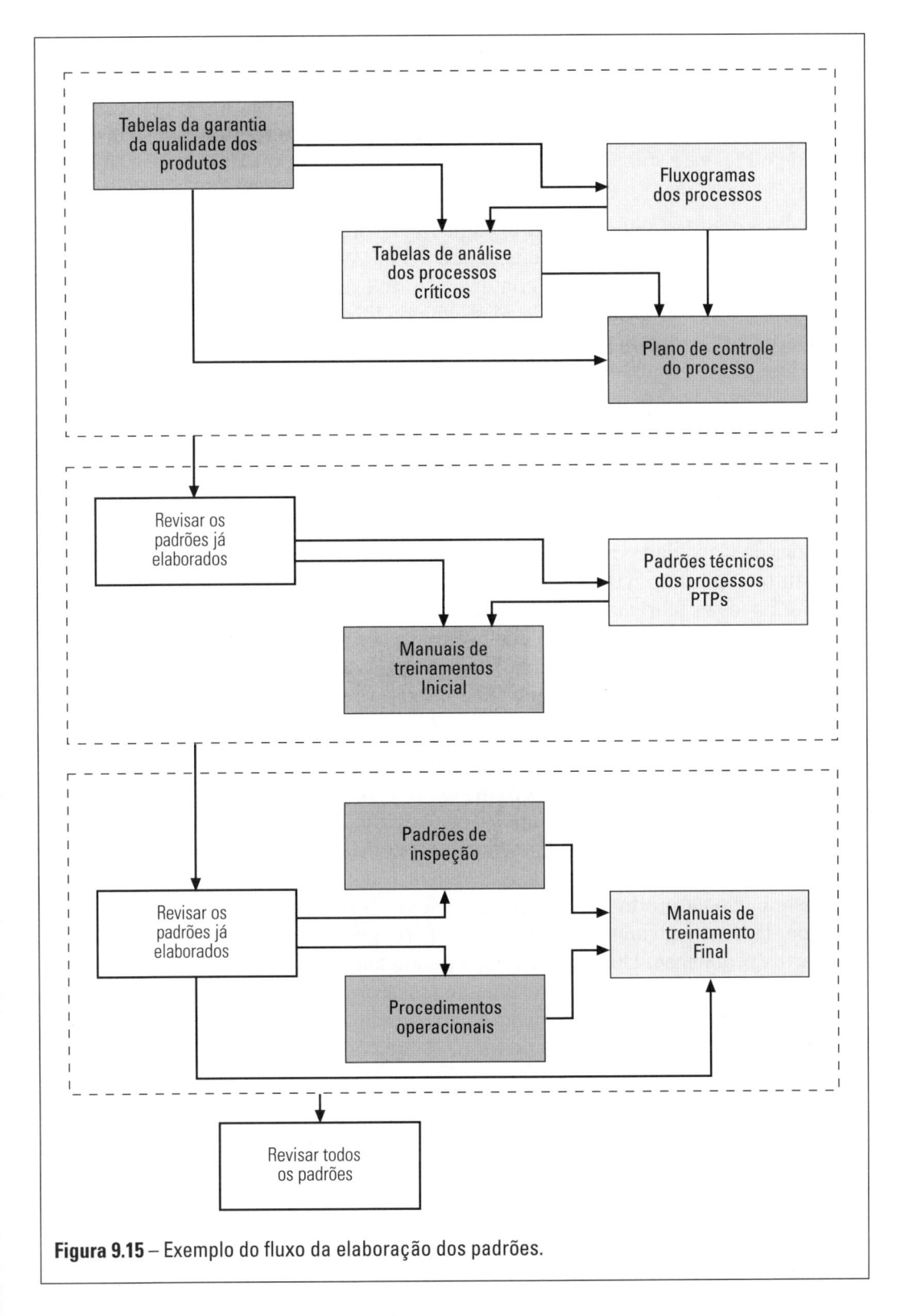

Figura 9.15 – Exemplo do fluxo da elaboração dos padrões.

Os Padrões de Inspeção (PI) indicam os métodos, critérios e responsáveis pela avaliação do nível da qualidade do produto final. Tradicionalmente, os PIs são elaborados a partir da experiência dos técnicos[11]. No entanto, a partir do momento em que é construída a Tabela de Garantia da Qualidade do Produto (padrão construído que antecede o PI), este trabalho torna-se mais preciso e direcionado. Os PIs são muito úteis no estabelecimento e na manutenção do Controle Estatístico dos Processos.

Deve-se também elaborar os Procedimentos Operacionais (PO) de trabalho, iniciando pelos processos mais críticos, definidos na Análise de Processos Críticos. O Procedimento Operacional deve conter, na forma mais simples possível, todas as informações necessárias ao bom desempenho da tarefa para atingir os requisitos de qualidade. Os POs devem ser esboçados pelo pessoal da produção, durante a produção do lote-piloto e, então, revisados e aprovados pela equipe de desenvolvimento. Este documento será sempre o ponto final do fluxo de informações do desenvolvimento de produtos. A partir dos Procedimentos Operacionais, a supervisão deve elaborar o manual de treinamento da operação.

Com base no resultado dos testes no lote-piloto deve ser realizada a Revisão Final do Projeto do Produto e do Processo. A Revisão Final do Processo é composta de avaliações da viabilidade de fabricação e montagem realizadas pela equipe de desenvolvimento do produto. O objetivo da revisão final do projeto é analisar se o projeto proposto pode ser fabricado, montado, testado, embalado e transportado, em níveis aceitáveis de qualidade e confiabilidade. Devem ser revisados também todos os padrões propostos e apresentada uma segunda versão. Esta não é a única avaliação do projeto. Avaliações intermediárias são necessárias e os refinamentos do projeto fornecerão base para avaliações cada vez mais detalhadas.

A implantação do Processo deve ser o início da produção em direção ao volume projetado (aumento da escala de produção até o volume projetado - *Ramp-up*). A implantação só deve ser efetuada após a distribuição de toda a documentação técnica aos departamentos (Custos, Planejamento da Produção, Produção, Manutenção etc.) e a realização do treinamento operacional a todos os envolvidos nos processos. Após este início da produção em escala, podem ocorrer anomalias. Neste momento a equipe de desenvolvimento deve ser acionada para efetuar estudos, visando solucionar os problemas. Durante esta fase de implantação do processo, a equipe de desenvolvimento do produto deve prestar assessoria aos diversos departamentos, esclarecendo eventuais dúvidas. Transcorrido esse período, o processo produtivo deve alcançar o volume planejado de forma definitiva.

Após o *Scale-up* de produção, ou seja, a partir do momento em que o produto passa a ser produzido na quantidade do volume planejado, a fábrica deve passar para o novo estágio da Garantia da Qualidade, que é durante a rotina do trabalho do dia a dia.

---

[11] CHENG, L. C. *et al. QFD - Planejamento da Qualidade*. Belo Horizonte: Fundação Christiano Ottoni, 1995. 216p.

Em algumas empresas, devido ao tipo de organização e ao setor de atuação, o fluxo de informações do desenvolvimento para a produção pode apresentar características particulares. No entanto, o importante é que as informações do projeto sejam transmitidas para a produção de maneira rápida e clara. Para tal, é preciso adequar o conjunto de padrões às necessidades de cada empresa.

Nas indústrias de processo (como siderúrgicas, metalúrgicas, químicas, entre outras), a transmissão das informações do desenvolvimento para a produção pode apresentar diferenças em relação ao apresentado neste capítulo. No setor de serviços, também são necessárias adequações. Os padrões de produto tornam-se mais simples e os padrões de procedimento, mais relevantes. Neste caso, o conteúdo dos padrões é maior para aqueles relacionados às atividades gerenciais e de processo.

9.5. Conclusão

Neste capítulo, descrevemos o processo de transmissão das informações obtidas durante o desenvolvimento do produto para a produção. Foram apresentados os padrões gerados durante este procedimento, o objetivo de cada um, as pessoas que os utilizam, quem e como são elaborados. Detalhamos a elaboração da Tabela de Garantia da Qualidade do Produto, Fluxograma do Processo, Tabela de Análise dos Processos Críticos, Plano de Controle de Processo, e Padrão Técnico do Processo. Enfatizamos que o objetivo da padronização é instruir as pessoas do processo produtivo sobre a forma com que o produto deverá ser fabricado com qualidade, ainda nas etapas de preparação para produção e produção inicial, possibilitando assim que os problemas de qualidade que possam eventualmente surgir sejam analisados previamente. Ao assumir este enfoque, busca-se passar do desenvolvimento tradicional de produtos (em que a solução dos problemas ocorre após o lançamento) para o desenvolvimento do tipo "Solução Antecipada de Problemas".

Deve-se ressaltar, novamente, que tanto as atividades descritas quanto os padrões representam apenas um exemplo, e não um modelo rígido. As empresas que já possuem alguma forma de padronização não precisam abandonar o que já vêm praticando. Deve-se verificar se o sistema existente exerce de maneira eficiente a transmissão das informações do desenvolvimento para a produção e, caso necessário, complementá-lo. As empresas que não têm padronização sistemática não devem simplesmente copiar o que foi proposto. É importante que façam as adaptações necessárias para se adequarem às características do produto, do processo e da organização interna.

Com este capítulo, concluímos o detalhamento da aplicação do método QFD no processo de desenvolvimento de produtos. No próximo capítulo, vamos focalizar no Sistema de Desenvolvimento de Produto (SDP) como um todo, e examinar como ele pode ser robustecido, no nível operacional, pelo método QFD.

REFERÊNCIAS BIBLIOGRÁFICAS

AKAO, Y. *Quality Function Deployment: QFD Integrating Customer Requirements into Product Design*. Cambridge: Productivity Press, 1990. 369 p.

CHENG, L. C. *et al. QFD - Planejamento da Qualidade*. Belo Horizonte: Fundação Christiano Ottoni, 1995. 216p.

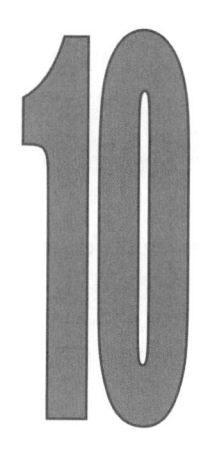

QFD COMO INDUTOR DA CONSTRUÇÃO DE UM SISTEMA DE DESENVOLVIMENTO DE PRODUTO CAPAZ

Lin Chih Cheng
Leonel Del Rey de Melo Filho

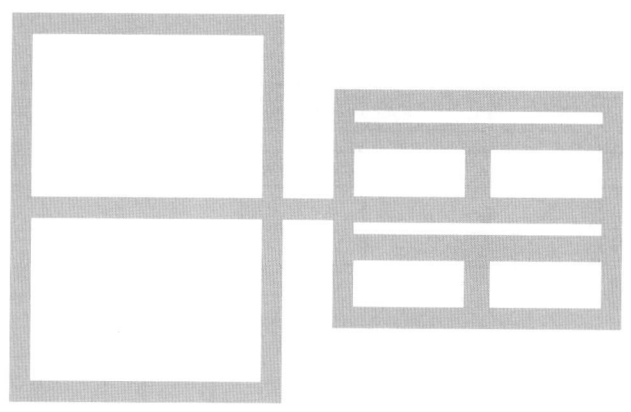

10.1. Introdução

O objetivo deste capítulo é descrever como o método QFD induz à busca por robustecimento do Sistema de Desenvolvimento de Produto (SDP) das empresas. No nível operacional da gestão de desenvolvimento de qualquer produto, ouvir, traduzir e transmitir exigências dos clientes é o primeiro estágio do desenvolvimento. Como QFD foi especialmente concebido para lidar com essas exigências, justifica-se que este seja o iniciador e o indutor do processo. A indução acontece quando outros métodos e técnicas são demandados durante o processo de aplicação do QFD, devido à necessidade de melhor compreender os fenômenos intricados das atitudes e comportamentos dos clientes, ou devido às características tecnológicas de produto, processo e matérias-primas envolvidas. A indução acontece ainda nos aspectos da organização do trabalho (arquiteturas e estruturas funcionais) e da infraestrutura de suporte (plantas-piloto, laboratórios, equipamentos de mensuração e outros) da

GDP, incentivando empresas a se adequarem, gerando consequentemente mais robustecimento do SDP. Portanto, mostraremos por meio de um relato de caso como o QFD pode ser utilizado como indutor do processo de robustecimento de SDP, e como o método pode ser difundido e consolidado nos projetos de desenvolvimento das empresas.

Fortalecer e melhorar permanentemente o SDP da empresa, permitindo que mais e melhores produtos possam ser desenvolvidos para melhor satisfazer as exigências dos clientes, proporcionando um retorno financeiro maior e projetando uma melhor imagem de vanguarda tecnológica da empresa são os três objetivos principais perseguidos pelo robustecimento do SDP (ver Figura 10.1).

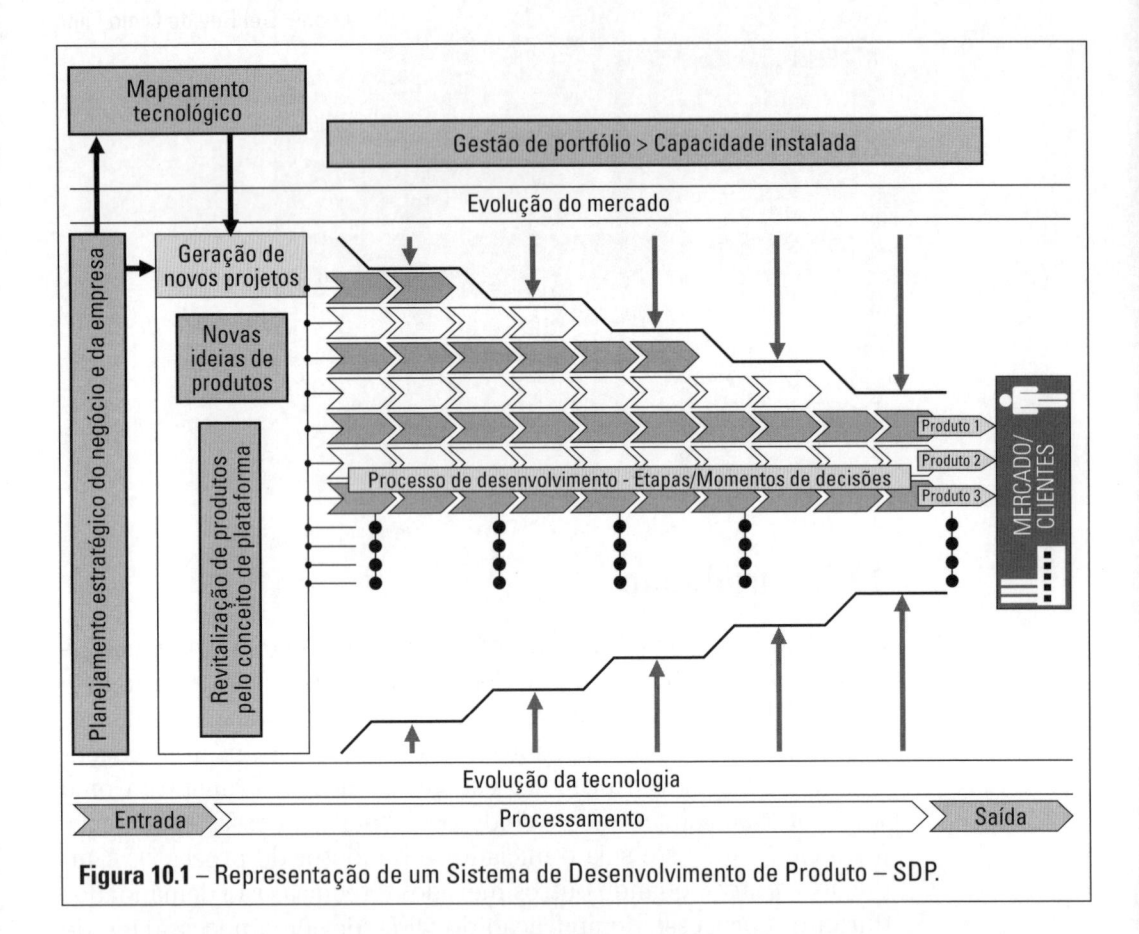

Figura 10.1 – Representação de um Sistema de Desenvolvimento de Produto – SDP.

Uma outra forma de representar um SDP e seus tópicos é o que está apresentado na Figura 10.2. A estrutura pode ser dividida em nível estratégico (de programa) e nível operacional (de projeto). A estrutura traz uma representação desses dois níveis do SDP subdivididos em dois assuntos distintos, processo e organização do trabalho, formando assim quatro quadrantes com seus respectivos tópicos. Ligado aos quadrantes, temos um retângulo no lado direito, com dois tópicos, o da mensuração de desempenho e o do estudo de fatores contribuintes de sucesso. O método QFD foi apresentado nesse contexto, para lidar principalmente com um dos quadrantes, conforme indicado, formado por processo e projeto de desenvolvimento.

	Programa	**Projeto**		
Processo	• Mapeamento Tecnológico (TRM) • Gestão de Portfólio • Revitalização de produtos pelo conceito plataforma • Outros...	• PDPOC/PGDPOC • **QFD** • CAE/CAD/CAM • DFX • Técnicas estatísticas • Outros...	**Sucesso no desempenho?**	
			Programa	Projeto
Organização do trabalho	• Integração interorganizacional • Participação de fornecedores e clientes • Integração interfuncional • Outros...	• Integração de equipe multifuncional • Liderança e organização da equipe do desenvolvimento • Aprendizagem • Outros...	**Melhores práticas?**	
			Programa	Projeto

Figura 10.2 – Sistema de Desenvolvimento de Produtos.

10.2. QFD Como Indutor da Construção de SDP Capaz

Há diversas maneiras de intervir num SDP para que seja melhorado. A condição básica é ter **pessoas com competência** para desempenho de suas funções, tanto pela educação formal quanto pela permanente capacitação por intermédio de treinamento e educação continuada. Um segundo pré-requisito é a **liderança da alta administração** da empresa, baseada na visão e mudança para outro patamar de desempenho do sistema. Um terceiro pré-requisito é a existência de **infraestrutura apropriada**, como instrumentos de medida, equipamentos, laboratórios e plantas-piloto para execução das tarefas de pesquisa, desenvolvimento e engenharia. Chega-se então a vez dos **métodos e técnicas gerenciais** de suporte, como o método QFD, para que se faça a sua contribuição.

De acordo com Clark e Wheelwright, há algumas alternativas para se iniciar o processo de construção visando robustecer um sistema de desenvolvimento: (1) criação de uma estratégia de desenvolvimento; (2) mudanças radicais no processo de desenvolvimento; (3) obtenção do novo aprendizado em métodos e habilidades; e (4) projeto demonstração. Para eles, não importando qual estratégia que se adote primeiro, todas as quatro estratégias farão parte da dinâmica das possíveis mudanças organizacionais de melhoria do sistema de desenvolvimento. No nosso entender, as quatro estratégias podem ser utilizadas conjuntamente. No entanto, somos fortemente favoráveis à adoção da quarta estratégia como pivô – projeto demonstração – em conjunto com as outras. Acreditamos em ações circunscritas e mudanças localizadas que não tragam grandes distúrbios para o andamento da rotina do dia a dia, e que provoquem menos resistências internas e traumas às pessoas. Não acreditamos em grandes promessas de resultados de curto prazo, mas sim, na construção de sistemas que vão se formando e melhorando ano a ano com esforço e trabalho, adotando estratégias corretas. Relatamos, a seguir, uma experiência de iniciação do processo de robustecimento de um SDP com o método QFD, implementado em uma empresa brasileira de alimentos. Nesse caso, pode-se dizer que foram utilizadas as quatro estratégias de forma quase simultânea, mas com a quarta como pivô (ver Figura 10.3).

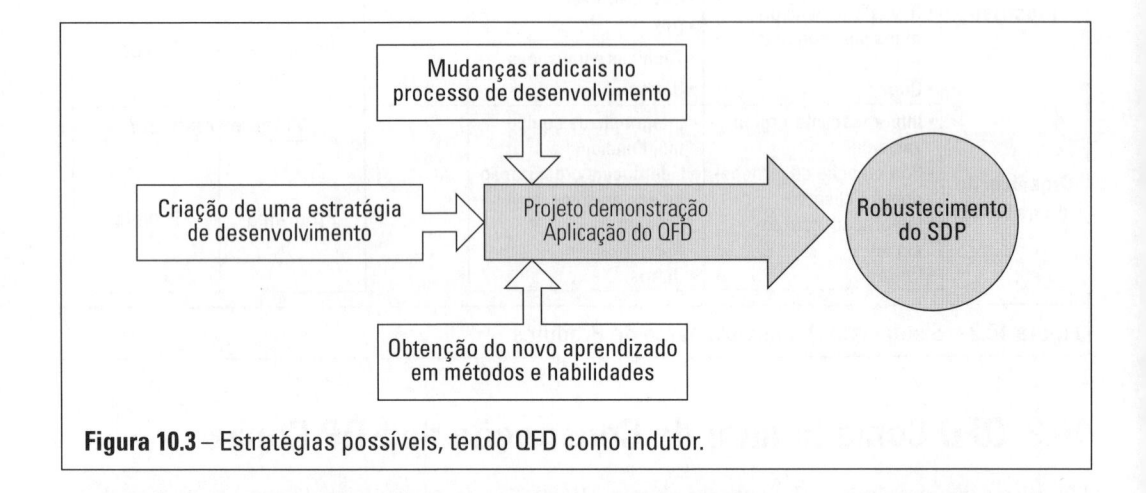

Figura 10.3 – Estratégias possíveis, tendo QFD como indutor.

EXEMPLO (A) – INICIANDO O PROCESSO DE ROBUSTECIMENTO DO SISTEMA

A construção do sistema robusto de desenvolvimento da empresa começou com a iniciativa e a visão do vice-presidente industrial, no segundo semestre de 1993. Foi-nos solicitado que auxiliássemos essa empresa de processamento de carne (aves, suínos e outros) com atuação nacional. De acordo com o executivo, a empresa era percebida como uma empresa **agroindustrial** e necessitava de se preparar para um futuro competitivo. Ao mesmo tempo, como visão de futuro, almejava que em dez anos a empresa fosse percebida como uma empresa de **alimentos**. Pela iniciativa desse vice-presidente, buscou-se introduzir na empresa o método QFD como indutor, pois a empresa queria melhor ouvir a voz do cliente para desenvolver seus produtos e garantir a satisfação deste, e dessa maneira robustecer o seu sistema (estratégia 1 mencionada anteriormente).

A lógica do argumento era que, no decorrer dos anos, concorrentes regionais e locais, principalmente frigoríficos cárneos que negociavam peças inteiras, iniciariam o processo de fatiamento de carnes, buscando uma melhor forma de agregação de valor ao produto. O desdobramento seguinte dessas empresas seria o processamento industrial da carne, gerando os embutidos (presunto, linguiça, salsicha e outros). Para enfrentar essa concorrência e superá-la continuamente, era necessário que a empresa buscasse também a agregação de valor aos seus produtos – ao invés de permanecer produzindo embutidos tinha que desenvolver novos produtos mais nobres (pratos prontos – lasanhas que utilizam presunto), que pudessem satisfazer cada vez mais os clientes, devido a possíveis mudanças de hábitos e atitudes no futuro.

Simultaneamente, havia nessa empresa um gerente, o gerente de P&D, que queria montar um sistema de desenvolvimento que fosse capaz de suportar a empresa com lançamento de novos produtos. Com esse objetivo em mente, e também por ele ser a pessoa que acumulava a atribuição de selecionar novos engenheiros no programa de *trainee* da empresa, este recrutava os melhores engenheiros de alimentos, segundo os seus critérios, para serem engenheiros de desenvolvimento da empresa. Posteriormente, com o apoio do vice-presidente industrial, o seu superior direto, construiu-se uma pequena infraestrutura de equipamentos, instrumentos de medida, laboratórios e plantas-piloto.

Foi formado um **grupo especial com sete pessoas**, entre eles um coordenador, oriundos de várias áreas funcionais da empresa (P&D de produto, P&D de embalagem, P&D em testes laboratoriais, Marketing em pesquisa de mercado, Marketing em comercialização e Produção), para experimentalmente aplicar o método em **redesenvolvimento de um produto** que estava perdendo fatia de mercado para seus concorrentes. Por um período de **18 meses de trabalho**, foi dada a tarefa de dominar o método (estratégia 3) e, a partir dela, prescrever um **novo processo** e uma **nova forma de organização de trabalho** do desenvolvimento do produto na empresa (estratégia 2). Para acompanhar este trabalho, foram trazidos para dentro da empresa dois professores universitários (pesquisadores-consultores), um deles com profundo conhecimento do método QFD e o outro aprendendo a aplicá-lo no contexto das empresas brasileiras. Além desse acompanhamento gerencial-técnico por pessoal externo à empresa, **houve por parte desse vice-presidente a liderança e o acompanhamento assíduo, tanto no aspecto político como motivacional em todo o transcurso do projeto**. Havia estabelecido então o **projeto-demonstração** para que, por intermédio deste, outros projetos de desenvolvimento na empresa viessem a segui-lo (estratégia 4).

Os resultados obtidos pelo primeiro grupo, respectivamente em organização de trabalho, processo de desenvolvimento do produto, questões mercadológicas e técnicas foram: 1- melhor relacionamento e ação conjunta das diferentes áreas funcionais da empresa voltada para desenvolvimento; 2- estabelecimento de um novo padrão para processo de desenvolvimento do produto com engajamento e participação multifuncional (ver Figura 10.4); 3- melhor percepção e compreensão das exigências dos diferentes tipos de consumidores e diferentes formas de uso do produto; 4- maior facilidade para estabelecer qualidade planejada analisando e comparando entre si os produtos dos concorrentes; 5- maior facilidade para estabelecer com precisão o produto final, definição dos melhores processos de produção e seleção das matérias-primas e; 6- maior eficácia no estabelecimento dos gráficos de controle dos processos.

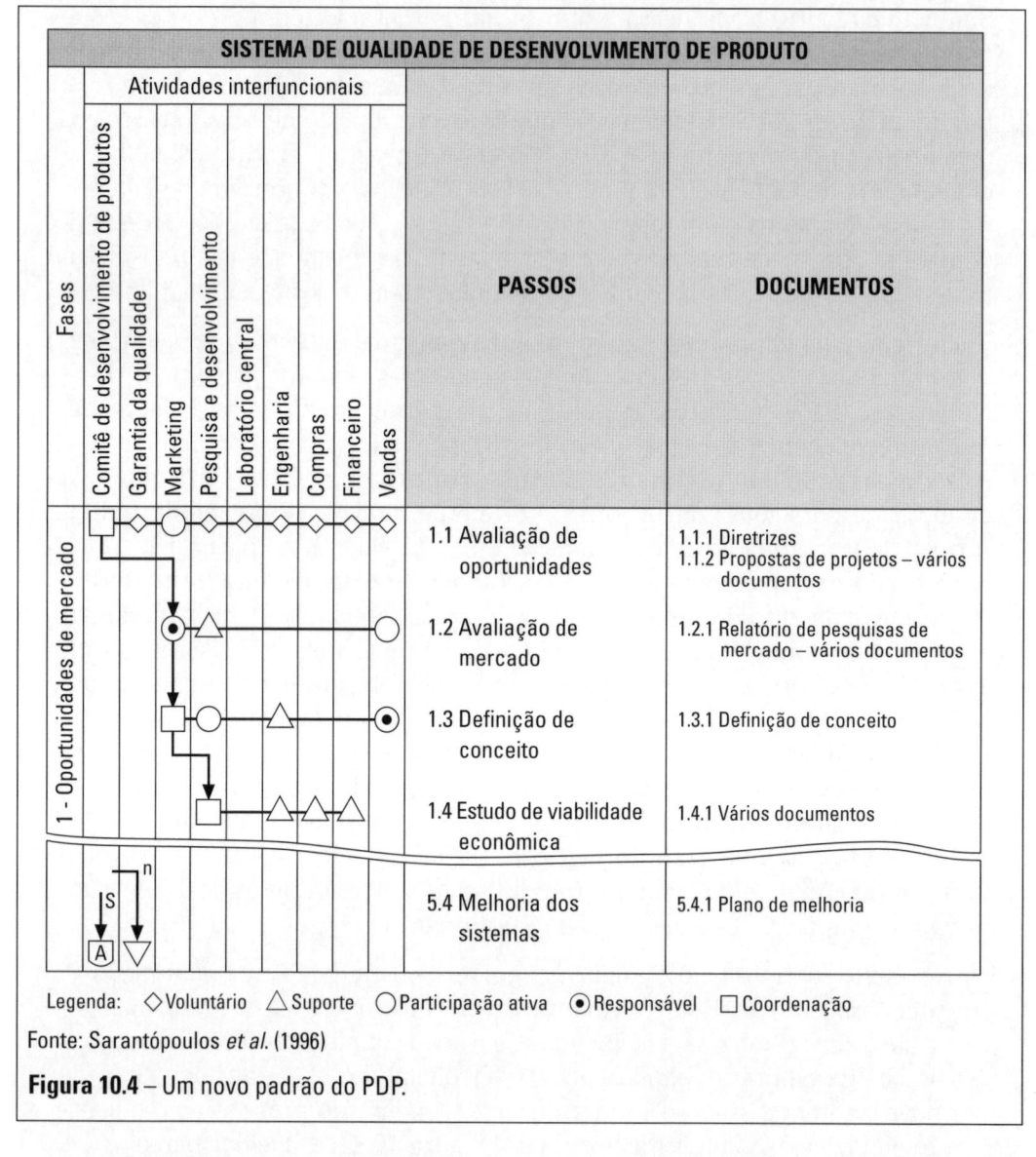

Figura 10.4 – Um novo padrão do PDP.

A seguir, descrevemos como pode ser o processo de difusão e consolidação do uso do método QFD numa empresa.

10.3. Difundindo e Consolidando o Uso do Método QFD

Uma vez realizado o projeto demonstração, a difusão do método por toda a empresa pode ser mais ativa e organizada ao invés de espontânea e passiva. Algumas ações podem ser tomadas para que o processo de difusão seja mais rápido e traga resultados em menor prazo. Uma primeira ação, de fácil implementação, é por intermédio de *intranet* colocando à disposição dos futuros grupos o memorial das atividades executadas, os documentos gerados e os relatórios das reuniões de trabalho do grupo. Outra ação possível é a promoção de *workshops* internos para troca de experiências entre os membros dos grupos de desenvolvimento. Uma terceira ação é instituir a lógica do aprendizado de quatro fases entre os grupos de desenvolvimento: compreender, praticar, ensinar e melhorar. O que se pretende é oferecer àqueles que compreenderam o método condições de colocá-lo rapidamente em prática, em seguida ensinar o que têm aprendido até então, e a partir daí melhorar o seu conhecimento. A seguir, continuamos o relato do exemplo acima focalizando no processo de difusão na empresa de alimentos descrevendo como ocorreu o aprendizado de quatro fases.

EXEMPLO (B) – DIFUNDINDO O USO DO MÉTODO QFD

Para que o método pudesse ser conhecido por outros membros da área de P&D, Marketing e Produção da empresa e também viesse a ser rotineiramente utilizado por toda a empresa, foram estabelecidos dois novos grupos de desenvolvimento. Esse fato ocorreu em torno de oito meses após a criação do primeiro grupo, quando este estava ainda no meio do percurso do desenvolvimento do seu primeiro produto. Acreditava-se que a melhor forma de efetuar a difusão e consolidação é seguir a lógica do processo de aprendizado de quatro fases: compreender, praticar, ensinar e melhorar (ver Figura 10.5). Portanto, uma vez formados os **grupos 2 e 3**, e logo após estarem treinados no método, a eles foram atribuídos **dois projetos de redesenvolvimento de produtos já existentes que necessitavam de melhorias**. Assim, foram iniciadas imediatamente as suas práticas de desenvolvimento com QFD. Em relação à orientação na utilização do método, no lugar de serem orientados diretamente pelos professores externos, tiveram o auxílio dos membros do primeiro grupo. Enquanto isso, a orientação e a monitoração desses dois novos grupos pelos professores-consultores externos, um brasileiro e o outro japonês, aconteciam uma vez ao mês e ao semestre, respectivamente. Dessa forma, os membros do primeiro grupo puderam exercitar a terceira fase - ensinar - conforme a lógica do aprendizado.

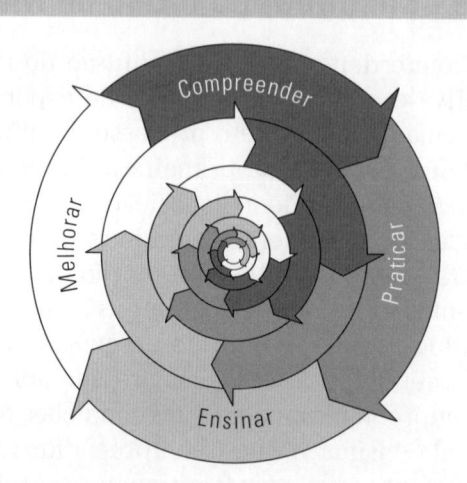

Figura 10.5 – Processo de Aprendizado: compreender, praticar, ensinar e melhorar.

Após o término do projeto de desenvolvimento do grupo 1, este foi dividido em **dois grupos, 4 e 5**. Foram atribuídos a estes dois novos grupos, projetos de desenvolvimento de produtos **novos para empresa** (ver Figura 10.6). A orientação para esses dois novos grupos seguiu o molde do primeiro grupo. A partir de então, os desenvolvimentos não mais se restringiram ao uso do QFD, mas sim buscaram fortemente uso de novas técnicas estatísticas, tais como

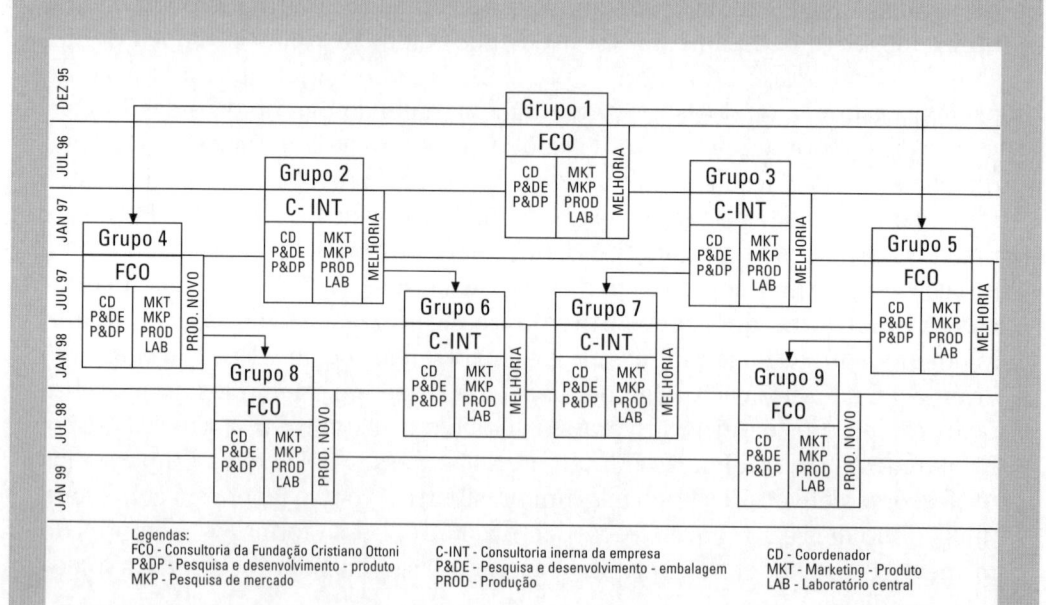

Fonte: Cheng e Sarantópoulos (1995)

Figura 10.6 – Processo de difusão do uso do QFD na empresa.

mapa de percepção por intermédio da análise fatorial para localizar oportunidades de mercado e aproximar do vetor ideal, análise de conglomerados para segmentação, mapa de preferências para avaliações dos protótipos pelos clientes, e planejamento de experimentos para acertar características de produto e parâmetros de controle de processos.

Na ocasião, a meta do vice-presidente era introduzir pelo menos nove projetos com uso do QFD até janeiro de 1997, portanto num período de três anos e dois meses conforme a Figura 10.6. Para que a meta pudesse ser alcançada, foi necessário adequar a dimensão e o perfil do pessoal técnico dos laboratórios, como também fazer admissão de novos pesquisadores e engenheiros de alimentos para a Diretoria de Desenvolvimento de Processos e Produtos e, novas admissões e aquisição de novas competências por intermédio de cursos para o pessoal da Diretoria de Marketing.

Após um período de 30 meses, buscou-se adequar a **estrutura organizacional** da empresa, criando a Diretoria de Desenvolvimento de Processos e Produtos. Até então, as áreas funcionais da empresa que possuíam nível de diretoria eram: Comercial, Marketing, Engenharia e Produção. A Diretoria de Engenharia tinha por atribuição efetuar compra e instalação de equipamentos, tanto para novas unidades fabris como para unidades em expansão, e ao mesmo tempo tinha a tarefa de projetar e construir (internamente ou de forma terceirizada) as obras civis de expansão, como também as novas unidades. A mudança estrutural em vista **privilegiou à vista de todos a importância da área de desenvolvimento de produtos e processos (P&D)**, dando a esta um destaque especial igualando-a ao *status* de outras áreas funcionais, que até então ela não tinha. A recém-criada diretoria englobou as tarefas da Gerência de P&D e da Diretoria de Engenharia, e ainda mais, foi empossado no cargo de Diretor de Desenvolvimento de Processos e Produtos o então Diretor de Produção, que foi deslocado para essa nova tarefa, e no seu lugar de Diretor de Produção, um gerente de produção que havia participado do primeiro grupo de desenvolvimento com o método QFD.

Como retrospecto, pode-se dizer com certeza que com o método QFD agindo como indutor e com a difusão do método implementada, os seguintes benefícios foram obtidos: clara definição do sistema de garantia da qualidade para desenvolvimento de novos produtos e da melhoria dos produtos existentes e das famílias de produtos; redução gradual do tempo de desenvolvimento dos produtos; maior compreensão das tecnologias de produtos, processos e matérias-primas da empresa; e estabelecimento de um sistema gerencial de desenvolvimento de produto orientado para cliente.

Resumindo, a empresa implementou importantes mudanças estratégicas para robustecer o seu sistema: (1) adoção de uma nova estratégia de desenvolvimento do produto, enfatizando a visão de lançamento de novas famílias e produtos que possuam maior agregação de valor, ouvindo a voz do cliente, considerando a evolução e a mudança de hábitos e atitudes; (2) estabelecimento de um novo processo de desenvolvimento do produto, buscando desde o início do desenvolvimento ouvir, traduzir e transmitir as exigências dos clientes para o interior da empresa, e procurar e empenhar todos os esforços e recursos da empresa para atender essas exigências; (3) incorporação do método QFD como indutor e, a partir dele, outras técnicas e métodos gerenciais e técnicos, como forma de desenvolvimento e formação de competências entre os membros da área de Produtos e Processos para melhor atender as necessidades; (4) adoção da estratégia de projeto-demonstração, implementando o novo método de desenvolvimento somente em um grupo, ao invés de em vários, para depois difundir para outros grupos e finalmente para toda a empresa, evitando resistências, transtornos e surpresas desnecessárias; (5) implementação de uma estratégia integradora, multifuncional de desenvolvimento a partir da constituição de grupo de desenvolvimento que contou com participação de membros de várias áreas funcionais da empresa; e (6) implementação de uma nova arquitetura organizacional, igualando o *status* da Diretoria de Desenvolvimento de Processos e Produtos às outras áreas funcionais, no tempo oportuno e com pessoas certas.

10.4. Conclusão

No primeiro capítulo do livro, descrevemos o que é um sistema de desenvolvimento de produto (SDP), dividido em nível estratégico (de programa) e nível operacional (de projeto) e examinamos como a gestão do SDP pode ser executada – um conjunto de tópicos da GDP. Nesse contexto, mostramos a contribuição que o método QFD pode trazer para a melhoria do sistema e para o processo de desenvolvimento de produtos. A partir do Capítulo 2, o método QFD foi apresentado de forma bem detalhada, sendo dividido em Desdobramento da Função Qualidade no sentido restrito (QFDr) e Desdobramento da Qualidade (QD). O Capítulo 3 foi dedicado ao QFDr, ou o Desdobramento do Trabalho, o que nos permitiu apresentar o Processo Gerencial de Desenvolvimento do Produto Orientado para Satisfação do Cliente, o PGDPOC. Ao passo que os Capítulos 4 a 8 foram centrados no QD, que foi apresentado de maneira sequenciada e minuciosa, como se o método estivesse sendo aplicado. No Capítulo 4, vimos como ouvir a voz do cliente para confeccionar a primeira tabela, a Tabela de Desdobramento das Qualidades Exigidas; no Capítulo 5, descrevemos o processo de Estabelecimento da Qualidade Planejada; e culminamos na confecção da Matriz da Qualidade no Capítulo 6. Nos Capítulos 7, 8 e 9, finalizando a apresentação do QD, detalhamos os assuntos da construção do Modelo Conceitual (Vertical e Horizontal) e da Transmissão da Informação para produção. Neste último capítulo da primeira parte do livro, enfocamos como um Sistema de Desenvolvimento de Produto (SDP) pode ser robustecido. Mostramos como QFD pode ser utilizado como indutor desse processo de robustecimento e como o método pode ser difundido e consolidado nos projetos de desenvolvimento das empresas. Com isso, finalizamos a parte teórica deste livro e passaremos à segunda parte, onde mostraremos a teoria na prática com casos reais de aplicação do QFD e de outras técnicas de apoio.

REFERÊNCIAS BIBLIOGRÁFICAS:

CHENG, L. C. Caracterização da Gestão de Desenvolvimento de Produto: delineando o seu contorno e tópicos básicos. *Anais do Segundo Congresso Brasileiro de Gestão de Desenvolvimento do Produto – CBGDP.* São Carlos: Universidade Federal de São Carlos – UFSCar. p. 1-10. 2000.

CHENG, L. C. e SARANTÓPOULOS, I. A. QFD in Brasil: A Successful Diffusion Process into Organizations. *Proceedings of International Symposium on Quality Function Deployment.* Tokyo: Union of Japanese Scientists e Engineers – JUSE. p. 77-84. 1995.

CLARK, K. B. e WHEELWRIGHT, S. C. *Managing New Product and Process Development.* New York: The Free Press, 1993. p.751.

COOPER, R. G.; EDGETT, S. J. e KLEINSCHMIDT, E. J. Benchmarking Best NPD Practices-III. *Research Technology Management*, p. 43-55, 2004.

COOPER, R. G., EDGETT, S. J. e KLEINSCHMIDT, E. J. *Portfolio Management for New Products.* Reading: Addison-Wesley, 1998. 230p.

SARANTÓPOULOS, I. A. *et al.* Food Product Upgrade Using QFD. *Transactions from the Eighth Symposium on Quality Function Deployment concurrent with International Symposium on QFD'96.* Novi: QFD Institute. p. 181-195. 1996.

RELATOS DE CASOS DE APLICAÇÃO DO MÉTODO QFD EM EMPRESAS BRASILEIRAS

Introdução

O objetivo da Parte II deste livro é apresentar casos práticos de estudos e aplicações do método QFD em empresas brasileiras. Iniciamos com a apresentação de um trabalho da autoria do Professor Paulo A. Cauchick Miguel que, por intermédio de uma enquete, nos dá uma visão geral do estado de aplicação do QFD nas 500 maiores empresas por faturamento, segundo a classificação da revista Exame. Os resultados do levantamento indicaram que o QFD é relativamente pouco usado no Brasil e que a sua implementação é relativamente recente, já que a maior parte das empresas iniciou seu uso após 1995. Entre os motivos para a implementação do QFD, destaca-se a busca pela melhoria no processo de desenvolvimento de produto, indicando a preocupação das empresas em melhorar este processo.

Em sequência, apresentamos sete casos de aplicação na indústria de alimentos (Sadia S. A.), dois na indústria automobilística (Fiat-Powertrain) e um na indústria de autopeças (Maxion Sistemas Automotivos - Divisão de Componentes Automotivos), seis na indústria de materiais (Votocel e Votorantim Cimento), e dois na área de software (Laboratório Sinergia da UFMG e Takenet). Nas Tabelas 1 (a) e 1 (b) estão listados os casos tratados, caracterizados em função dos destaques da aplicação do método em: (1) tipo de indústria onde foi aplicado, (2) tipo de aplicação, e (3) alguns destaques metodológicos.

Tabela 1 (a) – Casos relatados e os respectivos destaques da aplicação do QFD.				
Capítulo	Casos	Destaques da aplicação do QFD			
		Tipo de indústria	Tipo de aplicação	Alguns destaques metodológicos
11	Levantamento sobre a utilização do desdobramento da função qualidade em empresas no Brasil	Diferentes segmentos	**Uma enquete da aplicação do método QFD no Brasil**	
12	Processo de transferência de tecnologia guiado pelo QFD	Indústria de alimentos	Aplicação do método QFD como guia em um processo de aquisição de tecnologia ainda não dominada pela empresa	Utilização de um modelo conceitual como guia em um processo de aquisição de tecnologia ainda não dominada pela empresa. Construção de uma matriz composta pela Tabela de Qualidade Exigida e a Tabela de Desdobramento do Conceito Mercadológico. Utilização da Matriz de Qualidade na comparação entre: benchmark nacional, internacional e protótipos.
13	Obtendo sucesso nacional através da implementação de QFD no processo de desenvolvimento de um produto alimentício popular no Brasil – Projeto de um novo produto	Indústria de alimentos	Aplicação do método QFD no desenvolvimento de um novo produto	Construção de modelos conceituais para os principais componentes do produto, que alimentaram o modelo principal. Utilização de ferramentas auxiliares ao QFD: I - **Teste Afetivo**; comparação da aceitação dos produtos concorrentes e protótipos. II - **Gráfico de radar**; comparação dos resultados de uma análise quantitativa descritiva; III - **Gráfico de dispersão**; segmentação do mercado.
14	Agregando valor ao desenvolvimento de embalagem orientado pelo QFD	Indústria de alimentos	Aplicação do método QFD no desenvolvimento de embalagem	Construção de um modelo conceitual para auxiliar o desenvolvimento de embalagem. Construção do modelo conceitual do fornecedor, para que empresa e fornecedor trabalhassem juntos no desenvolvimento.
15	A utilização do QFD para escolha de equipamentos durante o desenvolvimento de produtos	Indústria de alimentos	Escolha de equipamento durante o desenvolvimento de produtos	Construção de um modelo conceitual, e consequentemente suas matrizes, que auxiliam a tomada de decisão durante a seleção e aquisição de tecnologia de produção.
16	Desenvolvimento de um embutido fermentado de carne de peru pelo método desdobramento da função qualidade (QFD) Parte 1 – Caracterização dos salames tradicionais	Indústria de alimentos	Aplicação do método QFD no desenvolvimento de um produto	Construção da Matriz de Qualidade para auxiliar o desenvolvimento de um novo produto.
17	Desenvolvimento de um embutido fermentado de carne de peru pelo método desdobramento da função qualidade (QFD) Parte 2 – Elaboração e avaliação dos salames de peru	Indústria de alimentos	Aplicação do método QFD no desenvolvimento de um produto	Utilização da técnica de planejamento e análise de experimentos (delineamento de experimentos) e análise de conglomerados como auxiliar ao QFD.

Capítulo	Casos	Tipo de indústria	Tipo de aplicação	Alguns destaques metodológicos
			Tabela 1 (b) – Casos relatados e os respectivos destaques da aplicação do QFD.	
			Destaques da aplicação do QFD	
18	Garantia da qualidade: uma aplicação do QFD ao início de produção de uma nova linha de motores	Indústria automobilística e autopeças	Preparação para produção de um produto	Utilização de diferentes modelos conceituais de forma a garantir a qualidade do motor no estágio de preparação para produção
19	A combinação do QFD com o PDP na melhoria do gerenciamento da rotina no chão de fábrica	Indústria automobilística e autopeças	Aplicação do QFD como auxiliar no gerenciamento da rotina do dia a dia/melhoria do controle	Construção da matriz FTA X desdobramaento dos processos de fabricação para identificação de processos críticos de controle durante a rotina do dia a dia
20	Usando QFD para melhorar o sistema de desenvolvimento de produtos de fornecedores de autopeças	Indústria automobilística e autopeças	Aplicação do método QFD no desenvolvimento de produtos automotivos	Diferentes modelos em função do grau de contato com o cliente final (contato direto, contato indireto e contato híbrido). Conversão do conhecimento por meio do QFD
21	Aplicação do desdobramento da função quallidade no desenvolvimento de filmes flexíveis para embalagens	Indústria de materiais	Aplicação do método QFD no reprojeto de produtos e no desenvolvimento de novos produtos para empresa	Utilização do modelo conceitual para o reprojeto e desenvolvimento de novos produtos. Auxílio do QFD na elaboração de um PDP. Processo de difusão do método QFD pela empresa
22	Aplicação do QFD na pré-produção da cal dolomítica para indústria siderúrgica	Indústria de materiais	Preparação para produção de um novo produto	1- Elaboração de um modelo conceitual capaz de auxiliar garantia da qualidade na pré-produção. 2- Construção do modelo conceitual do cliente e transpondo-o para alimentar o da empresa - extração invertida.
23	Aplicação do QFD no reprojeto da cal hidratada por intermédio dos desdobramentos da qualidade e da tecnologia com auxílio da técnica de planejamento e análise de experimentos	Indústria de materiais	Reprojeto de um produto existente	Utilização do desdobramento da tecnologia em associação com o da qualidade positiva; 3- Utilização da técnica de planejamento e análise de experimentos como auxiliar aos dois desdobramentos
24	Aplicação do QFD na escolha do equipamento pré-homogeneizador de calcário e desenvolvimento do cimento exportação	Indústria de materiais	1- Garantia da qualidade; 2- Garantia da confiabilidade; 3- Compra de equipamentos; 4- Auxílio em obra civil; 5- Preparação para produção de um novo produto para empresa	A- Construção de um modelo conceitual e matrizes auxiliares capazes de auxiliar: 1- a obtenção da confiabilidade de um processo produtivo, em atender a qualidade do produto e a produtividade, 2- a compra de equipamentos, 3- a garantia da qualidade de uma obra civil. B- Construção de um modelo conceitual estratificado capaz de auxiliar a garantia da qualidade de um produto destinado à exportação durante a etapa de preparação para produção
25	Aplicação do QFD no serviço de atendimento comercial para melhorar a satisfação dos clientes	Indústria de materiais	Aplicação do método QFD na melhoria da satisfação dos clientes em relação ao serviço	Construção de um modelo conceitual para auxiliar a melhoria da satisfação dos clientes do segmento de revenda
26	Aplicação do método desdobramento da função qualidade para análise de requisitos de usabilidade	Software	Aplicação do método QFD às atividades iniciais de análise no desenvolvimento de software visando a melhoria de qualidade do produto	Aplicação do *PriFo SQFD*, conforme as etapas do Práxis, no desenvolvimento de um software
27	Uma aplicação do método QFD na estruturação e melhoria do sistema de desenvolvimento de produtos de uma empresa de tecnologia de internet móvel	Software	Aplicação do método QFD no desenvolvimento de software	Construção de um modelo conceitual para o desenvolvimento de nova plataforma e derivados. Construção de um padrão gerencial para o desenvolvimento de produtos

LEVANTAMENTO SOBRE A UTILIZAÇÃO DO DESDOBRAMENTO DA FUNÇÃO QUALIDADE EM EMPRESAS NO BRASIL

Paulo A. Cauchick Miguel

11.1. Introdução

Como pode ser visto no início dessa obra, o QFD foi desenvolvido durante a década de 1960, visando criar um método que garantisse a qualidade do produto desde a fase de projeto. Entretanto, nos estágios iniciais de seu desenvolvimento, o QFD não era como é hoje conhecido. Em 1966, uma tabela denominada de itens de garantia do processo foi apresentada por Kiyotaka Oshiumi da *Bridgestone Tire Corporation*. Essa tabela mostra a ligação entre as características da qualidade substitutivas e os pontos relevantes no processo de produção. A partir dessa tabela, o Prof. Yoji Akao, um dos criadores do QFD, teve a ideia de incluir mais um campo denominado "pontos de vista do projeto" (*design viewpoints*) na tabela de garantia da qualidade do processo para ser usada no desenvolvimento de novos produtos. Diversas tentativas de aplicar essa ideia foram feitas em várias empresas, mas sem gerar muita atenção. A união do trabalho de Yoiji Akao com o de Shigeru Mizuno, deu origem ao método conhecido como *QFD – Quality Function Deployment* (traduzido para o português por Desdobramento da Função Qualidade). Em 1972, essa aplicação foi apresentada pelo Prof. Akao como "*hinshitsu tenkai*" (desdobramento da qualidade) pela primeira vez. Isso estabeleceu um método para desdobrar, antes do *startup* da produção, os pontos importantes para garantia da qualidade necessários para assegurar a qualidade do projeto para os estágios subsequentes dos processos de produção. A partir de então, o QFD despertou interesse em vários países.

Com o aumento da competição em escala mundial e devido aos seus benefícios, o QFD começou a ser usado em outros países, tais como nos EUA e na Itália, Suécia e Reino Unido na Europa, durante a década de 1980, chegando ao Brasil na década de 1990. Em termos de publicações, a importância do QFD no país pode ser demonstrada na Figura 11.1, que mostra a evolução no número de artigos publicados sobre QFD em anais de eventos nacionais entre 1995 e 2003.

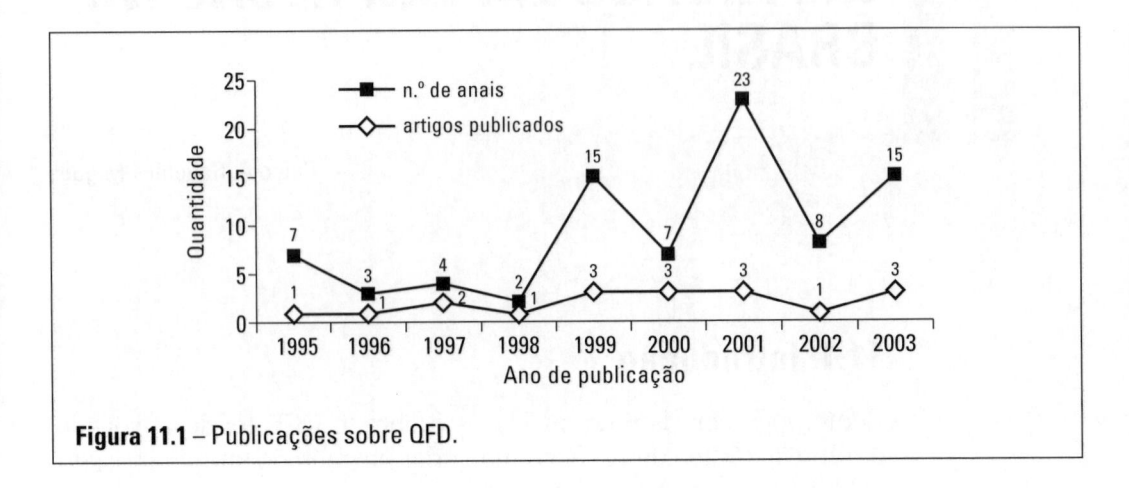

Figura 11.1 – Publicações sobre QFD.

Pode-se observar que nos últimos cinco anos o método vem sendo bastante divulgado, o que pode ser demonstrado pela quantidade de artigos apresentados nos eventos verificados (18 no total). No entanto, apesar de o QFD já ser divulgado há mais de dez anos no país, a sua utilização é ainda relativamente recente, existindo, inclusive, uma escassez de dados sobre como é a sua aplicação de uma forma mais abrangente. Procurando reduzir essa escassez de dados, foi conduzido um levantamento para verificar o grau de difusão do QFD em empresas instaladas no país.

O objetivo desse levantamento foi avaliar a introdução do QFD, estudando principalmente as maiores empresas privadas, por faturamento, identificando quais são seus benefícios e dificuldades de implantação em empresas que já tenham experiência com o método. Apresentamos, a seguir, os métodos e técnicas da pesquisa e, em sequência, uma análise dos principais resultados deste estudo.

11.2. Métodos e Técnicas Utilizados para a Condução do Levantamento

Para a realização deste estudo, foi feito um levantamento de campo considerando as 500 maiores empresas do Brasil por faturamento, segundo a classificação da revista Exame, além de incluir empresas que a equipe de pesquisa já tinha conhecimento de que eram usuárias do QFD, perfazendo um universo de 506 empresas. Para coletar os dados, aplicou-se um questionário, basicamente formado por perguntas fechadas, incluindo também algumas questões abertas. O questionário foi subdividido em oito blocos relacionados ao perfil da empresa, implantação do QFD, resultados obtidos pelo método, dentre outros. Foram feitos dois pré-testes visando aprimorar o questionário: um pré-teste feito com dois professores atuantes em QFD e outro com três empresas que a equipe tinha contato. Os resultados desses pré-testes foram utilizados para revisar o questionário. Para melhorar o índice de retorno na pesquisa, foi enviada uma carta junto com o questionário, explicando os objetivos da pesquisa e um envelope endereçado para a devolução. Com o retorno dos questionários, estes passaram por um processo de verificação, codificação e tabulação, utilizando planilhas do Excel®. A taxa de retorno (devolução dos questionários preenchidos) foi de aproximadamente 21% (106 questionários), considerado como adequado para esse tipo de pesquisa. Com a análise destes questionários, verificou-se que mais de 81% das empresas não utilizam o método (86 empresas), pouco mais de 9% o utilizam regularmente (10 empresas) e também pouco mais de 9% (10 empresas) estavam implementando o método.

Perfil dos respondentes e usuários do QFD

Em relação ao setor de atuação industrial das empresas que devolveram o questionário, conforme a Classificação Nacional de Atividades Econômicas, destacaram-se os seguintes: "Produtos Alimentícios, Bebidas, Fumo", com quase 15% dos casos; "Produtos Químicos", com mais de 9% dos casos; "Serviços: Eletricidade, Gás e Água" e "Automobilístico", cada um com mais de 8% dos casos. Constatou-se que os percentuais dos setores industriais no universo da pesquisa e nos questionários devolvidos estiveram bastante próximos. No setor de atuação das empresas que utilizam o QFD, destacaram-se os setores "Automobilísticos"; "Eletrodomésticos" e "Metalúrgica Básica", cada um com 15% dos casos, e os setores "Produtos Alimentícios, Bebida, Fumo", "Máquinas e Equipamentos" e "Produtos Químicos", cada um com 10% dos casos.

A Figura 11.2 apresenta os tipos de clientes que as empresas atendem, sendo que a coluna em preto indica os resultados das empresas que responderam à questão (100% equivalem a 86 empresas), a coluna cinza apresenta os resultados das empresas que utilizam o QFD e responderam à questão, sendo que das 20 empresas que usam o método, uma não respondeu a este questionamento (nesse caso, 100% equivalem a 19) e a coluna branca apresenta os resultados das empresas que não usam o QFD e responderam à questão (nesse caso, 100% equivalem a 67).

Comparando-se separadamente as empresas que utilizam com as que não utilizam o QFD, verificou-se que as que utilizam o método atendem, em metade dos casos, ambos os clientes (pessoa física e pessoa jurídica) e as que não utilizam atendem um dos dois tipos de clientes com mais de 18% para usuários finais e com mais de 42% para clientes intermediários. Apesar de os resultados serem próximos, verifica-se uma tendência de empresas que têm mais de um tipo de cliente usarem mais o método. Esse resultado poderia estar relacionado com a dificuldade em atender mais de um tipo de cliente, levando as empresas a buscarem outros métodos de desenvolvimento de produto, como o QFD, mas esse aspecto não foi analisado em profundidade nesse estudo.

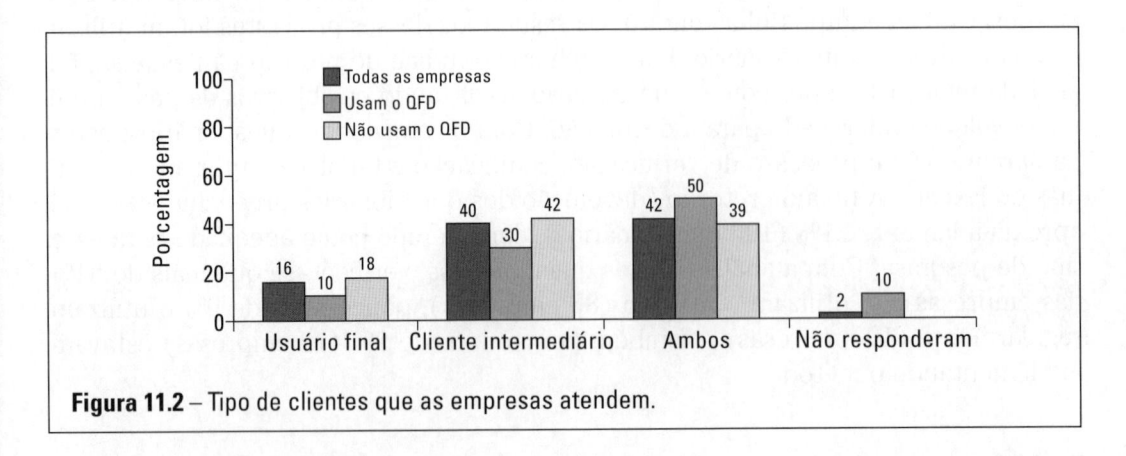

Figura 11.2 – Tipo de clientes que as empresas atendem.

Analisando-se o percentual de empresas que participaram da pesquisa e que estão entre as 10, 50 e 100 primeiras por lucro, segundo a classificação da revista "Isto é Dinheiro", verifica-se que apenas pouco mais de 13% das empresas estão entre as 100 primeiras. Considerando apenas as empresas que usam o QFD, este número sobe para 25%. Uma hipótese para estes resultados é que o QFD pode estar contribuindo positivamente para o desempenho das empresas, caso ele gere benefícios, como redução de custo e aumento das vendas. Isto é compatível com o fato verificado nesse estudo, de que 55% das empresas consideram como "satisfatório", "bom" ou "excelente" a redução de custos gerada com o uso do método.

Verificou-se no levantamento que, das empresas que não utilizavam o QFD, mais de 55% não tinham planos de implementar o método, pouco mais de 23% tinham planos de implementar o QFD a médio prazo (de um a dois anos) e apenas pouco mais de 13% tinham planos de usar o QFD a curto prazo (até um ano). Perguntadas estas empresas sobre porque não utilizam o QFD, os seus principais motivos foram: o método não era de interesse da empresa no momento e as empresas tinham uma maneira própria para atender as necessidades dos clientes. Como terceiro aspecto mais apontado, com mais de 26% dos casos, as empresas sequer conheciam o QFD, mostrando que existe a necessidade de maior divulgação do método.

Para analisar o porte das empresas, foram considerados os critérios do PNQ – Prêmio Nacional da Qualidade, relacionado ao número de funcionários: empresas com até 50 pessoas são consideradas como pequenas empresas, de 51 a 500, como médias e mais de 500 colaboradores como grandes empresas. Das 20 empresas que utilizam o QFD, 15% são de médio porte e o restante de grande porte. Este era um resultado esperado, devido ao tipo da amostra da pesquisa, formada principalmente pelas 500 maiores empresas por vendas no país. As empresas que usam o QFD estão localizadas, principalmente, no estado de São Paulo (55% dos casos).

11.3. Resultados sobre a Aplicação do QFD

Verificou-se na pesquisa que a maioria das empresas iniciou a implantação do QFD após a metade da década de 1990 (em 60% dos casos). Os principais motivos que levaram as empresas a iniciarem a implantação do QFD foram:

- Melhoria do processo de desenvolvimento de produto;
- Decisão a partir do conhecimento de suas vantagens;
- Aumento da satisfação dos clientes.

Observou-se também que as empresas usam o QFD principalmente para desenvolver produtos em 70% dos casos, mas também utilizam o método para desenvolver processos e produtos em 15% dos casos. Dez por dento das empresas utilizam o QFD somente para desenvolver processos.

Modelo teórico e matrizes adotadas

Perguntadas as empresas sobre qual o modelo do QFD adotado, em 25% dos casos, as empresas não souberam indicar qual é o modelo teórico adotado, mostrando uma possível deficiência no treinamento em relação à fundamentação teórica do método. Em quase um terço dos casos, as empresas utilizam o modelo das Quatro Ênfases, ou seja, o modelo japonês, baseado nos desdobramentos da qualidade, tecnologia, custos e confiabilidade e destacado nos capítulos anteriores desse livro. Em 15% dos casos, o modelo do QFD utilizado é o das Quatro Fases, que é o mais utilizado nos EUA, segundo a literatura. O restante das empresas utiliza o modelo do QFD-Estendido.

Foi também questionado se as empresas só desenvolvem a matriz da qualidade. Um quarto das empresas responderam que sim, mas 70% responderam que outras matrizes também são elaboradas e 5% não responderam a essa questão. Esse é um resultado importante, pois não é possível garantir que a empresa vai conseguir atingir os valores-alvo de qualidade, definidos na matriz da qualidade, realizando apenas a primeira matriz.

Aspectos relativos às equipes, reuniões e treinamentos em QFD

O número médio de participantes na equipe de QFD foi de 6 membros, mas, fazendo uma análise mais detalhada, verifica-se que as equipes de trabalho do QFD nas empresas estudadas têm de 4 a 7 pessoas em 45% dos casos, o que está razoavelmente dentro do que é recomendado pela literatura. A frequência das reuniões das equipes de trabalho do QFD é semanal para 40% dos usuários do método e 30% das empresas realizam reuniões quinzenais. Estes resultados são muito próximos daqueles conseguidos na pesquisa similar realizada na Suécia. A duração média das reuniões das equipes do QFD é de uma a duas horas, em 50% dos casos, e meio dia, em 25% dos casos. É importante notar que a frequência e a duração das reuniões influenciam diretamente o tempo de projeto.

As equipes de QFD envolvem principalmente pessoas das áreas de Produção, Engenharia de Processo, Engenharia de Produto, sendo que cada uma dessas áreas foi apontada por 80% das empresas, além da área da Qualidade, apontada por 75% das empresas. Outras áreas envolvidas (para 65% das empresas) foram: Marketing, Laboratório, Ferramentaria, Engenharia de Manutenção e SAC (Serviço de Atendimento ao Cliente). A importância de se usar uma equipe multifuncional está na contribuição do conhecimento técnico e na experiência de cada participante, além das decisões tomadas não ficarem centradas numa única pessoa, mas sim, serem um consenso da equipe.

Os treinamentos em QFD são de três dias para 30% das empresas e de meio dia para 20%. Os períodos de treinamento de um a dois dias ou de mais de três dias foram apontados por cerca de 10% das empresas.

Como os requisitos dos clientes são obtidos

Os requisitos dos clientes são obtidos por vários meios, sendo que as empresas assinalaram as seguintes práticas: técnica de entrevista (para 65% das empresas); informações fornecidas por vendas (em 55% dos casos) e relatórios de reclamações (50%). Esses dados podem ser considerados como positivos, já que as empresas estão usando informações adquiridas externa e internamente, podendo identificar as expectativas dos clientes, bem como os problemas em seus produtos atuais, por meio de diversos canais de comunicação com os clientes.

As dificuldades encontradas no uso do método

As principais dificuldades encontradas durante a implantação do QFD podem ser vistas na Figura 11.3. Dentre as principais destacam-se:

- Falta de experiência em QFD;
- Falta de comprometimento dos membros do grupo;
- Trabalhar com matrizes muito grandes.

Estas dificuldades também foram encontradas em trabalhos similares na literatura em países, como os EUA, Suécia e Reino Unido.

Benefícios na aplicação do método

Os principais benefícios do uso do QFD são mostrados na Figura 11.4. Os benefícios que mais se destacaram foram:

- Aumento da satisfação do cliente;
- Melhoria da comunicação interfuncional;
- Melhoria do trabalho em grupo.

Com estes resultados, verifica-se que as empresas estão conseguindo os benefícios que buscavam quando iniciaram a implantação do método, anteriormente relatados.

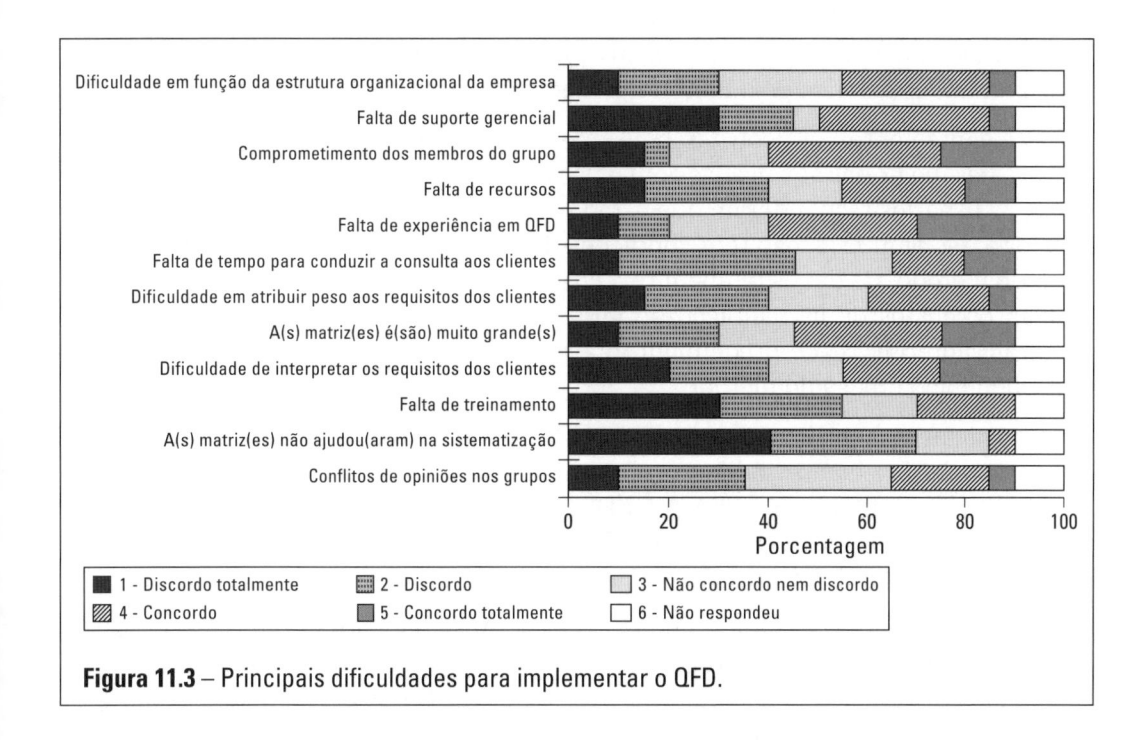

Figura 11.3 – Principais dificuldades para implementar o QFD.

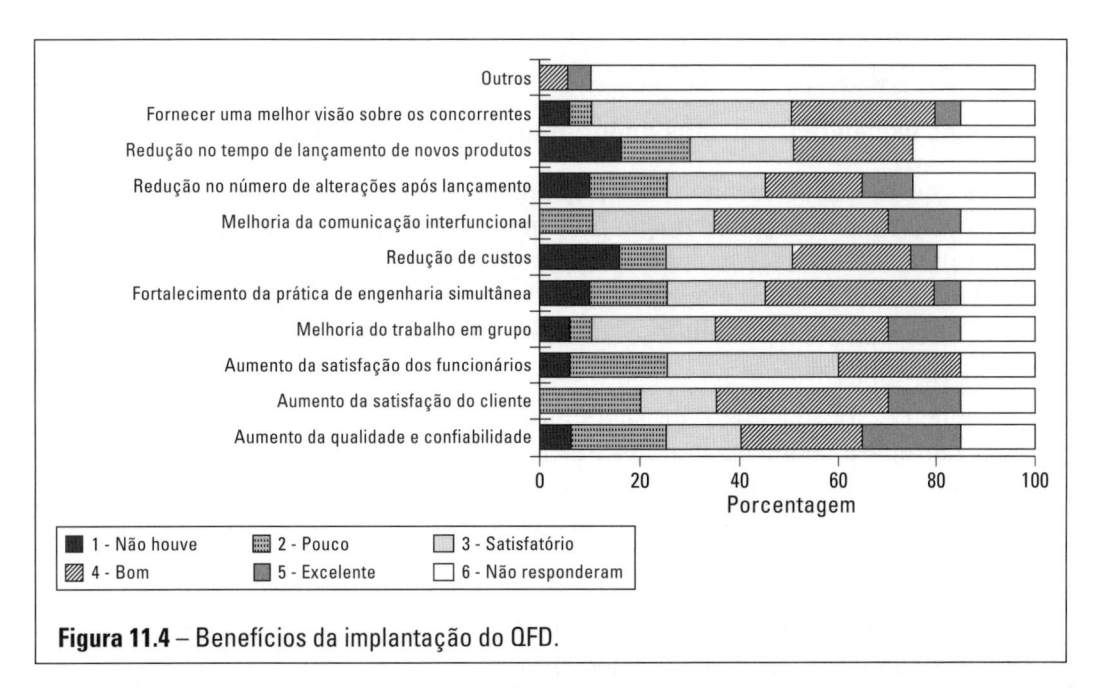

Figura 11.4 – Benefícios da implantação do QFD.

Avaliação sobre a utilização do método e número de projetos concluídos

Foi perguntado para as empresas como elas avaliam a implantação do QFD. Do total de usuários, 45% responderam que não fazem uma avaliação, somente 25% fazem uma avaliação no final da aplicação do método e 15% fazem uma avaliação periódica. Estes dados são preocupantes, pois sem avaliar a implantação não é possível verificar se os resultados gerados pelo método justificam o investimento realizado.

O levantamento verificou também que mais da metade das empresas não faz registro das melhorias alcançadas com o uso do QFD, sendo que, em apenas 30% dos casos, os usuários responderam que estão registrando essas melhorias. Deste modo, a maioria das empresas não tem condições de demonstrar resultados positivos com o uso do método. Os dados também revelaram que pouco mais de 15% das empresas avaliam os custos de implantação do QFD. Novamente, assim como destacado no parágrafo anterior, isto é preocupante, pois não podem assim comprovar a relação custo-benefício no uso do método.

Com relação à avaliação do uso do QFD nos projetos, a maioria (55%) avalia como "bom", 15% como "indiferente" e somente em 10% dos casos como "ruim". Analisando os resultados gerais do QFD, a maioria considera como "bons" ou "ótimos" (em 60% dos casos) e em 20% dos casos como "indiferentes" ou "ruins". O restante não respondeu à questão.

Uma das questões avaliou o número de projetos concluídos com o uso do QFD. O resultado foi que, em 15% dos casos, as empresas não tinham nenhum projeto concluído, em 10% dos casos tinham 1 projeto, em 25% dos casos, 2 ou 3 projetos e, em 30% dos casos, as empresas tinham mais de 3 projetos concluídos. Deste modo, mais da metade das empresas têm, pelo menos, um projeto concluído.

Sucesso no uso do QFD e pontos importantes para alcançá-lo

Uma das questões finais avaliou se a implementação do QFD obteve sucesso. Para 35% das empresas, a implementação teve um "sucesso parcial", para 30% "teve sucesso" e para 15% "não teve sucesso". Devido à limitação do questionário, não foi possível identificar o que as empresas consideram como "sucesso parcial", sendo que algumas respostas são contraditórias, quando comparadas com a avaliação do uso do método pelas empresas.

Finalmente, foi solicitado que as empresas distribuíssem 100 pontos nos itens que elas considerassem mais importantes para se ter sucesso na implementação do QFD. Destacaram-se os seguintes itens (por ordem decrescente de prioridade):

- Ter apoio da alta gerência;
- Analisar e interpretar as informações e resultados adequadamente;
- Conduzir pesquisa de mercado eficaz;
- Proporcionar treinamento adequado.

O apoio da alta gerência é um dos pré-requisitos essenciais, para que a implantação do QFD tenha sucesso, devido ao fato de que o método gera mudanças estruturais e de procedimentos, que não seriam possíveis sem este apoio. Como pode ser visto, o treinamento também é um fator de sucesso para o uso do método. Em ambos os casos, os resultados estão em concordância com a literatura. Os outros dois itens importantes são mais dirigidos para a operação no uso do método.

Empresas que interromperam o uso do QFD

Também foram investigados, embora de forma limitada, alguns aspectos relativos às empresas que interromperam o uso do método. Sobre os motivos que levaram essas empresas (25% dos casos) que utilizavam o QFD a interromper o seu uso, estão (mais de um motivo poderia ser assinalado):

- As expectativas não foram alcançadas (em 60% dos casos);
- Problemas durante a implantação (para 40% das empresas);
- Decisão gerencial (em 20% dos casos);
- Outros fatores (para 40% das empresas), como dificuldade devida à estrutura da Engenharia de Desenvolvimento.

11.4. Síntese dos Resultados Encontrados

Esse tópico apresenta uma síntese dos resultados do levantamento realizado, visando identificar os pontos fortes e fracos no uso do QFD, de forma a buscar um maior sucesso na aplicação do método. Pretende-se que a discussão sobre esses pontos venha a contribuir para maior eficácia e eficiência na utilização do método pelas empresas. Nesse sentido, a discussão é centrada nos pontos-chave destacados a seguir.

Planejamento sobre a aplicação do QFD

Um dos aspectos importantes no planejamento para implementação do método é relativo ao treinamento. Esse aspecto é, inclusive, um dos apontados pelas empresas para alcançar sucesso nessa implementação. Nesse sentido, verificou-se que as empresas realizam treinamento do método abaixo do recomendado pela literatura, o que pode estar influenciando em seus resultados. Outro aspecto que merece destaque é relativo ao modelo teórico adotado, bem como os desdobramentos a serem realizados (custos e confiabilidade, além de tecnologia e qualidade, sendo esses dois últimos os mais comuns). Na fase de planejamento para a introdução do método, recomenda-se que sejam definidos quais os desdobramentos almejados. Porém, a realização dos desdobramentos deve ser gradativa, à medida que a empresa vai tendo mais familiaridade com a aplicação do método. Uma referência de tempo é que no Japão demora dois anos para o QFD ser sistematizado pelas empresas e seis anos para que realmente o método seja incorporado como prática cotidiana. Assim, os desdobramentos mais avançados talvez devam ser realizados após os dois anos de sistematização no uso do QFD.

Fatores operacionais relacionados às reuniões e ao trabalho em equipe

A Tabela 11.1 resume os principais fatores operacionais na utilização do método, relacionados às reuniões e ao trabalho em equipe.

Tabela 11.1 – Aspectos relevantes na utilização do QFD.	
Fator operacional	**Resultado principal (maioria das empresas)**
Áreas funcionais presentes na equipe	Eng. de produto, de processo, produção, qualidade
Número de participantes na equipe	6 membros (em média)
Frequência das reuniões	Semanais
Duração das reuniões	De uma a duas horas
Número de projetos concluídos	1 ou mais projetos para mais de 50% das empresas

O objetivo dos aspectos apontados na Tabela 11.1 é servir como referência para potenciais usuários do método.

Dificuldades no uso do método

Em termos de dificuldades na utilização do QFD, os resultados encontrados são similares a pesquisas feitas em outros países, tais como Suécia, Reino Unido e EUA, demonstrando pontos comuns nesse sentido. Como já destacado, as dificuldades mais evidentes na implementação foram: "falta de experiência no uso do método", "falta de comprometimento dos membros das equipes" e "dificuldades em trabalhar com grandes matrizes". Essas dificuldades são, na realidade, pontos que devem ser melhor trabalhados, visando obter uma maior facilidade no uso do QFD.

Aspectos exemplares na aplicação do QFD

A grande maioria das empresas tem mais de um projeto concluído, enquanto pouco mais de 30% já têm mais de três. Para desenvolvimento desses projetos, verificou-se que a maioria das empresas desenvolve mais de uma matriz, o que é muito importante, pois estas empresas mostraram uma tendência de conseguir atingir mais benefícios e maior índice de sucesso no uso do método. Alguns aspectos exemplares foram identificados nas empresas, sejam relativos ao ano de início de implantação (uma empresa citou o ano de 1988), treinamento (treinamentos com duração de vários dias), aspectos relativos às equipes e reuniões, quantidade de projetos já desenvolvidos (uma empresa apontou mais de 20 projetos finalizados com o uso do QFD), realização de outros desdobramentos (custos e confiabilidade), bem como avaliação dos resultados no uso do método. Esses aspectos deverão ser analisados com maior detalhamento e divulgados oportunamente.

11.5. Considerações Finais

Esse estudo avaliou o grau de introdução do QFD no Brasil, a partir de uma amostra intencional selecionada, baseada nas 500 maiores empresas por vendas, possibilitando identificar benefícios e dificuldades no uso do método. Os resultados do levantamento indicaram que o QFD é relativamente pouco usado no Brasil e que a sua implementação é relativamente recente, já que a maior parte das empresas iniciou seu uso após 1995. Entre os motivos para a implementação do QFD, destaca-se a busca pela melhoria no processo de desenvolvimento de produto, indicando a preocupação das empresas em melhorar este processo.

Pode-se também verificar nesse estudo que as empresas devem concentrar esforços para avaliar a implementação do QFD, uma vez que a maioria das empresas não avalia o uso do método, nem seus custos, bem como não registra as melhorias alcançadas. Deste modo, a verificação do custo-benefício na implementação do QFD torna-se limitada. Porém, de forma contraditória, a maioria das empresas considera como "bons" os resultados do QFD e seu efeito nos projetos, mas mais de 35% consideram que tiveram "sucesso parcial" na implementação, o que precisa ser melhor investigado em futuras pesquisas.

Pode-se concluir que, para ter sucesso na implementação do QFD, segundo as empresas, os pontos-chave foram: "ter apoio da alta gerência", "analisar e interpretar as informações e resultados adequadamente", "conduzir pesquisa de mercado eficaz" e "proporcionar treinamento adequado". Um resultado importante desse levantamento, foi a identificação de empresas com maior maturidade e experiência no uso do QFD, que podem ser consideradas como referências comparativas no uso do método.

REFERÊNCIAS BIBLIOGRÁFICAS

CARNEVALLI, J.A., SASSI, A.C. e MIGUEL, P.A.C. Aplicação do QFD no Desenvolvimento de Produtos: Levantamento sobre seu Uso e Perspectivas para Pesquisas Futuras. *Gestão e Produção*. Vol. 11(3): 33-49. 2004.

DAMANTE, F.C. *Desdobramento da Função Qualidade: um estudo de sua aplicação no Brasil*. Dissertação de Mestrado. São Paulo: Faculdade de Economia, Administração e Contabilidade, USP, 1997.

EKDAHL, F. e GUSTAFSSON, A. QFD: The Swedish Experience. *Transactions from the Ninth Symposium on Quality Function Deployment.* Novi: QFD Institute. p. 15-27. 1997.

MARTINS, A. e ASPINWALL, E. M. Quality Function Deployment: An Empirical Study in the UK. *Total Quality Management.* Vol. 12 (5): 575-588. 2001.

MIGUEL, P.A.C. *Qualidade: Enfoques e Ferramentas.* São Paulo: Artliber, 2001.

MIGUEL, P.A.C. The State-of-the-art of the Brazilian QFD Applications at the Top 500 Companies. *International Journal of Quality and Reliability Management.* Vol. 20(1): 74-89. 2003.

MIGUEL, P.A.C. e CARPINETTI, L.C.R. Some Brazilian Experiences on QFD Application. *Proceedings of the Fifth Annual International Symposium on Quality Function Deployment.* Belo Horizonte: UFMG. p. 229-239. 1999.

12 PROCESSO DE TRANSFERÊNCIA DE TECNOLOGIA GUIADO PELO QFD

Ioanis A. Sarantopoulos
Priscila J. C. C. Camargo
Angelo B. Fernandes
Maria Tereza Galvão
Luis Henrique Genari
Maria Cristina Y. Lui
Luis S. Pulitano
Plínio L. S. Pereira
Walkira A. Santos
Tânia T. Soffiatti
Ricardo Watanabe

12.1. Introdução

A prática da transferência de tecnologia tem como objetivo acelerar a entrada de empresas em mercados quando não se domina a tecnologia específica e necessita-se do desenvolvimento da mesma em curto espaço de tempo. Esse trabalho, no entanto, deve ser realizado com cautela, pois o processo pode ser conduzido no conceito *product out*, desconsiderando-se as exigências de consumidores locais. No processo de transferência de tecnologia, deve-se conciliar a importação da tecnologia com o conceito *market in*, ou seja, importar a tecnologia, porém, ao mesmo tempo, buscar a satisfação do consumidor a quem o produto se destina.

O projeto ao qual se destinou a transferência de tecnologia resultou de um estudo profundo de oportunidades de mercado. Foi detectado que a marca Sadia possuía 20% de *top of mind* sem jamais ter atuado em tal mercado. Todavia, esse mercado mostrava-se altamente competitivo e com qualidade percebida bem definida pelos consumidores. Além disso, a marca líder, possuidora de 40% da fatia do mercado, revelou-se muito superior à marca Sadia no que diz respeito à intenção de compra pelos consumidores entrevistados, neste segmento específico.

12.2. Objetivo

Definida a oportunidade de negócio, iniciou-se o projeto com o seguinte objetivo e metas:

Objetivo do Projeto:

- Lançar uma linha de PRODUTO NOVO[1] da Sadia.

Metas do Projeto:

- Qualidade Intrínseca:
  a) Garantir a satisfação dos consumidores em todos os atributos de qualidade exigida avaliados na pesquisa de mercado do protótipo.
  b) Atingir 100% das Características de Qualidade na linha de produção, desde o lançamento.

- Meta de Margem de Contribuição:

  Obter a Margem de Contribuição Unitária de R$ 1,50 para o PRODUTO NOVO.

- Meta de Entrega:

  Disponibilizar para vendas o volume total orçado no primeiro mês após a posta em marcha.

- Impacto na Meta Estratégica:

  Atingir 15% do faturamento de novos produtos da empresa no ano de 2000.

12.3. A Definição do Projeto e Equipe

A definição do projeto ocorreu em 9 etapas descritas a seguir:

1. Busca da oportunidade do negócio: nessa etapa foram estudados, em pesquisa de mercado, diversos conceitos de produtos que tivessem compatibilidade com o *"core business"* da empresa. Buscou-se, dentre diversos conceitos apresentados, aquele que melhor fosse aceito pelos consumidores.

2. Compatibilização: ainda na pesquisa, procurou-se compreender qual a relação que o consumidor fazia do PRODUTO NOVO com a marca da empresa. Produtos que apresentaram menor afinidade com a marca foram descartados.

---

[1] Por motivo de sigilo industrial, referimo-nos ao produto objeto do projeto simplesmente como PRODUTO NOVO.

3. Análise da Situação do Mercado: foram estudados dados de volume do mercado brasileiro, principais concorrentes e fatia do mercado ocupada, distribuição do consumo por região, tipos de consumidores e potencial de vendas para a empresa.

4. Definição do conceito mercadológico para o PRODUTO NOVO: o conceito mercadológico foi definido abordando-se aspectos relacionados à atratividade da família de produtos, emoção no consumo e frequência de uso. Com relação ao produto em si, definiu-se a apresentação do produto para o consumidor, estabeleceu-se o *benchmark* e alguns atributos de qualidade intrínseca (variedade, sabor etc.).

5. Estudo de viabilidade técnica: estudou-se a disponibilidade de insumos na empresa e no mercado nacional e internacional e aspectos relacionados à conservação dos produtos.

6. Viabilidade econômica: fez-se a definição do valor do investimento e cálculo dos índices de rentabilidade do projeto.

7. Aprovação do projeto: levantaram-se prós e contras do projeto, o qual foi submetido à aprovação pela alta administração da empresa.

8. Definição da equipe do projeto: definiu-se a equipe multidisciplinar de nove membros pertencentes às áreas funcionais de marketing, pesquisa & desenvolvimento, engenharia, análise sensorial e instrumental, pesquisa de mercado e suprimentos.

9. Contratação das metas do projeto perante a diretoria.

12.4. Aplicação do Método QFD

QFD e o processo de transferência de tecnologia

A implantação do projeto com a transferência de tecnologia guiada pelo QFD ocorreu em 12 etapas:

1. Busca do produto *benchmark* internacional e nacional.

2. Definição das qualidades exigidas: fez-se pesquisa de mercado qualitativa com consumidores assíduos da família de produtos do PRODUTO NOVO por meio de degustação dos produtos *benchmark* nacionais e internacionais. As discussões em grupo foram observadas pela equipe de QFD. Posteriormente, as anotações dos membros da equipe e as notas taquigrafadas foram exaustivamente utilizadas e separadas em: itens de qualidade, contramedidas e preço. Contramedidas e itens de qualidade reversa foram utilizados para definir os pontos fracos do líder do mercado nacional (KANO, 1991). Os itens de qualidade não valorizados pelos consumidores brasileiros no *benchmark* internacional também foram transformados em contramedidas e qualidades exigidas. A metodologia para separação dos itens exigidos em itens de qualidade, contramedidas, preço até a

construção da tabela de qualidade exigida foi aquela estabelecida no livro de CHENG *et al.* (1995). A tabela de qualidade exigida foi assim constituída de 72 itens de qualidades exigidas, agrupadas no nível primário em atributos relativos a: versatilidade, aparência do produto, desempenho no preparo, praticidade, armazenamento, porcionamento, leveza, confiabilidade, sabor e instruções de preparo. Em seguida, definiram-se os tipos de qualidade para cada item de qualidade exigida em qualidade óbvia, linear e atrativa.

3. Compatibilização das Qualidades Exigidas com o Conceito do produto: o Conceito do produto foi separado em 9 itens diferentes. A seguir, cada item foi avaliado quanto à sua correlação com as qualidades exigidas. Itens de qualidade exigida que melhor satisfizessem o conceito foram priorizados (Figura 12.1).

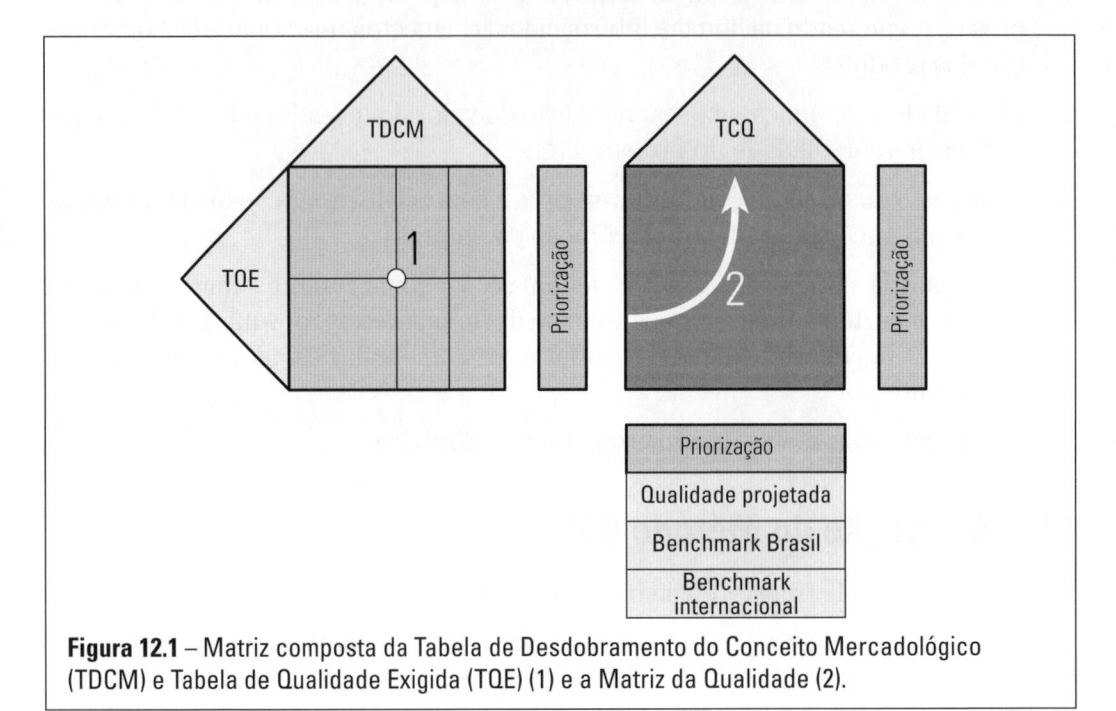

Figura 12.1 – Matriz composta da Tabela de Desdobramento do Conceito Mercadológico (TDCM) e Tabela de Qualidade Exigida (TQE) (1) e a Matriz da Qualidade (2).

4. Desdobramento da Função Qualidade: a partir da Tabela da Qualidade Exigida (TQE), fez-se a extração das Características de Qualidade (TCQ). Para estabelecer as características de qualidade utilizaram-se também dados da literatura científica e as características de qualidade definidas em Análise Descritiva Quantitativa (STONE e SIDEL, 1993). A priorização das Qualidades Exigidas foi feita com base na correlação com o conceito mercadológico. As Características de Qualidade foram priorizadas com base naquelas de maior peso total na correlação. Posteriormente levantaram-se as Características de Qualidade do *Benchmark* brasileiro e internacional. Com esses valores e com a priorização das Qualidades Exigidas, definiu-se o projeto da qualidade. O Modelo Conceitual utilizado foi o mesmo já relatado em publicação anterior (SARANTÓPOULOS *et al.*, 1996) (ver Figura 12.2).

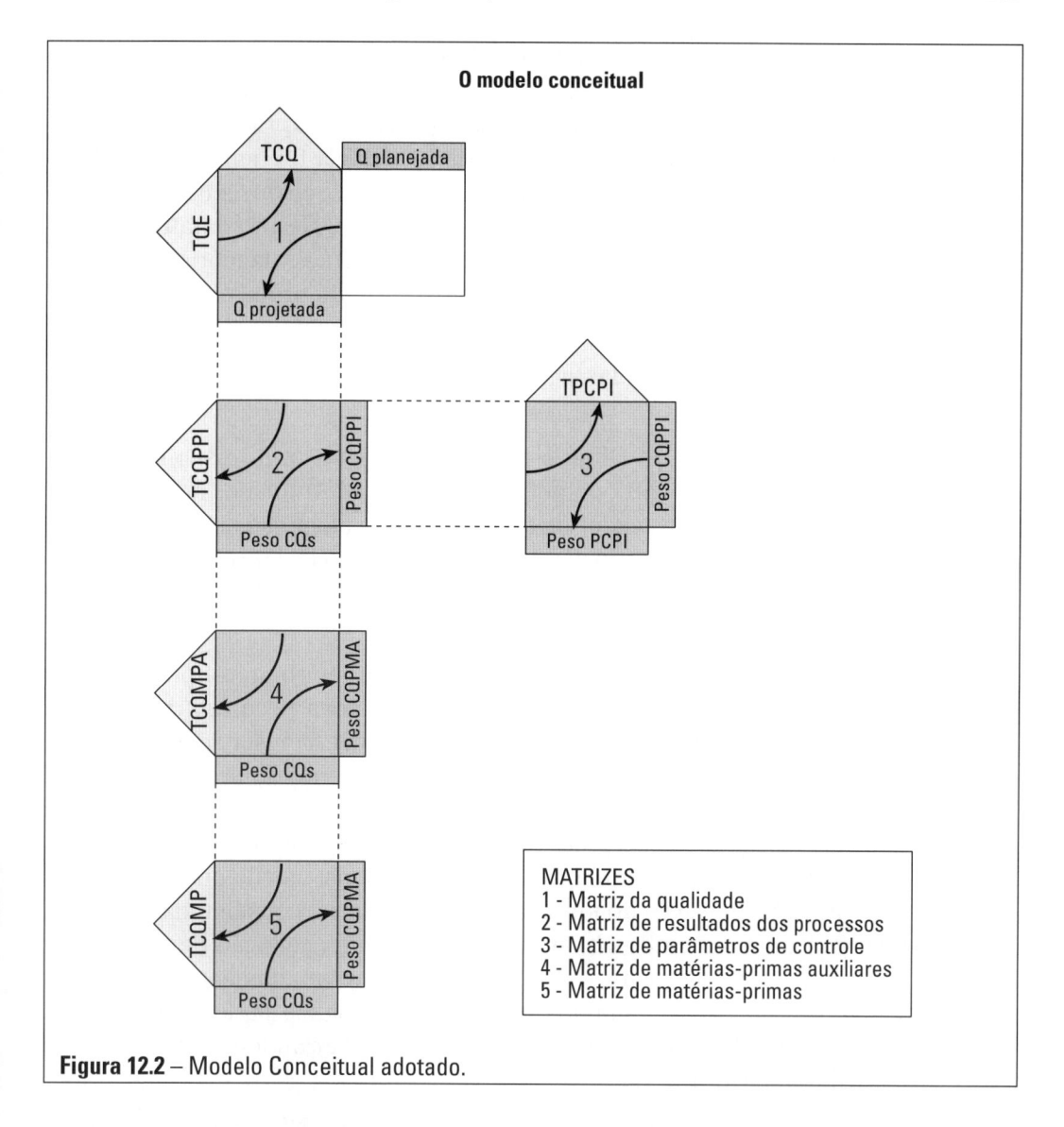

Figura 12.2 – Modelo Conceitual adotado.

5. Definição do Padrão Técnico de Processo (PTP) prévio: com a Matriz de Característica da Qualidade por Característica da Qualidade dos Produtos Intermediários (MCQ × CQPI) e a Matriz de Característica da Qualidade dos Produtos Intermediários com Parâmetros de Controle (MCQPI × PC), fez-se o PTP prévio. Para fazer os desdobramentos das Características de Qualidade dos Produtos Intermediários, utilizou-se também a literatura científica. O PTP prévio foi de suma importância para a transferência de tecnologia.

6. Definição prévia das Características de Qualidade de Matérias-primas: para atender à Qualidade Projetada, definiram-se as Características de Qualidade das Matérias-Primas. Nessa etapa também foram utilizadas a literatura científica e informações de fornecedores de matérias-primas e embalagens.

7. Transferência de Tecnologia Guiada pela TQE e TCQPI (PTP prévio): com conhecimento profundo das exigências dos consumidores e das características de qualidade do *Benchmark* nacional e internacional, fez-se o primeiro contato com o fornecedor de tecnologia. O fornecedor de tecnologia foi definido através da busca de relacionamento com empresas em país, cuja excelência na manufatura do PRODUTO NOVO fosse mundialmente reconhecida. Nesse contato foram levantadas todas as informações necessárias para construção da fábrica, incluindo compra de equipamentos de instalações industriais e de processo, além da produção do primeiro protótipo industrial posteriormente exportado para o Brasil.

8. Implantação do Projeto: a implantação do projeto foi estabelecida pelos seguintes trabalhos:

   8.1. Treinamento da Mão de Obra: o gerente, o supervisor, o responsável pelo laboratório e os principais operadores, previamente treinados no PTP prévio foram enviados ao fornecedor de tecnologia para absorção dos conhecimentos necessários. A missão do gerente foi de revisar o PTP prévio, a missão do supervisor foi de estudar a operação e escrever os Procedimentos Operacionais Prévios.

   8.2. Desenvolvimento do PRODUTO NOVO: com o primeiro protótipo produzido na fábrica do fornecedor de tecnologia fez-se nova pesquisa de mercado para definir quais características de qualidade deveriam ser adequadas para satisfazer o consumidor brasileiro. O desenvolvimento do protótipo final foi feito adotando-se dois caminhos simultâneos (vide Figura 12.3): caminho 1a, avaliando os diversos produtos do mercado incluindo os *benchmarks* nacional e internacional em atributos de características de qualidade específicas através da escala do ideal (avaliação sensorial considerada ideal pelo consumidor); e, caminho 1b, avaliando o nível de aceitação de determinada característica da qualidade desenvolvida propositadamente em protótipos-piloto. Ambos os caminhos forneceram subsídios para a definição da qualidade projetada. Esse trabalho foi realizado utilizando-se testes afetivos (STONE e SIDEL, 1993).

   8.3. Construção da fábrica para produção do PRODUTO NOVO: informações da TCQPI foram utilizadas para definir condições dos vários ambientes fabris. Os itens 8.1, 8.2 e 8.3 foram conduzidos ao mesmo tempo.

9. Posta em marcha (produção inicial): na posta em marcha, a equipe teve como principais objetivos garantir o PRODUTO NOVO com as CQs projetadas e o atendimento do volume de produção orçado. Utilizou-se o PTP prévio para checar valores de CQPI e estabelecer PCs predefinidos no fornecedor de tecnologia.

10. Verificação das CQs projetadas: o PRODUTO NOVO resultante da posta em marcha foi submetido à análise completa das CQs para verificação do projeto. A vida de prateleira, previamente estudada a nível de protótipo, pôde ser checada com o produto da linha de produção industrial.

11. Lançamento no mercado: o PRODUTO NOVO foi lançado no mercado. Grande atenção foi dada para a garantia da qualidade, ou seja, garantir produtos com as CQs projetadas no mercado.

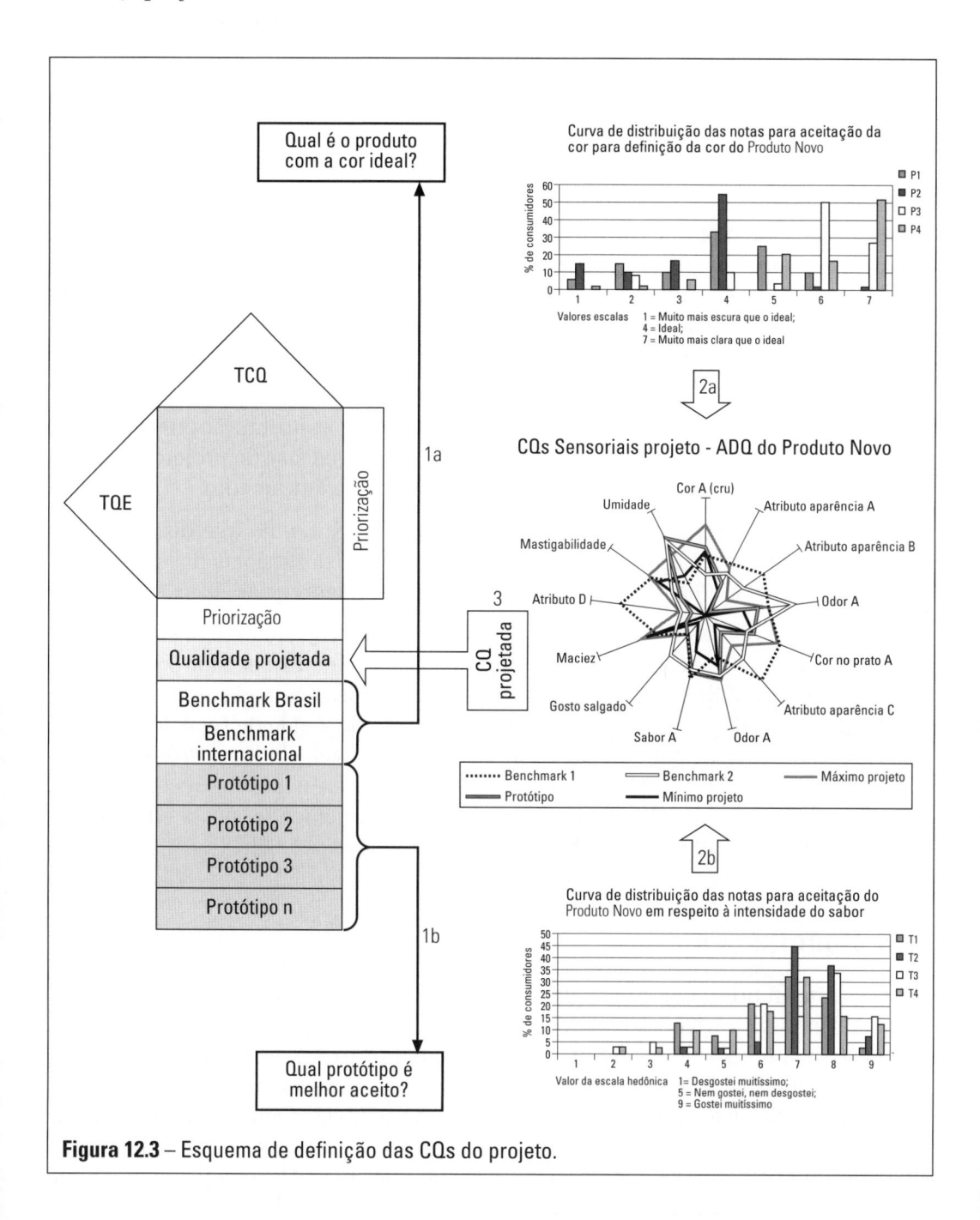

Figura 12.3 – Esquema de definição das CQs do projeto.

12. Monitoramento: para checar a satisfação dos consumidores quanto à qualidade logo após o lançamento, fez-se acompanhamento das manifestações dos consumidores via Serviço de Informação ao Consumidor (SIC). Ações corretivas devidas a desvios foram tomadas imediatamente. Além das informações do SIC, fez-se o monitoramento de recompra e vendas por região.

12.5. RESULTADOS

Na presente data[2], o PRODUTO NOVO foi lançado e as vendas estão crescendo em volume. As metas do projeto estão sendo atingidas. Já se pode verificar a satisfação dos consumidores quanto às exigências expressas nas entrevistas, traduzidas em qualidades exigidas na Tabela de Qualidade Exigida. São numerosos os elogios quanto ao projeto e qualidade do produto, expressos através do Serviço de Informação ao Consumidor. As características de qualidade projetadas estão sendo garantidas pela produção.

Gradativamente atingiremos a meta de margem de contribuição, uma vez que essa depende da economia de escala. Conforme previsto na fase de projeto, a capacidade plena será atingida ao longo do primeiro ano após o lançamento.

Talvez um dos resultados mais positivos nesse trabalho, no que diz respeito à transferência de tecnologia, tenha sido o aprimoramento profissional dos participantes tanto no aspecto de crescimento tecnológico quanto gerencial.

Como resultado a ser aperfeiçoado nos próximos projetos de transferência de tecnologia, deve-se buscar um maior comprometimento do fornecedor com os objetivos da empresa (BRUNO e VASCONCELLOS, 1996). Isso poderá ser atingido através de uma especificação mais detalhada do contrato de venda de tecnologia. Essas especificações deverão contemplar garantias e, se possível, chegar a níveis de detalhes de definir horas de visita dos técnicos para treinamento na fábrica compradora, inclusive até o momento da obtenção da qualidade projetada na posta em marcha. Enfim, a elaboração do contrato deve também ser guiada pelo QFD.

12.6. Conclusões

Quando uma empresa investe em uma determinada tecnologia, ela está determinando sua própria sobrevivência; isto porque, quando ocorre, por exemplo, um erro na produção, ou até mesmo de gerenciamento, embora isto possa afetar momentaneamente a competitividade da empresa, é sempre possível recuperar este erro, apesar dos prejuízos causados por eles. Contudo, quando se investe em uma tecnologia errada ou que não seja adequadamente absorvida, compromete-se a competitividade atual e futura da empresa e, portanto, a sua sobrevivência. Uma empresa não pode

---

[2] Na data da primeira publicação deste trabalho, em 1999.

nunca deixar de investir em tecnologia, mas, pior do que não investir em tecnologia é investir em tecnologia errada (VIVÈS, NATAL, 1996). Os resultados obtidos da transferência de tecnologia ocorrida na Sadia têm mostrado que a empresa acertou tanto na tecnologia adotada quanto no fornecedor de tecnologia. Além disso, a transferência de tecnologia foi norteada por um planejamento estratégico consolidado com diretrizes básicas de desenvolvimento. A Sadia tem estabelecido, de modo claro, a sua missão. Sem esse pano de fundo não teríamos bons resultados nesse trabalho (NATAL, VIVÈS, 1998). O portfólio de projetos deve ser bem definido e a gestão de desenvolvimento de produtos deve possuir método muito bem estabelecido, ou seja, o QFD no sentido restrito (desdobramento do trabalho com um padrão de sistemas para desenvolvimento de produtos que garanta a qualidade do trabalho a ser realizado) e o QD bem executado para a satisfação plena das exigências dos consumidores. Concluímos que esse é o recipiente adequado para que a tecnologia adquirida não se perca.

O êxito experimentado na Sadia foi também resultado do investimento da direção em P&D nos últimos seis anos, iniciando com a implantação do QFD seguido de toda a infraestrutura necessária (laboratórios, metodologias, treinamentos etc.). O exercício do QFD no processo de transferência de tecnologia mostrou ser um excelente direcionador de recursos. Ninguém conhece melhor o assunto do que o vendedor de tecnologia. Por outro lado, se o comprador não assumir posição de aprendiz, não acontece o aprendizado. Assim, torna-se fácil o aparecimento dos desvios, sendo o principal deles o fato de os resultados da transferência de tecnologia não chegarem no mercado em forma de bens de consumo (produto) (KUGLIANSKAS, FONSECA, 1996). Novamente, o QFD para o comprador de tecnologia funciona como a visão governante, lembrando sempre que quem "manda" mais é aquele que compra o produto final, objeto de toda a transferência de tecnologia, ou seja, o nosso querido consumidor!

REFERÊNCIAS BIBLIOGRÁFICAS

BRUNO, M. A. C. e VASCONCELLOS, E. Eficácia da Aliança Tecnológica: Estudos de Caso no Setor Químico. *Anais do XIX Simpósio de Gestão da Inovação Tecnológica*, São Paulo: USP. p. 1221-1236. 1996.

CHENG, L. C. *et al. QFD - Planejamento da Qualidade*. Belo Horizonte: Fundação Christiano Ottoni, 1995.

KANO, N. *A Qualidade Atrativa e a Obrigatória*. Tokyo: QOTS, 1991. 122 p. (notas de aula).

KUGLIANSKAS, I. e FONSECA, S. A. Gestão de Contratos: Fator de Sucesso na Transferência de Tecnologia. *Anais do XIX Simpósio de Gestão da Inovação Tecnológica*. São Paulo: USP. p. 613-628. 1996.

NATAL, Y. D. e VIVÈS, A. Gerenciamento do Processo de Transferência de Tecnologia. *Anais do XX Simpósio de Gestão da Inovação Tecnológica*. São Paulo: USP. p.1328-1338. 1998.

SARANTÓPOULOS, I. A. *et al*. Food Product Upgrade Using QFD. *Transactions from the Eighth Symposium on Quality Function Deployment concurrent with International Symposium on QFD'96*. Novi: QFD Institute. p.181-195. 1996.

STONE, H. e SIDEL, J. L. *Sensory Evaluation Practices*. Second Edition. London: Academic Press, 1993. p. 202-242.

VIVÈS, A. e NATAL, Y. D. O Gerenciamento da Transferência de Tecnologia na Companhia Siderúrgica Nacional - CSN. *Anais do XIX Simpósio de Gestão da Inovação Tecnológica*. São Paulo: USP. p. 613-628.1996.

OBTENDO SUCESSO NACIONAL ATRAVÉS DA IMPLANTAÇÃO DE QFD NO PROCESSO DE DESENVOLVIMENTO DE UM PRODUTO ALIMENTÍCIO POPULAR NO BRASIL – PROJETO DE UM NOVO PRODUTO

Lúcia B. R. Guedes
Inaldo Antoni
João Carlos Andrade
Maria Tereza Galvão
L. C. Oliveira
Patrícia H. Matsunaga
Raquel A. Saraiva
Marcos Cremaschi
Tânia T. Soffiatti
Ricardo Watanabe
Walkira A. Santos

13.1. Introdução

Este projeto foi realizado numa empresa brasileira do setor alimentício, a SADIA (Guedes, 1999).

Como parte de sua estratégia para aumentar o número de produtos com valor agregado, a Sadia realizou uma pesquisa de mercado para estudar as oportunidades existentes e identificar esses produtos. Esse estudo resultou na decisão de lançar um Produto Novo (PN)[*], porque:

- O PN era um produto popular no Brasil, bem-aceito pela maioria dos segmentos do mercado.

- O mercado de PN estava entre os que tinham maior crescimento no mundo nos últimos anos.

- Não havia no mercado interno nenhum concorrente nacional expressivo.

- Foi detectado na pesquisa de mercado que a Sadia detinha 3% de preferência (*Top of Mind*) entre os consumidores, apesar de a empresa nunca ter comercializado o PN.

- O PN tem um efeito sinérgico com todos os outros produtos comercializados pela Sadia.

---

[*]Designação genérica dada ao Produto Novo para manter a confidencialidade.

13.2. Objetivo

Os objetivos do projeto eram:

1. Lançar o PN em dezessete meses.

2. Lançar o PN em três versões.

3. Obter um produto com um custo marginal de US$ 4,00/kg.

4. Alcançar 100% dos valores projetados para as características de qualidade desde a primeira produção.

5. Obter 15% de domínio do mercado nacional, um ano após o lançamento.

6. Contribuir com 15% das receitas obtidas de produtos novos, um ano após o lançamento.

13.3. Equipe

Para iniciar o projeto, a Diretoria da Sadia nomeou um coordenador e aprovou as indicações para o grupo multifuncional, composto por especialistas de Pesquisa & Desenvolvimento (produto, embalagem e análise sensorial & instrumental), Marketing (pesquisa de mercado e gestão do produto), Engenharia (equipamento e construção da fábrica).

13.4. Aplicação do Método QFD

No início do desenvolvimento, o grupo decidiu seguir o Modelo Conceitual em uso na empresa (Figura 13.1). O grupo entendia que a parte central do projeto era a tecnologia sendo desenvolvida para produzir o PN, e que a informação seria estocada nas matrizes 2 e 3 através das especificações de processos, suas características e parâmetros de controle.

Aprendendo os requisitos do consumidor

O primeiro passo foi realizar uma pesquisa qualitativa de mercado, "grupo de foco", com diferentes segmentos de consumidor de PN para identificar seus requisitos. Discussões em grupo foram observadas pela equipe do projeto que, depois, procurou entender claramente as exigências e extrair as qualidades exigidas (QE) (CHENG *et al.*, 1995). Características de Qualidade foram extraídas dessas qualidades exigidas, considerando-se três diferentes momentos: compra, preparo e consumo.

Devido ao tipo de produto, grande importância foi atribuída para suas características sensoriais como sabor, textura e apresentação visual. A Matriz da Qualidade foi elaborada (ver Figura 13.2).

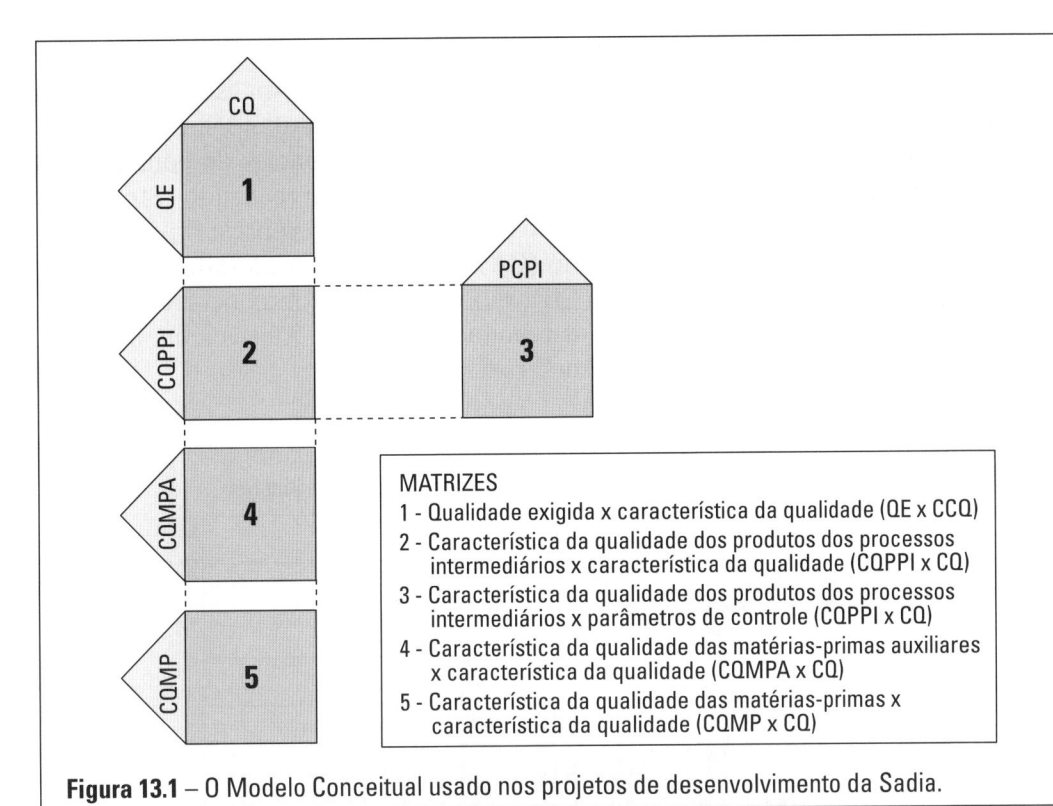

Figura 13.1 – O Modelo Conceitual usado nos projetos de desenvolvimento da Sadia.

	Característica da Qualidade	Sensorial				Qualidade Planejada
Qualidade Exigida		Intensidade da cor	Homogeneidade da cor	Maciez	Suculência	
Ser bonito	Ter uma cor bonita	9	3			
	Ter uma cor uniforme		9			
Ter bom sabor	Ser suculento			3	9	
	Ser light			9	3	

Peso absoluto				
Peso relativo				
Competidor A	3,0	5,0	4,0	2,0
Competidor B	4,0	3,0	5,0	5,0
Competidor I	2,0	4,0	1,0	2,0
Primeiro projeto	3,5 - 4,5	2,0 - 3,0	5,5 - 6,5	4,5 - 6,0

Figura 13.2 – Casa da Qualidade com o projeto do primeiro protótipo.

Nesse momento, a equipe começou a analisar o produto do concorrente através de análises química, física e sensorial, usando principalmente a Análise Quantitativa Descritiva (*Quantitative Descriptive Analysis* - QDA) (Stone e Sidel, 1993). Também, para reforçar o conhecimento do grupo quanto às exigências do consumidor, um Teste Afetivo (*Affective Test*) com consumidores do PN foi realizado (Stone and Sidel, 1993). Esse teste mediu a aceitação de três produtos diferentes: O produto do concorrente com a maior fatia do mercado (CA); o produto considerado pelo grupo do projeto como o produto referência (CB), e o produto de um concorrente internacional (CI). A Figura 13.3 apresenta os resultados do Teste Afetivo com as notas obtidas pelos três produtos nas nove características avaliadas.

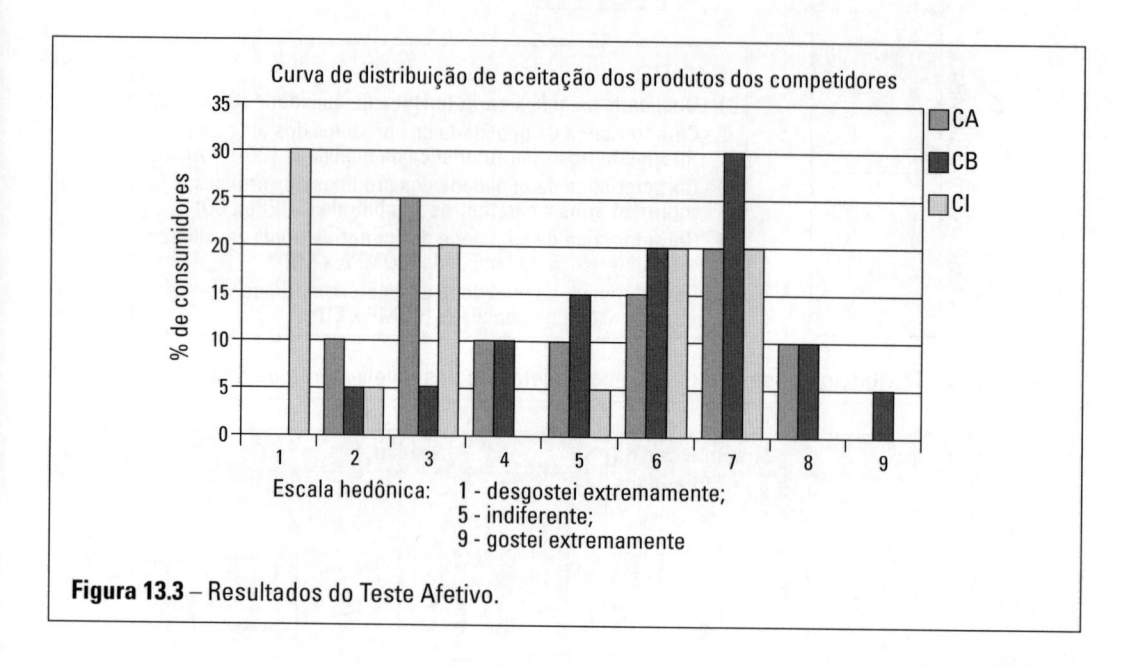

Figura 13.3 – Resultados do Teste Afetivo.

Baseado nos resultados desse teste, e também nas características já especificadas no conceito do produto, a primeira versão do projeto do produto foi elaborada. Isso ocorreu por causa da decisão do grupo de introduzir um protótipo da Sadia na primeira pesquisa quantitativa de mercado, com o objetivo de obter informações do consumidor a respeito da importância da qualidade exigida e do desempenho do protótipo da Sadia em comparação com os produtos dos concorrentes. Na Figura 13.4, pode-se ver uma representação gráfica dos resultados de um teste QDA sobre algumas características sensoriais. Ela também ilustra um exemplo do primeiro projeto de algumas características sensoriais de qualidade.

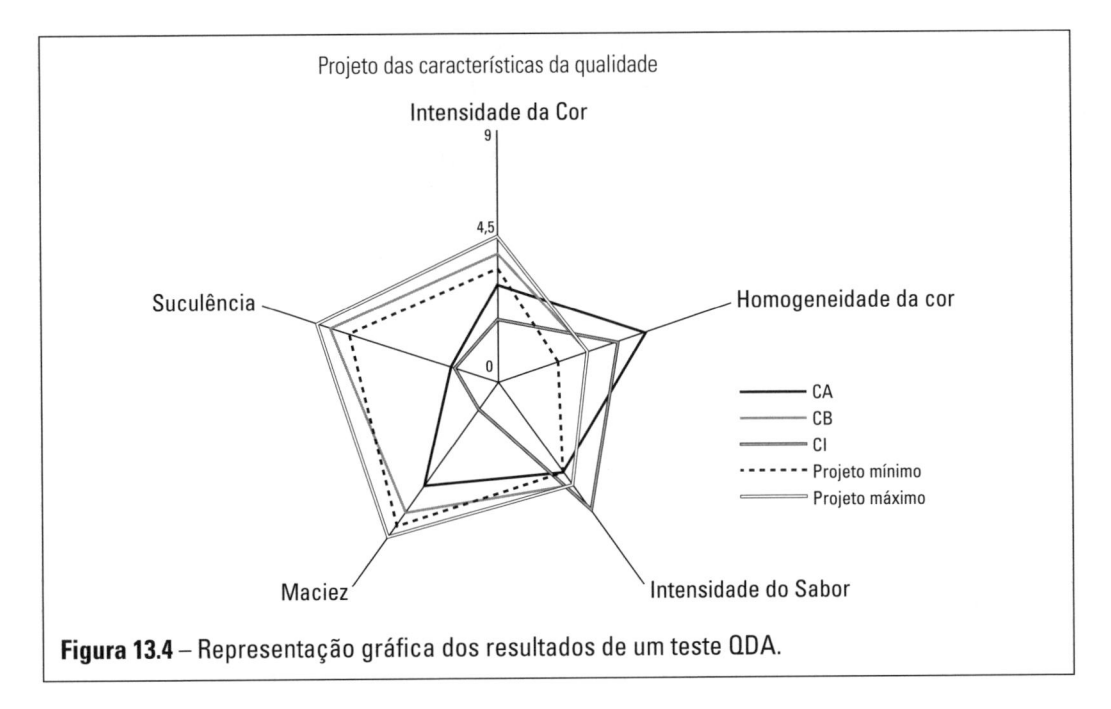

Figura 13.4 – Representação gráfica dos resultados de um teste QDA.

O Primeiro Protótipo

Baseado no primeiro projeto do produto, o grupo elaborou o primeiro protótipo do PN da Sadia (PN1). Esse protótipo foi então submetido a uma pesquisa quantitativa de mercado (*Blind Test*) para mensurar a sua aceitação em comparação ao do Concorrente A (CA). É importante mencionar que os dois produtos têm características de qualidade distintas, tais como aparência antes e após o preparo, e também o sabor. Nessa pesquisa de mercado a importância das qualidades exigidas foram avaliadas, bem como o desempenho de ambos os produtos (CA e PN1) com relação a cada item exigido. Todos esses resultados foram usados posteriormente para reprojetar o produto.

Testando o primeiro protótipo

Ambos os produtos obtiveram uma média de aceitação de em torno de 5,0 (numa escala de 1 a 7) e foram considerados estatisticamente similares. Nesse momento, a equipe enfrentou o primeiro grande problema no projeto: se PN1 era tão diferente do CA, por que as suas notas foram tão próximas? Mesmo não sendo ruins, as notas não traziam tranquilidade à equipe. Quando questionados sobre que tipos de mudanças deveriam ser introduzidos ao PN1, as respostas dos consumidores eram divididas entre todas as características do produto, todos os componentes e em todas as direções. Para aumentar o problema, a equipe concluiu que os consumidores nunca iriam rejeitar um produto como o PN1, por ser algo popular e sempre bom de alguma forma. Por isso eles nunca dariam uma nota baixa para um produto como o PN1, sendo suficiente ser aceitável.

A partir desse momento até o final do projeto, o propósito da equipe passou a ser desenvolver um protótipo que obtivesse nota maior que 6 na escala utilizada, porque essa seria a única forma de garantir a preferência do consumidor mensurada no momento em o consumidor repete a compra do produto após o lançamento. Nesse ponto, a equipe percebeu que, apesar de o PN ser um produto com múltiplos componentes, e de as características de cada componente serem importantes para a sua aceitação, o PN deveria ser avaliado sem separar seus componentes. Essa decisão se baseou no fato de que os resultados mostraram um efeito sinérgico entre os componentes e, se essa teoria estiver correta, o PN deveria obter um resultado de avaliação "muito bom", ao invés de "bom".

Revendo o Processo de Desenvolvimento

A equipe percebeu que, mesmo trabalhando com ferramentas boas como o QFD, novas ferramentas são necessárias para alcançar o objetivo descrito acima. A solução foi de contratar a consultoria de um estatístico da Universidade Federal de Minas Gerais (UFMG) para ajudar a aplicar o projeto de experimentos na escolha de cada componente, juntamente com o uso do teste afetivo para avaliar a aceitação do produto.

O estatístico auxiliou a equipe de duas formas: primeiramente, reavaliando os resultados da primeira pesquisa quantitativa de mercado com o protótipo usando um diagrama de dispersão para registrar todas as notas do PN1 vs. CA (Ver Figura 13.5). O diagrama mostrou que tínhamos três segmentos de consumidores: um (S3) que preferia PN1 (e que não gostava do CA); outro (S1) que preferia CA (e que não gostava do PN1); e um terceiro (S2) que apreciava ambos os produtos. O diagrama também mostrou que não havia nenhum segmento que não gostasse do PN1 nem do CA. A segunda forma de auxílio foi de analisar quais características de qualidade foram consideradas pelos consumidores, ao avaliarem o PN1. Para isso foi utilizada a análise fatorial. Os resultados demonstraram que a aparência e o sabor foram os dois principais fatores. Esses dois fatores foram usados nos testes afetivos posteriores.

Modificando o Modelo Conceitual

O PN era composto por três componentes: BASE, GOSTO e APARÊNCIA. Para cumprir a teoria discutida no item **Testando o primeiro protótipo**, o grupo decidiu implementar mudanças em todo o processo de desenvolvimento, inclusive o modelo conceitual, trabalhando cada componente separadamente (às vezes mais de um componente simultaneamente), mas nunca avaliar cada um sem os outros.

O processo para produzir o componente BASE foi definido como a linha principal do novo modelo conceitual (Modelo principal) (Figura 13.6), pois ele dá suporte à entrada de todos os outros componentes. Nesse sentido, as matrizes 4 e 5 se referem à Matéria-Prima e à Matéria-Prima Auxiliar usadas para produzir o componente

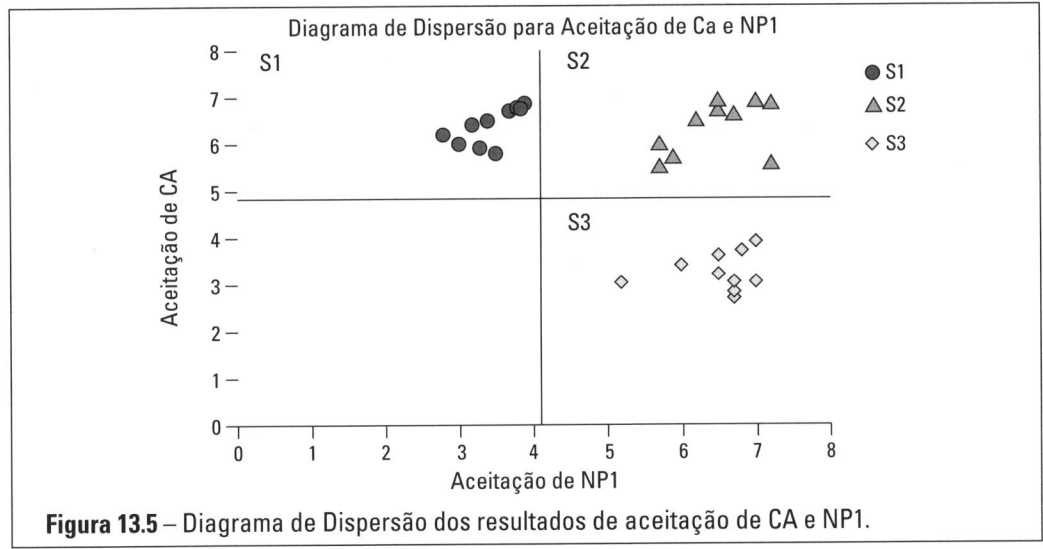

Figura 13.5 – Diagrama de Dispersão dos resultados de aceitação de CA e NP1.

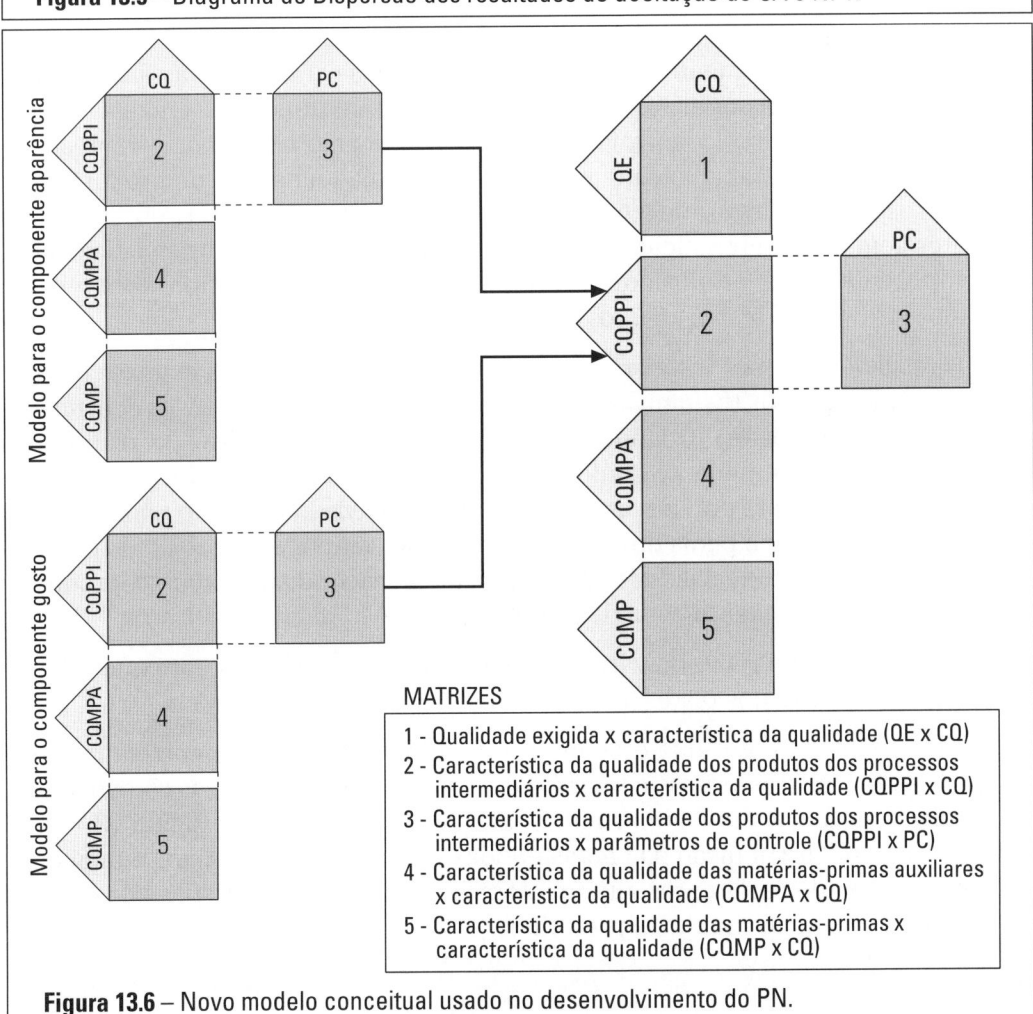

Figura 13.6 – Novo modelo conceitual usado no desenvolvimento do PN.

BASE. O desenvolvimento de outros componentes foi feito usando o mesmo conceito, e novos modelos foram construídos para cada um: um Modelo Conceitual para o componente GOSTO e um Modelo Conceitual para o componente APARÊNCIA. Todos os protótipos produzidos para cada componente seguiram seus modelos, e foram adicionados ao modelo principal como um componente de montagem na matriz.

Etapa Final do Processo de Desenvolvimento

A partir da adoção desse conceito, o grupo desenvolveu cada componente individualmente, levando em consideração seus processos de produção, as matérias-primas e matérias-primas auxiliares envolvidas, o sistema de embalagem e estudo de vida na prateleira, a cadeia de suprimento e o custo.

Nessa situação, a associação com o uso de projeto de experimentos foi considerada essencial pelo grupo para minimizar erros e reduzir o tempo gasto para fazer pela segunda vez.

Descrevendo brevemente o processo: uma ou duas características de qualidade (principalmente as sensoriais) de um componente foram projetadas em duas ou três formas bem diferentes. Cada projeto foi estabelecido pelo grupo como representativo de uma linha de trabalho (que poderia indicar uma tecnologia de produção, um processo específico, uma cadeia específica de suprimento). Depois de obter os componentes com as características de qualidade especificadas, eles foram adicionados ao componente BASE produzindo protótipos do PN. Esses protótipos foram então avaliados através dos testes afetivos com consumidores.

Os resultados desses testes realmente indicaram para o grupo se as opções dos componentes avaliados tiveram algum impacto na aceitação do PN pelos consumidores (positiva ou negativa). Quando o impacto era altamente positivo, o grupo tinha de implementar o componente conforme projetado; quando o impacto era negativo, a opção de componente era descartada; quando não havia impacto do ponto de vista do consumidor, o grupo podia decidir sobre o uso do componente projetado baseado nos aspectos, tais como facilidades para implementação industrial, custo, produtividade, cadeia de suprimento, vida de prateleira etc.

Esse processo foi repetido várias vezes para cada componente, até que o grupo obteve boas repostas dos testes afetivos alinhadas às metas do projeto.

É importante lembrar que esse modelo foi usado para obter a correta formulação, processo, matérias-primas e também o correto equilíbrio entre os componentes, pois o grupo sabia que eram importantes para a aceitação do PN. A Figura 13.7 apresenta a curva de distribuição das notas obtidas pelos quatro protótipos e também o modelo cubo usado para representar a interação entre as características de qualidade avaliadas e as notas finais dos protótipos.

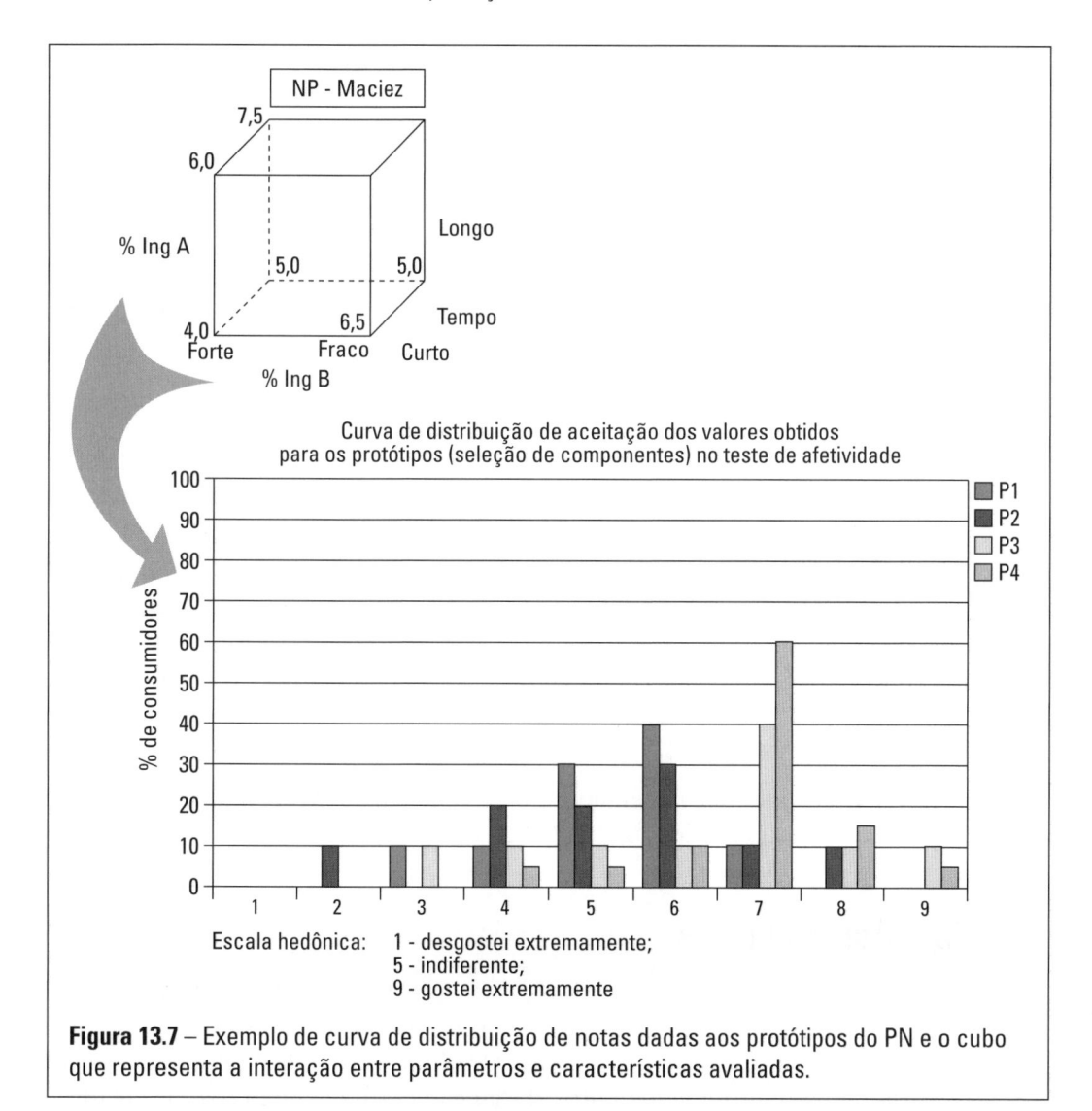

Figura 13.7 – Exemplo de curva de distribuição de notas dadas aos protótipos do PN e o cubo que representa a interação entre parâmetros e características avaliadas.

Essa metodologia permitiu ao grupo seguir as etapas do desenvolvimento com confiança nos resultados obtidos, sendo capaz de responder a perguntas e informar a alta gerência sobre o progresso do projeto e manter todas as decisões tomadas.

A implementação desse sistema de trabalho também facilitou o registro de dados relacionados às características de qualidade de cada componente, suas matérias-primas, suas opções de tecnologia, de forma a tornar mais fácil a sua implementação desde o início da produção.

Uma outra questão é que alguns componentes eram produzidos em diferentes plantas industriais da Sadia. Mais uma vez os dados técnicos foram extremamente importantes para o programa de treinamento da nova equipe para obter as reais características dos componentes escolhidos.

Após finalizar o desenvolvimento, protótipos finais foram elaborados para serem usados na última pesquisa quantitativa de mercado para confirmar a boa aceitação. O resultado final foi a nota 6,5 (numa escala hedônica de 7 pontos), altamente celebrada pelo grupo do projeto.

Implementação do Projeto

A próxima etapa foi a implementação industrial do PN, o que se realizou com um mês de atraso em relação ao planejamento inicial.

O tempo de implementação foi dez dias após o primeiro teste (*trial out*) e foi considerado bom quando comparado ao tempo gasto por outros produtos implementados na mesma época. Durante a etapa inicial de produção industrial (produção para lançamento), foi possível alcançar as características de qualidade projetadas do PN.

Nos eventos realizados na empresa para introduzir o produto para a equipe de venda (anterior ao lançamento e também durante o lançamento propriamente dito), foi possível avaliar o impacto positivo causado pela grande aceitação do produto. A percepção positiva da equipe de venda gerou uma grande motivação e confiança no sucesso do produto, o que contribuiu para aumentar a boa percepção e aceitação dos clientes e consumidores.

A comercialização do PN, inicialmente projetada para ser regional, foi estendida para todo o país, devido principalmente ao esforço da área comercial.

13.5. Resultados Finais

Pode-se dizer que o projeto alcançou todas as metas determinadas pela alta gerência. O PN tem agora uma posição de liderança no mercado nacional, obtendo uma posição 2,5 vezes maior que a meta proposta. O volume de venda é também superior a todos os números determinados antes do lançamento. Os números do custo no momento do lançamento eram bem inferiores aos inicialmente propostos.

REFERÊNCIAS BIBLIOGRÁFICAS

CHENG, L. C. *et al. QFD - Planejamento da Qualidade*. Belo Horizonte: Fundação Christiano Ottoni, 1995.

GUEDES, L. B. R. *et al*. Obtaining Countrywide Success through QFD Implementation in the Development Process of a Popular Brazilian Food Product. *Transactions from the Fifth International Symposium on Quality Function Deployment*. Belo Horizonte: Universidade Federal de Minas Gerais. p.66-74. 1999.

STONE, H. e SIDEL, J. L. *Sensory Evaluation Practices*. Second Edition. London: Academic Press, 1993.

AGREGANDO VALOR AO DESENVOLVIMENTO DE EMBALAGEM ORIENTADO PELO QFD

Paulo E. Cabral
Denis Viudez
Lúcia R. B. Guedes
Álvaro B. Azanha
Lúcia M. Urata
Luís S. Pulitano
Raquel A. Saraiva
Luciano C. de Luttis
Stela F. Cruz
Iuri F. Ludkevitch
José Quaresma Silva
Fabrizio di Girolamo
Angélica B. Carnevale
Simoni Berger

14.1. Introdução

Este projeto foi realizado na SADIA, no departamento de desenvolvimento de embalagem, o qual é parte do P&D da empresa, uma área complexa dos departamentos que trabalham juntos em novos projetos de desenvolvimento (Cabral *et al.*, 1999). No início da década de 1990, a empresa decidiu expandir o seu programa de Qualidade Total para as atividades de desenvolvimento de novos produtos. O objetivo era garantir a qualidade dos produtos, desde seu desenvolvimento até o momento de consumo pelo cliente. Desde então, muitos produtos foram desenvolvidos e lançados no mercado usando o QFD como um "meio" e a satisfação do consumidor como o "fim". Naquele momento, os dirigentes da empresa perceberam que disseminar o conceito de garantia da qualidade durante o desenvolvimento de embalagem seria crucial para agregar valor aos produtos finais por meio de um bom projeto, que levasse em consideração a percepção do consumidor e a melhoria de sua satisfação. Assim, desenvolveu-se este projeto que se caracterizou pela aplicação do método QFD no desenvolvimento de embalagem.

14.2. Objetivo

O objetivo deste projeto foi:

- Agregar valor à embalagem de um produto por meio do uso do método QFD.

14.3. Aplicação do Método QFD

Este projeto foi desenvolvido por um grupo interfuncional (Marketing, P&D, Produção, Logística).

O desenvolvimento da embalagem iniciou com um conjunto de tabelas das funções da embalagem. Em primeiro lugar, essas tabelas relacionam informações estratégicas da atividade de empacotamento e mostram os principais conceitos desse assunto. A partir desse ponto e em conformidade com o grupo de materiais de embalagem a ser considerado em cada projeto, novas funções específicas de embalagem são incluídas. Esses itens novos são relativos a novas técnicas materiais, os mais atualizados sistemas de embalagem, recursos de mercado, informações de outros projetos já finalizados e da base de conhecimento dos engenheiros de embalagem. Todos esses dados foram adicionados a um banco de dados existente no departamento de embalagem que era permanentemente atualizado, como parte do corpo de conhecimento organizacional da empresa. A Figura 14.1 representa o caminho de obtenção das tabelas de Funções de Embalagem.

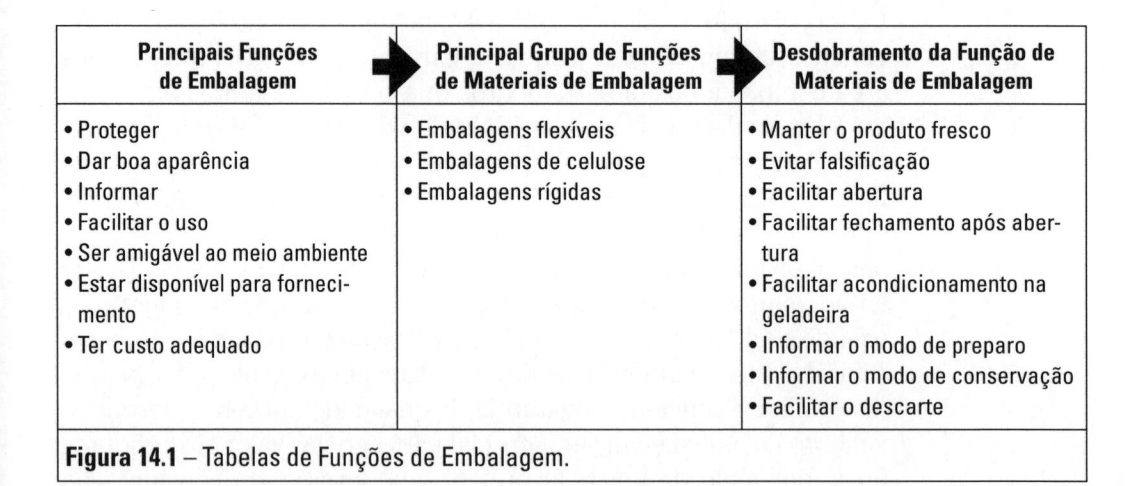

Principais Funções de Embalagem	Principal Grupo de Funções de Materiais de Embalagem	Desdobramento da Função de Materiais de Embalagem
• Proteger • Dar boa aparência • Informar • Facilitar o uso • Ser amigável ao meio ambiente • Estar disponível para fornecimento • Ter custo adequado	• Embalagens flexíveis • Embalagens de celulose • Embalagens rígidas	• Manter o produto fresco • Evitar falsificação • Facilitar abertura • Facilitar fechamento após abertura • Facilitar acondicionamento na geladeira • Informar o modo de preparo • Informar o modo de conservação • Facilitar o descarte

Figura 14.1 – Tabelas de Funções de Embalagem.

O Princípio das Tabelas de Função de Embalagem

Essas tabelas de função dão aos engenheiros de embalagem uma excelente maneira de iniciar o desenvolvimento, economizando o tempo graças a uma base estruturada e organizada. As funções descritas no primeiro nível são mais básicas e estruturais; algumas são compulsórias e relacionadas a metas que toda embalagem tem que alcançar. Indo mais a fundo e com maior especificidade, as funções no segundo, terceiro e até no quarto nível são mais focalizadas e relacionadas a componentes específicos de embalagem ou funções adicionais para exigências específicas de um projeto.

Matrizes Elaboradas – Modelo Conceitual

A partir da Tabela de Qualidade Exigida extraímos as funções de embalagem (Matriz 1). Posteriormente, foi criada uma Matriz (2) de Funções de Embalagem vs. Alternativas de Embalagem. Nesse ponto, foi obtida a melhor opção em termos de sistema de embalagem para atingir as metas do projeto (ver Figura 14.2).

O próximo passo foi agregar à matriz (2) algumas funções compulsórias e qualitativas comuns aos sistemas de embalagem e, às vezes, não tão visíveis ao cliente e ao consumidor. Esses complementos vieram das tabelas dos principais sistemas de embalagem, elaboradas anteriormente e atualizadas frequentemente. O preenchimento da matriz formada pelas tabelas Alternativas de Embalagem vs. Características de Qualidade da Embalagem (3) ajudou na definição das Características de Qualidade do sistema de embalagem escolhido (Figura 14.3).

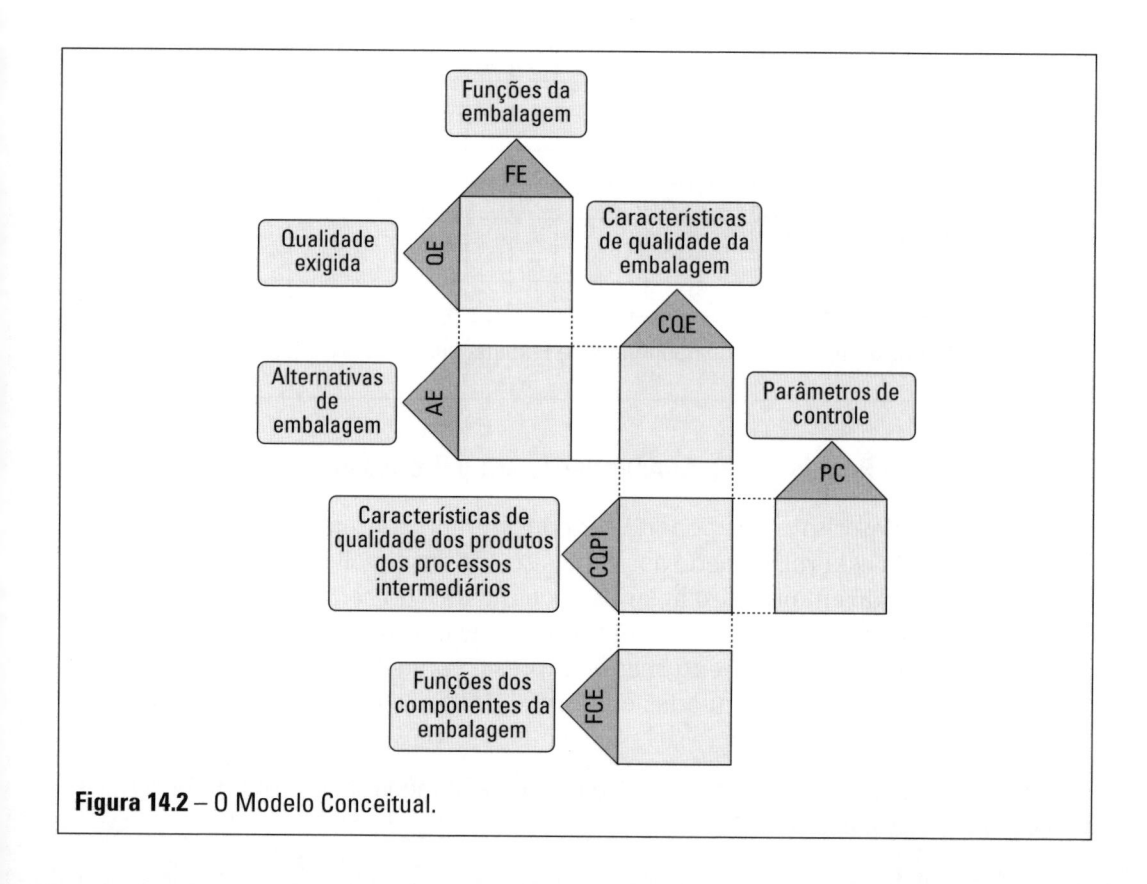

Figura 14.2 – O Modelo Conceitual.

Definindo o Padrão Técnico de Processo de Embalagem (PTPE)

Para obter o PTPE, duas matrizes foram confeccionadas. A primeira foi a de Características de Qualidade dos Processos Intermediários de Embalagem com Características de Qualidade da Embalagem (4). A segunda foi a de Características de Qualidade dos Produtos dos Processos Intermediários da Embalagem com Parâmetros de Controle (5). A última matriz elaborada foi das Funções dos Componentes da Embalagem com Características de Qualidade de Embalagem (6). A informação obtida aqui foi usada pelo fornecedor de embalagem para produzir itens de embalagem.

Funções dos componentes da embalagem	Nível 3	Barreira ao oxigênio (cc/m² dia ATM)	W.V.T.R. (g/m² x 24 h)	Espessura (mm)	Largura (mm)	Teste de vazamento	Força ao abrir (lbs)	BURST STREINGTH (in/m²)	Força ao fechar (lbs)	Tactile Closure	Teste de queda	Identificação do conteúdo	Peso absoluto	Peso relativo	Fornecedor 1
(Características de qualidade da embalagem / Nível 2)		Proprie-dades de barreira		Propriedades físicas			Propriedades mecânicas								
		1	2	3	4	5	6	7	8	9	10	11			
Ser fácil de usar — Fácil de abrir				△	⊙		⊙		○				5	11,0%	2
Ser fácil de usar — Fácil de fechar					△		○		⊙	⊙			10	22,0%	6,7
Proteger o alimento — Boa elasticidade			△	△	⊙		○	○					10	22,0%	
Proteger o alimento — Estrutura resistente				○	△						⊙				
Proteger o alimento — Elevada barreira à umidade		⊙	○												

Figura 14.3 – Matriz 6: Funções de Componentes de Embalagem vs. Características de Qualidade de Embalagem.

Disseminando os Requisitos do Consumidor para o Processo Todo

O trabalho todo descrito acima poderia ser considerado pontual (restrito aos processos da Sadia). Ele está relacionado aos requisitos de desenvolvimento dentro da empresa, considerando em primeiro lugar as necessidades do consumidor, os requisitos de produção, custos, logística etc. No entanto, essas informações foram estendidas a outras conexões dessa cadeia, externas à empresa, como uma forma de garantir que todas essas ações fossem executadas conforme planejado durante o desenvolvimento do produto e da embalagem.

O diagrama seguinte (Figura 14.4) e o modelo conceitual da Figura 14.5 representam o conceito mencionado.

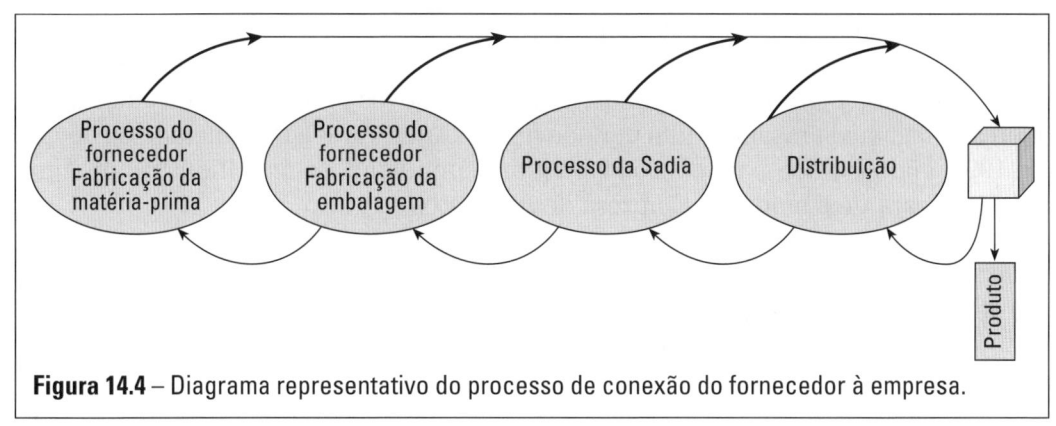

Figura 14.4 – Diagrama representativo do processo de conexão do fornecedor à empresa.

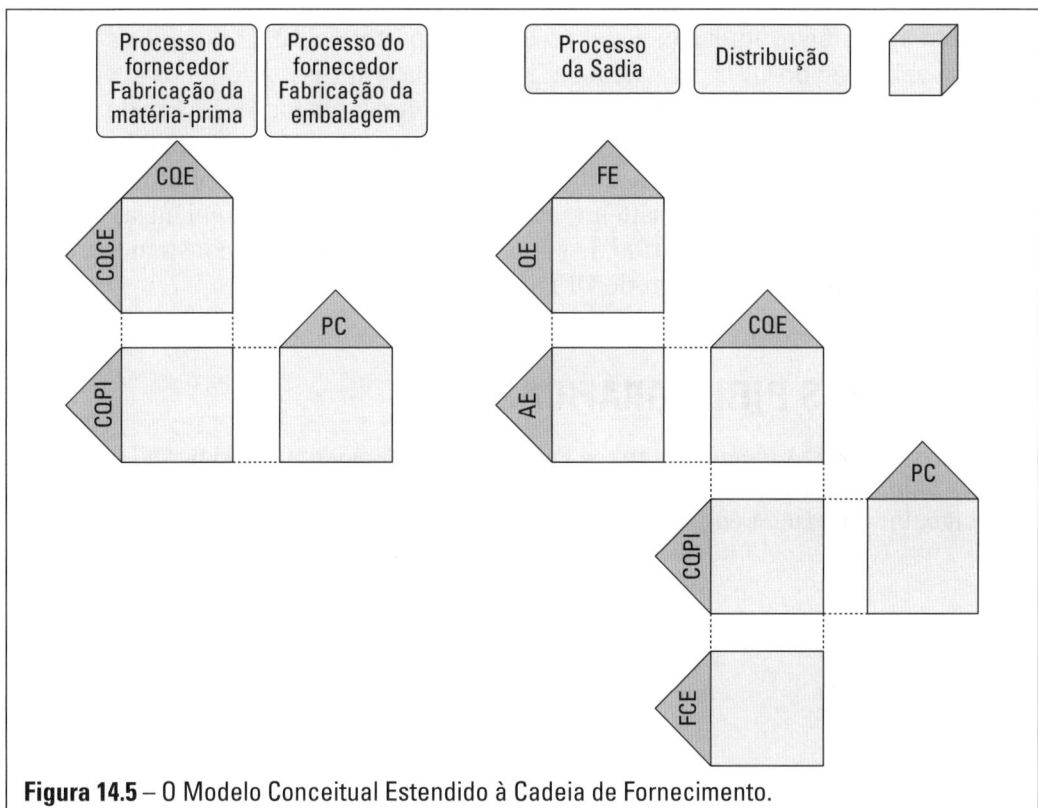

Figura 14.5 – O Modelo Conceitual Estendido à Cadeia de Fornecimento.

14.4. Resultados

O Método QFD aplicado ao desenvolvimento de embalagens tem se consolidado como um rápido caminho para implementar projetos e criar condições boas e sinérgicas para o sucesso desses projetos. É importante mencionar que esse método trouxe à equipe de desenvolvimento de embalagem uma ampla visão do processo de desenvolvimento como um todo. Ele também criou sinergia entre vários processos envolvidos nessa cadeia de agregação de valor.

Os resultados desse trabalho tem sido reconhecido e confirmado pela preferência que os consumidores têm dado às novas embalagens e produtos desde a implementação dessa metodologia na Sadia. Mais de 70 novos produtos foram lançados no mercado nacional brasileiro num período de dois anos, na segunda metade da década de 1990, contribuindo para consolidar a grande mudança de uma Indústria de Agronegócios para uma moderna Empresa de Alimentos.

14.5. Considerações Finais

Considerações apresentadas pelo líder do projeto (final dos anos 1990):

"Temos trabalhado fortemente nos processos internos de desenvolvimento, criando compromisso multifuncional e coesão departamental. O novo desafio é expandir a aplicação do QFD para além da fronteira da empresa. Adotamos ações nesse sentido, formando novas equipes de trabalho nas empresas fornecedoras de embalagem, que têm correspondido com entusiasmo e disposição, conectando dessa forma, definitivamente, a cadeia de fornecimento ao desenvolvimento de produto e de embalagem. Trabalhando dessa maneira, através de uma rede de excelência, todos os esforços têm sido feitos no sentido de superar as expectativas do consumidor, o qual é o nosso principal alvo e o método QFD é o guia".

REFERÊNCIAS BIBLIOGRÁFICAS

CABRAL, P. E. *et al*. Adding Value to the Packaging Development Guided by QFD. *Transactions from the Fifth International Symposium on Quality Function Deployment*. Belo Horizonte: Universidade Federal de Minas Gerais. p.75 – 81. 1999.

A UTILIZAÇÃO DO QFD PARA ESCOLHA DE EQUIPAMENTOS DURANTE O DESENVOLVIMENTO DE PRODUTOS

Aloysio A. P. de Carvalho
Lin Chih Cheng

15.1. Introdução

Este projeto foi realizado na SADIA. Anteriormente ao trabalho, a prática da empresa, no que tange à escolha de equipamentos, consistia na elaboração de tabelas onde as características técnicas dos equipamentos eram dispostas e comparadas. Além dessas informações, eram consideradas também aquelas referentes a preços, formas de pagamento, prazo de entrega, opcionais, manutenção, instalação e garantia, como ilustra a Figura 15.1.

A principal fonte de informações para a montagem dessas tabelas era a área de Engenharia de Processos. A avaliação dos equipamentos contava com a participação de pessoas ligadas à Produção e era feita por meio de reuniões em que se chegava a um "consenso" sobre a melhor opção, com base nessas informações.

Características	Equipamento A	Equipamento B	Equipamento C
Modelo	ZX	XY	YZ
Memória	Para 22 produtos	Para 27 produtos	Para 21 produtos
Proteção	Guarnições de vedação contra água e pó	IP 68	IP65
Painel de controle	Teclado emborrachado Códigos de segurança Ajuste de temporizadores ...	Possibilidade de montagem à distância Diagnóstico de falhas Calibração automática ...	LCD display Compensação automática Porta serial para impressora ...
Preço	US$ 800.000,00		
Forma de pagamento	Carta de crédito, 100%	100% contra apresentação de documentação de embarque	100% carta de crédito 50% no pedido 50% na entrega
Opcionais		Porta serial (US$ 2.000,00)	
Peças de reposição	Painel eletrônico (US$ 3.000,00)	Fonte de tensão, relê e fusíveis (US$ 1.400,00)	
Instalação	Start up e treinamento para operadores	Responsabilidade do cliente	Todo o suporte pago pelo cliente
Prazo de entrega	10 semanas após recebimento do pedido e abertura da carta de crédito	14 semanas após confirmação do pedido	8 semanas a partir do pedido
Garantia	Do sistema completo, incluindo partes eletrônicas Duração 1 ano	18 meses para peças com defeito de fabricação	6 meses para componentes eletrônicos, elétricos, mecânicos e pneumáticos

Figura 15.1 – Tabela para escolha de equipamentos.

Contudo, a experiência comprovava a ineficiência dessa prática, visto que muitos desacertos e incompatibilidades têm sido identificados. Por muitas vezes, o desempenho desses equipamentos ficou muito aquém das expectativas da empresa, no que diz respeito principalmente à garantia das características de qualidade do produto. Portanto, várias são as limitações desse método que podem ser destacadas, dentre elas:

- A participação e contribuição das demais áreas da empresa se dão somente no momento em que as informações sobre as alternativas de equipamentos são avaliadas.

- Não há indicação quanto a quais e onde as informações sobre os equipamentos devem ser buscadas.

- A fonte de informação sobre os equipamentos é limitada à Engenharia de Processos.

- Não permite uma avaliação crítica e mais aprofundada sobre uma tecnologia desenvolvida externamente.

- Não fornece um meio para priorizar as informações.

- Não fornece um meio para ponderação entre as informações.

- Não possibilita a identificação de gargalos tecnológicos de projeto.

Acima de tudo:

- Não permite considerar as características de qualidade do produto e sua relação com a tecnologia embutida no equipamento, dentre outros fatores.

- Não permite a visibilidade das informações e do processo de avaliação.

Com o intuito de suprir essas deficiências, buscou-se no método QFD uma forma de melhoria do processo de aquisição de equipamentos. O modelo conceitual que será mostrado a seguir foi aplicado na empresa, em particular na escolha de um equipamento para a ampliação de uma de suas linhas de produção. Esse equipamento é responsável pela etapa de "fatiamento" de alguns produtos.

15.2. Objetivo

O objetivo do projeto foi:

- Identificar o equipamento mais adequado para aquisição.

15.3. Aplicação do Método QFD

Antes de se chegar a uma versão final do QFD utilizado para escolha de equipamentos, foi experimentada uma proposta inicial com o objetivo de avaliar a relação entre a tecnologia embutida no equipamento e o produto resultante desse equipamento. O principal objetivo dessa proposta foi avaliar o impacto da tecnologia dos equipamentos nas características de qualidade do produto.

Para a avaliação das alternativas, foram elaboradas tabelas a partir do desdobramento da tecnologia dos equipamentos e esta informação foi correlacionada com as características de qualidade da etapa de fatiamento, por meio de matrizes. Paralelamente foram também considerados itens relacionados a custos e capacidade produtiva. O equipamento seria escolhido de acordo com o nível do seu impacto - positivo ou negativo - nas características de qualidade do produto, considerando o grau de importância dessa característica.

Porém, durante a verificação prática dessa proposta, foi identificada uma grande limitação, qual seja, o fato de que as diversas alternativas de equipamentos possuíam tecnologias diferentes, o que impossibilitou uma eficaz comparação entre elas a nível de subsistemas.

Embora sejam constituídos por tecnologias diferentes, os equipamentos devem desempenhar funções semelhantes no contexto onde se encontram inseridos. Com base nesse pressuposto, foi então efetuado um melhoramento na proposta inicial. Portanto, a aplicação do método QFD como um instrumento de auxílio à tomada de decisão quanto à escolha e aquisição de equipamentos consistiu basicamente nas etapas apresentadas na Figura 15.2.

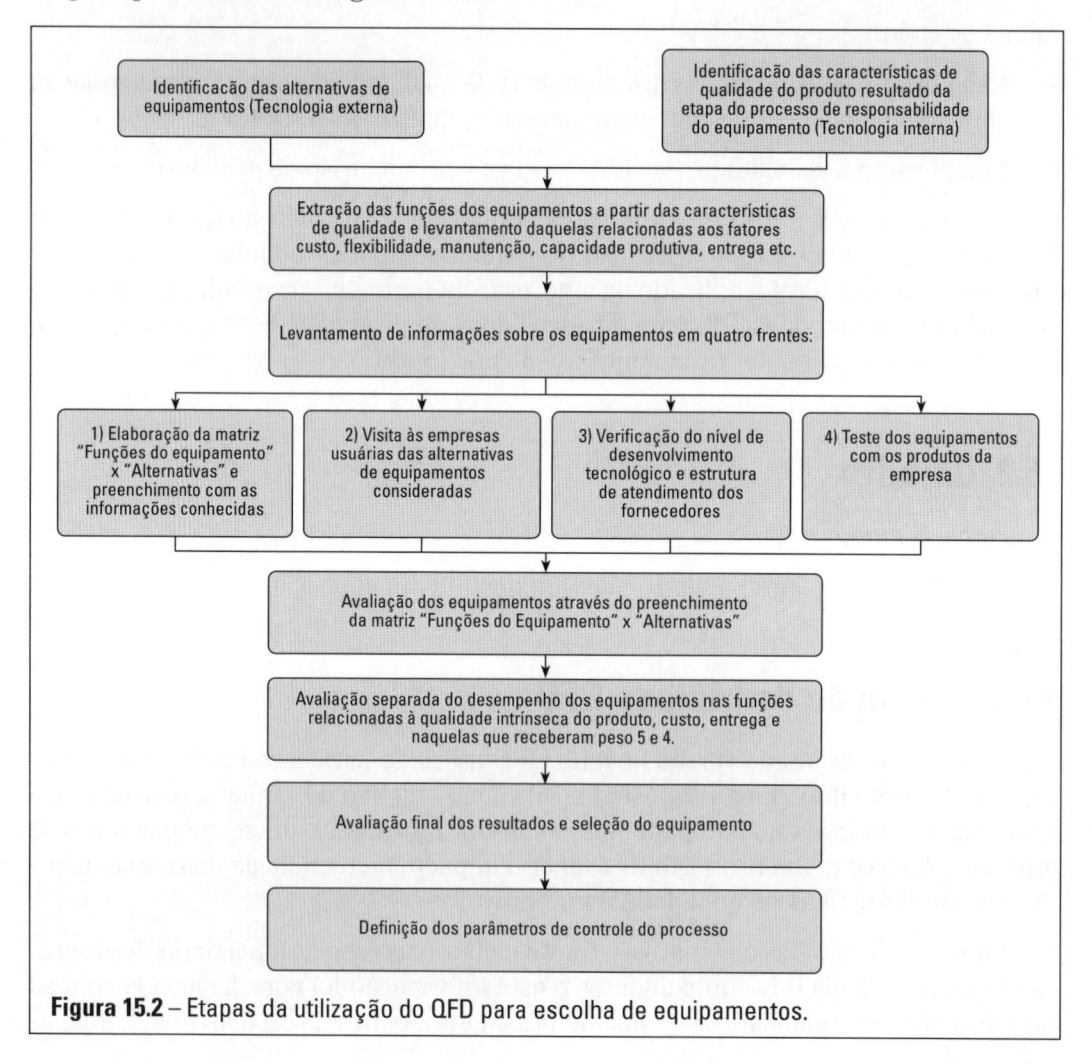

Figura 15.2 – Etapas da utilização do QFD para escolha de equipamentos.

Numa primeira etapa, foram identificadas as características de qualidade resultado dos processos intermediários, a partir das características de qualidade do produto final. De posse dessas informações, foram identificadas quais características de qualidade seriam determinadas pelo equipamento, i.e, quais características esse equipamento agregaria ao produto em processo. Foi de grande importância a participação não somente de pessoas ligadas à Engenharia de Processos, mas também daquelas ligadas ao projeto do produto e à sua manufatura, durante todo o processo de avaliação e escolha do equipamento.

Paralelamente à primeira etapa, foram identificadas as alternativas de equipamentos, os que não eram de conhecimento da empresa. Neste momento, os membros do grupo de trabalho refletiram sobre o seu grau de informação a respeito do número de alternativas existentes no mercado.

Numa segunda etapa, foi extraída a tabela das "funções" que os equipamentos deveriam desempenhar, a partir das características de qualidade do produto resultado do processo intermediário. Fatores relacionados a custos, capacidade de produção, entrega e flexibilidade também foram considerados, como ilustra a Tabela 15.1.

Tabela 15.1 – Parte da tabela de funções do equipamento para fatiar.

Características da Qualidade Resultado da Tarefa Fatiar	Valor Assegurado	Funções de Fatiamento (2º nível)
Espessura da fatia	2,5 mm	Fatiar produtos delicados com espessura máx. de 2,5 mm
N.º de fatias/porção	20	Regular n.º de fatias/porção
Altura máxima da porção	40 mm	Limitar altura máxima da porção
Comprimento da porção	12 mm	Limitar comprimento da porção
Distância entre fatias	5 mm	Manter distância regular entre fatias

Peso da porção	300 g	Manter regularidade de peso da porção
		Minimizar *give weight*
		Minimizar desvio por peso incorreto
Arrumação da porção	10	Manter distância regular entre porções
% de perdas com finos		Minimizar perdas por finos

Funções relacionadas à capacidade produtiva
Fatiar o maior n.º possível de produtos
Minimizar perdas por pontas
Manter baixo tempo de set up
Manter baixo tempo para chegada de técnico após falha

| Manter baixo tempo médio de reparo |
| Ser fácil de se obter peças de reposição |

| **Outras funções relacionadas a custos** |
| Minimizar mão de obra |
| Ter baixo custo de aquisição |

| Ter baixo custo de manutenção |
| Ter baixo custo de operação |

| **Funções relacionadas à flexibilidade, segurança e durabilidade** |
| Ter boa frequência de assistência técnica |
| Manter treinamento adequado dos operadores |
| Ter facilidade de receber *up-grades* |

| Ter boa durabilidade |
| Ter material construtivo adequado |
| Ser seguro operacionalmente |

A essas funções foram atribuídos pesos variando de 1 a 5, de acordo com o grau de importância da característica de qualidade ou dos demais fatores.

Conhecidas as funções do equipamento, numa terceira etapa, buscaram-se as informações necessárias. Esse foi um momento crítico do processo de escolha do equipamento, pois foi com base nessas informações que as matrizes foram preenchidas. Todo o processo foi guiado pelas funções do equipamento previamente determinadas e realizou-se em quatro frentes, de acordo com a fonte de informação.

- Na primeira, foram elaboradas as matrizes constituídas pelas tabelas "Funções do Equipamento" e "Alternativas", a fim de orientar e priorizar os pontos mais relevantes para análise e dar visibilidade a esse processo. Nesta etapa, foi iniciado o preenchimento das matrizes a partir das informações sobre o desempenho do atual equipamento da empresa ou de algum outro que seja bem conhecido. Neste caso foi de extrema relevância a participação dos operadores.

- Na segunda, foram visitadas e ouvidas as empresas usuárias das diversas alternativas de equipamentos consideradas. Os operadores dessas empresas também foram entrevistados.

- Numa terceira frente, verificou-se o nível de desenvolvimento tecnológico e estrutura de atendimento dos fornecedores dos equipamentos, através de visitas às linhas de fabricação.

- Na quarta, foram realizados testes dos equipamentos com os produtos da empresa.

Com base no conhecimento mais aprofundado sobre os equipamentos, estes foram avaliados e comparados por meio do preenchimento da matriz de "Funções do Equipamento" vs. "Alternativas". Nessa quarta etapa do processo de escolha, o desempenho dos equipamentos nas funções foi quantificado, considerando-se ainda o grau de importância atribuído a cada função. Na Figura 15.3, é apresentada parte dessa matriz.

Funções do Fatiamento	Alternativas de equipamentos		A	B		C	D
Nível Primário	Nível Secundário	Peso da Função		1	2		
Fatiar bem	Fatiar produtos delicados com espessura máx. de 2,5 mm	3	1	9	3	9	9
	Fatiar sem rebarbas	3	9	9	3	9	9
	Fatiar mantendo integridade da fatia	3	9	9	3	9	9
	Fatiar o maior número possível de produtos	5	3	3	9	9	9
	Fatiar mantendo a planicidade da fatia	2	3	9	3	9	1
Promover boa arrumação das fatias	Manter distância regular entre fatias	5	3	9	9	9	9
	Manter distância regular entre porções	3	3	3	9	9	9
	Limitar altura máxima da porção	4	1	9	9	9	9
	Manter alinhamento das fatias	3	9	9	3	9	9
Ser fácil de higienizar	Ser rápido para limpar	2	9	9	1	3	1
Manter regularidade de peso da porção		1	9	9	3	1	3
Minimizar perdas	Minimizar perdas por pontas	3	3	9	3	3	3
	Minimizar *give weight*	3	9	3	3	9	9
	Minimizar perdas por finos	3	1	9	3	9	9
	Minimizar desvio por peso incorreto	2	9	3	9	9	1
Minimizar mão de obra		4	3	1	3	9	9
Ter boa flexibilidade	Ter facilidade de receber *up-grades*	5	3	9	3	9	3
	Utilizar dois sistemas de fatiamento simultâneos	3	9	1	9	9	9
	Fatiar em várias apresentações diferentes	1	3	9	9	3	3
Ter projeto adequado	Manter-se robusto com o uso	5	9	9	1	9	9
	Ter boa durabilidade	2	9	3	1	3	9
	Ter material construtivo adequado	5	3	9	1	9	9
	Ter construção sanitária	4	9	3	1	9	9
	Ser seguro operacionalmente	3	3	3	3	9	3
Ter custo adequado	Ter baixo custo de aquisição	3	9	9	3	9	9
	Ter baixo custo de manutenção	4	9	9	3	9	9
	Ter baixo custo de operação	5	1	9	9	9	9
Ter bom tempo de garantia		4	3	9	1	3	9
Ter prazo de entrega adequado		3	1	3	3	3	9
	Total		667	1003	625	1067	1031
	Bom desempenho:	9					
	Desempenho regular:	3					
	Mau desempenho:	1					

Figura 15.3 – Matriz para escolha de equipamentos.

Para possibilitar uma análise parcelada da informação e comprovar os resultados, numa quinta etapa do processo de escolha, as alternativas foram também avaliadas de acordo com o tipo de função. Deste modo, as funções do equipamento foram divididas de acordo com sua relação com a qualidade intrínseca do produto, com os fatores custo e entrega e com o peso atribuído a elas. O modelo conceitual na Figura 15.4 apresenta o conjunto de matrizes utilizadas para a escolha de equipamentos. Fica claro também a sua relação com as matrizes de "Características de Qualidade do Produto" vs. "Características de Qualidade Resultado dos Processos Intermediários" e de "Características de Qualidade Resultado dos Processos Intermediários" vs. "Parâmetros de Controle".

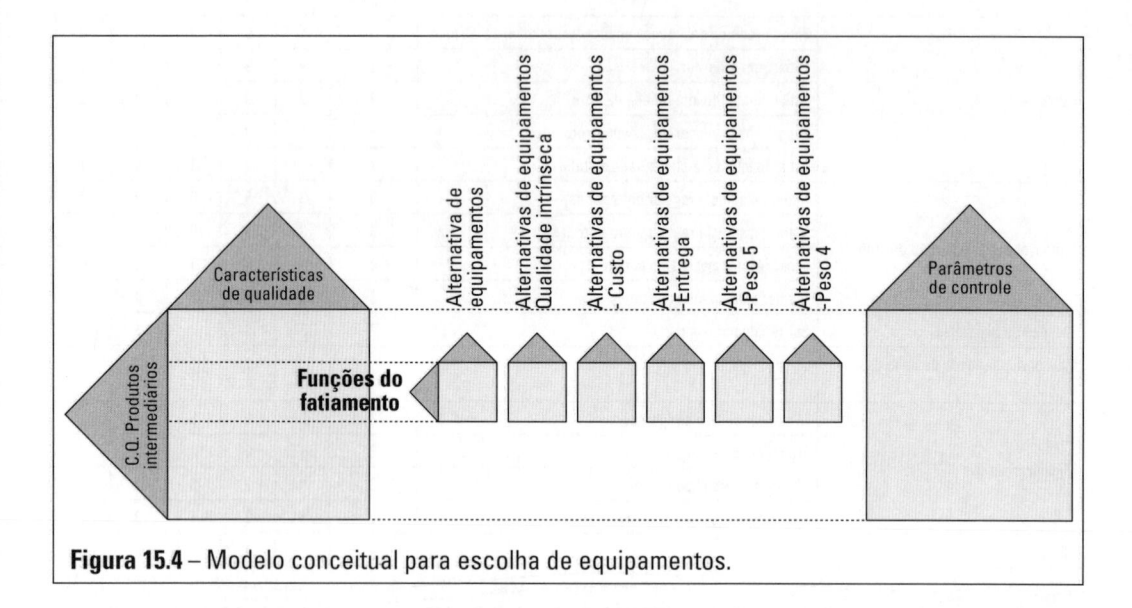

Figura 15.4 – Modelo conceitual para escolha de equipamentos.

As demais matrizes compreendem, portanto, apenas parte das funções, quais sejam, aquelas relacionadas à qualidade intrínseca do produto, ao fator custo, ao fator entrega, daquelas que receberam "peso 5" e "peso 4". Essas matrizes não serão apresentadas neste trabalho, pois, como já destacado, constituem-se de parte das funções apresentadas na Figura 3, relacionadas respectivamente a esses fatores.

Na sexta etapa, foi conduzida uma avaliação crítica dos resultados obtidos a partir das matrizes, com o objetivo de selecionar a melhor alternativa dentre os equipamentos considerados. Os resultados dessa avaliação são resumidos na Tabela 15.2.

O equipamento de melhor desempenho global, bem como das funções relacionadas à qualidade intrínseca do produto e de prioridade "5" foi o equipamento C. No que se refere ao fator custo, este equipamento teve o mesmo desempenho de D. O desempenho de D e B1, embora um pouco inferior, foi bastante semelhante ao equipamento C, com destaque para a superioridade de D nas funções de prioridade "4". Os equipamentos A e B2 tiveram desempenhos bastante inferiores aos demais, refletindo a sua inadequação às necessidades da empresa. Uma análise crítica e mais aprofundada desses resultados foi conduzida durante e após a confecção das matrizes a fim de identificar, neste caso, quais foram as diferenças entre C, D e B1 e as possibilidades de argumentação e negociação com os fornecedores.

TABELA 15.2 – Resultados das matrizes					
Dimensões da Qualidade e Prioridades / Alternativas	A	B		C	D
		1	2		
Qualidade Intrínseca	298	426	230	464	432
Custo	143	195	117	191	191
Entrega	208	372	224	316	322
Peso 5	250	470	300	480	410
Peso 4	120	200	128	240	264
Rendimento Global	667	1003	625	1067	1031

Tendo sido selecionado o equipamento, na sétima e última etapas foram definidos os parâmetros de controle, ou seja, quais variáveis deveriam ser controladas no equipamento de forma a assegurar as características de qualidade do produto. A matriz para extração dos parâmetros de controle do equipamento é apresentada na Figura 15.4.

15.5. Resultados e Conclusões

O método QFD tem sido cada vez mais utilizado para fins que vão além do escopo do processo de desenvolvimento de produtos. A partir dos resultados apresentados nesse projeto, pode-se afirmar que o QFD auxilia no processo de aquisição de um equipamento e, consequentemente, na sua integração ao produto em desenvolvimento. A utilização deste método com um objetivo mais específico capacitou as pessoas a analisarem criticamente uma tecnologia desenvolvida externamente, bem como na utilização propriamente dita do QFD.

A aplicação desse modelo conceitual numa empresa contribuiu bastante para a avaliação de um novo equipamento. Essa prática na empresa deu grande visibilidade a esse processo, identificando as informações relevantes e fornecendo um meio para relacioná-las, entre as seguintes vantagens:

- As pessoas envolvidas no processo foram capazes de identificar quais, de que forma e a que nível as tecnologias embutidas num equipamento afetam as características de qualidade do produto. No decorrer do processo de avaliação dos equipamentos a partir do desempenho de funções, a relação tecnologia do equipamento/características de qualidade do produto torna-se evidente.

- Aumentou o conhecimento das pessoas sobre o equipamento, o novo produto e o seu processo de fabricação.

- Durante a análise das alternativas de equipamentos em desempenhar determinadas funções baseadas nas especificações de projeto, foi possível verificar quais dessas especificações não poderiam ser atingidas. Assim, pode-se concluir que a utilização do QFD para escolha de equipamentos auxiliou na identificação de gargalos tecnológicos de projeto.

- Uma das grandes barreiras ao processo de desenvolvimento de produtos consiste no distanciamento entre a Engenharia e a Produção. A utilização do QFD para a escolha de um equipamento exigiu uma intensa participação das pessoas ligadas à produção e, em consequência, essas pessoas puderam se integrar mais ao projeto do produto.

- Foi verificado também que a escolha antecipada de um equipamento permitiu uma redução do tempo de projeto, a partir da realização prévia de testes nesses equipamentos, da sua aquisição e início de produção em escala.

- Após essa análise, a empresa foi capaz de identificar melhorias a serem incorporadas nos equipamentos, bem como exigir e negociar com os fornecedores itens de garantia que deveriam constar do contrato de compra, tais como as formas de treinamento, prazo de entrega etc.

Uma grande limitação do método consistiu na obtenção e veracidade das informações necessárias, dado que a concorrência está cada vez mais acirrada e algumas dessas informações são obtidas em empresas usuárias dos equipamentos, ou seja, nos concorrentes. Outra dificuldade dessa proposta está diretamente relacionada à capacitação da empresa no método QFD e consequentemente o seu conhecimento das características de qualidade do produto.

Em relação à operacionalização desse modelo conceitual, algumas limitações merecem destaque. A utilização de um número limitado de valores para quantificar a importância das funções, ou seja, para dar "peso" a essas funções, pode não refletir com fidelidade os valores da empresa. No caso específico dessa proposta, foram utilizados valores de 1 a 5, mas provavelmente funções que receberam o mesmo peso podem ter na realidade importâncias diferentes, ao serem analisadas mais profundamente.

REFERÊNCIAS BIBLIOGRÁFICAS

AKAO, Y. QFD Toward Product Development Management. *Proceedings of International Symposium on Quality Function Deployment.* Tokyo: Union of Japanese Scientists e Engineers – JUSE. p. 1-10. 1995.

BERGMAN, B. On The Use of QFD in Europe. *Proceedings of International Symposium on Quality Function Deployment.* Tokyo: Union of Japanese Scientists e Engineers. p. 11-18. 1995.

BLUM, F. H. Action research – A Scientific Approach? *Philosophy of Science.* Vol. 22(1): 1-7. 1955.

BURGELMAN, R. A.; MAIDIQUE, M. A. e WHEELWRIGHT, S. C. *Strategic Management of Technology and Innovation.* 2nd. Edition. Chicago: Dow Jones-Irwin.

CHENG, L. C. *et al. QFD - Planejamento da Qualidade.* Belo Horizonte: Fundação Christiano Ottoni, 1995.

CLARK, K. B. e WHEELWRIGHT, S. C. *Managing New Product and Process Development.*

EKDAHL, F.; GUSTAFSSON, A. e NORLING, P. QFD for Service Development – A Case Study from Telia Mobitel. *Proceedings of the Third Annual International Symposium on Quality Function Deployment.* Linköoping: Linköoping University. Vol.2: 189-207. 1997.

GUSTAFSSON, A .; EKDAHL, F. e BERGMAN, B. Conjoint Analysis – A Useful Tool in the Design Process. *Proceedings of the Eighth Symposium on Quality Function Deployment concurrent with International Symposium on QFD'96.*

HAAG, S.; RAJA, M. K. e SCHKADE, L. L. Quality Function Deployment Usage in Software Development. *Communications of the ACM,* Vol. 39(1): 41-49. 1996.

HERZWURM, G. *et al.* Customer Oriented Evaluation of QFD Software Tools. *Proceedings of the Third Annual International Symposium on Quality Function Deployment.* Linköoping: Linköoping University. Vol.1: 309-323. 1997.

HOROWITZ, R. e MAIMON, O. Creative Identification of Customer Needs: a Pre-QFD Method. *Proceedings of the Third Annual International Symposium on Quality Function Deployment.* Linköoping: Linköoping University. Vol.2: 247-256. 1997.

HUNT, R. A. QFD Applied to Innovation and Strategic Transformation in the South West Pacific Rim. *Proceedings of the Third Annual International Symposium on Quality Function Deployment.* Linköoping: Linköoping University. Vol.1: 281-293. 1997.

KOURA, K.; TOMIZAWA, F. e FUJINO, T. Analysis of the Service Functions of the Asahi University Hospital Using QFD. *Proceedings of the Third Annual International Symposium on Quality Function Deployment.* Linköoping: Linköoping University. Vol.2: 159-174. 1997.

MAYER, E. Vendor Selection Process for Outsourcing. *Proceedings of the Third Annual International Symposium on Quality Function Deployment.* Linköoping: Linköoping University. Vol.2: 85-96. 1997.

MAZUR, G. Service QFD: State of the Art. *Proceedings of the Third Annual International Symposium on Quality Function Deployment.* Linköoping: Linköoping University. Vol.1: 57-66. 1997.

PAWITRA, T. A.; TAN, K. C. e XIE, M. An Application of QFD to Tourist Attractions in Singapore. *Proceedings of the Third Annual International Symposium on Quality Function Deployment.* Linköoping: Linköoping University. Vol.2: 175-187. 1997.

RAPOPORT, R. N. Three Dilemmas in Action Research. *Human Relations.* Vol. 23(6): 499-513. 1970.

SUSMAN, G. I. e EVERED, R. D. An Assessment of the Scientific Merits of Action Research. *Administrative Science Quarterly.* Vol. 23: 582-603. 1978.

THIOLLENT, M. *Metodologia da Pesquisa Ação.* São Paulo: Cortez Editora, 1996. 107p.

YOSHIZAWA, T. *et al.* QFD and Software. *Proceedings of the Third Annual International Symposium on Quality Function Deployment.* Linköoping: Linköoping University. Vol.2: 1-7. 1997.

YOSHIZAWA, T. and OTHERS Recent Aspects of QFD in the Japanese Software Industry. *ASQC Quality Congress Transactions.* San Francisco: ASQC. p. 460-465. 1990.

ZUCCHELLI, F. 1985-95 10 Years of QFD in Italy - Different Typologies of Applications of QFD in Various Sectors of Manufacturing and Service Industries. *Proceedings of International Symposium on Quality Function Deployment.* Tokyo: JUSE. p. 51-58. 1995.

ZULTNER, R. E. Quality Function Deployment (QFD) for Software: Structured Requirements Ecploration. In: G. G. Schulmeyer e J. I. Mcmanus, ed., Total Quality Management for Software. New York: Van Nostrand Reinhold, 1992.

DESENVOLVIMENTO DE UM EMBUTIDO FERMENTADO DE CARNE DE PERU PELO MÉTODO DESDOBRAMENTO DA FUNÇÃO QUALIDADE (QFD)

Inaldo Antoni
Pedro E. Felício
Maria Tereza E. L. Galvão
Patrícia H. Matsunaga
Nelson J. Beraquet

PARTE 1

CARACTERIZAÇÃO DOS SALAMES TRADICIONAIS

16.1. Introdução

Nos últimos anos, os consumidores de alimentos apresentaram um interesse especial por dietas saudáveis, e é crescente a demanda por produtos desta categoria. Destaca-se o consumo de alimentos com reduzidos teores de gordura, baixos teores de colesterol, balanço entre os ácidos graxos e do consumo de carne de aves. Este trabalho foi elaborado com o objetivo de projetar um produto cárneo, derivado de carne de peru, na classe de embutidos fermentados, para o mercado brasileiro usando a metodologia do QFD.

16.2. Aplicação do Método QFD/Caminho Seguido

Extração da Qualidade Exigida pelos Consumidores

Utilizou-se a metodologia do QFD para projetar o desenvolvimento do produto. A partir do estudo sobre os hábitos e atitudes de consumidores de salames, de produtos *light* e, além disso, de estudos nutricionais, fez-se o levantamento das exigências dos consumidores para o projeto do salame de peru.

Realizou-se uma pesquisa com consumidores habituais e não habituais de salames, das classes A, B, C (critério ABA), idade entre 25 e 55 anos, residentes nas cidades de São Paulo, Campinas, Rio de Janeiro e Curitiba. A amostra total foi de 90 entrevistas, sendo 40% do sexo masculino e 60% do sexo feminino, sendo necessário que tivessem consumido/comprado algum tipo de salame nos últimos 6 meses, mesmo que esporadicamente (ver Figura 16.1).

Extração das características de qualidade do produto final

Após a identificação das qualidades exigidas, iniciou-se o processo de extração das "características de qualidade" do produto. A etapa seguinte foi a de avaliar cada item obtido, ou seja, cada uma das qualidades exigidas, e extrair quais as "características de qualidade" deveriam ser medidas para atender cada exigência. Em seguida, elaborou-se uma "tabela de características da qualidade" (são as avaliações a serem realizadas para avaliar e garantir as características de qualidade do produto, conforme sugestões dadas pelos consumidores) (ver Figura 16.2).

Matriz de qualidade exigida

Conforme a definição e o modelo conceitual adotados, a união destas duas tabelas originou a "matriz de qualidade exigida para salame de peru". Com essa matriz, pôde-se visualizar a inter-relação entre o desejo do consumidor (qualidades exigidas) e as características de qualidade (características técnicas) que estão associadas a esses desejos.

Planejamento da qualidade

Com o levantamento das "qualidades exigidas" e as "características da qualidade" para salames de peru, pôde-se "planejar a qualidade" (qualidade planejada) do produto. Considerou-se para este planejamento a avaliação do grau de importância de cada qualidade exigida pelos consumidores com um grupo de 30 consumidores de salames, considerando uma escala não estruturada, com tamanho de 7,0 cm para posterior mensuração. Foram considerados grupos de qualidades exigidas para que todas fossem pontuadas. Utilizaram-se dois tipos de salames tradicionais (mistos de carne bovina e suína) mais consumidos e populares no Brasil, aqui denominados de salame tipo Italiano e salame tipo Hamburguês, que foram caracterizados e utilizados para auxiliar na etapa de estudo do projeto para o salame de peru como comparativos e como base para auxiliar no desenvolvimento.

Para definição do argumento de projeto, considerou-se um grupo de técnicos composto de três engenheiros de alimentos, um assistente de Marketing e outro da área de vendas. Foram consideradas notas de 0 a 2, de acordo com a necessidade ou interesse de alteração da qualidade exigida. Com estes dados, multiplicaram-se estas duas variáveis e obteve-se o "peso absoluto" para cada "qualidade exigida". Para finalizar, calculou-se o "peso relativo" para estas "qualidades", o que possibilitou classificar a importância relativa de cada exigência e avaliar com mais detalhes a metodologia.

Correlação entre "Qualidades Exigidas" e "Características da Qualidade"

Com a matriz de qualidade montada e finalizado o Planejamento da Qualidade, efetuou-se a correlação entre as qualidades exigidas pelos consumidores e as características de qualidade extraídas. Para isto foram atribuídas notas de correlação segundo o nível de importância, como segue: nota nove, que correspondeu a grande correlação entre as variáveis, nota três que representou uma média correlação, e nota um para quando ocorreu uma pequena correlação entre as variáveis.

Projeto do Produto

O projeto do produto é elaborado conforme esquema do modelo conceitual, onde os pesos relativos da "qualidade planejada" são multiplicados pelos respectivos valores de correlação de cada "qualidade exigida" vs. "característica de qualidade". Foi obtido um peso absoluto para cada característica de qualidade e, com isso, calculou-se um peso relativo para cada uma destas características. Estes pesos relativos possibilitaram avaliar o grau de importância de cada uma das características de qualidade para que o produto final obtivesse a qualidade desejada pelos consumidores.

Complementando, analisaram-se os produtos do mercado para servir de referência ao projeto do embutido fermentado de peru. Foram utilizadas amostras de salames tradicionais, tipo italiano e tipo hamburguês, como referencial, os quais foram obtidos do fabricante e estocados por sete dias à temperatura ambiente, simulando condição de comercialização encontrada nos diversos mercados consumidores e, para isso assumiu-se uma condição de estocagem, controlada, em temperatura de 20,0° C e umidade relativa de 75,0 % para minimizar fatores externos.

Após equalizados em temperatura e umidade, os produtos foram caracterizados com análises físicas, químicas e microbiológicas. Além disso, os produtos foram caracterizados sensorialmente com as técnicas de "análise descritiva quantitativa". Para isso, foi selecionada uma equipe de provadores, que foi treinada e capacitada para avaliar os produtos do mercado.

Com a hierarquização das principais características de qualidade e com a caracterização dos principais produtos tradicionais do mercado, foi possível comparar e projetar o produto desejado, o que serviu como orientação de formulação básica para o delineamento do experimento.

Avaliações e Análises Realizadas nos Produtos

Para a elaboração do projeto, foram feitas análises físicas, químicas, sensoriais e microbiológicas, para melhor avaliação técnica e comparativa dos principais produtos, os salames tradicionais, para que fossem mais bem conhecidas as condições técnicas que indicam o motivo da aceitação pelos consumidores.

16.3. Aplicação do Método QFD/Conteúdo

Levantamento das Qualidades Exigidas pelos Consumidores

Conforme a metodologia de estudo adotada, a primeira etapa foi de avaliação das pesquisas com consumidores para a elaboração da Tabela de Qualidade Exigida e, em seguida, construiu-se a Matriz de Qualidade. As informações obtidas por meio de entrevistas foram organizadas e convertidas em "qualidades exigidas" pelos consumidores, sendo então armazenadas na tabela de qualidade exigida.

Com estes dados efetuou-se a etapa de obtenção das "qualidades exigidas pelos consumidores" para o produto salame de peru, classificando-as em três níveis, de acordo com o grau de detalhamento. Estes dados deram origem à "Tabela de Qualidade Exigida pelos consumidores para salame de peru" (Figura 16.1).

Nível primário	Nível secundário	Nível terciário
1. Produto deve ser saudável	1.1. Produto dever ser balanceado	1.1.1. Deve ter pouca gordura
		1.1.2. Deve ter pouco sal
		1.1.3. Ter baixo teor de colesterol
		1.1.4. Ter baixo teor de calorias
	1.2. Produto deve ser leve	1.2.1. Produto deve ser fácil de digerir
2. Agradável ao consumir	2.1. Produto saboroso	2.1.1. Ter sabor de carne temperada
		2.1.2. Defumado no ponto certo
		2.1.3. Não ter sabor enjoativo
		2.1.4. Sabor suave de gordura
	2.2. Sabor suave de temperos	2.2.1. Teor adequado de sal
		2.2.2. Ter pouca pimenta
		2.2.3. Ter condimentos equilibrados
	2.3. Cheiro gostoso	2.3.1. Ter cheiro de carne temperada
		2.3.2. Ter cheiro de tempero
		2.3.3. Exalar cheiro de defumado
	2.4. Fácil de cortar/fatiar	2.4.1. Macio ao cortar
		2.4.2. Manter a integridade ao cortar
		2.4.3. Casquinha fácil de cortar
	2.5. Bom de mastigar	2.5.1. Macio ao mastigar
		2.5.2. Textura firme
		2.5.3. Pouca sensação de gordura ao morder
		2.5.4. Produto suculento na boca
3. Produto com aparência atraente	3.1. Ter peças com dimensões adequadas	3.1.1. Comprimento adequado da peça
	3.2. Aparência de pouca gordura	3.2.1. Ter boa proporção de carne e gordura
		3.2.2. Ter boa distribuição de carne e gordura
	3.3. Cor atraente	3.3.1. Cor do produto fresco no ponto de venda
		3.3.2. Ter cor homogênea
		3.3.3. Não ter aparência de gordura externa
	3.4. Brilho atrativo	3.4.1. Precisa ter brilho
		3.4.2. Aparência suculenta do produto pronto
4. Ser prático	4.1. Pode ser consumido de diferentes formas	4.1.1. Pode ser usado no lanche
5. Fácil de conservar	5.1. No ponto de venda	5.1.1. Ter cor estável no ponto de venda
		5.1.2. Ser fresquinho
	5.2. Em casa	5.2.1. Deve durar na geladeira aberto (não melar)
		5.2.2. Deve manter a cor na geladeira depois de aberto
		5.2.3. Pode ser congelado
6. Bom acondicionamento	6.1. Embalagem atraente	6.1.1. Ser de fácil reconhecimento
Continua		

Figura 16.1 – Qualidade Exigida por consumidores – salame de peru.

Extração das Características de Qualidade do Produto final

Identificadas as qualidades exigidas, obteve-se a extração das Características de Qualidade do produto por meio de estudo técnico, visando atender às exigências dos consumidores que foram levantadas. Em seguida, elaborou-se a "Tabela de Características da Qualidade", (são as avaliações a serem realizadas para avaliar e garantir os atributos que garantem a qualidade do produto, conforme sugestões dadas pelos consumidores). Na Figura 16.2 tem-se a representação da "tabela de características da qualidade" na forma simplificada, para melhor entendimento.

Nível primário	Nível secundário	Nível terciário
1. Características químicas	1.1. Composição centesimal	1.1.1. Teor de gordura (%)
		1.1.2. Teor de proteína (%)
		1.1.3. Teor de umidade (%)
		1.1.4. Teor de açúcares totais (%)
		1.1.5. Teor de sal (%)
		1.1.6. pH
		1.1.8. Atividade de água (aW)
	1.2. Valores nutricionais complementares	1.2.1. Teor de sódio (mg/100g)
		1.2.2. Teor de colesterol (mg/100g)
		1.2.3. Teor de calorias (kcal/100g)
		1.2.4. Gorduras monoinsaturadas

Figura 16.2 – Parte da Tabela de Característica da Qualidade (simplificada).

Conforme a definição e o modelo conceitual adotados, a união destas duas tabelas (Qualidade Exigida e Características de Qualidade) deu origem à "Matriz de Qualidade Exigida para salame de peru". Na Figura 16.3 tem-se uma visão parcial da matriz em uma forma simplificada.

Planejamento da Qualidade

Com os resultados da pesquisa e a extração das características de qualidade, estabeleceu-se a Qualidade Planejada, através da metodologia descrita, com análise de produtos de mercado.

Na Figura 16.3, temos uma representação, simplificada, do planejamento da qualidade, obtida conforme metodologia adotada.

Correlação entre Qualidades Exigidas e Características de Qualidade

Com a matriz de qualidade montada e finalizado o Planejamento da Qualidade, foi efetuada a correlação entre as Qualidades Exigidas pelos consumidores e as Características de Qualidade extraídas. Na Figura 16.3 está uma representação parcial, simplificada, desta matriz correlacionada.

Projeto do Produto

Os dados do projeto do produto foram calculados conforme o método QFD. A Figura 16.3 apresenta uma visualização simplificada da matriz com o projeto deste estudo. A matriz foi elaborada com os cálculos de peso relativo para cada característica de qualidade e complementada com os dados de análise dos produtos (salames) do mercado brasileiro, conforme previamente discutido. A seguir, apresentamos os dados de análises obtidos para estes produtos.

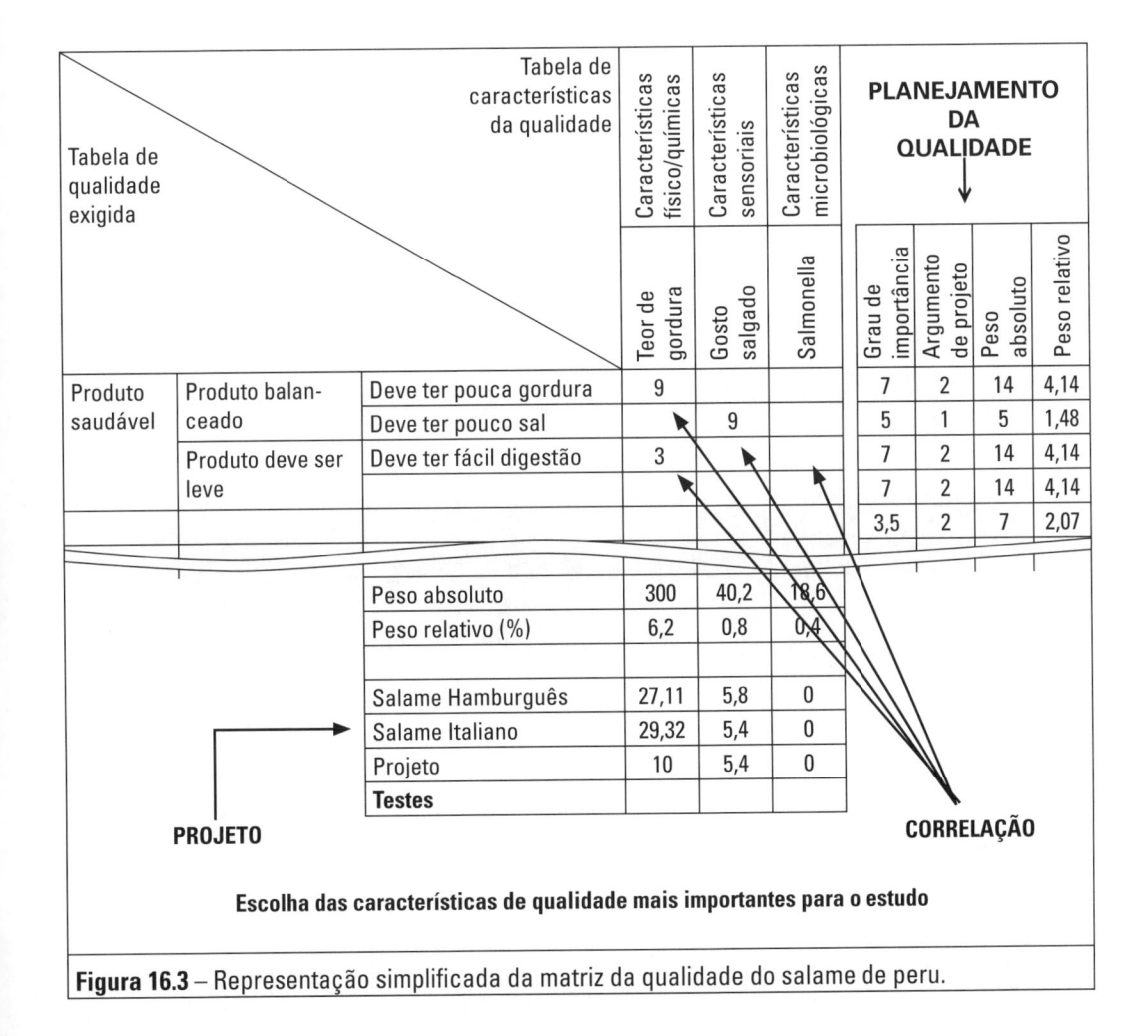

Figura 16.3 – Representação simplificada da matriz da qualidade do salame de peru.

Caracterização física, química e microbiológica das amostras de salame estudadas do mercado brasileiro

Nos Quadros 16.1 e 16.2 são apresentados os resultados das análises físicas, químicas e microbiológicas de amostras de salame do mercado, dos tipos italiano e hamburguês, da marca mais vendida no mercado brasileiro.

Quadro 16.1 – Composição média e desvios padrão de amostras de salames dos tipos italiano e hamburguês	SALAME ITALIANO	SALAME HAMBURGUÊS
Proteína (%)	27,08 (1,22)	24,62 (0,99)
Gordura (%)	29,32 (1,63)	28,07 (1,73)
Umidade (%)	32,68 (1,02)	37,72 (1,36)
Atividade de água (25 °C)	0,835 (0,015)	0,910 (0,015)
Teor de Cloreto de Sódio (%)	5,63 (0,11)	4,78 (0,30)
Nitrito (ppm)	Zero (Zero)	Zero (Zero)
Açúcares totais (%)	2,32 (0,31)	2,10 (0,22)
Calorias (kcal/100g)	381,48 (7,50)	359,51 (6,52)
PH	5,27 (0,09)	5,29 (0,14)
Acidez	20,06 (2,63)	19,24 (1,67)
Colesterol (mg/100g)	54,66 (6,68)	56,40 (8,10)
Gordura saturada (g/100g)	11,34 (1,08)	10,41 (0,88)
Gordura monoinsaturada (g/100g)	14,49 (1,13)	14,19 (0,93)
Gordura poli-insaturada (g/100g)	3,49 (0,97)	3,47 (1,20)

Quadro 16.2 – Caracterização microbiológica de amostras de salame dos tipos italiano e hamburguês	SALAME ITALIANO	SALAME HAMBURGUÊS
Bolores e leveduras (UFC/g)	< 100	< 100
Coliformes totais (NMP/g)	Ausente	Ausente
E. coli (NMP/g)	Ausente	Ausente
Salmonella (em 25g)	Ausente	Ausente
S. aureus (UFC/g)	< 100	< 100
Clostrídios sulf.red. (UFC/g)	< 10	< 10
Bactérias lácticas (UFC/g)	$1,4 \times 10^{7}$	$2,0 \times 10^{7}$
Micrococcus (UFC/g)	$6,0 \times 10^{3}$	$2,5 \times 10^{6}$

Análises Sensoriais

No Quadro 16.3 e Figura 16.4 são apresentados os resultados da análise sensorial do tipo ADQ (análise descritiva quantitativa) para comparação de dois tipos de salames encontrados no mercado.

Quadro 16.3 - Caracterização dos produtos de mercado na análise sensorial do tipo ADQ			
DESCRIÇÃO	SALAME ITALIANO	SALAME HAMBURGUÊS	DMS
Odor ácido	3,11 b	7,89 a	1,58
Odor defumado	1,09 a	0,57 b	0,47
Odor de pimenta	1,28 b	5,13 a	1,13
Odor de Queijo	2,18 a	0,17 b	1,04
Odor estranho a salame	0,10 b	2,54 a	0,55
Tamanho dos cubos de gordura	4,94 a	1,41 b	0,62
Quantidade de gordura	5,73 b	7,56 a	0,48
Aderência da gordura na carne	6,77 a	2,39 b	1,31
Cor da carne	7,76 a	1,17 b	0,65
Regularidade da borda	7,22 b	8,58 a	0,57
Tamanho da borda (borda visível)	0,35 b	6,01 a	1,27
Homogeneidade da cor da carne	8,51 a	7,60 a	1,29
Gosto ácido	4,47 b	7,72 a	2,25
Sabor defumado	1,84 a	0,79 a	1,31
Gosto salgado	5,87 a	5,49 a	1,34
Sabor de queijo	1,17 a	0,43 b	1,03
Picância	2,71 b	4,99 a	1,44
Dureza	6,01 a	1,92 b	1,18
Mastigabilidade	5,71 a	2,44 b	1,46
Textura de carne	6,58 a	3,41 b	1,44

DMS – Diferença mínima significativa

Médias na mesma linha, seguidas de letras diferentes, diferem entre si ($p<0,05$).

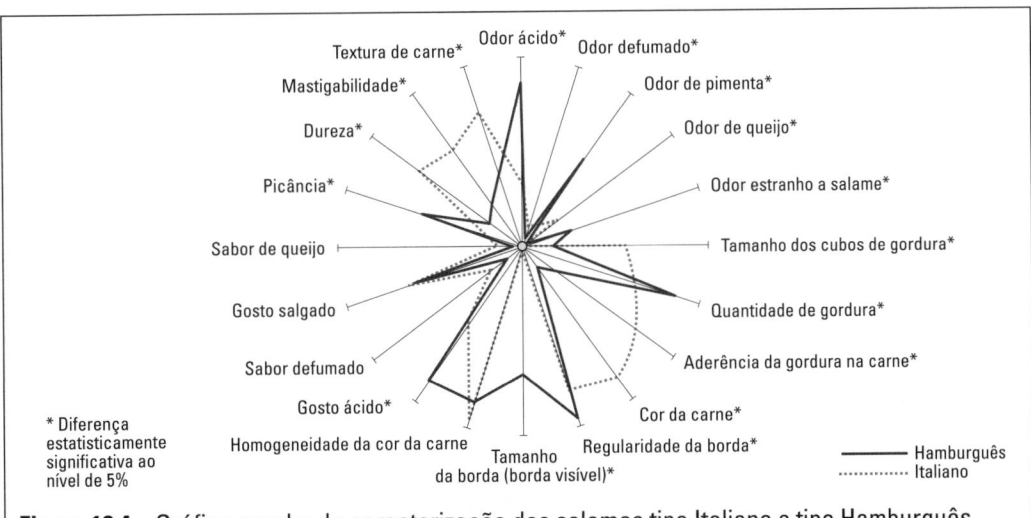

Figura 16.4 – Gráfico aranha de caracterização dos salames tipo Italiano e tipo Hamburguês.

16.4. Resultados e Conclusões

Os salames dos tipos italiano e hamburguês não apresentaram diferenças ($p < 0,05$) entre si nos atributos homogeneidade da cor da carne, sabor defumado, gosto salgado e sabor de queijo.

Quanto ao odor, o salame hamburguês apresentou o odor ácido, o de pimenta e o estranho a salame mais intensos, enquanto o tipo italiano apresentou com maior intensidade o odor defumado e o de queijo ($p < 0,05$). Para a aparência, o tipo italiano apresentou os maiores cubos de gordura, a maior aderência da gordura na carne e a cor da carne mais escura. O hamburguês apresentou a maior quantidade de gordura, a maior regularidade da borda, assim como a borda mais visível ($p < 0,05$).

Quanto ao sabor, o hamburguês apresentou o gosto ácido e a picância mais intensos e quanto à textura, o tipo italiano apresentou a maior dureza, a maior mastigabilidade e textura mais firme que o hamburguês ($p < 0,05$).

Dentre as características de qualidade avaliadas, observou-se que, para o atendimento das exigências dos consumidores, as variáveis com maior importância são o teor de gordura e o tamanho dos pedaços de gordura. Estas variáveis deverão ser as escolhidas para futuros trabalhos de aceitação de produtos fermentados, como, por exemplo, os salames de peru.

Em um segundo plano, mas também de importância e com ligeira interdependência, encontram-se outras variáveis, como cor do produto, teor de calorias e aspectos nutricionais que podem ser consideradas como características fixas para eventuais estudos.

REFERÊNCIAS BIBLIOGRÁFICAS

ACTON, J.C. *et al.* Improved characteristics for dry, fermented turkey sausage, Food product development, october, p. 91-94, 1975.

AOAC - Association of Official Analytical Chemists. *Official Methods of Analysis.* Método 976.26. Cholesterol in Multicomponent Foods. 15 ed. 1990.

AOAC - Association of Official Analytical Chemists. *Official Methods of Analysis.* Método 963.22. Methyl Esters of Fatty Acids in Oils and Fats. 15 ed. 1990.Hartman, L. & Lago, R.C.ᵃ Rapid preparation of Fatty Acids Methyl Esters from Lipids. Lab. Practice. 22 (7): 475-76-93.2973.

AOAC - Association of Official Analytical Chemists. *Official Methods of Analysis.* 1995. Capítulo 39, p. 8-9.

BACUS, J. N. Update: Meat Fermentation 1984. Food Technology, v. 38, n.º 6, p. 59, 1984.

BACUS, J. N. Update: Meat Fermentation 1988. Food Technology, v. 340 n.º 5, p. 60, 1988.

BLISKA, F. M. M. Tendências do mercado nacional de aves. In: *Seminário Processamento e Industrialização de carne de aves*. ITAL, Campinas, pp 3-9, 1997.

BRASIL. Portaria n. 1, de 4 de janeiro de 1984. Aprova o método analítico para determinação de amido em produtos cárneos. *Diário Oficial*, 11 jan. 1984. Seção 1.

CAMPBELL, D. F.; GREEN, S. S.; CUSTER, C. S. and JOHNSTON, R. W. Incidence of Salmonella in fresh dressed turkeys raised under salmonella-controled and uncontroled environments. Poultry Science, v. 61, p. 1962-1967, 1982.

CHENG, L.C. *et al.* QFD – *Planejamento da Qualidade*. FCO/UFMG, Belo Horizonte-MG, 1995, 262 p.

CODEX ALIMENTARIUS. Volume 10 - Programa conjunto FAO/OMS sobre Normas Alimentarias, Comisión del Codex Alimentarius, Roma, 1994.

COMPENDIUM OF METHODS FOR MICROBIOLOGICAL EXAMINATION OF FOODS, ICMSF, 3. edition – APHA – 1992

D'AOUST, J.Y.; STOTLAND, P.; BOVILLE, A . Sampling methods for detection of Salmonella in raw chicken carcasses. *Journal of Food Science*, v. 47, p. 1643-1644, 1982.

FDA BACTERIOLOGICAL ANALYTICAL MANUAL – AOAC – 8.A EDITION - 1995

FELICIO, P. E. Desdobramento da qualidade da carne bovina. *Higiene Alimentar*, São Paulo, v. 12, n.º 54, p. 16-22, mar./abr., 1998.

HOULE, J. F. *et al.* Selection of Mixed Cultures for Meat Fermentation. *Journal of Food Science*, v. 54, n. 4, p.839-842, 1989.

KOTULA, K.L. and PANDYA, Y. Bacterial contamination of broiler chickens before scalding. *Journal of Food Protection*, vol. 58 n.º 12: 1326-1329, 1995.

LUCKE, K.F. *Fermented Sausages*. 1. Ed., Kulmbach, p. 41-83, 1985.

MINISTÉRIO DA AGRICULTURA. Decreto n.º 30.691, de 29 de março de 1952, Brasil.

MINISTÉRIO DA AGRICULTURA. Decreto n.º 63.526, de 04 de Novembro de 1968, Brasil.

MINISTÉRIO DA AGRICULTURA. *Programa Nacional de Controle de Resíduos Biológicos*. Portaria n.º 110 de 26 de Agosto de 1996, Brasil.

MINISTÉRIO DA INDÚSTRIA, DO COMÉRCIO E DO TURISMO. Portaria INMETRO n.º 88 de 24 de Maio de 1996, Brasil.

MINISTÉRIO DA SAÚDE. *Padrões Microbiológicos*. Portaria n.º 01 de 28 de janeiro de 1987, Brasil.

MINOLTA CAMERA CO. 1993. Precise color communication - color control from feeling to instrumentation. Minolta Camera Co., Osaka, Japão, 49 p.

NORDAL, J.; SLINDE, E. Characteristics of Some Lactic Acid Bacteria Used as Starter Cultures in Dry Sausage Production. *Applied and Environmental Microbiology*, S.l., Sept., p. 472-475, 1980.

PIBOUL, M. *Técnicas e processos para conservação de carnes e tecnologia de derivados cárneos*.Campinas:Fundação Centro Tropical de Pesquisas e Tecnologia de Alimentos, 1973.

RIISPOA.1962. *Regulamento da Inspeção Industrial e Sanitária de Produtos de Origem Animal*. Ministério da Agricultura. Decreto número 1.255, de 25 de junho de 1962.

RUST, R.E. Dry and semi-dry sausage technology – Handbook of meat fermentation, *Devro – Teepak Handbook*, v. 1, p. 11-18., 1998.

SÃO PAULO. *Normas Analíticas do Instituto Adolfo Lutz*. São Paulo, Instituto Adolfo Lutz, v. 1, 533 p., 1985.

SCHMIDT, U., 1985. Salmonellen, Bedeutung bei Rohwurst und Rohschinken. In: *Mikrobiologie und Qualität von Rohwurst und Rohschinken*. Institut für Mikrobiologie, Toxikologie und Histologie, Bundesanstalt für Fleischforschung, Kulmbach. Pp. 128-151.

SECRETARIA DE ESTADO DA SAÚDE. Instituto Adolfo Lutz. *Normas Analíticas do Instituto Adolfo Lutz. Métodos Químicos e Físicos para Análises de Alimentos*. 3. ed. São Paulo, 1985. 1 v., p 42-3.

SECRETARIA DE ESTADO DA SAÚDE. Instituto Adolfo Lutz. *Normas Analíticas do Instituto Adolfo Lutz. Métodos Químicos e Físicos para Análises de Alimentos*. 3. ed. São Paulo, 1985. 1 v., p 21.

SECRETARIA DE ESTADO DA SAÚDE. Instituto Adolfo Lutz. *Normas Analíticas do Instituto Adolfo Lutz. Métodos Químicos e Físicos para Análises de Alimentos*. 3. ed. São Paulo, 1985. 1 v., p 36-7.

SECRETARIA DE ESTADO DA SAÚDE. Instituto Adolfo Lutz. *Normas Analíticas do Instituto Adolfo Lutz. Métodos Químicos e Físicos para Análises de Alimentos*. 3. ed. São Paulo, 1985. 1 v., p 25-6.

SECRETARIA DE VIGILÂNCIA SANITÁRIA, Portaria n.º 41 de 12 de maio de 1995. Diário Oficial, n. 91.

SECRETARIA NACIONAL DE DEFESA AGROPECUÁRIA. Laboratório Nacional de referência Animal. *Métodos Analíticos Oficiais para Controle de Produtos de Origem Animal e seus Ingredientes. Métodos Físicos e Químicos*. Brasília,1981. 2 v., parte 2, p. 3-6.

STAHNKE, L. H., Aroma Components from Dried Sausages Fermented with Staphylococcus xylosus, *Meat Science*, n. 38, p. 39-53, 1994.

STAHNKE, L. H., Dried Sausages Fermented with Staphylococcus xylosus at Different Temperatures and with Different Ingredient Levels – Part I. Chemical and Bacteriological Data, *Meat Science*, v. 41, n. 2, p. 179-191, 1995.

STAHNKE, L. H. Dried Sausages Fermented with Staphylococcus xylosus at Different Temperatures and with Different Ingredient Levels – Part III. Sensory Evaluation, *Meat Science*, v. 41, n. 2, p.211-223, 1995.

STATISTICA for windows, 1984-1995. Statsoft, Inc., versão 5.0, Tulsa, USA.

STONE, H. & SIDEL, J. L. Descriptive Analysis. In: *Sensory Evaluation Practices*, London, Academic Press, 1985, p. 202-226.

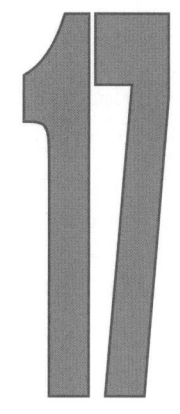

17 DESENVOLVIMENTO DE UM EMBUTIDO FERMENTADO DE CARNE DE PERU PELO MÉTODO DESDOBRAMENTO DA FUNÇÃO QUALIDADE (QFD)

Inaldo Antoni
Pedro E. Felício
Maria Tereza E. L. Galvão
Patrícia H. Matsunaga
Nelson J. Beraquet

PARTE 2

ELABORAÇÃO E AVALIAÇÃO DOS SALAMES DE PERU

17.1. Introdução

Nos últimos anos os consumidores de alimentos apresentaram um interesse especial por dietas saudáveis e é crescente a demanda por produtos desta categoria. Destaca-se o consumo de alimentos com reduzidos teores de gordura, baixos teores de colesterol, balanço entre os ácidos graxos e do consumo de carne de aves. Este trabalho foi elaborado com o objetivo de projetar um produto cárneo, derivado de carne de peru, na classe de embutidos fermentados, para o mercado brasileiro usando a metodologia do QFD.

17.2. Aplicação do Método QFD/Caminho Seguido

O presente trabalho foi dividido em duas etapas dependentes e complementares, como se segue:

Primeira etapa: Utilizou-se a metodologia do QFD para projetar o desenvolvimento do produto. A partir do estudo sobre os hábitos e atitudes de consumidores de salames, de produtos *light* e, além disso, de estudos nutricionais, fez-se o levantamento das exigências dos consumidores para o projeto do salame de peru (ver Capítulo 16).

Segunda etapa: Após obter as características mais importantes e representativas pela matriz da qualidade (da primeira etapa), que foram o "teor de gordura do produto" e a "aparência dos grânulos de gordura", elaborou-se o planejamento e análise do experimento.

Comparou-se a aceitação dos produtos elaborados com diferentes teores de gordura e moagem da parte branca (substituto de gordura) através de teste afetivo efetuado com consumidores; avaliaram-se também os resultados dos produtos obtidos, através de análises físicas, químicas, microbiológicas e sensoriais, para assegurar o cumprimento dos valores projetados; além disso, efetuou-se o estudo operacional de viabilidade de processamento.

Os procedimentos envolvidos no trabalho encontram-se relacionados a seguir.

Método: O delineamento experimental foi elaborado considerando as duas variáveis de maior importância obtidas a partir do estudo da "Matriz de qualidade exigida" e, para essas variáveis, empregaram-se dois níveis de uso, totalizando um delineamento (planejamento) com quatro experimentos (Quadro 17.1).

Quadro 17.1 – Representação do planejamento experimental		
TRATAMENTO	**Teor de Gordura**	**Granulometria**
A	Teor gordura 10%	Moagem fina = 3,0 mm
B	Teor gordura 10%	Moagem grossa = 6,0 mm
C	Teor gordura 15%	Moagem fina = 3,0 mm
D	Teor gordura 15%	Moagem grossa = 6,0 mm

Variáveis e níveis de uso

1ª Variável: Teor de Gordura

Níveis de preparo: 10% e 15% (no produto final, substituindo gordura animal, normalmente utilizada para dar efeito visual, pela melhor alternativa avaliada no trabalho de estudo de matérias-primas atendendo ao conceito, conforme Matriz de Opções de Matérias-primas do QFD).

2ª Variável: Tipo de Granulometria (Simular salame Italiano-grosso x Hamburguês-fino)

Níveis de moagem: Tipo Italiano = 6,0 mm; Tipo Hamburguês = 3,0 mm

Os produtos obtidos com os quatro tratamentos acima indicados foram avaliados sensorialmente por meio dos métodos de ADQ (análise descritiva quantitativa) e teste afetivo.

Avaliações e análises realizadas nos produtos

Foram elaboradas as análises físicas, químicas, microbiológicas e sensoriais para caracterização dos produtos. Mais especificamente, as análises sensoriais são descritas a seguir.

- **Análise Descritiva Quantitativa:** As análises sensoriais foram efetuadas quantitativamente, utilizando-se a metodologia de Análise Descritiva Quantitativa (ADQ), conforme descrito por Stone e Sidel (1985). Foram obtidas as descrições quantitativas por meio de um grupo qualificado de 10 provadores treinados, utilizando o método de rede para determinar a terminologia descritiva do salame de peru. As análises foram realizadas em cabines individuais com terminais que utilizam o software COMPUSENSE 2.0, onde são apresentadas as fichas de análise de ADQ. Somente a ficha de definição dos atributos é apresentada em papel. Utilizou-se para a ADQ a escala linear não estruturada de 9 cm, com extremos ancorados, de acordo com o atributo. O delineamento experimental foi de blocos completos com três repetições.

  As amostras foram codificadas com números de três dígitos e a ordem de apresentação das amostras foi aleatorizada.

  Cada provador recebeu três fatias de cerca de 3 mm de espessura e, também, cubos de salames de 1 cm cúbico para avaliação da textura.

- **Testes Afetivos:** O teste afetivo foi realizado por um painel constituído de 42 consumidores potenciais, não treinados, sendo 10 homens e 32 mulheres, distribuídos na faixa etária de seis consumidores com idade inferior a 20 anos, vinte e oito com idade entre 21 e 30 anos, quatro na faixa de 31 a 40 anos, três entre 41 e 50 anos e um com idade superior a 50 anos. Todos afirmaram gostar de salames, independentemente do tipo e indicaram, em questionário, sua frequência de consumo. Cerca de 9,0% dos provadores afirmaram consumir muito pouco salame (menos de 1 vez/mês), 36,0% afirmaram consumir pouco (no máximo 2 vezes/mês), 43,0% demonstraram consumir moderadamente (cerca de 3 vezes/mês) e, 12,0% mencionaram consumir muito salame (4 ou mais vezes).

  Aos consumidores foi solicitado indicar o quanto eles gostaram da aparência da fatia, do produto como um todo (aceitação global) e da sua textura dos quatro tratamentos elaborados para o estudo, utilizando a escala estruturada de 9 pontos (1= desgostei muitíssimo; 5 = nem gostei/nem desgostei; 9 = gostei muitíssimo) conforme indicação de Stone e Sidel (1985). A codificação das amostras foi aleatória em todo o bloco. Com esses cuidados todas as amostras foram apresentadas no mesmo número de vezes em todas as posições de apresentação. Os produtos foram entregues monadicamente em pratos brancos descartáveis contendo 2 fatias de 3mm de espessura conforme sugerido por Dellaglio *et al* (1996). Entre um produto e outro foi solicitado aos consumidores que bebessem água e/ou comessem biscoito *cream-cracker*.

Após a avaliação de cada amostra foi solicitado aos provadores que indicassem, em folha anexa, o que eles haviam gostado ou não dos produtos.

Os dados provenientes do teste de aceitação (produtos em estudo) foram avaliados, utilizando-se a análise de efeitos principais, interação e análise de conglomerados, para identificação de grupos de consumidores, com o programa Statistica versão 5.0.

17.3. Aplicação do Método QFD/Conteúdo

17.3.1. Avaliação Sensorial

No Quadro 17.2, apresenta-se a caracterização dos produtos por meio de análise sensorial do tipo ADQ (Análise Descritiva Quantitativa).

Os atributos com asteriscos na coluna das DMS indicam problemas de consenso na equipe sensorial, com necessidade de retreinamento.

Verificou-se que os efeitos de teor de gordura e granulometria da moagem não influenciaram ($p<0,05$) as características de odor, com exceção do odor estranho a salame, cujos comentários fazem associação a um odor químico, algo alcoólico nos tratamentos A e B, sem que houvesse uma razão aparente para isso.

Características como aderência da gordura na carne e regularidade da borda também não sofreram influência dos fatores estudados, porém os produtos elaborados com 10 % de gordura (tratamentos A e B) apresentaram maior tamanho de borda visível ($p<0,05$). Esses mesmos tratamentos apresentaram maiores valores de homogeneidade da cor da carne, sendo que somente o produto elaborado com 15% de gordura e moagem 6,0 mm apresentou diferença ($p<0,05$).

Com relação ao sabor, os tratamentos só não diferiram entre si no sabor de defumado e queijo. Nos gostos ácidos e salgado, somente o tratamento A (10% gordura, moagem 3,0 mm) apresentou baixas intensidades, em concordância com os trabalhos de Stahnke (1994) e Acton (1975).

Produtos elaborados com moagem 3,0 mm (tratamentos A e C), independentemente do teor de gordura, apresentaram ($p<0,05$) menores médias de picância, dureza, mastigabilidade e textura.

O aumento da granulometria de moagem influenciou a percepção do tamanho dos grânulos brancos que imitam a gordura, mas não influenciou a percepção de quantidade, tanto para os tratamentos com 10% como no de 15% de gordura. Quando se utiliza moagem 3 mm, o aumento no teor de gordura não influencia a análise do tamanho dos cubos brancos que imitam a gordura. No entanto, ao se analisar os dados dos tratamentos com moagem 6 mm, o aumento do teor de gordura ocasiona um aumento na média de percepção do tamanho dos grânulos de gordura.

Quadro 17.2 – Caracterização dos produtos na análise sensorial do tipo ADQ por tratamento					
Descrição	**Tratamentos**				**DMS**
	A	**B**	**C**	**D**	
Odor ácido	2,82 a	3,90 a	3,93 a	3,60 z	2,20*
Odor defumado	1,33 a	1,16 a	1,31 a	2,05 a	1,33*
Odor de pimenta	0,32 a	0,48 a	0,49 a	0,54 a	0,62*
Odor de queijo	0,21 a	1,56 a	0,33 a	0,45 a	1,42*
Odor estranho a salame	4,52 a	3,43 ab	2,84 bc	1,61 c	1,40*
Tamanho dos cubos de gordura	1,16 c	3,89 b	1,69 c	5,25 a	1,12
Quantidade de gordura	2,14 b	1,53 b	4,65 a	3,90 a	0,92*
Aderência da gordura na carne	6,29 a	6,23 a	5,07 a	5,76 a	1,81*
Cor da carne	3,72 ab	5,02 a	2,85 b	3,27 b	1,30
Regularidade da borda	7,29 a	7,63 a	7,09 a	6,79 a	0,86*
Tamanho da borda (borda visível)	4,77 a	2,96 b	1,45 c	0,70 c	1,46
Homogeneidade da cor da carne	7,45 a	6,81 a	6,41 a	3,38 b	1,31*
Gosto ácido	3,21 b	5,89 a	4,89 a	5,57 a	1,44
Sabor defumado	0,23 a	0,87 a	0,40 a	1,31 a	2,11
Gosto salgado	3,74 b	5,84 a	6,20 a	6,70 a	1,17*
Sabor de queijo	0,72 a	1,04 a	0,14 a	0,13 a	1,09
Picância	0,52 b	5,37 a	0,54 b	4,25 a	1,61
Dureza	0,27 b	2,48 a	0,54 b	2,36 a	1,38
Mastigabilidade	1,07 b	2,86 a	1,03 b	2,56 a	1,46
Textura da carne	1,25 b	2,58 a	1,08 b	2,61 a	1,14

DMS – Diferença mínima significativa

Médias na mesma linha, seguidas de letras diferentes, diferem entre si (p < 0,05)

Observa-se necessidade de retreinamento da equipe para os atributos com altos valores de DMS, conforme citado, para minimizar a variabilidade das notas entre os provadores.

17.3.2. Teste Afetivo – aceitação com consumidores

No Quadro 17.3, são apresentados os valores médios de aceitação da aparência, produto como um todo e textura, bem como os desvios padrão obtidos.

A saber: TRATAMENTO A = 10% de gordura e moagem 3,0 mm;
B = 10% de gordura e moagem 6,0 mm;
C = 15% de gordura e moagem 3,0 mm;
D = 15% de gordura e moagem 6,0 mm.

Quadro 17.3 – Valores médios e desvios padrão de aparência, produto como um todo e textura, por tratamento.

Tratamento	Aparência	Produto	Textura
A	6,8 a (1,8)	5,4 b (2,3)	6,2 b (2,1)
B	6,1 b (2,2)	5,3 b (2,5)	6,7 a (1,8)
C	7,3 c (1,6)	6,1 a (2,2)	6,4 b (2,2)
D	6,6 a (2,0)	6,2 a (1,9)	6,8 a (1,9)

Médias na mesma coluna, seguidas de letras diferentes, diferem entre si ($p < 0,05$)

No Quadro 17.4, são apresentados os valores dos efeitos principais para os atributos de aparência, produto como um todo e textura.

Quadro 17.4 – Efeitos principais e efeitos de interação para aparência, produto como um todo e textura.

Efeito	Aparência	Produto todo	Textura
Média	6,66	5,74	6,52
Teor de gordura	0,49	0,79	0,15
Grau de moagem	−0,70	0,00	0,48
Interação entre teor de gordura e grau de moagem	−0,01	0,12	0,00

Com base nos resultados apresentados no Quadro 17.4, tem-se a indicação de que o efeito da moagem, em módulo, é ligeiramente superior que o efeito da gordura, para aparência e textura, sem indicações de interação entre os fatores.

Pelos resultados apresentados no Quadro 17.3, observa-se um alto valor no desvio padrão das notas de aceitação dos três atributos avaliados. Com o objetivo de procurar entender melhor os resultados, procurando direções ou grupos de consumidores, realizou-se a análise de conglomerados para cada atributo estudado. As Figuras 17.1, 17.2 e 17.3 ilustram os diagramas de árvore para cada atributo estudado.

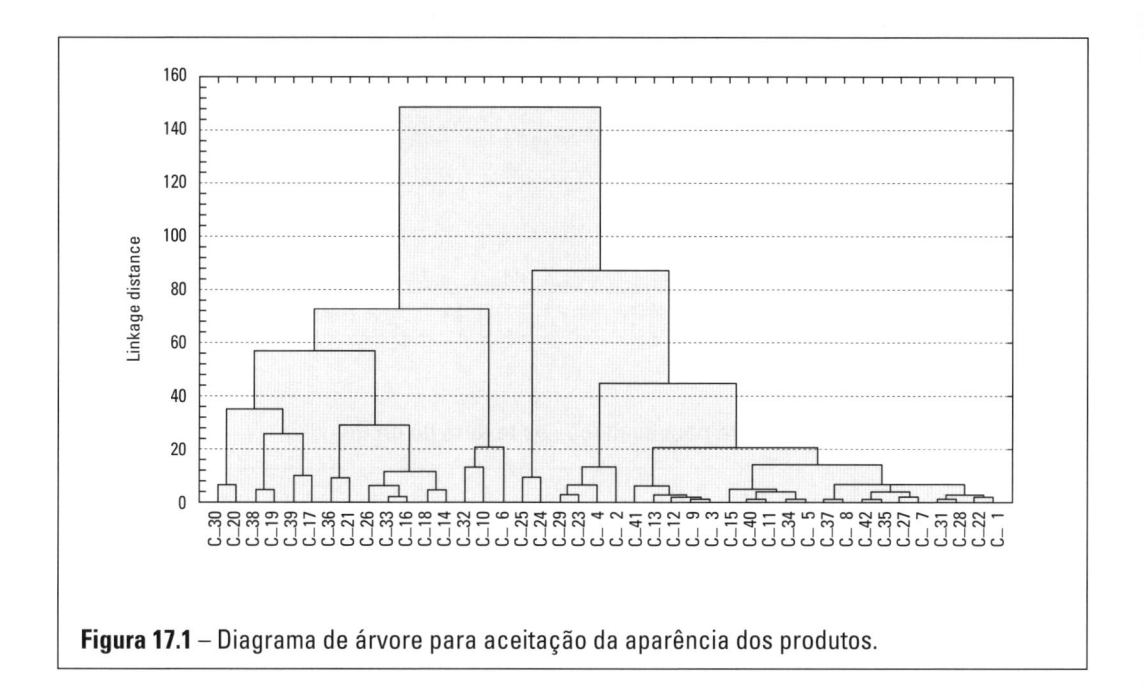

Figura 17.1 – Diagrama de árvore para aceitação da aparência dos produtos.

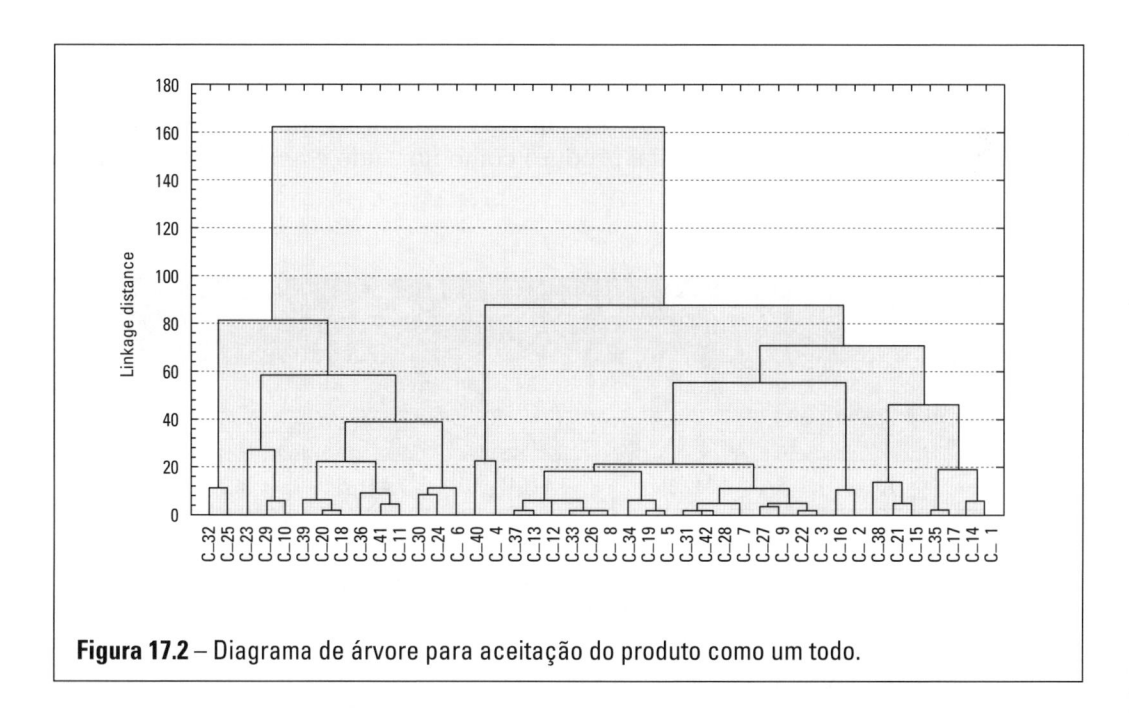

Figura 17.2 – Diagrama de árvore para aceitação do produto como um todo.

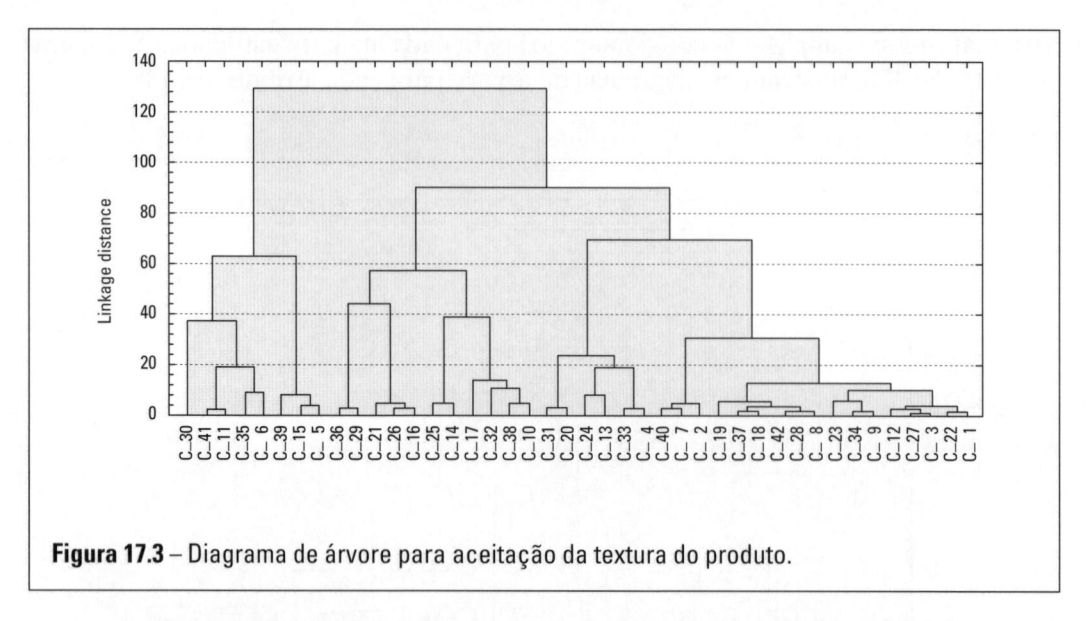

Figura 17.3 – Diagrama de árvore para aceitação da textura do produto.

Com base nas Figuras 17.1, 17.2 e 17.3, verificou-se a necessidade de se buscar grupos de consumidores. O diagrama de árvore foi, nesse caso, utilizado como base na decisão do número de grupos a serem formados para cada atributo em estudo.

Após a identificação do melhor número de grupos para cada atributo, buscou-se identificá-los, pelo método *K-means*, utilizando o agrupamento realizado pelo método do vizinho mais distante ("*complete linkage*") e o quadrado da distância euclidiana ("*squared euclidian distances*") sendo o critério de seleção do agrupamento baseado na similaridade com o diagrama de árvore.

Nos QUADROS 17.5, 17.6 e 17.7, são apresentados os grupos de consumidores formados na aceitação da aparência, produto como um todo e aceitação da textura, respectivamente.

Quadro 17.5 – Grupos de consumidores formados na aceitação da aparência dos produtos.

Tratamento	GRUPO			
	1	2	3	4
A	4,3 (2,3)	7,4 (1,1)	7,4 (1,2)	4,7 (2,1)
B	4,0 (1,8)	5,8 (2,2)	7,3 (1,2)	2,0 (0,0)
C	7,8 (0,8)	7,4 (1,2)	7,7 (1,0)	2,7 (1,2)
D	7,0 (0,6)	3,7 (1,1)	8,0 (0,8)	5,7 (1,5)
Total consumidores	6	11	22	3

Quadro 17.6 – Grupos de consumidores formados na aceitação global do produto como um todo.				
		GRUPO		
Tratamento	**1**	**2**	**3**	**4**
A	3,0 (1,6)	2,4 (1,0)	7,1 (0,9)	6,6 (1,0)
B	7,0 (1,0)	2,2 (1,2)	6,8 (1,6)	4,1 (2,0)
C	6,2 (2,2)	4,2 (2,0)	7,7 (1,1)	4,0 (1,0)
D	6,2 (2,1)	5,0 (1,6)	7,2 (1,2)	5,0 (2,7)
Total consumidores	5	10	20	7

Quadro 17.7 – Grupos de consumidores formados na aceitação da textura.				
		GRUPO		
Tratamento	**1**	**2**	**3**	**4**
A	7,4 (1,2)	5,7 (2,6)	6,8 (1,6)	4,6 (2,3)
B	4,0 (1,5)	7,0 (1,0)	7,8 (0,8)	6,8 (1,6)
C	6,3 (2,0)	7,4 (0,8)	7,8 (0,9)	3,2 (0,9)
D	6,8 (1,0)	4,0 (0,8)	8,2 (0,7)	6,6 (1,9)
Total consumidores	8	7	17	10

Para o atributo aparência (Quadro 17.5), detectaram-se basicamente quatro grupos de consumidores, sendo que o maior grupo, composto por 22 pessoas (52%) gostou igualmente da aparência dos quatro produtos, com notas médias ligeiramente superiores para os produtos elaborados com 15% de gordura, independentemente do tipo de moagem (3 ou 6 mm). Este grupo, de forma genérica, "gostou moderadamente" a "gostou muito" da aparência dos produtos.

O segundo maior grupo, formado por 11 pessoas (26%), gostou igualmente dos produtos elaborados com moagem 3 mm, independentemente do teor de gordura (10 ou 15%), com notas correspondentes na escala utilizada entre "gostei moderadamente" e "gostei muito". Os valores médios de aceitação para os demais produtos decresceram, correspondendo na escala a "gostei ligeiramente" para o produto elaborado com 10% de gordura e moagem grossa (6 mm) e, "desgostei ligeiramente" para o produto elaborado com 15% de gordura e moagem 6 mm.

Pode-se concluir que este grupo gosta mais de produtos elaborados com moagem inferior, independentemente do teor de gordura. Já o grupo composto por 6 pessoas (14%), "gostou moderadamente" a "gostou muito" dos produtos elaborados com 15% de gordura, com notas ligeiramente superiores para o produto elaborado na moagem 3 mm. A mesma tendência é observada nos produtos elaborados com 10% de gordura, porém as notas de aceitação são bem mais baixas, correspondentes na escala hedônica a "desgostei ligeiramente".

Com relação à aceitação do produto como um todo (Quadro 17.6), observa-se também a formação de quatro grupos de consumidores, sendo também o maior grupo (20 pessoas – 48%) formado por pessoas que gostaram de todos os produtos, porém, com notas ligeiramente superiores para os produtos elaborados com 15% de gordura. O segundo maior grupo, formado por 10 pessoas (24%) não gostou dos produtos, principalmente dos produtos com 10% de gordura, os quais receberam nota média correspondente na escala hedônica a "desgostei muito". O produto elaborado com 15% de gordura e moagem 3mm recebeu avaliação correspondente a "desgostei ligeiramente". O terceiro grupo, formado por 7 pessoas (17% da amostra) "gostou moderadamente" a "gostei muito" do produto com 10% de gordura e moagem 3 mm e "desgostou ligeiramente" ou foi indiferente aos demais. No menor grupo, formado por 5 pessoas (12% da amostra) os consumidores não gostaram do produto elaborado com 10% de gordura/moagem 3 mm, mas "gostaram ligeiramente a moderadamente", dos demais, com notas superiores para o produto elaborado com 10% de gordura e moagem 6 mm.

Já para o atributo textura (Quadro 17.7) optou-se também por trabalhar com quatro grupos de consumidores. O maior grupo, formado por 17 pessoas (40% da amostra) "gostou moderadamente a muito" da textura de todos os produtos, com notas ligeiramente superiores para o produto com 15% de gordura e moagem 6 mm. Já o segundo maior grupo (24% da amostra) gostou mais da textura dos produtos elaborados com moagem 6 mm, independentemente do teor de gordura. No grupo formado por 8 pessoas (19% da amostra), não é possível verificar uma relação entre teor de gordura e/ou moagem nos valores médios de aceitação. Este grupo "desgostou ligeiramente" da textura do produto com 10% de gordura e moagem 3 mm.

Resultados similares são observados no menor grupo, formado por 7 pessoas (17% da amostra) que "gostou moderadamente" do produto elaborado com 10% de gordura e moagem 6 mm e do produto elaborado com 15% de gordura e moagem 3 mm. Quando trabalhou com menor teor de gordura e moagem menor, o valor médio de aceitação correspondeu na escala a "indiferente" e "gostei ligeiramente". Nos altos teores estudados (15% de gordura e moagem 6 mm), o valor médio de aceitação da textura correspondeu a "desgostei ligeiramente".

Dentre os atributos mencionados como agrado destaca-se, no atributo aparência geral, a aparência da gordura, mencionada espontaneamente por 19% dos provadores nos produtos elaborados com 10% de gordura, independentemente da moagem. Nos produtos elaborados com 15% de gordura, a porcentagem de consumidores mencionando a gordura decresceu para 12% e 7% para os produtos elaborados nas moagens 3 mm e 6 mm, respectivamente. A porcentagem de consumidores que relataram algo referente ao sabor manteve-se praticamente a mesma para todos os produtos, de cerca de 31-34%.

Cerca de 45% e 51% dos consumidores demonstraram gostar da textura dos produtos elaborados com 10% de gordura e moagem de 3 mm e 6 mm, respectivamente. Dentre os atributos de agrado da textura destaca-se a maciez desses produtos, mencionada por 17% dos consumidores. Já para os produtos elaborados com 15%, a porcentagem de consumidores que demonstraram gostar da textura decresceu para 31% no produto elaborado na moagem 3 mm e 47% na moagem de 6 mm. Porém, não foram observadas menções sobre qual o atributo que foi mais marcante.

Os desagrados mencionados indicam necessidades de ajustes nos produtos em vários aspectos. Com relação à aparência, observa-se que a cor dos produtos elaborados com 10% de gordura desagradou a cerca de 15% dos consumidores. Já para os produtos elaborados com 15% de gordura, este atributo foi muito pouco mencionado. Com relação à aparência da gordura, observam-se menções de desagrado por cerca de 11-15% dos consumidores, com exceção do produto elaborado com 15% de gordura e moagem de 6 mm, que recebeu menções de desagrado maiores, de cerca de 23%. Neste produto, o tamanho grande da gordura desagradou a 12% dos consumidores.

O sabor dos produtos foi um atributo mencionado como desagrado, indicando clara necessidade de ajustes, independentemente do teste avaliado. Apesar de muitos atributos terem sido levantados como itens de desagrado, destaca-se, para o produto elaborado com 10% de gordura e moagem 3 mm, o fato de o mesmo estar com sabor forte e picante, no produto elaborado com 15% de gordura e moagem 3 mm o fato de ele apresentar-se sem sabor, com sabor estranho e com gosto de fumaça.

Em termos de textura, observam-se também altas porcentagens de desagrado, sendo que o produto que apresentou a menor porcentagem (cerca de 9%) foi o produto elaborado com 15% de gordura e moagem de 6 mm. O que mais desagradou aos consumidores nos produtos elaborados com 3 mm foi o fato de eles se apresentarem moles, o que foi relatado por cerca de 14-19% dos consumidores.

17.4. Resultados e Conclusões

Verificou-se que os produtos elaborados podem ser enquadrados na legislação brasileira, segundo as normas vigentes e, também, adaptam-se aos padrões legislados para produtos *light* ou com reduzidos teores de calorias, teor de gordura total e de redução do teor de gorduras saturadas, o que atende aos apelos demonstrados pelos consumidores. Conclui-se ser tecnicamente possível elaborar este tipo de produto e apresentar uma boa aceitação do produto como um todo.

Os tratamentos avaliados apresentaram variações que merecem um estudo posterior mais detalhado, mas com um resultado geral bastante satisfatório e com bases técnicas que facilitarão futuros trabalhos de pesquisas.

Conclui-se que produtos elaborados com moagem com 3,0 mm, independentemente do teor de gordura, apresentaram médias menores (p<0,05) quanto às características de picância, dureza, mastigabilidade e textura, sendo que com o aumento da granulometria de moagem, observa-se uma maior influência quanto à percepção do tamanho dos grânulos da porção branca (similar à gordura nos salames tradicionais), mas isso não influencia a percepção de quantidade de gordura.

Quanto à aceitação global, observou-se que o teor de gordura é o fator que apresenta o maior grau de influência. Para a textura, o grau de moagem é o fator de maior influência.

Devido aos altos valores dos desvios padrão, o uso da análise de conglomerados, ou análise de *Cluster*, foi útil para o estudo dos grupos de consumidores e conhecer suas peculiaridades, o que servirá como base para novos delineamentos e como futuros filtros.

Ainda relativamente aos altos valores de desvios padrão e menções de desagrado, considera-se a necessidade de ajustes e estudos mais detalhados, como por exemplo em melhorias nos delineamentos estatísticos, focalizando principalmente as características relativas a sabor e textura. Quanto aos aspectos de cor e aparência, mesmo apresentando menor importância, poderiam ser mais bem estudados, principalmente para esses trabalhos voltados a nichos de mercado, com consumidores específicos.

Para finalizar, a metodologia do QFD possibilita a oportunidade de avaliação do projeto como um todo e, além disso, do estudo minucioso das muitas variáveis, sendo que as variáveis são interdependentes e merecem estudos e delineamentos estatísticos específicos, para que ocorra o melhor aproveitamento dos experimentos e estudos.

REFERÊNCIAS BIBLIOGRÁFICAS

ACTON, J. C. *et al*. Improved Characteristics for Dry, Fermented Turkey Sausage. *Food Product Development*, 1975, October. p. 91-94.

DELLAGLIO, S.; CASIRAGHI, E. e POMPEI, C. Chemical, Physical and Sensory Attributes for the Characterization of an Italian Dry-Cured Sausage. *Meat Science*, Vol. 42(1):25-35. 1996.

STAHNKE, L.H. (1994) Aroma Components from Dried Sausages Fermented with Staphylococcus xylosus. *Meat Science*, Vol. 38(1): 39-53. 1994.

STONE, H. e SIDEL, J.L. *Sensory Evaluation Practices*. London: Academic Press, 1985. p.202-226.

GARANTIA DA QUALIDADE: UMA APLICAÇÃO DO QFD AO INÍCIO DE PRODUÇÃO DE UMA NOVA LINHA DE MOTORES

Túlio Machado Nogueira
Marco Fábio Borges
David Barquett Jr.
Rodrigo Caetano Costa
Leonardo Pereira Santiago
Lin Chih Cheng
Flávio Aguiar Araújo
Marta Afonso Freitas
Érika Pacheco Alves

18.1. Introdução

Este trabalho ilustra a aplicação do método QFD para garantir a qualidade de uma nova linha de produção de motores na FIAT Automóveis S.A. A utilização do método foi no estágio de pré-produção (preparação para produção) do motor FIRE (*Fully Integrated Robotized Engine*).

18.2. Objetivo

O objetivo do projeto, com a utilização o método QFD, era muito claro: garantir a qualidade da nova linha de montagem. Acreditava-se que era possível garantir a qualidade por meio (i) da solução antecipada de problemas, (ii) do planejamento dos pontos de controle e inspeção do produto, (iii) da garantia da qualidade dos fornecedores, (iv) da transferência de conhecimento da linha atual de motores e (v) do rápido domínio da nova linha de produção. Dessa forma, acreditava-se que era possível atingir a mesma qualidade do motor atual no menor tempo possível após o início da produção.

18.3. Aplicação do Método QFD

Primeiramente, o método seria utilizado para garantir a qualidade de dois dos mais importantes componentes do motor: o bloco e o cabeçote. Desta forma, treinou-se a equipe responsável por estes componentes, que viajou para Itália com o objetivo de preparar a introdução da linha de fabricação destes componentes. A equipe teve um dia de treinamento teórico referente ao método QFD. O treinamento foi direcionado para aplicação do método QFD para garantir a qualidade.

Porém, percebeu-se rapidamente a relevância do método e a necessidade de utilizá-lo para garantir a qualidade do motor todo. Assim, foram treinados quase 80 técnicos envolvidos principalmente na produção, manutenção e engenharia de processo do motor todo, nos meses de agosto e setembro de 1998. Desta forma, formaram-se dois grupos de trabalho na FIAT: garantia da qualidade na **montagem** e garantia da qualidade na **usinagem**. Cada um dos grupos possuía um coordenador, porém os dois grupos trabalhavam em conjunto. A atuação dos coordenadores era complementar uma a outra, entretanto o objetivo de ambos era o mesmo: garantir a qualidade do novo motor.

Estruturou-se a atuação em três frentes: conhecer a linha atual de motores FIAT[1], conhecer a linha que fabrica um motor semelhante na FIAT Itália e, finalmente, preparar a introdução da nova linha de motores. A Figura 18.1 ilustra as três frentes de trabalho e as atividades referentes a cada uma delas.

As duas primeiras frentes podem ser classificadas como uma preparação para o novo motor. Os trabalhos da primeira frente ocorreram entre setembro de 1998 e janeiro de 1999. Os trabalhos referentes à segunda frente ocorreram entre novembro de 1998 e fevereiro de 1999. Já a terceira frente, que iniciou em janeiro de 1999, pode ser classificada como a frente de trabalho que realmente buscou a garantia da qualidade do motor. A seguir, descrevemos em detalhes as duas fases de atuação preparatória e a fase específica do motor, onde se garantiu de fato a qualidade do motor.

Preparação para o novo motor

Frente FIASA motor atual:

Esta frente de trabalho permitiu conhecer detalhadamente a atual linha produtiva de motores e, desta forma, transferir conhecimento e experiência para todos os trabalhadores da FIAT envolvidos no motor FIRE. Além disso, foi possível revisar todo o processo produtivo no sentido de verificar com precisão a relevância de cada ponto de controle e inspeção e ainda propor modificações nas formas de controle. Este trabalho foi baseado nas características da qualidade do motor e nos indicadores de desempenho do motor atual, como por exemplo, satisfação do consumidor, testes internos na FIAT, entre outros.

---

[1] Isto é, a linha em funcionamento à época da realização deste trabalho.

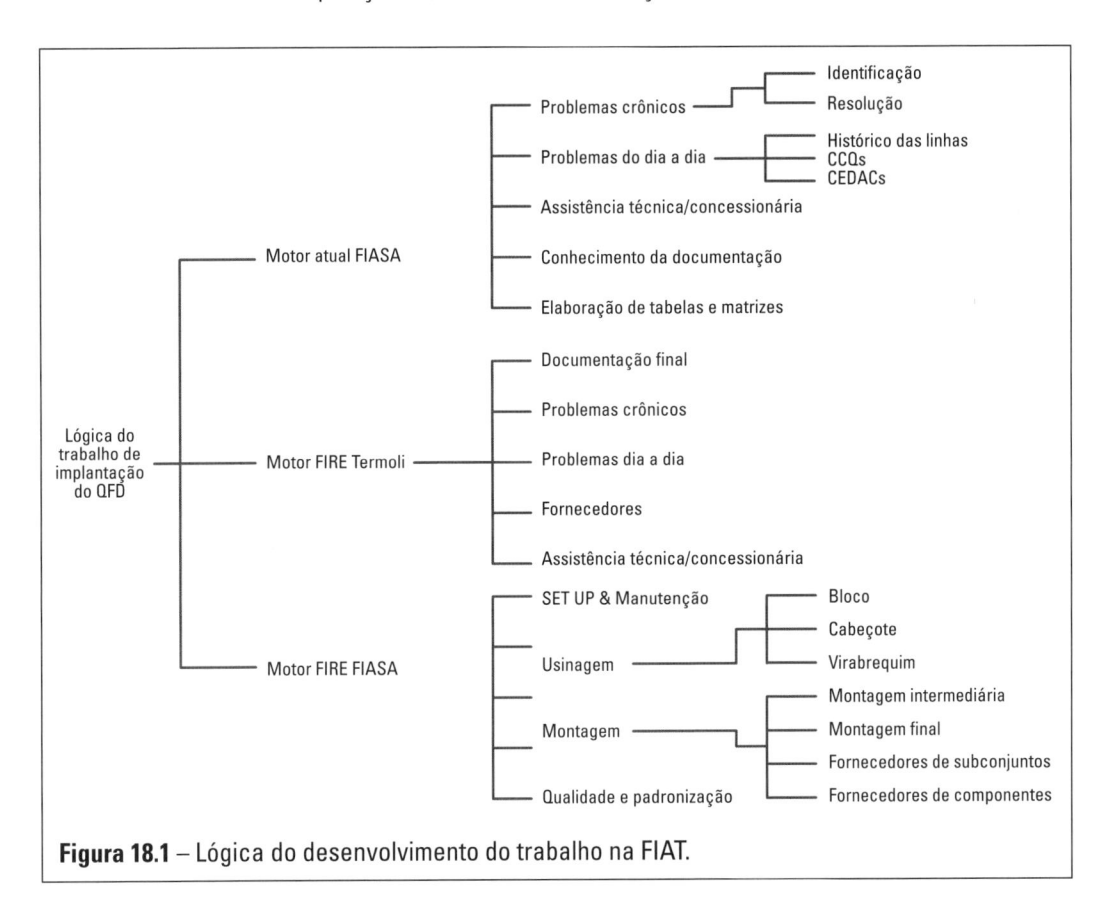

Figura 18.1 – Lógica do desenvolvimento do trabalho na FIAT.

O primeiro passo foi fazer um mapa de todo o processo produtivo, analisaram-se os problemas passados e as soluções adotadas, além de relacionar todas as características da qualidade do motor com os componentes e operações de trabalho. Nesta frente de trabalho, houve forte presença do Desdobramento da Qualidade (QD). A Figura 18.2 é um exemplo simplificado do modelo conceitual que foi adotado.

A equipe de **montagem** classificou todos os componentes do motor em quatro grupos de acordo com a importância de cada um. Assim, ficou fácil definir em quais componentes deveriam atuar primeiro para garantir a qualidade. Outro resultado interessante foi a definição clara de quais operações de montagem deveriam receber especial atenção em termos de controle e inspeção, devido à forte contribuição da mesma para característica da qualidade do motor. Finalmente, ao elaborar a tabela de controle e inspeção e posteriormente relacioná-la com outras tabelas, a FIAT conseguiu perceber a fragilidade de alguns pontos da linha de montagem, como o excesso de controle visual.

De forma análoga, a equipe de **usinagem** também conseguiu determinar quais características da qualidade do componente usinado eram as mais importantes. Portanto, ressaltou-se a importância de controlá-las. Ao elaborar a matriz característica da qualidade do componente e fluxo das operações de usinagem, conseguiu-se descobrir qual operação necessita de maior atenção sob a luz da característica da qualidade final do motor. Em cada uma dessas operações, que foram definidas como importantes, avaliou-se a necessidade de melhorar o controle do processo (por exemplo, utilizar Controle Estatístico de Processos por parâmetro ou por atributo, entre outros).

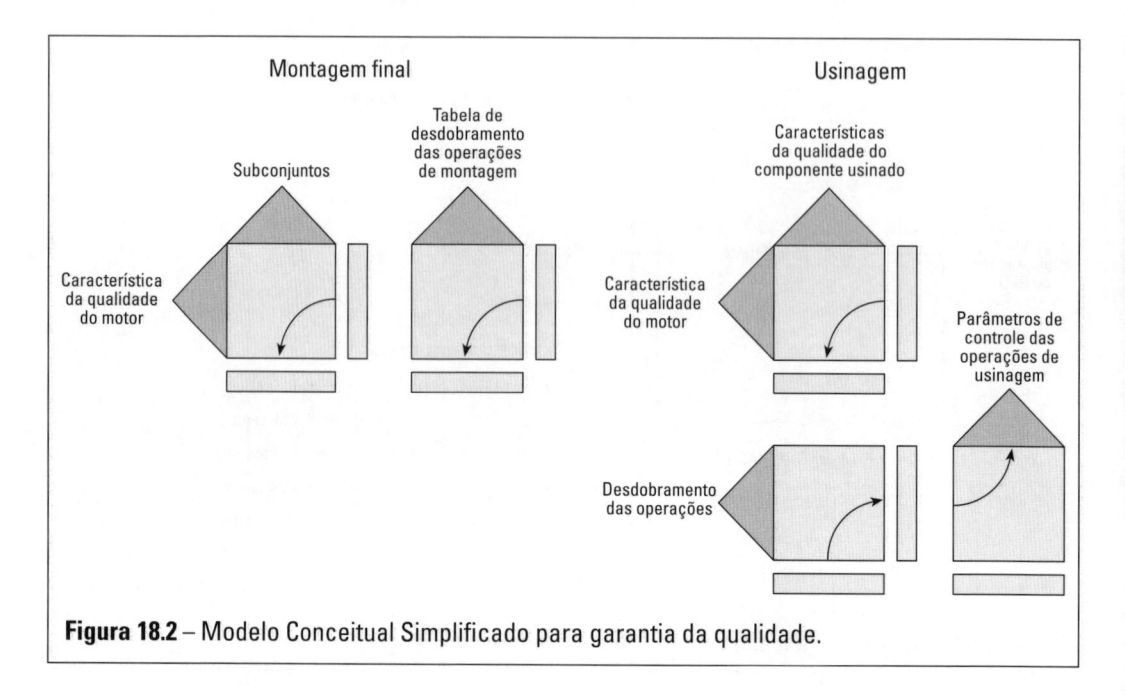

Figura 18.2 – Modelo Conceitual Simplificado para garantia da qualidade.

O resultado desta frente de trabalho permitiu à FIAT melhorar o seu processo produtivo atual e nortear o processo de aprendizado na linha de motores italiana, a segunda frente deste trabalho. Alguns pontos de controle estatístico de processo foram redefinidos no processo atual de fabricação e montagem, pois os pontos anteriores não estavam coerentes com a prioridade obtida por meio das matrizes. Outro aspecto interessante elucidado pelo QFD foi a melhor compreensão de todo o processo produtivo; incluindo operações críticas para a boa qualidade do motor, características-chave para usinagem etc. Assim, ao observar uma linha semelhante, analisaram-se fortemente alguns pontos definidos com o QFD. A seguir, descrevemos como o método QFD ajudou na atividade de conhecer uma linha semelhante à futura linha de motores FIRE.

Frente FIRE Termoli:

A principal contribuição do método QFD na planta italiana que produz um motor semelhante ao do Brasil foi no direcionamento das atividades. As tabelas e matrizes elaboradas na frente FIASA motor atual propiciaram grande troca de conhecimento e, consequentemente, aprendizado, principalmente quando se comparou o motor produzido no Brasil com o italiano e analisaram-se os pontos de controle e inspeção do motor na Itália. Assim, a atuação para conhecer o processo produtivo em Termoli foi bastante direcionada e perceberam-se com facilidade diversos pontos importantes, principalmente nas linhas de montagem intermediária e final do motor. Outro aspecto relevante foi o auxílio no planejamento dos pontos de controle e inspeção da futura linha baseado nas informações geradas pela análise das linhas produtivas italiana e brasileira.

Além da contribuição propiciada pelas tabelas e matrizes, QD, o método QFD ajudou a organizar o processo de conhecimento da linha, por meio do desdobramento do trabalho, QFDr. Precisava-se direcionar atuação, pois a equipe tinha muito que aprender em pouco tempo. A Figura 18.3 é um exemplo de como foi desdobrado o trabalho para conhecer a linha de usinagem do virabrequim.

Nesta frente, a principal preocupação era administrar as variáveis tempo de permanência vs. número de pessoas na Itália. O investimento necessário seria diretamente proporcional a essas duas variáveis, além disso, havia recursos predefinidos para tal. Assim, a possibilidade de aprender com a linha italiana possuía restrições (tempo, custo, n.º de pessoas). Desta forma, a frente de trabalho FIRE-FIASA necessitou ser muito bem executada para alcançar o sucesso deste trabalho.

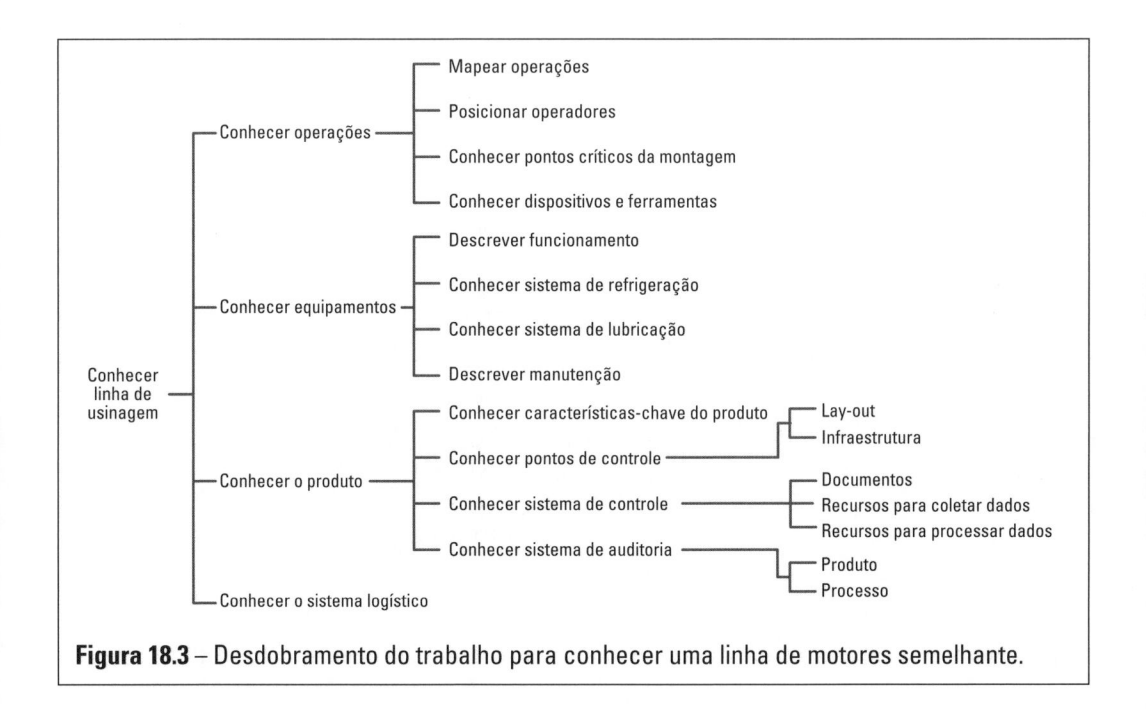

Figura 18.3 – Desdobramento do trabalho para conhecer uma linha de motores semelhante.

Garantia da Qualidade no novo motor

Nesta etapa, descrevemos como foi o trabalho para garantir de fato a qualidade do futuro motor. Relatamos, ainda, quais foram as principais conclusões a respeito deste projeto. Antes de iniciar a descrição do processo de garantia da qualidade, vejamos como a FIAT se preparou para tal. Primeiramente, reavaliou-se o modelo conceitual com o objetivo de certificar se as tabelas e matrizes definidas no trabalho anterior atenderiam às necessidades. A Figura 18.4 indica o modelo conceitual simplificado para a frente FIRE. Outra questão que necessitava definir era como estruturar as tabelas e matrizes para este novo motor, se ainda não estava produzindo o mesmo.

Para estruturar as tabelas e matrizes, utilizaram-se informações previamente definidas na documentação elaborada na Itália para controle da produção, baseado ainda nas informações internas de testes de motores semelhantes ao que iria produzir, motores estes produzidos na Itália, porém montados em veículos aqui no Brasil.

Desta forma, pode-se concluir que foi feito um tipo de QFD "inverso". Inverso porque normalmente as informações das tabelas e matrizes originam a documentação técnica. Neste trabalho, o que foi feito foi o contrário: estruturaram-se as tabelas e matrizes a partir da documentação técnica e, posteriormente, aperfeiçoou-se a documentação já elaborada a partir das informações das matrizes.

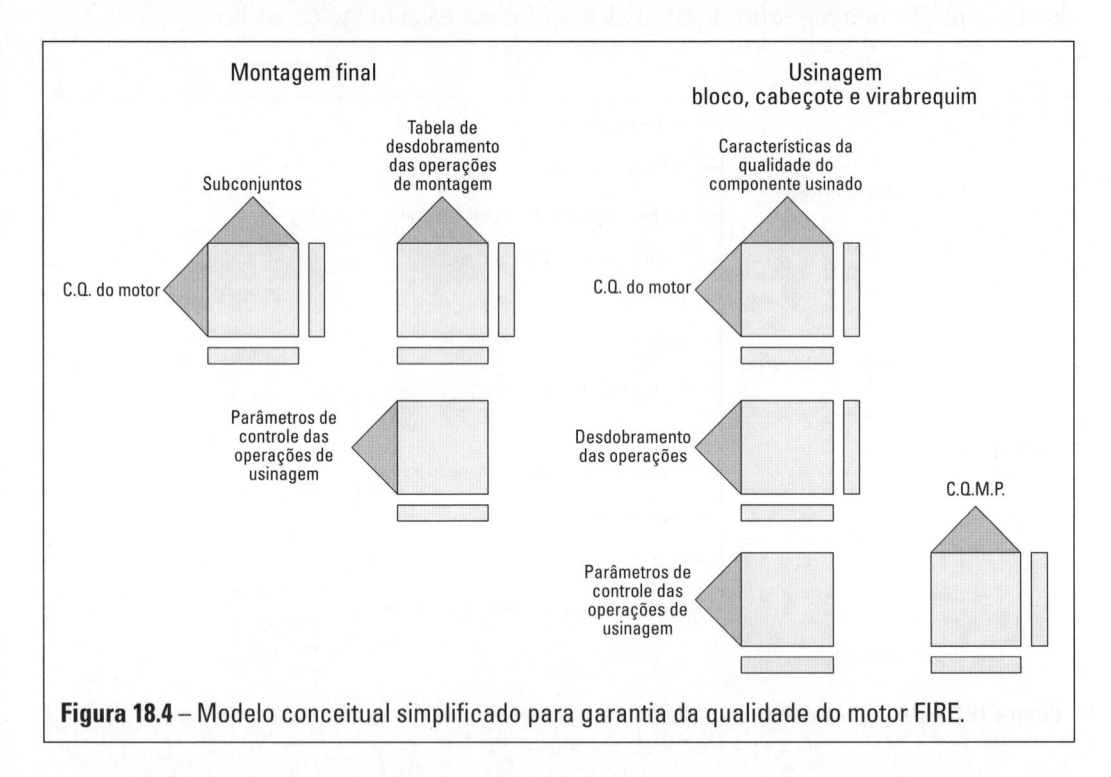

Figura 18.4 – Modelo conceitual simplificado para garantia da qualidade do motor FIRE.

A seguir, descrevemos algumas matrizes e as principais conclusões que foram extraídas das mesmas no momento do preenchimento. A primeira matriz que está apresentada relaciona as características da qualidade do componente usinado com as características da qualidade do motor final, ver Figura 18.5.

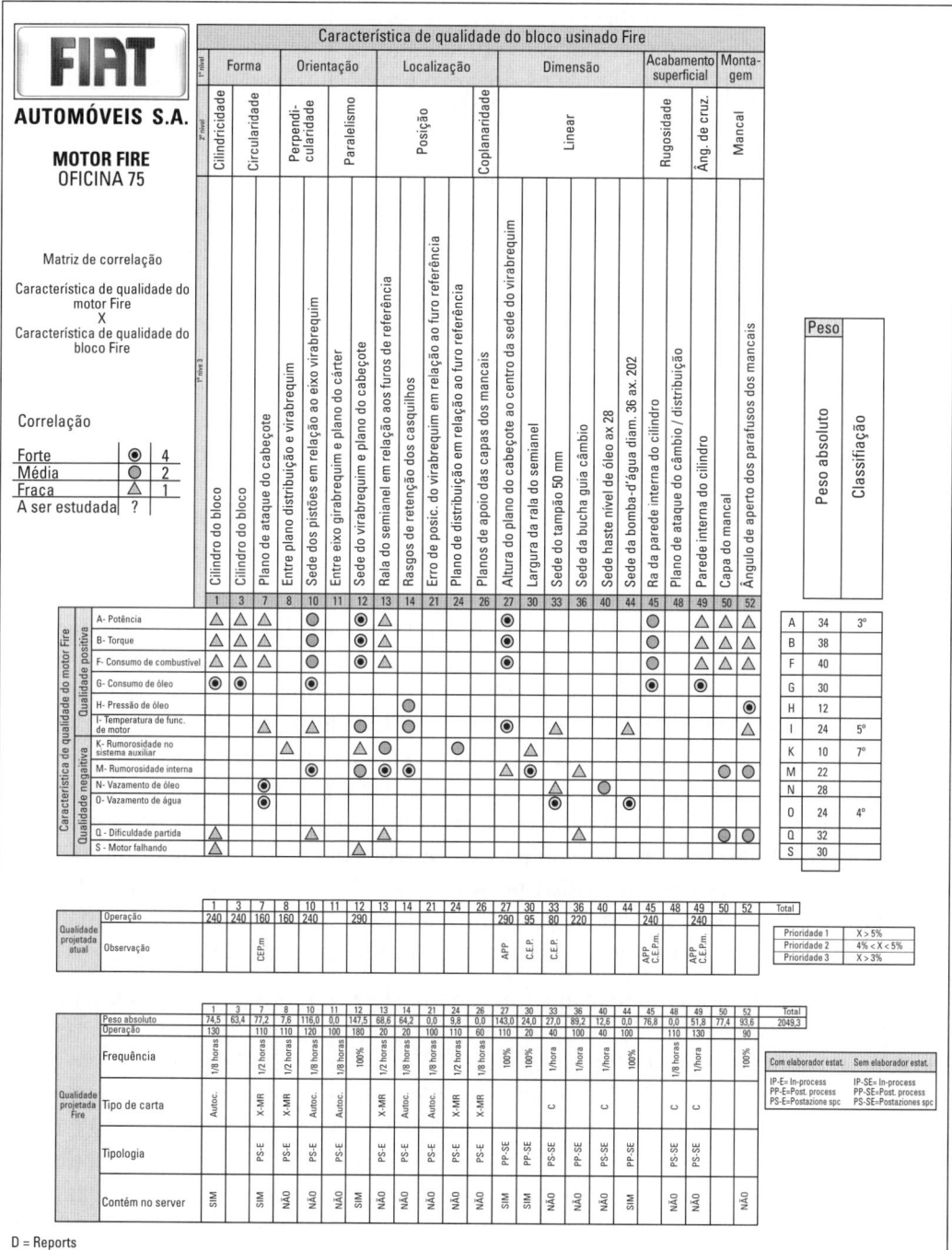

Figura 18.5 – Matriz característica da qualidade do motor vs. característica da qualidade do componente usinado.

Foram comparadas as informações do motor atualmente produzido pela Fiat com as informações do novo motor por meio desta matriz. Conseguiu-se ainda perceber as diferenças e similaridades entre os dois produtos. Outro ponto interessante foi a oportunidade de verificar as informações definidas nos documentos de controle com as matrizes, ou seja, certificar se os pontos de controle e as características definidas para controle eram de fato todas que precisavam de acompanhamento. Conseguiu-se perceber que algumas características que foram avaliadas como importantes não estavam presentes nos documentos, melhoraram-se então os documentos no sentido de incluir estas características.

Além disso, conseguiu-se averiguar os locais ou pontos definidos para controle e ainda avaliar se o controle definido era suficiente ou não. Um dos controles avaliados, por exemplo, foi o controle estatístico de processos. Conseguiu-se avaliar os locais nos quais o programa para controle da produção iria coletar dados, como armazenaria os dados, se utilizaria ou não um elaborador estatístico para tratar os dados coletados e a forma de dispor as informações processadas pelo programa. Por meio desta análise da produção conseguiu-se certificar se os controles definidos como importantes no projeto estavam coerentes com as características importantes de nossas matrizes.

Uma segunda matriz interessante foi a matriz característica da qualidade do componente usinado vs. fluxo do processo produtivo, Figura 18.6. Com base nessa matriz definiram-se prioridades para aplicação de métodos e técnicas, por exemplo análise do modo e efeitos da falha, metodologias FIAT de análise do local de trabalho, manutenção produtiva total (TPM), entre outras. Selecionaram-se as operações que deveriam utilizar primeiramente estes métodos e técnicas. Esta matriz auxiliou a nortear a atuação com o objetivo de garantir a qualidade do processo produtivo. Outro aspecto bastante interessante no preenchimento desta matriz foi a possibilidade de treinar os operadores envolvidos no processo. Todos os trabalhadores da linha puderam perceber a importância de cada operação do processo para a qualidade final do componente do motor no momento do preenchimento da matriz.

Finalmente, a última matriz apresentada neste projeto é a que relaciona as características de qualidade do componente produzido por um fornecedor externo e as características de um produto interno à FIAT. A Figura 18.7 é um exemplo desta matriz. Esta propiciou à FIAT e aos fornecedores um aprendizado mútuo sobre o produto e o processo de cada um, estreitando as relações. Além disso, a FIAT Brasil conseguiu transferir aos fornecedores informações da FIAT Itália sobre o produto. A troca de informações ocorrida durante o preenchimento da matriz foi enorme, chegando ao ponto de surpreender toda a equipe envolvida, tamanho foi o aprendizado de todas as empresas.

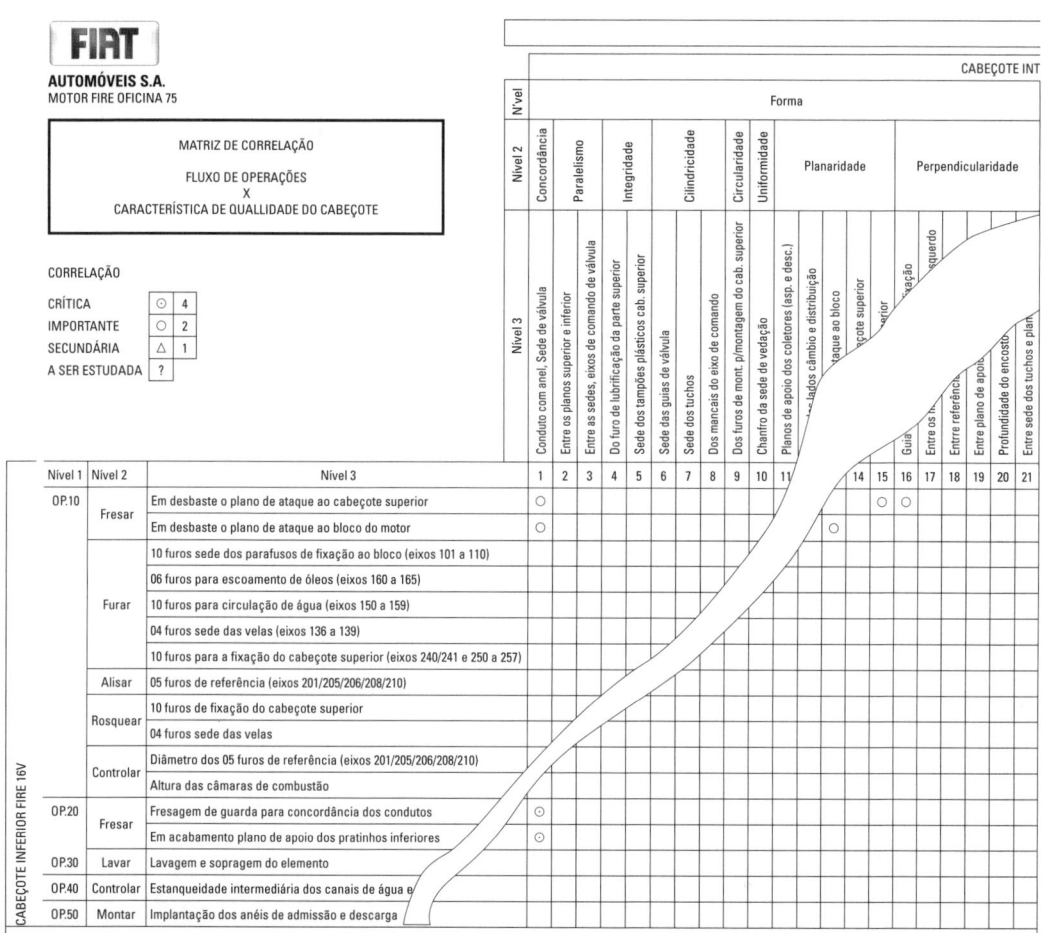

Figura 18.6 – Matriz operações de usinagem vs. característica da qualidade do componente usinado.

18.4. Resultados e Conclusões

Os resultados e conclusões da utilização do método QFD para assegurar a qualidade do futuro motor são:

- O método ajudou a transmitir informações técnicas do produto para o setor produtivo. Ao elaborar as tabelas e matrizes conseguiu-se explicitar informações técnicas referentes ao produto e seus componentes e discuti-las com toda a equipe da produção de forma a aumentar o nível de conhecimento da equipe.

- O ato de preencher as matrizes é muito mais rico que o documento propriamente dito. A oportunidade de trocar experiências com o preenchimento das matrizes permitiu repassar conhecimento dos membros mais experientes da equipe para os mais jovens e, além disso, transferir conhecimento entre unidades operacionais. Assim, os mais novos aprenderam mais rapidamente sobre fabricação e montagem de motores e as unidades operacionais distintas transferiram conhecimento entre si.

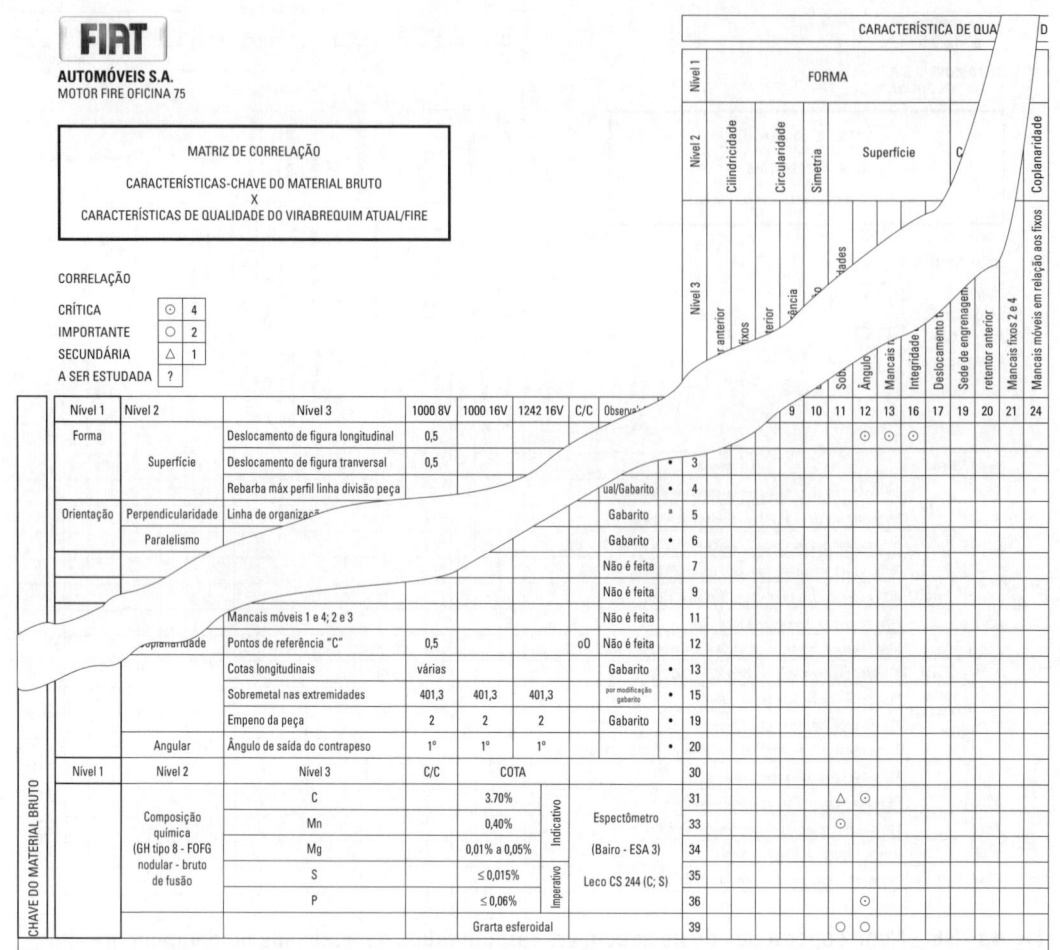

Figura 18.7 – Matriz característica da qualidade da matéria-prima vs. característica da qualidade do componente usinado.

- Foi possível adquirir consciência das relações de causa e efeito entre os diversos componentes do motor e suas influências nas características da qualidade final do motor. Ou seja, perceberam-se claramente as relações envolvendo clientes e fornecedores (tanto internos quanto externos) ao elaborar as matrizes que relacionam as características da qualidade dos componentes que recebem e as características da qualidade dos componentes/produtos que fabricam/montam.

- O método QFD ajudou a identificar e implementar melhorias (a) nos processos de fabricação e (b) na documentação técnica que ajudará a administrar a futura linha. A análise detalhada do processo de fabricação, entendendo as relações de causa e efeito entre as operações e o produto final, permitiu redefinir alguns pontos de controle e inspeção. Ao verificar a documentação técnica com a documentação elaborada previamente, conseguiu-se alterar alguns pontos, avaliados por meio das matrizes de QFD.

- O método permitiu claramente a visualização e a definição de prioridades para aplicação de métodos, tais como Manutenção Produtiva Total (TPM), Controle Estatístico de Processos (CEP), e técnicas como Planejamento e Análise de Experimentos (DOE), Análise do Modo e Efeito de Falhas (FMEA). Ao relacionar as tabelas de desdobramento do processo, conseguiu-se definir as operações de montagem ou usinagem mais importantes e que, consequentemente, necessitariam de maior atenção por parte da FIAT.

- O método ajudou a perceber o quão importante é o saber prático da manufatura para o desenvolvimento futuro de novas linhas e processos. A equipe que trabalha na linha de produção da FIAT conseguiu contribuir muito para introdução desta nova linha baseado em seu saber prático de mais de 20 anos. Desta forma, fica claro que o saber prático da manufatura não pode ser desprezado em futuros desenvolvimentos.

- A garantia da qualidade do novo motor com o método QFD permitiu estreitar as relações com os fornecedores, obtendo o verdadeiro significado da palavra parceria. O preenchimento conjunto das matrizes permitiu à equipe FIAT aprender com os fornecedores sobre o produto que eles fornecem e ao mesmo tempo passar a eles o conhecimento e experiência existente na FIAT. O resultado foi um ganho de conhecimento para ambos os lados.

REFERÊNCIAS BIBLIOGRÁFICAS

CÂMARA INTERNACIONAL DE COMÉRCIO DO BRASIL. Evento Setorial: Automobilístico, Autopeças e Transportes. In: *Movimentos de Expansão do Mercado Globalizado*. Resumo das Palestras. Belo Horizonte: Câmara Internacional de Comércio do Brasil. 1999.

CHENG, L. C. *et al. QFD - Planejamento da Qualidade*. Belo Horizonte: Fundação Christiano Ottoni, 1995.

GAZETA MERCANTIL. *Análise Setorial – A Indústria de Autopeças.* Vol. I, II e III. Outubro e novembro de 1997.

WOMACK, J. P.; JONES, D. T. e ROOS, D. *A Máquina que Mudou o Mundo*. Rio de Janeiro: Editora Campus, 1990. 347p.

A COMBINAÇÃO DO QFD COM O PDT NA MELHORIA DO GERENCIAMENTO DA ROTINA NO CHÃO DE FÁBRICA

Leonardo Pereira Santiago
Flávio de Aguiar Araújo
Lin Chih Cheng

19.1. Introdução

Este relato de caso ilustra como o método QFD pode ser usado em combinação com o método PDT (Posto de Trabalho) para melhorar o gerenciamento da rotina no chão de fábrica. Essa combinação foi proposta para detectar pontos que necessitam de melhoria em um processo de fabricação. Este trabalho foi realizado na FIAT Brasil. O QFD foi inicialmente introduzido na FIAT em 1998 para garantir a qualidade do início de produção de uma nova linha de motor (ver CASO II.1). O PDT é uma metodologia da FIAT para o controle e auditoria do processo de fabricação.

Através dessa combinação, baseando-se na voz negativa do cliente e no desempenho do produto, foi possível detectar os postos de trabalho mais importantes em um processo de fabricação. Foi, portanto, possível analisar esses postos de trabalho e estabelecer pontos de melhoria apoiados nos 6Ms do diagrama de causa-efeito (mão de obra, método, material, medidas, máquina e meio ambiente).

Este trabalho está dividido em três tópicos: o que é PDT, a combinação de QFD com PDT, e as conclusões da pesquisa. Após a introdução do QFD na FIAT conforme relatada no Capítulo 18, a equipe debateu sobre o uso do QFD na sua rotina diária, i.e, de que forma o método poderia auxiliar a fábrica a identificar pontos de melhoria? Como uma alternativa, a combinação do QFD com o PDT foi proposta para melhorar o gerenciamento da rotina do chão de fábrica da FIAT.

19.2. PDT: Um Método para Garantir a Qualidade do Processo de Fabricação

O PDT é o método da FIAT para analisar os postos de trabalho num processo de fabricação, e ele ressalta pontos específicos que merecem atenção especial para alcançar melhoria na qualidade do produto. Esse método foi inicialmente desenvolvido na Itália, onde foi chamado de PDL, durante os anos de 1996-1997. Na Itália, a FIAT pôde melhorar os postos de trabalho de várias linhas de produção como, por exemplo, a Mirafiori e a Pomigliano. Na FIAT Brasil, o PDT foi primeiro introduzido na unidade de mecânica em 1999. O principal objetivo é de agir em cima da percepção do cliente sobre o produto por meio de melhorias relevantes nas fases críticas da fabricação. O PDT também ajuda a aumentar a capacidade do gerenciamento da rotina numa firma de manufatura.

A estrutura organizacional da FIAT para conduzir a aplicação desse método é baseada em três grupos: comitê de orientação, comitê da unidade e grupos operacionais. O comitê de orientação estabelece objetivos e prioridades para a empresa – ele é formado por pessoas-chaves da empresa como o diretor, os coordenadores da unidade, entre outras. O comitê da unidade define objetivos específicos para a unidade fabril alinhados às recomendações do comitê de orientação, e é formado pelos coordenadores da unidade, líderes da unidade tecnológica, entre outros. Por fim, o grupo operacional, que lida com o método em cada posto de trabalho, é formado pelas pessoas-chaves do processo de fabricação e do departamento de tecnologia. Essa equipe, que tem como propósito aumentar a eficiência do processo de fabricação, é considerada uma equipe de alta capacidade dentro da empresa. Figura 19.1 mostra essa estrutura.

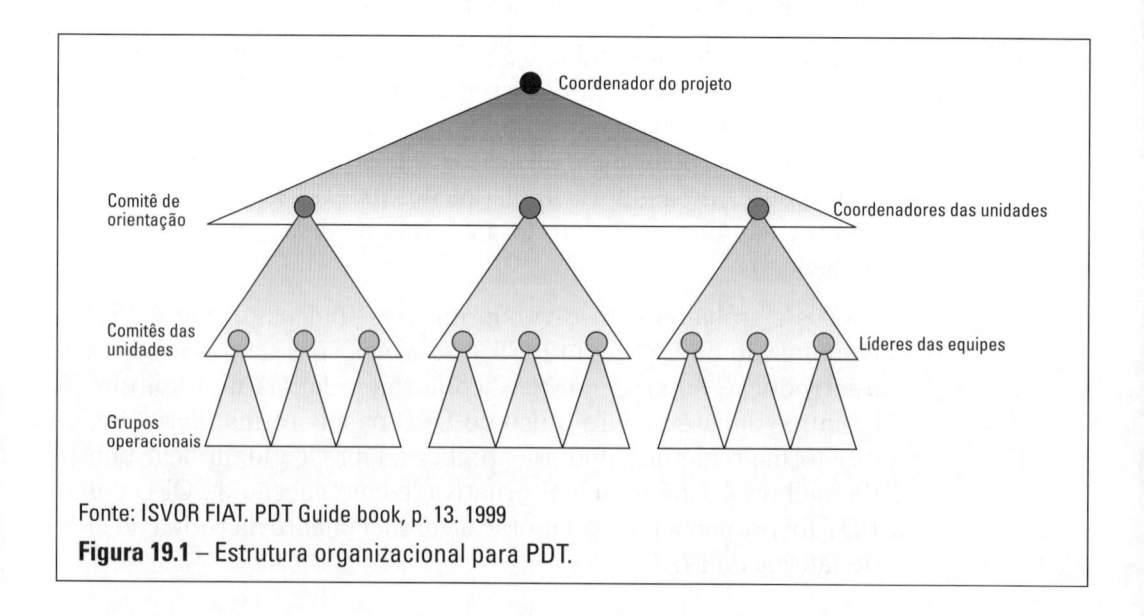

Fonte: ISVOR FIAT. PDT Guide book, p. 13. 1999

Figura 19.1 – Estrutura organizacional para PDT.

O método PDT é baseado nos 6Ms do diagrama de causa-efeito (mão de obra, método, material, medida, máquina e meio ambiente). Cada M tem uma lista de verificação específica que examina vários aspectos do processo de fabricação. A lista de verificação possibilita à equipe analisar e diagnosticar cada posto de trabalho. Para aplicar esse método, a FIAT identificou cinco fases: (1) lançamento e início do projeto na empresa; (2) estruturação das atividades das equipes de produção; (3) análise e melhoria dos postos de trabalho; (4) controle do novo processo; e (5) padronização das melhorias e certificação do processo.

Analisando o PDT pela Trilogia Juran (Juran, 1996), pode-se notar que as duas primeiras fases do método atuam mais sobre o controle de qualidade do processo de fabricação do que na melhoria da qualidade. Isso é devido à ação gerencial de controlar o processo por meio de uma lista de verificação. Além disso, o método PDT poderia ser visto tanto como um processo de auditoria como de diagnóstico. Ele é usado pela FIAT como uma auditoria do processo de fabricação. Quando o QFD e o PDT são unidos, tornam-se um processo de diagnóstico.

Na terceira fase, o método PDT é fundido com o QFD. O método é necessário para o estabelecimento das relações entre a voz negativa do cliente e as etapas de trabalho e posterior correção dos pontos mais importantes do processo de fabricação. Como consequência dessa combinação, a empresa foi capaz de obter a medida da percepção do cliente. A seguir, passaremos a descrever como se efetua a combinação do QFD com o PDT, como o QFD ajudou a estabelecer o elo de informação entre o retorno negativo do cliente e o processo de fabricação. Depois de estabelecer essa conexão, o método PDT é usado para verificar as fases críticas mais importantes e identificar aspectos que devem ser melhorados.

19.3. QFD e PDT: a Melhoria do Gerenciamento da Rotina no Chão de Fábrica

A combinação do QFD com o PDT pode ser dividida em nove passos: (1) coletar os indicadores de qualidade do produto (tanto o retorno de clientes como de dentro da empresa); (2) estruturar a árvore de falha do veículo (FT); (3) definir as áreas de falha mais importantes descrevendo os subsistemas (por exemplo, motor, caixa de marcha) que são relacionados à falha do veículo; (4) estruturar a árvore de falha do subsistema; (5) estabelecer as relações entre os indicadores de qualidade e o processo de fabricação na matriz de QFD; (6) definir os postos de trabalho mais importantes; (7) analisar os postos de trabalho através do método PDT; (8) usar técnicas específicas para melhorar o processo (planejamento e análise de experimentos, análise da vibração, treinamento dos trabalhadores em técnicas específicas, análise do sistema de medição, entre diversas outras); e (9) avaliar as melhorias nos indicadores de qualidade do produto (retorno de clientes e indicadores de desempenho do produto dentro da FIAT). A Figura 19.2 ilustra a combinação desses dois métodos.

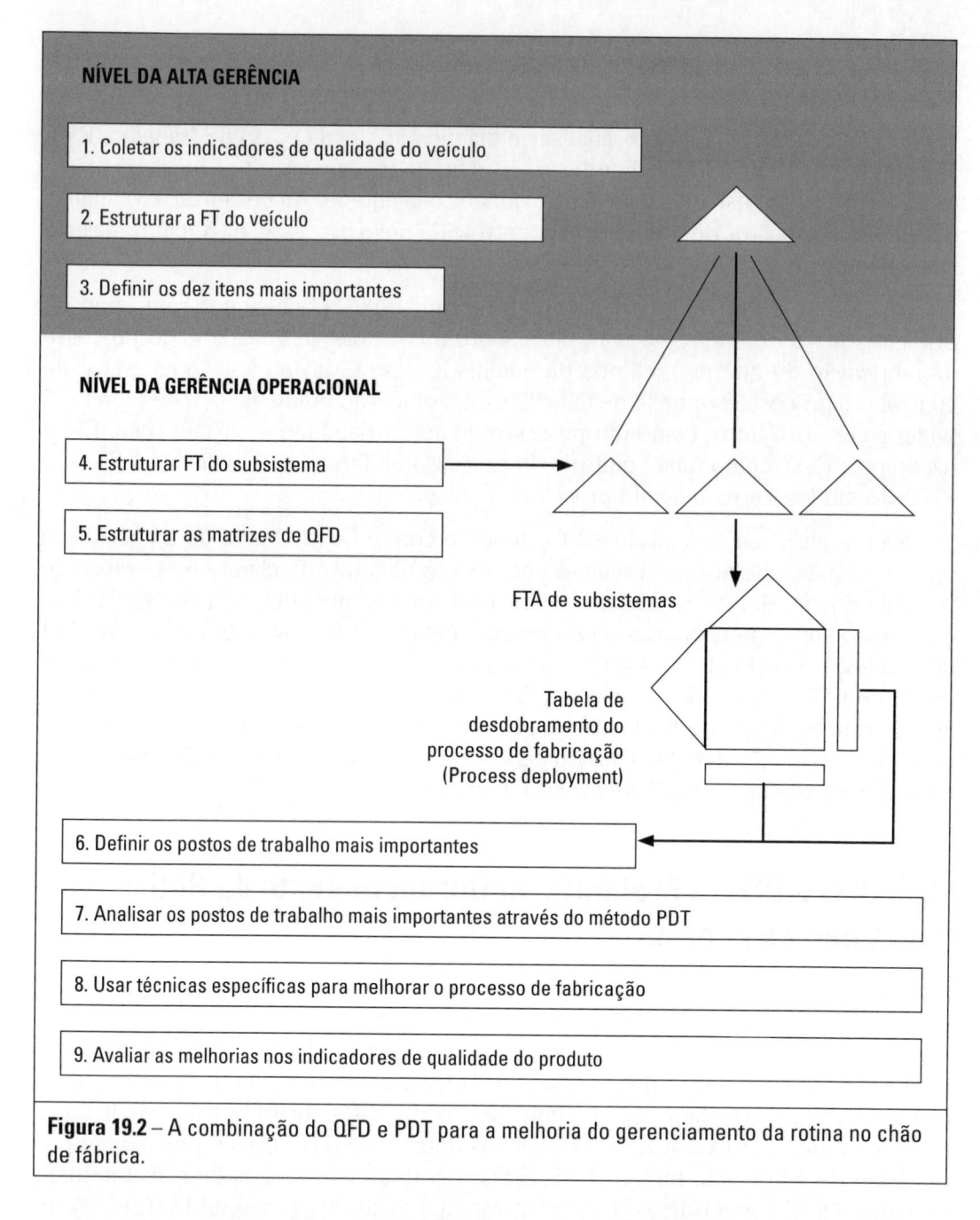

NÍVEL DA ALTA GERÊNCIA

1. Coletar os indicadores de qualidade do veículo

2. Estruturar a FT do veículo

3. Definir os dez itens mais importantes

NÍVEL DA GERÊNCIA OPERACIONAL

4. Estruturar FT do subsistema

5. Estruturar as matrizes de QFD

FTA de subsistemas

Tabela de desdobramento do processo de fabricação (Process deployment)

6. Definir os postos de trabalho mais importantes

7. Analisar os postos de trabalho mais importantes através do método PDT

8. Usar técnicas específicas para melhorar o processo de fabricação

9. Avaliar as melhorias nos indicadores de qualidade do produto

Figura 19.2 – A combinação do QFD e PDT para a melhoria do gerenciamento da rotina no chão de fábrica.

A combinação do QFD e PDT foi desenvolvida na FIAT em novembro de 1999. Desde então, uma linha de motor (a linha existente naquela época, não a linha de motor FIRE) e o processo de montagem e fabricação de caixa de marcha vêm utilizando essa metodologia. Os indicadores de qualidade referentes à percepção do cliente quanto ao veículo (veículo novo após a venda) foram coletados. Esses indicadores foram analisados e, depois, as matrizes foram estruturadas (ver Figura 19.3

como exemplo). As fases críticas mais importantes foram analisadas por meio de listas de verificação (estruturadas a partir dos 6Ms do diagrama de causa-efeito). As equipes de trabalho utilizaram técnicas específicas para melhorar o processo em conformidade com o PDT.

Para analisar as fases críticas mais importantes (APDT), foi usada a seguinte fórmula:

$$\mathrm{APDT} = \sum_{j=1}^{6} \frac{\sum_{i=1}^{3} n_i P_i}{N} m_j$$

n número total de itens na análise da fase crítica, correspondentes à categoria P, que não estavam em conformidade com a lista de verificação.

P peso do efeito no desempenho do produto, detectado pela análise da fase crítica. Esse peso é classificado em três categorias.

N número total de itens na lista de verificação.

m peso de cada M na análise de PDT.

A lista de verificação varia de acordo com o processo, isto é, o processo de montagem é diferente do processo de *machining*. Mesmo no processo de *machining*, pode-se variar de acordo com o processo. Também, as análises do P são adequadas a cada item analisado no posto de trabalho e seu efeito na qualidade do produto (as matrizes são muito úteis nesse caso). Baseando-se no método PDT inicial, foi estabelecido que o diagnóstico deveria obedecer às seguintes condições:

- Se APDT = 0, o processo está bom.

- Se 0 < APDT < 2%, a equipe deve ficar em alerta. O processo precisa ser melhorado.

- Se APDT ≥ 2%, um alerta vermelho é disparado e um diagnóstico completo deve ser enviado ao diretor. O processo tem que ser melhorado.

O valor de 2% foi definido arbitrariamente baseado nos dados empíricos. Esse valor pode e deve ser refinado nas aplicações futuras dessa combinação.

As matrizes se mostraram um instrumento poderoso para os gerentes. Utilizando as matrizes, os diretores e gerentes puderam analisar os indicadores de qualidade e definir novas metas para o chão de fábrica. Por exemplo, se os gerentes querem melhorar a percepção de cliente dos produtos da FIAT como um todo, as matrizes são usadas para estabelecer as fases críticas mais importantes. Por outro lado, se os gerentes querem resolver somente uma falha detectada no FTA do subsistema, eles podem tomar só o processo de fabricação relacionado àquela falha e usar o PDT para analisá-lo.

MATRIZ:
FTA do Subsistema
x
Desdobramento do Processo

Correlação

Forte	Θ	9
Médio	O	3
Fraco	Δ	1

				Ruído excessivo								Engate Ineficiente						Outros				
				1ª marcha	2ª marcha	3ª marcha	4ª marcha	5ª marcha	Marcha à ré	Caixa-de-marcha	Embreagem	1ª marcha	2ª marcha	3ª marcha	4ª marcha	5ª marcha	Marcha à ré	Vazamento de óleo	Vibração	Ruptura	Pesos (%)	Avaliação do processo
				1	2	3	4	5	6	7	8	9	10	11	12	13	14	15	16	17		
EIXO PRIMÁRIO	Usinagem	Centrar e facear	1																Δ			
		Girar	2		Δ																	
		Fresar o dente (à ré)	3															Θ				
		Fresar o dente (1ª marcha)	4																			
		Fazer o sulco para o dente (1ª, 2ª, à-ré)	5								Δ											
		Fresar o dente (2ª marcha)	6																O			
		Fazer entalhe do dente (1ª,2ª marcha)	7			Θ							O									
		Retificar o dente (1ª marcha)	8																			
		Retificar o dente (à-ré)	9						O					Δ			Θ					
	Tratamento térmico	Decapagem por fosfatização	10																			
		Controlar após têmpera	11																			
		Tratar termicamente	12			Θ																
		Controlar após têmpera	13			Θ				Θ												
	Retificação	Repassar os centros	14																			
		Desempenar as partes	15						O					Θ								
		Retificar a sede do rolamento (1ª marcha)	16			Δ								Δ								
		Polir	17					Δ				Δ										
		Controlar as dimensões	18																			
		Pesos (%)																				

Figura 19.3 – Um exemplo simplificado de uma matriz: FTA de subsistema vs. Desdobramento do processo de fabricação.

Os benefícios dessa metodologia são: (1) o QFD preencheu o espaço entre a voz negativa do cliente e o processo de fabricação; (2) a FIAT reduziu o tempo entre a análise do indicador de qualidade do produto e a tomada de ação no processo de fabricação; (3) as matrizes se tornaram um meio interessante de destacar os exatos processos de fabricação que estão afetando a qualidade ou o desempenho do produto.

Outro ponto muito importante é que essa combinação ajudou o gerenciamento pelas diretrizes, *Hoshin Kanri* (Akao, 1991). Uma meta deve ser baseada na avaliação do FTA do veículo, e depois desdobrada para o processo de fabricação. Havendo recorrência inesperada e relevante de uma falha específica, o gerenciamento da rotina deve agir rapidamente para corrigir os postos de trabalho que estão relacionados a essa falha.

19.4. Conclusão

Neste relato de caso foi apresentada a combinação do QFD com PDT para a melhoria do gerenciamento da rotina do chão de fábrica. As matrizes do QFD indicam as fases críticas mais importantes destacadas por meio de indicadores de qualidade (voz negativa do cliente e indicadores de desempenho do produto dentro da FIAT). Isso permite aos diretores e gerentes definir novas metas para o chão de fábrica, que são traduzidas em melhoria no gerenciamento da rotina.

Essa combinação pode ser vista como uma extensão da QA *Network* (rede de garantia da qualidade) descrita por Ohfuji (1997). A diferença está no fato de que a QA *Network* trata da implementação de processos novos e busca garantir a qualidade de fabricação, a qual é definida no estágio de desenvolvimento do produto e do processo. A combinação proposta neste trabalho procura solucionar pequenos problemas no processo de fabricação existente e resolver os problemas de qualidade percebidos pelo cliente e especificados na fase de projeto. Para melhorar o processo de fabricação, a equipe multifuncional usa técnicas específicas que são relacionadas a cada um dos 6Ms (mão de obra, método, material, medida, máquina e meio ambiente).

Essa combinação pode também prover dados válidos para o projeto de desenvolvimento de novos produtos. Vários pontos de melhoria detectados somente poderiam ser alcançados no desenvolvimento de um novo produto e processo. As informações coletadas por meio dessa metodologia certamente tornarão a implementação de uma nova linha de produto mais fácil.

A combinação do QFD com o PDT regula a aplicação de várias ferramentas e métodos usados no gerenciamento da rotina. Por exemplo, se a lista de verificação apontar que o M de máquina precisa ser melhorado, o *Total Productive Maintenance* (TPM) deverá ser implementado naquele processo de fabricação. O processo de melhoria é direcionado por essa combinação e somente pode ser alcançado utilizando técnicas específicas para cada M descrito acima.

REFERÊNCIAS BIBLIOGRÁFICAS

AKAO, Y. *Hoshin Kanri: Policy Deployment for Successful TQM*. Cambridge: Productivity Press, 1991. 207p.

ISVOR FIAT Brasil. *Posto de Trabalho: Projeto Melhoramento do Posto de Trabalho*. Betim: Isvor Fiat Brasil. 1999.

JURAN, J. M. The Quality Trilogy: a Universal Approach to Managing for Quality. *Quality Progress*, August 1986, p. 19-24.

OHFUJI, T. *Anotações de Curso*. Belo Horizonte: Fundação Christiano Ottoni. 1997.

USANDO O QFD PARA MELHORAR O SISTEMA DE DESENVOLVIMENTO DE PRODUTOS DE FORNECEDORES DE AUTOPEÇAS

Leonardo Pereira Santiago
Lin Chih Cheng

20.1. Introdução

Este relato de caso mostra como o método QFD contribuiu para melhorar o sistema de desenvolvimento de produtos de duas empresas brasileiras de autopeças, que precisavam melhorar o seu sistema de desenvolvimento de produto para se manter no mercado. Segue-se uma descrição resumida desses trabalhos.

20.2. Descrições dos Projetos

Os trabalhos foram realizados junto a dois principais fabricantes de autopeças do Brasil durante dezoito meses. As duas empresas em questão nunca haviam usado o método QFD nos seus projetos anteriores. Quando iniciamos os trabalhos (pesquisador/consultor mais integrantes das empresas), cada gerente de desenvolvimento de produto dessas empresas designou um projeto para ser desenvolvido com o QFD. Na empresa A foi escolhida a fechadura *tailgate*, enquanto na empresa B foi escolhido o eixo traseiro. Segue-se uma breve descrição das duas organizações na época dos trabalhos.

A empresa A era estruturada em equipes funcionais, em que os gerentes funcionais tradicionalmente coordenavam todos os projetos de desenvolvimento. A interação e o processo de transferência de informação entre os departamentos eram do tipo fluxo em série/bloco (serial/batch) e a comunicação era meramente "jogar por cima do muro". Não havia um sistema estruturado de desenvolvimento de produto. Quanto a ferramentas e métodos, a empresa não usava o *Failure Modes and Effects Analysis* (FMEA) em todo o seu potencial, também não usava o *Design for Assembly* (DFA) nem o QFD. Além desse cenário de desenvolvimento de produto, a empresa havia se associado a outros fornecedores nacionais de autopeças para ganhar vantagem competitiva. Nessa *joint venture*, a empresa foi comissionada a projetar novos produtos, aos quais ela não estava acostumada, como por exemplo fechaduras.

A empresa B, como empresa A, era também estruturada em equipes funcionais, onde os gerentes tradicionalmente coordenavam todos os projetos de desenvolvimento. A interação e o processo de transferência de informação entre os departamentos eram do tipo fluxo em série/bloco (serial/batch) e a comunicação era meramente "jogar por cima do muro". Não havia um sistema estruturado de desenvolvimento de produto. Semelhantemente, a empresa B não tinha forte tradição em projeto de produtos, pois ela sempre se concentrou no projeto de processo. Consequentemente, a empresa não utilizava o *Failure Modes and Effects Analysis* no seu pleno potencial, nem o *Design for Assembly* e o QFD. A empresa B pretendia introduzir uma cultura de projeto de produto e adotar sistematicamente os estágios de desenvolvimento de produto como resultado.

A estratégia adotada para a difusão do conhecimento de QFD nas empresas foi baseada no modelo de criação de conhecimento de Nonaka e Takeuchi (1995). Concentramo-nos primeiramente na transferência do conhecimento ao nível do indivíduo, e depois sucessivamente ao nível grupal, organiz–acional e interorganizacional.

Empresa A

Na empresa A, os trabalhos se iniciaram com um projeto piloto envolvendo uma fechadura tipo *tailgate*. Inicialmente, tivemos (pesquisadores/consultores) interface com o engenheiro do projeto e, dessa maneira, começamos a transferir o conhecimento do QFD ao nível individual, baseada principalmente na matriz do QD. Um ponto relevante nesse estágio do trabalho foi o fato de que a estrutura da empresa permaneceu sem modificações. O engenheiro do projeto, mesmo não havendo compreendido totalmente o método QFD, começou a raciocinar conforme o QFD requeria. Ele começou a envolver os outros departamentos no preenchimento das matrizes. A questão mais importante nesse estágio foi o quanto o engenheiro entendeu o produto, especialmente quando nós estruturamos a tabela da função requerida. Como ele realmente havia compreendido o produto, ele pôde facilmente se comunicar com outros departamentos e com o fabricante de veículos. Ele também começou a melhorar a qualidade do projeto nos estágios iniciais, antecipando dessa forma a resolução de problemas que poderiam ocorrer posteriormente. O protótipo superou as expectativas do fabricante de veículos.

Os resultados dessa primeira fase do trabalho, juntamente com o excelente protótipo e todos os documentos de QFD, facilitaram a transmissão do método QFD para todo o departamento. Recebemos um forte apoio do gerente funcional e iniciamos a transferência do conhecimento de QFD para todo o departamento. Visando disseminar o QFD, iniciamos com a formatação de uma estrutura para desenvolvimento por meio de QFD restrito. Depois de definir as tarefas e os estágios que deveriam ser cumpridos pela equipe de desenvolvimento, começamos a usar o Desdobramento da Qualidade (QD) num segundo projeto. Nesse segundo projeto, recebemos o apoio do Diretor Executivo que nos convidou para dar um curso para toda a empresa. Durante o treinamento utilizamos exemplos hipotéticos que envolviam produtos, com os quais os participantes estavam familiarizados, pois já haviam sido produzidos pela empresa.

Depois de alcançar o nível organizacional, nós iniciamos uma estrutura de equipe multifuncional com gerente de projeto peso-leve, para projetar um novo mecanismo de levantador de vidro. O preenchimento da matriz encorajou os membros da equipe a trocarem informações e solucionar problemas por antecipação. A equipe de projeto melhorou substancialmente o produto. A eficiência da montagem, por exemplo, da geração antiga de levantador de vidro era de 23%, e como resultado desse projeto o índice foi elevado para 47%.

Empresa B

Na empresa B, tivemos (pesquisadores/consultores) um forte apoio do Diretor Executivo, por isso começamos com cursos sobre ferramentas e métodos para pessoas de quase todos os departamentos da empresa. Nessa etapa de nosso trabalho, enfocamos no ensino das técnicas. Nessa época, a empresa ainda não tinha um sistema estruturado de desenvolvimento de produto. Primeiro, usamos algumas matrizes do QFD para demonstrar a relevância do método e para avaliar o conhecimento da empresa em relação ao produto. Concluímos que seria necessário definir, inicialmente, uma estrutura para projeto e desenvolvimento do produto.

A seguir, começamos a implementar o QFD restrito por meio da transferência de conhecimento para pessoas ao nível departamental e, por extensão, a toda a empresa. Como resultado, nós definimos alguns estágios básicos pelos quais a empresa deveria passar ao desenvolver um produto e também pontos de decisão para avaliação do projeto. Subsequentemente, procedemos com a utilização do conhecimento adquirido nos primeiros dois estágios do trabalho para projetar um eixo traseiro. O projeto foi executado por meio de uma equipe multifuncional e de uma estrutura de equipe peso-pesado. A empresa melhorou substancialmente o seu conhecimento quanto à teoria do projeto de suspensão e começou a interagir positivamente para obter a solução integrada de problemas.

A empresa usou o QFD para estruturar a informação de projeto. A equipe preencheu a matriz com dados relativos a especificações e requisitos do produto, e depois o QFD restrito ajudou a estabelecer a sequência dos estágios a serem seguidos no desenvolvimento de produto. A equipe multifuncional ficou muito entusiasmada com os dois tópicos mencionados acima. Anteriormente a esse trabalho de intervenção, não havia na empresa um caminho claro a ser seguido, e os membros da equipe ficavam incertos quanto a como cada um deveria contribuir para o processo de projeto e interagir com outros membros da equipe. Devido aos resultados positivos obtidos nesse projeto, essa empresa decidiu aplicar essa nova cultura aos projetos subsequentes.

A estratégia de conversão do conhecimento foi também baseada nos modelos apresentados por Nonaka e Takeuchi (1995). No preenchimento da matriz, a equipe multifuncional sempre convertia o conhecimento tácito individual em conhecimento grupal ao externalizar cada um suas opiniões e conhecimentos como *input* na matriz, juntamente com outros conhecimentos explícitos, tais como outros documentos ou livros, dessa forma extrapolando esse *input* da experiência da matriz e gerando mais conhecimento tácito. Esse processo trabalha de maneira cíclica, a cada vez que a equipe multifuncional termina uma matriz, ela conclui o processo de conversão de tácito para tácito, de tácito para explícito, de explícito para explícito, e finalmente de explícito voltando ao tácito. A socialização das experiências individuais resultou em crescimento do conhecimento organizacional como um todo.

20.3. Resultados e Análises

A Primeira Matriz

Para usar o método QFD na indústria de fornecedores automotivos, é muito importante analisar o contato entre o usuário e o componente automotivo. Isso afeta diretamente a forma como a primeira matriz do modelo conceitual é estruturada. Dependendo do componente, podemos estabelecer três tipos de contato: Contato Direto, Contato Indireto e Contato Híbrido. Todos os três tipos de contato são classificados do ponto de vista do fornecedor, seja o desenvolvimento do componente da iniciativa do fornecedor ou não. Do ponto de vista do fabricante de veículos, essa classificação não se aplica. Esses contatos foram também desenvolvidos para autopeças não complexas. Para desenvolver uma autopeça mais complexa como motor, mais estudos serão necessários. Mas mesmo para uma autopeça mais complexa, os três tipos de contato podem ser aplicados a subcomponentes, como por exemplo a bomba de água do motor. A Figura 20.1 ilustra como a primeira matriz deve ser estruturada quanto ao contato com o usuário.

O primeiro modo pode ser chamado de Contato Direto; em outras palavras, contato claro ocorre entre o usuário e o componente. Nesse caso, os usuários podem ver o componente e, por isso, podem medir como ele satisfaz os seus desejos. Para esse fim, a Tabela de Qualidade Exigida é obtida para assegurar os requisitos dos usuários. Nesse caso, é fácil extrair dados da fala dos usuários e, então, determinar que Características de Qualidade estão relacionadas a cada um dos requisitos dos usuários. Um exemplo de um componente que pode ser desenvolvido por esse método é o assento de automóvel.

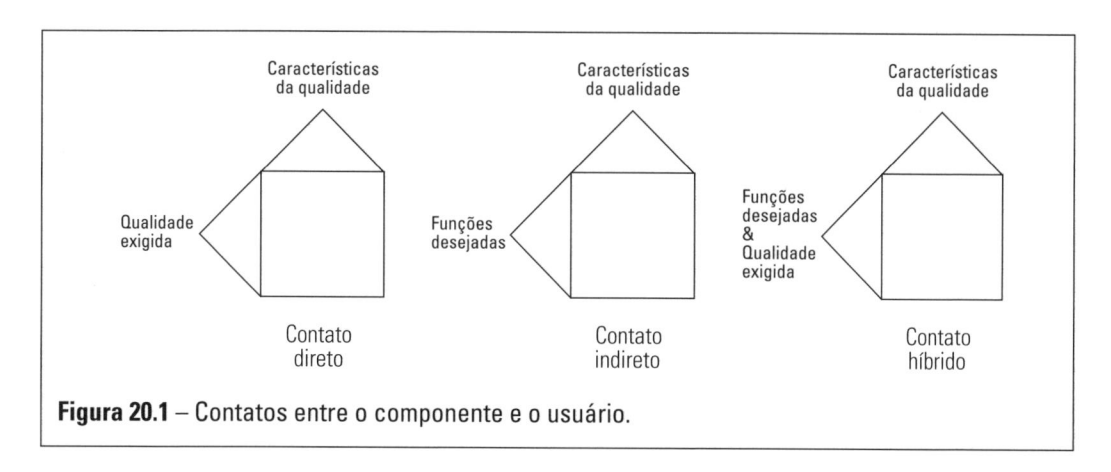

Figura 20.1 – Contatos entre o componente e o usuário.

O segundo tipo de contato pode ser chamado de Contato Indireto. Os componentes incluídos nessa categoria não estão em contato direto com o usuário. Para compilar a primeira matriz, devemos assegurar quais são as funções desejadas que esse componente deva cumprir. Podemos então determinar quais Características de Qualidade o produto deve possuir a partir da tabela resultante. O produto terá muito mais requisitos de engenharia do que requisitos de usuário. Nesse caso, é extremamente difícil extrair dados da fala de usuários e determinar que Características de Qualidade estão relacionadas ao seu desejo. Contato Indireto se encontra, por exemplo, no projeto da bomba de água, do eixo traseiro, da coluna da direção, entre outros.

O terceiro tipo de contato é o Contato Híbrido. A relação entre os usuários e os componentes não é tão bem definida como no Contato Direto ou no Contato Indireto. Nesse caso, para obter a Tabela de Características de Qualidade é necessário relacionar os dados da fala dos usuários com a qualidade exigida do componente, com as funções desejadas, bem como a tecnologia de engenharia que esse componente deve incorporar. Combinando essas duas tabelas em uma, podemos estruturar a primeira tabela do modelo conceitual. Tendo estruturado a primeira tabela, podemos facilmente extrair e relacionar as Características de Qualidade do produto. Algumas autopeças que devem ser desenvolvidas usando esse terceiro tipo de contato são: o conjunto de fechadura da porta (tranca, maçaneta, sistema de chaves), fecho do capô, entre outras.

QFD, FMEA & DFA

Uma outra lição interessante derivada dessa pesquisa foi obtida no uso de outras ferramentas como FMEA e DFA junto com o QFD. Nós vimos como era útil para a equipe multifuncional a matriz de Componentes vs. Funções Desejadas. A razão disso era que nem todos os membros da equipe tinham grande experiência em projeto, fabricação e assistência técnica ao mesmo tempo. Portanto, eles puderam compartilhar experiências e aprender mais sobre o produto fazendo a análise da matriz.

Como resultado, foi mais fácil para eles usarem essas ferramentas e obter os resultados desejáveis mais rapidamente do que antes. A seguir, descrevemos como cada matriz ajudou na aplicação de cada ferramenta, DFA ou FMEA. Figura 20.2 mostra a matriz.

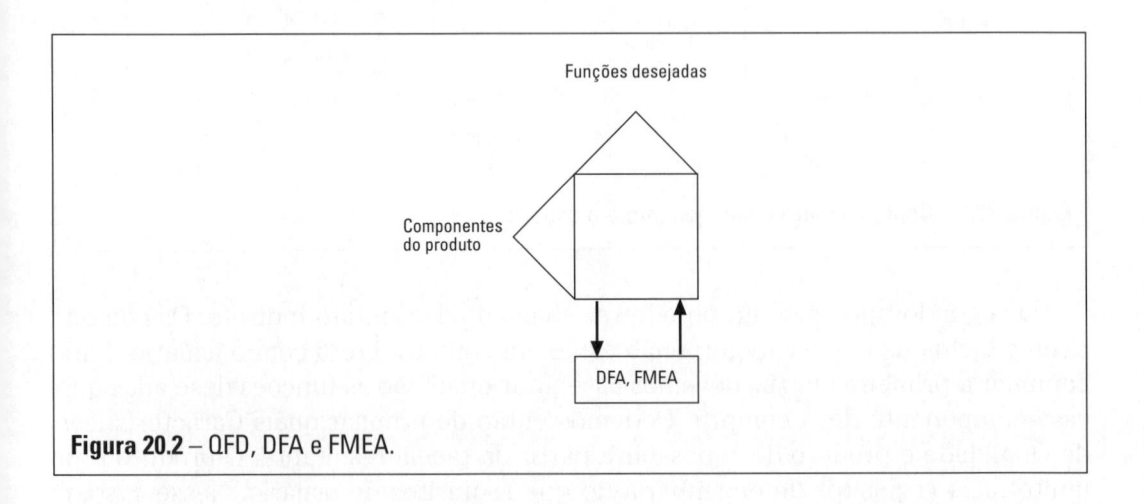

Figura 20.2 – QFD, DFA e FMEA.

Para aplicar o DFA, a matriz de Componente vs. Funções Desejadas é muito importante. Encontram-se nessa matriz os três pares de princípios do QFD, são eles Segmentação e Integração, Pluralismo e Visualização, e Enfoque Amplo e Enfoque Parcial. Por meio desses princípios, a equipe multifuncional compartilha seu conhecimento do produto como um todo e de cada uma de suas peças. A matriz mostra claramente quais peças executam funções similares e quais são as peças mais importantes, baseado nas funções mais importantes. Portanto, a equipe multifuncional pôde melhorar facilmente o conceito do produto, reduzir o tempo de montagem e reduzir alguns componentes envolvidos. No levantador de vidro, por exemplo, a empresa A reduziu o número total de componentes em 30% e o tempo de montagem em 28%, o resultado final foi uma melhoria espetacular na eficiência da montagem.

A mesma matriz também ajudou a equipe multifuncional a aplicar o FMEA. A equipe pôde analisar cada componente quanto à sua função e determinar que efeito o componente provocaria no produto no caso de quebra. Ao estudar a matriz, a equipe pôde visualizar todo o produto e analisar qualquer mudança nas peças envolvidas. A matriz reduziu o tempo que a empresa A costumava gastar com a aplicação do FMEA. Os membros da equipe multifuncional consideraram-na realmente útil.

QFD RESTRITO

Uma lição interessante que obtivemos nessa parte do trabalho foi que a estrutura do sistema de desenvolvimento de produto, formatada por meio do QFD restrito, variou de acordo com o projeto. Essa variação deve-se ao fato de que os fornecedores de autopeças nem sempre têm o mesmo tipo de projetos de desenvolvimento. Às vezes, o fornecedor tem que desenvolver uma plataforma e apresentar o seu produto como uma solução para o fabricante de veículos; nesse caso, a equipe de desenvolvimento de produto tem que executar todo o processo (da estrutura do sistema de desenvolvimento de produto). Em outros casos, o projeto pode ser de coprojeto (tanto o fornecedor de autopeça como o fabricante de veículos são responsáveis pelo desenvolvimento) ou de desenvolvimento do processo somente. Nessas situações, a equipe de desenvolvimento de produto não executa todas as tarefas propostas na estrutura do sistema de desenvolvimento de produto.

Como vimos anteriormente, nenhuma das empresas tinha um sistema estruturado de desenvolvimento de produto – elas vinham trabalhando em equipes funcionais e a transferência de informações era em blocos. O QFD restrito estabelece as tarefas básicas exigidas pelo desenvolvimento. Portanto, juntamente com a equipe multifuncional, introduzimos uma estrutura para futuros projetos de desenvolvimento.

Por meio de QFD restrito, a equipe pôde aplicar os princípios de QFD. Unificando as tarefas pequenas em uma única unidade e depois subdividindo o projeto todo em pequenas unidades, facilitou a coordenação do projeto. A equipe tornou-se capaz de compreender com facilidade as inter-relações entre as tarefas e como a engenharia envolvida poderia ser gerenciada. Tanto o coordenador do projeto como o comitê de desenvolvimento do produto puderam ver o trabalho como um todo e entender a razão de cada tarefa.

Os resultados mais importantes derivados da implementação do QFD restrito foram a diminuição do tempo do projeto e a capacidade da equipe de melhor apreciar e absorver novas tarefas que precisariam ser executadas daí em diante. O sistema estruturado de desenvolvimento de produto tornou o processo de gestão mais fácil para o coordenador do projeto e para o comitê de desenvolvimento de produto.

Não importa que tipo de desenvolvimento um projeto envolve, em qualquer circunstância o QFD restrito ajuda os fornecedores de autopeças em dois aspectos mencionados anteriormente: (i) ele auxilia a equipe a compreender totalmente as inter-relações entre as tarefas e como a engenharia envolvida poderia ser melhor gerenciada, e (ii) ele auxilia o coordenador do projeto e o comitê de desenvolvimento de produto a verem o trabalho como um todo e entender a razão de cada tarefa.

20.4. Conclusões

Neste relato de caso descrevemos, de forma resumida, como o método QFD ajuda os fornecedores de autopeças a melhorar seu sistema de desenvolvimento de produto. Pudemos alcançar quatro resultados importantes em diferentes estágios do desenvolvimento de produto: (i) o método ajudou as empresas a conhecerem mais sobre o produto depois de a equipe estabelecer a primeira matriz e definir as características de qualidade que o produto deveria incorporar; (ii) o método auxiliou no uso do DFA e do FMEA e, dessa forma, facilitando a compreensão das funções desejadas do produto e determinando qual componente está relacionado a qual função; (iii) o QFD restrito ajudou as empresas a estabelecerem uma estrutura para sistema de desenvolvimento de produto; e finalmente, (iv) o método auxiliou na implementação da engenharia simultânea e na operacionalização da equipe multifuncional. Este último benefício pode ser visto ao longo do relato todo. Para detalhes sobre este assunto, ver Vilela e Cheng (1997).

Extraímos uma outra conclusão ao respondermos à seguinte pergunta: como o QFD deveria ser introduzido na indústria de autopeças? Essa questão pode ser dividida e respondida em quatro tópicos: (i) quando a empresa não sabe como projetar nem usar o QD ou o QFD restrito, deve-se introduzir primeiro o QD, depois desdobrar o QFD restrito, implementar o QD e finalmente refletir sobre o QFD restrito; (ii) quando a empresa sabe como projetar, mas não usa o QD nem o QFD restrito, deve-se conduzir um processo de desenvolvimento usando o QD e depois formatar uma estrutura para desenvolvimentos futuros com o QFD restrito; (iii) quando a empresa sabe como projetar, tem um esquema de desenvolvimento de produtos, mas não usa o QD, deve-se analisar esse esquema para verificar onde o QD deve ser introduzido, conduzir um processo de desenvolvimento usando o QD e depois refletir sobre a estrutura anterior por meio do QFD restrito; finalmente, (iv) quando a empresa sabe como projetar e usa o QD, mas não tem uma estrutura de desenvolvimento, deve-se executar o QD (se o modelo conceitual todo não está sendo aplicado, deve-se aplicá-lo) e depois estruturar um esquema para desenvolvimentos futuros por meio de QFD restrito.

Por fim, as conclusões específicas alcançadas nessa pesquisa foram: a tabela de função desejada contribui para que a equipe multifuncional tenha uma clara percepção do potencial e dos requisitos do produto como um todo; o QFD restrito ajuda as empresas a estruturar os procedimentos do sistema de desenvolvimento de produto; o método facilita o uso de outras ferramentas de projeto como FMEA e DFA; as matrizes do QFD encorajam diálogo e transferência de conhecimento entre os membros da equipe de desenvolvimento de produto e também contribuem na implementação da engenharia simultânea; conclusões derivadas de cada matriz encorajam a equipe a continuar o desenvolvimento; apesar de as empresas pesquisadas não terem reduzido o tempo de desenvolvimento nos primeiros projetos usando o QD, as tarefas envolvidas foram claramente definidas e a base para o uso das matrizes em projetos futuros foi estabelecida. Portanto, nos projetos futuros o tempo de desenvolvimento será certamente reduzido.

REFERÊNCIAS BIBLIOGRÁFICAS

NONAKA, I. e TAKEUCHI, H. *The Knowledge Creating Company: How Japanese Companies Create the Dynamics of Innovation*. New York: Oxford University Press,1995.

VILELA, R. M. e CHENG, L. C. QFD and CE: a Successful Arrangement. *Proceedings of The 3rd International Symposium on Quality Function Deployment*. Linköping: Linköping University. Volume 1, p. 199-212. 1997.

APLICAÇÃO DO DESDOBRAMENTO DA FUNÇÃO QUALIDADE NO DESENVOLVIMENTO DE FILMES FLEXÍVEIS PARA EMBALAGENS

Paulo Augusto Cauchick Miguel

21.1. Introdução

Este relato de caso apresenta os resultados de uma implementação do QFD em uma empresa típica de processos, que fabrica filmes flexíveis para embalagens. O relato inicia com uma visão geral da implantação do sistema de desenvolvimento de produtos da empresa, que engloba: as práticas de gerenciamento da carteira de projetos de desenvolvimento (gestão de portfólio), a estrutura de fases e atividades necessárias para desenvolver novos produtos (processo de desenvolvimento) e a introdução do QFD.

Diagnóstico do sistema antigo

No passado, a empresa em estudo desenvolvia produtos, com procedimentos definidos a partir do requisito "4.4 Controle de Projeto" da norma ISO 9001, versão de 1994, com o desenvolvimento de novos produtos centrado na área de P&D. A empresa seguia um fluxograma que determinava a sequência básica de desenvolvimento (ver Figura 21.1), que consistia na descrição das principais atividades, desde a detecção das necessidades do mercado e clientes até a consolidação do produto no mercado, estabelecendo análises críticas do projeto e as interfaces técnicas e organizacionais.

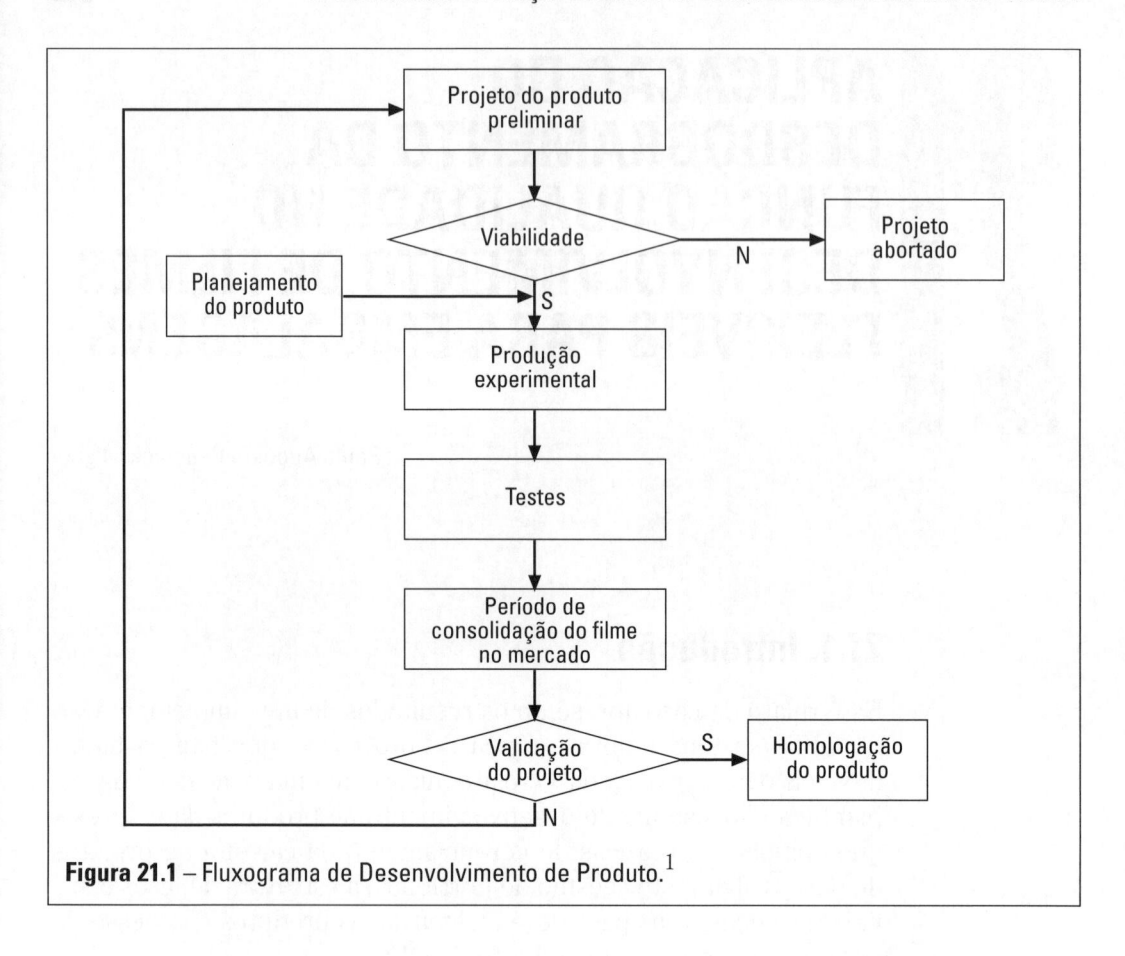

Figura 21.1 – Fluxograma de Desenvolvimento de Produto.[1]

No entanto, a sequência para desenvolvimento de produtos apresentava algumas dificuldades na execução dos projetos: dificuldades associadas aos dados de entrada para o desenvolvimento, pois estes geralmente eram dispersos na empresa; problemas na transformação das necessidades do mercado em especificações do produto, uma vez que não existia um mecanismo formal para que os dados e informações advindos do mercado fossem traduzidos em especificações; falta de um planejamento das atividades de desenvolvimento, não somente relativo aos parâmetros técnicos, mas também quanto ao planejamento dos prazos, dos recursos, e custos, com uma tendência de já partir para fazer testes na linha de produção, sem que houvesse um planejamento experimental adequado; falta de clareza nas fases do desenvolvimento, apesar do fluxograma (mostrado na Figura 21.1) considerar fases distintas, mas não eram bem definidas; e centralização do desenvolvimento em somente uma área funcional (P&D). O desenvolvimento cabia somente ao pessoal da área de P&D, com baixo nível de comprometimento a apoio das outras áreas funcionais, trazendo dificuldades para a realização dos testes necessários ao desenvolvimento do produ-

---

[1] Figura elaborada com base no fluxograma original da empresa que, por razões de sigilo, não autorizou a divulgação completa do processo de desenvolvimento anterior.

to, principalmente relativos ao processo, compartilhamento de informações entre as áreas envolvidas e de *know-how* sobre os processos de manufatura, e dificuldades para resgate e utilização da experiência acumulada com outros projetos e lições aprendidas com os desenvolvimentos anteriores.

21.2. Objetivos

Assim, a partir dos pontos listado acima, optou-se pela implementação de uma proposta de processo de desenvolvimento de novos produtos (descrita a seguir), visando reestruturar a maneira pela qual os produtos vinham sendo desenvolvidos. A importância dessa proposição, centrada na gestão por processos, também viria a atender aos requisitos da nova versão da ISO 9001: 2000, prevista para certificação dentro dos dois anos subsequentes.

21.3. Proposta de Processo de Desenvolvimento de Produto/ Equipe de Desenvolvimento

A proposta da introdução de um novo processo para desenvolver os novos produtos da empresa compreendeu as seguintes partes, descritas a seguir: (a) estrutura organizacional e definição de responsabilidades; (b) estágios e *gates*; (c) documentação para o sistema.

a) Estrutura organizacional e definição de responsabilidades

Para a gestão estratégica do sistema de desenvolvimento da empresa, bem como para tomar decisões quanto à sua gestão de portfólio, foi estabelecido um comitê de projetos. Este foi definido como sendo a instância máxima de gestão dos projetos na empresa, formado por gerentes funcionais (marketing, P&D, comercial, qualidade e produção) e pelo diretor geral da empresa. O comitê era quem analisava as ideias propostas na empresa, coordenava as reuniões de portfólio, avaliava os projetos nos *gates*, definia quem seria o gerente de projetos, e aprovava a equipe multifuncional. A estrutura organizacional para gestão de projetos na empresa foi estabelecida em um formato matricial, baseando-se na formação de equipes temporárias, com pessoas de todas as áreas envolvidas com o desenvolvimento de produto. Assim, essa estrutura permitia conduzir vários projetos simultaneamente, uma vez que um profissional da empresa era designado como gerente do projeto, responsável por apresentar e explicar os planos de projeto para o Comitê de Projetos, além de indicar a equipe do projeto e as responsabilidades das pessoas que fazem parte dessa equipe. Esse profissional poderia vir de qualquer área funcional da organização e poderia assumir uma ou mais gerências de projetos de desenvolvimento. É importante mencionar que existe um limite de participação tanto dos gerentes de projeto como dos membros das equipes em termos de quantidade de projetos, para que não haja sobrecarga de trabalho. Após a estruturação do processo de desenvolvimento da empresa estudada, a quantidade típica era de participação em 3 projetos; anteriormente, os profissionais da empresa chegavam a trabalhar em até 6 projetos simultaneamente.

O arranjo estrutural da empresa, em relação à organização do grupo de desenvolvimento, deve ser definido a partir da importância e função da natureza do trabalho de desenvolvimento. Os arranjos típicos são do tipo funcional, matricial e força-tarefa. A empresa adotou o tipo matricial leve, no sentido da autoridade do gerente do projeto sobre os membros da equipe, que também respondem à sua respectiva gerência funcional. As equipes eram tipicamente multifuncionais, formadas a partir das necessidades de cada projeto e um membro da equipe normalmente participa de, pelo menos, dois projetos.

b) Estágios e *Gates*

A empresa estudada decidiu pelo uso do modelo de *stage-gates* (Cooper, 1993) como seu processo de desenvolvimento. O processo de desenvolvimento foi composto de cinco estágios: Proposta Básica, Planejamento do Projeto, Desenvolvimento - Fase Teste 1, Desenvolvimento - Fase Teste 2 e Homologação, como ilustrado na Figura 21.2. Os estágios definem o conjunto de atividades a ser realizado, enquanto os *gates* consistem nos pontos de decisão para verificar se as atividades previstas foram cumpridas. Os *gates* consideram três tipos básicos de decisão: "aprovado" (segue para o estágio seguinte), "necessita de mais informações" (permanece no estágio atual), e "reprovado" (o projeto é arquivado – suspenso ou abortado). A validação de cada estágio nos *gates* é conduzida pelo Comitê de Projetos e descrita mais à frente.

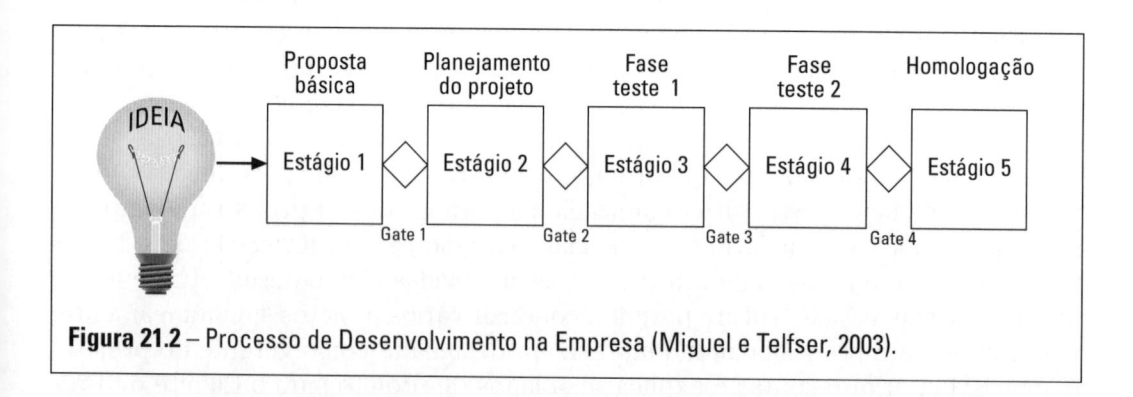

Figura 21.2 – Processo de Desenvolvimento na Empresa (Miguel e Telfser, 2003).

Os estágios mostrados na Figura 21.2 compreendiam as seguintes atividades:

• Proposta básica: envolve informações quanto ao objetivo do projeto, especificações de desempenho do produto e negócio-alvo. Um gerente de projeto é designado para esse projeto nessa fase, que indica a equipe. Também são indicados os recursos e informações para os dados de entrada, são discriminados os documentos de referência para a proposta, bem como outros recursos (por exemplo, informações preliminares de mercado potencial, qualidades exigidas etc.). Esse estágio passa pelo *gate* seguinte que analisa se os critérios foram cumpridos ou se há necessidade de mais informações para prosseguir com o projeto.

- Planejamento do projeto: envolve um maior detalhamento das informações, tais como o cronograma do projeto, composição da equipe de projeto, dados de entrada, descrição do produto, requisitos básicos da qualidade, análise de mercado e análise preliminar de viabilidade econômico-financeira. Também são discriminados os documentos de referência, bem como confirmação da equipe para a condução do projeto e reconfirmação dos dados de entrada.

- Fase teste 1: este estágio compreende o desenvolvimento do processo e dos primeiros protótipos (denominado "amostras" na empresa estudada). A partir de vários testes de produção, é feita a escolha da solução mais adequada, tendo em vista as alternativas dos testes conduzidos. Também são realizados os primeiros testes para clientes específicos (geralmente esses clientes são parceiros mais próximos, considerados como mercado de teste). Em termos documentais, este estágio considera uma possível revisão no cronograma, descrição do produto, descrição dos indicadores técnicos, industriais e financeiros, bem como a relação entre os dados de entrada e os de saída. Além disso, são discriminados os documentos de referência, nova confirmação dos dados de entrada, bem como uma verificação do cumprimento do cronograma.

- Fase teste 2: este estágio compreende o aumento gradativo na escala de produção (*scale up*), para a alternativa final escolhida na fase anterior. Nesse caso, já devem estar definidos os aspectos legais quanto ao produto (por exemplo, restrições de embalagens em contato com alimentos). Em termos documentais, este estágio considera a descrição final do produto, descrição dos indicadores técnicos, industriais e financeiros, bem como a relação entre os dados de entrada e os de saída. Também são discriminados os documentos de referência, bem como uma nova confirmação dos dados de entrada, além de ser verificado o cumprimento do cronograma inicial.

- Homologação: compreende a disponibilização de um *data sheet* (conjunto de especificações técnicas registradas em um documento) do produto, disponibilização das especificações de processo e planos de controle, bem como dos argumentos a serem utilizados para comercialização do produto. Também deve ser realizada uma revisão nos sistemas de informação da empresa (cadastramento), bem como estar aprovado o produto em órgão específico, como por exemplo para o caso de contato da embalagem com alimentos.

c) Documentação do sistema

A principal peça na documentação do sistema foi a elaboração de um manual de projetos. O manual consiste em um documento de primeiro nível[2] que estabelece os seguintes pontos básicos:

- Objetivos: finalidade do sistema de gestão de projetos da empresa.
- Estrutura organizacional: o modelo adotado para o gerenciamento dos projetos da empresa.
- Ciclo de vida do projeto: sequência de decisões e procedimentos a serem seguidos desde o surgimento da ideia de um novo produto até o fornecimento desse produto em escala comercial.
- Organograma linear: visão de conjunto das decisões e procedimentos dentro da estrutura organizacional da empresa.
- Definição de responsabilidade e autoridade: responsabilidades e níveis de autoridade de cada um dos cargos integrantes do sistema de gestão de projetos.
- Documentos e formulários: formatos básicos e instruções para preenchimento da documentação do sistema.
- Glossário: principais termos e expressões do sistema de gestão de projetos.

Além do manual de projetos, foi também desenvolvida a documentação dos *gates*. A Tabela 21.1 apresenta uma síntese do conteúdo dos documentos principais utilizados nos *gates*.

Tabela 21.1 – Documentação nos Gates	
Estágio/*Gate*	**Itens**
Proposta Básica/*Gate* 1	Objetivo do projeto; especificação de desempenho do produto; tipo de filme/ negócio-alvo
	Resultado da avaliação; documentos de referência; confirmação dos dados de entrada (revisão 0); gerente do projeto indicado; recursos alocados
Planejamento do Projeto/*Gate* 2	Resultado da avaliação; documentos de referência; confirmação dos dados de entrada (revisão 1)
Fase Teste 1/*Gate* 3	Resultado da avaliação; documentos de referência; confirmação dos dados de entrada (revisão 2)
	Descrição final do produto; indicadores técnicos; indicadores industriais; indicadores financeiros; dados de entrada x dados de saída
Fase Teste 2/*Gate* 4	Resultado da avaliação; documentos de referência; confirmação dos dados de entrada (revisão 3)

---

[2] Essa nomenclatura é equivalente à utilizada para a documentação de um sistema da qualidade mas, nesse caso, é voltada para o sistema de desenvolvimento de produto. Um documento de nível 1 é aquele que estabelece as diretrizes gerais de um sistema.

21.4. Aplicação do Método QFD

Para a implementação do QFD foram consideradas 3 fases distintas: Fase 1, projeto-piloto; Fase 2, cinco projetos; Fase 3, três projetos; e, Fase 4, quatro projetos. Essas fases, ilustradas na Figura 21.3, foram baseadas na experiência bem-sucedida da implementação do QFD na Sadia. Assim, a multiplicação do QFD ocorreu de forma gradativa. Na sequência, aspectos relativos à implementação também são relatados.

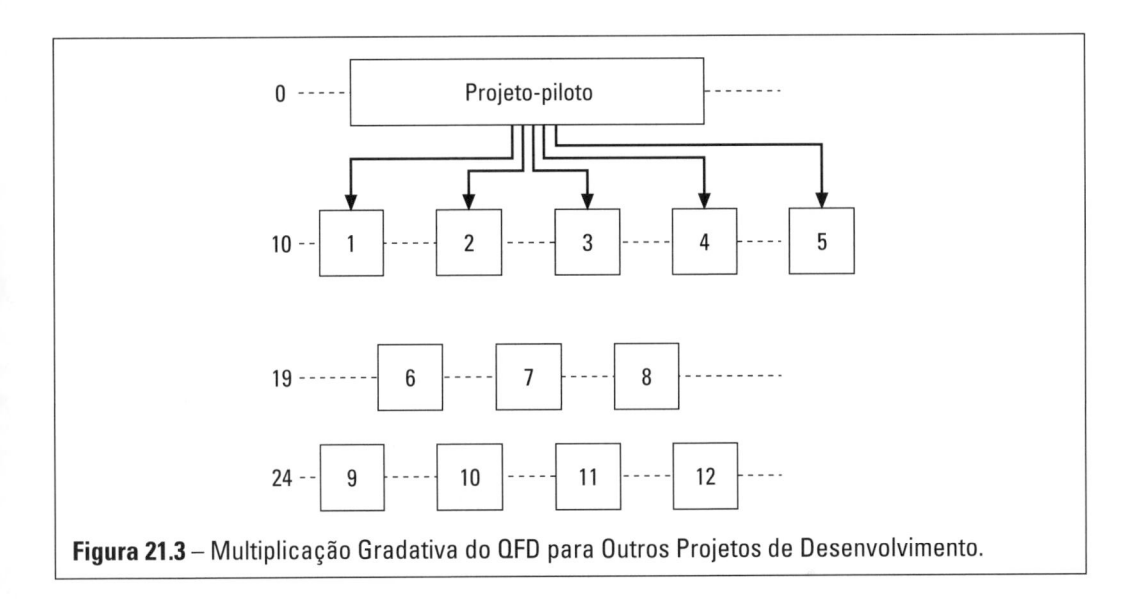

Figura 21.3 – Multiplicação Gradativa do QFD para Outros Projetos de Desenvolvimento.

Projeto-Piloto (Fase 1)

Inicialmente, foi conduzido um projeto-piloto, para que a empresa pudesse aprender sobre o uso do método, além de demonstrar resultados de sua aplicação para a alta gerência. Os resultados e descrição desse projeto-piloto podem ser encontrados em Miguel *et al.* (2001; 2003).

a) Seleção dos membros da equipe

A equipe foi definida de tal forma que houvesse participantes de diversas áreas funcionais da empresa, tais como pesquisa e desenvolvimento, suporte técnico, marketing, qualidade e produção. Ohfuji *et al.* (1997) recomendam uma equipe de 5 a 6 membros, pois um número muito superior pode gerar muitas discussões e uma quantidade inferior pode sobrecarregar a equipe. A quantidade de membros da equipe ficou em torno de 8 participantes nas reuniões realizadas, portanto, não muito acima do número recomendado. Dentre esses participantes, um deles, proveniente da área de pesquisa e desenvolvimento, ficou encarregado de coordenar a equipe. A ideia é que esses participantes fossem, posteriormente, os multiplicadores da aplicação do QFD nos futuros projetos da empresa. Em seguida, foi escolhido o produto que seria adotado no projeto-piloto.

b) Escolha do produto

A escolha do produto é um dos aspectos importantes para introdução do QFD em uma organização (Govers, 1996). Assim, para facilitar o aprendizado na aplicação do método, foi escolhido um produto existente que necessitava de um reprojeto visando melhorias. O produto escolhido foi um filme *commodity* da empresa, que tinha boa penetração no mercado de embalagens de alimentos. Esse filme não somente necessitava de uma revisão de projeto em termos técnicos, mas também envolvia melhorias em aspectos comerciais (por exemplo, maior penetração no mercado), principalmente por já ser um produto de relativa alta produção. Assim, esse produto seria então o foco dos trabalhos nas reuniões da equipe.

c) Condução do projeto-piloto

A definição das etapas de implantação foi baseada no trabalho de Cheng *et al.* (1995), sendo dividida em cinco etapas: definição das metas para desenvolvimento do projeto, desenvolvimento do modelo conceitual, elaboração da matriz da qualidade, elaboração das outras matrizes do modelo conceitual e definição do plano de ação. Essas etapas são descritas a seguir.

Objetivos do Projeto-Piloto

- Redução no número de não conformidades e reclamações de mercado (qualidade).
- Otimizar os atributos básicos do produto (tecnologia).
- Identificar aspectos que agregam custo, mas não agregam valor (custo).
- Aumentar base de clientes (mercado).
- Padronização da fabricação do produto em todas as linhas (confiabilidade).

Desenvolvimento do modelo conceitual

O modelo conceitual desenvolvido pela empresa, que representava o conjunto de matrizes de um dado desenvolvimento, estabeleceu as relações de causa-efeito entre os elementos integrantes do desenvolvimento, tais como especificações, parâmetros de controle do processo, matéria-prima, e outros. Esse modelo representou o entendimento sobre a lógica que norteava a fabricação, visando o planejamento do conjunto de matrizes que deveria ser desenvolvido e utilizado.

Elaboração da matriz da qualidade

A Figura 21.4 mostra exemplo de uma tabela de desdobramento da qualidade exigida para os clientes de filmes flexíveis. Deve-se observar que a empresa está inserida no meio da cadeia de fornecimento e supre produtos para dois elos subsequentes. Sendo assim, para o caso de filmes flexíveis para a indústria de alimentos, a empresa pode fornecer tanto para os convertedores (empresas que farão a impressão do filme) quanto diretamente para os embaladores (no caso de empresas da área de alimentos que fazem a impressão internamente); a Figura 21.4 ilustra os dois primeiros níveis de exigência desses dois elos da cadeia de fornecimento. Além disso, algumas das características da qualidade do filme, associadas à impressão, também virão a afetar as propriedades de "maquinabilidade"[3] no embalamento.

Abstrato ➡️ **Concreto**

Nível 1	Nível 2	Nível 3
Boa qualidade da embalagem	Bom *shelf-life*	Boa hermeticidade Boa selagem Boa barreira
	Bom aspecto visual do pacote	Deslizamento adequado
Fácil conversão	Boa impressão	Boa definição na impressão Boa ancoragem na impressão
	Boa ancoragem	Boa compatibilidade com tintas e vernizes Ter tratamento superficial adequado

Figura 21.4 – Tabela de Desdobramento da Qualidade Exigida para Filmes Flexíveis.[4]

Um exemplo de parte da matriz da qualidade desenvolvida é mostrado na Figura 21.5.

---

[3] Essa propriedade significa a facilidade com que o filme "desliza" pelos equipamentos de embalamento, em termos de rapidez, baixas quebras, etc. O termo é próprio desse tipo de indústria.

[4] Nesse caso, consideram-se filmes fornecidos para embalagem de alimentos (por exemplo, biscoitos). Os filmes são transparentes ou opacos (perolizados), fornecidos para um convertedor, ou seja, uma empresa que fará a impressão, convertendo, portanto, o filme como produto pronto para ser usado como embalagem na indústria de alimentos (como, por exemplo, Nestlé e Piraquê). Exemplos de empresas (convertedores) que fazem a impressão de filmes são: Coverplast, Inapel, Itap, Diadema, Empax, Santa Rosa e Shellmar.

Nível 1	Nível 2	Nível 3	Nível 4	Espessura	Selagem	Haze	Coeficiente de atrito	Brilho	Tensão superficial	Resistência à tração	Alongamento	(...)	Grau de importância	Empresa	Concorrente A	Concorrente B	Qualidade planejada	Índice de melhoria	Argumento de vendas	Peso absoluto	Peso relativo (%)
Boa qualidade da embalagem final	(...)	(...)	Deslizamento adequado				⊙				△		3	4	3	5	4	1	1,5	4,5	13,5
			Boa hermeticidade		○								5	4	3	3	4	1	1	5,0	15,0
	(...)	(...)	Resistência de selagem adequada		⊙								5	5	4	4	5	1	1	5,0	15,0
			Boa barreira										4	5	4	5	5	1	1	4,0	12,0
Boa qualidade do filme para conversão (impressão)	(...)	(...)	Boa estabilidade termodimensional	△						○	○		3	3	4	5	4	1,33	1	4,0	12,0
			Tratamento superficial adequado						⊙				2	4	5	5	5	1,25	1,2	3,0	9,0
	(...)	(...)	Alto brilho					⊙					3	4	5	5	5	1,25	1	3,8	11,3
			Boa transparência			⊙							4	5	4	4	5	1	1	4,0	12,0
			Peso absoluto	12,0	180,0	108,0	11,5	101,7	81,0	36,0	49,5		666,8 total						total	33	
	QUALIDAE PROJETADA		Peso relativo (%)	1,8	27,0	16,2	1,7	15,3	12,2	5,4	7,4										
			Especificação do concorrente A	30	100	5	0,4	50	3	150	50										
			Especificação do concorrente B	30	110	2	0,3	60	40	130	50										
			Especificação atual	30	100	2	0,5	70	40	140	30										
			Nova especificação	30	90	2	0,3	70	40	140	30										
				Microns	Graus	•	•	•	dina/cm	N/mm	%										

QUALLIDADE PLANEJADA — Avaliação competitiva — Peso

Legenda:

Correlação forte	⊙	9
Correlação moderada	○	3
Correlação fraca	△	1

Figura 21.5 – Matriz da Qualidade (matriz parcial com valores simulados).

Elaboração de outras matrizes

Outras matrizes do modelo conceitual também foram desenvolvidas. Essas matrizes definiam os parâmetros de controle do processo, com seus respectivos valores e faixas de variação, bem como parâmetros relativos à matéria-prima utilizada. A matéria-prima engloba o polipropileno e aditivos que possibilitam obter as propriedades funcionais desejáveis. A Figura 21.6 mostra exemplo de uma das matrizes.

Nível 2	Espessura	Selagem	Haze	Coeficiente de deslizamento	Brilho	Tensão superficial	Resistência à tração	Alongamento	(...)	Valores de controle	Peso absoluto	Peso relativo
Temperatura	⊙			△		⊙	⊙			200°C +/– 5°	176,30	27,6%
Temperatura		○			○			⊙		100°C +/– 2°	161,10	25,2%
Temperatura	⊙			⊙						150°C +/– 3°	258,30	40,4%
Tensão						○				30°C +/– 1%	36,60	5,7%
Pressão								△		1 N/mm +/– 0,1	7,40	1,2%
Peso absoluto	12,0	180,0	108,0	11,5	101,7	81,0	36,0	49,5	(...)	Total	639,70	100,0%
Peso relativo	1,8	27,0	16,2	1,7	15,3	12,2	5,4	7,4	(...)	Correlação forte		⊙ x 9

Correlação moderada ○ x 3

Correlação fraca △ x 1

Figura 21.6 – Matriz de Parâmetros de Processo (parcial com valores simulados).

Definição do plano de ação

A Figura 21.7 apresenta um plano de ação decorrente do desenvolvimento das matrizes. Esse plano de ação foi feito no caso desse projeto-piloto, pois o produto foi, na verdade, um reprojeto, não significando então um projeto de produto totalmente novo. Para efeito do uso do QFD, as ações que mais interessam são aquelas decorrentes da melhoria de projeto do produto. No entanto, boa parte das ações mostradas na Figura são de melhoria de processo de produção. É importante destacar que, apesar de a identificação desses tipos de ação não ser objetivo principal do QFD, estes foram decorrentes da implantação, podendo ser considerados como benefícios da sua introdução.

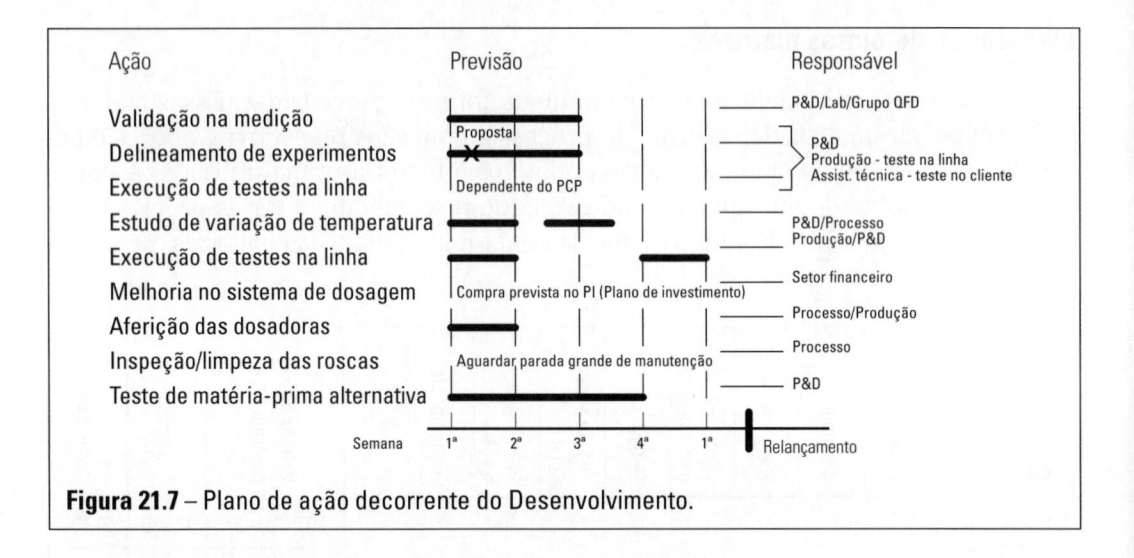

Figura 21.7 – Plano de ação decorrente do Desenvolvimento.

Resultados projeto 1

O principal benefício alcançado com o projeto-piloto foi proporcionar um meio para sistematizar o processo de desenvolvimento. Dentre esses benefícios, destacaram-se:

- Desenvolvimento das habilidades de planejamento;
- Disseminação e nivelamento do conhecimento;
- Melhoria de comunicação entre as pessoas e áreas funcionais;
- Visibilidade das informações e registro do *know-how* da empresa;
- Melhorias nos filmes de BOPP desenvolvidas com o auxílio do QFD.

a) Desenvolvimento de habilidades de planejamento

Esse benefício foi alcançado, pelo exercício prático de planejamento que o QFD proporciona. Notadamente, a empresa não conseguia planejar adequadamente, devido à carga de trabalho do dia a dia. Adicionalmente, as habilidades de planejamento necessitavam ser constantemente desenvolvidas. Nesse sentido, a implantação do método por meio do projeto-piloto contribuiu significativamente para que essas habilidades fossem desenvolvidas e incorporadas, mesmo ainda que não totalmente, ao processo de desenvolvimento de produto, uma vez que essas habilidades de planejamento estavam, de certa forma, ainda restritas na empresa estudada.

b) Disseminação e nivelamento do conhecimento

No desenvolvimento do projeto-piloto, já foi possível notar que o conhecimento foi disseminado, apesar de ser difícil quantificar com precisão. Algumas áreas funcionais, que não tem no seu cotidiano oportunidade de interação mais profunda com o desenvolvimento de produto (por exemplo, a área de produção), tiveram essa experiência com maior intensidade. Na implantação realizada, em função de a equipe ser composta por membros com diferentes tempos de experiência, o nivelamento do conhecimento também foi favorecido.

c) Melhoria de comunicação entre áreas funcionais

Obviamente, esse benefício é favorecido em função do trabalho em equipe. Entretanto, como o QFD, pela sua natureza, deve ser conduzido por uma equipe e, geralmente, envolvendo grande diversificação de áreas funcionais, esse ponto positivo ocorre quase que naturalmente. Esse benefício é identificado em diversas fontes bibliográficas em países diferentes, tais como Suécia (Edkadl e Gustafsson, 1997), EUA e Japão (Cristiano *et al.*, 2000), Reino Unido (Martins e Aspinwall, 2001), e também Brasil (Miguel e Carpinetti, 1999; Miguel, 2003a; Carnevalli *et al.*, 2004).

d) Visibilidade das informações e registro do *know-how* da empresa

Esse benefício pode ser considerado como inerente ao QFD, uma vez que é um dos seus princípios básicos. A visibilidade é o segundo princípio, que inclui a pluralização. É um princípio que permeia todas as fases do QFD: na confecção das tabelas, das matrizes, do modelo conceitual e dos padrões de trabalho (Cheng *et al.*, 1995). Isso pode ser realmente notado tanto pela equipe quanto por outras áreas funcionais da empresa, que tiveram contato com o método.

e) Melhorias nos filmes de BOPP desenvolvidos com o auxílio do QFD

Um ponto importante a ser considerado é a mudança que o uso do QFD como método de planejamento traz para o processo de desenvolvimento. Além dos fatores organizacionais que a aplicação do método proporciona, como no caso em que o conhecimento de engenharia é retido de uma forma sistemática para que possa ser resgatado em desenvolvimentos futuros, o método proporciona o desenvolvimento de produtos mais robustos e que estão em maior consonância com os clientes (Govers, 1996). Essa afirmação pode ser ilustrada através do resultado apresentado na Figura 21.8, que mostra um benefício quantitativo em termos de redução no índice de devolução do produto após o uso do QFD no projeto-piloto, levantado por meio dos registros na organização. É importante destacar também que os percentuais indicados foram estratificados por devoluções que eram decorrentes de problemas relativos ao projeto (especificações).

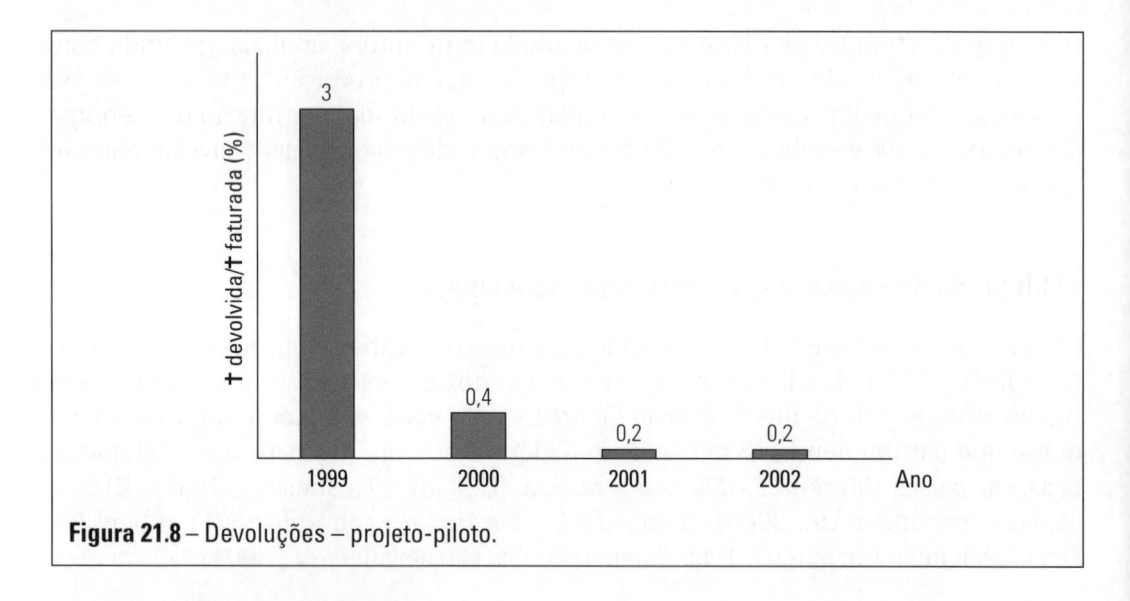

Figura 21.8 – Devoluções – projeto-piloto.

Fase 2 - Cinco Projetos

A Figura 21.9 ilustra o processo de difusão para 4 novos projetos e 1 projeto de melhoria utilizando o QFD. Os membros da equipe que participaram no projeto-piloto (nomes e área funcional identificada na referida Figura) atuaram como multiplicadores do conhecimento em cada novo projeto. Cabe ressaltar que, na verdade, dos 5 novos projetos previstos, nos quais o QFD seria usado, um deles não utilizou o QFD. Decidiu-se pela não utilização, pois o projeto entrou em um desenvolvimento tipo *fast track*, devido à urgência de colocação do produto no mercado, frente à demanda de um cliente importante.

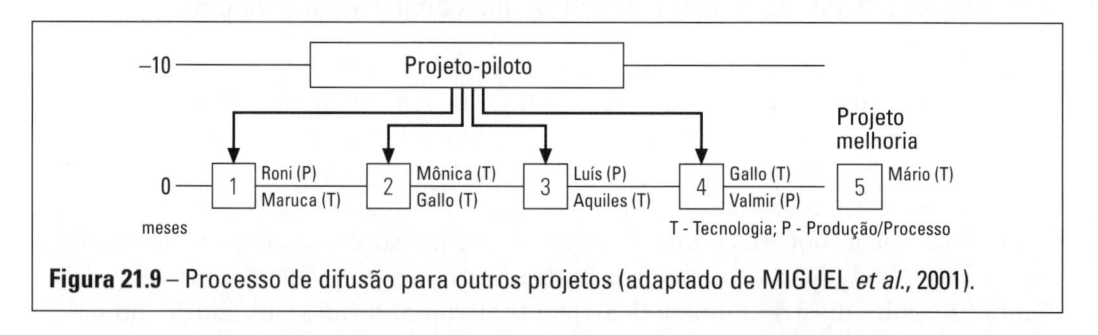

Figura 21.9 – Processo de difusão para outros projetos (adaptado de MIGUEL *et al.*, 2001).

Ao longo do desenvolvimento do projeto foram feitas avaliações do andamento de cada um deles. Nesse sentido, foi desenvolvida uma planilha com atividades básicas do QFD para o desenvolvimento de filmes flexíveis. Essa planilha era utilizada periodicamente para acompanhar o desenvolvimento de cada um dos projetos, e para a avaliação sobre o uso do QFD nesses cinco projetos, conforme ilustra a Figura 21.10. Nas colunas são mostradas as diversas atividades para a aplicação do QFD e nas linhas, cada projeto.

Matriz da qualidade
- Definir as metas do projeto
- Desenhar modelo conceitual
- Levantar qualidades exigidas
- Atribuir grau de importância (clientes)
- Fazer avaliação de produtos (clientes)
- Determinar qualidade planejada
- Calcular taxa de melhoria
- Definir argumento de vendas
- Calcular pesos (absoluto e relativo)
- Extrair características da qualidade
- Fazer correlações QE x CQ
- Calcular pesos (absoluto e relativo)
- Fazer avaliação competitiva
- Estabelecer qualidade projetada

Matriz de processos
- Definir processos e parâmetros de controle
- Definir valores-limites para os parâmetros
- Fazer correlações parâmetros x CQ
- Calcular pesos (absoluto e relativo)

Matriz de aditivos
- Definir aditivos e camadas
- Determinar a formulação
- Definir valores-limites para a formulação
- Fazer correlações aditivos x CQ
- Calcular pesos (absoluto e relativo)

Matriz de matéria-prima
- Definir parâmetros da matéria-prima
- Definir valores-limites da matéria-prima
- Fazer correlações matéria-prima x processos
- Calcular pesos (absoluto e relativo)
- Análise crítica das matrizes
- Analisar se as metas do projeto foram atingidas

Projeto: 1, 2, 3, 4, 5

Legenda: ■ Realizado   ■ Realizado em parte   ▨ Em andamento   □ Não realizado

Figura 21.10 – Andamento dos projetos da Fase 2 de acordo com as etapas do QFD.

A partir da experiência com os 5 projetos anteriores, foi desenvolvido um cronograma, tipo *template*, para as atividades de aplicação do QFD, de forma mais direcionada para a empresa, ou seja, mais "customizada". É claro que o período para cada atividade poderia variar, dependendo do projeto (por exemplo, tipo plataforma ou derivativo), mas esse cronograma básico seria um ponto de partida no planejamento inicial para a elaboração da proposta básica. Esse cronograma é mostrado na Figura 21.11 e serviu como base para o planejamento dos projetos subsequentes, descritos a seguir.

Fase 3 - Três Projetos

A partir da multiplicação gradativa do QFD para outros projetos (ilustrada anteriormente na Figura 21.3), o método passou a ser aplicado em três outros projetos. Nesse momento, a maior parte dos membros da equipe já estava mais familiarizada com o uso do método. Antes de iniciar a aplicação do QFD nesses três novos projetos, houve uma reunião decisiva com o diretor geral da empresa, para avaliar a utilização do QFD, seus benefícios na condução dos projetos da empresa e sua inserção no processo de desenvolvimento de produtos, destacando-se os seguintes pontos:

- A reunião com a Diretoria e com os gerentes de projeto surtiu um efeito positivo na utilização do QFD, aumentando a participação dos membros das equipes, ocorrendo um maior número de reuniões e maior participação individual dos membros.

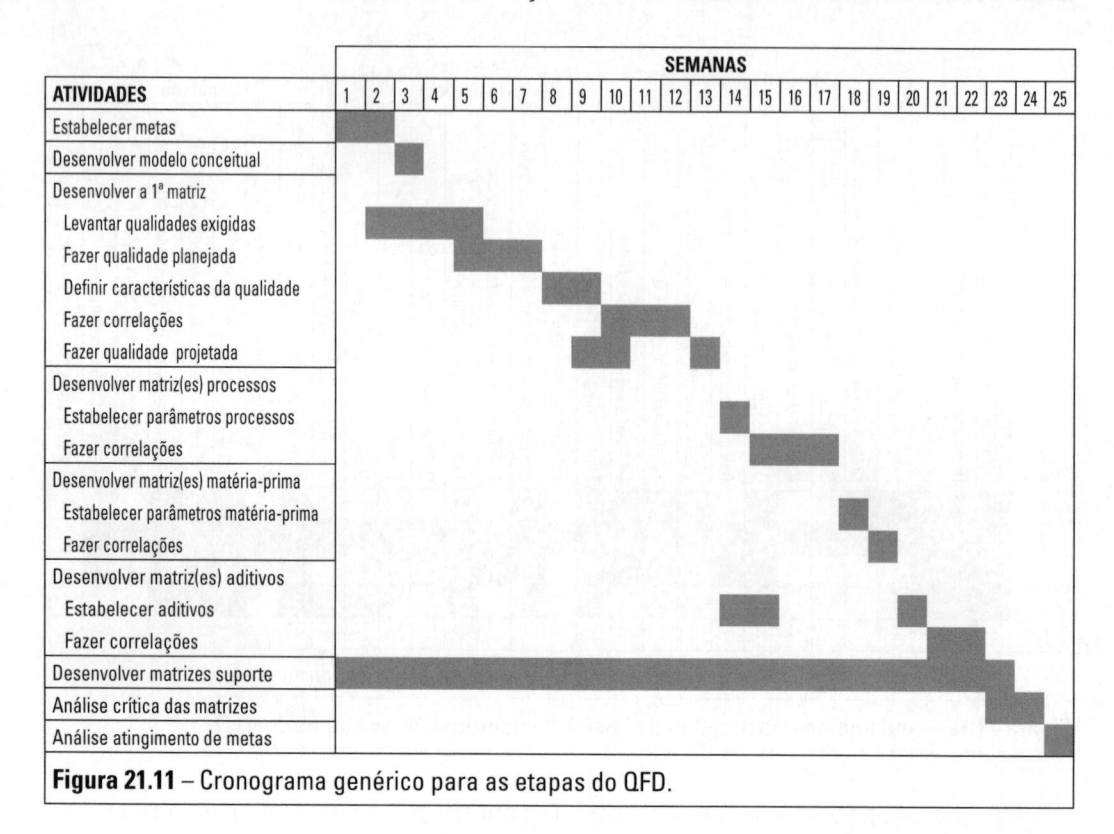

Figura 21.11 – Cronograma genérico para as etapas do QFD.

- O uso do QFD na maioria dos projetos já estava sendo concluído, isto é, as matrizes já estavam praticamente prontas com vários testes experimentais realizados. Entretanto, existia ainda uma limitação a ser contornada: todos os projetos tinham uma pendência de contato com os clientes, seja na atribuição do grau de importância das qualidades exigidas ou na avaliação dos produtos da empresa e dos concorrentes.

- Embora em menor proporção, tinha-se ainda a concorrência das reuniões de QFD com outras reuniões/atividades/projetos da empresa. Na ocasião, considerou-se que algumas das atividades são inerentes a qualquer empresa, ou seja, existe uma competição natural pelo uso dos recursos, principalmente humanos.

Os três novos projetos de desenvolvimento caracterizavam-se por projetos relativamente novos para a empresa e isso motivou os membros das equipes para utilizar o QFD, uma vez que seria necessário um estudo de mercado mais cuidadoso e detalhado, bem como um desenvolvimento mais depurado de algumas das especificações. Entretanto, já havia sido identificado e discutido junto à direção da empresa que algumas áreas funcionais,[5] importantes em algumas partes do desenvolvimento, não estavam participando a contento. Assim, ao invés de fazer com que todas as áreas participassem continuamente durante todas as atividades de desenvolvimento, foi

---

[5] Principalmente as áreas comercial (vendas) e marketing.

feita uma proposta de ponderar a relevância de cada área conforme as atividades a serem realizadas, na tentativa de fazer com que os membros da equipe participassem, pelo menos, daquelas atividades mais importantes naquele momento. A Figura 21.12 mostra esse resultado.

Atividades / Áreas funcionais	P&D	Marketing	Comercial	Produção	Laboratório	Controladoria	Time superior operacional	Coordenação de projetos	Núcleo IT
Estabelecer metas	⊙	⊙	⊙	○		⊙	⊙	○	△
Desenhar modelo conceitual	⊙	△	△	⊙	△		⊙	△	
Desenvolver a 1ª matriz									
Levantar qualidades exigidas	○	○	⊙	○	△		○		
Fazer qualidade planejada	⊙	⊙	⊙	○	△		○		
Definir características da qualidade	⊙	△	△	○	○		⊙		
Fazer correlações	⊙	△	△	○	△		⊙		
Fazer qualidade projetada	⊙	△	△	○	⊙		⊙		
Desenvolver matriz(es) processos									
Estabelecer parâmetros processos	○			⊙	△		⊙		
Fazer correlações	○			⊙	○		⊙		
Desenvolver matriz(es) matéria-prima									
Estabelecer parâmetros matéria-prima	⊙			○	○		○		
Fazer correlações	⊙			○	△		⊙		
Desenvolver matriz(es) aditivos									
Estabelecer aditivos	⊙			○	△		⊙		
Fazer correlações	⊙			○	△		⊙		
Desenvolver matrizes suporte	△	△	△	△	△	△	△	△	
Análise crítica das matrizes	⊙			○	△		⊙	○	○
Análise atingimento de metas	⊙	○	⊙	○				○	△
Grau de participação (somatória dos pesos)	118	30	33	64	28	10	109	11	5
(%)	28,9	7,3	8,1	15,7	6,9	2,5	26,7	2,7	1,2

Legenda: ⊙: participação essencial (x9)   ○: participação recomendada (x3)
△: participação desejável (x1)   em branco: não é necessária a participação (x0)

Figura 21.12 – Ponderação da importância de cada Área Funcional nas Etapas do QFD.

Fase 4 - Quatro Projetos

Nessa fase, de maior maturidade na utilização do QFD, destacam-se a identificação e implementação de boas práticas no uso do método e de uma preparação, para que alguns membros das equipes pudessem atuar como consultores internos no uso do QFD. A indicação desses quatro novos projetos para usar o QFD ocorreu em uma reunião de avaliação sobre o uso do método. Nessa reunião foram discutidos diversos tópicos relativos ao uso do método e também em relação ao processo de desenvolvimento. Em síntese, os seguintes pontos foram discutidos:

- A direção da empresa definiu uma meta de conclusão de 12 projetos até o final do ano, de maneira a permitir uma renovação do portfólio para continuidade de seus negócios. Para acelerar o uso do QFD, foram criadas matrizes que serviriam de *template* para cada um dos tipos principais de filmes flexíveis (transparente, perolizado e metalizado). Esses *templates* feitos em Excel, denominados na empresa de "matrizes-mãe", teriam as informações básicas sobre requisitos de clientes, especificações (características da qualidade), parâmetros de controle de processo e de matéria-prima etc. Assim, à medida que tivesse um novo desenvolvimento, as matrizes-mãe seriam um ponto de partida e seriam incluídas somente as variáveis mais relacionadas ao novo desenvolvimento.

- A partir da experiência com os projetos anteriores, foi definida uma carga horária semanal para cada projeto de 10 horas para o gerente de projeto e 8 horas para os membros das equipes. Essa definição permitiria a criação de uma planilha que considerasse a carga total dos profissionais da empresa que participam em projetos de desenvolvimento, auxiliando a designação de gerentes e membros de equipe para novos projetos e estabelecendo a base para eventual criação de um plano agregado de projeto[6].

- Seria desenvolvido um quadro de gestão, a ser atualizado periodicamente, para expor todos os projetos que estavam em desenvolvimento, incluindo gerente e equipe, informações sobre o andamento do projeto, cronograma e indicadores-chave para o andamento do projeto, bem como informações gerais sobre o uso do QFD naquele projeto.

- Fazer um diagnóstico sobre a aplicação do QFD nos projetos que o utilizavam e levantar o tempo de trabalho despendido para a elaboração das matrizes. Na verdade, essas informações já estavam disponíveis nos relatórios sobre o andamento da implementação.

Após essa discussão, foram designados quatro novos projetos para uso do QFD nessa fase. A maior parte desses projetos eram projetos derivativos, com características similares aos desenvolvidos anteriormente. Assim, grande parte das informações dos outros projetos pode ser consultada e utilizada.

21.5. Boas Práticas na Aplicação do QFD/Resultados

No final do trabalho de implementação, foi feito um estudo para levantar quais seriam as boas práticas nos diversos projetos de desenvolvimento de produto, de forma que pudessem ser utilizadas nos projetos subsequentes e também naqueles ainda em desenvolvimento. Essas práticas são descritas em mais detalhes a seguir.

---

[6] Para essa definição, ver Clark e Wheelwright, 1993.

a) Interação com os clientes

Um dos aspectos importantes na utilização do QFD é o levantamento da voz do cliente. Não é suficiente somente levantar as qualidades exigidas, mas também entender por que os clientes fazem tal exigência. Essa compreensão leva ao desenvolvimento de expressões que realmente representam os requisitos e necessidades dos clientes. No levantamento da voz do cliente, a equipe comercial (que tem relação estreita com o cliente) busca determinar o "porquê" de que os clientes façam tal exigência e "como" determinada exigência o afeta. De posse dessas informações, a equipe de projeto pode desenvolver qualidades exigidas mais precisas e, a partir dessas qualidades exigidas, extrair as características da qualidade que vão fazer com que essas qualidades sejam atendidas. O ciclo se fecha na verificação se as características da qualidade vieram a suprir as necessidades e requisitos identificados.

Essa prática ocorreu em um dos projetos, que pode ser considerado como o de maior sucesso na aplicação do QFD. O projeto destinado para o setor gráfico não havia sido concluído, mas já se encontrava em comercialização há alguns anos com problemas constantes de qualidade. Um dos aspectos relevantes foi a estreita colaboração com o cliente principal do produto para identificação das qualidades exigidas que deveriam ser melhor trabalhadas. Após a elaboração das matrizes e alterações de algumas das especificações já estabelecidas, o resultado foi positivo e os problemas quase que totalmente solucionados. A Figura 21.13 demonstra os resultados do projeto em referência por meio da redução do número de reclamações dos clientes após a reformulação do produto utilizando o QFD.

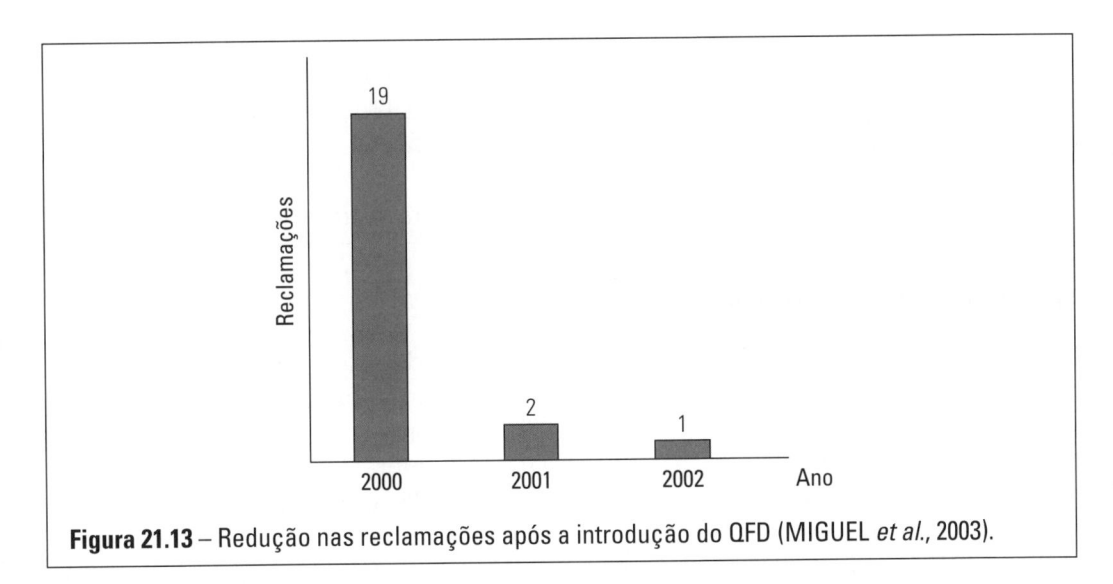

Figura 21.13 – Redução nas reclamações após a introdução do QFD (MIGUEL *et al.*, 2003).

b) Transferência das informações

Um dos resultados relevantes do QFD, após o estabelecimento das informações nas matrizes, é a transferência dessas informações a folhas de especificações de produto, procedimentos de produção (denominados de padrão técnico do processo por Cheng *et al.*, 1995), normas de especificação de matéria-prima, etc. Assim, permite-se desdobrar a qualidade para as atividades organizacionais que as implementam. Essa transferência é parte do que é denominado de QFD no sentido restrito (ver Akao, 1990). A Figura 21.14 ilustra essa transferência a partir das matrizes em um modelo conceitual da empresa em estudo, a partir da experiência em um dos projetos. As informações das matrizes puderam então ser transferidas para a documentação da empresa.

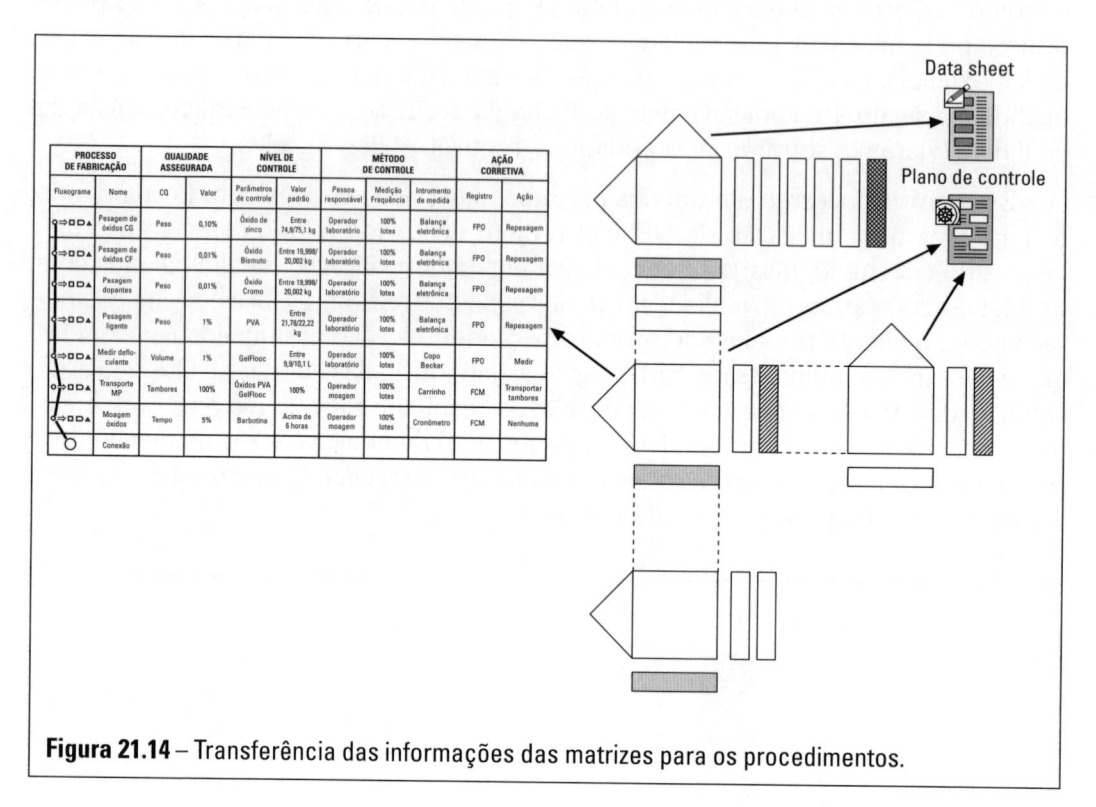

Figura 21.14 – Transferência das informações das matrizes para os procedimentos.

c) Informações nas correlações

Um registro importante nas matrizes é o registro das decisões tomadas na definição de relação de intensidade. Esse registro disciplinado, na forma de anotações feitas pelos membros da equipe durante as reuniões de desenvolvimento, permite o resgate dessas decisões no futuro e também serve como referência para outros projetos de caráter similar. À medida que as informações são discutidas nas reuniões e inseridas na matriz, um dos membros da equipe anotava ou passava-as diretamente para a planilha de Excel onde a matriz era registrada. A Figura 21.15 ilustra esse tipo de boa prática (ver quadros com anotações no meio da Figura), que auxiliou de forma significativa o registro e resgate de informação em um dos projetos. Além do benefício direto para o projeto em questão, essa prática também pode ser disseminada para outros projetos.

d) Matriz de decisão

Uma das decisões importantes na especificação da matéria-prima é a escolha da melhor formulação (receita) com base nas quantidades de polipropileno e aditivos. Utilizando-se uma matriz de decisão, baseada na seleção de conceitos de Pugh (1991), essa escolha pode ser feita baseada em fatos e dados e com maior precisão. A Figura 21.16 mostra uma matriz desse tipo. Uma formulação-base (referência) é comparada com outras em cada uma das características da qualidade, sendo indicado que é melhor ("+"), pior ("−") ou igual ("="). A decisão é tomada a partir da contagem do número de "+" e "−" e da ponderação de cada um deles (peso relativo multiplicado por cada "+" e por cada "−"). A matriz mostrada na Figura 21.16 é uma comparação real de um dos projetos que inclui também o custo estimado para cada formulação baseada nos custos parciais de cada componente e respectiva quantidade (%). Nota-se, portanto, que a formulação 5, em comparação com a 1, equilibra a quantidade ponderada de "+" e de "−", além de ter o custo final mais baixo.

Nível 3	Brilho	Haze	Coeficiente estático NT x NT	Coeficiente estático T x T	Coeficiente dinâmico NT x NT	Coeficiente dinâmico T x T	Resistência à tração MD na ruptura	Alongamento MD na ruptura	Resistência à tração TD na ruptura	Alongamento TD na ruptura	Módulo 5% MD	Módulo 5% TD
Temperatura da massa	3	3					?	?	?	?	?	?
Output	3	1					?	?	?	?		
Tempero da massa	3	1	3	3	9	9	?	?	?	?		
Temperatura da água	3	3					1		?	1	1	
Temperatura do cilindro	9	3										
Temperatura de preaquecimento	3							3	1	1		
Temperatura de estiramento	3		?									
Temperatura de estabilização												
Razão de estiramento	1	1										
Largura do filme na saída												
Temperatura de preaquecimento	3	3	1	1	1	1	?					?
Temperatura de estiramento	3	3	1	1	1	1	?	?	?	?	?	?
Temperatura de estabilização							3	3	3	3	3	3
Velocidade do ventilador de preaquecimento	3	3	1	1	1	1	?	?	?	?	?	?

Acreditamos que sim, porém não é um parâmetro utilizado para acertos de máquina, nunca foi utilizado para estes fins.

Acreditamos que sim, 3 ou 9, embora o valor esteja como 3, a informação deve ser confirmada em teste.

Figura 21.15 – Registro das informações de relação de intensidade em uma matriz.

	Form. 1 (Ref.)	Form. 2	Form. 3	Form. 5	Peso C.Q.	Observações
Brilho		(+)	(+)	(−)	2,9	O mínimo aceitável é de 83
Haze		(−)	(−)	I	2,1	Diferença de 0,09 = I
Coeficiente estático NT x NT		(+)	(+)	(+)	3,2	Definir com equipe
Coeficiente estático T x T					3,6	
Coeficiente dinâmico NT x NT					3,2	
Coeficiente dinâmico T x T		(+)	(+)	(+)	3,2	
Resistência à tração MD na ruptura		(−)	(−)	(−)	7	
Alongamento MD na ruptura		(−)	(−)	(−)	12,9	
Resistência à tração TD na ruptura		(+)	(−)	(+)	6,6	
Alngamento TD na ruptura		(−)	(−)	(+)	11,7	
Hot tack						Teste não realizado
Módulo 5% MD		I	I	I	5,3	Diferença de 2,09 = I
Módulo 5% TD		(+)	(+)	(+)	5,3	Form. 2 melhorou muito
Resistência à propagação do rasgo MD		(−)	(−)	I	7,9	Diferença de 2 = I
Resistência à propagação do rasgo TD		(−)	(−)	(−)	7,9	
Encolhimento MD		(−)	(−)	(−)	0	Form. 3 piorou muito
Encolhimento TD		(−)	(−)	I	0	Diferença de 0,4 de F1 para F5
Resistência à perfuração					8	
Tensão superficial					0	
Ausência de estática					0,6	
Resistência de selagem a 125°C		(−)	(−)	I	3,3	
Resistência de selagem face NT(110°C)		(+)	(+)	(+)	3,3	
Variação de espessura					1,8	
CVA	R$4,49	R$5,38	R$5,65	R$4,39		F5 não testada em máquina
Soma (+)		6	5	6		
Soma (−)		9	10	5		
Peso (+)		24,5	17,9	33,3		
Peso (−)		52,8	59,4	30,7		

FIGURA 21.16 – Matriz de decisão para seleção de formulação (MIGUEL, 2004).

e) QFD junto ao cliente

Uma evolução importante no uso do QFD é a comparação de dados advindos da matriz do fornecedor (no caso da empresa estudada), com o processo de produção do cliente. Essa matriz é esboçada na Figura 21.17. A matriz relaciona as qualidades exigidas com os itens de controle dos equipamentos de embalamento do produto do cliente. Assim, permite verificar quais qualidades exigidas e especificações têm relação com os parâmetros de controle do cliente. A Figura 21.17 mostra somente um esboço inicial da matriz, apresentada para um dos clientes. Na verdade, até o final da participação do autor na empresa esse estudo não havia evoluído. Porém, percebeu-se um grande potencial para utilização do método para além das fronteiras da empresa estudada, podendo resultar em benefícios adicionais, no sentido do que pode afetar diretamente o resultado do cliente a partir de seus equipamentos.

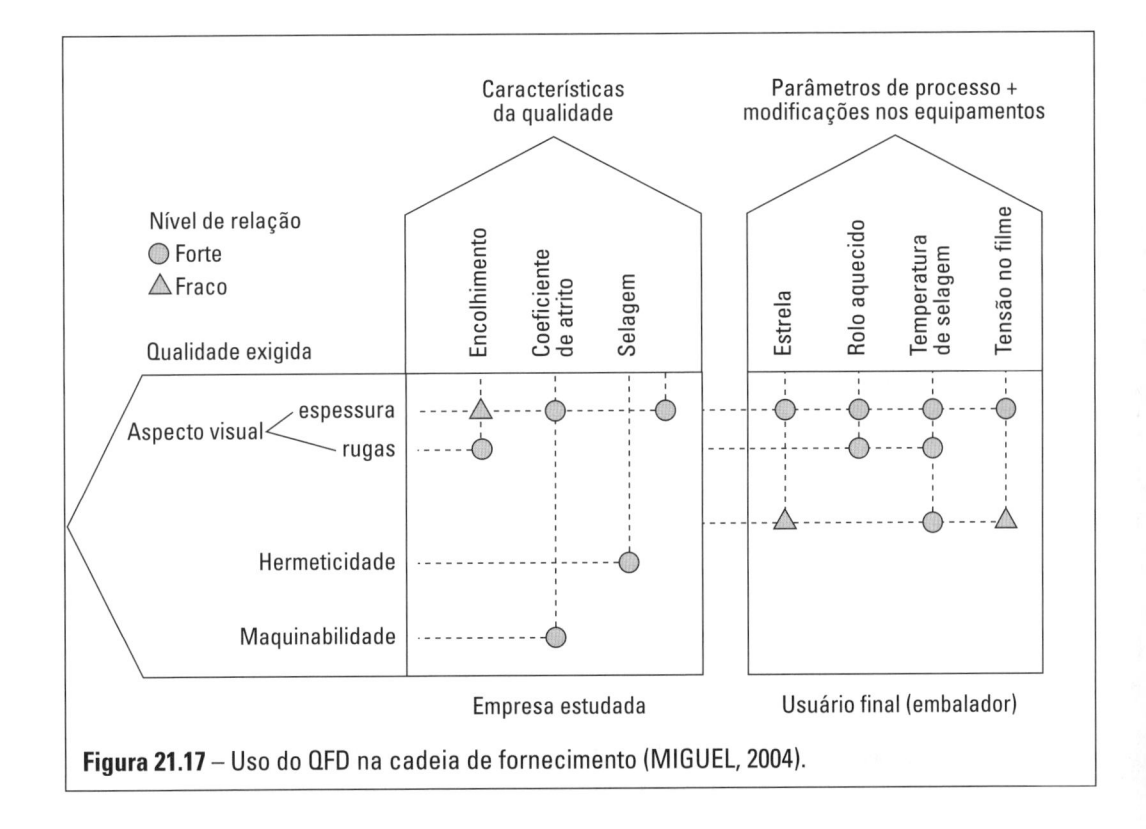

Figura 21.17 – Uso do QFD na cadeia de fornecimento (MIGUEL, 2004).

Uma das ações importantes conduzidas nesse trabalho, também relacionadas com as boas práticas no uso do QFD, foi a realização de um estudo sobre o conhecimento referente ao método e às competências para sua aplicação. Nesse sentido, foram feitos diagnósticos e estabelecidas ações para preencher as lacunas de conhecimento dos participantes das equipes de desenvolvimento.

21.6. Inserção do QFD No Processo de Desenvolvimento de Produtos

Finalmente, buscou-se nesse trabalho investigar como essas atividades deveriam ser distribuídas nos estágios de desenvolvimento. Nesse sentido, Figura 21.18 apresenta o processo de desenvolvimento da empresa estudada, incluindo as atividades relativas ao QFD.

A Figura 21.19 ilustra a intensidade no uso do método, conforme os estágios de desenvolvimento. Apesar de a Figura não ser determinada com uma escala precisa, ela reflete as atividades que constam no cronograma genérico mostrado na Figura 21.13.

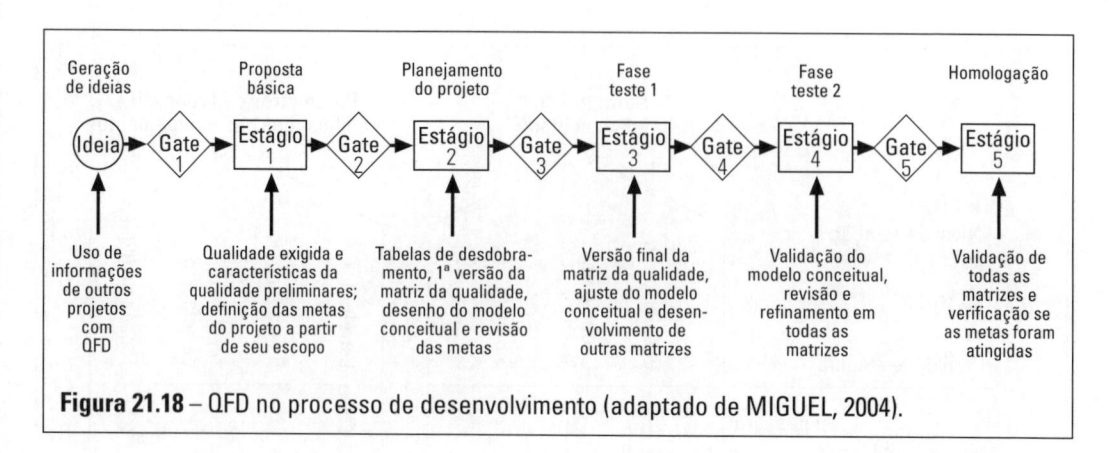

Figura 21.18 – QFD no processo de desenvolvimento (adaptado de MIGUEL, 2004).

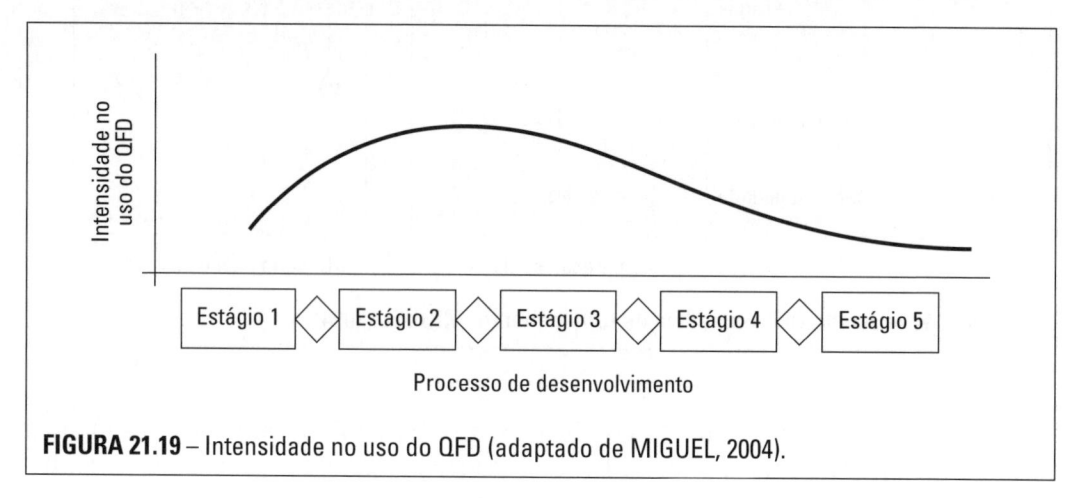

FIGURA 21.19 – Intensidade no uso do QFD (adaptado de MIGUEL, 2004).

É importante destacar que essa proposta foi inserida no manual de projetos da empresa, de forma a considerar, continuamente, a distribuição das atividades do QFD no processo de desenvolvimento. Além disso, parte da documentação gerada na condução do projeto também é utilizada como critério de análise nos *gates*.

21.7. Considerações Finais/Resultados

A reestruturação do processo de desenvolvimento de produtos trouxe uma maior capacitação da empresa e de seus funcionários no que se refere à condução das atividades de desenvolvimento de produtos, tão importantes face à competição atual. A maior parte dos projetos em estudo, que puderam ser completados durante o tempo em que o trabalho foi conduzido, resultou em melhoria de desempenho no mercado[7] e reduções de devoluções e reclamações, como apontado respectivamente nas Figuras 21.11 e 21.13. Um outro benefício que pode ser citado foi a redução no ciclo de desenvolvimento de um dos tipos de filmes[8] de dois para um ano.

A estruturação do processo de desenvolvimento de produtos em conjunto com o QFD auxiliou a empresa na busca e tratamento das informações necessárias para desenvolver novos produtos. Além disso, possibilitou também um melhor planejamento dos testes na produção, reduzindo o tempo de testes, consumo de matéria-prima e quantidade de hora-máquina. Tendo em vista a estruturação do desenvolvimento de novos produtos, aliada ao crescimento da demanda, a empresa colocou em operação sua primeira linha-piloto, cujas operações são direcionadas para a realização de experimentos e simulações. A empresa teve um ganho significativo em termos de tempo para realização de testes, pois antes era preciso parar uma das linhas de produção, em torno de 35 horas por mês, para que os testes fossem realizados, correspondendo a uma perda de produção de 120 toneladas no período. Em paralelo, melhor planejamento dos testes em função do QFD também contribuiu para a redução no consumo de recursos da empresa. Nesse sentido, estima-se redução de um terço na quantidade de testes necessários na Fase Teste 1.

Para destacar ainda mais a importância da reestruturação do sistema de desenvolvimento de produto, a empresa contava com 64 pessoas envolvidas nas equipes de projeto na ocasião do encerramento do trabalho, correspondendo a quase 70% do pessoal especializado.[9] Houve ainda um aumento no percentual da receita[10] com produtos desenvolvidos nos últimos 3 anos, quando comparado o processo de desenvolvimento antes e após a estruturação. Em suma, pode-se afirmar, a partir do exposto anteriormente, que a condução desse trabalho trouxe uma série de contribuições significativas para a empresa estudada.

REFERÊNCIAS BIBLIOGRÁFICAS

AKAO, Y. (Ed.) *Quality Function Deployment - QFD - Integrating Customer Requirements into Product Design.* Portland: Productive Press,1990.

CANEVALLI, J.A.; SASSI, A.C. e MIGUEL, P.A.C. Aplicação do QFD no Desenvolvimento de Produtos: Levantamento sobre seu Uso e Perspectivas para Pesquisas Futuras. *Gestão e Produção.* Vol.(1): p. 33-49. 2004.

---

[7] Por questões de sigilo da empresa, os dados de aumento de fatia de mercado não puderam ser precisamente citados nesse trabalho. Como evidência do projeto de maior sucesso nesse período (direcionado para o setor gráfico), pode-se citar um aumento significativo no volume de produção de 5 toneladas (em julho de 2002) para 76 toneladas (em novembro de 2003), combinado com a redução no número de reclamações (Figura 21.16).

[8] Tendo como base plataformas de produto com baixa inovação tanto para a empresa quanto para o mercado (com base em 3 projetos finalizados no período estudado).

[9] Excluindo pessoal de produção (horistas) e terceiros.

[10] Não foi autorizada pela empresa a divulgação do valor desse aumento.

CHENG, L. C. *et al. QFD - Planejamento da Qualidade*. Belo Horizonte: Fundação Christiano Ottoni, 1995.

CRISTIANO, J.; LIKER, J.K. e WHITE III, C.C. Customer-Driven Product Development through Quality Function Deployment in the US and Japan. *Journal of Product Innovation Management*, Vol. 17, p. 286-308. 2000.

EKDAHL, F. e GUSTAFSSON, A. QFD: The Swedish Experience. *Transactions from the Ninth Symposium on Quality Function Deployment*. Novi: QFD Institute. p. 15-27. 1997.

GOVERS, C.P.M. What and How about Quality Function Deployment. *International Journal of Production Economics.* Vol. 46-47: 75-85. 1996.

MARTINS, A. e ASPINWALL, E.M. Quality Function Deployment: an Empirical Study in the UK. *Total Quality Management.* Vol. 12(5): 575-588. 2001.

MIGUEL, P.A.C. The State-of-the-art of the Brazilian QFD Applications at the Top 500 Companies. *Int. Journal of Quality and Reliability Management.* Vol. 20(1): 74-89. 2003a.

MIGUEL, P.A.C. Implementing QFD for Product Development through Action Research. *Transactions of the 17th Quality Function Deployment Symposium*. Chicago: QFD Institute. p. 1-17. 2004.

MIGUEL, P.A.C. e CARPINETTI, L.C.R. Some Brazilian Experiences on QFD Application. *Proceedings of the 5th International Symposium on QFD*. Belo Horizonte: Universidade Federal de Minas Gerais. p. 229-239. 1999.

MIGUEL, P.A.C. e TELFSER, M. Iniciativas em Gestão de *Portfólio,* Estruturação do Processo de Desenvolvimento e Uso do QFD em uma Empresa de Embalagens. *CD ROM do 4º Congresso Brasileiro de Gestão de Desenvolvimento de Produtos.* Gramado: IGDP. 2003.

MIGUEL, P.A.C. *et al.* Projeto Piloto de Implantação do QFD para Desenvolvimento de Filmes Flexíveis de BOPP. *CD ROM do 3º Congresso Brasileiro de Gestão de Desenvolvimento de Produto.* Florianópolis: IGDP. 2001.

MIGUEL, P.A.C. *et al.* Desdobramento da Qualidade no Desenvolvimento de Filmes Flexíveis para Embalagens. *Polímeros: Ciência e Tecnologia.* Vol. 13(2): 87-94. 2003.

PUGH, S. *Total Design: Integrated Methods for Successful Product Engineering.* Workingham: Addison-Wesley. 1991.

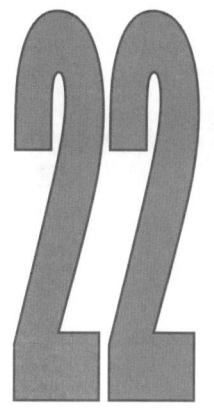

22 APLICAÇÃO DO QFD NA PRÉ-PRODUÇÃO DA CAL DOLOMÍTICA PARA INDÚSTRIA SIDERÚRGICA

Leonel Del Rey de Melo Filho
Lin Chih Cheng

22.1. Introdução

Este trabalho foi desenvolvido por uma empresa produtora de cal, que pertencia (até aquele momento) a um dos maiores grupos industriais privados do país, de capital nacional, a **VOTORANTIM.** Uma de suas plantas industriais, objeto deste caso, está localizada em uma cidade próxima a Belo Horizonte, Minas Gerais. Para conquistar novos mercados, a empresa decidiu produzir um produto novo para fábrica. Almejando o sucesso deste produto logo após seu lançamento, optou por utilizar o método QFD para auxiliá-la na obtenção da qualidade de seu produto em sua fase de desenvolvimento, em particular na etapa de preparação para produção. A Figura 22.1 representa o macrofluxo de produção utilizado.

O produto desenvolvido foi a **cal dolomítica**, cuja tecnologia era de conhecimento da empresa, que apenas não o fabricava. Este produto seria fornecido primeiramente para um cliente único, que atua no segmento de siderurgia, e iria utilizá-lo como matéria-prima auxiliar, fundente de impurezas (formação de escória), no processo siderúrgico de sopro que ocorre na aciaria, onde é adicionado oxigênio ao ferro-gusa para transformá-lo em aço. A qualidade da cal dolomítica depende de diversos fatores incluindo propriedades físicas, químicas e físico-químicas.

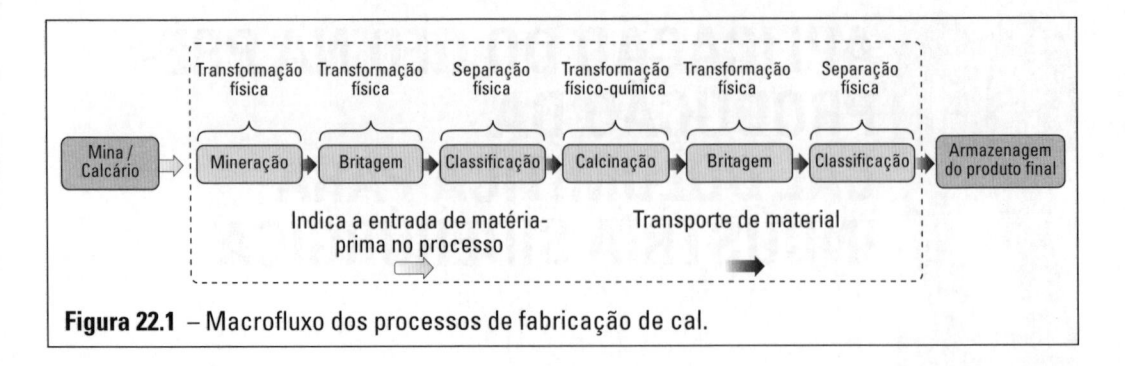

Figura 22.1 – Macrofluxo dos processos de fabricação de cal.

22.2. Objetivo

Os objetivos da empresa no projeto foram:

Objetivo geral:

- Garantir a qualidade do produto antes do início de sua produção.

Esse objetivo geral foi estratificado em objetivos específicos:

- Garantir a qualidade do produto na etapa de pré-produção (preparação para produção), para que as especificações requeridas pelo cliente sejam atendidas o mais rápido possível, após o início da fabricação.

- Contribuir para que os participantes da empresa entendam melhor a relação de causa-efeito de todo o seu fluxo produtivo em função das necessidades de seu cliente.

22.3. Tempo de Duração e Equipe

O trabalho teve a duração de seis meses e foi desenvolvido por um grupo interfuncional de sete pessoas, com uma dedicação maior de duas pessoas – em torno de vinte horas semanais para cada um, contando com a participação e coordenação de um líder do grupo, o Coordenador de Qualidade. As áreas funcionais participantes foram: Qualidade, Produção, Processo, P&D e Assistência a Clientes, Excelência Operacional, e Comercial. Outras pessoas, num total de quinze além do grupo principal, participaram das sessões de trabalho e treinamentos.

22.4. Aplicação do Método QFD

O modelo conceitual adotado foi melhorado ao longo de todo o trabalho, em função das necessidades dos participantes do projeto. A Figura 22.2 mostra a versão final do modelo conceitual da Cal.

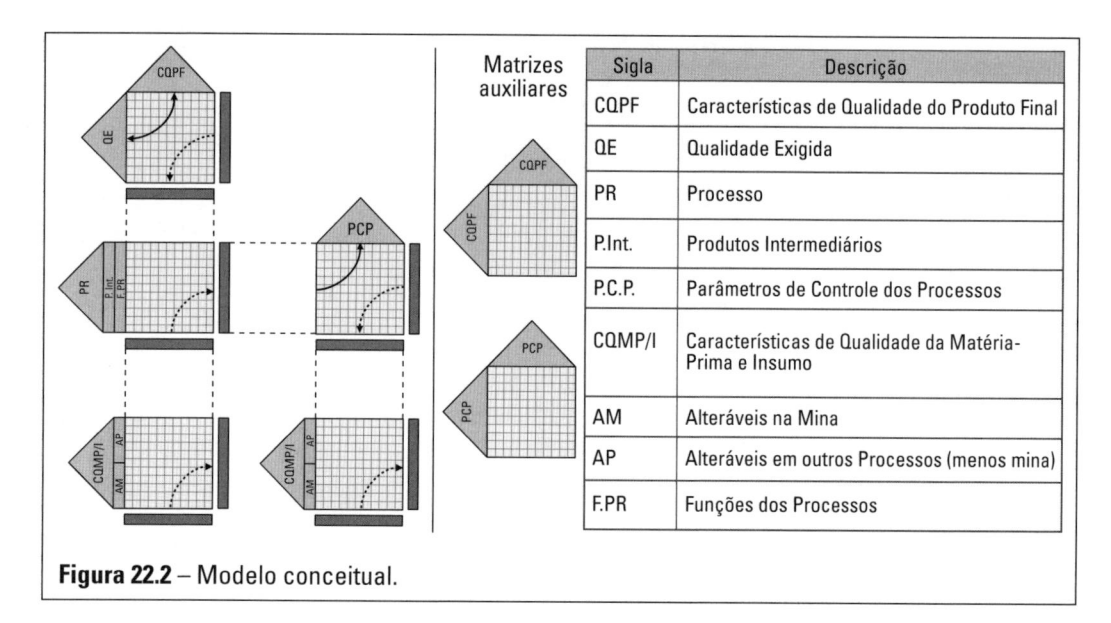

Sigla	Descrição
CQPF	Características de Qualidade do Produto Final
QE	Qualidade Exigida
PR	Processo
P.Int.	Produtos Intermediários
P.C.P.	Parâmetros de Controle dos Processos
CQMP/I	Características de Qualidade da Matéria-Prima e Insumo
AM	Alteráveis na Mina
AP	Alteráveis em outros Processos (menos mina)
F.PR	Funções dos Processos

Matrizes auxiliares

Figura 22.2 – Modelo conceitual.

Obtendo as reais necessidades do cliente - O cliente definiu para a empresa as especificações (características de qualidade) que o produto deveria possuir, mas não demonstrou os reais motivos de sua escolha. Os participantes do trabalho não compreendiam como todas as características requeridas iriam influenciar no processo de seu cliente, e desconfiavam que este também não compreendia. Para compreenderem as reais funções da cal dolomítica no processo de sopro, o grupo de desenvolvimento reuniu todas as bibliografias, textos e arquivos eletrônicos que possuíam sobre este assunto. O estudo deste material demonstrou que muitas informações importantes estavam debaixo do "próprio teto", apenas não estavam organizadas adequadamente, e/ou não era dada devida importância a este material. Foi também realizado um treinamento sobre o processo de siderurgia e a utilização da cal neste processo por um especialista em siderurgia. Estas duas atividades levaram à comprovação de uma hipótese levantada pela equipe: o cliente não compreendia como todas as especificações requeridas para a cal realmente influenciavam em seu processo.

Para organizar todo o conhecimento adquirido, tornando-o explícito, e propiciar a compreensão do grau de importância que as características de qualidade do produto final (CQPF) teriam no processo de sopro, foi construído outro modelo conceitual - processo produtivo da aciaria de seu cliente – em que a cal entraria como matéria-prima auxiliar. Este modelo não foi validado como o da cal, pois, a necessidade do grupo não era desenvolver aço, e sim compreender a relação do seu produto no processo de sopro, e como este processo afetava o produto aço fundido, e as características da escória. A Figura 22.4 (a) representa o modelo do aço utilizado.

O conhecimento adquirido pelo grupo foi utilizado, para que o modelo conceitual do aço fosse preenchido. A Figura 22.3 mostra a matriz (ver Figura 22.4), onde a cal seria utilizada no processo siderúrgico de sopro.

Processo	Função	Parâmetro controle	Reatividade Wuhrer	Granulometria	CaO t	SiO₂	MgO	CO₂	PPc	P	Baixa visibilidade	Volume adicionado	Tamanho	Limpeza das peças	Peso absoluto	Peso relativo
Processos físico-químicos — Sopragem — Macio	Fornecer O2 para as reações de redução. Promover agitação. Controlar a característica e velocidade das reações	Velocidade / Altura da lança / Inclinação da lança	1	9	3		9					9			3,0	11,9%
Processos físico-químicos — Sopragem — Duro	Fornecer O2 para as reações de redução. Promover agitação. Controlar a característica e velocidade das reações	Velocidade / Altura da lança / Inclinação da lança	3	3	3		3						3		3,0	11,9%
Processos físico-químicos — Slag splashing	Produção do refratário	Velocidade / Altura da lança			3		3								2,0	7,9
Processos físico-químicos — Agitação	Promover maior contato dos elementos com os agentes oxidantes e de reação	Velocidade	3	9	9		9	3	3					3	1,1	4,4%
Processos físico-químicos — Vazamento do material	Separar o aço da escória	Fluidez dos materiais / Temperatura do aço / % de Carbono														
Processos químicos — Geração de aço	Purificar o gusa	Análise da escória ou aço	1	9	9		9					3			4,7	18,6%
Processos químicos — Geração de aço	Purificar a sucata	Análise da escória ou aço	1	9	9		9					3	9	9	2,8	11,1%
Processos químicos — Geração de aço	Gerar escória	Fluidez		3	3		9	1	1			3	9	1	2,8	11,1%
Processos químicos — Geração de aço	Reduzir enxofre	%		3	3							3			2,4	9,5%
Processos químicos — Geração de aço	Reduzir o teor de C	%						3	3				1	9	2,6	10,2%
Processos químicos — Geração de aço	Gerar energia	Temperatura				9		9	9					3	0,8	3,4%
Peso absoluto			0,9	5,1	4,6	0,3	5.7	0,8	0,8	0,0	2,6	1,1	2,5	1,1	25,2 → 25,7	100% (Total)
Peso relativo			3,5%	19,9%	18,0%	1,2%	22,3%	3,3%	3,3%	0,0%	10,0%	4,3%	9,7%	4,4%		100%
Valores			200 a 250 ml	10 mm (8%) < G < 40 mm (5%)	> 48%	<2,5%	>28%	<2,40	<3%	<0,05		?? (desvio padrão)	Uniformidade (1/0)	Ausência de areia		

Características de qualidade da matéria-prima - LD — Cal Dolomítica (Carc. física: Granulometria; Composição química: CaO t, SiO₂, MgO, CO₂, PPc), Fluorita (Baixa visibilidade, Volume adicionado), Sucata (Tamanho, Limpeza das peças). Funções do convertedor - LD.

Figura 22.3 – Funções do convertedor LD x características de qualidade da matéria-prima auxiliar.

Os resultados e conclusões obtidas no preenchimento dessa matriz e do modelo conceitual do aço foram utilizados para construção da tabela de qualidade exigida da cal (modelo conceitual Figura 22.2), e também da qualidade planejada da matriz da qualidade. A Figura 22.4(b) representa este procedimento.

Esta forma utilizada para obtenção das qualidades exigidas se restringe às seguintes características deste trabalho: empresa de materiais, fornecedora de um novo produto que é cativo a um cliente único; e hipótese, fundamentada, de que a empresa compreendia mais que seu cliente sobre como todas as especificações requeridas realmente influenciam em seu processo. Assim, o grupo decidiu adicionar nas especificações requeridas outras características de qualidade da cal que deveria possuir.

Resumindo, fez-se primeiramente a extração inversa, que é partir da característica de qualidade para obtenção da qualidade exigida, perguntando o porquê do requerido. E, após o conhecimento adquirido, fez-se a extração convencional, adicionando características da qualidade do produto – CQPF – anteriormente não requeridas pelo cliente. Esse vaivém, representado pela seta dupla na Figura 22.2 robusteceu as tabelas que compõem a matriz da qualidade do modelo da cal.

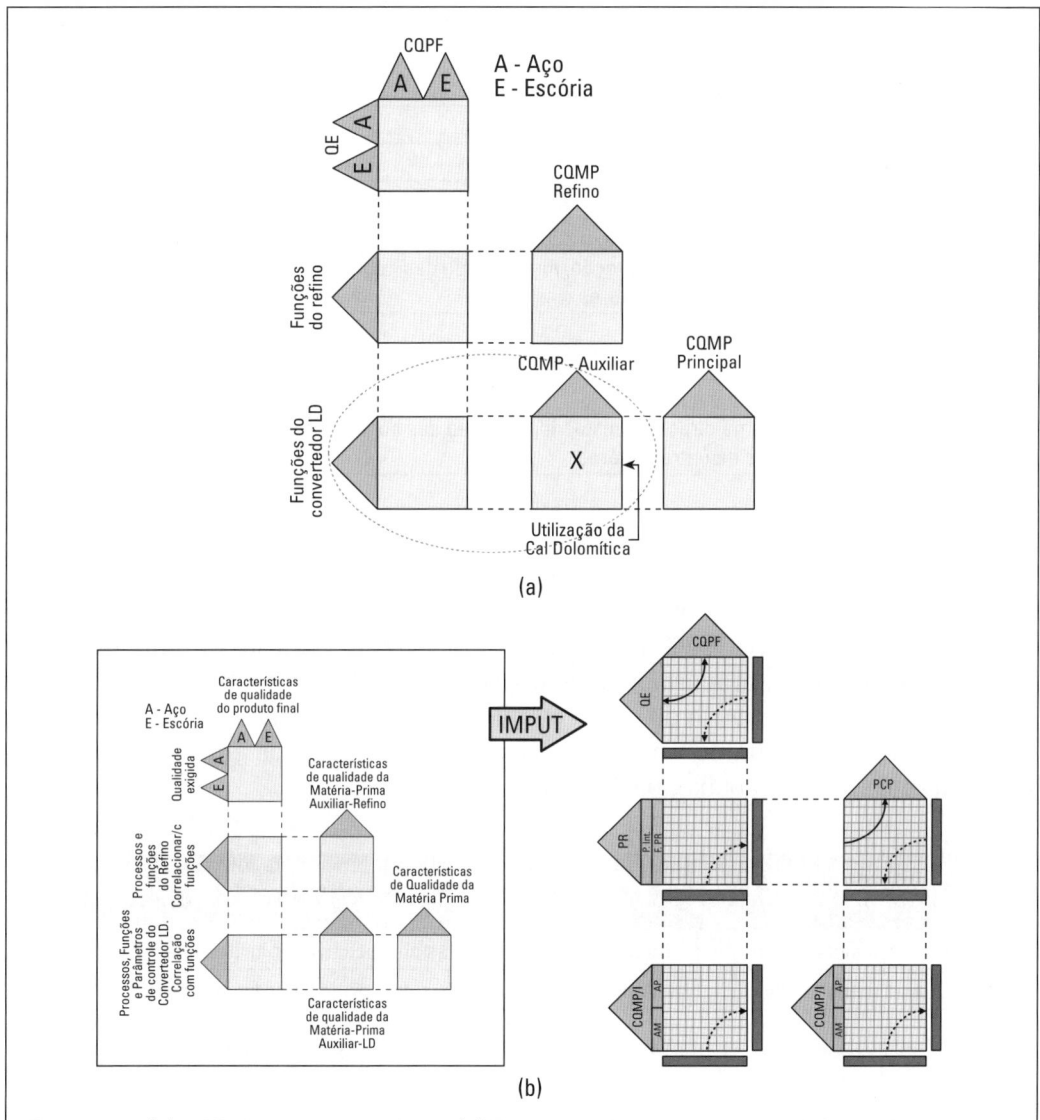

Figura 22.4 (a) – Modelo conceitual Aço (b) Forma de obtenção da qualidade exigida do produto.

Preenchimento das matrizes deste projeto - Para definição das correlações entre as tabelas do modelo conceitual utilizou-se o seguinte critério:

Tabela 22.1 – Critério utilizado para o preenchimento das matrizes			
Correlação	**Descrição**	**Valor**	**Cor do Nº**
Forte	COM CERTEZA os itens serão diretamente impactados entre si.	9	Vermelho
Média	PROVAVELMENTE os itens estudados serão impactados entre si.	3	Verde
Fraca	HÁ SUSPEITAS de que os itens serão impactados entre si.	1	Azul
Nula	Não há correlação entre os itens.	-	
Proporcionalidade			**Cor da célula**
Fortemente proporcional	Se um item altera, o outro alterará na mesma proporção	9	Branca
Proporcional	Se um item altera, o outro poderá alterar simultaneamente na mesma direção, dependendo das condições atuais ou de outros fatores.	3	Branca
Fortemente inversamente proporcional	Se um item altera o outro, alterará na proporção inversa.	9	Verde-claro
Inversamente proporcional	Se um item altera, o outro poderá alterar simultaneamente na direção oposta, dependendo das condições atuais ou de outros fatores.	3	Verde-claro

As cores atribuídas aos valores das correlações propiciaram visibilidade às matrizes. A proporcionalidade como apresentada na Tabela 22.1 foi utilizada para o preenchimento das matrizes auxiliares, CQPF × CQPF e PCP × PCP. Para as matrizes QE × CQPF e CQPF × CQMP/I, foi utilizado o seguinte critério: proporcionalidade direta – célula branca; proporcionalidade inversa – célula verde-claro. Outra notação utilizada foi a representação de como os valores das especificações das QE, CQPF e CQMP/I deveriam se comportar em função das necessidades da empresa. Esta notação está representada abaixo, na Tabela 22.2.

Tabela 22.2 – Simbologia utilizada para representar o melhor comportamento das QE, CQPF e CQMP.			
Quanto maior melhor	↑	Quanto maior melhor, mas possui um valor-limite superior.	↑̄
Quanto menor melhor	↓	Quanto menor melhor, mas possui um valor-limite inferior.	↓
		Valor especificado em um limite superior e inferior.	↓↑̄

Foi necessário utilizar o critério apresentado acima em função da complexidade desta indústria de materiais que possui muitas variáveis interdependentes, e seus comportamentos não estavam claros para todos os participantes do trabalho. Isto possibilitou uma melhor compreensão destas variáveis e da relação de causa-efeito das mesmas, explicitando os conhecimentos tácitos dos indivíduos.

As matrizes foram preenchidas pelos integrantes do grupo de desenvolvimento e pelos trabalhadores da fábrica em sessões de trabalhos periódicas. Apenas participaram das reuniões as pessoas "chaves", para que os resultados desejados fossem alcançados. Os valores definidos nas correlações e proporcionalidades foram obtidos pelo consenso resultante das discussões dos indivíduos. As matrizes QE × CQPF, CQPF × CQMP e Matriz PCP × PR utilizadas estão representadas nas Figuras 22.5, 22.6 e 22.7.

Qualidade exigida	2º Dir	Físico-químicos			Composição química				Baixa viabilidade	Cor	Grau de importância	Competitividade			Compatibilidade (Expectativa MERZ)	Qualidade planejada			
3º		Reatividade 3	Reatividade 10	Granulometria	CaO t	SiO₂	MgO	P				Fornecedor 1	Cativa	Itaú AZBE		Índice de melhoria	Argumento de venda	Peso absoluto	Peso relativo
Menor variabilidade na cal	↓	3		3	3	3	3	9	9	3	4	3	2	2		2,0	1,5	12,0	11%
Curva granulométrica homogênea	↓↑	3		9					9		3	4	4	3		1,3	1,0	4,0	4%
Baixo tempo de corrida	↓	9		3	9		9		3		5	3	2	1		5,0	1,5	37,5	34%
Menor volume de escória	↓	9		3	9	3	9		3		2	4	2	2		2,0	1,0	4,0	4%
Menor consumo de cal	↓	9	1	3	9	3	9		3		3	4	2	2		2,0	1,5	9,0	8%
Menor consumo de calcário		1	1			3										1,0	1,0	2,0	2%
Otimização da campanha do barulho		9		3	9		9		3	1	4	4	3	2		2,5	1,0		
Baixo percentual de finos na cal	↓	3							3	1	5	5	4	2	5	2,5	1,0	12,5	11%
Baixo percentual de enxofre (S)	↓								3		4	5	3	3	3	1,0	1,0	4,0	4%
Baixo percentual de fósforo (P)	↓							9	3		3	5	4	3	3	1,0	1,0	3,0	3%
Escória líquida (viscosidade)	↑	9		3	9		9		3		2	4	3	2	5	2,5	1,5	7,5	7%
																	Total	110,5	100%

	Reatividade 3	Reatividade 10	Granulometria	CaO t	SiO₂	MgO	P	Baixa viabilidade	Cor	Grau de importância
Peso absoluto	6,7	0,1	2,6	6,3	0,8	6,3	1,...	4,0	0,6	28,6 total
Peso relativo	0,2	0,0	0,1	0,2	0,0	0,2	0,...	0,1	0,0	100%
Mercado				> 50%	< 3%	> 30%	< 0,12%			
Produção cativa	200		0%	%	> 0%	08%				
Valores Itaú/Forno AZBE	190	91%	63%	2%	31%	0,05%		Escura		
Valores expectativa Forno MAERZ	213	220	95%	62%	3%	32%	0,05%		Branca	

Figura 22.5 – Matriz QE x CQPF. 15 linhas/16 colunas.

Com os pesos relativos obtidos para cada item das matrizes, foram construídos gráficos de Pareto com a finalidade de identificar os itens mais importantes aos olhos dos clientes. Aqueles itens que, somados, correspondiam a 80% do valor total foram coloridos de amarelo nas matrizes, sendo dada maior atenção para os mesmos. A Figura 22.8 demonstra o gráfico de Pareto obtido para as QE.

Características de qualidade da matéria-prima e insumos não alteráveis/alteráveis no processo e na mina				Mina/moagem	Processos	Dir	Reatividade Wuhrer 3 min - atrativo ↑	Reatividade Wuhrer 10 min ↑	↓	CaO t ↑̄	SiO2 ↓	MgO ↑̄	P ↓	Baixa viabilidade ↓	Cor	Peso absoluto	Peso relativo	Valores calcário dolomítico
1º	2º	3ª	4º															
			SiO₂	A	NA		3	3		9	9			3		2,08	3,8%	< = 1,71%
			CaO	A	A		9	9		9	1			9		4,02	19,0%	28,6 a 34,3%
			MgO	A	A		9	9		3	1			9		4,02	19,0%	> = 17,14%
			P	A	NA								9	9		0,84	4,0%	< = 0,017%
			Queimabilidade	A	NA		9	9						9		2,55	12,1%	> 70%
			Massa espec. saturada (B)	A	NA		9									0,00	0,0%	
				A	NA		3	9										1,22%
			Absorção de água (B)	A	A											0,00	0,0%	0,45%
			S total	NA	NA		1	1						3	1	0,47	2,2%	< 1%
			Cinzas	NA	NA		1	1			1				3	0,35	1,7%	< = 0,2%
			P total	NA	NA								9	3		0,40	1,9%	< = 10 ppm
			Consumo	A	NA											0,00	0,0%	< = 10%
			PCI	NA	NA		3	3		3		3	3	3		1,63	7,7%	> 8.300 kcal/kg
			C fixo	NA	NA											0,00	0,0%	> 87%
			SiO₂	NA	NA		3	3			3			3		0,90	4,2%	< = 30 ppm
			Finura	A	NA											0,00	0,0%	< 200 mesh (32% min)
																21,16	100%	

	Reatividade Wuhrer 3 min	Reatividade Wuhrer 10 min	CaO t	SiO2	MgO	P	Baixa viabilidade	Cor		
Peso absoluto	7,01	0,65	,28	4,39	0,56	4,39	,73	2,66	1,54	26,22 Total
Peso relativo	19,3%	1,8%	8%	12,1%	1,6%	12,1%	,0%	7,3%	4,2%	72%
Mercado				> 50%	< 3%	> 30%	< 0,12%			
Produção cativa	200			60%	2%	30%	0,08%			
Valores Itaú/Forno AZBE	190			63%	2%	31%	0,05%		Escura	
Valores expectativa Forno MAERZ	213	220		62%	3%	32%	0,05%		Branca	

Figura 22.6 – Matriz CQPF x CQMP. 26 linhas/16 colunas.

Após o preenchimento de todas as matrizes e construção do gráfico de Pareto, construiu-se um pré-padrão de produção, com a finalidade de documentar resumidamente toda a relação de causa-efeito obtida nas matrizes, em função das principais CQPF, para que os pontos críticos do processo recebessem maior atenção antes e no início da produção, além de favorecer uma rastreabilidade mais eficiente para as causas dos possíveis problemas de qualidade do produto, durante o início da produção (ver Figura 22.9).

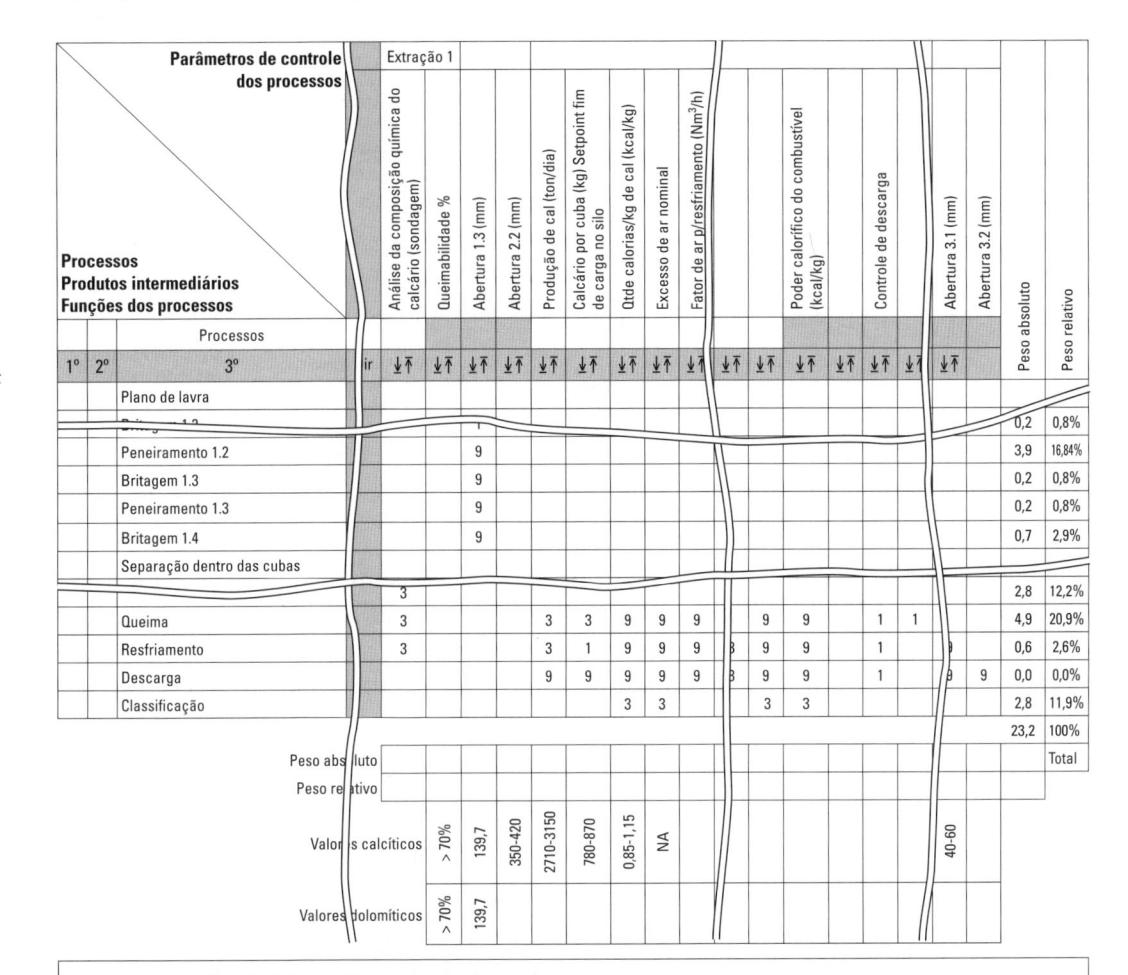

Figura 22.7 – Matriz PCP x PR. 21 linhas/59 colunas.

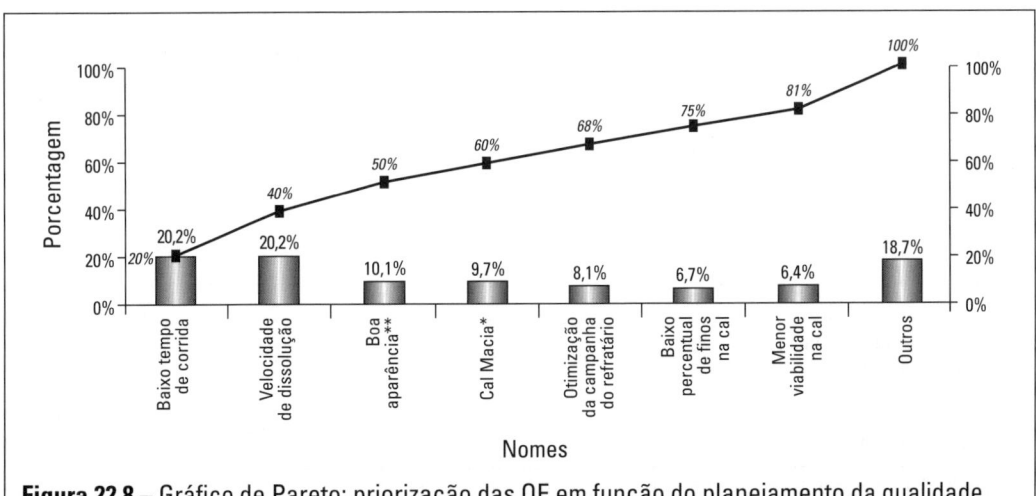

Figura 22.8 – Gráfico de Pareto; priorização das QE em função do planejamento da qualidade.

Principais características de qualidade de produto final	Principais processos e matérias-primas	Principais parâmetros de controle/Características de qualidade da matéria-prima	Valores	Principais caaracterísticas de matérias-primas que interferem nos parâmetros de controle	Principais equipamentos
SiO$_2$	Calcário	SiO$_2$	<= 1,71%		
	Plano de lavra	Análise da composição química do calcário (sondagem)	Conforme especificação por	SiO$_2$, CaO, MgO, Fe$_2$O$_3$, S, P	
		Litotipo do calcário	Máximo 20% mistura	Queimabilidade	
		Análise do pó de perfuratriz	Conforme PO	SiO$_2$, CaO, MgO, Fe$_2$O$_3$, S, P	
Reatividade Wuhrer	dentro das cubas		**Abre**, se fina **fecha**	Curva granulométrica calcário	
		Litotipo do calcário	Máximo 20% mistura	Queimabilidade	
		Qtde. calorias por kg de cal (kcal/kg)	700 (Teórico, diferença entre o calcítico e dolomítico é de 24%)	Calcário: CaO, MgO, queimabilidade, porosidade, curva granulométrica, textura, combustível, umidade, PCI, C fixo, finura	Sistema de dosagem do coque/balança skip/pirômetro
	Pré-aquecimento			Calcário: CaO, MgO, S, queimabilidade, porosidade, curva granulométrica,	

Figura 22.9 – Pré-padrão de produção.

Posteriormente à construção desse pré-padrão, desenvolveu-se um padrão de produção mais elaborado, já com o processo de produção do novo produto em sua fase inicial. Definiu-se que o padrão iria conter as principais informações para produção, podendo citar outros documentos como padrões operacionais (POs), se necessário. Neste, realizou-se uma análise do grau de criticidade das características de qualidade do produto final e características de qualidade das matérias-primas. A Figura 22.10 mostra os critérios utilizados para o grau de criticidade.

Critério	Sigla	Condições	Pontuação
Segurança	S	A falha nesta característica compromete vidas humanas?	sim: 9/não: 0
Qualidade exigida	Q	Construir o gráfico de Pareto para os pesos relativos. Em função da porcentagem acumulada dos itens obtidos no gráfico, fazer a seguinte qualificação:	
		Se o item estiver entre os 60% mais importantes: Grande importância.	9
		Se o item estiver entre os 60% e 80% mais importantes: Média importância.	3
		Se o item estiver entre os 80% e 100% mais importantes: Menor importância.	1
Problemas no passado	P	Muito frequente	9
		Pouco frequente	3
		Raro	1
		Inexistente	0
Novo item	N	Sim	3
		Não	0
Necessidade de testes antes da produção em escala	T	Sim	3
		Não	0
A empresa possui forma de controle sobre o item	C	Sim	0
		Não	9

Figura 22.10 – Critérios utilizados para o grau de criticidade.

22.5. Resultados

Segundo o coordenador de qualidade, líder do projeto, todas as especificações requeridas pelo cliente foram atendidas. Esses dados foram comprovados pela análise realizada sobre os gráficos de controles construídos para as principais características de qualidade do produto final. O gráfico construído para uma das características está demonstrado na Figura 22.11.

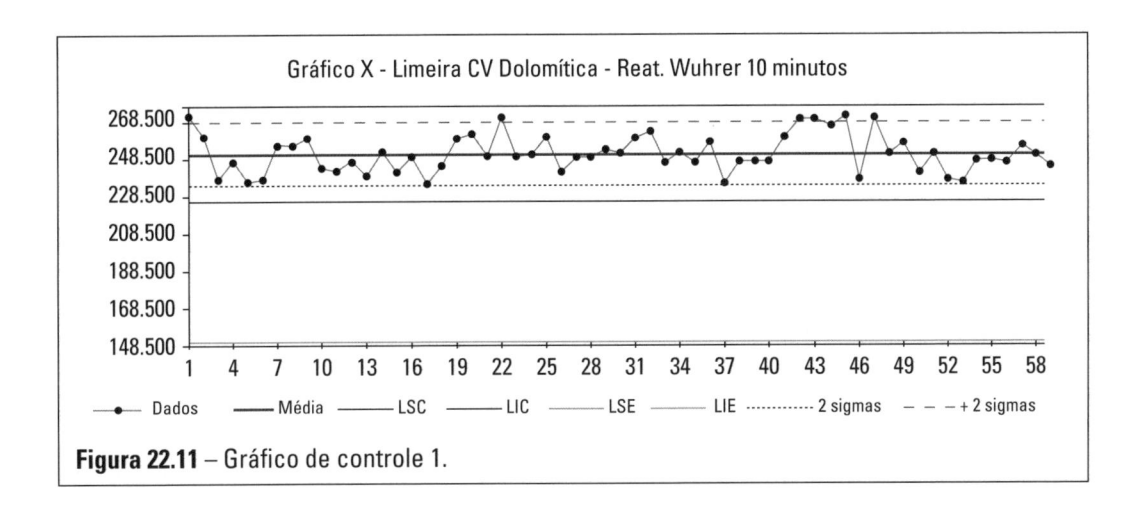

Figura 22.11 – Gráfico de controle 1.

Além disso, a empresa já havia produzido cal dolomítica, mas a perda de material ficava em torno de 40%, o que inviabilizava sua produção. Com a implementação deste estudo, a perda da produção atual está entre 0 e 5%. Segundo o coordenador, este ganho foi possível em função do entendimento da relação de causa-efeito entre as variáveis do processo produtivo, proporcionado pelo QFD. "(...) Antes não nos preocupávamos com a diferença do litotipo de calcário que entrava no processo de calcinação. Hoje, é utilizado um litotipo por batelada de produção! (...)"

Outros resultados alcançados foram: maior conhecimento das equipes de produção (operação e supervisão) sobre o impacto do processo na qualidade final do produto; conhecimento da aplicação da cal e suas funções dentro do processo siderúrgico; vários conhecimentos intangíveis foram explicitados e agregados aos padrões de operação; satisfação interna dos profissionais da fábrica com a qualidade do produto e sucesso do projeto; e replicação do projeto para outros produtos da empresa. Um ponto negativo do trabalho foi a não identificação do problema de crepitação do novo forno. Talvez, se o trabalho tivesse sido realizado também sobre o desdobrado da qualidade negativa (Akao, 1996), este problema teria sido evitado e/ou resolvido mais rapidamente.

22.6. Conclusões

O QFD foi aplicado com sucesso na indústria de materiais para a finalidade de garantia da qualidade na fase de preparação para produção, apesar das particularidades desse segmento: (1) restrição imposta pelas formações geológicas da natureza (calcário); (2) pouca ou quase inexistência de inovações de produto; (3) baixo valor agregado dos produtos; (4) alto investimento em infraestrutura física; (5) inovação de processo já incorporada aos equipamentos; e (6) forte aceleração do processo de automação dos equipamentos.

No processo de aplicação do QFD, conforme relatado anteriormente, o grupo buscou por várias vezes novos conhecimentos sobre a produção da cal por intermédio de bibliografias e treinamento. No início do projeto havia uma crença de que não haveria grandes acréscimos ao conhecimento já cristalizado na empresa. Entretanto, pela característica própria do método que induz à troca do conhecimento tácito entre os envolvidos, busca da confirmação destes e também de novos conhecimentos em base conceitual-teórica, houve um salto na acumulação final.

Foi preciso fazer o processo de extração invertida e posteriormente a convencional, criando um processo de vaivém, pelas particularidades de a empresa ser uma produtora de materiais, onde o cliente especifica as características de qualidade do produto, ao invés das qualidades exigidas. Nessas circunstâncias, foi necessário, e importante para a empresa, compreender as reais necessidades do seu cliente, fazendo o modelo conceitual do produto do aço para alimentar o modelo conceitual da cal.

REFERÊNCIAS BIBLIOGRÁFICAS

AKAO, Y. *Introdução ao Desdobramento da Qualidade*. Vol. 1. Belo Horizonte: Editora Fundação Christiano Ottoni. 1996. 187 p.

CHENG, L. C. *et al*. *QFD - Planejamento da Qualidade*. Belo Horizonte: Fundação Christiano Ottoni, 1995.

MELO FILHO, L. D. R. Aplicação do Método QFD em uma Indústria de Materiais: Desdobramento da Qualidade Positiva e da Tecnologia do Processo de Fabricação com o Auxílio da Técnica de Planejamento e Análise de Experimentos. *Dissertação Submetida ao Programa de Pós-graduação em Engenharia de Produção*. Belo Horizonte: Universidade Federal de Minas Gerais - UFMG. 2005.

APLICAÇÃO DO QFD NO REPRO-JETO DA CAL HIDRATADA POR INTERMÉDIO DOS DESDOBRA-MENTOS DA QUALIDADE E DA TECNOLOGIA COM AUXÍLIO DA TÉCNICA DE PLANEJAMENTO E ANÁLISE DE EXPERIMENTOS

Leonel Del Rey de Melo Filho
Lin Chih Cheng

23.1. Introdução

Este trabalho foi desenvolvido pela mesma empresa do caso anterior (Capítulo 22), que pertencia (até aquele momento) a um dos maiores grupos industriais privados do país, de capital nacional, a VOTORANTIM.

Neste projeto, o produto desenvolvido foi um tipo de cal hidratada, chamada pela empresa de cal hidratada especial (CH), ou CaPLUS, que é especificada por sua composição química, estrutura física e características físico-químicas. Esta seria fornecida também a um cliente único, que a utilizaria na produção de hipoclorito de cálcio. Este último é destinado ao tratamento de água, piscina, consumo humano, e para fins industriais; utilizado pelas principais empresas de tratamento de água do Brasil e por indústrias dos mais diversos segmentos. Desenvolveu-se o projeto em função de um desejo do cliente, para que a densidade do produto (CH) fosse aumentada, sem prejuízo das outras características. A empresa entendeu que seria importante uma análise sistêmica, e não pontual, de seu produto, e decidiu-se por utilizar o método QFD para reprojetar o produto existente. A experiência de sucesso adquirida no projeto anterior também influenciou na escolha desse método para o novo projeto. Assim, neste projeto o QFD foi aplicado para auxiliar a garantia da qualidade de um produto durante seu o reprojeto. A Figura 23.1 representa o macrofluxo de produção da CH.

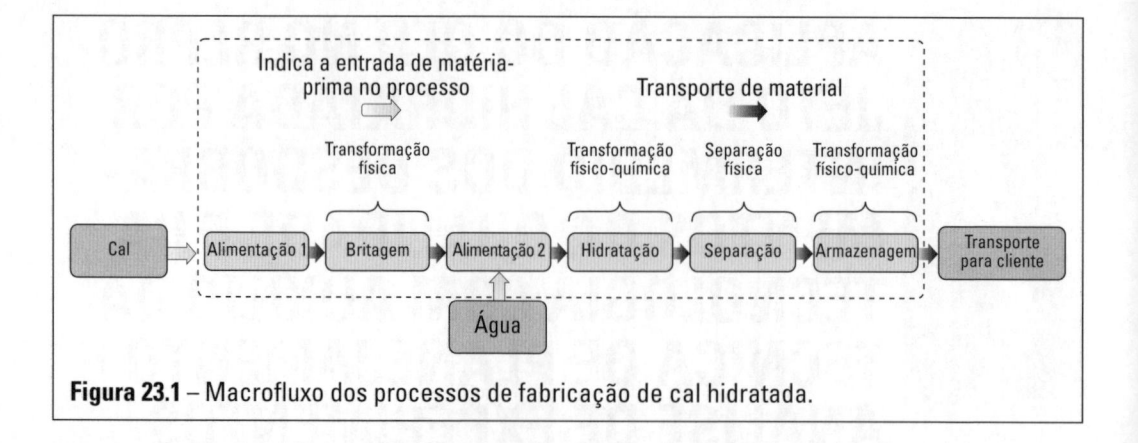

Figura 23.1 – Macrofluxo dos processos de fabricação de cal hidratada.

23.2. Objetivo

Os objetivos da empresa no projeto foram:

Objetivo Geral:

- Adequar o produto cal hidratada especial (CH - CaPLUS) à qualidade exigida do cliente.

Este objetivo geral foi estratificado em objetivos específicos, listados abaixo:

- Traduzir as verdadeiras necessidades do cliente para o processo produtivo.

- Adequar as características de qualidade do produto final, das matérias-primas, dos produtos intermediários, dos processos e parâmetros de controle às necessidades do cliente.

- Transformar conhecimentos tácitos em conhecimentos explícitos;

- Maximizar o rendimento do processo.

- Levantar as possíveis alterações no processo produtivo, equipamentos e parâmetros de controle, que poderiam, principalmente, melhorar as características do produto final aos olhos do cliente; e avaliar o possível impacto que tais alterações poderiam causar nos índices de controle do processo, durante o reprojeto do produto.

- Alterar características do processo produtivo em função das informações obtidas.

Os dois primeiros objetivos específicos da empresa relacionam-se mais com as exigências do cliente externo; enquanto os quatro últimos, mais com a qualidade exigida interna. O cliente externo é aquele que comprará o produto, o interno é aquele que fabricará o produto, no caso, a empresa. Assim, nesse projeto, houve uma clara distinção entre cliente externo e interno. No projeto anterior, também havia exigências de ambos os clientes, mas não foi importante distingui-las.

23.3. Tempo de Duração e Equipe

O trabalho teve a duração de seis meses, e foi desenvolvido por um grupo interfuncional de sete pessoas, com uma dedicação maior do líder do grupo, de em torno de 20 horas semanais. As áreas funcionais participantes foram: Qualidade, Produção, Processo, P&D e Assistência a Clientes, Comercial. Outras pessoas, num total de três além do grupo principal, participaram das sessões de trabalho e treinamentos.

23.4. Aplicação do Método QFD

QFD foi aplicado no reprojeto de um produto, e realizaram-se dois desdobramentos: qualidade(DQ) e tecnologia(DT). Esse último é chamado de tecnologia do processo de fabricação. Vale a pena ressaltar que se realizou o DT em função de um **gargalo tecnológico** já identificado no início do projeto, o aumento da densidade da CH sem o prejuízo das outras características, que era o desejo do cliente. Estabeleceram-se os objetivos do trabalho em função deste desejo. O modelo utilizado nesse trabalho está apresentado na Figura 23.2.

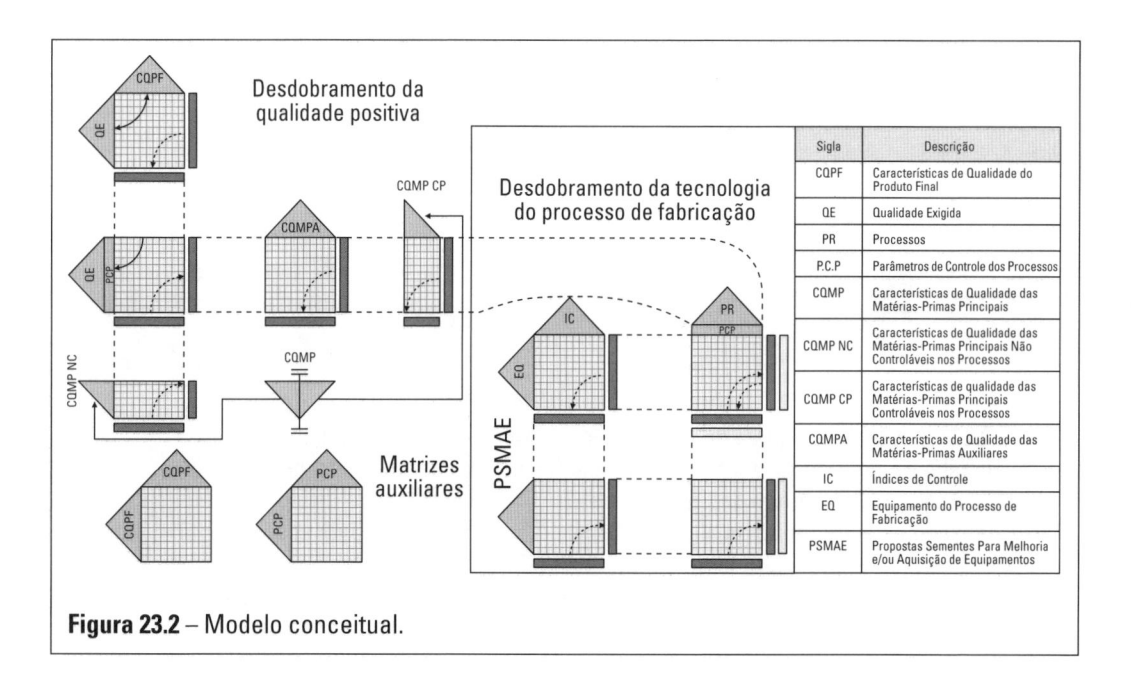

Figura 23.2 – Modelo conceitual.

Como relatado, nesse projeto houve uma distinção entre cliente externo e interno. O cliente externo é aquele que comprará o produto, e suas exigências estão no mundo da qualidade positiva, na tabela das qualidades exigidas. Enquanto o interno é aquele que fabricará o produto, no caso a empresa, e suas exigências estão no mundo da tecnologia, na tabela de índice de controle (IC). Estes últimos são: produtividade, disponibilidade e rendimento.

O formato desse modelo permitiu ao trabalho as seguintes análises. Alterando um parâmetro de controle com a finalidade de melhorar uma(s) característica(s) de qualidade do produto final (DQ), será necessário alterar alguma(s) característica(s) dos equipamentos do processo, o que poderá afetar os índices de controle de produção (DT). Por consequência se for importante alterar alguma característica de equipamento(s), durante o reprojeto do produto, com a finalidade de melhorar algum IC, algum(ns) parâmetro(s) de controle também poderá(ão) ser alterado(s), o que poderá afetar as CQPF. Estes procedimentos estão representados nas Figuras 23.3(a) e 23.3(b).

Para que algum parâmetro de controle fosse alterado durante o reprojeto do produto, tanto objetivando alteração(ões) de CQPF e/ou por consequência IC, e vice-versa, é necessário que alguma(s) característica(s) de equipamento(s) seja(m) alterada(s), o que partiria de ações originadas do mundo da tecnologia do processo de fabricação. A Figura 23.3(c) representa a relação de efeito e causa desse procedimento de análise.

Esses procedimentos apresentados forneceram uma análise de vaivém entre os dois mundos, durante o reprojeto do produto, o que robusteceu o modelo conceitual, e também aumentou a troca de conhecimento entre as pessoas do grupo de desenvolvimento.

Não foi desenvolvido o modelo conceitual do cliente, como ocorreu no projeto anterior, pois o processo produtivo do hipoclorito de cálcio é um segredo do fabricante, que não mostrou interesse em revelá-lo.

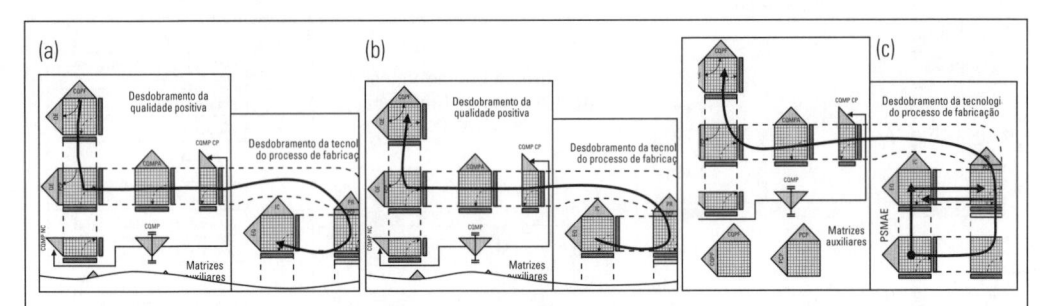

Figura 23.3 – (a) Representação de um possível efeito no IC causado pela alteração de algum(s) parâmetro(s) de controle em função da necessidade de alterar alguma(s) característica(s) de qualidade do produto final. (b) Representação de um possível efeito nas CQPF causado pela alteração de algum(ns) parâmetro(s) de controle de equipamento(s) em função da necessidade de alterar algum(ns) IC. (c) Representação dos possíveis efeitos causados por ações de mudanças em características de equipamentos do processo produtivo durante o reprojeto do produto.

Preenchimento das matrizes deste projeto - Foram utilizadas duas formas de preenchimento das matrizes. A primeira seguiu a forma utilizada no projeto I (anterior), baseada no consenso da equipe. A segunda baseou-se em algumas análises comparativas realizadas entre resultados obtidos da aplicação da técnica planejamento e análise de experimentos, e o obtido no primeiro procedimento, que será apresentada posteriormente.

As matrizes QE × CQPF, CQPF × Pr.PCP, IC × EQ e Matriz EQ × Pr. PCP estão representadas nas Figuras 23.4, 23.5, 23.6 e 23.7.

CQPF 1°	2ª	3ª	DIR	Reatividade			Granulometria			Composição química								Qualidade planejada					
QE				Reatividade	Inatividade a reação	Reação lenta	Retido Pen. 200#	Retido Pen. 325#	Cone Inhoff	Ca(OH)$_2$	CaO não hidratada	Umidade	Cor	Material orgânico	Densidade	Grau de importância	Itaú atual	Itaú projeto	Índice de melhoria	Argumento de vendas	Peso absoluto	Peso relativo
Baixa variabilidade na cal			↓		3						3			3		3	3	3	3	1,00	1,0	3,0	6%
Baixa variação no peso do produto			↓											9		1	4	4	4,00	1,5	6,0	12%
Baixa umidade da cal (s/aglomerados)			↓					3		3			9			3	4	4	1,00	1,0	3,0	6%
Baixa variabilidade na fluidez			↑					3	3				9			9	3	3	3	1,00	1,0	3,0	6%
Alto teor de Ca(OH)$_2$			↑	9	9	3		1	1		9		3				4	4	5	5	1,00	1,5	6,0	12%
																				1,00	1,0	1,0	2%
Mais branca possível			↑											9			3		5	5	1,00	1,5		
Ausência de resíduos escuros			↑					9	9	9				3		9	5		5	5	1,00	1,5	7,5	15%
Densidade			↑					9	9							9	5		2	4	2,00	1,5	15,0	31%
																			Total			49,0	100%

Peso absoluto: 1,89 | 3,00 | 0,63 | 5,26 | 5,38 | 1,97 | 1,42 | 20 | 0,63 | 0,79 | 1,05 | 0,13 | 4,54 | 33,84 Total

Peso relativo: 5,6% | 8,9% | 1,9% | 15,5% | 15,9% | 5,8% | 4,2% | 0% | 1,9% | 2,3% | 3,1% | 0,4% | 13,4% | 100%

Especificação para compra: 3,00 | | | 0,50% | 3,00% | | | | | | NE | NE | ME

Média (2003) - %: 0,36 | 1,60 | 0,02 | | 1,06 | | 0,37

Desvio padrão (2003) - %: 0,03 | 0,09 | 0,03 | 0,35 | | 0,03 | 0,83 | 0,04

BC
Valores Itaú - Expectativa
Desvio padrão meta

Figura 23.4 – Matriz QE x CQPF. 12 linhas/24 colunas.

CQPF 1°	2ª	DIR	Reatividade			Granulometria			Densidade	Peso absoluto	Peso relativo	Fa			Vr		Valores atuais		
Pr. PCP 1°	2°		Reatividade	Inatividade a reação	Reação lenta	Retido Pen. 200#	Retido Pen. 325#	Cone Inhoff				FA	FE	FM	VA	VP	Operação	Críticos	Valores ótimos
Alimentação 1	Fluxo na correia de alimentação (abertura na comporta (mm))									0,0	0%								
Britagem	Abertura do britador (mm)		3							0,3	1%						0-12 mm		
Alientação 2	Velocidade da válvula de alimentação do CVC (rpm)					3	3			1,5	5%						8 rpm		
	Fluxo de água (L/h)		9		9				3	1,8	6%								
	Temperatura da água de entrada (°C)		1		1					0,1	0%								
Hidratação	Corrente do pré-hidratador (A)									0,0	0%						12-18 A		
	Corrente do hidratador (A)		9	3	9					0,9	3%						23-24 A	29 A	
	Corrente da rosca de transferência de material hidratado (A)									0,0	0%								
	Tempo de residência na hidratação		3		3				9	1,8	6%								
Separação	Vazão de ar no separador dinâmico secundário (Nm³/h)									0,0	0%								
	Vazão de ar no separador dinâmico primário (Nm³/h)		9	9	3	9	9	9	9	6,7	24%								
	Rotação do separador (rpm)		9	9	3	9	9	9	9	6,7	24%								
	Abertura das palhetas do separador (%)		9	9	3	9	9	9	9	6,7	24%								
	Ciclobagem - vazão de exaustão (Nm³/h)									0,0	0%								
	Ciclobagem - vazão de alimentação (Nm³/h)									0,0	0%								
Armazenagem	Tempo de maturação		3		3				9	1,8	6%								
										28,4	100%								

Peso absoluto: 1,89 | 3,00 | 0,63 | 5,26 | 5,38 | 1,97 | 4,54 | 33,84 Total

Peso relativo: 5,6% | 8,9% | 1,9% | 15,5% | 15,9% | 5,8% | 13,4% | 100%

Especificação para compra: 3,00 | | | 0,50% | 3,00% | | ME

Figura 23.5 – Matriz CQPF x Pr.PCP. 16 linhas/24 colunas.

EQ 1º	EQ 2º	Disponibilidade ↑	Rendimento ↑	Produtividade ↑	Peso absoluto	Peso relativo
Alimentação 1	Comporta (controle de fluxo)				0,0	0,0%
	Correia transportadora				0,0	0,0%
					0,7%	
Britagem	Elevador de canecas de CV	3			0,6	0,17%
	Silo de armazenagem de CV				0,0	0,0%
Alientação 2	Válvula rotativa de CV	9		9	6,1	7,0%
	Reservatório de água	9			1,8	2,0%
	Lavador de gás	9		3	3,2	3,7%
HIdratação	Hidratador primário	9		9	6,1	7,0%
	Hidratador secundário	9		9	6,1	7,0%
	Válvula rotativa CH 1	3		9	4,9	5,7%
	Ventilador				3,0	8,2%
	Válvula		3	3	2,4	
Separação	Separador dinâmico	9	9	9	9,0	10,4%
	Cilclone				0,0	0,0%
	Válvula rotativa CH 4	3		9	4,9	5,7%
	Elevador de canecas CH	3		9	4,9	5,7%
Armazenagem	Silo de armazenamento CH			9	4,3	5,0%
					86,2	100%

Critérios de priorização					
	Valor agregado ao produto	1	5	3	
	Custo fixo diluído	3	0	5	
	Capacidade de produção	5	0	3	
	Peso dos IC	1	3	2	Total
	Total/Peso absoluto = soma (valores x pesos)	9	15	22	46
	Peso relativo	20%	33%	48%	100%

Valor dos critérios/IC		
	Forte influência	5
	Média influência	3
	Fraca inlfuência	1
	Sem influência	0

Figura 23.6 – Matriz IC X EQ. 24 linhas/3 colunas.

EQ 1º	EQ 2º	Fluxo na correia de alimentação	Abertura do britador (mm)	Velocidade da válvula de alimentação de CVC	Fluxo de água (L/h)	Temperatura da água de entrada (°C)	Corrente do pré-hidratador (A)	Corrente do hidratador (A)	Corrente de rosca de transferência de material	Tempo de residência na hidratação	Vazão de ar no separador dinâmico	Vazão de ar no separador dinâmico	Rotação do separador (rpm)	Abertura das palhetas do separador (%)	Ciclobagem - Vazão de exaustão (Nm³/h)	Ciclobagem - Vazão de alimentação (Nm³/h)	Tempo de maturação	Peso absoluto Índices de controle	Peso relativo Índices de controle	Peso absoluto da qualidade do protuto	Peso relativo da qualidade do produto
	Comporta (controle de fluxo)	9																0,0	0,0%		
	Correia transportadora	3																0,0	0,0%	0,0	0,0%
	Britador	9	9		9		9	9		1							1	0,6	0,7%	1,1	1,0%
	Elevador de canecas de CV	9																0,6	0,7%	0,0	0,0%
	Silo de armazenagem de CV	1																0,0	0,0%	0,0	0,0%
	Válvula rotativa de CV			9	9		9	9	9	9	3	3	9	9			9	6,1	7,05	7,4	7,0%
	Reservatório de água				9													1,8	2,0%	0,6	0,5%
	Lavador de gás				9	1	1		1								1	3,2	3,7%	0,2	0,2%
	Hidratador primário			9	9	9		9	9	9	9	9	9				9	6,1	7,0%	8,6	8,1%
	Hidratador secundário			9	9	9		9	9	9	9	9	9				9	6,1	7,0%	8,9	8,4%
	Ventilador			3	3						9	9	9	9	9	9		7,0	8,2%	6,7	6,5%
	Válvula borboleta			1	1						9	9	9	9	9	9		2,4	2,8%	6,5	6,1%
	Separador dinâmico			9	9						9	9	9	9			9	9,0	10,4%	8,0	7,5%
	Cilclone																	0,0	0,0%	0,0	0,0%
	Válvula rotativa CH 4			9	9						9	9	9					4,9	5,7%	7,4	7,0%
	Elevador de canecas CH			9							9	9	9					4,9	5,7%	6,8	6,5%
	Silo de armazenagem CH				1												9	4,3	5,0%	0,6	0,6%
																		86,2	100%	105,8	100%

Peso absoluto da qualidade do produto	0,0	0,3	1,5	1,8	0,1	0,0	0,9	0,0	1,8	0,0	6,7	6,7	6,7	0,0	0,0	1,8	28,4	Total
Peso relativo da qualidade do produto	0%	1%	5%	6%	0%	0%	3%	0%	6%	0%	24%	24%	24%	0%	0%	6%	100%	
Peso absoluto Índices de controle	0,12	0,06	4,64	4,09	1,60	1,36	1,36	2,41	1,94	4,94	4,94	5,36	5,36	0,99	0,99	3,33	43,49	Total
Peso relativo Índices de controle	0%	0%	11%	9%	4%	3%	3%	6%	4%	11%	11%	12%	12%	2%	2%	8%	100%	

Figura 23.7 – Matriz EQ X Pr. PCP. 24 linhas/16 colunas.

Com os pesos relativos obtidos para cada item das matrizes foram construídos gráficos de Pareto. Dois dos gráficos estão demonstrados abaixo, nas Figuras 23.8 e 23.9.

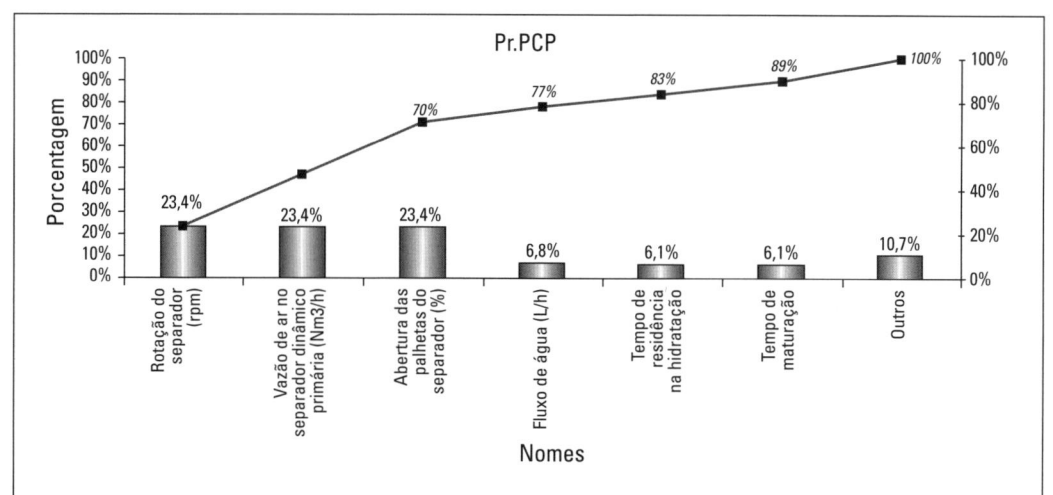

Figura 23.8 – Gráfico de Pareto da priorização dos Pr.PCP em função dos pesos das CQPF obtidas no mundo da qualidade positiva.

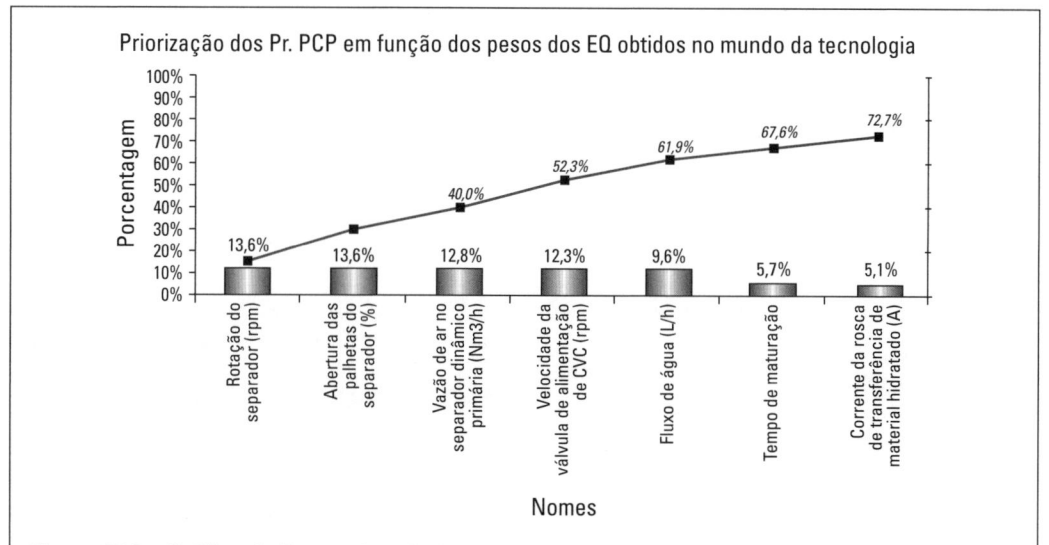

Figura 23.9 – Gráfico de Pareto da priorização dos Pr.PCP em função dos pesos dos EQ obtidos no mundo da tecnologia do processo de fabricação.

Planejamento e análise de experimentos auxiliar ao QFD

Objetivando identificar os possíveis fatores que afetam uma característica de qualidade do produto final, densidade, e definir as propostas sementes para melhoria e/ou aquisição de equipamento, foram realizados experimentos em laboratório. O primeiro objetivo relacionou-se com a definição de correlações no mundo da qualidade, enquanto o segundo relacionou-se com a definição de ações sobre os equipamentos no mundo da tecnologia (ver Figura 23.2). Foram realizados três experimentos e cinco análises dos dados. Neste relato, serão apresentadas partes do terceiro experimento e duas de suas análises.

Definição dos fatores e objetivos do experimento - Os fatores foram os parâmetros de controle: tempo de maturação(TM), tempo de hidratação(TH) e as matérias-primas, nomeadas de tipos de cais. Os objetivos do experimento foram:

- Analisar se o tempo de hidratação afeta a densidade;
- Analisar se o tempo de maturação afeta a densidade;
- Analisar se diferentes tipos de cais afetam a densidade.

Para os fatores TM e TH foram analisados dois níveis, para três diferentes tipos de cais. Os fatores e seus níveis utilizados estão mostrados na Tabela 23.1. Não se realizaram réplicas em função da restrição de recursos.

Tabela 23.1 - Fatores e níveis de análise.

Fator 1 - Tipo de cal		Fator 2 - Tempo de hidratação			Fator 3 - Tempo de maturação		
				Valor (min)			Valor (h)
Nível 1	705 F2(Azbe) Lenha						
Nível 2	705 F5(Maerz) Coque	Nível 1	15 min	15	Nível 1	Sem maturação	0
Nível 3	725 F3(Maerz) Coque	Nível 2	60 min	60	Nível 2	Com maturação	48

Tipo de análise escolhida e resultados dos experimentos – O experimento escolhido foi o **Fatorial Sem Réplicas**.

Os resultados obtidos estão mostrados na Tabela 23.2 abaixo.

Tabela 23.2 – Resultados.

Cal: Branco Forno e matriz energética			Tempo de hidratação (min)	Tempo de maturação (h)	Densidade 1 (g/mℓ)	Densidade 2 (g/mℓ)	Densidade 3 (g/mℓ)	Densidade média (g/mℓ)
705	F2 (Azbe)	Lenha	15	0	0,398	0,399	0,395	0,398
				48	0,396	0,401	0,415	0,404
			60	0	0,407	0,408	0,400	0,405
				48	0,419	0,422	0,408	0,416
705	F5(Maerz)	Coque	15	0	0,399	0,410	0,396	0,402
				48	0,411	0,412	0,417	0,413
			60	0	0,399	0,390	0,399	0,396
				48	0,419	0,422	0,426	0,422
725	F3(Maerz)	Coque	15	0	0,386	0,392	0,406	0,394
				48	0,405	0,411	0,420	0,412
			60	0	0,398	0,404	0,400	0,401
				48	0,418	0,431	0,428	0,425

Análise dos dados - realizaram-se duas análises dos dados

ANÁLISE 1

Como não houve réplicas, será desprezada a interação entre os três fatores, a qual será tratada como fonte de erro, com dois graus de liberdade. Realizou-se uma análise da variância dos resultados, que está mostrada abaixo.

```
Analysis of Variance for R - Dens, using Adjusted SS for Tests

Source                DF    Seq SS      Adj SS      Adj MS        F       P
Tipo cal               2  0,0000152   0,0000152   0,0000076    1,00   0,500
T. Hidra               1  0,0001470   0,0001470   0,0001470   19,38   0,048
T. Matur               1  0,0007680   0,0007680   0,0007680  101,27   0,010
Tipo cal*T. Hidra      2  0,0000455   0,0000455   0,0000227    3,00   0,250
Tipo cal*T. Matur      2  0,0000875   0,0000875   0,0000437    5,77   0,148
T. Hidra*T. Matur      1  0,0000563   0,0000563   0,0000563    7,43   0,112
Error                  2  0,0000152   0,0000152   0,0000076
Total                 11  0,0011347
```

Figura 23.10 – Análise de variância dos resultados/Análise 1.

As suposições do modelo utilizado para análise (Modelo de Efeitos Fixos) foram verificadas e aceitas. Para maiores informações ver Melo Filho (2005).

Os valores-p do fator 1 e das interações entre os fatores 1×2, 2×3 e 1×3 são maiores que 0,05. Assim, não influenciariam na densidade da cal. Já os valores-p para os fatores 2 (tempo de hidratação) e 3 (tempo de maturação) são menores que 0,05. Assim, influenciariam na densidade da cal (ver Figura 23.10).

O gráfico dos efeitos principais, Figura 23.11 abaixo, como também verificado na análise de variância 2, mostra que tanto o fator 2 como o 3 influenciam na densidade, mas o tempo de maturação influenciaria mais que o de hidratação.

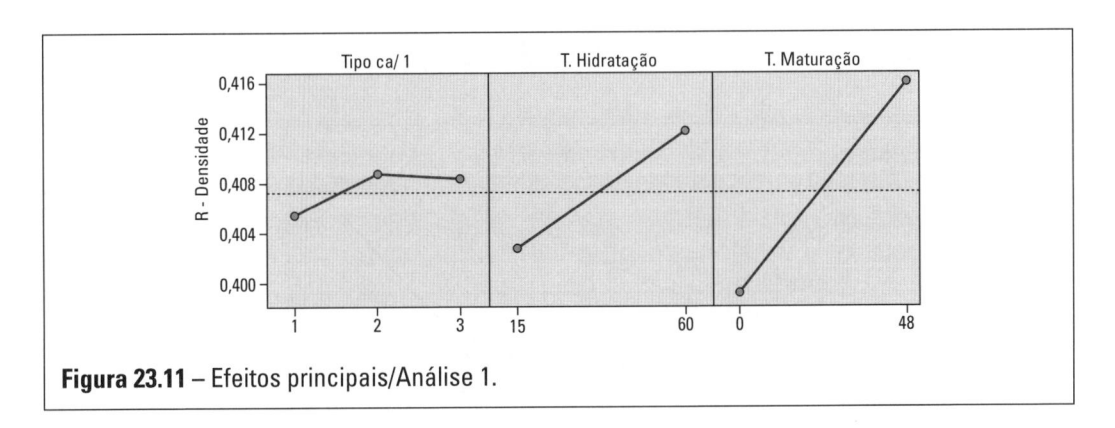

Figura 23.11 – Efeitos principais/Análise 1.

Como, estatisticamente verificado por meio da análise de variância 1, o fator tipo de cal e suas interações com os outros fatores não influenciam na densidade, decidiu-se realizar outra análise desprezando o efeito desse fator, considerando que haveria três réplicas dos experimentos.

ANÁLISE 2

Em função da não utilização do efeito do Tipo Cal, utilizou-se outro tipo de análise do experimento, que foi a Fatorial – 2^2 com três réplicas.

Realizou-se uma análise da variância dos resultados, que está mostrada na Figura 23.12.

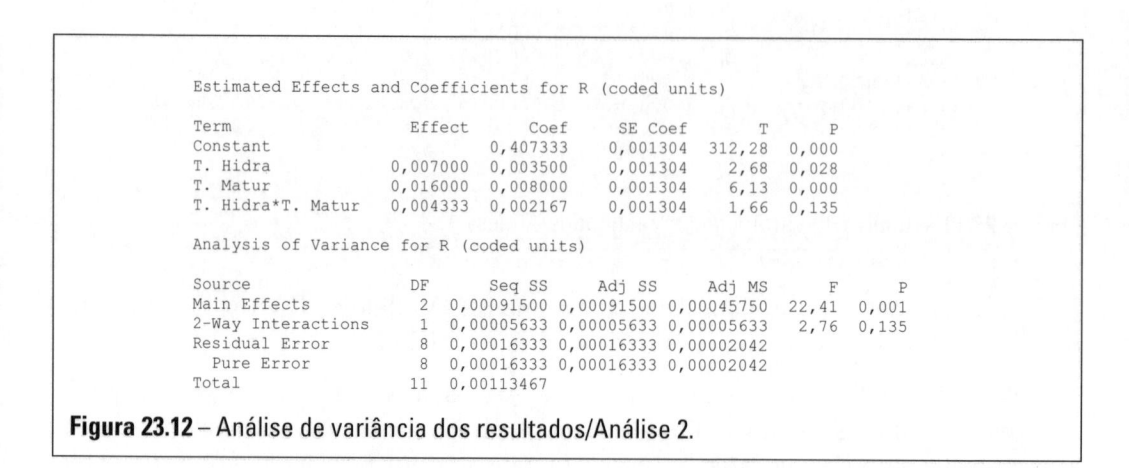

```
Estimated Effects and Coefficients for R (coded units)

Term                  Effect      Coef      SE Coef        T       P
Constant                        0,407333    0,001304   312,28   0,000
T. Hidra            0,007000    0,003500    0,001304     2,68   0,028
T. Matur            0,016000    0,008000    0,001304     6,13   0,000
T. Hidra*T. Matur   0,004333    0,002167    0,001304     1,66   0,135

Analysis of Variance for R (coded units)

Source              DF      Seq SS       Adj SS       Adj MS       F       P
Main Effects         2   0,00091500   0,00091500   0,00045750   22,41   0,001
2-Way Interactions   1   0,00005633   0,00005633   0,00005633    2,76   0,135
Residual Error       8   0,00016333   0,00016333   0,00002042
  Pure Error         8   0,00016333   0,00016333   0,00002042
Total               11   0,00113467
```

Figura 23.12 – Análise de variância dos resultados/Análise 2.

Os valores-p dos dois fatores são menores que 0,05, assim, influenciariam na densidade do produto. Mas o valor-p da interação é maior que 0,05, portanto não influenciaria na variável resposta. Essas foram as mesmas conclusões obtidas anteriormente na análise 1.

Nessa análise 2, o efeito atribuído ao tempo de maturação foi maior que o dobro do atribuído ao tempo de hidratação para os níveis avaliados.

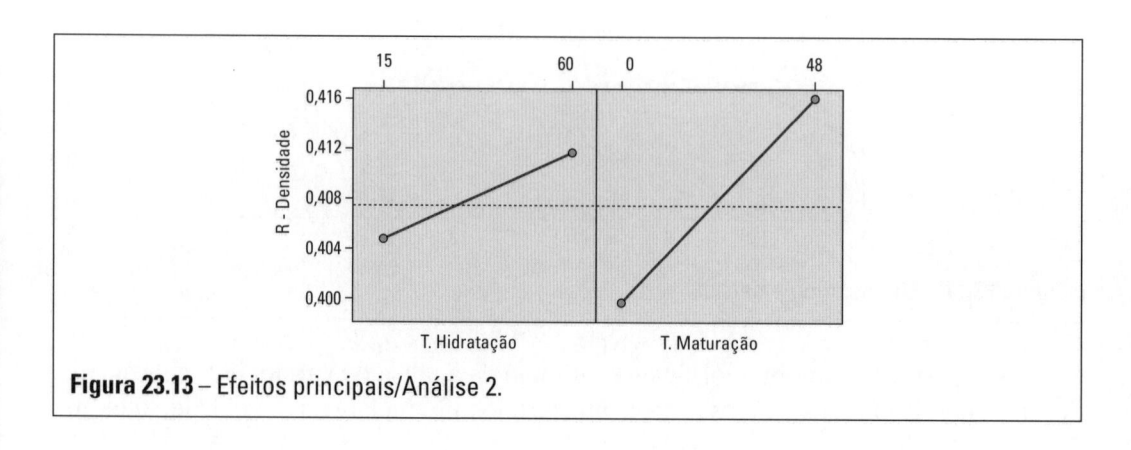

Figura 23.13 – Efeitos principais/Análise 2.

A análise do gráfico dos efeitos principais, Figura 23.13, reforça a interpretação realizada sobre a análise de variância. Mesmo não sendo as interações totalmente paralelas, como apresentado pela Figura 23.14(a), estatisticamente pode-se considerar que não há interação entre os fatores, em função da análise de variância 2. A densidade foi maior quando o tempo de hidratação foi de 60 min e o tempo de maturação de 48 horas, assim como na análise 1. A Figura 23.14(b) reforça esta análise.

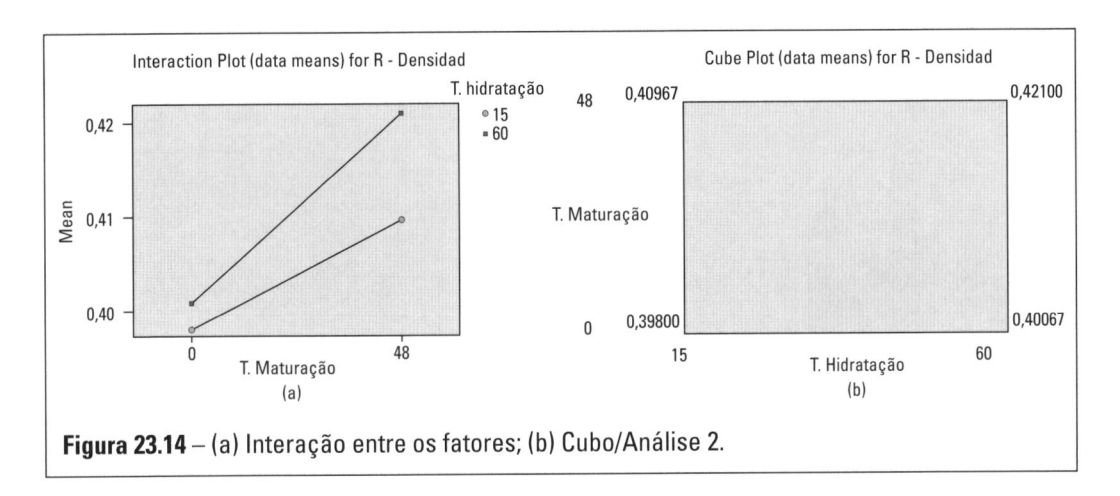

Figura 23.14 – (a) Interação entre os fatores; (b) Cubo/Análise 2.

Foram construídos os gráficos: curva de resposta e superfície de resposta, para que a equipe pudesse utilizá-los como fonte de análise para escolha de outros níveis, para outros experimentos realizados em laboratório, como também fornecer uma ideia de como as variações dos fatores poderiam influenciar a densidade do produto no processo real, servindo como base inicial para uma otimização do processo produtivo. Esses estão mostrados na Figura 23.15.

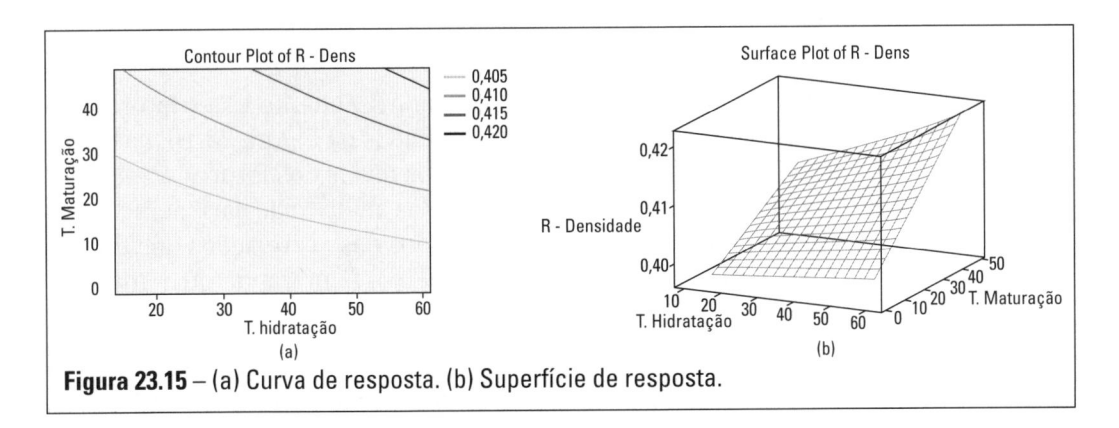

Figura 23.15 – (a) Curva de resposta. (b) Superfície de resposta.

Como quanto maior a densidade melhor, as faixas de valores a serem analisadas em outros experimentos seriam para os valores maiores de tempo de hidratação e maturação.

A Figura 23.16 abaixo é uma representação esquemática de onde o planejamento de experimentos se encaixaria no modelo conceitual. Durante as reuniões, realizadas antes dos experimentos, definiu-se em consenso que, com certeza, os parâmetros de controle tempo de hidratação e maturação afetariam a densidade da cal hidratada.

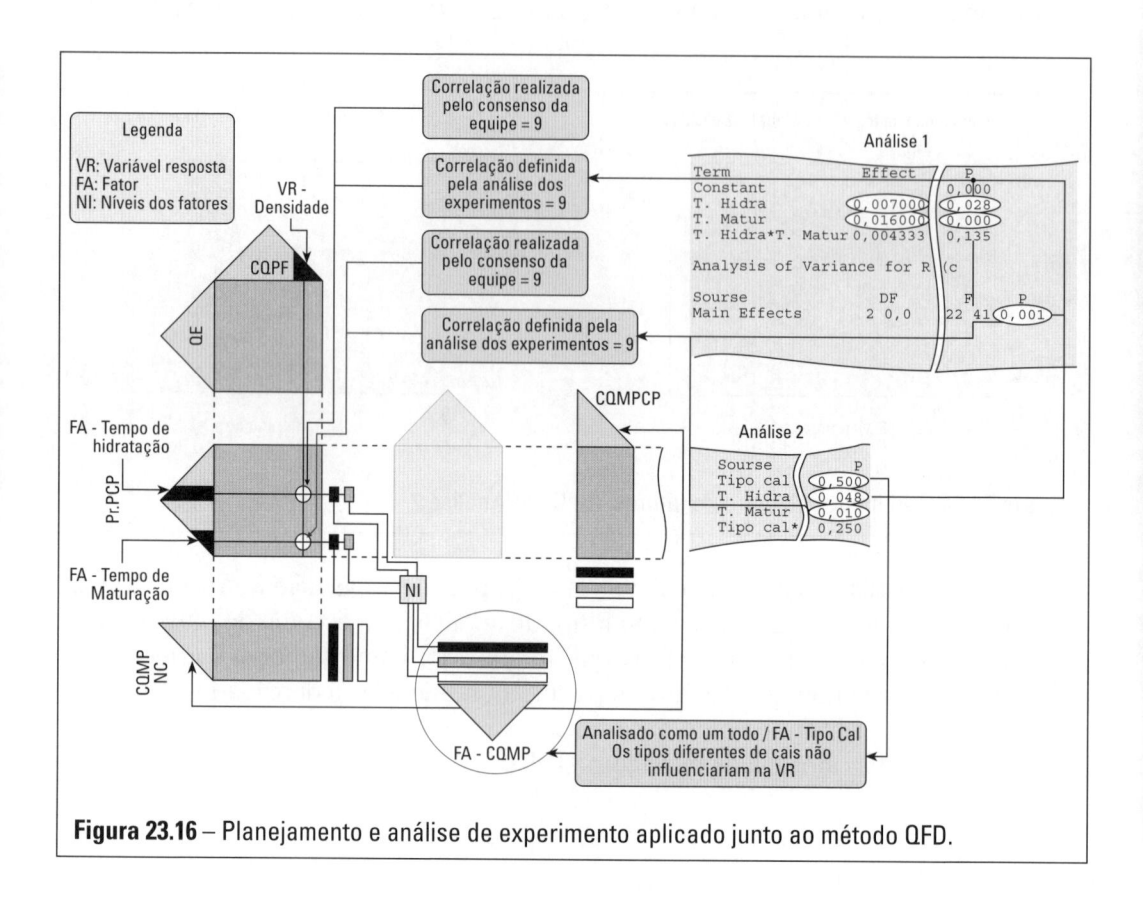

Figura 23.16 – Planejamento e análise de experimento aplicado junto ao método QFD.

Os resultados dos experimentos demonstraram que realmente esses fatores afetariam a densidade. Essas correlações estão representadas na Figura 23.16, na matriz Pr.PCP × CQPF, e as colunas à direita representam os níveis dos fatores analisados. Essas conclusões dos experimentos foram obtidas pelas análises de variância realizadas, e os valores obtidos que alimentaram os resultados das correlações do QFD estão ligados por uma seta às conclusões (ver Figura 23.16). Lembrando que, quando o valor-p do fator é menor que 0,05, esse afetaria a densidade (variável resposta).

Em função das conclusões obtidas nos experimentos e pelas análises realizadas nas matrizes, foram definidas as PSMAE, e construíram-se as matrizes PSMAE × IC (Figura 23.17) e PSMAE × PCP, pertencentes ao modelo conceitual do desdobramento da tecnologia do processo de fabricação. Como os parâmetros analisados realmente afetariam a densidade da cal hidratada, e também afetariam menos as outras CQPF, as primeiras ações no processo produtivo partiriam desses dois parâmetros.

Lembrando que os dados foram alterados, para que a propriedade da empresa fosse protegida.

PSMAE		IC	DIR 1°	Disponibilidade	Rendimento	Produtividade	Peso absoluto	Peso relativo
1°	2°	3°						
Processo	Equipamento	Alteração						
Hidratação	Hidratador secundário	Aumento do leito de hidratação			3	9	5,283	49%
Hidratação	Hidratador	Aquisição de hidratadores maiores		1	3	9	5.478	50,9%
Armazenagem final	Silo de armazenagem de CH	Aquisição de outro silo de armazenagem					0	0,0%
							0	0,0%
							0	0,0%
							0	0,0%
							0	0,0%
							10,8	100%

Critérios de priorização	Valor agregado ao produto	1	5	3	
	Custo fixo diluído	3	0	5	
	Capacidade de produção	5	0	5	
	Peso dos IC	1	3	2	Total
	Total/Peso absoluto = Soma (valores x pesos)	9	15	22	46
	Peso relativo	20%	33%	48%	100%

Valor dos critérios/IC	Forte influência	5
	Média influência	3
	Fraca influência	1
	Sem influência	0

Figura 23.17 – Matriz PSMAE x IC.

23.5. Resultados

Durante o projeto, a empresa foi adquirida por uma multinacional estrangeira, o que desencadeou diversos acontecimentos, como mudança de foco estratégico e remanejamento de cargos. Em função destes fatos, o projeto encerrou-se após a realização de todos os experimentos, sendo analisados e concluídos.

Todas as matrizes foram preenchidas, inclusive a tabela de propostas sementes para melhoria e/ou aquisição de equipamento. No entanto, as ações propostas na linha de produção não foram realizadas. Assim, o projeto do novo produto não foi concluído conforme planejado inicialmente.

Segundo o líder, o projeto possibilitou um melhor entendimento das reais necessidades do seu cliente, do processo de hidratação e do produto cal hidratada. Durante o projeto de QFD informações foram explicitadas, sendo construída uma relação de efeito e causa de todo processo produtivo, em função das reais necessidades do cliente externo (comprador do produto) e interno (própria empresa). Assim, o impacto causado na qualidade do produto e índices de controle por meio de qualquer ação sobre a tecnologia do processo de fabricação e características da matéria-prima ficou explícito.

Outros resultados importantes para a empresa foram os obtidos pelo planejamento e análise de experimentos. Fatores que afetam a densidade do produto foram identificados, e ações para melhoria dessa característica foram propostas.

23.6. Conclusões

Mesmo que o novo produto não tenha sido lançado no mercado até aquele momento, esse trabalho mostrou como o QFD pode ser aplicado no reprojeto de um novo produto em uma empresa de materiais, apesar das particularidades desse segmento.

A realização do desdobramento da tecnologia junto com o desdobramento da qualidade permitiu uma análise de vaivém entre os dois mundos, o que robusteceu o modelo conceitual, e também aumentou a troca de conhecimento entre as pessoas do grupo de desenvolvimento. O primeiro mostrou como alterações na tecnologia de fabricação afetam os índices de controle do processo – necessidades do cliente interno. Enquanto o segundo revelou como essas mesmas alterações afetam a qualidade do produto final – necessidades do cliente externo. Por ser uma indústria de processos, transformadora de propriedade, e em função dos objetivos da empresa, o mundo da tecnologia é constituído de fatores de fabricação.

A utilização da ferramenta estatística de planejamento e análise de experimentos como auxiliar ao QFD levantou informações importantes, utilizadas na definição das ações que foram realizadas no processo produtivo (inseridas no mundo da tecnologia) e na definição de correlações (mundo da qualidade).

REFERÊNCIAS BIBLIOGRÁFICAS

AKAO, Y. *Introdução ao Desdobramento da Qualidade*. Vol. 1. Belo Horizonte: Editora Fundação Christiano Ottoni. 1996. 187 p.

CHENG, L. C. *et al. QFD - Planejamento da Qualidade*. Belo Horizonte: Fundação Christiano Ottoni, 1995.

MELO FILHO, L. D. R. Aplicação do Método QFD em uma Indústria de Materiais: Desdobramento da Qualidade Positiva e da Tecnologia do Processo de Fabricação com o Auxílio da Técnica de Planejamento e Análise de Experimentos. *Dissertação Submetida ao Programa de Pós-graduação em Engenharia de Produção*. Belo Horizonte: Universidade Federal de Minas Gerais - UFMG. 2005.

APLICAÇÃO DO QFD NA ESCOLHA DO EQUIPAMENTO PRÉ-HOMO E DESENVOLVIMENTO DO CIMENTO EXPORTAÇÃO

Flávio de Aguiar Araújo
Lin Chih Cheng
Leonel Del Rey de Melo Filho

24.1. Introdução

Este trabalho foi desenvolvido por uma empresa produtora de cimento, um dos maiores grupos industriais privados do país, de capital nacional, a VOTORANTIM. Uma de suas plantas industriais, objeto deste caso, está localizada em Aracaju, Sergipe. Para melhorar e garantir a qualidade dos produtos atuais, e de um produto novo para a empresa que seria exportado, a empresa optou por utilizar o método QFD. Entre os produtos que seriam produzidos, mereceu destaque neste trabalho aquele destinado ao mercado externo. A Figura 24.1 representa o macrofluxo de produção de cimento.

O trabalho desenvolvido foi dividido em dois projetos. O primeiro projeto focou na implementação de um novo sistema de homogeneização do calcário (matéria-prima para fabricação do cimento) (ver etapa PRÉ-HOMO na Figura 24.1). O segundo projeto focou na preparação para produção de produtos, em especial o cimento que seria exportado (analisou-se todo o fluxo mostrado na Figura 24.1). A seguir, detalhamos os dois projetos.

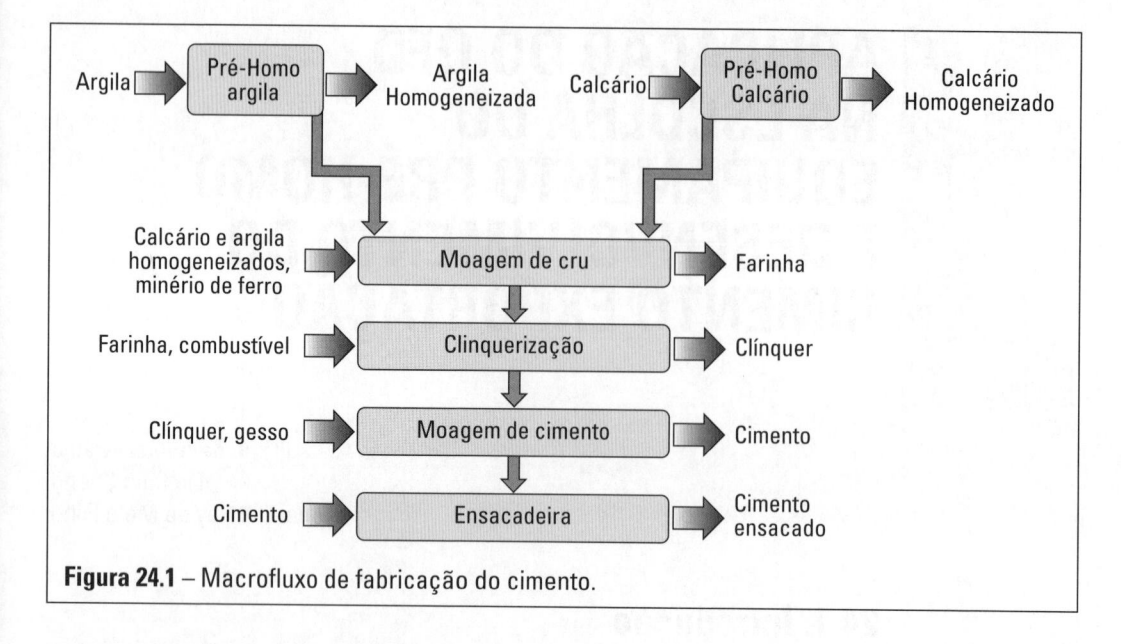

Figura 24.1 – Macrofluxo de fabricação do cimento.

24.2. Projeto I – Pré-Homo

Como relatado anteriormente, esse projeto focou na implementação de um novo sistema de homogeneização (Pré-Homo) do calcário. O QFD foi utilizado na empresa para auxiliá-la na compra e instalação de equipamentos para este processo, e para garantir a confiabilidade dos equipamentos no *start up* e continuidade operacional.

Assim, os objetivos da empresa foram: [1]

* Escolha e compra de equipamentos capazes.
* Garantia da confiabilidade no *start up* e continuidade operacional.
* Garantia da qualidade do produto.

O trabalho foi desenvolvido por um grupo interfuncional de dez pessoas, que foram: Coordenador de Mineração, Desenhista Projetista, Gerente de Processo, Coordenador de Manutenção, Assessor de Manutenção, Supervisor de Mecânica, Engenheiro Civil, Coordenadora de Projetos Civil, Gerente de Engenharia.

Aplicação do método QFD e resultados

O modelo conceitual principal adotado está mostrado na Figura 24.2.

Este modelo focalizou na garantia da confiabilidade no *start up* e continuidade operacional, em atender a qualidade do produto e produtividade da planta. A matriz 1, ver Figura 24.2, auxilia a obtenção da qualidade do produto. A tabela Qualidade

---

[1] Alguns dados deste projeto foram alterados e/ou omitidos para garantir a propriedade da empresa.

Exigida do Cliente Interno foi composta pelas características principais que o produto (calcário homogeneizado) deveria possuir. Este é o efeito final esperado. Para se obter este produto final, os parâmetros de controle do processo de Pré-Homogeneização deveriam ser capazes. Assim, formou-se a primeira matriz, que está representada na Figura 24.3.

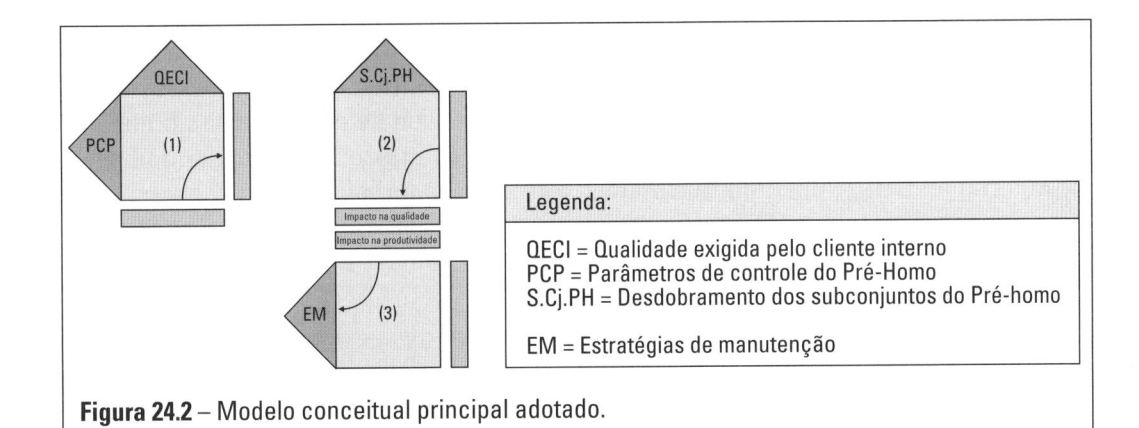

Figura 24.2 – Modelo conceitual principal adotado.

| | | Qualidade do produto | | | | |
		Desvio de LSF	Desvio de % ALKALIS $(Na_2O + 0,658\ K_2O)$	Segregação	Peso absoluto	Peso relativo
Parâmetros de controle	Capacidade de empilhamento (t/h)	9	9	0	750	19
	Capacidade da retomada (t/h)	0	0	0	0	0
	Capacidade da pilha (ton)	0	0	0	0	0
	Comprimento da pilha (m)	9	9	0	750	19
	Largura da pilha (m)	9	9	0	750	19
	Altura da pilha (m)	9	9	9	900	23
	Distância entre pilhas (m)	0	0	0	0	0
	Velocidade do empilhamento (m/min)	9	9	1	767	20
	Velocidade do retomador (m/min)	0	0	0	0	0
	Valor absoluto	5	5	2		
	Valor relativo	41.67	41,7	16,67		

Figura 24.3 – Matriz Qualidade Exigida pelo Cliente Interno (Qualidade do Produto) x Parâmetros de Controle do Pré-Homo.

Alguns parâmetros de controle do equipamento afetariam diretamente a qualidade do produto. Outros afetariam apenas produtividade do processo. Alguns afetariam ambos. Para que estes parâmetros fossem capazes e confiáveis ao longo do tempo, os subconjuntos do Pré-Homo (equipamentos que constituem o Pré-Homo) deveriam possuir uma taxa de falhas mínima. Ou seja, deveriam possuir confiabilidade adequada. Assim, construiu-se a matriz 2 (ver Figura 24.2), Parâmetros de Controle do Pré-Homo × Desdobramento dos Subconjuntos do Pré-Homo, com o objetivo de desdobrar e priorizar os subconjuntos do equipamento, com relação ao impacto que causariam na qualidade do produto e produtividade do processo. Assim, esta matriz auxiliou em duas análises. A primeira baseou-se na avaliação do impacto dos subconjuntos na qualidade do produto. Para isto utilizou-se o segundo nível de desdobramento dos subconjuntos. Para sua priorização, realizou-se a conversão dos pesos dos Parâmetros de Controle, obtidos na matriz 1. Esta matriz está representada na Figura 24.4.

		Empilhadeira			Retomador			
		Triper	Transportador de lança	Trucks de translação	Sistema de elevação	Sistema elétrico	Arrastador	Ancinho	Translação superior
Parâmetros de controle	Capacidade de empilhamento (t/h)	9	9	3	0	0	0	0	0
	Capacidade retomada (t/h)	0	0	0	0	9	9	9	9
	Capacidade da pilha (ton)	0	0	0	9	0	0	0	0
	Comprimento da pilha (m)	0	0	9	0	0	0	0	0
	Largura da pilha (m)	0	0	3	9	0	0	0	0
	Altura da pilha (m)	0	0	3	9	0	0	0	0
	Distância entre pilhas (m)	0	0	0	0	0	0	0	0
	Velocidade do empilhador (m/mim)	0	0	9	0	0	0	0	0
	Velocidade do retomador (m/mim)	0	0	0	0	9	0	0	0
	Valor absoluto	172,3	172,3	532,3	379,1	0,0	0,0	0,0	0,0
	Valor relativo	7,5	7,5	23,2	16,5	0,0	0,0	0,0	0,0

Figura 24.4 – Parâmetros de Controle do Pré-Homo x Desdobramento dos Subconjuntos do Pré-Homo. Priorização com relação à qualidade do produto.

Para avaliar o impacto que os subconjuntos teriam na produtividade do processo, foi utilizado o terceiro nível de desdobramento dos subconjuntos (ver Figura 24.5).

Trucks de translação	Sistema de lubrificação	Sistema elétrico			Retomador										
					Arrastador						Translação superior				
Rodas	Bombas	CCM	Enrolador de cabo de força	Sistema de automação	Corrente	Rolete de guia	Lâminas	Motor	Redutor	Motor	Redutor	Coroa dentada	Estrutura	Rodas do trilho	Corrente

Figura 24.5 – Exemplificação da Tabela Desdobramento dos Subconjuntos do Pré-Homo, desdobrada até o terceiro nível.

Para priorização dos subconjuntos com relação à produtividade, analisou-se o tempo de reparo e o número de paradas em cem horas. Este critério está mostrado na Tabela 24.1.

Tabela 24.1 – Critério de priorização dos subconjuntos com relação à produtividade	
Tempo de parada	**Número de paradas p/100 h**
(9) 1 dia < X	(9) X > 7/mês
(3) 3 h < X < dia	(3) 5/mês < X < 7/mês
(1) X < 3 h	(1) X < 5/mês
(0) não pára	(0) não pára

Realizando a multiplicação destes dois critérios, teríamos o peso final dos subconjuntos com relação à produtividade. A Figura 24.6 representa a priorização de um subconjunto com relação à produtividade e qualidade.

Esta matriz 2 permitiu uma análise sobre quais equipamentos mais impactariam a qualidade do produto e produtividade do processo, tornando-se uma importante ferramenta na tomada de decisões. Segundo os participantes do grupo de QFD: "Este é um mecanismo objetivo que permite priorizar quais as estratégias de manutenção, tendo em vista o impacto na qualidade do produto e na produtividade da máquina... Para os componentes de menor prioridade não é necessário gasto de energia e dinheiro... ou seja, FMEA para o que é crítico, preditiva para o que é crítico..."

Para a definição da melhor estratégia de manutenção foi construída a matriz 3 (ver Figura 24.2).

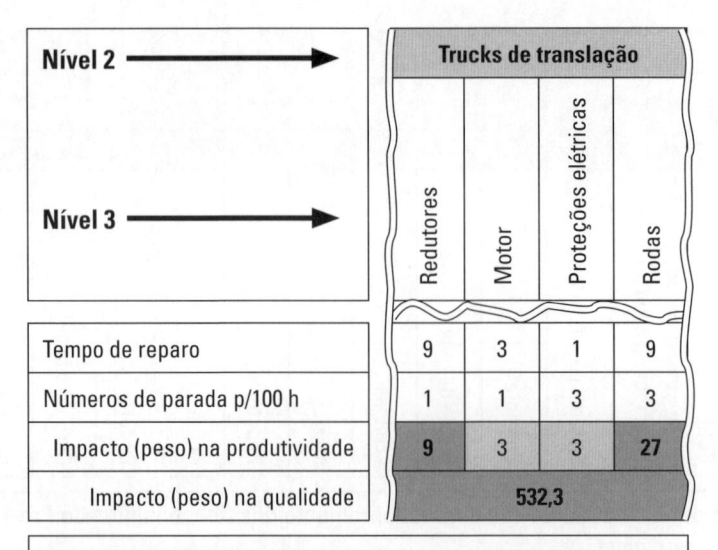

Figura 24.6 – Representação de uma priorização de um subconjunto com relação à produtividade e qualidade.

• Matrizes Auxiliares

O processo de homogeneização é realizado por dois grandes equipamentos, a empilhadeira e o retomador. Estes dois equipamentos são as principais partes do sistema. No entanto, para que funcionem de maneira adequada, é necessária uma infraestrutura de obras civis, além de um sistema de transporte que permita que o calcário, já homogeneizado, seja transferido para as próximas etapas do processo de fabricação de cimento. Diante destes aspectos, para que os objetivos do projeto fossem alcançados, fez-se necessária a construção de matrizes auxiliares para o sistema de transporte e para obra civil.

• Aquisição do Sistema de Transporte

Para operacionalizar o processo de Pré-Homogeneização, seria necessária a aquisição de equipamentos para o transporte do calcário.

Para auxiliar o processo de aquisição dos equipamentos do sistema de transporte, foi utilizada a matriz mostrada na Figura 24.7.

Para definição dos itens de qualidade exigida para o sistema de transporte, a equipe de trabalho utilizou critérios usados no sistema de Gestão da Qualidade da empresa, como critérios relacionados ao TPM, política de meio ambiente, saúde e segurança do trabalho, confiabilidade, entre outros. Parte da tabela de QEST (ver Figura 24.7) está mostrada na Figura 24.8.

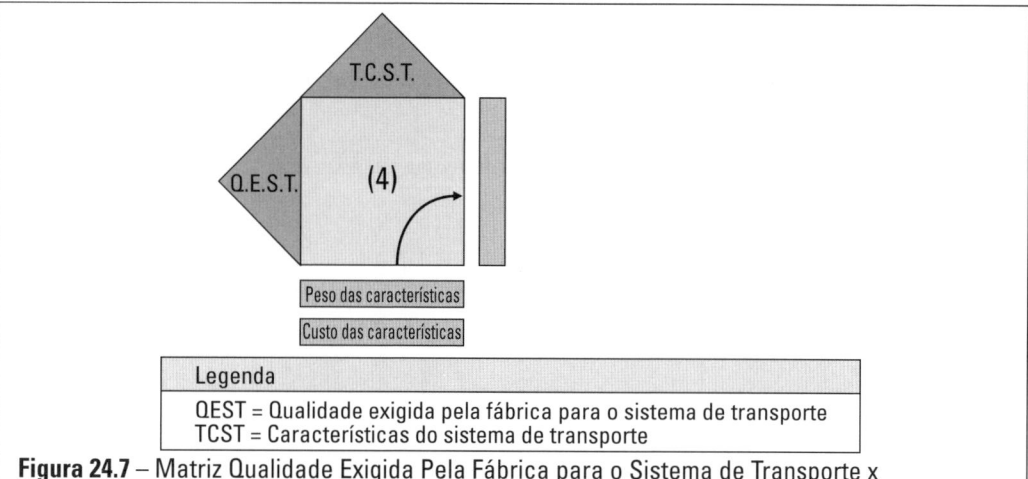

Figura 24.7 – Matriz Qualidade Exigida Pela Fábrica para o Sistema de Transporte x Característica do Sistema de Transporte.

Meio ambiente	Não apresentar vazamentos em transferências
	Controle de poeira fugitiva
	TCs sem transbordo de material
	Não apresentar vazamentos nas laterais
	Conservação de energia
TPM	Dispositivos especiais de manutenção
	Facilidade de acesso (ergonomia, espaço, ...)
	Baixo tempo de reposição de peças sobressalentes
	Facilidade de limpeza
	Não utilização de túneis em transferências
	Planos de manutenção autônoma prontos
	Coberturas de fácil remoção e resistentes à maresia
	Evitar desalinhamento e escorregamento
Confiabilidade	Durabilidade de componentes conforme desempenho atual da VC **(Equipamento isento de manutenção)**
	Garantia contratual de desempenho mínimo
	Dispositivos de segurança para equipamento (vigia de velocidade)
	Chutes isentos de entupimentos

Figura 24.8 – Representação da Tabela de Qualidade Exigida pela fábrica para o Sistema de Transporte.

Contudo, para que estas exigências fossem atendidas o sistema de transporte deveria possuir certas características. Assim, foi construída a tabela de Características do Sistema de Transporte. Por fim, elaborou-se a Matriz 4. A Figura 24.9 representa esta matriz.

	Raspadores de alta eficiência (acionamento, retorno e outros)	Padronização das tarefas de manutenção autônoma e preventiva	Mesa de impacto	Revestimento de alta tração para rolos tratores	Fabricação de calhas com dimensões adequadas e revestimento de durabilidade	Projeto sem túneis em transferências ou contemplando sistema de impermeabilização e drenagem	Despoeiramento nas transferências	Padronização de escada (evitar tipo marinheiro)	Estruturas galvanizadas (evitar corrosão)	Revestimento de chutes com material resistente (abrasão e impacto/borracha ou Uslar 360) c/espessura adequada	Projeto especial de proteção lateral com facilidade de troca das borrachas	TC com cobertura superior adequada de forma a facilitar a manutenção e inspeção. Resistente à maresia	Peso da função	Peso absoluto	Peso relativo
Meio ambiente															
Não apresentar vazamentos em transferências	10		10		10		5			10	10				5,6%
Controle da poeira fugitiva							10			5	3	5		41	2,46%
TCs sem transbordo de material					10						3			44	2,56%
Não apresentar vazamentos nas laterais											10			36	2,30%
Conservação de energia														20	1,21%
TPM															
Dispositivos especiais de manutenção											10			41	2,46%
Facilidade de acesso (ergonomia, espaço, ...)					10			10	10		10	10		136	8,16%
Baixo tempo de reposição de peças sobressalentes											10			136	8,16%
Facilidade de limpeza	10				10		10			5	10			96	5,74%
Não utilização de túneis em transferências						10								10	0,50%
Planos de manutenção autônoma prontos	3	10					5	3	3		5			106	5,40%
Coberturas de fácil remoção e resistentes à maresia												10		10	0,50%
Evitar desalinhamentos e escorregamentos	10		10	10	5							10		76	4,59%
Confiabilidade															
Durabilidade de componentes conf. desempenho atual da VC (**Equipamento isento de manutenção**)	10		10	10	10		10		10	10	5	3		191	11,5%
Garantia contratual de desempenho mínimo														20	1,21%
Dispositivos de segurança p/equip (vigia da vel.)														20	1,21%
Chutes isentos de entupimento														20	1,21%
														0	0.0%
													Total		100%
Valor absoluto	53	40	30	20	56	15	43	13	45	35	96	58		181	
Valor relativo	3,56%	2,66%	2,01%	1,31%	3,68%	1,01%	3,22%	0,87%	3,12%	2,36%	6,44%	4,56%		100%	
Custo VC-Projeto →															

Figura 24.9 – Representação da Matriz Qualidade Exigida pela fábrica para o Sistema de Transporte x Característica do Sistema de Transporte.

Todos os membros do grupo participaram na elaboração desta matriz. Esta permitiu à equipe aquisição de novos conhecimentos que seriam utilizados no edital de compra do sistema de transporte.

• Garantia da Qualidade da Obra Civil

Ainda, para que os objetivos do projeto fossem alcançados, seria necessário garantir a qualidade da obra civil e cobertura que seriam realizadas na construção do Homogeneizador. Para isso, foram construídas outras duas matrizes auxiliares, como mostradas na Figura 24.10.

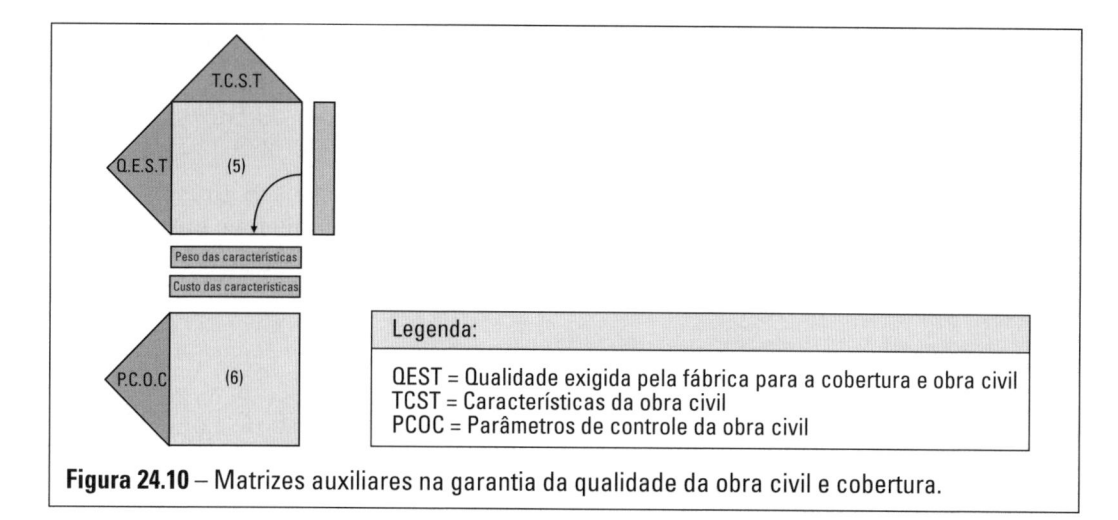

Figura 24.10 – Matrizes auxiliares na garantia da qualidade da obra civil e cobertura.

Legenda:

QEST = Qualidade exigida pela fábrica para a cobertura e obra civil
TCST = Características da obra civil
PCOC = Parâmetros de controle da obra civil

Para definição dos itens de qualidade exigida da cobertura e obra civil, utilizaram-se critérios usados no sistema de Gestão da Qualidade de forma similar ao sistema de transporte. Para que estas exigências fossem atendidas, a obra civil deveria possuir certas características que deveriam ser priorizadas, especificadas e custeadas. Assim, construiu-se a matriz Qualidade Exigida para a Cobertura e Obra Civil × Características da Obra Civil e Cobertura. Esta matriz está representada na Figura 24.11.

Qualidades exigidas do cliente interno para Civil & Cobertura x Características da Civil & Cobertura	Sondagem do solo	Beirais com 1,5 m a +	Posicionamento da drenagem compatível com beiral	Fechamento lateral, telha fibrocimento	Estrutura da cobertura com área de 2 m p/manutenção	Estrutura metálica de cobertura	Cálculo estrutural	Pipe rack nas colunas do prédio	Peso da função	Peso absoluto	Peso relativo
Cobertura sem vazamento		10				10	10		10		
Proteção lateral					10				10		
Drenagem pluvial			10						10		
Proteção nas canaletas de águas pluviais (drenagem)											
Acesso seguro	3							5	10		
Conservação de energia									10		
Espaço para montagem de equipamentos					10				10		
Espaço suficiente para capacidade máxima dos equipamentos									5		
Espaço lateral (ambos os lados) para manutenção que permita entrada de caminhão					10		5		5		
Acompanhamen to operação											
Espaço									3		
Pontos de consumo de energia ao longo do galpão						3		10			
Acesso para manutenção da iluminação			3								
Acesso para energia elétrica (atual e futuro) (superior e piso)											
Existir espaço para utilidades (redes de ar, redes de água)								10			
Garantia da estabilidade do prédio	10						10		10		
Evitar corrosão					10				10		
Estabilidade	10						10		10		
Estrutura calculada com sobrecarga mínima de 50 kg/m²											
Estabilidade das fundações	10						10		5		
Valor absoluto	30	10	10	20	20	10	50	20	778		
Valor relativo	7,7	2,6	2,6	5,1	5,1	2,6	12,9	5,1			
Custo Projeto (R$ mil)		R$101.035,00			R$175.200,00			R$14.280,00			

Características para Civil & Cobertura

R$656.404,00

Total

Figura 24.11 – Matriz Qualidade Exigida para a Cobertura e Obra Civil x Características da Obra Civil e Cobertura.

Por fim, em função da definição das características priorizadas, especificadas e custeadas, seriam definidos os parâmetros de controles da obra. Os mais importantes deveriam receber maior atenção, o que permitiu otimizar o orçamento da obra, uma vez que as características mais importantes foram identificadas.

Quando terminada a participação dos consultores externos – os dois primeiros autores deste caso – este projeto estava em andamento, assim diversos outros resultados foram alcançados, mas não estão explicitados neste documento.

Conclusões do Projeto I

O método QFD auxiliou no alcance da confiabilidade do processo de homogeneização, em atender a qualidade do produto e a produtividade da planta. Foi necessária a construção de matrizes auxiliares para que os objetivos fossem alcançados. Por meio destas, o método auxiliou o processo de compra do sistema de transporte e a garantia da qualidade da obra civil e cobertura.

Toda empresa necessita de sistemas que orientem a garantia da qualidade e produtividade durante o *start-up* de novos equipamentos. O QFD é um método flexível, e sendo usado para este fim permite resultados muito efetivos.

24.3. Projeto II – Cimento Exportação

Como relatado anteriormente, esse projeto focou na preparação para produção de produtos, em especial um cimento que seria exportado. O QFD foi utilizado na empresa para auxiliá-la na garantia da qualidade deste novo produto (novo para o processo de fabricação da empresa) durante a etapa de pré-produção.

As metas da empresa foram:[2]

1.1 Custo: R$ 50,52/ton

1.2 Qualidade: Atendimento às condições de contrato e normas internacionais (ASTM).

1.3 Volume: 200.000 ton em 2003, 300.000 ton em 2004, e 350.000 ton em 2005.

1.4 Prazo: dezembro de 2003.

O trabalho foi desenvolvido por um grupo interfuncional de oito pessoas, das seguintes áreas: Processos, Clínquer, Cimento, Controle de Qualidade, Mineração.

Aplicação do Método QFD e Resultados

O modelo conceitual principal adotado está mostrado na Figura 24.12.

---

[2] Alguns dados deste projeto foram alterados e/ou omitidos para garantir a propriedade da empresa.

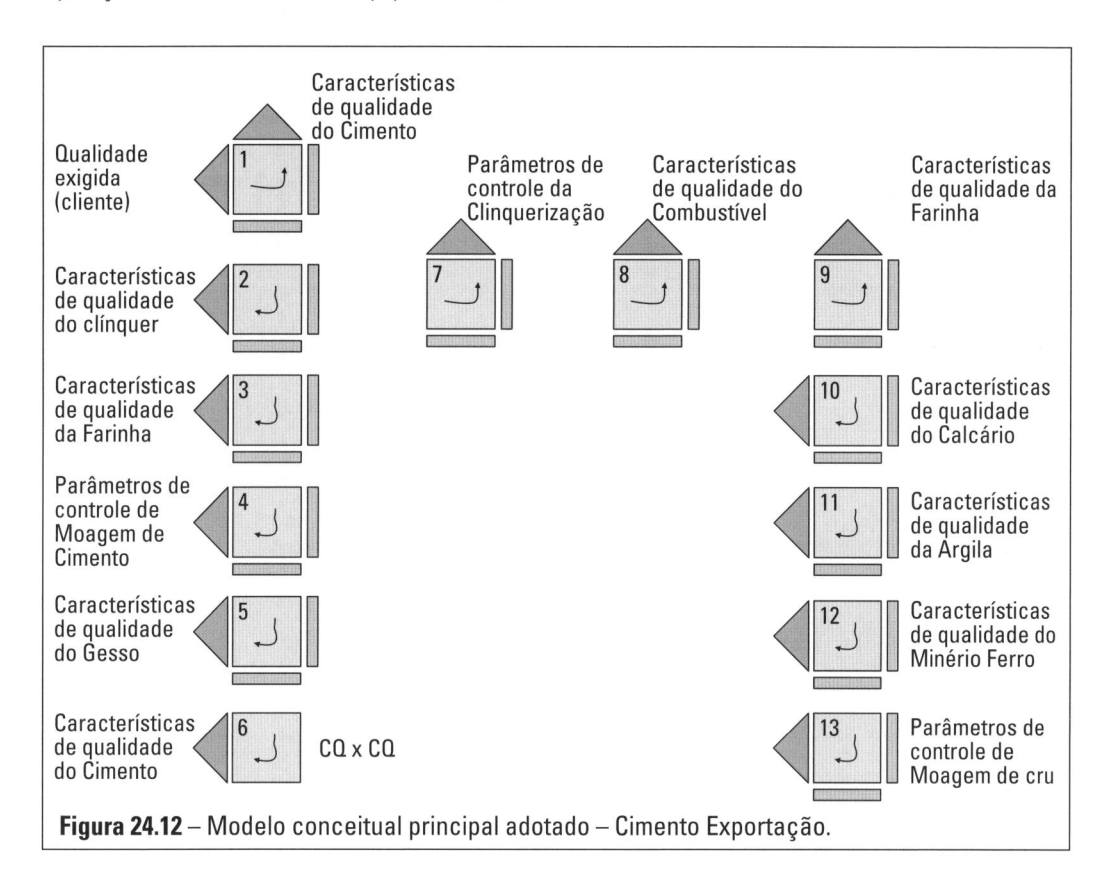

Figura 24.12 – Modelo conceitual principal adotado – Cimento Exportação.

A peculiaridade deste modelo está na forma de agrupamento dos fatores contribuintes, e suas ordenações em uma relação de efeito e causa para o alcance dos objetivos do projeto. Estes foram agrupados nas unidades mais elementares dos fatores (ver Figura 24.12). Esta forma de construção foi estabelecida pelo grupo de desenvolvimento, que achou mais conveniente fazer assim, pois a relação de causa-efeito do processo estaria mais clara para todos. A Figura 24.13, a seguir, representa a matriz da qualidade elaborada.

Para que as especificações-metas do cimento fossem atingidas, seria necessário que:

- o Clínquer possuísse certas características - ver matriz 2 Figura 24.12.
- a Farinha possuísse certas características - ver matriz 3 Figura 24.12.
- os Parâmetros de Controle do Processo de Moagem de Cimento operassem em determinadas faixas de controle - ver matriz 4 Figura 24.12.
- o gesso possuísse certas características - ver matriz 5 Figura 24.12.

Além disso, foi importante detectar o grau de dependência das características do cimento (produto final), pois, se for necessária alteração de algum item, deverá ficar claro para todos o impacto que esta modificação trará sobre as outras características. Assim, estabeleceu-se a matriz 6 - Figura 24.12.

Qualidade exigida		Equivalente alcalino (%) 1	SO₃ (%) 2	SiO₂ (%) 3	Desvio de SO₃ 21	R1 (psi) 22	R3 (psi) 23	R7 (psi) 24	Calor de hidratação (cal/g) 25	Blaine (m²/kg) 26	Desvio #325 37	Grau de importância	Nossa empresa	Lafarge	SAC - Suwannee	Plano de qualidade	Índice de melhoria	Argumento de venda	Peso absoluto	Peso relativo
Ensaios químicos	Equivalente alcalino 1	9	1		1	3	3	1				5	4	5	5	4	1,0	1,5	7,5	7%
	SO₃ 2	1	9		9	9	9	9				4	3	4	4	4	1,3	1,0	5,3	5%
	Perda ao fogo 10		3			3	3	3				2	5	5	5	5	1,0	1,0	3,0	3%
Ensaios físicos	Resistência 11	1	9	1	3	9	9	3	1	3	3	5	3	5	3	5	1,7		1,3	11%
	Calor de hidratação 12				1				9	3	1	4	2	x	x	4	2,0	1,3	10,4	10%
	Cor 17											2	2	5	5	3	1,0	1,3	2,6	3%
Outros	Uniformidade do produto 18				9						9	5	3	x	x		1,7	1,5	12,5	11%
	Trabalhabilidade 19				9							4	3	x	x	4	1,3	1,5	8,0	7%

109,0   100%

Qualidade projetada	Equiv. alc.	SO₃	SiO₂	Desvio SO₃	R1	R3	R7	Calor	Blaine	#325	
Peso absoluto	82	247	172	397	347	330	317	188	132	165	6332
Peso relativo	1,3%	3,9%	2,7%	6,3%	5,5%	5,2%	5,0%	3,0%	2,1%	2,6%	
Especificação (cliente)	xx	xx	xx	x	> 3100	> 5500	> 10000	70	330-340	x	
Método de análise	raio X	raio X	raio X	x	ASTM C109	ASTM C109	ASTM C109	ASTM C109	NBR NM 76	x	
Método de controle	2	1	3	4	3	3	3	3	1	4	
Carregamento 1	0,56	2,84	20,67	0,08	1930	3320	4380	81,0	380	x	
Carregamento 2	0,56	2,74	20,62	0,07		3550	4780	x	381	x	
Carregamento 3	0,55	2,84		0,11				x	##		
Carregamento 4		3,56		0,19	2160	##	4990	x	385		
Carregamento 5	0,52		20,84	0,09	##	4260	##	78,8	##		
Carregamento 6											

Figura 24.13 – Representação da Matriz da Qualidade.

A matriz características de qualidade do produto final e parâmetros de controle do processo de moagem está representada na Figura 24.14.

Ainda para que as características do Clínquer fossem atendidas, seria necessário que:

- os Parâmetros de Controle do Processo de Clinquerização operassem em determinadas faixas de controle – ver matriz 7 Figura 24.12.
- o Combustível Clínquer possuísse certas características - ver matriz 8 Figura 24.12.
- a Farinha possuísse certas características – ver matriz 9 Figura 24.12.

Esta mesma relação de efeito e causa foi estabelecida para obtenção das características especificadas para a Farinha, e está representada nas matrizes 10, 11, 12 e 13.

A Figura 24.15 representa a Matriz Características de Qualidade da Farinha (produto intermediário) × Características do Calcário (matéria-prima). Vale ressaltar que este é o calcário homogeneizado, cujo processo de homogeneização foi tratado no projeto I (ver Figura 24.1).

Para todos os fatores contribuintes foram construídos gráficos de Pareto com os respectivos pesos relativos. A Figura 24.16 representa o gráfico construído para as características de qualidade do produto final.

Matriz Características de Qualidade do Produto Final × Parâmetros de Controle do Processo de Moagem (Figura 24.14)

Características da qualidade do produto final / Parâmetros de controle de qualidade	Nível 2	Equivalente alcalino (%) [1]	SO₃ (%) [2]	SiO₂ (%) [3]	Desvio de SO₃ [21]	R1 (psi) [22]	R3 (psi) [23]	R7 (psi) [24]	Calor de hidratação (cal/g) [25]	Blaine (m²/kg) [26]	Desvio #325 [37]	Peso absoluto	Peso relativo	Limites de controle	Método de análise	Método de controle	Status
Seleção do clínquer a ser alimentado (composição química, qualidade)	1	9	1	3	1	3	3	3	1			207	30,8%	Selecionar o clínquer no local adequado, previamente estabelecido, de forma a manter as especificações definidas	Rastreamento principal parâmetro controle (C3 alcalino)	4	Controle informal
Dosagem de clínquer (quantidade)	2		3		1							18	2,7%	Dosagem para obter SO₃ na faixa de 3,60 ± 0,20	% bala... arta CEPra (SO₃)		95,5%
Dosagem de gesso	3		9		3	9	9	9				290	43,3%		% bala...		4,5%
Injeção de água	4											8	1,2%	0 - 300%	Leitura da vaz...	6	
Folafone	5										1	5	0,7%	60 - 70%	Leitura atra equipamento	6	
Tiragem do moinho	6										1	5	0,7%	0 - 10,5 mbar	Leitura atr equipamento	6	
Temperatura de saída do moinho	7												1,2%		Leitura atr equipamento		
Distribuição de carga de bolas	8										1	5	0,7%	•	PO - coleta d moedores e P de corpos m	4	
Fator de circulação	11										1	5	0,7%	3 - 5	Leitura atr equipamento	4	3 - 4
Eficiência do separador	12										1	5	0,7%	70 - 80%	PO determina de circulaçã	4	75 - 80%

Figura 24.14 – Matriz Características de Qualidade do Produto Final x Parâmetros de Controle do Processo de Moagem.

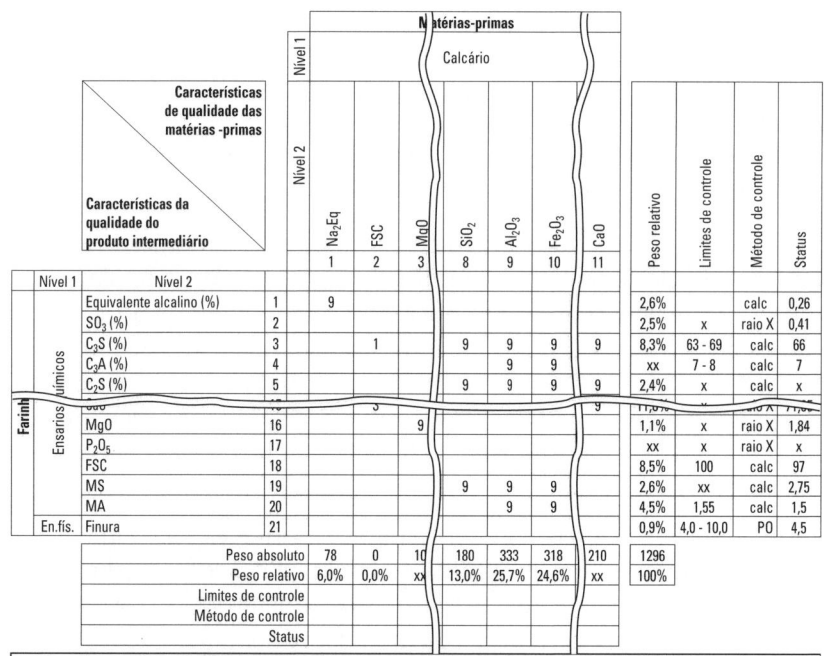

Nível 1 / Nível 2		Na₂Eq [1]	FSC [2]	MgO [3]	SiO₂ [8]	Al₂O₃ [9]	Fe₂O₃ [10]	CaO [11]	Peso relativo	Limites de controle	Método de controle	Status
Equivalente alcalino (%)	1	9							2,6%		calc	0,26
SO₃ (%)	2								2,5%	x	raio X	0,41
C₃S (%)	3			1	9	9	9	9	8,3%	63 - 69	calc	66
C₃A (%)	4					9	9		xx	7 - 8	calc	7
C₂S (%)	5				9	9	9	9	2,4%	x	calc	x
MgO	16			9					1,1%	x	raio X	1,84
P₂O₅	17								xx	x	raio X	x
FSC	18								8,5%	100	calc	97
MS	19				9	9	9		2,6%	xx	calc	2,75
MA	20					9	9		4,5%	1,55	calc	1,5
Finura	21								0,9%	4,0 - 10,0	PO	4,5
Peso absoluto		78	0	10	180	333	318	210	1296			
Peso relativo		6,0%	0,0%	xx	13,0%	25,7%	24,6%	xx	100%			
Limites de controle												
Método de controle												
Status												

Figura 24.15 – Matriz Características de Qualidade do Produto Final x Parâmetros de Controle do Processo de Moagem.

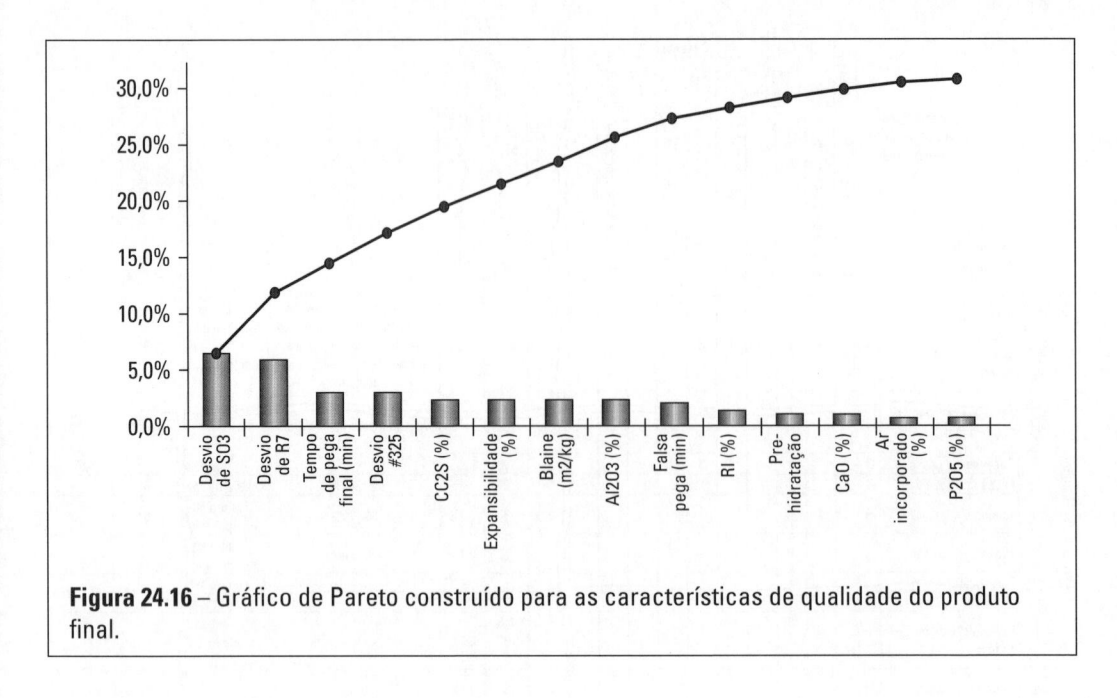

Figura 24.16 – Gráfico de Pareto construído para as características de qualidade do produto final.

Estes gráficos permitiram que os recursos da empresa fossem mais bem gastos, naqueles itens mais importantes.

Após a construção de todas as matrizes, durante o início da produção, na qualidade projetada foram adicionadas as medida realizadas das características de qualidade dos primeiros lotes de fabricação, estes resultados foram comparados com os valores-metas especificados e com o grau de importância convertido na qualidade planejada. Para as metas de características que ainda não estavam sendo atingidas, foram estabelecidas ações, cuja priorização estava em função das importâncias atribuídas às próprias características (ver Figura 24.13).

Para que fosse realizado um controle sistêmico sobre todas as características e parâmetros de controle foi construído um Padrão Geral de Controle dos Processos (ver Figura 24.17). Assim, como anteriormente, se as metas não forem atingidas, avaliar-se-ão as possíveis causas por meio das matrizes, e estabelecer-se-ão as ações corretivas. Também, para que a qualidade do produto durante o processo de fabricação fosse atendida o mais rápido possível após o início da fabricação, outros padrões foram revisados e outros elaborados, por meio do conhecimento gerado na construção das matrizes (ver Figura 24.18).

Após o início da fabricação do cimento para exportação, as condições de contrato e normas internacionais (valores-metas das especificações estabelecidas) foram alcançadas. Quando terminada a participação dos consultores externos – os dois primeiros autores deste caso – este projeto ainda estava em andamento, no estágio de início da fabricação. Outros resultados foram alcançados, mas não estão explicitados neste documento.

Etapa	Matriz	CO ou PCP	Matriz	Variável	Resp.	Prazo	Status
Calcário	Farinha x calcário	FSC	Farinha x calcário	FSC do calcário	Fulano	6/fev	90%
		Al_2O_3		Al_2O_3 do calcário			90%
		Fe_2O_3		Fe_2O_3 do calcário			90%
		CaO		CaO do calcário			90%
		SiO_2		SiO_2 do calcário			90%
Argila	Farinha x argila	Al_2O_3	Farinha x argila	Al_2O_3 da argila	Beltrano	6/fev	90%
		Fe_2O_3		Fe_2O_3 da argila			90%
Moagem de cru	Farinha x moagem	Dosagem de argila	Farinha x moagem de cru	% da balança de argila	Ciclano	6/fev	100%
		Dosagem de calcário		% da balança de calcário			100%
Farinha	Cimento x farinha	Desvio de SO_3	Farinha x calcário	SO_3 do calcário	Anolina	6/fev	100%
			Farinha x argila	SO_3 da argila			100%
		CaO	Farinha x calcário	FSC do calcário			100%
			Farinha x argila	Cao do calcário			100%
			Farinha x moagem de cru	Cao da argila			100%
Clinque-rização	Clínquer x clinqueri-zação	Dosagem de combustível	Clínquer x clinquerização	Dosagem de combustível	Anolina	6/fev	100%
		Momento de chama		Momento de chama			100%
		Teor de O_2 e CO na cx de fumaça		Teor de O_2 e CO na cx de fumaça			100%
		Posicionamento do maçarico		Posicionamento do maçarico			100%
Clínquer	Cimento x clínquer	SO_3 (%)	Clínquer x combustível	Teor de enxofre no coque	Anolina	6/fev	100%
			Clínquer x farinha	SO_3 da farinha			100%
		FSC	Clínquer x farinha	FSC da farinha			100%
				CaO da farinha			100%
		C_3S (%)	Clínquer x farinha	FSC da farinha			100%
				CaO da farinha			100%
				SiO_2 da farinha			100%
		C_3A (%)	Clínquer x farinha	MA da farinha			100%
				Al_2O_3 da farinha			100%
		Desvio C_3S	Clínquer x farinha	Desvio de FSC da farinha			100%
Moagem de cimento	Cimento x moagem cimento	Dosagem de gesso	Cimento x moagem de cimento	% da balança de gesso	Freno	23/jan	90%
		Seleção do clínquer a ser alimentado (composição química, qualidade)		C_3S do clínquer			90%
				C_3A do clínquer			90%
				Equivalente alcalino do clínquer			90%
		Rotação do separador		Rotação do separador			90%
		Tiragem do separador		Tiragem do separador			90%
Cimento	CQ x QE	Desvio de SO_3	Cimento x clínquer	SO_3 do clínquer	Freno	30/jan	90%
				Desvio de SO_3 do clínquer			90%
			Cimento x farinha	Desvio de SO_3 da farinha			90%
			Cimento x gesso	SO_3 do gesso			90%
			Cimento x moagem de cimento	Dosagem de gesso			90%
		Devio de R7	Cimento x clínquer	Desvio de C_3S do clínquer			90%
			Cimento x farinha	Desvio de SO_3 da farinha			90%
			Cimento x gesso	SO_3 do gesso			90%
			Cimento x moagem de cimento	Dosagem de gesso			90%

Figura 24.17 – Padrão Geral de Controle dos Processos.

Processo	Característica de qualidade		Variável				Método de verificação				Ação imediata p/correção	Tratamento de anomalia
Etapa	Caracte-rística	Valor espe-cificado	Padrão	Tipo	Descrição	Linha especificados	Responsável	Frequência	Equipamento de medição	Registro	O que fazer	Critério
Cimento	Desvio de SO_3	-	-	M	SO_3 do clínquer	-	Analistas	Diário	Raio X	PI System	-	-
Cimento	Desvio de R7	-	PO-1933	M	Dosagem de gesso	-	Operadores	-	Balanças	PI System	Parada na moagem	Aferição das balanças
Cimento	R1 (psi)	-		M	SO_3 do clínquer	-	Analistas	Diário	Raio X	PI System	-	-
Cimento	R1 (psi)	65	PO-01937	C	C_3S do clínquer	62 a 68	Operadores	De acordo c/nível do silo	Raio X	PI System	Alimentar c/clínquer na faixa especi-ficada	-
Cimento	R1 (psi)	7,5	PO-01937	C	C_3A do clínquer	7 a 8	Operadores	De acordo c/nível do silo	Raio X	PI System	Alimentar c/clínquer na faixa especi-ficada	-

Figura 24.18 – Representação de parte do Padrão de Processos.

Conclusões do Projeto II

O método QFD auxiliou na preparação da produção de um produto destinado ao mercado externo. A construção de um modelo conceitual "mais estratificado" permitiu que o grupo de desenvolvimento entendesse melhor a relação de causa-efeito do processo de fabricação.

A revisão dos padrões existentes e construção de novos por meio do conhecimento gerado pelas matrizes do modelo conceitual do QFD permitiram que o conhecimento fosse explicitado para todos, inclusive para os responsáveis pela fabricação, o que possibilitou a resolução de problemas de forma antecipada, durante o desenvolvimento, mais precisamente na etapa de pré-produção.

REFERÊNCIAS BIBLIOGRÁFICAS

AKAO, Y. *Introdução ao Desdobramento da Qualidade*. Vol. 1. Belo Horizonte: Editora Fundação Christiano Ottoni. 1996. 187 p.

ARAÚJO, F. A. Diferentes Formas de Utilização do QFD ao Longo do Ciclo de Desenvolvimento do Produto. *Dissertação Submetida ao Programa de Pós-graduação em Engenharia de Produção*. Belo Horizonte: Universidade Federal de Minas Gerais - UFMG. 197p. 2002.

CARVALHO, A. e CHENG, L. C. The Use of QFD for Choosing Equipment. *Proceedings of the World Innovation and Strategy Conference 1998/4th. International Symposium on Quality Function Deployment*. Sidney: University of Western Sidney – Macarthur. p. 167-175. 1998.

CHENG, L. C. *et al. QFD - Planejamento da Qualidade*. Belo Horizonte: Fundação Christiano Ottoni, 1995.

MELO FILHO, L. D. R. Aplicação do Método QFD em uma Indústria de Materiais: Desdobramento da Qualidade Positiva e da Tecnologia do Processo de Fabricação com o Auxílio da Técnica de Planejamento e Análise de Experimentos. *Dissertação Submetida ao Programa de Pós-graduação em Engenharia de Produção*. Belo Horizonte: Universidade Federal de Minas Gerais - UFMG. 167p. 2005.

APLICAÇÃO DO QFD NO SERVIÇO DE ATENDIMENTO COMERCIAL PARA MELHORAR A SATISFAÇÃO DOS CLIENTES

Flávio de Aguiar Araújo
Lin Chih Cheng
Leonel Del Rey de Melo Filho

25.1. Introdução

Este trabalho foi desenvolvido por uma empresa produtora de cimento, um dos maiores grupos industriais privados do país, de capital nacional, a VOTORANTIM. O projeto foi desenvolvido em Curitiba, Paraná. Almejando melhorar a satisfação dos clientes, optou-se por utilizar o método QFD. Assim, este projeto se caracteriza pela aplicação do método QFD na melhoria da satisfação dos clientes em relação ao serviço prestado. É importante destacar que os clientes nesse caso são as lojas de materiais de construção responsáveis pela comercialização do cimento e grandes consumidores como construtoras.

Os objetivos da empresa foram:[1]

- Mapear inter-relações entre as exigências dos clientes e os processos internos da empresa, em especial, os de atendimento ao cliente, crédito, financeiro e logística de entrega do produto.

- Desenhar mecanismos, processos e KPIs (*Key Performance Indicators*) internos que garantam a satisfação das exigências dos clientes.

- Desenvolver uma forma de integrar pesquisa de satisfação (requisito da ISO 9001:2000) com melhoria de produtos, serviços e processos internos, via *inputs* do mercado.

- Criar ferramentas de gestão da satisfação dos clientes.

O trabalho foi desenvolvido por um grupo interfuncional de nove pessoas.

25.2. Aplicação do Método QFD e Resultados

O modelo conceitual principal adotado está mostrado na Figura 25.1.

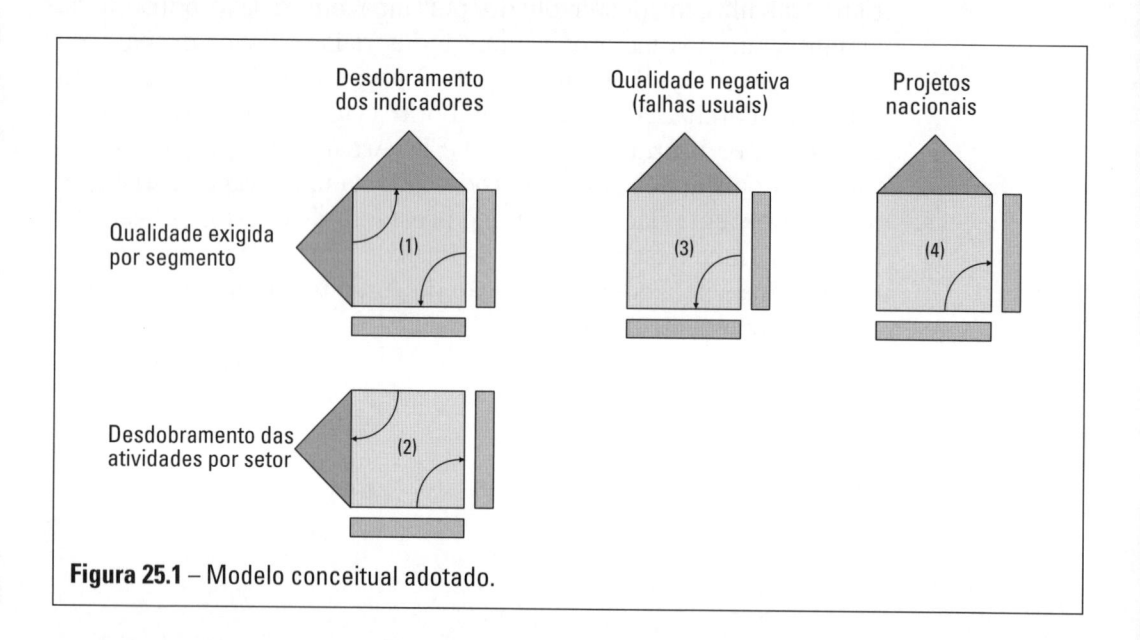

Figura 25.1 – Modelo conceitual adotado.

Os clientes da empresa eram divididos em diversos segmentos (*homecenters*, revendas, construtoras,...). Para cada segmento foram identificadas as qualidades exigidas, o nível de satisfação do serviço prestado pela própria empresa e de alguns concorrentes.

---

[1] Alguns dados deste projeto foram alterados e/ou omitidos para garantir a propriedade da empresa.

A Tabela de Qualidade Exigida por Segmento é o efeito final esperado pelo projeto (ver Figura 25.1). Ou seja, o projeto parte do pressuposto de que, se as exigências de cada segmento forem atendidas, aumentará a satisfação e, como consequência, as vendas e a fidelidade. Para cada segmento de mercado seria necessária a construção de um modelo conceitual. Neste trabalho é apresentado o projeto realizado sobre o **segmento revenda**. Estas exigências foram obtidas por meio de pesquisa de mercado realizada com os clientes.

A importância dos KPIs se deve ao fato de que a satisfação do cliente é proveniente, dentre outros fatores, do nível de serviço que os processos da empresa oferecem aos clientes. Pesquisas de satisfação são essenciais, mas geralmente são realizadas com grande intervalo de tempo em função de custo e complexidade. Neste contexto, os KPIs são fundamentais, pois permitem que o nível de serviço seja monitorado constantemente.

Para que fossem alcançadas essas exigências, os indicadores de desempenho (KPIs) dos serviços realizados pela empresa deveriam ter suas metas alcançadas. Assim, foi construída a matriz 1 (ver Figuras 25.1 e 25.2). Por meio da análise desta matriz, percebeu-se que faltavam indicadores que se relacionassem com as exigências dos clientes. Assim construiu-se um plano de ação para criar outros indicadores, para que, por meio do controle destes, certas exigências fossem atendidas.

Tabela Qualidade exigida		Nº de indagações sobre crédito no SAC	Nº de reclamações no SAC sobre preços diferentes entre os segmentos	Nº de ligações abandonadas no SAC	Rating (Irá ser criado)	Tempo de atendimento das reavaliações de crédito (Irá ser criado)	% de bloqueios indevidos (hoje não existe)	Nº de baixas manuais de boletos	Nº de títulos criticados	Desvio padrão nas características técnicas dos produtos	% de vol fora do desvio padrão	Nº de laudos emitidos/ Nº de laudos solicitados	Atendimeto à programação CIF (%)	% de pedidos atendidos com restrição de horário e acesso	Atendimento à programação CIF fracionada (%)	Peso relativo
		SAC			**Crédito**		**Financeiro**			**Produção**			**Logística**			
Crédito	Agilidade na revisão do crédito	9	3						0		1	9				14,5
	*Facilidade no pagamento	3	3						0		1	3	3	9	9	11,5
	*Confiabilidade no pagamneto	9							0			1				11,5
Atendimento comercial	Política clara no preço	1							0							7,1
	Sugestão de preços	3		9					0	3						7,1
	Aviso alterações de preços	3		9					0	9						7,1
	Venda direta – Ensacado revenda	3		1				3	1							7,1
	Fácil atendim. CA/SAC/Suporte	3		9					0	3						7,1
	*Envolvimento problemas cliente	3			3				0		9					7,1
	Presença em campo	3	3	1	3	9	9	3	1				3	1	1	7,1
	Autonomia Decisão/Facilitar Dec	9	3	1	3				3	1	9	1	3	1	1	7,1
Assistência técnica		3		3	3				0	3			1	3	3	
Propaganda e promoção		3	1						0	3	1	1	1	9	9	4,7
*Pontualidade		9				3			3	3						4,3
*Prazo de entrega		1				3			0	3						4,2
Facilidade no pagamento						3	1	3	0	3						4,1
Disponibilidade de produto		3				3			0	3						5,7
Qualidade do produto																19,9
	Peso absoluto	68,0	13,0	33,0	24,0	10,0	12,0	12,0	21,0	33,0	4,0	14,0	11,0	23,0	23,0	301
	Peso relativo	22,6	4,3	11,0	8,0	3,3	4,0	4,0	7,0	11,0	1,3	4,7	3,7	7,6	7,6	
Benchmarking	Especificação concorrente X															
	Especificação concorrente Y															
	Especificação Votoran															
	Nova especificação Votoran															

Figura 25.2 – Representação da Matriz Qualidade Exigida x Desdobramento dos Indicadores.

Para que fossem identificadas as falhas usuais que mais impactam a satisfação dos clientes, construiu-se a matriz Qualidade Exigida × Qualidade Negativa (falhas usuais) (Figura 25.3).

Tabela Qualidade Exigida	Impedimento de compra por limite de compra inadequado ou insuficiente	Espera de 24 h na liberação do pedido na venda à vista	Bloqueio de compra indevido	Protestos ou recebimentos de cartório indevidamente	Não avisar antecipadamente de alteração de preço	Não receber visitas frequentes do vendedor	Não ter desconto no pagamento à vista	Demora para atender novos clientes	Pedido errado ou com informações faltando (ex. paletizado)	Filas e atrasos na agenda de carregamento	Reenvio do fax de autorização de carga	Troca de CPII-Z por CPII-F	Falta de produto em estoque	Prazo de enrega não é cumprido	Peso relativo
Crédito — Agilidade na revisão do crédito	9														11,5
*Facilidade no pagamento															6…
*Confiabilidade no pagamento	9		9	9											
Atendimento comercial — Política clara no preço						9	9								
Sugestão de preços						9									
Aviso de alterações Preços					9	9									7,1
Venda direta - Ensacado revenda						3									7,1
Fácil atendim. CAC/SAC/Suporte			3		9						9	9	9	9	7,1
*Envolvimento problemas clientes	9		9								9		9	9	7,1
Presença em campo															7,1
Autonomia decisão - Facilitar dec.	9	9							9					3	7,1
Assistência técnica						9									0
Propaganda e Promoção						1		3							4,75
*Marca/Tradição		9	9	9	3	9	3	3	3	3	3	3	9		14
*Giro do produto		3	3	9	3	3	3	3	3	3		3	9		12,7
Linha de Produção						3									0
Desconto						3									0
			9		9	1			9	9	9		9	9	4,34
Eficiên…						1			9		9		9	9	4,22
…arregamento			9			3			9	9	9	9	9		4,08
…bilidade do Produto			1		9				9			9	9	9	5,69
Qualidade do Produto															19,9
Peso absoluto	490	48	498	459	565	383	257	158	437	284	284	296	544	484	5196
Peso relativo	9%	1%	10%	9%	11%	7%	5%	3%	8%	5%	5%	6%	###	9%	

Figura 25.3 – Representação da Matriz Qualidade Exigida x Qualidade Negativa.

As falhas definidas na Tabela de Qualidade Negativa (Figura 25.3) foram agrupadas em quatro áreas funcionais da empresa: Crédito, Financeiro, Comercial e Logística. Assim, por meio de uma análise global, foi possível avaliar qual área estaria mais impactando negativamente a satisfação dos clientes; bastando somar os pesos relativos correspondentes a cada área, e compará-los por meio de gráficos de barras (Pareto). A Figura 25.4 representa esta comparação. Também, por meio desta mesma matriz foi possível avaliar quais falhas estariam exercendo maior impacto na satisfação dos clientes em cada área individualmente. Para isto compararam-se os pesos relativos das falhas correspondentes de cada área específica.

Essa matriz (Figura 25.3) revelou para todos os membros da equipe quais áreas funcionais mais impactavam negativamente, e quais falhas deveriam ser evitadas, pois seriam as que mais afetariam a satisfação dos clientes. Realizou-se uma análise das falhas mais importantes, onde se verificaram: causas das falhas, ação corretiva, controle atual e projeto de melhoria. Este último alimentaria o plano de ação das áreas funcionais. Esta análise de falhas está representada na Tabela 25.1.

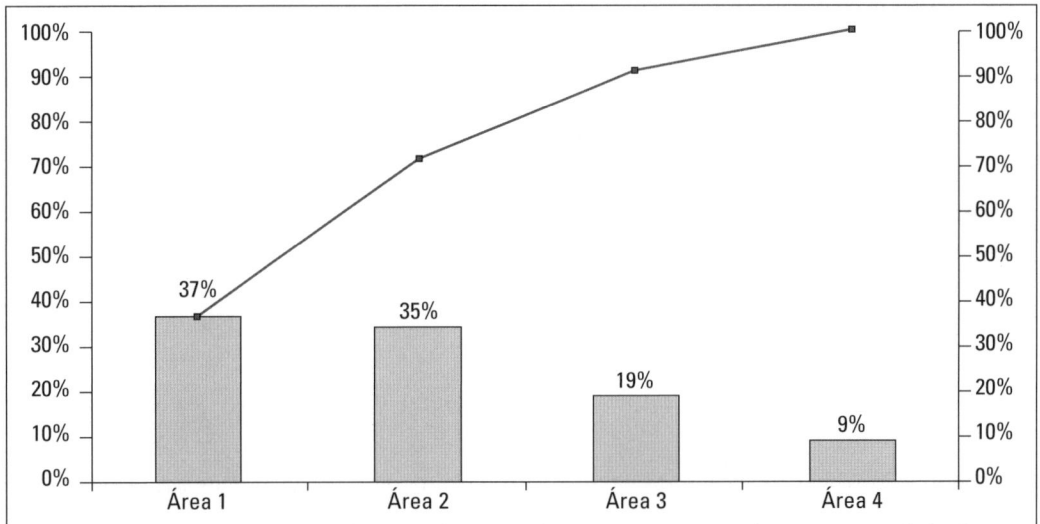

Figura 25.4 – Pareto das áreas funcionais que mais impactavam negativamente a satisfação dos clientes.

Tabela 25.1 – Análise de Falhas das Áreas Funcionais/Qualidade Negativa.

Área	Efeito (Qualidade negativa)	Causas	Ação Corretiva	Controle Atual	Projeto de Melhoria
rédito	Bloqu⸺ sem aviso prévio (por ⸺ ⸺ cida, juros, rer ⸺ ⸺ .)	Não informamos os clientes que estão bloqueados por falta de estrutura para fazer isto.	Estudo de envio de avisos. Estudo em conjunto com CAC para ligarem pela manhã ou em horários de calma para avisar o bloqueio	Média de atraso por cliente Média de faturamento por juros	
Financeiro	ou⸺ ⸺ ⸺ erna	Mudar parâmetro no sistema	Nece de pro⸺	
	Espera de muito tempo⸺ na venda de um produto	⸺ dos ar- ⸺ ⸺ o	Criar mecanismos que alertem a falha do sistema, conjunto ⸺ sistema (mecanismo ⸺ ⸺ causa⸺		
Comercial	⸺ cartório para Votoran, impedindo a compra e aumento os juros Não avisar antecipadamente sobre alteração de preços			⸺ us diversos atravês das OC ⸺ de carregamento	devolvido (falta Claudio, Bicas Orlando Z.e
Logística		⸺ enda por local ⸺ ⸺ ⸺ ⸺ uando somente ⸺ a fábrica tem capacidade para carregar			
	R⸺ ⸺ arga	⸺ ações incorretas: com o nome fantasia/ou autorização de transportadores, e estes autori- zam terceiros/ou transportadoras autorizam o mesmo motorista para dois clientes	Padronização das autorizações		

Para priorização dos projetos nacionais da empresa, em função das reais exigências dos clientes, foi construída a matriz Qualidade Exigida × Projetos Nacionais (matriz 4 Figura 25.1).

O gráfico de Pareto construído com os pesos relativos dos projetos, que foram obtidos por meio da conversão dos pesos dos itens de qualidade exigida, possibilitou um balanceamento do portfólio de projetos, de modo que a capacidade instalada da empresa (recursos como: pessoas, tempo, financeiro) pôde ser alocada naqueles projetos que realmente trariam benefícios.

Por último, retornando à discussão sobre os indicadores de desempenho da empresa (ver Figura 25.1), foram definidas atividades para cada área funcional, para que as metas de cada indicador fossem alcançadas. Como foram extraídas muitas atividades, fez-se necessária a priorização das mesmas por meio da construção da matriz: Desdobramento dos Indicadores de Desempenho x Desdobramento das Atividades do Setor (ver Figura 25.1, matriz 2). As atividades prioritárias alimentaram o plano de ação anual de cada área funcional.

Outros resultados alcançados na aplicação do QFD foram:

- Matriz de priorização de projetos em nível nacional com participação da equipe de projetos da empresa.

- Aperfeiçoamento na metodologia de avaliação da satisfação, via conselho de clientes.

- Treinamentos para vendedores priorizados por meio de matrizes do QFD.

- Interação do laboratório de desenvolvimento com o projeto para entender necessidades dos clientes e para custear seus serviços.

- Criação do SIGSC – Sistema Integrado de Gestão da Satisfação de Clientes.

- Ferramentas adicionais para a área de Inteligência de Mercado e Comercial capturar oportunidades de mercado.

- Profundo entendimento das necessidades e desejos dos clientes revenda.

Quando terminada a participação dos consultores externos – os dois primeiros autores deste caso – este projeto estava em andamento, assim diversos outros resultados foram alcançados, mas não estão explicitados neste documento.

25.3. Conclusões

O método QFD auxiliou a empresa na melhoria de seu serviço. Foi possível resgatar as verdadeiras necessidades do segmento de revenda, o que possibilitou uma melhor análise da eficiência dos indicadores de desempenho (KPIs) que a empresa utilizava para medir o serviço prestado. Indicadores foram acrescentados para as exigências que não possuíam itens de verificação adequados, e foram estabelecidas metas mais apertadas para aqueles KPIs priorizados. Para que estas metas fossem alcançadas, foram desdobradas atividades (métodos/medidas) que foram também priorizadas. Este processo mostrou que o QFD pode auxiliar no desdobramento das diretrizes do atendimento comercial da empresa.

Apenas ressaltando que uma diretriz é composta por:

- Uma meta (metas estabelecidas para os KPIs).
- Métodos (atividades desdobradas para o alcance das metas).

Também foi possível, por meio da aplicação do QFD, identificar as áreas funcionais que mais impactavam negativamente a satisfação dos clientes, e quais falhas deveriam ser tratadas e evitadas.

Ainda, o QFD possibilitou um balanceamento do portfólio de projetos, de modo que a capacidade instalada da empresa (recursos como: pessoas, tempo, financeiro) pôde ser alocada naqueles projetos que realmente trariam benefícios para um melhor atendimento das exigências dos clientes.

É importante ressaltar que as empresas, em seus sistemas da qualidade e sistemas integrados de gestão, dão cada vez mais importância ao monitoramento da satisfação dos clientes. No entanto, este monitoramento gerará resultados, somente, se as empresas forem capazes de estabelecer ações eficazes para aumentar a satisfação dos clientes. O QFD demonstrou ser um método muito efetivo para este fim, pois permite conectar a análise de satisfação aos indicadores de desempenho dos processos da empresa, o que direciona e otimiza a aplicação de recursos.

REFERÊNCIAS BIBLIOGRÁFICAS

AKAO, Y. *Introdução ao Desdobramento da Qualidade*. Vol. 1. Belo Horizonte: Editora Fundação Christiano Ottoni. 1996. 187 p.

CHENG, L. C. *et al. QFD - Planejamento da Qualidade*. Belo Horizonte: Fundação Christiano Ottoni, 1995.

KANEKO, N. QFD Implementation in the Service Industry. *45th Annual Quality Congress Transactions*. Milwaukee: American Society for Quality Control – ASQC. p. 808-813. 1991.

APLICAÇÃO DO MÉTODO DESDOBRAMENTO DA FUNÇÃO QUALIDADE PARA ANÁLISE DE REQUISITOS DE USABILIDADE

Nilma Rodrigues Alves
Clarindo Isaías Pereira da Silva e Pádua
Rodolfo Sérgio Ferreira Resende

26.1. Introdução

Este caso apresenta um trabalho envolvendo a aplicação do método QFD às atividades iniciais de análise no desenvolvimento de software, visando à melhoria de qualidade do produto. Basicamente, três aspectos são abordados: a especificação dos requisitos de usabilidade do produto, a priorização desses requisitos incluindo os requisitos funcionais, e a caracterização e seleção dos grupos de usuários-chave. Esses tópicos são abordados dentro do contexto de um processo de desenvolvimento de software e ilustrados com um estudo de caso, como apresentado por Alves e Pádua (2001).

A qualidade de um produto de software é definida por suas funções e características não funcionais e pela percepção de seus usuários em um contexto de uso. A usabilidade trata de parte das características não funcionais, ou seja, das características externas relativas à interação do usuário com o produto (Shneiderman, 2004). Sendo, portanto, uma característica de qualidade, a usabilidade pode ser especificada e medida.

A especificação de requisitos de usabilidade visa determinar quais atributos (características referentes à qualidade da interação) devem estar presentes no produto; como medi-los, ou seja, qual é o instrumento de medida; e quais níveis de desempenho do usuário, quando utilizando o produto, são aceitáveis ou desejáveis para cada atributo. Constitui, assim, um insumo para o planejamento de avaliações sobre a qualidade da interface com o usuário.

Durante a especificação de requisitos de usabilidade, a equipe de desenvolvimento deve ter presente que a definição dos atributos, que descrevem a usabilidade e suas respectivas medidas, exige o conhecimento sobre os usuários potenciais do produto, seu ambiente de trabalho e sobre as tarefas por eles realizadas. Também é importante considerar que, em função dos custos e prazos, geralmente é inviável contemplar todos os requisitos anteriormente levantados nas avaliações da qualidade da interface. Isso implica, portanto, na necessidade de priorizar os requisitos, determinar os grupos mais relevantes de usuários e estabelecer a importância e representatividade das funções. Executar esses procedimentos não é uma tarefa trivial.

Em geral, a decisão sobre qual atributo e métrica incluir ou excluir na especificação de requisitos e de quais tarefas são mais importantes para prover uma medida observável para esse atributo é realizada pelo bom senso (Hix, Hartson 1993). É uma prática aceitável, que também pode dar bons resultados, principalmente quando há um histórico de projetos relacionados. No entanto, um método formal aumenta a precisão dos resultados. A aplicação do método QFD permite identificar os requisitos que melhor refletiriam a qualidade, em termos de usabilidade, do sistema como um todo. A linha de ação é desdobrar a usabilidade (qualidade de interação) do produto por meio de um processo de refinamentos sucessivos em requisitos precisos e testáveis, selecionar as funcionalidades utilizando-se a ordem decrescente de importância estabelecida durante o levantamento de requisitos e também definir os grupos de usuários mais importantes.

As técnicas propostas neste trabalho foram integradas às atividades previstas em um processo de desenvolvimento de software, o Praxis (Paula Filho 2003), e um estudo de caso foi realizado também utilizando esse Processo. Praxis, que significa PRocesso para Aplicativos eXtensíveis e InterativoS, é um processo de desenvolvimento de software projetado com o objetivo de dar suporte ao ensino e treinamento em Engenharia de Software e à implantação de processos em organizações que desenvolvem, mantêm ou contratam o desenvolvimento de software. O processo Praxis é baseado em alguns padrões ou paradigmas da área reconhecidos internacionalmente, como o modelo SW-CMM de maturidade em processos de software, a notação orientada a objetos padronizada UML (Rumbaugh, Jacobson, Booch 1999), o Processo Unificado (Unified Process) (Jacobson & Rumbaugh & Booch 1999) e os padrões IEEE (IEEE Standards Collection – Software Engineering 1994) para a Engenharia de Software. O processo Praxis foi utilizado neste trabalho por suas características, principalmente pela utilização de padrões reconhecidos internacionalmente, e pela facilidade de acesso. O Praxis vem sendo utilizado em desenvolvimento de software de médio a grande porte no Laboratório Synergia do Departamento de Ciência da Computação (DCC) da Universidade Federal de Minas Gerais (UFMG), com participação de autores desse trabalho.

Para a definição dos requisitos de usabilidade, este trabalho propõe uma aplicação do QFD às atividades do Praxis relacionadas à definição de requisitos (Paula Filho 2003). Há uma atividade prevista no Processo que visa a classificação dos requisitos; nela, os requisitos são classificados em uma das três categorias: essencial, opcional ou desejável. Entretanto, não há uma especificação de quais técnicas devem ser utilizadas para tal fim, nem de como se pode estabelecer essa classificação de forma mensurável. Na prática, consequentemente, essa classificação é realizada pelo bom senso e com base na experiência da equipe de desenvolvimento ou de projetos correlatos. Também estão previstas nesse processo, a identificação de grupos de usuários do produto e uma atividade específica para estudos de usabilidade. Essas atividades abordam, de forma bem simplificada, apenas o levantamento de alguns dados sobre os usuários do produto e não estabelece como esses dados podem ser traduzidos para características técnicas a serem consideradas no projeto de interface.

26.2. Especificação de Requisitos de Usabilidade

Um requisito ou meta[1] de usabilidade pode ser considerado como constituído de uma lista: "atributo de usabilidade", "instrumento de medida", "valor a ser medido" e "níveis de desempenho". Esses elementos podem ser organizados em uma Tabela de Especificação de Requisitos de Usabilidade (Gilb, 1996). Basicamente, a especificação de requisitos de usabilidade pode ser executada em três passos:

1. Definição de atributos mensuráveis de usabilidade.

2. Definição das métricas associadas a cada atributo.

3. Determinação de níveis quantitativos de desempenho do usuário desejados para cada atributo.

Um "atributo de usabilidade" é uma característica de usabilidade da interface com o usuário, que pode ser medida de algum modo (Hix & Hartson, 1993; Wixon & Wilson, 1997). Os atributos de usabilidade são definidos para indicar se o processo de desenvolvimento está convergindo para uma interface com a qualidade desejada, no contexto do domínio para o qual o sistema é construído e no contexto de uso dos usuários potenciais. Alguns atributos são: desempenho inicial, eficiência (desempenho por um certo período de tempo), satisfação (ou opinião) do usuário após usar o sistema por um certo período de tempo, aprendizado, retenção de conhecimento (facilidade de relembrar as funções e como usá-las, após um período sem usar o sistema) e taxa de erros (Nielsen, 1993; Hix & Hartson, 1993; Casaday & Rainis, 1996). Durante a especificação de atributos de usabilidade, esses atributos gerais são mapeados em "instrumentos de medida" ou atributos específicos, a serem avaliados, que refletem tarefas típicas realizadas no contexto de trabalho do usuário.

Para a avaliação do nível de qualidade com que os atributos de usabilidade são contemplados no produto de software, utilizam-se medidas objetivas e subjetivas. Medidas objetivas são obtidas a partir do desempenho observável do usuário durante a realização de tarefas de referência (tarefas de *benchmark*) usando a interface em protótipos ou produtos finais. Medidas subjetivas são baseadas nas opiniões do

---

[1] Utilizamos o termo "requisito" quando se trata de uma exigência do cliente ou usuário e o termo "meta" quando se trata de uma decisão de projeto sem imposição do cliente.

usuário sobre a interface, quantificadas através do uso de questionários. Tipicamente, uma métrica, também conhecida como *valor a ser medido*, está associada às tarefas de *benchmarck* e aos questionários. As tarefas de *benchmark* e questionários são os "instrumentos de medidas". O "valor a ser medido" pode ser: tempo para completar uma tarefa, número de erros, porcentagem de uma tarefa completada em certo intervalo de tempo, frequência de uso da documentação e da ajuda, dentre outras.

Gilb (citado em Hix & Hartson 1993) sugere quatro níveis de valores aceitáveis para cada atributo: "nível atual", "nível planejado", "pior nível aceitável" e "melhor nível". Estes níveis definem o desempenho esperado do usuário ao usar o produto.

O "nível atual" corresponde ao desempenho dos usuários na versão corrente do sistema. Se essa versão não existe, o "nível atual" pode ser obtido com protótipos ou pela análise de sistemas similares.

O "nível planejado" de desempenho é o valor que, quando alcançado, significa sucesso em termos de usabilidade. Usualmente é melhor que o nível atual. Sua definição pode ser baseada em produtos existentes, pesquisas com grupos de usuários-chave e outras fontes de dados.

O "pior nível aceitável" de desempenho do usuário é o mínimo aceitável, não o pior que pode ocorrer. Seu valor deve estar próximo ou ser melhor que o nível atual quando este se mostra insuficiente e precisa ser melhorado.

O "melhor nível" é o nível de desempenho que teoricamente deveria ser atingido em circunstâncias ideais. Seria o nível atingido por usuários mais experientes, utilizando-se o melhor desenho da interface com o usuário e com a utilização da melhor tecnologia (Hix & Hartson, 1993; Wixon & Wilson, 1997).

Um dos critérios usados para construir a Tabela de Especificação de Requisitos de Usabilidade é considerar os grupos de usuários e tarefas por eles executadas quando interagem com o sistema. Entretanto, como não é, em geral, viável estabelecer metas para todas as classes de usuários ou todas as tarefas possíveis, é importante priorizar as funções, os grupos de usuários e os atributos de usabilidade. Em alguns casos, especialmente para sistemas personalizados, esses valores-metas devem ser especificados juntamente com os clientes e usuários.

Elaboração da Tabela de Especificação de Requisitos de Usabilidade

As atividades e os artefatos de QFD que estão estritamente relacionados com a construção da Tabela de Especificação de Requisitos de Usabilidade referem-se àqueles usados para a construção da Matriz da Qualidade.

Foi observada uma correspondência entre vários conceitos dos elementos constituintes da Matriz de Qualidade do QFD e dos elementos da Tabela de Especificação de Requisitos de Usabilidade. Comparando-se os significados dos conceitos de *elemento de qualidade* e *valor a ser medido*, tem-se que ambos são usados como medida para avaliar a qualidade. Então, podemos considerar que o "valor a ser medido" da Tabela de Especificação de Requisitos de Usabilidade é um elemento de qualidade para se avaliar a interface.

Durante o processo de extração dos elementos de qualidade relacionados à usabilidade, o processo de subdivisão e totalização, bem como o conhecimento do contexto, permite identificar a qual atributo genérico de usabilidade um elemento se refere. Por exemplo, o elemento de qualidade "ordem lógica dos campos" em uma tela da interface pode estar relacionado ao atributo de usabilidade "facilidade de uso ou desempenho do usuário". Se o usuário já tiver conhecimento de sistemas concorrentes semelhantes ou o produto estiver sendo melhorado, provavelmente o desempenho é o atributo de usabilidade a que se refere o elemento extraído.

A definição dos níveis de valores para cada atributo de usabilidade pode ser feita a partir do nível atual fazendo-se as seguintes considerações:

1. Elementos de usabilidade medidos subjetivamente: podem ter os valores atuais definidos usando-se questionários junto aos usuários para verificar a satisfação quando um produto está sendo melhorado ou há outro similar.

2. Medidas objetivas: podem ser obtidas por arquivos de log ou por observação direta. Para produtos novos, o nível atual pode ser estimado usando-se protótipos ou com base na experiência da equipe e nos dados históricos da empresa.

A Figura 26.1 mostra a relação entre os artefatos produzidos com os desdobramentos e a Tabela de Especificação de Requisitos de Usabilidade.

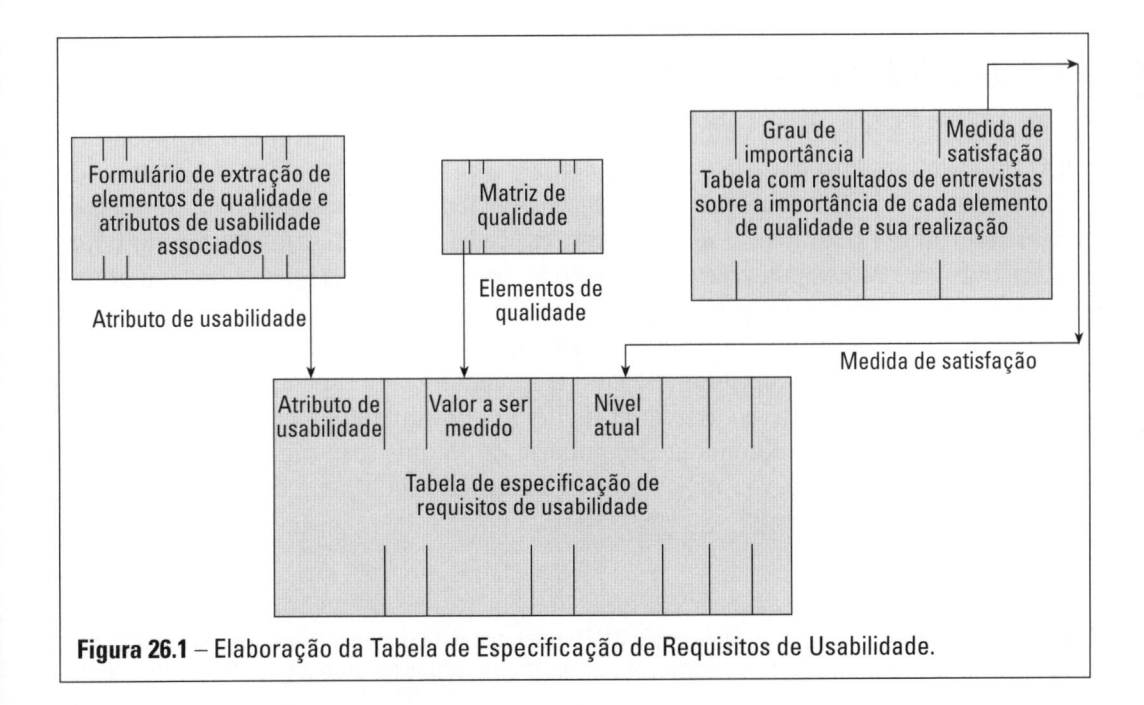

Figura 26.1 – Elaboração da Tabela de Especificação de Requisitos de Usabilidade.

26.3. Aplicação do QFD à Definição de Requisitos

A aplicação do QFD às atividades relativas à definição de requisitos do produto de software foi feita usando-se vários artefatos propostos no modelo *Prifo Software QFD* ou *Prifo SQFD* (Herzwurm & Schockert & Mellis 1998). Este é uma adaptação do QFD ao desenvolvimento de software. O *Prifo SQFD* propõe primeiramente a construção de uma matriz relativa às funções do produto (Matriz *SQFD*) e posteriormente a construção da Matriz de Qualidade, prevista no QFD. Essa abordagem parte do princípio de que o produto de software é definido, na visão do usuário final, por suas funções, visto que estas equivalem a expressar o que o produto é (Shindo 1999). Além disso, é muito difícil para os clientes e usuários expressarem inicialmente requisitos de qualidade, ou seja, começar a definir o produto de software a partir das características não funcionais, particularmente quando desconhecem produtos similares ou quando o produto é uma proposta inexistente no mercado (Herzwurm, Schockert & Mellis, 1999; Shindo, 1999).

Neste trabalho, a aplicação do QFD foi integrada a outras atividades de desenvolvimento de software previstas no processo Praxis. A proposta de combinar o *Prifo SQFD* ao Praxis teve por objetivo oferecer um modo sistematizado para a especificação de requisitos de usabilidade, dado que foi observado que, a partir da elaboração da Matriz de Qualidade presente no QFD e também no *Prifo SQFD*, podia também ser elaborada a Tabela de Especificação de Requisitos de Usabilidade e priorizar os requisitos de usabilidade. Também foi observado que a elaboração da Matriz *SQFD* proposta no *Prifo SQFD* fornece subsídios ao processo Praxis para priorizar os requisitos funcionais.

Modelo *PriFo SQFD* de Herzwurm e Schockert

O modelo *PriFo SQFD* foi elaborado considerando-se que o primeiro propósito do QFD no levantamento e análise de requisitos e o principal foco do planejamento de um produto é a priorização de metas de desenvolvimento baseadas nos requisitos mais importantes (Herzwurm & Schockert & Mellis 1999). Essa é a razão do nome *PriFo*, abreviatura das palavras *prioritizing* e *focused*, cujos significados em português são priorizado e focalizado, respectivamente. O modelo *PriFo SQFD* contempla também a combinação de técnicas de gerenciamento e planejamento de produtos, bem como aspectos organizacionais, com a finalidade de obter as informações necessárias à elaboração das matrizes. O modelo contempla apenas uma fase de pré-planejamento e outra denominada Engenharia de Requisitos, que é composta pelas atividades de Análise da voz do cliente[2], Construção da Matriz de Qualidade e da Matriz *SQFD*, dentre outras.

---

[2] O termo "cliente" é usado no modelo PriFo SQFD denominando o conjunto de pessoas envolvidas (*stakeholders*), incluindo usuários, clientes e demais interessados no produto em desenvolvimento.

• Pré-Planejamento

A primeira etapa no modelo *PriFo SQFD* consiste em definir os objetivos do projeto, estabelecer prazos e custos e definir uma equipe. Além disso, a fase de pré-planejamento inclui conceituação do produto, identificação de grupos de usuários e avaliação de sua importância para o desenvolvimento e seleção de usuários representativos. Para conceituar o produto de software pode-se elaborar várias matrizes. No entanto, a ênfase está na construção da matriz que relaciona a tabela denominada Tarefas do Sistema de Negócio com a tabela denominada Funções Básicas do Software. O conceito do produto é definido a partir da perspectiva do processo de negócio para o qual o produto está sendo desenvolvido. Somente as principais funções (funções básicas) são levantadas, porque essa fase é o ponto de partida do desenvolvimento. O detalhamento das funções é realizado na fase de Engenharia de Requisitos e utiliza informações da matriz Tarefas do Sistema de Negócio x Funções Básicas do Software.

A identificação de grupos de usuários e a determinação da importância de cada grupo são feitas usando o conceito de desdobramento do cliente (usuários finais e clientes) proposto por Zultner (citado em Herzwurm, Schockert & Mellis, 1999). Definir quem são e quais são as características dos usuários de um software é imprescindível para o levantamento de requisitos e, consequentemente, para o projeto de uma interface adequada ao contexto de uso do produto.

Desdobramento do cliente

Para realizar o desdobramento do cliente, é importante observar o contexto de uso do produto, quem fornecerá informação e removerá informação do produto, e características próprias dos usuários, tais como conhecimento de domínio e do sistema, treinamento, nível educacional, proficiência, padrões de uso típicos ou esperados para o papel (Constantine & Lockwood, 1999).

Inicialmente, procura-se elaborar uma lista dos possíveis papéis dos usuários. Partindo-se de um usuário genérico, cuja necessidade já é conhecida, procura-se identificar outros usuários em potencial. Com esse fim, pode-se utilizar roteiros (Rosson & Carroll, 2002) que descrevem situações, nas quais o software poderia ou será usado (análise contextual). Esses roteiros podem ser obtidos através de observação, entrevistas ou reuniões estruturadas com potenciais usuários e demais envolvidos (Hackos & Redish, 1998; Rosson & Carroll, 2002). As características que primariamente são percebidas devem ser registradas em uma tabela denominada Tabela de Características dos Usuários, enquanto os papéis são anotados em uma tabela nomeada Tabela de Grupos de Usuários.

As características levantadas são organizadas via diagrama de afinidades e correlacionadas com os papéis. O agrupamento dos papéis de usuário, além de levar em consideração a similaridade, por exemplo, de estilo de interação, deve considerar também se um papel combina as características de dois ou mais papéis. Esses procedimentos que consideram afinidade e classificação são detalhados por Constantine e Lockwood (1999).

A seleção de grupos de usuários mais importantes ajuda na definição e no desenho da interface com o usuário. Vários critérios podem ser usados para determinar a importância de cada grupo de usuário (Constantine & Lockwood, 1999). Alguns grupos de usuários são muito frequentes no uso do produto, enquanto outros devem ser levados em consideração no projeto, mesmo se usam o produto com pouca frequência ou se são altamente especializados em usar apenas algumas interfaces. Um administrador de rede, por exemplo, tem acesso a todas as funcionalidades do sistema operacional, enquanto um usuário comum está restrito a um conjunto menor de possibilidades. Um grupo-chave é aquele que é considerado particularmente importante do ponto de vista do negócio ou dos riscos, ou de alguma outra perspectiva. Relacionando-se esses critérios com os grupos de usuários levantados, por meio de uma matriz Tabela de Critérios × Tabela de Grupos de Usuários, pode-se definir a importância de cada grupo. A importância de cada critério pode ser determinada pelo método AHP (*Analytic Hierarchy Process*). O grau de importância de cada grupo é calculado multiplicando-se o valor da correlação com a importância de cada critério e somando-se os produtos resultantes.

• Engenharia de Requisitos

A fase de Engenharia de Requisitos, composta pelas atividades de Análise da voz do cliente e Construção da Matriz de Qualidade e da Matriz SQFD, dentre outras, consiste em especificar os requisitos e validá-los com a finalidade de definir o que se quer produzir. Essa fase exige a interação e cooperação entre os desenvolvedores, clientes e usuários representativos.

Análise da voz do cliente

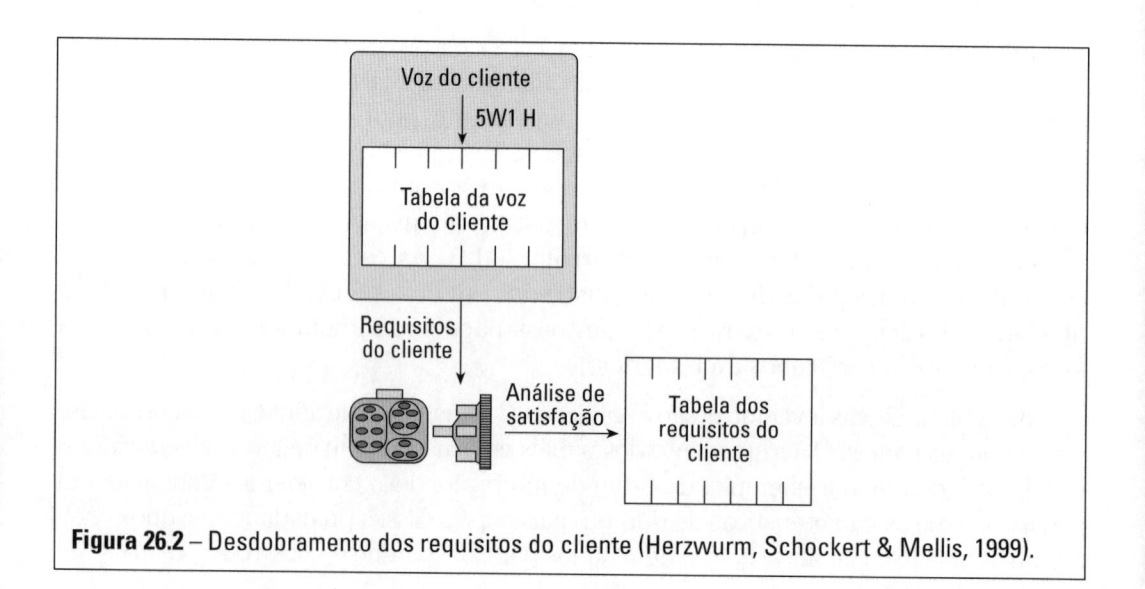

Figura 26.2 – Desdobramento dos requisitos do cliente (Herzwurm, Schockert & Mellis, 1999).

Essa atividade tem a finalidade de definir os requisitos exigidos pelos clientes e usuários, ou seja, definir a real necessidade do novo sistema por meio do conhecimento dos objetivos da empresa, demandas de mercado e necessidades específicas dos usuários.

Para identificar as necessidades dos clientes (incluindo usuários e demais interessados), são realizados encontros entre estes e a equipe de desenvolvimento. As necessidades levantadas devem ser classificadas e organizadas devidamente, porque são de diversas formas e o seu conteúdo também é variado, havendo opiniões, reclamações, avaliações, expectativas etc. Por exemplo, as exigências relacionadas às funcionalidades do produto devem ser classificadas e ordenadas quanto a esses aspectos. Do mesmo modo se procede para as exigências relacionadas à qualidade, aos custos e aos prazos. Uma vez que as necessidades foram organizadas, elas são registradas na Tabela da Voz do Cliente (Figura 26.2).

Tendo-se levantado as necessidades, o próximo passo é definir os requisitos do cliente que atendam a essas necessidades. Consideremos, por exemplo, que o usuário expressou uma necessidade nos seguintes termos: "que possa ser fácil de usar". Essa expressão não denota exatamente o estado de algo, não podendo ser considerada como uma exigência real. Mas permite inferir um requisito quando se procura saber o porquê de tal desejo. Assim, dependendo do contexto, poderíamos ter como requisito "fácil entendimento dos comandos" ou "existência de instruções de uso".

Uma vez que o processo de conversão das necessidades para os requisitos do cliente foi realizado, esses são organizados por afinidade e diagramas de árvore. Para calcular o grau de importância de cada requisito do cliente, pode-se utilizar o método AHP e comparação por pares (Saaty, 1995). Quando o desenvolvimento do produto de software está em estágio mais avançado, com protótipos, por exemplo, ou quando existem produtos similares, os usuários representativos podem fazer uma avaliação de satisfação relativa ao atendimento dos requisitos. Aqui os custos envolvidos devem ser levados em consideração. O resultado desses esforços é sintetizado na Tabela dos Requisitos do Cliente (Figura 26.2).

Construção da Matriz de Qualidade e da Matriz *SQFD*

A Tabela dos Requisitos do Cliente é a entrada para a Matriz de Qualidade e para a Matriz *SQFD*. Esta última matriz é similar à Matriz de Qualidade, a diferença é que nela são registradas as funções do produto. A extração das características funcionais e não funcionais, a partir dos requisitos do cliente, tem a finalidade de converter a exigência abstrata dos clientes e usuários para características técnicas do produto.

Para definir as funções do produto, é elaborada a Tabela da Voz do Engenheiro (Figura 26.3). Tendo como fonte de informação os requisitos do cliente levantados, a Tabela Funções Básicas do Software (construída na fase de Pré-Planejamento) e os grupos de usuários-chave definidos no desdobramento do cliente, a equipe de desenvolvimento tem condições de definir os requisitos em termos mais técnicos, na visão dos desenvolvedores. Por exemplo, um requisito do cliente, tal como "existência de instruções de uso", na visão do desenvolvedor (engenheiro) poderia ser expresso em termos funcionais como "exibir ícone para o assistente de ajuda" ou "pesquisar o *help online* por palavra-chave". Os procedimentos para o agrupamento das funções são os mesmos usados para o agrupamento dos requisitos do cliente.

A elaboração da Matriz *SQFD* (Figura 26.3) se faz por meio da combinação da Tabela dos Requisitos do Cliente e da tabela contendo as funções do produto, indicando a relação entre os requisitos do cliente e as funções. Calcula-se o grau de importância de cada função convertendo-se o grau de importância do requisito do cliente em grau de importância da função. O método mais simples para se obter o grau de importância das funções é calcular o produto do grau de importância do requisito do cliente pelos valores numéricos das correlações e somar estes produtos verticalmente.

A Figura 26.4 mostra o processo de obtenção das características de qualidade (elementos de qualidade mensuráveis). Essas características são obtidas mediante a extração, isto é, a partir dos requisitos do cliente definidos na Tabela dos Requisitos do Cliente. Várias características também são encontradas durante a conversão das necessidades para requisitos do cliente ou como uma exigência explícita do usuário. As características de qualidade também são definidas à medida que as funções são especificadas (construção da Tabela da Voz do Engenheiro). Na Figura 26.4, as setas tracejadas indicam as características que são obtidas indiretamente, ou seja, mediante outras atividades que não sejam especificamente a extração dos elementos de qualidade a partir dos requisitos do cliente.

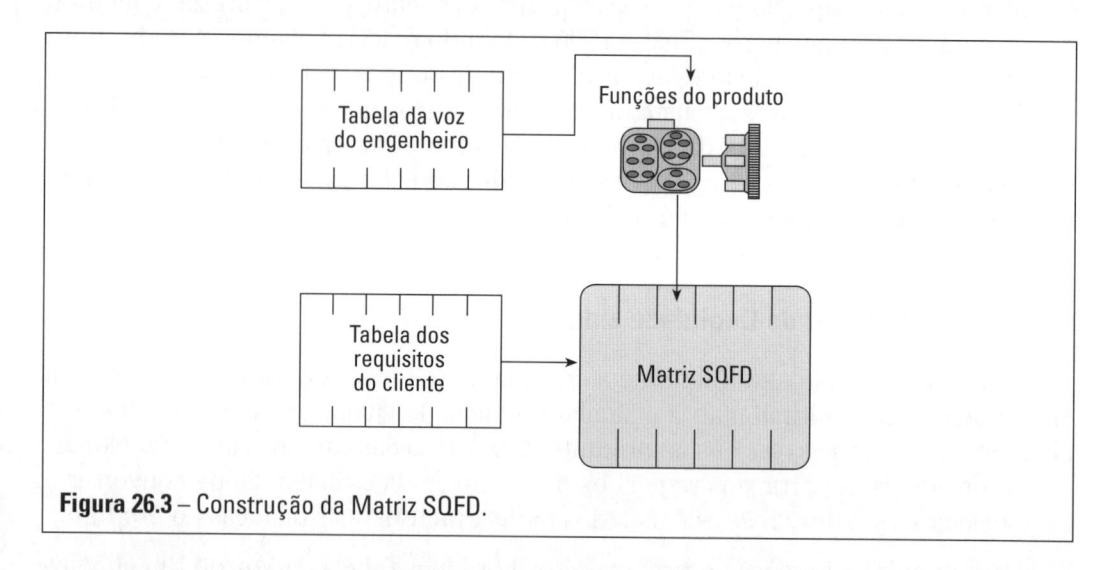

Figura 26.3 – Construção da Matriz SQFD.

A Matriz de Qualidade combina a Tabela dos Requisitos do Cliente com a tabela que contém os elementos de qualidade (Tabela dos Elementos de Qualidade). Os procedimentos para o cálculo do grau de importância de cada elemento da qualidade são os mesmos usados para as funções da Matriz SQFD.

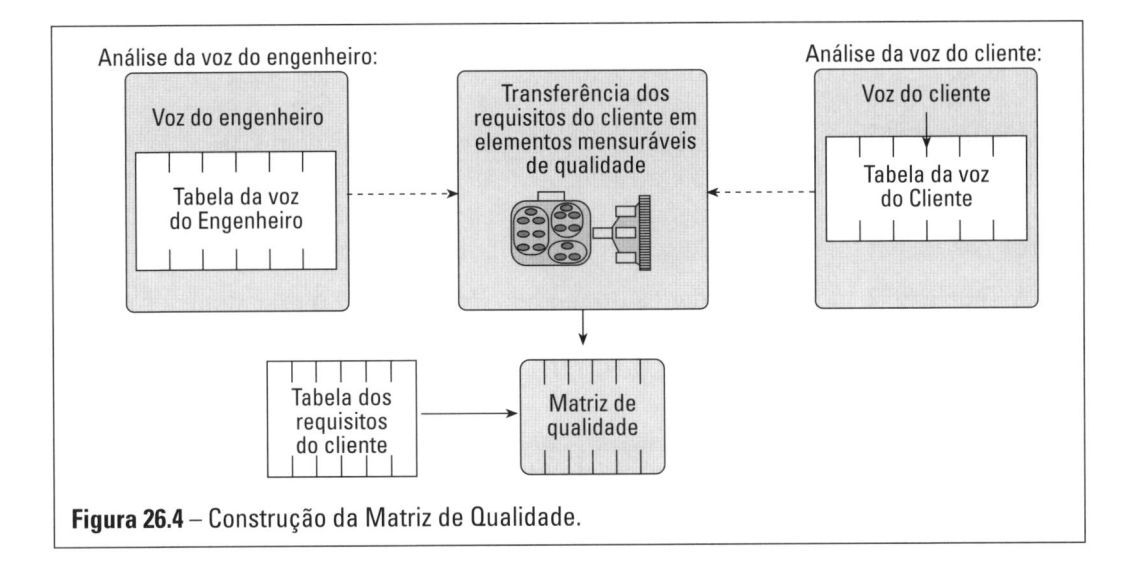

Figura 26.4 – Construção da Matriz de Qualidade.

O modelo *PriFo SQFD* e o processo Praxis

A estrutura do processo Praxis, herdada do Processo Unificado (Jacobson, Rumbaugh & Booch, 1999), pode ser entendida em duas dimensões: fases (divisões gerenciais, associadas a períodos de tempo) e fluxos de trabalho, normalmente denominado apenas fluxo, que são subprocessos caracterizados por temas técnicos ou gerenciais. As fases do Praxis são quatro, a saber: Concepção, Elaboração, Construção e Transição. Os principais fluxos técnicos previstos são: Requisitos, Análise, Desenho, Implementação e Testes. Em cada fase pode-se realizar atividades de quaisquer dos fluxos. No entanto, isso depende da decisão estratégica da equipe de desenvolvimento, de prazos e custos.

Para a especificação de requisitos de usabilidade, os artefatos e atividades do modelo *PriFo SQFD* foram combinados com as atividades previstas no fluxo de Requisitos do Praxis (Alves 2001). As principais fases contempladas para o uso da abordagem proposta foram a Concepção e a Elaboração, visto que as atividades do fluxo de requisitos são executadas principalmente nessas fases. As fases de Concepção e Elaboração são semelhantes às fases de Pré-Planejamento e Engenharia de Requisitos do modelo PriFo Software SQFD.

Na fase de Concepção, cuja finalidade principal é gerar uma proposta inicial do projeto de software, algumas atividades do fluxo de requisitos são executadas de forma preliminar.

Na fase de Elaboração, os detalhes são explorados. As necessidades dos usuários, expressas na linguagem desses, são levantadas para fornecerem insumos que permitam a definição de requisitos funcionais e não funcionais e das interfaces do produto. Posteriormente, esses requisitos são analisados, isto é, um modelo conceitual dos elementos relevantes do domínio do problema é elaborado, focalizando a visão dos desenvolvedores.

Para aplicar atividades e técnicas do *Prifo SQFD* ao Praxis, levamos em consideração as atividades com objetivos semelhantes e os aspectos nos quais o *Prifo SQFD* poderia contribuir para a melhoria do Praxis. Por exemplo, tanto no Praxis como no *Prifo SQFD*, há práticas para levantamento de características de usuários. Entretanto, o Praxis não aborda técnicas para seleção de grupos representativos de usuários, o que é muito importante para definir estratégias de desenvolvimento. O *Prifo SQFD* aborda esse aspecto, o que pode ser uma contribuição ao Praxis.

A Tabela 26.1 mostra atividades do modelo PriFo SQFD que podem ser usadas para complementar algumas atividades do fluxo de Requisitos do Praxis visando melhor atingir seus objetivos, na ótica do QFD.

Tabela 26.1 – Atividades do fluxo de Requisitos do Praxis x atividades do modelo PriFo SQFD.	
Atividades do fluxo de Requisitos do Praxis	**Atividades do modelo PriFo SQFD**
Determinação de contexto	Desdobramento das tarefas do negócio (construção da Tabela Tarefas do Sistema de Negócio)
	Desdobramento cliente
Definição de escopo	Desdobramento das necessidades do cliente (construção da Tabela da Voz do Cliente)
Definição dos requisitos	Desdobramento das necessidades do cliente (construção da Tabela da Voz do Cliente)
	Desdobramento das funções básicas (Construção da Tabela Funções Básicas do Software)
	Desdobramento do cliente
	Desdobramento da voz do engenheiro (construção da Tabela Voz do Engenheiro)
	Desdobramento das funções do produto (construção da Matriz SQFD)
	Desdobramento preliminar dos elementos de qualidade com ênfase para os requisitos de usabilidade (construção da Matriz de Qualidade)
Detalhamento dos requisitos não funcionais	Desdobramento dos elementos de qualidade (construção da Matriz de Qualidade)
Classificação dos requisitos	Construção das matrizes SQFD e Matriz de Qualidade (priorização dos requisitos)
Revisão de requisitos	Verificação de consistência das matrizes pela observação de colunas em branco e linhas em branco, significando que algum requisito técnico pode estar em excesso ou que alguma necessidade não foi atendida.

Para entender bem o contexto de uso do produto (atividade de determinação de contexto do Praxis), pode-se desdobrar as tarefas de negócio conforme proposta do *Prifo SQFD*. O Desdobramento de tarefas de negócio é útil no processo de geração de ideias, visto que a equipe de desenvolvimento visualiza o contexto de uso do produto – quem, quando, onde, por que e como. Essa atividade pode ser realizada em vários níveis. Na fase de concepção, por exemplo, o nível de detalhes deve ser pequeno pelo fato de se realizar apenas um pré-planejamento.

A partir do Desdobramento das tarefas de negócio, extraem-se as características funcionais básicas para definir o escopo e também auxiliar no processo de definição de requisitos. A análise das características do usuário é realizada por meio do desdobramento dessas características, cujo objetivo é a determinação de grupos de usuários-chave, ou seja, dos grupos de usuários mais importantes no uso da aplicação. Normalmente, uma visão geral é obtida antes da definição das características do software com a finalidade de selecionar usuários representativos que participarão do levantamento e validação dos requisitos.

A atividade de Detalhamento dos requisitos não funcionais do Praxis é estendida com a atividade de Especificação de requisitos de usabilidade.

A Classificação dos requisitos visa principalmente a priorização dos requisitos. Essa priorização é elaborada com base na importância atribuída aos requisitos pelos usuários. O cálculo do grau de importância pode ser feito utilizando-se o método AHP ou por meio de pesquisas de satisfação com os usuários. Observando-se a correlação entre os requisitos do usuário e os requisitos técnicos, efetua-se a conversão do grau de importância do requisito do usuário para as características funcionais e não funcionais. Esses procedimentos correspondem ao processo de correlação aplicado ao elaborar-se a Matriz SQFD e a Matriz de Qualidade.

Na seção abaixo, é apresentado um estudo de caso, cujo objetivo foi verificar se a integração proposta entre os artefatos e atividades do *Prifo SQFD* com o processo Praxis melhoraria o levantamento de requisitos de usabilidade e a priorização destes. Na descrição do estudo de caso, é apresentada uma aplicação das técnicas propostas no desenvolvimento de um projeto de software e também os resultados obtidos.

26.4. Um Estudo de Caso

Esta seção tem o objetivo de mostrar, por meio de um estudo de caso, como a integração do modelo *PriFo SQFD* ao Praxis pode ser usada para elaborar a Tabela de Especificação de Requisitos de Usabilidade.

Foi desenvolvido um projeto de software para *Palmtops*, com a finalidade de coletar, em tempo real ou posteriormente, métricas de produtividade de uma equipe de desenvolvimento de software do Laboratório Synergia do DCC/UFMG. O produto, objetivo do projeto, foi intitulado RMP 1.0, por Relatório de Métricas de Produtividade. A equipe de desenvolvimento desse produto foi composta de 5 pessoas, dentre as quais, uma era representante da classe de usuários. Abaixo são descritas algumas atividades realizadas nas fases de Concepção e Elaboração, conforme nomenclatura do Praxis.

Fase de Concepção

A lista básica de funções foi obtida pela análise das tarefas do negócio e das necessidades previamente levantadas. No entanto, nesse estudo de caso, não foi realizado o desdobramento do processo de negócio, porque esse era bem simples. Uma análise de contexto permitiu ter conhecimento das funções básicas. Um fragmento da lista das funções descritas em alto nível para o RMP 1.0 é mostrado na Tabela 26.2.

Os requisitos preliminares de qualidade, com ênfase para os de usabilidade, também foram extraídos a partir das necessidades levantadas, ou seja, aplicando o processo de extração para obter os elementos de qualidade a partir da Tabela dos Requisitos do Cliente. A Tabela 26.3 mostra alguns requisitos do usuário e elementos de qualidade, relacionados à usabilidade, extraídos desses requisitos.

Tabela 26.2 – Fragmento da lista de funções básicas.

Nome da função	Necessidades	Benefícios
Gestão de tarefas	Armazenar tempo efetivo gasto para realizar uma tarefa em um determinado projeto.	Conhecimento de métricas de qualidade do processo. Registro de atividades, mesmo fora do ambiente convencional de trabalho.

Tabela 26.3 – Elementos de qualidade extraídos dos requisitos do cliente.

Requisito do cliente	Elemento de qualidade (usabilidade)
Entrar os dados com facilidade.	Coerência dos nomes dos campos
	Sequência de campo
	Disposição dos campos
	Formato dos campos
Ter interface de fácil utilização.	N.º de telas
	Sequência dos campos
	Quantidade de informação na tela
	Recurso de atalho adequado

Fase de elaboração

• Levantamento de requisitos

Em reuniões de *Brainstorming*, primeiramente foi feita uma análise das necessidades. Essas foram classificadas na Tabela da Voz do Cliente para definir os requisitos do cliente. Então, esses requisitos foram estruturados usando afinidade e a cada requisito de segundo nível foi atribuído peso, empregando-se os métodos AHP e comparação por pares.

Para o RMP 1.0 identificou-se apenas um papel de usuário, denominado "Desenvolvedor". Por isso, não houve necessidade de se realizar o desdobramento do cliente. As características do usuário foram levantadas segundo os critérios de proficiência (conhecimento do processo de desenvolvimento de software usado, conhecimento de produtos similares, habilidade, educação e treinamento) e interação com o produto (frequência de uso, regularidade, previsibilidade, controle de foco).

Identificação e detalhamento dos requisitos de usabilidade

A partir das características dos usuários e dos requisitos do cliente mais relacionados às exigências de qualidade, foram extraídos os elementos de qualidade. É importante mencionar que, observando-se as características dos usuários levantadas, pode-se definir quais são os principais procedimentos a serem seguidos no projeto da interface. Destes, pode-se definir quais atributos de usabilidade se quer medir e quais instrumentos serão usados para medi-los. Por exemplo, na Tabela 26.4, em termos de interação com o produto, as ações dos usuários são previsíveis, visto que há pouca variação para registrar ou consultar alguma tarefa. Neste caso, o mais importante é projetar uma interface com características que possibilitem a eficiência do usuário para executar uma operação ou buscar por uma informação. Um dos critérios para o projeto da interface seria o número de telas para uma determinada operação, visto que o sistema será executado em um *Palmtop*.

A Tabela 26.5 é a Matriz de Qualidade resultante. O conteúdo refere-se somente à usabilidade. A importância dos elementos de qualidade foi determinada conforme procedimentos do QFD. Observa-se que a ordenação lógica dos campos da interface, a terminologia usada, o formato dos campos, o esforço para efetuar uma operação de cadastro das tarefas e a visibilidade do estado do sistema são as características mais importantes. Mesmo sem fazer uma matriz que identifique a influência de uma característica na outra, podemos deduzir, dada a simplicidade do projeto, que a produtividade do usuário para cadastrar uma tarefa está relacionada ao desenho da interface, conforme cita (Shneiderman, 2004).

Tabela 26.4 – Fragmento de uma tabela de extração de elementos de qualidade a partir das características do usuário.

Características dos usuários			Considerações para o projeto de interface	Elementos de qualidade	Atributos de usabilidade
Interação	Previsibilidade	Pouca variação (todos os casos de uso)	Sequência e conteúdo (Otimizar ação)	Número de telas	Desempenho do usuário e facilidade de uso
				Taxa de erros	Desempenho do usuário
				Tempo de acesso ao conteúdo	Desempenho do usuário

A Tabela de Especificação de Requisitos de Usabilidade foi construída conforme procedimentos já descritos. Os elementos de qualidade referentes à usabilidade foram colocados na coluna de "Valor a ser medido" e seu respectivo atributo de usabilidade na coluna que leva esse nome. Por exemplo, na Tabela 26.7, fragmento da Tabela de Especificação de Requisitos de Usabilidade, o atributo "Facilidade de uso" (primeira coluna, primeira linha) pode ser medido pelo elemento de qualidade "Ordem lógica dos campos" (terceira coluna, primeira linha).

Tabela 26.5 – Matriz de Qualidade.													
Elementos de qualidade / **Requisitos do cliente**	Ordem lógica dos campos	Terminologia adequada ao contexto	Interação simplificada	Nível de detalhes da informação	Adequação dos formatos	Esforço para operação de cadastro	Representação da informação	Disposição da informação	Compreensão dos objetivos específicos do produto	Visibilidade correta do estado do produto	Tempo para consulta	Grau de importância (AHP)	Peso relativo
Registrar tempo global empregado na tarefa durante sua execução	9	3	1	3	9	9	1	1		9		1	0,5
Registrar tempo gasto em pausas durante a realização de uma tarefa	9	3	1	3	9	3	1	1		9		1	0,5
Entrada adequada dos dados da tarefa	3	9	1	3	9	9			3	9		1,44	0,75
Mover-se facilmente entre os dados das tarefas	3		3		3	3	1		1		9	1,48	0,25
Registrar com rapidez	9	3	3	3	9	9		1	9	3		1,44	0,75
Consultar tarefas por dados específicos	1	1	9	1	1			1	3	1	9	1,73	0,75
Consultar com facilidade os dados registrados	1	1	3	3			1	1	3	1	9	0,58	0,25
Ter nomenclatura adequada ao Praxis		3	1	3		3	3	1	3		1	0,45	0,17
Auxiliar o usuário no cadastro	3	9	3	1	1			3	3	9	3	2,14	0,83
Grau de importância do elemento de qualidade	22,24	20,98	14,91	10,34	24,83	20,76	4,5	5,41	20,23	21,49	11,42		

Para definir o valor planejado, o melhor possível e o pior aceitável dos elementos de qualidade, primeiramente mediu-se o valor considerado como o "valor corrente (atual)" a partir da utilização, pelos usuários, de um sistema similar ao que estava sendo proposto. A medição dos elementos subjetivos de usabilidade foi obtida elaborando-se um questionário para verificar o grau de satisfação dos usuários em relação a cada item, quando utilizando o sistema similar. Primeiramente, foi feito um teste com o questionário para validá-lo. Após a correção dos poucos problemas levantados, foram entrevistados 8 usuários. O espaço amostral era composto aproximadamente de 35 pessoas. No questionário foi usada a escala diferencial semântica de 5 pontos.

Para o elemento de usabilidade "Ordem lógica dos campos", por exemplo, a média de satisfação é 4 (Tabela 26.6). Esta foi registrada no "Nível atual" da Tabela de Especificação de Requisitos de Usabilidade (Tabela 26.7). Com base nesse nível, determinou-se o valor planejado, o melhor possível e o pior aceitável.

Os elementos de usabilidade que são medidos objetivamente tiveram seus valores correntes definidos em função das operações executadas no sistema similar, analisando-se o arquivo de log.

Tabela 26.6 – Resultados parciais da satisfação e importância dos elementos de usabilidade.

Elementos de Usabilidade	Grau de importância (média)	Medida de satisfação (média)
Ordem lógica dos campos	4,60	4
Adequação dos formatos	4,13	4
Quantidade de informação	3,50	4
Terminologia adequada ao contexto	3,90	3
Disposição da informação	3,30	4

Tabela 26.7 – Fragmento de uma Tabela de Especificação de Requisitos Usabilidade.

Atributo de Usabilidade	Instrumento de medida	Valor a ser medido	Nível atual	Nível planejado	Pior nível aceitável	Melhor Nível	Resultados observados
Facilidade de uso	Questionário	Ordem lógica dos campos	3	4	3,5	5	4
Aprendizado	Questionário	Disposição da informação	3	4	3	5	3,5

Discussão dos resultados

Embora o sistema desenvolvido tenha sido de pequeno porte, o estudo de caso mostrou que a aplicação do QFD nas atividades de especificação de requisitos de usabilidade contribui principalmente em três aspectos (Alves & Pádua 2001):

- Auxilia na seleção e comunicação com usuários: a participação de usuários representativos por meio de entrevistas e reuniões ajuda a equipe de desenvolvimento a determinar os objetivos de usabilidade em função daquilo que os usuários realmente querem.

- Fornece ferramentas que sistematicamente auxiliam nas decisões estratégicas de escolha de atributos de usabilidade e critérios de medida ou valor a ser medido: a priorização dos elementos de qualidade, que correspondem ao valor a ser medido, permite construir a Tabela de Especificação de Requisitos de Usabilidade em função dos atributos que são mais importantes para o usuário. Se por prazos e custos não for possível avaliar todos os atributos, avaliar os mais relevantes já garante uma interface mais usável.

- Definição e planejamento dos valores para os níveis da Tabela de Especificação de Requisitos de Usabilidade, particularmente quando a métrica é subjetiva.

Como na literatura não há critérios preestabelecidos para construção da Tabela de Especificação de Requisitos de Usabilidade (Whiteside, Bennett & Holtzblatt 1988), apenas um conjunto de possibilidades, o QFD combina vários métodos sugeridos. Por exemplo, pesquisas e entrevistas com os usuários, suas reclamações e pesquisas de mercado são fontes de informação; enquanto o estabelecimento de elementos de qualidade mensuráveis equivale aos critérios para medida de um atributo de usabilidade.

As desvantagens observadas são o tempo empregado com encontros e revisões com os clientes e usuários, a complexidade e a tendência de crescimento das tabelas. Pode-se observar também que, conforme cita a literatura (Ohfuji, Michiteru & Akao, 1997), o esforço para uma equipe principiante no uso do QFD é elevado.

26.5. Considerações Finais

A especificação de usabilidade usando o método QFD, mostrou-se positiva para determinar os atributos de usabilidade e suas métricas em função da prioridade de cada uma, bem como para prover os valores iniciais.

O estudo de caso permitiu verificar que, em conjunto com outras técnicas, o QFD é adequado para validar os requisitos, conforme cita (Christel & Kang, 1992). Como desvantagens temos a complexidade para construção das tabelas e a tendência de crescimento das mesmas. No entanto, para contornar essa situação, pode-se usar os níveis mais altos das tabelas, reduzindo dessa forma o número de itens e fazendo-se uma definição global de metas. Considerando-se essa avaliação global, podemos aplicar a integração proposta de forma detalhada em um escopo mais reduzido, como, por exemplo, nos requisitos mais importantes.

Observando-se ainda que o estudo de caso foi realizado para um projeto de pequeno porte é importante empregar o modelo no desenvolvimento de sistemas maiores para avaliar com maior precisão o grau de complexidade da confecção das tabelas quando os requisitos aumentam e a influência no tempo gasto na especificação em função do tempo total. Outro aspecto a ser investigado é a satisfação dos desenvolvedores com o estabelecimento dos objetivos de usabilidade do ponto de vista do QFD e das abordagens tradicionais.

REFERÊNCIAS BIBLIOGRÁFICAS

ALVES, N. R. e PÁDUA, C. I. P. S. Especificação de Requisitos de Usabilidade utilizando-se o Método Desdobramento da Função Qualidade. I Jornadas Latino Americanas em Engenharia de Software e Engenharia do Conhecimento. Buenos Aires. Junho, 2001.

ALVES, N. R. *Um Estudo para Aplicação do Método de Desdobramento da Função Qualidade a um Processo de Software*. Dissertação de Mestrado em Ciência da Computação, Universidade Federal de Minas Gerias, Belo Horizonte, 2001

BOEHM, B. W. A. Spiral Model of Software Development and Enhancement. *IEEE Computer* 21(2): 61-72. 1988.

CASADAY, G. e RAINIS, C. *Requirements, Models and Prototypes*. Tutorial Presented at ACM Conference on Human Factor in Computing Systems, Vancouver, p.361-362. 1996.

CHENG, L. C. *et al. QFD - Planejamento da Qualidade*. Belo Horizonte: Fundação Christiano Ottoni, 1995.

CHRISTEL, M. G. e KANG, K. C. Issues in Requirements Elicitation. *Technical Report CMU/SEI-92-TR-12, ESC-TR-92-012.* Pittsburgh: Software Engineering Institute, 1992.

CONSTANTINE, L. L. e LOCKWOOD, L. A. D. *Software for Use: a Practical Guide to the Models and Methods of Usage Centered Design.* Reading: Addison-Wesley, 1999.

DRUMOND, F. B. *Técnicas Estatísticas para o Planejamento de Produtos.* Belo Horizonte: UFMG-DE-ICEX, 1998.

GILB, T. *Principles of Software Engineering Management.* Reading: Addison-Wesley, 1996.

HAAG, S.; RAJA, M. K. e SCHKADE, L. L. Quality Function Deployment Usage in Software Development. *Communications of the ACM* 39(1): 41-49. 1996.

HACKOS, J. T. e REDISH, J. C. *User and Task Analysis for Interface Design.* New York: John Wiley & Sons, 1998.

HERZWURM, G.; SCHOCKERT, S. e MELLIS, W. *'Higher Customer Satisfaction with prioritizing and focused Software Quality Function Deployment'.* Proceedings of the Sixth European Conference on Software Quality. Viena. 1999. Disponível em: http://www.herzwurm.de/Publikationen/publikationen.html. Acessado em julho de 2005.

HIX, D. e HARTSON, H. R. *Developing User Interfaces: Ensuring Usability Through Product & Process.* New York: John Wiley & Sons, 1993

IEEE STANDARDS COLLECTION – SOFTWARE ENGINEERING. New York: IEEE. 1994. Disponível em: http://standards.ieee.org/software. Acessado em julho 2005

ISO 9241-11 Ergonomic requirements for office work with visual display terminals (VDTs) -- Part 11: Guidance on usability. 1998.

ISO/IEC 9126-1 Information technology – software product quality- part 1: quality model. 1999 (FDIS).

ISO/IEC 9126-2 – part 2: external metrics. 1999 (PDTR).

ISO/IEC 9126-3 – part 3: internal metrics. 1999 (PDTR).

JACOBSON, I.; RUMBAUGH, J. e BOOCH, G. *The Unified Software Development Process.* Reading: Addison-Wesley. 1999.

MCCONNELL, S. *Rapid Development.* Washington: Microsoft Press. 1996.

NBR ISO 8402/1994 Gestão da qualidade e garantia da qualidade – Terminologia. 1994.

NIELSEN, J. *Usability Engineering.* Chestnut Hill: Academic Press. 1993.

OHFUJI, T.; ONO, M. e AKAO, Y. *Métodos de Desdobramento da Qualidade.* Série Manual de Aplicação do Desdobramento da Função Qualidade, Vol. 2. Belo Horizonte: Editora Fundação Christiano Ottoni, 1997. 256p.

PAULA FILHO, W. P. *Engenharia de Software: Fundamentos, Métodos e Padrões.* 2a. edição. Rio de Janeiro: Editora LTC. 2003.

AMERICAN SUPPLIER INSTITUTE. Quality Function Deployment – Excerpts from the Implementation Manual for Three Day QFD Workshop. *Transaction from de Second Sympo-*

sium on Quality Function Deployment. Michigan: American Supplier Institute. p. 21-85. 1990.

ROSSON, M. B. e CARROL, J. M. *Usability Engineering Scenario-Based Development of Human-Computer Interaction.* San Francisco: Morgan Kaufmann Publishers. 2002.

RUMBAUGH, J.; JACOBSON, I. e BOOCH, G. *The Unified Modeling Language Reference Manual.* Reading: Addison Wesley. 1999

RYAN, K. Requeriments Engineering: getting value for money. SBES´98, XII Simpósio Brasileiro de Engenharia de Software. Maringá: SBC. 1998.

SAATY, T.L. *Decision Making for Leaders: The analytical Hierarchy Process for Decisions in a Complex World.* 3th edition, Pittsburgh. 1995.

SHINDO, H. Applying Quality Function Deployment to Software Development. In: *Proceedings of The 5° International Symposium of QFD.* Workshop 2. Belo Horizonte: UFMG, 1999.

SHNEIDERMAN, B. e PLAISANT, C. *Designing the User Interface: Strategies for Effective Human-Computer Interaction.* 4th edition. Reading: Addison-Wesley. 2004.

WHITESIDE, J.; BENNETT, J. e HOLTZBLATT, K. Usability Engineering: Our Experience and Evolution. In: M. Helander (ed.) *Handbook of Human-Computer Interaction.* Amsterdam: North-Holland,1988. p. 791-817.

WIXON, D. e WILSON, C. The Usability Engineering Framework for Product Design and Evaluation. In: M. Helander; T. K. Landauer e P. Prabhu (eds.) *Handbook of Human-Computer Interaction.* 2th revised edition. Amsterdam: North Holland, 1997. p. 299-313.

27 UMA APLICAÇÃO DO MÉTODO QFD NA ESTRUTURAÇÃO E MELHORIA DO SISTEMA DE DESENVOLVIMENTO DE PRODUTOS DE UMA EMPRESA DE TECNOLOGIA DE INTERNET MÓVEL

Bruno Augusto Pfeilsticker
Flávio de Aguiar Araújo
Lin Chih Cheng

27.1. Introdução

Este relato de caso descreve como o método QFD foi utilizado para estruturar e melhorar o sistema de desenvolvimento de produtos de uma pequena empresa iniciante, desenvolvedora de serviços de internet móvel para operadoras de telefonia. Três projetos consecutivos foram realizados entre junho de 2000 e junho de 2001. Estes estão resumidos a seguir.

27.2. Primeira Intervenção: Uso do Desdobramento da Qualidade (QD)

A primeira intervenção foi realizada na geração de um derivativo para uma operadora de telefonia, a partir de uma plataforma existente. O produto consiste em um sistema de *search engine* voltado especificamente para informações formatadas para dispositivos *wireless*. O recurso explorado na primeira intervenção foi a informação (Figura 27.2 – Desdobramento da qualidade). O QD foi utilizado para sistematizar as funcionalidades da plataforma já existente, correlacionadas aos requisitos exigidos pelo cliente intermediário (operadora de telefonia), com objetivo de direcionar a geração do derivativo. Esta intervenção atuou nos seguintes pontos de melhoria:

(a) necessidade de um mecanismo formal de correlação de causa e efeito que auxilie no detalhamento do produto;

(b) maior formalização dos requisitos do produto antes e durante o detalhamento do produto.

Atuar nestes pontos seria importante, uma vez que dotou a equipe de uma ferramenta que auxilia na formalização e compreensão das informações e permite a correlação de causa e efeito, além de promover uma interação entre áreas envolvidas no projeto. Esta interação se deve ao fato de ser a matriz o instrumento que liga as informações provenientes do cliente à capacidade da engenharia de atender a suas exigências.

O modelo conceitual utilizado foi composto de uma matriz (Funcionalidades exigidas pelo cliente × Funcionalidades da plataforma existente) e mais uma tabela que refletia características de qualidade relacionadas à interface do produto conforme Figura 27.1. A matriz I auxiliou a identificar como a plataforma já existente atendia às exigências do cliente (operadora de telefonia) identificando as funcionalidades que eram atendidas totalmente, parcialmente ou inexistentes em relação à plataforma atual. Com base nestas informações foi gerada a tabela de características de qualidade da interface.

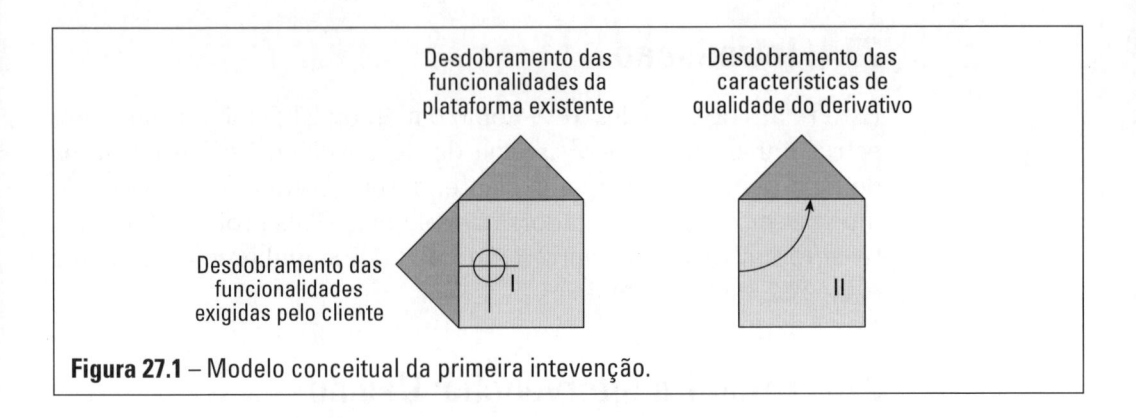

Figura 27.1 – Modelo conceitual da primeira intevenção.

27.3. Segunda Intervenção: Uso do QD e do Desdobramento da Função Qualidade no Sentido Restrito (QFDr)

A segunda intervenção ocorreu em paralelo ao projeto de uma nova plataforma (serviço de envio de toques musicais e ícones para dispositivos móveis via três interfaces: *web, wap* e *SMS mo*), a partir da qual foram gerados derivativos para algumas operadoras de telefonia sob forma de produto por encomenda. Nesta intervenção, foram simultaneamente explorados os recursos, trabalho e informação, através do uso do QD e QFDr.

O primeiro (QD) atuou nos seguintes pontos de melhoria: (a) necessidade de um mecanismo formal de correlação de causa e efeito que auxilie o detalhamento do produto; e (b) maior formalização dos requisitos do produto antes e durante o detalhamento do produto. O trabalho foi executado a partir de tabelas e matrizes que ajudaram a equipe de projeto a compreender e definir melhor os requisitos do produto (Figura 27.2).

O QFDr foi útil para estruturação do padrão gerencial de desenvolvimento de produtos (empresa como um todo) e para determinação de um cronograma de projeto baseado nos requisitos desdobrados nas tabelas, atuando mais fortemente nos pontos de melhoria: (a) determinação de subetapas e *gates* (momentos de decisão) bem definidos; (b) definição de um padrão de documentação a ser utilizado; (c) adequação dos mecanismos de planejamento e acompanhamento do trabalho a ser realizado; (d) melhoria no processo de comunicação e formalização entre as áreas de marketing, comercial e engenharia.

O QFD auxiliou a troca de informações entre as áreas funcionais e maior domínio sobre quais requisitos adicionar ao produto.

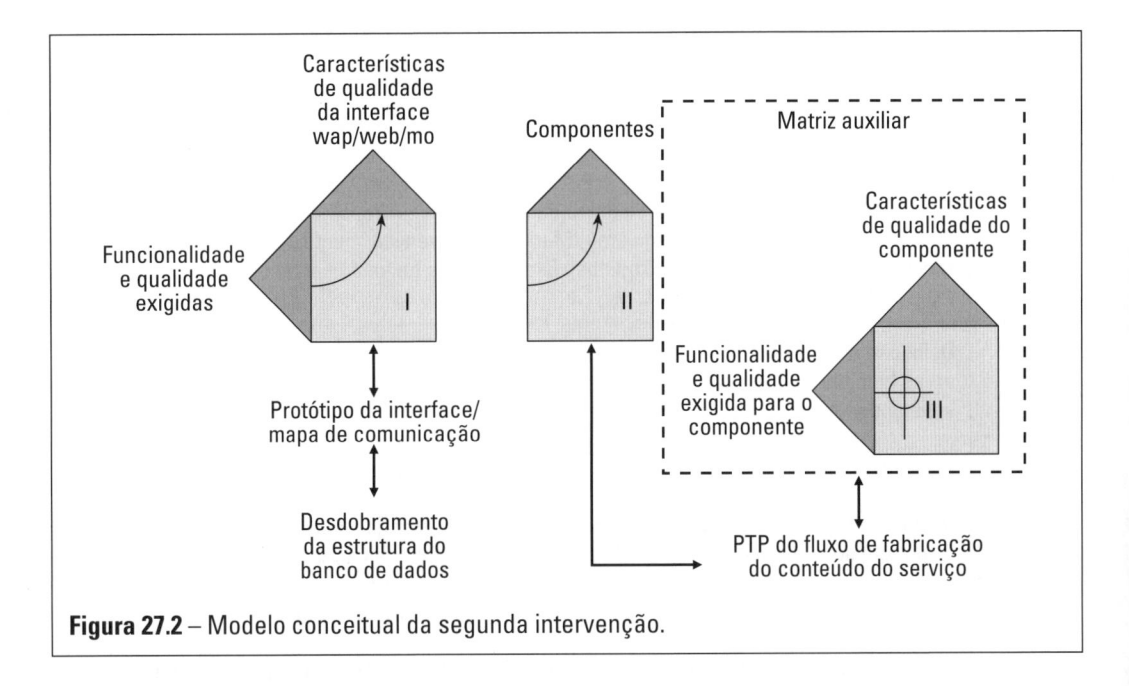

Figura 27.2 – Modelo conceitual da segunda intervenção.

O modelo conceitual utilizado na segunda intervenção foi composto das seguintes matrizes: Matriz I (Funcionalidades e qualidade exigida × Características de Qualidade da interface), Matriz II (Funcionalidades × Componentes), Matriz III Auxiliar (Desdobramento das funcionalidades e qualidade exigida do componente *Ringtone* × Características de Qualidade do componente).

A matriz I auxiliou a discussão da equipe sobre os requisitos do produto. A tabela de funcionalidades e qualidade exigida foi gerada pela participação conjunta de pessoal de marketing e de engenharia; o marketing a partir de um *benchmarking* e de uma pesquisa qualitativa junto ao usuário final, e a engenharia com o conhecimento tecnológico a ser incorporado no produto. O princípio da pluralização e visibilidade foi bastante exercitado na confecção desta tabela, promovendo a interação das duas áreas funcionais e consolidando a utilização desta tabela como marco do projeto do produto na empresa. O restante das tabelas subsidiou o detalhamento do produto, auxiliando a codificação e a construção do banco de dados, que dá suporte ao funcionamento de todo o serviço e ao desdobramento do fluxo de fabricação do conteúdo envolvido na prestação do serviço de envio de toques e ícones. Entretanto, não houve interação de todas as áreas funcionais na construção das demais tabelas, o que limitou a troca de informações e uma melhor compreensão do método. A construção do padrão gerencial de desenvolvimento de produtos (PGDP) foi composto por etapas descritas na Tabela 27.1. O PGDP foi incorporado à intranet da empresa, dando visibilidade às atribuições de cada área funcional ao longo do processo de desenvolvimento (Figura 27.3).

Tabela 27.1 – Etapas de construção do PGDP.	
	Descrição das atividades
1º	Apresentação do conceito e objetivos do padrão gerencial de desenvolvimento de produtos para a empresa.
2º	Definição junto a toda equipe da empresa de quais eram as áreas funcionais e determinação da denominação de cada área (Marketing, Desenvolvimento, Comunicação e Gestão de Desenvolvimento de Produtos). Esta atividade foi fundamental para dar visibilidade às atribuições de cada área.
3º	Definição dos *gates* e das macroetapas em conjunto com os representantes de todas as áreas funcionais. Definição das áreas funcionais que iriam realizar o desdobramento das subetapas.
4º	Revisão das subetapas. Realizada por representantes de cada área funcional.
5º	Desdobramento das subetapas pelas áreas funcionais responsáveis (Ex: Detalhamento do projeto do produto e processo – Desenvolvimento e Comunicação)
6º	Revisão das subetapas. Realizada por representantes de cada área funcional.
7º	Definição do grau de influência de cada área funcional na etapa. Três níveis de influência foram utilizados: Liderança, Participação imprescindível, Participação secundária. Realizada por representantes de cada área funcional.
8º	Descrição do objetivo de cada subetapa e dos procedimentos e documentos básicos a serem gerados. Cada área funcional que é líder da subetapa foi responsável por esta etapa.

Padrão gerencial de desenvolvimento				
Etapa	Atividade	Conteúdo	Documentos	Resp./part.
Identificação de oportunidades	1.1 Geração e escolha de ideias	A partir das ideias que são levantadas nos contatos e das informações de mercado e tecnologia, prévias, deve-se escolher as melhores.	Lista indicando as ideias geradas aprovadas e sua prioridade para a empresa	**DIR**/todos
	1.2 Definição de mercados-alvo	Deve-se definir para quais mercados o produto vai ser vendido.	Documento indicando os mercados-alvo e números desse mercado	**MKT**/DIR
	1.3 Análise de viabilidade técnico-econômica	Deve-se determinar a viabilidade de condução do projeto.	Documento indicando a viabilidade ou não do negócio	**DIR**/MKT/ TEC
	1.4 Planejamento do produto	Deve-se fazer um planejamento das atividades futuras de desenvolvimento. Cronograma.	Cronograma do desenvolvimento	**GDP/TEC**/ MKT/COM
Definição e teste de conceito	2.1 Identificação de funcionalidade	Deve-se levantar as demandas em relação ao produto a ser desenvolvido.	Tabelas com as qualidades exigidas e funcionalidades do produto	**MKT**
	2.2 Definição de conceito	Deve-se definir o conceito do produto, em função das demandas específicas.	Definição formal do conceito do produto	**MKT/TEC**/ COM
	2.3 Teste de conceito	Deve-se observar se o conceito definido está de acordo com a demanda de mercado.	Documento relatando a aprovação ou não do conceito junto aos clientes	**MKT**/TEC/ COM

As siglas em negrito indicam responsabilidade na tarefa. As demais indicam participação.
DIR: Diretoria; MKT: Marketing; TEC: Tecnologia; COM: Comunicação; GDP: Gestão do Desenvolvimento.

Figura 27.3 – Parte do Padrão Gerencial de Desenvolvimento de Produtos.

27.4. Terceira Intervenção: Uso do QD na Fase de Derivação do Produto

Após o término da segunda intervenção, um novo ponto de melhoria foi identificado com base em uma deficiência: grande número de alterações de projeto durante a fase de derivação (encomenda), uma vez que alguns componentes da plataforma não atendiam plenamente às exigências das diferentes operadoras (cliente intermediário – alterações relacionadas à interface, sistema de cobrança e identificação do usuário, as quais resultam em alterações em outros módulos, tal como o banco de dados).

Diante deste fato, observou-se que o modelo conceitual não teve nenhuma ação específica voltada para a fase de derivação, o que levou a retrabalho durante aquela fase. Isso se deve à mudança de estratégia da empresa e à ausência de mecanismo que auxiliasse no processo de levantamento das necessidades da operadora durante esses projetos de derivação.

Foi sugerida à empresa a construção de uma matriz que auxiliasse na identificação de quais componentes do produto podem ser inteiramente desenvolvidos, e quais devem ser parcialmente desenvolvidos, devendo ser finalizados na fase de derivação (Figura 27.4). Isso com base na natureza das alterações de projeto durante a fase de derivação, tendo em vista que alguns componentes se repetem em novas plataformas.

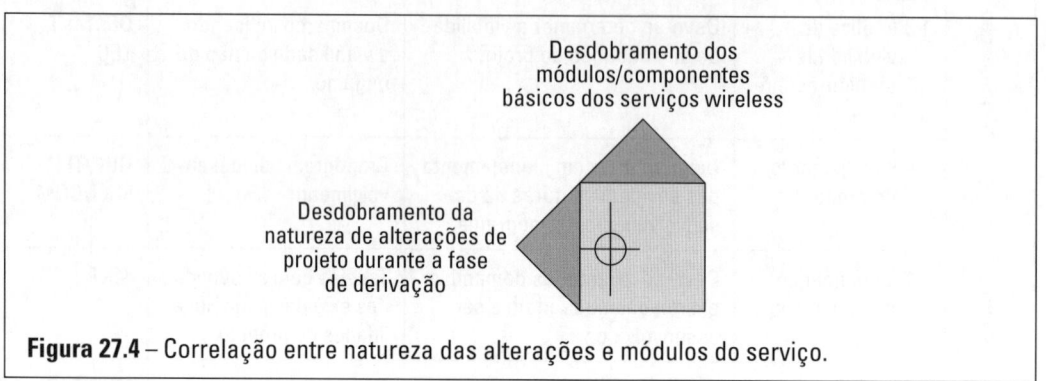

Figura 27.4 – Correlação entre natureza das alterações e módulos do serviço.

Também foi desenvolvido um roteiro de entrevista (*briefing*) que tem como objetivo conduzir o levantamento das exigências das operadoras durante a fase de derivação (Figura 27.5). As informações levantadas a partir desse roteiro alimentam uma nova tabela de funcionalidade e qualidade exigidas. Essa é, então, correlacionada à plataforma já existente, de maneira semelhante à elaborada na primeira intervenção realizada na empresa. O próprio PGDP deve ser flexibilizado no sentido de permitir uma reavaliação e levantamento de necessidades durante a fase de derivação (ver Figura 27.6).

Processo de Briefing a ser conduzido junto ao departamento de marketing do cliente, dividido em duas partes: informações internas e informações com o usuário		
1.ª Etapa	Histórico	Cultura da empresa
		Memória publicitária
		Imagem da empresa perante o consumidor
		Posicionamento no mercado
	Perfil do usuário	Estatísticas
		Resultado de pesquisas anteriores
		Hábitos de navegação
		Hábitos de consumo por região
		Estatísticas de mercado por região
	Metas e projeções	Prazos e cronogramas de trabalho
		Posicionamento do produto no mercado
		Referências de ideias (desenhos, sites etc.)
		Como o produto se encaixa no portfólio da empresa
		Existe plano de publicidade pronto?
		Expectativa de consumo
2.ª Etapa	Contato com o usuário final	Dados para revigorar o produto
		Pesquisa sobre as expectativas do usuário em relação ao produto atual e/ou novos produtos

Figura 27.5 – Briefing para levantamento de dados durante a fase de derivação.

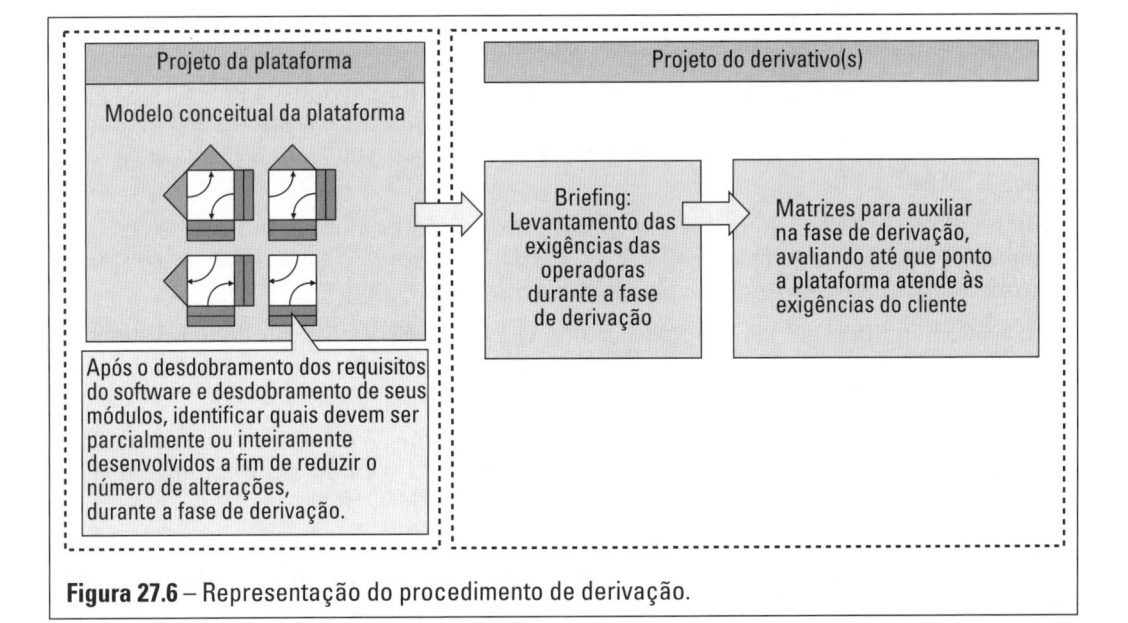

Figura 27.6 – Representação do procedimento de derivação.

27.5. Conclusões e Resultados

O padrão gerencial de desenvolvimento de produtos permitiu uma maior formalização do processo, dando maior visibilidade às atribuições de cada área funcional e aos documentos e ferramentas a serem utilizados. O número de documentos gerados é pequeno, uma vez que a equipe de projeto é reduzida e o nível de comunicação é bastante intenso e de forma verbal. Duas grandes etapas foram caracterizadas: o projeto da plataforma e projeto dos derivativos.

O QFD auxiliou no projeto de derivativos a partir de uma plataforma. Entretanto, é preciso aperfeiçoar o modelo conceitual e as sugestões propostas foram: (1) correlação entre tabelas de desdobramento dos componentes com a tabela de desdobramento da natureza das alterações de projeto durante a fase de derivação, a qual auxiliou na identificação de quais módulos devem ser parcialmente ou inteiramente desenvolvidos durante a fase de projeto da plataforma; (2) utilização de uma matriz para auxiliar na fase de derivação, avaliando até que ponto a plataforma atende às exigências de cada cliente.

A utilização do QFD ainda não foi consolidada (naquele momento) em todo o seu potencial na organização, entretanto alguns instrumentos já fazem parte do dia a dia da empresa, ressaltando a tabela de funcionalidade e qualidades exigidas que se mostrou um importante instrumento para promover a interação entre as áreas de marketing e engenharia. Esta tabela serviu como instrumento para análise e especificação dos requisitos.

REFERÊNCIAS BIBLIOGRÁFICAS

AGOSTINI, A. M., O Futuro das Tecnologias de Internet: Wireless Aplication Protocol. *Revista de Informação e Tecnologia*. UNICAMP. 2000.

ALVES, N. R. Um Estudo para Aplicação do Método de Desdobramento da Função Qualidade a um Processo de Desenvolvimento de Software. *Dissertação Submetida ao Programa de Mestrado em Ciência da Computação*. Belo Horizonte: Departamento de Ciência da Computação - UFMG. 2001.

ARAÚJO, F. A. e CHENG, L. C. Uso do QFD no Projeto do Produto e do Processo em uma Pequena Empresa de Internet Móvel. In: *Anais do 3º Congresso Brasileiro de Gestão de Desenvolvimento de Produto*. Florianópolis: UFSC, 2001.

CARDOSO, L. e SPINOLA, M. M. Aplicação de QFD para Especificação de um Sistema de Informações. In: *Anais do 2º Congresso Brasileiro de Gestão de Desenvolvimento de Produtos*. São Carlos: UFScar e EESC-USP, 2000. p.35-41.

CHENG, L. C.; DRUMOND, F. B. e DELLARETTI, O. Integração do Desdobramento da Função Qualidade (QFD) e Métodos Estatísticos. In: *Anais do 1º Congresso Brasileiro de Gestão de Desenvolvimento de Produtos*. Belo Horizonte: UFMG, 1999.

CHENG, L. C., Caracterização da Gestão de Desenvolvimento do Produto: Delineando o Seu Contorno e Dimensões Básicas. In: *Anais do 2º Congresso Brasileiro de Gestão de Desenvolvimento de Produtos*. São Carlos: UFScar e EESC-USP, 2000.

CLARK, K. B. e WHEELWRIGHT, S. C. *Revolutionizing Product Development*. New York: The Free Press. 1992.

CLAUSING, D. *Total Quality Development*. New York: ASME Press, 1994. 506 p.

FILION, J. Enterpreneurship: Entrepreneurs and Small Business Owner-managers. In: P. Julien, (ed.), *The State of the Art in Small Business and Entrepreneurship*. Aldershot: Ashgate Publishing Company, 1998.

FONCECA, M. O. C.; DRUMOND, F. B. e ANDERY P.R.P. A Unified Analysis of tolls Applied to Product and Process Development. In: *Proceedings of The 5° International Symposium of QFD*. Belo Horizonte: UFMG, 1999.

HAGG, S.; RAJA, M. K. e SCHKADE, L.L. Quality Function Deployment Usage in Software Development. *Communications of the ACM*, Vol.39(1): 41-49. 1996.

HERSCHEL SHOSTEK ASSOCIATES, Wireless Internet Content, 2000.

HJELM, J. *Designing Wireless Information Service*. EUA: John Wiley & Sons, 2000.

HUMPHREY, W. S. *Managing the Software Process*. Reading: Addison-Wesley, 1989. 494p.

HUMPHREY, W. S. *A Discipline for Software Engineering*. Reading: Addison Wesley. 1995.

PAULA FILHO, W. P. *Engenharia de Software*. Rio de Janeiro: LTC, 2001. Cap. 1-5.

PESSOA, M. S. P. e SPINOLA, M. M. Gestão de desenvolvimentos de Software. In: *Anais do 1° Congresso Brasileiro de Gestão de Desenvolvimento de Produtos*. Belo Horizonte: UFMG, 1999.

PFEILTICKER, B. e CHENG, L. Um Procedimento para Identificação de Oportunidades e Definição de Conceito de Aplicativos para Internet Aplicado a uma Pequena Empresa de Tecnologia. In: *Anais do 3°. Congresso Brasileiro de Gestão de Desenvolvimento de Produtos*. Florianópolis: UFSC. 2001.

RIBEIRO, M. O. C. e CARPINETTI, L. C. R. QFD como Ferramenta para Implantação do Controle Integrado do Processo. In: *Anais do 1° Congresso Brasileiro de Gestão de Desenvolvimento de Produtos*. Belo Horizonte: UFMG, 1999.

SANTIAGO, L. P. e CHENG, L.C. Improving the Product Development System of Auto Suppliers Using the QFD Method. In: *Proceedings of The 5° International Symposium of QFD*. Belo Horizonte: UFMG, 1999.

SELNER, C. Análise de Requisitos para Sistemas de Informações, Utilizando as Ferramentas da Qualidade e Processos de Software. *Dissertação de Mestrado Submetida ao Programa de Pós-graduação em Engenharia de Produção da UFSC*. Florianópolis: UFSC, 1999.

SHINDO, H. Applying Quality Function Deployment to Software Development. In: *Proceedings of The 5° International Symposium of QFD*. Workshop 2. Belo Horizonte: UFMG, 1999.

THIOLLENT, M. *Metodologia da Pesquisa-Ação*. 7° Edição. Editora Cortez., 1996, p.1-43.

ZAYDEL, T. and Standing, J. Using QFD to Develop Function Objectives of Complex System. In: *Proceedings of The 5° International Symposium of QFD*. Belo Horizonte: UFMG, 1999.

ZULTNER, R. Software QFD. In: *Proceedings of The 6th International Symposium on Quality Function Deployment*. Novi: QFD Institute, 2000.

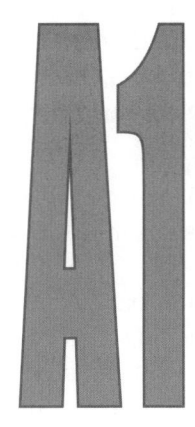

FUNDAMENTOS METODOLÓGICOS DO MÉTODO QFD[1]

Lin Chih Cheng

1. Introdução

Todo método é produto de seu contexto, e QFD não é exceção. Métodos podem ser definidos como processos desenvolvidos pelo homem para melhorar, resolver e projetar artefatos humanos. Eles são desenvolvidos visando fins específicos, sob um certo enfoque para obter determinados resultados e possuem seus pressupostos. No entanto, não é sempre claro para os usuários dos métodos, e nem mesmo para os que os criaram, quais são suas características metodológicas e pressupostos.

No caso do método QFD, esforços têm sido feitos para tornar mais explícito o que ele é. Por exemplo, Professor Akao tem escrito sobre as origens e os motivos por trás do desenvolvimento do método QFD. Segundo ele, QFD originou-se no contexto do Controle da Qualidade Total - TQC no Japão, principalmente devido a duas dificuldades existentes: 1 – como definir a qualidade do design, e 2 – ocasião e tempo apropriado para formular tabela de controle do processo ou Padrão Técnico de Processo (mais conhecido no Brasil como PTP). Um outro esforço vem do Professor Ohfuji. Segundo este, o método QFD é construído sobre três pares de ideias básicas: segmentação e integração, pluralismo e visualização, totalização e

---

[1] Uma parte do conteúdo desse artigo foi originalmente publicada em dois periódicos: Cheng, L. C. QFD in Product Development: Methodological Characteristics and a Guide for Intervention. *International Journal of Quality and Reliability Management*. Vol. 20(1): 107-122, 2003. Cheng, L. C. QFD em Desenvolvimento de Produto: Características Metodológicas e um Guia para Intervenção. *Revista Produção On-line*. Artigo Destaque. Vol 3(2), 2003.

parcelamento. Esses três pares de ideias são considerados como o fundamento do método QFD (cada par de ideias será interpretado mais adiante sob o tema Orientação Metodológica). Há também a contribuição de Mazur que tenta elaborar o corpo de conhecimento de QFD.

Entretanto, acredita-se que ainda falta uma discussão e descrição mais detalhada sobre as características metodológicas de QFD de um modo mais estruturado. Portanto, neste seção trazemos uma estrutura analítica do campo de enfoques sistêmicos para efetuar este trabalho. Essa estrutura foi originalmente formulada para análise das similaridades e diferenças entre Metodologia de Pesquisa Operacional e *Soft Systems Methodology*; ela discute a viabilidade da combinação teórica das duas metodologias e busca possibilidades de uso combinado das duas na prática. Acredita-se que essa estrutura tem o potencial para executar a presente tarefa por duas razões: 1- a estrutura analítica pode ser ampliada para salientar as características metodológicas de enfoques sistêmicos similares (Cheng, 1990); e 2- QFD poder ser considerado um método de enfoque sistêmico (Vilela, 1997). A seguir, apresentaremos uma análise das características metodológicas do QFD em três dimensões (ver Figura 1).

2. Fenômeno de Interesse do Método QFD

Dentro da dimensão fenômeno de interesse, quanto ao tipo de **problema de interesse**, o QFD pode ser considerado como um método que trata dos problemas de desenvolvimento de produto do tipo <u>bem definido ou bem estruturado</u> (o oposto seria problemas mal definidos e mal estruturados). Isso se deve ao fato de, ao se iniciar um estudo de QFD, haver normalmente um esforço consciente de delinear claramente quais são os objetivos a serem alcançados por aquele projeto específico de desenvolvimento de produto. Os objetivos são normalmente aqueles estabelecidos pela alta gerência, e estão alinhados com o plano corporativo de desenvolvimento de produto, que por sua vez está em consonância com o plano estratégico corporativo.

Com relação ao **objeto de interesse**, QFD se focaliza primordialmente na <u>lógica de estruturação e raciocínio dos indivíduos</u> sobre dois recursos principais para desenvolvimento de produto: informação e trabalho. A lógica de estruturação e raciocínio consiste de por que, o que, e como a informação dever ser coletada, processada e distribuída, e por que, o que, e como o trabalho deve ser estruturado, alocado e executado. Na parte de QD, apesar de ele se referir à identificação de efeitos (requisitos de clientes) e fatores (características do produto, das partes, parâmetros do processo de manufatura e características das matérias-primas), sua correlação e otimização, ou melhores alternativas combinadas, não são diretamente tratadas pelo método QFD. Para resolver as questões de correlação e otimização, ferramentas complementares (métodos estatísticos, técnicas de otimização, sete novas ferramentas de QC etc.) são incluídas no processo. Na parte do QFDr ou desdobramento do trabalho, o método QFD trata da questão de qual é a forma mais eficaz e eficiente, ou pelo menos quais são as melhores alternativas, de assegurar a qualidade requerida através do emprego de trabalho humano e de equipamentos disponíveis. Nesta parte, conceitos e ferramentas de organização do trabalho são necessários para complementar o método QFD (por exemplo, Engenharia Simultânea, Engenharia de Sistemas e Métodos de Análise de Sistemas, PERT/CPM etc.)

I- Fenômeno de Interesse	II- Características Metodológicas manifestas	III- Características Metodológicas subjacentes
• Tipo de Problema de Interesse: *Bem definido ou estruturado* • Objeto de Interesse: *Lógica de estruturação e raciocínio dos indivíduos*	• Características Holísticas: Fim Metodológico: *Consenso levando a ações acordadas* Orientação Metodológica: *Segmentação e integração; pluralismo e visualização; e enfoques amplos e parciais* Critério de Sucesso: *Mudança e/ou melhoria da lógica de estruturação e raciocínio dos membros participantes sobre o objeto de interesse* • Processo e Estágios da Metodologia: *Definição do objetivo; modelagem; e implementação das ações acordadas*	• Pressupostos Paradigmáticos: Ontologia: *realista* Natureza Humana: *ativa e voluntária* Epistemologia: *fenomenológica* Natureza da Sociedade: *reguladora* • Posição Epistemológica: uso de metáforas Alvo: *definir objetivo e alcançá-lo* Sistemas: *conceitualização e investigação sistêmica* • Visão pluralista: *multilógica e multirraciocínio de membros da equipe de projeto de desenvolvimento de produto* • Estratégia de pesquisa: *Pesquisa-ação*

Figura 1 – Características Metodológicas de QFD em Três Dimensões.

3. Características Metodológicas Manifestas

Dentro da dimensão características manifestas, em relação ao **fim metodológico**, o método QFD tem como fim obter <u>consenso que leva a ações acordadas</u> em projetos de desenvolvimento ao facilitar melhor entendimento e aprendizagem dos participantes, e acumulação de conhecimento para a organização. Esse fim é alcançado na medida em que os indivíduos são trazidos de diferentes bases de formação (como marketing, P& D, e produção) num projeto de QFD, para revelar e debater suas diferentes lógicas de estruturação e raciocínio. Conforme as diferenças individuais e suas áreas de formação e atuação, acredita-se que a lógica de estruturação e raciocínio pode variar bastante no que diz respeito ao por que, o que e como informação pode ser coletada, processada e distribuída, ou trabalho pode ser estruturado, alocado e executado. Ao revelar e debater sobre as similaridades e diferenças, espera-se que consenso e ações acordadas possam ser implementados. Tabelas, matrizes e modelos conceituais são os melhores instrumentos (visíveis e hierárquicos) para organizar, estruturar, priorizar e efetuar o *benchmarking* de dados objetivamente, de forma a atingir o fim metodológico. Em paralelo, ao possibilitar a aprendizagem individual e coletiva, juntamente com a coleta de informações através de tabelas e matrizes, a organização obtém acumulação de conhecimento.

A segunda característica manifesta é a **orientação metodológica**. O método QFD é construído sobre três pares de princípios: segmentação e integração, pluralismo e visualização, enfoques amplos e parciais (Ohfuji, 1993). O primeiro par de princípios pode ser considerado como os processos de análise e síntese. Existe sempre a necessidade de entender, de uma maneira mais precisa e detalhada, os dois recursos tratados pelo método QFD: informação e trabalho. Requisitos de cliente uma vez obtidos precisam ser desdobrados em elementos, ou convertidos em formas menos abstratas. Do mesmo modo, após a análise existe a síntese, na qual elementos têm que ser classificados hierarquicamente, agrupados e denominados. Com relação ao segundo par de princípios, pluralismo e visualização, ele também permeia a orientação metodológica de QFD. Perspectiva pluralista é inerente ao processo QFD à medida que ele traz contribuições de diferentes visões e esforços de diversas áreas funcionais da organização. Visualização tem o atributo de permitir explicitação, visibilidade e troca de experiências. Tabelas, matrizes e modelos conceituais são os elementos básicos do método QFD através dos quais se obtém a visualização. O terceiro par de ideias, enfoques amplos e parciais, pode ser entendido como visões holísticas e parciais, ou compreendendo o todo sem perder a visão de quais são as partes importantes – priorização. Portanto, é sempre importante ponderar entre o melhor do todo e a melhor das partes, pois a soma das melhores partes não levará necessariamente ao melhor do todo.

A terceira característica manifesta é o **critério de sucesso**. Pode-se dizer que o critério de sucesso para um projeto de desenvolvimento de produto usando QFD é "até que ponto o método QFD ajudou a desenvolver o produto dentro dos objetivos estabelecidos no início do projeto". No entanto, apesar de legítimo e correto, na prática a sua mensuração parece ser bem difícil, pois todo projeto de desenvolvimento de produto é um esforço multifuncional e usa uma variedade de métodos e técnicas durante todo o processo. Separar e mensurar as contribuições de um método particular torna-se impraticável. O que pode ser avaliado, no caso de QFD, parece ser "até que ponto o método QFD pode ter modificado e/ou melhorado a lógica de estruturação e raciocínio dos membros participantes". Pode-se dizer que a avaliação do sucesso num estudo de QFD reside basicamente na avaliação subjetiva dos participantes.

A quarta característica manifesta é o **processo metodológico** e seus estágios. O processo metodológico de QFD pode ser dividido em três fases: 1 – estabelecimento dos objetivos; 2 – modelagem; e 3 – implementação das ações acordadas. A primeira fase se refere à definição dos objetivos para o desenvolvimento de produto utilizando QFD. Normalmente, numa corporação bem organizada os objetivos de um projeto de desenvolvimento de produto são preparados e aprovados de antemão, e depois o projeto é colocado "dentro de um cesto de projetos" para competirem com outros num portfólio de projetos de desenvolvimento (Cooper, 1998). Para o estudo de QFD, é importante que os objetivos sejam classificados de acordo com as dimensões do modelo QFD amplo (qualidade, tecnologia, custo e confiabilidade). Uma vez aprovado para começar, uma equipe é constituída levando em conta o tipo de projeto, duração, capacidade e disponibilidade dos membros e outros fatores..

Com relação à segunda fase, a modelagem, em termos de QD e QFDr, ou informação e trabalho respectivamente, pode ser considerada como modelagem qualitativa. Conforme discutido anteriormente nos tópicos "objeto de interesse" e "fim metodológico", o método QFD lida com a lógica de estruturação e raciocínio dos indivíduos quanto a: 1 – por que, o que e como informação deve ser coletada, processada e distribuída; e 2 – por que, o que e como trabalho deve ser estruturado, alocado e executado. Na parte de QD, o processo de modelagem começa com a formulação do modelo conceitual, no qual várias tabelas e matrizes são combinadas para representar a relação entre efeitos e fatores. Uma vez selecionados os três elementos básicos de QD, tabelas e matrizes são esquematizadas e preenchidas com dados qualitativos e quantitativos. Os procedimentos para preenchimento das tabelas e matrizes são bem explicados na literatura de QFD (Akao, 1990b; King, 1989; Ohfuji, 1990). Para tratar os dados qualitativos, as sete novas técnicas de controle de qualidade são aplicadas (Mizuno, 1988). Enquanto para os dados quantitativos, como especificação das características de qualidade de um produto, técnicas gerais de otimização e técnicas estatísticas são necessárias (Drumond, 1999; 1994; Fonseca, 1999). Na parte de QFDr, o processo de modelagem, apesar de ser menos elaborado, é extremamente importante e visa formular um modelo de trabalho para ser executado de forma multifuncional, para que a qualidade do trabalho possa ser assegurada ao longo de todo o projeto de desenvolvimento do produto. Esse modelo de trabalho pode ser representado por um conjunto de documentos, como os fluxogramas de desenvolvimento de produto e plano de atividade para o desenvolvimento de produto. A ferramenta de Diagrama de Árvore é mais frequentemente utilizada para o desdobramento do trabalho.

Quanto à terceira fase, implementação das ações acordadas, aquilo que foi planejado de forma integrada, tanto na parte de QD como na de QFDr, deve ser executado ao longo de todo o processo de desenvolvimento de produto.

4. Características Metodológicas Subjacentes do QFD

As características metodológicas subjacentes do método QFD serão discutidas em termos de três critérios: pressupostos paradigmáticos, posição epistemológica e estratégia de pesquisa.

Em relação aos **pressupostos paradigmáticos**, pode-se dizer que todo método que estuda fenômenos sociais possui pressupostos implícitos e explícitos sobre ontologia, epistemologia, natureza humana e natureza da sociedade (Burrell, 1979).

O pressuposto ontológico de QFD é realista (o oposto seria nominalista). O método QFD pressupõe que a realidade social tem uma natureza "objetiva". Ele considera que a lógica e o raciocínio dos indivíduos (sobre o por que, o que e como informação deve ser coletada, processada e distribuída, e o por que, o que e como o trabalho deve ser estruturado, alocado e executado), por serem baseados no conhecimento atual e experiências passadas, são impregnados de valores, normas, significados e mitos. Ele pressupõe que a lógica e o raciocínio são constituídos de estruturas concretas de interconexões que podem ser evidenciadas. Apesar de serem invisíveis, eles estão na mente dos indivíduos e podem ser modelados. A forma de tornar explícitos a lógica e o raciocínio dos indivíduos é através do processo de modelagem de QFD, baseado em modelos conceituais, matrizes e tabelas. O método QFD também pressupõe que será sempre possível chegar à melhor lógica e melhor raciocínio que permitam a implementação de ações acordadas.

O método QFD pressupõe que a natureza humana é ativa e voluntária (o oposto seria determinista e responsiva). Estudos de QFD tomam os seres humanos e sua lógica de estruturação e raciocínio como o elemento central para ser trabalhado. A lógica de estruturação e o raciocínio dos participantes são vistos como implícitos e muitas vezes conflitantes. Para se chegar a uma ação acordada, os participantes terão de trocar seus diferentes pontos de vista. Mudança de perspectiva ocorrerá quando os participantes de um projeto de desenvolvimento se conscientizarem da sua própria lógica e a dos outros. Essa mudança não é e não pode ser determinada por agentes externos através de regras impostas, mas somente através do processo de conscientização, um processo interno.

O pressuposto do método QFD sobre epistemologia tende a ser mais fenomenológico do que positivista. Epistemologia fenomenológica afirma a primazia da experiência subjetiva imediata como a base para conhecimento válido (Susman, 1978). Ela não advoga a busca pela regularidade ou leis que governam fenômenos sociais, mas sim reconhece que sistemas sociais são relativos ou particulares, e precisam ser estudados por dentro (Burrell, 1979). Epistemologia positivista considera que conhecimento válido só pode ser obtido através de dados que são diretamente vivenciados e verificados entre os observadores independentes. Ela procura explicar e prever o que poderá acontecer através da investigação das regularidades (Burrell, 1979). Num estudo de QFD, ao estruturar a lógica e o raciocínio dos participantes, características fenomenológicas como relevância e riqueza dos pontos de vista são mais importantes do que o rigor. O estudo de QFD não tem como fim encontrar regularidades ou leis para explicar e prever a lógica e o raciocínio das pessoas. Modelos conceituais, matrizes e tabelas de um estudo particular são somente concepções e são constructos intelectuais; eles são específicos do contexto e não podem ser inteiramente replicados em outras situações. Num estudo de QFD o analista busca, acima de tudo, ser um auxílio para os participantes através de um envolvimento interno, ao invés de assumir uma postura de puro observador. Resultado obtido por um estudo é considerado como relativo e específico e não pode ser generalizado para outros projetos. No entanto, achados metodológicos são importantes para o analista de QFD, para o refinamento da teoria metodológica existente e também para a melhoria da prática futura.

Nesse momento é importante esclarecer um ponto. Mencionou-se anteriormente que o objeto de interesse de QFD é a lógica de estruturação e raciocínio dos indivíduos sobre o por que, o que e como informação deve ser coletada, processada e distribuída, e o por que, o que e como trabalho deve ser estruturado, alocado e executado. É nessa lógica de estruturação e raciocínio dos indivíduos que a nossa análise do método QFD está centrada. Agora, uma vez encontrado e acordado sobre a melhor forma como a informação deve ser coletada, processada e distribuída, técnicas estatísticas e de otimização são introduzidas no processo. Nesse ponto acontece uma mudança de objeto de interesse, da lógica de estruturação e raciocínio dos indivíduos para a correlação e otimização dos efeitos e causas do produto sob estudo. Essas técnicas têm um conjunto de pressupostos diferentes, com uma epistemologia mais positivista. Elas colocam ênfase sobre quantificação, confiabilidade e rigor. Sua busca da solução visa prever o que pode acontecer ao fenômeno sob estudo quando diferentes cursos de ação são tomados. As expressões quantitativas representando o fenômeno podem ser aplicadas a outras situações similares – regularidade e generalização.

O pressuposto de QFD quanto à natureza da sociedade tende a ser mais <u>regulador</u>, caracterizado pela unidade e coesão (em oposição à mudança radical). Ele reconhece o conflito entre os pontos de vista dos participantes sobre a lógica de estruturação e raciocínios, mas não o conflito de ideologias e interesses. Ele pressupõe que, uma vez evidenciada a lógica de estruturação e raciocínios, há sempre uma possibilidade de se chegar a um consenso, de forma que ações planejadas possam ser executadas.

O segundo critério das características metodológicas subjacentes é a **posição epistemológica ou uso de metáfora**. Posições epistemológicas são o meio pelo qual os fenômenos sociais são interpretados e estruturados conforme suas características e comportamentos previamente conhecidos (Morgan, 1983; 1986). Portanto, percepção e compreensão dos fenômenos podem ser metaforicamente explicadas através de conceitos e ideias de uma posição epistemológica particular. Três posições epistemológicas estão presentes no método QFD: metáfora de busca de objetivo, metáfora de sistemas e metáfora de visão pluralista.

A metáfora de busca de objetivo é constituída de duas partes: estabelecer objetivo e cumpri-lo. No processo de desenvolvimento de produto em QFD, essas duas partes são evidentes, pois o primeiro estágio consiste na formulação dos objetivos do estudo e depois, ao longo de todo o processo de desenvolvimento de produto, todo esforço é feito para cumpri-los.

Metáfora de sistemas está presente no método QFD e parece ser usada de duas formas: <u>concepção de sistemas</u> e <u>investigação de sistemas</u>. Metáfora de sistemas pode ser representada por dois pares de ideias: propriedade emergente e hierarquia, e comunicação e controle (Checkle, 1981). Concepção de sistemas em QFD se realiza no processo de modelagem, quando a formulação do modelo conceitual se baseia numa propriedade emergente específica do sistema (podem existir várias). O modelo é hierárquico, pois o processo de modelagem se estende a níveis de desdobramento conforme o desejado pela equipe (tabelas constituídas de vários níveis de desdobramento). A interconexão ou comunicação dos efeitos e fatores é a essência do processo de modelagem do método QFD. Controle sobre o modelo é exercido pelos participantes, validando ou julgando quanto à sua relevância.

Com relação à investigação de sistemas, o método QFD tem um enfoque sistêmico. O processo de investigação de QFD envolvendo os participantes, visando produzir melhor entendimento e aprendizagem é uma das suas propriedades emergentes. A hierarquia é baseada no processo iterativo indo de um nível de resolução ao outro (investigando ao nível do produto, do subsistema, parte, componente, e assim por diante). Comunicação na investigação de sistemas é essencial, pois enquanto os participantes se reúnem para compartilhar e aprender sobre a lógica e raciocínio dos outros, eles constroem uma relação com o analista. O processo de controle acontece na medida em que a investigação é limitada pelo tempo e pelos recursos.

A terceira metáfora, visão pluralista, permeia fortemente o método QFD. A ideia central dessa metáfora é que a percepção da realidade e o conceito do ótimo são relativos, dependentes da experiência, julgamento e interesse expressados pelos diferentes indivíduos e grupos. No método QFD, a <u>multilógica e o multirraciocínio dos membros da equipe de um projeto de desenvolvimento</u> são os verdadeiros objetos de interesse a serem debatidos. Acredita-se que esses pontos de vista implícitos e conflitantes somente serão resolvidos através de um processo de investigação, no qual eles são reunidos, explicitados e debatidos abertamente.

O terceiro critério das características metodológicas subjacentes é a **estratégia de pesquisa**. Estratégia de pesquisa é entendida como o meio pelo qual o método é operacionalizado num estudo de fenômeno social. É um conjunto de regras, conceitos e teoria que governam a interação entre o pesquisador e o fenômeno a ser estudado. É constituída de elos entre os pressupostos paradigmáticos e as posições epistemológicas (Morgan, 1983). <u>A estratégia de pesquisa do método QFD</u>, desde a sua criação, <u>tem sido a pesquisa-ação</u>. A estratégia da pesquisa-ação visa responder às preocupações práticas dos participantes e também contribuir com o acúmulo do conhecimento (enquanto, por exemplo, a estratégia de pesquisa da ciência básica tende a enfatizar a primazia da acumulação do conhecimento sobre a contribuição imediata dos achados para os participantes). A origem da pesquisa-ação data da década de 1940 em dois centros de pesquisa: *Tavistock Institute of Human Relations* na Grã-Bretanha e na Universidade de Chicago liderado por Kurt Lewin. Os méritos científicos da pesquisa-ação como estratégia de pesquisa, o que ela é, e seus procedimentos operacionais já foram descritos detalhadamente por vários autores (Blum, 1955; Rapoport, 1970; Susman, 1978). Acreditamos que pesquisadores de QFD adotam a pesquisa-ação como sua estratégia de pesquisa, pois eles se preocupam em prover auxílio prático e capacidade de auto ajuda para os participantes que enfrentam problemas de desenvolvimento de produto, e através dessa orientação de problema-prático eles visam também a acumulação do conhecimento.

5. Conclusão

Visando contribuir à acumulação do conhecimento de QFD, este apêndice oferece uma interpretação das características metodológicas de QFD de um modo estruturado. Este conhecimento é parte de um produto de um Programa de Pesquisa-Ação em implementação do método QFD em sistema de desenvolvimento de produto de indústrias brasileiras, programa realizado por um grupo de professores e pesquisadores. Refletindo sobre a trajetória do nosso programa que começou no início da década de 1990, pode-se dizer que a nossa compreensão e prática de QFD têm sido robustecidas pelo nosso entendimento das bases teóricas e também por intervenções nas empresas. Existe um forte consenso no grupo de que há uma necessidade urgente de, através do que e do como nós realizamos nossa pesquisa, trazer contribuição social e econômica direta às organizações brasileiras e, ao mesmo tempo, contribuir com o acúmulo do conhecimento. Portanto, nosso trabalho em desenvolvimento de produto do ponto de vista de Engenharia, em particular na aplicação do método QFD, é encapsulado pela conciliação do binômio teoria-prática, através do movimento bidirecional de reforçar um ao outro – bom entendimento da teoria metodológica levando à prática eficaz e, concomitantemente, boa prática gerando continuamente ou refinando teoria metodológica existente (ver Figura 2).

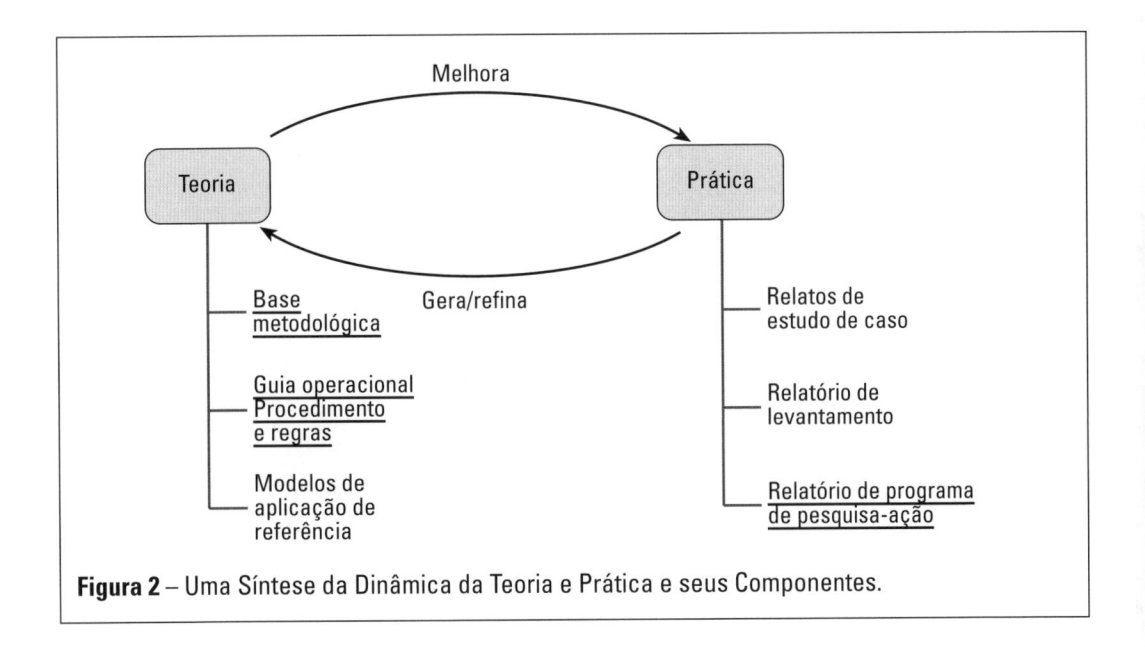

Figura 2 – Uma Síntese da Dinâmica da Teoria e Prática e seus Componentes.

Acreditamos que o acúmulo de conhecimento de QFD vem em três formas inter-relacionadas: 1 – refinamento de sua base metodológica; 2 – refinamento dos guias, procedimentos e regras operacionais; e 3 – construção de modelos de aplicação de referência. Este apêndice visa a primeira forma. A Figura 2 apresenta a síntese de como nós visualizamos o binômio teoria-prática e seus componentes.

REFERÊNCIAS BIBLIOGRÁFICAS

AKAO, Y. History of Quality Function Deployment in Japan. In: H. J. Zeller, ed., *The Best on Quality: targets, improvements, systems*. International Academy for Quality Book Series, Vol. 3, p. 183-196. Munich: Hanser Publishers, 1990.

AKAO, Y. e MAZUR, G. H. The Leading Edge in QFD: Past Present e Future. *International Journal of Quality e Reliability Management*. Vol.20(1): 20 – 35. 2003.

CHENG, L. C. QFD in Product Development: Methodological Characteristics and a Guide for Intervention. *International Journal of Quality e Reliability Management*. Vol. 20(1): 107-122. 2003.

CHENG, L. C. QFD em Desenvolvimento de Produto: Características Metodológicas e um Guia para Intervenção. *Revista Produção On-line*. Artigo Destaque. Vol 3(2), 2003.

CHENG, L. C. On The Combination of Operational Research Methodology e Soft Systems Methodology. *Unpublished Ph. D. Dissertation*, University of Lancaster, Lancaster, England. 1990.

MAZUR, G. The QFD Body of Knowledge. In: *Proceedings of The 7th International Symposium on Quality Function Deployment*. Tokyo: JUSE, p.101-106, 2001.

OHFUJI, T. Quality Function Deployment: The Basics of QFD. *Societas Qualitatis*. Vol.7(2): 2-3. 1993.

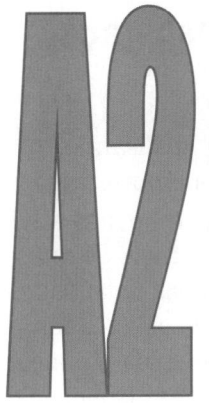

UTILIZAÇÃO DOS MAPAS DE PERCEPÇÃO E PREFERÊNCIA COMO TÉCNICAS AUXILIARES DO QFD DURANTE O DESENVOLVIMENTO DE PRODUTOS ALIMENTÍCIOS

Luiz Antonio Castanheira Polignano
Fátima Brant Drumond
Lin Chih Cheng

1. Introdução

O trabalho em questão objetiva mostrar como algumas ferramentas estatísticas, Mapa de Percepção e Mapa de Preferência, podem auxiliar na elaboração da Matriz da Qualidade em empresas alimentícias, procurando otimizar o processo de desenvolvimento de produtos e simplificar a participação do consumidor. O trabalho se estruturará sobre três pilares:

1) A Matriz da Qualidade: mostra algumas dificuldades encontradas durante sua elaboração.

2) O Mapa de Percepção e sua utilização no contexto do desenvolvimento: anuncia os acréscimos que a ferramenta poderia dar, caso utilizada durante a etapa de elaboração da Matriz.

3) O Mapa de Preferência durante o desenvolvimento: introduz a ferramenta como alternativa aos obstáculos anteriores, explicitando seu real poder de alcance.

2. Algumas Dificuldades Encontradas Durante a Elaboração da Matriz da Qualidade

O estabelecimento da Qualidade Planejada é usualmente efetuada analisando três informações: grau de importância, índice de atendimento da própria empresa e dos concorrentes[1]. Após a análise do grau de importância dos atributos, que é o indicador da intensidade da exigência do cliente e normalmente pesquisado por meio de questionários, faz-se uma análise comparativa do índice de atendimento das Qualidades Exigidas pela empresa com o índice dos concorrentes. No caso do estabelecimento da Qualidade Planejada para produtos alimentícios, esta etapa é conseguida por meio da análise sensorial; pede-se aos consumidores que avaliem, de maneira isolada, os atributos dos produtos.

Podem ser relatadas algumas limitações da análise sensorial com avaliação de atributos por consumidores[2]:

1. Os consumidores têm dificuldades de compreender cada atributo isoladamente, visto que não possuem experiência com o produto e informações suficientes.

2. Os consumidores possuem um vocabulário bastante limitado quando têm que descrever suas percepções sobre o produto.

3. Faltam habilidade e treinamento para que os consumidores exerçam a tarefa de descrever sensorialmente os atributos dos produtos.

4. Os consumidores tendem a avaliar os produtos sob o foco hedônico[3], mesmo quando se trata de características específicas do alimento.

Alguns pesquisadores e consultores têm procurado sanar alguns desses problemas munindo os consumidores com uma série de escalas de avaliação de atributos dos produtos. Neste caso, dois obstáculos são levantados: (1) a real validade da escala utilizada, visto que cada consumidor interpreta a escala de maneira distinta e poucos estudos são realizados sobre qual deveria ser a escala ideal; e (2) os problemas referentes à compreensão dos atributos isoladamente persistem. Além dos problemas referentes à realização dos testes sensoriais, os dados coletados normalmente são submetidos à análise global, considerando conjuntamente as avaliações de todos os consumidores. Isto implica em assumir que todos os respondentes apresentam o mesmo comportamento e que o valor da média, ou de outra estatística de locação, representa bem todos os indivíduos. Tal análise desconsidera a individualidade

---

[1] OHFUJI, T., ONO, M. e AKAO, Y. *Métodos de Desdobramento da Qualidade*. Série Manual de Aplicação do Desdobramento da Função Qualidade, Vol. 2. Belo Horizonte: Editora Fundação Christiano Ottoni, 1997. 256p.

[2] GEENHOFF, K. e MACFIE, H. J. H. Preference Mapping in Practice. In: H. J. H. MacFie e D. M. H. Thomson. *Measurement of Food Preferences*. New York: Blackie Academic & Professional, an imprint of Chapman & Hall, 1994

[3] Hedônico é relativo ao estado de gostar ou não gostar.

dos respondentes. Além disso, é prática comum estabelecer a Qualidade Planejada considerando cada qualidade exigida separadamente, sem levar em consideração a associação existente entre elas. Assim, notam-se limitações profundas em algumas metodologias de coleta e análise das opiniões dos clientes para o estabelecimento da Qualidade Planejada. A primeira ferramenta apresentada a seguir, Mapa de Percepção, auxilia sobremaneira na visualização da importância de cada atributo para o alcance da Qualidade Planejada. Já a outra, Mapa de Preferência, por adotar um procedimento diferenciado, retira do consumidor a responsabilidade de avaliar cada atributo isoladamente, o que facilita a execução do método e a validação dos dados como sentimentos reais dos consumidores.

3. Mapa de Percepção e sua Utilização no Contexto do Desenvolvimento

O que é Mapa de Percepção

Ao se pretender lançar um novo produto é necessário não apenas que a empresa possua uma "visão" de como o seu produto se posicionará no mercado em comparação a seus concorrentes, como também se será receptivo frente às necessidades demandadas pelo mercado. Nesse contexto, a utilização de algumas ferramentas para o planejamento de produto é o subsídio necessário à tomada de decisão.

Mapa de Percepção, de acordo com Dolan[4], é uma representação gráfica do posicionamento de produtos em relação ao menor número de dimensões consideradas essenciais pelos consumidores para julgar e perceber um tipo de produto. Segundo Drumond[5], é uma representação visual aproximada de como os consumidores veem os produtos que estão no mercado.

A construção do Mapa de Percepção é precedida pelo uso de duas outras ferramentas, as pesquisas qualitativas e quantitativas. As pesquisas qualitativas são utilizadas para buscar as necessidades dos clientes, mesmo que esses clientes não as "conheçam" explicitamente. Em seguida, são aplicadas pesquisas quantitativas que, uma vez corretamente elaboradas através de técnicas apropriadas de amostragem e construção de escalas, procuram quantificar as percepções que os clientes têm do produto de acordo com uma série de atributos. De posse das pesquisas quantitativas, pode-se construir o Mapa de Percepção. É realizada uma análise de correlação dos atributos e, por meio da Análise Fatorial, obtém-se um número mínimo de dimensões (fatores que expliquem o máximo de variação dos dados).

---

[4] DOLAN, R. J. *Managing the New Product Development Process*. Reading: Addison-Wesley, 1993.
[5] DRUMOND, F. B. *Técnicas Estatísticas Para o Planejamento do Produto*. Belo Horizonte: Fundação Christiano Ottoni, 1998.

A utilização prática

A seguir, exemplificamos a utilização do Mapa de Percepção com um estudo simplificado de reformulação de uma cerveja.

• Metodologia de Construção

Foi realizada uma pesquisa qualitativa em que foram entrevistados 40 jovens com idade superior a 18 anos, de ambos os sexos e que consomem o produto cerveja pelo menos uma vez por semana. Foram identificados os atributos: porcentagem de álcool, amargor, sabor, espuma, consistência, aroma, cor, sabor residual e efeito após a ingestão. Em seguida, definiram-se oito marcas a serem analisadas, denotadas aqui por A, B, C, D, E, F, G e H.

Realizou-se uma pesquisa quantitativa, por meio de questionário, com 80 jovens, em que foram coletadas as informações: (1) a importância de cada atributo; (2) a avaliação/percepção de cada atributo por marca; e (3) a preferência geral da cerveja (ordenação).

Para a construção do Mapa de Percepção, foi utilizado o SPSS – *Statistical Package for Social Science* – como sistema computacional para análise de dados.

• Análise dos Resultados

A partir dos dados coletados construiu-se a matriz de correlação de *Pearson* entre os atributos. A existência de correlações fortes entre alguns atributos permitiu sintetizar razoavelmente as informações em apenas duas dimensões por meio da análise fatorial. Os resultados da análise fatorial para duas dimensões, utilizando o critério de rotação *Varimax*, indicaram que a primeira dimensão engloba as variáveis sabor, amargor, sabor residual, consistência e efeito pós-ingestão, podendo ser resumido como fator Gosto. A segunda dimensão abrange as variáveis cor, espuma, álcool e aroma, e poderia ser denominada Aspecto. Analisando os dados, verificou-se que para duas dimensões (Gosto/Aspecto) uma considerável parcela da variação foi explicada (68,7%).

O Mapa de Percepção para as oito marcas de cerveja é apresentado na Figura A.2.1. Pelo mapa apresentado, verifica-se que pela ótica dos consumidores a marca C é a líder nas duas dimensões (Gosto/Aspecto). Analisando a marca A, nota-se que, para melhorar o seu posicionamento no mercado, esta deveria investir mais fortemente no fator Gosto. Algumas marcas ficaram situadas em uma região intermediária, são elas: H, G e B, a marca E esteve mal posicionada em relação ao Gosto e as marcas D e F tiveram um pior desempenho nas duas dimensões.

Uma análise do peso ou grau de importância de cada dimensão na determinação da preferência do consumidor foi feita por meio da análise de regressão da preferência explicitada com relação aos fatores Gosto e Aspecto. Foram obtidos os pesos

0,437 para o fator Gosto, e 0,287 para o fator Aspecto, isto é, o gosto tem uma importância 1,5 vezes maior que o aspecto na definição da preferência. Obteve-se um baixo coeficiente de determinação R^2 (27,3%), concluindo-se que a avaliação dos atributos explica apenas parcialmente a preferência que os consumidores têm pelas cervejas.

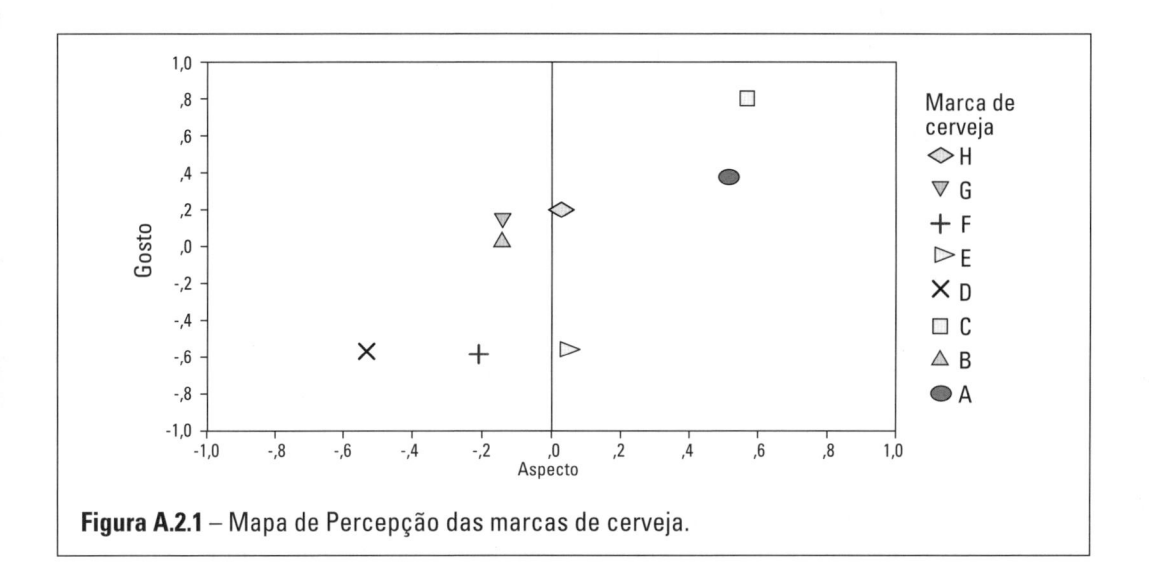

Figura A.2.1 – Mapa de Percepção das marcas de cerveja.

• Vantagens do uso durante o desenvolvimento de produtos

Pelo Mapa de Percepção apresentado na Figura A.2.1, verificou-se que na opinião dos consumidores a marca C deveria, por exemplo, investir no fator Gosto de forma predominante, a fim de melhorar sua posição no mercado. Da mesma forma, a informação do posicionamento específico de outros produtos em relação aos produtos concorrentes é facilmente visualizada pelo Mapa de Percepção. Assim, o fabricante tem a percepção dos consumidores em relação aos produtos, facilitando a tomada de decisão em relação à concentração de esforços para a melhoria do produto da empresa.

A Análise de Regressão posterior acrescenta informações quantitativas relativas à prioridade de atuação sobre dimensões. Então, no caso do produto da empresa, fica bem claro o maior peso que o fator Gosto possui sobre o fator Aspecto, devendo a mesma investir sobremaneira nesse fator. Como cada fator é caracterizado por seus atributos específicos, torna-se simples a priorização de atributos na Tabela da Qualidade Exigida.

Portanto, a aplicação do Mapa de Percepção contribui fortemente para a etapa de comparação dos atributos específicos do produto da empresa com os dos concorrentes. Isso provoca uma extração da Qualidade Planejada voltada exclusivamente para o cliente.

• Limitações

Analisando o valor de R^2 para a regressão percebe-se que os fatores não estão explicando com eficiência a preferência dos consumidores. Muitas hipóteses poderiam ser levantadas, entre as quais a não validade do modelo de regressão ou mesmo o efeito da não realização de testes sensoriais. Esta última faz com que os consumidores criem uma expectativa em torno da marca do produto e, de acordo com estudos de Cardello[6], a expectativa é um fator intimamente relacionado à preferência.

Outra hipótese pode aqui ser lançada. Até que ponto os consumidores possuem informações para, de início, entender o significado de cada atributo avaliado durante a pesquisa de mercado e, posteriormente, quantificar cada atributo isoladamente. Tais terminologias são, até mesmo para profissionais da área, complicadas de se entender, imaginem para pessoas leigas. Além do mais, a análise segmentada de um alimento é muito complexa e somente conseguida com eficiência após longo período de treinamento.

Então, o baixo valor de R^2 da regressão da preferência explicitada pelos consumidores com relação aos fatores Gosto e Aspecto pode significar uma inconsistência entre a preferência e as notas e importâncias dos atributos dadas pelos consumidores.

Além dos problemas relacionados à pesquisa de mercado, outro fator agrava ainda mais a situação. Alguns estudos em análise sensorial de alimentos têm demonstrado a existência de um certo "efeito halo", ao se avaliar vários atributos de um mesmo alimento[7]. O "efeito halo" consiste na influência que o grau de preferência global do produto exerce sobre a avaliação individual de atributos; isto é, o consumidor tem a tendência de avaliar melhor todos os atributos do seu produto preferido, mesmo que não haja diferenciação entre os produtos em alguns atributos. Quando adotamos a pesquisa de avaliação de atributos isolados pelos consumidores, conforme realizada no exemplo da cerveja, estamos desconsiderando tal efeito; esperamos que os consumidores sejam capazes de avaliar perfeitamente cada atributo dos produtos.

Desta forma, apesar da utilidade do Mapa de Percepção para a construção da Qualidade Planejada, este pode não resolver todos os problemas aqui em discussão, problemas esses que têm atravancado a obtenção de uma Qualidade Planejada cada vez mais próxima da Qualidade Exigida pelos consumidores. A fim de superar tal dificuldade será apresentada a seguir outra Ferramenta: o Mapa de Preferência.

---

[6] CARDELLO, A.V. Expectations of Consumer and their Role in Food Acceptance. In: H. J. H. MacFie e D. M. H. Thomson. *Measurement of Food Preferences.* New York: Blackie Academic & Professional, an imprint of Chapman & Hall, 1994.
[7] BECKWITH, N.E. e LEHMANN, D.R. Halo Effects in Multi-attribute Attitude Models: An Appraisal of Some Unresolved Issues. *Journal of Marketing Research.* Vol. 13: 418-21. 1976.

4. Mapa de Preferência Durante o Desenvolvimento

• O Mapa de Preferência como alternativa

O Mapa de Preferência Multidimensional é uma classe de métodos alternativos que procuram superar as desvantagens citadas quando se faz uso dos métodos tradicionais de análise de dados sensoriais provenientes de consumidores. Existem dois caminhos distintos a serem seguidos para a construção do Mapa de Preferência, a saber: análise externa dos dados de preferência de consumidores e análise interna dos dados. A análise externa, de acordo com Greenhoff & MacFie[8], relata a aceitabilidade do produto através de uma representação multidimensional do estímulo derivado de outras medidas (medidas sensoriais, instrumentais etc.). A análise interna, ou a verdadeira análise de preferência multidimensional, é um procedimento que pode ser utilizado para investigar dados hedônicos através da construção de um espaço de produtos baseados somente em dados de aceitação/preferência. O método foi gerado a partir dos estudos iniciais de Chang e Carroll[9].

O Mapa de Preferência Interno ou Análise de Preferência Multidimensional (MD-PREF) pode ser imaginado como uma variação da Análise de Componentes Principais (PCA), onde os dados de aceitação/preferência são arranjados numa matriz de produtos (linhas) vs. indivíduos (colunas) e, após identificar o maior conjunto de variação, são então extraídas as dimensões (ortogonais entre si) até a completa explicação da variação dos dados. Assim, o vetor de aceitação de cada respondente pode ser relatado através das dimensões de preferência extraídas. O cosseno do ângulo entre o vetor de preferência individual e a dimensão reflete a correlação entre eles, e o comprimento do vetor é proporcional à variação explicada[8].

Tendo gerado um Mapa de Preferência Multidimensional sobre os dados de aceitação/preferência, é possível testar a hipótese que ele derive a partir de diferenças sensoriais. Isto pode ser realizado através da análise de correlação das dimensões de preferência com dados sensoriais, instrumentais ou outros.

Baseado em algumas aplicações do MDPREF[10], algumas etapas são sugeridas para o maior aproveitamento das informações geradas por esta ferramenta:

---

[8] GEENHOFF, K. and MACFIE, H.J.H. Preference Mapping in Practice. In: H. J. H. MacFie e D. M. H. Thomson. *Measurement of Food Preferences.* New York: Blackie Academic & Professional, an imprint of Chapman & Hall, 1994.

[9] CHANG, J.J. e CARROLL, J.D. *How to Use MDPREF, a Computer Program for Multi-dimensional Analysis of Preference Data*, Unpublished Report. Bell Telephone Laboratories, 1968.

[10] BEILKEN, S.L. et al. Assessment of the Sensory Characteristics of Meat Patties. *J. Food Science.* Vol. 56: 1470-1475. 1991.

PAGLIARINT, E.; MONTELEONE, E. e WAKELING, I. Sensory Profile Description of Mozzarella Cheese and its Relationship with Consumer Preference. *J. Sensory Studies.* Vol. 12: 285-301. 1997.

PASTOR, M.V. et al. Optimizing Acceptability of High Fruit-Low Sugar Peach Nectar using Aspartame and Guar Gum. *J. Food Science.* Vol. 61: 852-856. 1996.

1. Promover a Análise Sensorial Descritiva: recrutar consumidores e/ou julgadores treinados; elaborar uma variedade de protótipos, se possível; escolher produtos concorrentes; promover um treinamento simplificado dos painelistas e aplicar testes descritivos.

2. Realizar Testes Afetivos (aceitação e/ou preferência): fazer uma amostragem da população de acordo com o mercado-alvo; escolher produtos da empresa e dos concorrentes; explicar o teste e aplicá-lo.

3. Executar o MDPREF: escolher o pacote; entrar com dados; aplicar o MDPREF e plotar o gráfico.

4. Analisar por Segmentação: analisar o gráfico e verificar se existe diferentes tendências de mercado.

5. Interpretar as dimensões de Preferência: identificar as características dos produtos que são relatados através do MDPREF; testar como as dimensões podem ter sido utilizadas pelos respondentes para fazer suas escolhas sobre a aceitabilidade dos produtos, um caminho pode ser a análise da regressão dos *scores* médios dos atributos (conseguidos pela análise sensorial descritiva de consumidores e/ou julgadores) em torno das coordenadas dos produtos para aquelas dimensões sob consideração.

6. Executar o MDPREF por segmentos: fazer o gráfico, se necessário, para cada segmento de mercado.

A utilização Prática

• Metodologia de Construção

Retornando ao exemplo da cerveja, a pesquisa quantitativa realizada avaliou a ordenação quanto à preferência individual de cada consumidor pelo produto. Assim, foi pedido que os consumidores ordenassem de 1 a 8 as marcas de cerveja de acordo com sua preferência. Com os questionários respondidos, formatou-se o arquivo de dados para a construção do Mapa de Preferência, utilizando o SAS como sistema computacional para análise de dados.

• Análise dos Resultados

O Mapa de Preferência para as oito marcas de cerveja analisadas é encontrado na Figura A.2.2. Por esse mapa, verifica-se claramente a avaliação diferenciada que cada grupo de consumidores atribui às marcas. Visualmente, pode-se separar o grupo em quatro segmentos. O primeiro é formado pelos consumidores que preferem a cerveja C. Tal grupo engloba a maioria dos consumidores pesquisados, visto a quantidade de observadores que circundam a marca. O segundo maior segmento é aquele formado por consumidores que tendem a preferir a cerveja A. É um segmento bastante interessante, dado que muitos consumidores preferem uma única marca de cerveja. Outro segmento interessante de se analisar é aquele formado por consumidores que deram preferência às marcas B, D, E e F. É um segmento de mercado aparentemente restrito e disputado por muitas marcas. Por último, temos o segmento, cujos consumidores inseridos deram preferência às marcas G e H.

Como pode ser percebido, o Mapa de Preferência consegue mostrar as diferenças embutidas na preferência de consumidores pelas marcas de cerveja. Assim, as cervejas A e C diferenciam-se bastante das demais em relação à Dimensão 1, enquanto a Dimensão 2 é responsável pela caracterização individual dessas duas marcas. Tal raciocínio pode ser utilizado para separar as marcas de acordo com a preferência dos consumidores. Este tipo de análise somente terá utilidade prática se conseguirmos discernir cada dimensão em termos das características de qualidade da cerveja.

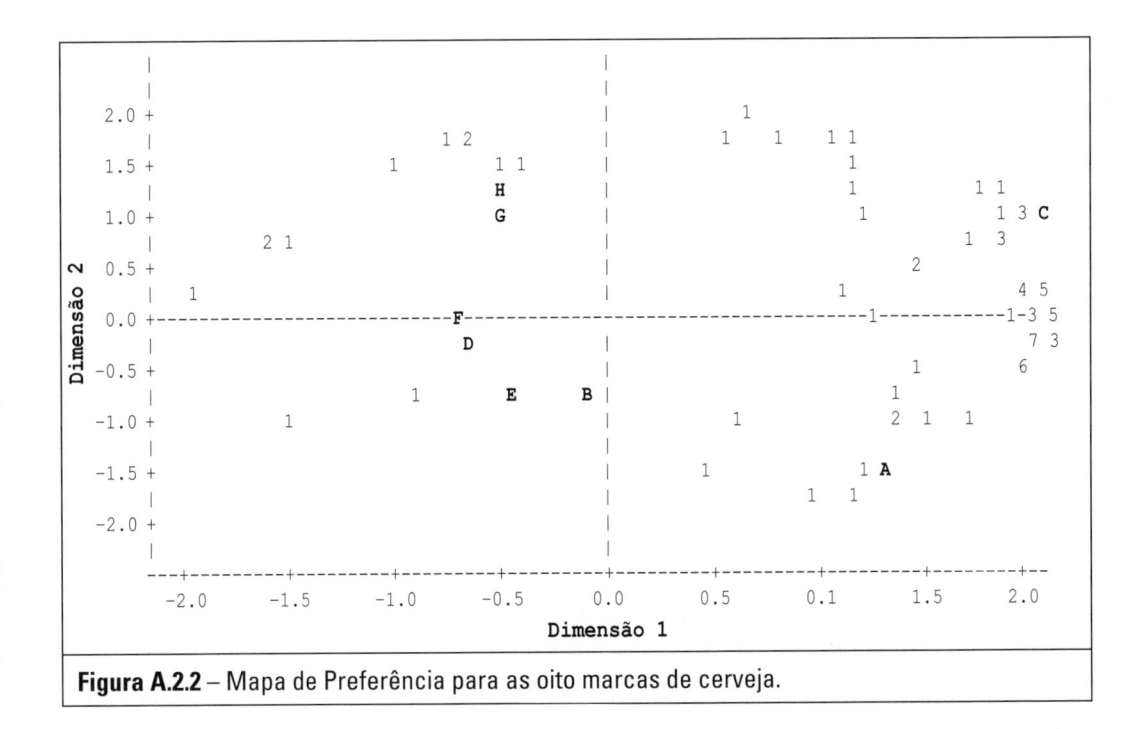

Figura A.2.2 – Mapa de Preferência para as oito marcas de cerveja.

O que foi mencionado anteriormente somente poderá ser conseguido através de uma Análise Sensorial Descritiva, em que os atributos sensoriais de cada marca podem ser avaliados por julgadores ou consumidores submetidos a um período de treinamento. Com tais resultados em mãos, basta fazer uma análise da regressão dos *scores* médios dos atributos em torno das coordenadas dos produtos para aquelas dimensões sobre consideração. Isto torna mais simples a visualização das diferenças entre os produtos (cervejas) em relação a cada atributo de qualidade.

• Vantagens do emprego

Analisando o Mapa de Preferência dentro do contexto do desenvolvimento de produtos alimentícios, algumas vantagens podem ser a ele atribuídas:

(1) Os consumidores avaliam o que realmente possuem condições de avaliar – a preferência ou aceitação dos produtos; não é mais necessário pensar no produto como um conjunto de atributos.

(2) A avaliação hedônica, recriminada durante a avaliação isolada de atributos, em Testes Afetivos, é essencial.

(3) Cabe aos julgadores, ou a um seleto grupo de consumidores treinados, selecionar os atributos dos produtos e avaliá-los de forma distinta. O número de pessoas envolvidas gira em torno de 10 a 15, tornando-se muito mais simplificada a etapa de treinamento que precede o Teste Descritivo.

(4) O cruzamento das informações de consumidores (Testes Afetivos) e de pessoas treinadas (Testes Descritivos) é facilmente executado por técnicas de análise de regressão.

(5) Os dados são submetidos a uma análise de segmentação, que permite a visualização das respostas de aceitação individuais. Isto supera problemas de análises globais, quando o conjunto dos consumidores era sintetizado pela média.

(6) A visualização individual permite verificar como a preferência varia ou agrupa-se em segmentos semelhantes. Isto dá margem à interpretação de diferentes mercados de atuação.

Como consegue melhor explicar a preferência dos consumidores em relação aos produtos como um todo e em relação a cada atributo, o Mapa de Preferência é uma ferramenta interessante para coletar as reais necessidades dos clientes e transformá-las em qualidades de projeto.

O Mapa de Preferência Interno pode ser muito útil durante o desenvolvimento de produtos alimentícios, particularmente na etapa de construção da Qualidade Projetada. Pode ser visualizado como uma medida alternativa para a coleta de informações do mercado e "conversão" destas em Qualidade Projetada, isto é, uma alternativa para a Matriz da Qualidade.

Desta forma, a utilização do MDPREF torna-se uma medida imprescindível para o sucesso da compreensão da visão que consumidores comuns possuem do produto da empresa em relação aos produtos dos concorrentes. Aliado a isto, informações de caráter mais técnico podem ser obtidas a partir de consumidores bem informados ou de julgadores treinados, e o cruzamento dessa informação com aquela promove a elucidação das características de qualidade do(s) produto(s) que devem ser melhoradas, a fim de otimizar sua aceitabilidade no mercado-alvo.

5. Conclusões

O desenvolvimento eficiente de novos produtos requer um método adequado para operacionalizá-lo, e que busque, durante todo o desenvolvimento, manter relações sólidas com os clientes, podendo assim levantar e satisfazer suas necessidades. Esse método, não resta dúvida, é o QFD.

Apesar das inúmeras contribuições do método no desenvolvimento de produtos alimentícios, alguns problemas são encontrados durante a elaboração da Matriz da Qualidade. Ao determinar a Qualidade Planejada , é necessário coletar a opinião dos consumidores quanto à importância e percepção de cada atributo. Metodologias de elaboração da Matriz sugerem a coleta de dados referentes à avaliação e, através da média ou moda, atribui importância particular ao atributo. Tal metodologia não permite extrair informações sobre qual(is) atributo(s) é(são) realmente importante(s) para que o produto da empresa alcance a preferência dos consumidores e, consequentemente, a fatia do mercado-alvo.

Após extrair a importância dos atributos, ainda para estimar a Qualidade Planejada, os consumidores são submetidos a Testes Sensoriais em que é requisitada a avaliação comparativa de vários produtos em função de atributos isolados. Isso implica em assumir que os consumidores possuem não só capacidade de diferenciar o significado de cada atributo, como também habilidade e sensibilidade para avaliá-los, o que não é aceitável para o nível de conhecimento e treinamento dos consumidores.

A primeira ferramenta aqui apresentada, Mapa de Percepção, auxilia na transposição do primeiro obstáculo anteriormente relatado. Ele permite a visualização dos produtos analisados em função dos fatores. Como cada fator está correlacionado aos atributos originais, é possível deduzir quais atributos são importantes para se alcançar melhor posicionamento no mercado.

Já o MDPREF, por sugerir um procedimento de coleta de informações baseado em Testes Afetivos com consumidores, procura também relatar, por meio da visualização dos produtos, a importância de cada atributo para alcançar o mercado-alvo. Como a metodologia de construção do MDPREF relaciona as informações provenientes de Testes Sensoriais Afetivos com as de Testes Sensoriais Descritivos, ela consegue sobrepor a barreira relativa à coleta de informações que realmente representam os anseios e necessidades de consumidores, visto que procura submeter o consumidor a testes que esses possuem condições de realizar (Testes Afetivos, i.e, aceitação e preferência do produto como um todo). Além de tudo, por meio do MD-PREF as informações individuais de consumidores são preservadas, o que facilita a compreensão de vários mercados de atuação.

Então, referentemente às duas ferramentas, pode-se avaliar que o Mapa de Percepção se encaixa perfeitamente na estrutura da Matriz da Qualidade, acrescentando informações valiosas para o estabelecimento da Qualidade Planejada. O MDPREF, por outro lado, não apresenta um encaixe tão perfeito, mas é a ferramenta que pode auxiliar a transpor o grande obstáculo da construção da Matriz da Qualidade para produtos alimentícios, a extração das reais necessidades e desejos dos consumidores, coletando informações vitais para Projetar as Características de Qualidade.

REFERÊNCIAS BIBLIOGRÁFICAS

BECKWITH, N.E. e LEHMANN, D.R. Halo Effects in Multi-attribute Attitude Models: An Appraisal of Some Unresolved Issues. *Journal of Marketing Research*. Vol. 13: 418-21. 1976.

BEILKEN, S.L. et al. Assessment of the Sensory Characteristics of Meat Patties. *J. Food Science*. vol. 56: 1470-1475. 1991.

CARDELLO, A.V. Expectations of Consumer and their Role in Food Acceptance. In: H.J.H. MacFie e D.M.H. Thomson. *Measurement of Food Preferences*. New York: Blackie Academic & Professional, an imprint of Chapman & Hall, 1994.

CHANG, J.J. e CARROLL, J.D. *How to Use MDPREF, a Computer Program for Multi-dimensional Analysis of Preference Data*, Unpublished Report. Bell Telephone Laboratories, 1968.

DOLAN, R.J. *Managing the New Product Development Process*. Reading: Addison-Wesley, 1993.

DRUMOND, F.B. *Técnicas Estatísticas para o Planejamento do Produto*. Belo Horizonte: Fundação Christiano Ottoni, 1998.

GEENHOFF, K. e MACFIE, H.J.H. Preference Mapping in Practice. In: H.J.H. MacFie e D.M.H. Thomson. *Measurement of Food Preferences*. New York: Blackie Academic & Professional, an imprint of Champman & Hall, 1994.

OHFUJI, T., ONO, M. e AKAO, Y. *Métodos de Desdobramento da Qualidade*. Série Manual de Aplicação do Desdobramento da Função Qualidade, Vol. 2. Belo Horizonte: Editora Fundação Christiano Ottoni, 1997. 256p.

PAGLIARINT, E.; MONTELEONE, E. e WAKELING, I. Sensory Profile Description of Mozzarella Cheese and its Relationship with Consumer Preference. *J. Sensory Studies*. Vol. 12: 285-301. 1997.

PASTOR, M.V. et al. Optimizing Acceptability of High Fruit-Low Sugar Peach Nectar Using Aspartame and Guar Gum. *J. Food Science*. Vol. 61: 852-856. 1996.

UTILIZAÇÃO DA ANÁLISE DE CLUSTERS (CONGLOMERADOS) E MAPA DE PERCEPÇÃO COMO TÉCNICAS AUXILIARES DO QFD

Leonel Del Rey de Melo Filho
Lucas Maia Alves de Lima
Jonathan Simões Freitas

1. Exemplo de Aplicação de Técnicas Auxiliares

As Pesquisas Qualitativas e Quantitativas, os Histogramas e os Gráficos de Barra e de Paretto, apresentados nos capítulos 4 e 5, são exemplos de ferramentas auxiliares ao trabalho de QFD. A seguir, serão apresentadas outras duas técnicas – Análise de *Clusters* (conglomerados) e Mapas de Percepção – as quais podem ser utilizadas para auxiliar na execução de várias etapas de um projeto de desenvolvimento, desde a obtenção da voz do cliente até a definição da Qualidade Planejada. Um exemplo de aplicação do Mapa de Percepção foi mostrado no apêndice 2, no qual também foi apresentada a utilização de outra ferramenta conhecida como Mapa de Preferência. O leitor interessado em se aprofundar nestas técnicas deve consultar literatura especializada. Em Johnson & Wichern (2002)[1], por exemplo, pode-se obter uma sólida fundamentação teórica acerca das principais técnicas de Estatística Multivariada, bem como exemplos comentados sobre aplicações reais. Hair (1998)[2] também apresenta uma extensa ilustração de aplicações reais, comentando dificuldades recorrentes durante a implementação de tais ferramentais e, em Mingoti (2005)[3], o leitor irá encontrar um texto leve e agradável, rico em exemplos e recomendações de outras bibliografias.

---

[1] Johnson R. A., Wichern D. W. (2002) Applied Multivariate Statistical Analysis. Prentice Hall. Quinta Edição. 767 pp.
[2] Hair, J. *Multivariate Data Analysis*. Prentice Hall. 1998.
[3] Mingoti, S.A. *Análise de dados através de métodos de estatística multivariada: uma abordagem aplicada*. Belo Horizonte: Editora UFMG. 2005.

2. Análise de *Clusters* (Conglomerados)

No que se refere à Análise de *Clusters*, o interesse específico está em, a partir da definição de medidas adequadas de distância, avaliar a existência de grupos de observações (ou variáveis) internamente bastante homogêneos – para os quais a distância média entre os elementos é relativamente baixa – mas bastante heterogêneos entre si. Sendo assim, a partir da definição de um determinado número de dimensões e do posicionamento das observações, torna-se possível o cálculo da distância entre os elementos e o consequente agrupamento dos mesmos.

Esta técnica permite identificar o menor número possível de grupos, sendo que os elementos residentes de um grupo particular são mais similares entre si do que os elementos pertencentes a outros grupos. Esta ferramenta é muito útil na análise de dados resultantes de pesquisas de mercados ou de experimentos conduzidos junto a clientes, quando se deseja identificar algum padrão característico em uma população[4]. Alguns objetivos desse tipo de aplicação são:

- compreensão da estrutura do mercado;
- segmentação do mercado;
- identificação de nichos distintos;
- definição do mercado-alvo.

A construção de grupos homogêneos, *Clusters*, é geralmente baseada na similaridade ou dissimilaridade de observações ou atributos, as quais são definidas em função das medidas das distâncias entre os elementos do conjunto a ser particionado. A medida mais utilizada é a Distância Euclidiana, mas também existem outras muito úteis. Os métodos mais utilizados na Análise de *Clusters* são estratificações dos métodos: Hierárquico, de "Particionamento" e Gráfico. Um dos métodos de hierarquização utilizado é o de Agrupamento. Abaixo será mostrado um exemplo da aplicação deste método como auxiliar ao QFD.

Podemos identificar pelo menos duas formas de utilização dos princípios de análise de *cluster*. Na primeira[5], uma amostra de potenciais consumidores é selecionada e caracterizada tendo em vista um conjunto de variáveis de interesse. A partir desta base de dados, definem-se grupos de consumidores com perfil similar, para os quais os padrões ou hábitos de consumo são mais semelhantes. O objetivo desta primeira forma de utilização da técnica é segmentar o mercado-alvo e identificar características particulares de cada segmento, tornando-se possível a definição da estratégia de venda mais adequada para cada grupo. Na segunda forma de análise, também define-se uma amostra de consumidores potenciais de um mercado-alvo selecionado *a priori*, mas a caracterização desta é realizada tomando-se, para um determinado conjunto de produtos, o grau de similaridade percebido pelos entrevistados. Este conjunto, por sua vez, pode conter um ou mais produtos (*e.g.* apenas lasanha ou

---

[4] Dillon, W.R. and Goldstein, M. Multivariate Analysis, John Wiley & Sons, 1984.
[5] Ibid.

lasanha e pizza), sendo possível ainda, para cada produto, a inclusão de um ou mais tipos de apresentação (*e.g.* lasanha pré-assada ou apenas congelada). A definição do número de produtos e tipos a serem avaliados depende, no entanto, do interesse específico da pesquisa no que se refere à compreensão do posicionamento do produto da empresa frente a seus concorrentes.

A seguir, apresentamos um exemplo de aplicação da análise de *clusters* para um produto, lasanha, em duas formas de apresentação: (i) apenas congelada; ou (ii) congelada e pré-assada. Em uma análise mais detalhada, produtos diferentes mas concorrentes indiretos (*e.g.* pizza ou outras massas) também poderiam ser incluídos.

EXEMPLO

Uma empresa X decidiu desenvolver uma nova lasanha à bolonhesa para ganhar mercado de seus concorrentes diretos utilizando o QFD. Para ouvir a Voz do Cliente, essa empresa iria realizar uma pesquisa qualitativa,. O grupo de desenvolvimento sabia que, posteriormente, seria necessária a realização de uma pesquisa quantitativa para obtenção do Grau de Importância das Qualidades Exigidas e também para realização da Avaliação de Desempenho. No entanto, a empresa não compreendia a estrutura de seu mercado e não sabia quais seriam seus concorrentes diretos. Então, decidiu utilizar a Análise de *Cluster* com os seguintes objetivos:

- definir os concorrentes diretos;
- segmentar seu mercado de atuação tendo como referência os concorrentes diretos;
- definir o mercado–alvo;

Realizou-se uma pesquisa quantitativa sobre uma amostra de consumidores de cinco diferentes marcas de lasanhas à bolonhesa:

- Produto 1: Nossa empresa (Nem) – Lasanha Assada Congelada;
- Produto 2: P2 – Lasanha Assada Congelada;
- Produto 3: P3 – Lasanha Assada Congelada;
- Produto 4: P4 – Lasanha Congelada (não assada previamente);
- Produto 5: P5 – Lasanha Congelada (não assada previamente).

No questionário, os consumidores avaliaram a similaridade (ou dissimilaridade) das marcas de interesse em função de suas percepções. Veja a seguir a escala utilizada:

	Muito Similares							Muito Diferentes
Produto 1 x Produto 2	[1]	[2]	[3]	[4]	[5]	[6]	[7]	[8]
Produto 2 x Produto 3	[1]	[2]	[3]	[4]	[5]	[6]	[7]	[8]

Figura A.3.1 – Modelo de questionário para avaliação da similaridade.

O resultado da avaliação das similaridades está resumido na Figura A.3.2, que apresenta uma matriz na qual cada célula corresponde à média dos valores de similaridade atribuídos pelos consumidores a cada par de marcas.

	Nem	P2	P3	P4	P5
Nem	0	4	1	6	8
P2	4	0	3	5	6
P3	1	3	0	8	7
P4	6	5	8	0	2
P5	8	6	7	2	0

Figura A.3.2 – Quadro demonstrativo da pesquisa de similaridades.

Utilizando o *software* estatístico MINITAB[6] e o Método de Agrupamento, foi realizada a Análise de *Clusters* dos dados. Veja o Quadro A.3.1 a seguir.

Quadro A.3.1 – Exemplo (I) de *Cluster Analysis*.

Cluster Analysis (I) of Observations: Nem; P2; P3; P4; P5
Standardized Variables, Euclidean Distance, Single Linkage
Amalgamation Steps

Step	Number of clusters	Similarity level	Distance level	Clusters joined		New cluster	Number of obs. in new cluster
1	4	78,24	0,913	1	3	1	2
2	3	72,26	1,164	4	5	4	2
3	2	51,30	2,044	1	2	1	3
4	1	21,52	3,294	1	4	1	5

[6] *Meet Minitab Versão 14 Para Windows. Setembro, 1993. Acessado em:* http://www.minitab.com/support/docs/rel14/MeetMinitabPg.pdf

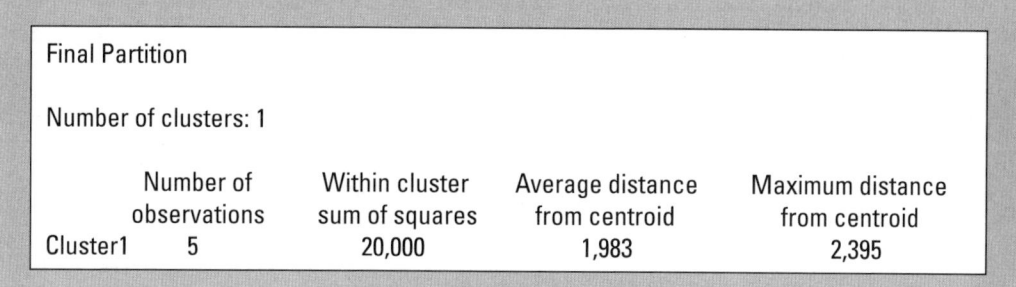

Final Partition

Number of clusters: 1

	Number of observations	Within cluster sum of squares	Average distance from centroid	Maximum distance from centroid
Cluster1	5	20,000	1,983	2,395

Dendograma Obtido

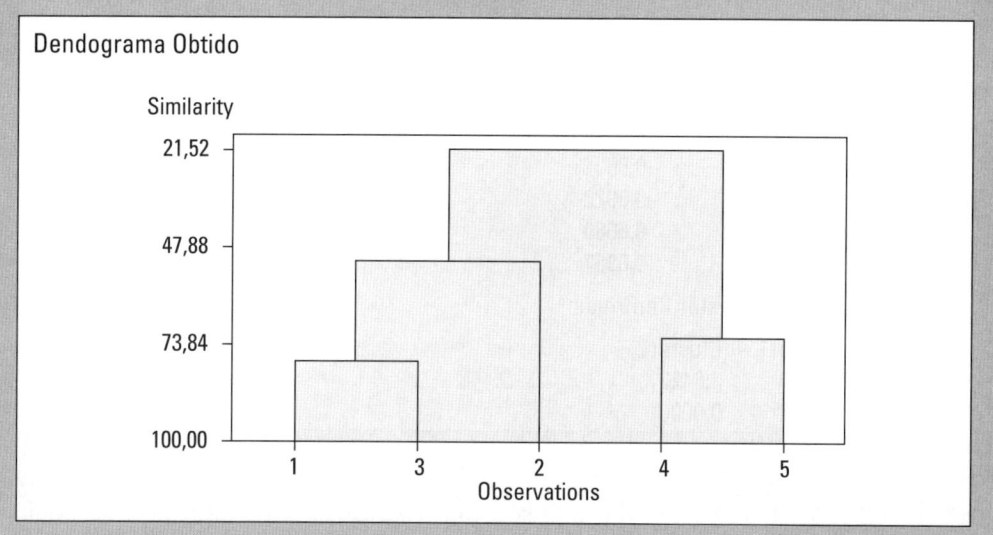

Analisando o Gráfico (Dendograma) acima, a equipe de desenvolvimento percebeu que o mercado de Lasanhas à Bolonhesa poderia ser dividido em dois segmentos. O primeiro seria formado pelos três primeiros produtos, sendo caracterizado como o segmento de Lasanhas à Bolonhesa Assadas e Congeladas. O segundo grupo seria formado, por sua vez, pelos dois últimos produtos, sendo definido como o segmento de Lasanhas à Bolonhesa Congeladas (não assadas). Para confirmar esta suposição, realizou-se outra Análise de *Clusters*, agora para dois *Clusters*. Os resultados são apresentados no Quadro A.3.2 a seguir:

Quadro A.3.2 – Exemplo (II) de *Cluster Analysis*.

Cluster Analysis (II) of Observations: Nem; P2; P3; P4; P5
Standardized Variables, Euclidean Distance, Single Linkage
Amalgamation Steps

Step	Number of clusters	Similarity level	Distance level	Clusters joined		New cluster	Number of obs. in new cluster
1	4	78,24	0,913	1	3	1	2
2	3	72,26	1,164	4	5	4	2
3	2	51,30	2,044	1	2	1	3
4	1	21,52	3,294	1	4	1	5

(Continua)

Final Partition

Number of clusters: 2

	Number of observations	Within cluster sum of squares	Average distance from centroid	Maximum distance from centroid
Cluster1	3	3,403	1,026	1,411
Cluster2	2	0,678	0,582	0,582

Cluster Centroids

Variable	Cluster1	Cluster2	Grand centrd
Nem	−0,6375	**0,9562**	0,0000
P2	−0,5502	**0,8253**	0,0000
P3	−0,6922	**1,0382**	0,0000
P4	**0,6680**	−1,0020	0,0000
P5	**0,6987**	−1,0480	0,0000

Distances Between Cluster Centroids

	Cluster1	Cluster2
Cluster1	0,0000	3,6422
Cluster2	3,6422	0,0000

Os resultados desta segunda análise confirmaram a hipótese da existência de dois segmentos distintos (observe as distâncias aos centroides no quadro A.3.2). A partir desses dados, a empresa decidiu focar no segmento de lasanhas à bolonhesa assadas congeladas, cujos concorrentes diretos seriam os produtos 2 e 3.

Vale ressaltar que a análise de desempenho a ser obtida pela pesquisa quantitativa seria realizada tanto para o produto da empresa quanto para o de seus concorrentes diretos (2 e 3).

3. Mapa de percepção

Os Mapas de Percepção são representações gráficas que: (i) resumem as dimensões – os principais fatores – que as pessoas utilizam para perceber e julgar tipos de objetos (produtos); e (ii) mostram o posicionamento das diversas marcas de interesse nestas dimensões[7]. Geralmente, os clientes percebem as qualidades do produto em duas ou três dimensões, as quais são utilizadas na construção dos gráficos.

---

[7] Drumond, F.B. (1998) Técnicas Estatísticas Para o Planejamento do Produto, Fundação Christiano Ottoni, UFMG, Belo Horizonte, Brasil.

Alguns objetivos de aplicação do Mapa de Percepção são:

- Compreensão da estrutura do mercado e identificação de oportunidades;

- Definição de benefícios estratégicos para um novo produto;

- Posicionamento de conceitos e protótipos;

- Posicionamento após uso;

- Monitoramento da satisfação do cliente ao longo do ciclo do produto;

- Direcionamento de esforços de pesquisa e desenvolvimento visando a uma maior satisfação dos clientes.

Os dois métodos mais utilizados para construção desses mapas são Avaliação de Atributos e Avaliação de Similaridade Global[8], os quais se diferem na forma de obtenção da voz do consumidor (mais precisamente no *como* estes consumidores são questionados). Para construção do mapa por meio desses dois métodos, são utilizadas as seguintes técnicas estatísticas de análise multivariada: Análise Fatorial e Escalonamento Multidimensional, respectivamente.

Abaixo estão apresentados dois exemplos de mapas construídos por meio da Avaliação de Atributos (Figura A.3.3) e Avaliação de Similaridade Global (Figura A.3.4). No primeiro, os objetivos eram: compreender a estrutura do mercado e identificar oportunidades; definir benefícios estratégicos para um novo produto; e posicionar o conceito do novo produto. Já no segundo exemplo, o objetivo era compreender a estrutura do mercado e identificar oportunidades. Os resultados apresentados por ambos os gráficos poderiam ser utilizados para auxiliar a empresa na elaboração da Qualidade Planejada. Isso pode ser feito uma vez que, como eles fornecem informações sobre a estrutura de mercado, a empresa pode utilizá-las para, por exemplo, definir o nicho de mercado que pretende alcançar.

Assim, quais devem ser as metas do Plano de Qualidade para que o novo produto alcance este fim? E quais são os itens de qualidade que devem constituir o argumento de venda, para que os pesos dos itens de qualidade estratégicos sejam aumentados? Estas definições podem ser realizadas a partir da análise dos Mapas de Percepção. Mais adiante, demonstraremos um exemplo da utilização desta técnica no auxílio da elaboração da Qualidade Planejada.

---

[8] Dolan, R.J. (1993) Managing the New Product Development Process, Addison-Wesley Publishing Company, 392 pp.

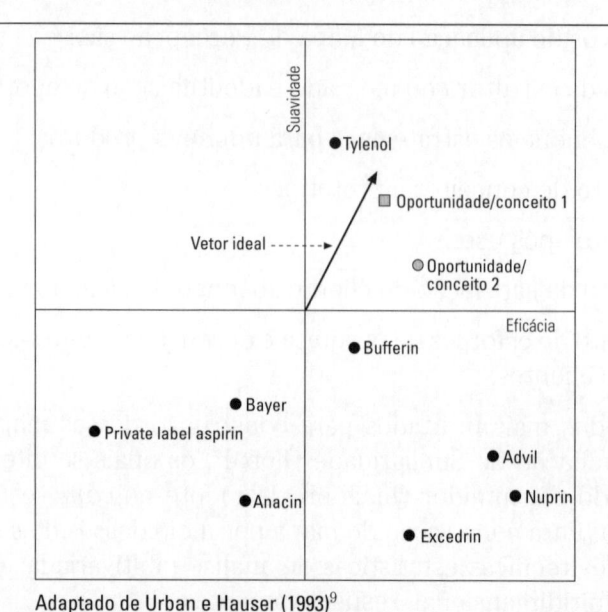

Adaptado de Urban e Hauser (1993)[9]

Figura A.3.3 – Mapa de percepção de um novo analgésico. Mostra a estrutura do mercado, identifica nichos ainda não explorados (oportunidades), e mostra o posicionamento do novo produto após testes de conceitos realizados pelos clientes.

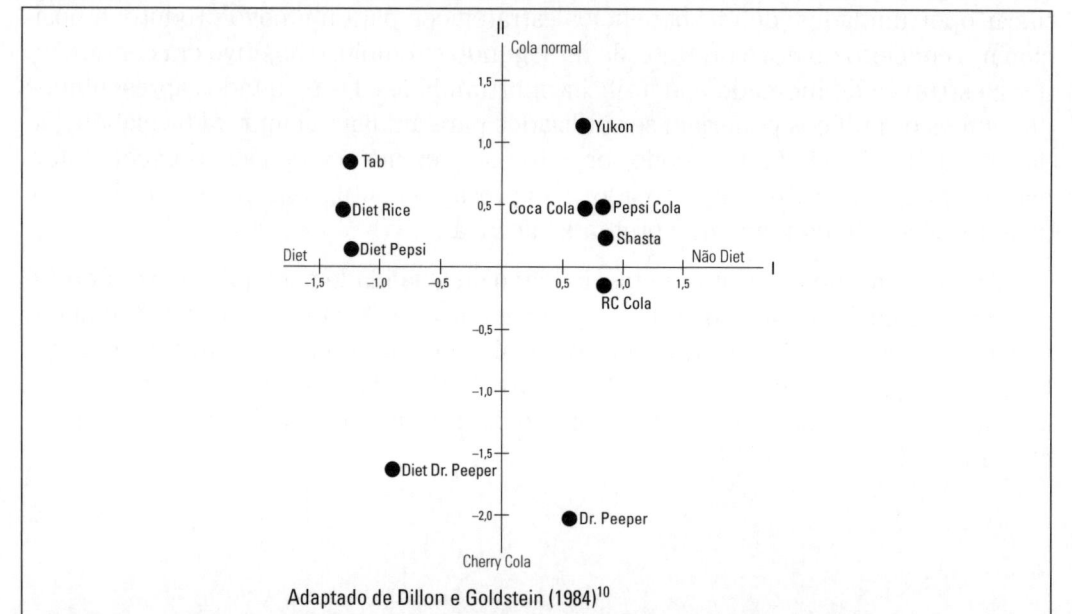

Adaptado de Dillon e Goldstein (1984)[10]

Figura A.3.4 – Mapa de percepção dos diferentes refrigerantes de Cola presentes no mercado. Mostra a estrutura do mercado, identifica nichos ainda não explorados (oportunidades).

[9] Urban, G.L., Hauser, J.R. (1993) Design and Marketing of New Products, Prentice Hall, Englewood Cliffs, 701 pp.
[10] Dillon, W.R. and Goldstein, M. (1984) Multivariate Analysis, John Wiley & Sons.

Drumond (1998)[5] mostrou as etapas para elaboração de mapas de percepção utilizando a Avaliação de Atributos e Avaliação de Similaridade Global, as quais estão descritas nas Tabelas A.3.1 e A.3.2.

Tabela A.3.1 – Procedimento para a Construção de Mapas de Percepção a partir de Avaliações de Atributos

1 – Definir o segmento-alvo no mercado.

2 – Identificar os itens de qualidade exigida (atributos) que serão avaliados, baseados em resultados de pesquisas qualitativas

3 – Definir os produtos que serão avaliados: produtos ou conceitos da empresa e produtos concorrentes.

4 – Construir o questionário para pesquisa quantitativa, levando em consideração os itens:
  • Escala de medida;
  • Variáveis descritivas do perfil do cliente;
  • Formato do questionário.

5 – Identificar os clientes que deverão compor a amostra:
  • Público-alvo;
  • Tipo de amostragem e tamanho da amostra.

6 – Testar o questionário.

7 – Coletar os dados seguindo o plano amostral

8 – Construir o arquivo de dados em forma de matriz retangular, colocando em:
  • Colunas: as variáveis descritivas dos clientes, variável indicadora do produto e as necessidades dos clientes (atributos);
  • Linha: os dados de cada cliente.

9 – Construir o mapa de percepção utilizando a Análise Fatorial.
  9.1 – Escolher o pacote estatístico, onde o procedimento de análise fatorial está disponível.
  9.2 – Acessar o arquivo de dados com os resultados da pesquisa quantitativa.
  9.3 – Definir como serão tratados os dados ausentes (*missing values*):
    • Excluir toda a linha que apresentar pelo menos um dado ausente (*listwise*);
    • Excluir apenas o par de dados que apresentar pelo menos um dado ausente (*pairwise*).
  9.4 – Calcular e interpretar a matriz de correlação entre os atributos.
  9.5 – Realizar a análise fatorial, selecionando as opções:
    • Método: componentes principais;
    • Número de fatores: igual ao número de atributos (itens de qualidade exigida);
    • Gráficos: *Scree* (autovalor x número do fator).
  9.6 – Definir o número de fatores (ou dimensões) que serão considerados no mapa de percepção, levando em consideração:
    • Ordem de grandeza dos autovalores e gráfico *Scree;*
    • Porcentagem da variação total explicada por cada fator;
    • Porcentagem da variação total explicada por todos os fatores selecionados.
  9.7 – Realizar nova análise fatorial, selecionando as opções:
    • Método de extração: componentes principais;
    • Número de fatores: valor definido no Passo 6;
    • Rotação: *Varimax;*
    • Armazenamento de dados: *escores* dos fatores.
  9.8 – Interpretar os resultados dos *loadings* dos fatores (coeficientes de correlação entre o fator e cada atributo). Atribuir um nome para cada fator de modo que sintetize o significado dos atributos que apresentam correlação elevada com o fator.

9.9 – Caso a interpretação dos fatores no Passo 9.8 apresente dificuldades, repetir os passos 9.7 e 9.8 com outras opções de método de rotação dos fatores, por exemplo: *Equamax* ou *Quartimax*.

9.10 – Calcular a média dos *escores* dos fatores para cada produto. Desenhar o mapa de percepção:

- Definir o valor das dimensões dos produtos (*escores* médios);
- Identificar o produto correspondente a cada ponto locado no mapa.

10 – Construção do vetor ideal

- Definir o Grau de Preferência que cada cliente possui sobre os produtos. Pode ser calculado realizando uma Soma de Produtos entre a Avaliação de Desempenho e Grau de Importância Médio.
- Realização de uma análise de regressão de preferência utilizando o Grau de Preferência e os *escores* dos fatores.
- Determinar a inclinação do Vetor, realizando uma razão entre os parâmetros que medem a importância dos fatores 1 e 2 obtidos da Equação de Regressão.
- Definir dois pontos para o vetor no gráfico.

Fonte: Drumond (1998).

Tabela A.3.2 – Procedimento para a Construção de Mapas de Percepção a partir de Avaliações de Similaridade entre Atributos

1 – Definir o segmento-alvo de mercado.

2 – Definir os produtos que serão avaliados: produtos ou conceitos da empresa e produtos concorrentes.

3 - Construir o questionário para a pesquisa quantitativa, levando em consideração os itens:

- Como medir a dissimilaridade ou similaridade entre produtos (escala);
- Variáveis descritivas do perfil do cliente;
- Formato do questionário e procedimento de coleta de dados.

4 – Identificar os clientes que deverão compor a amostra:

- População-alvo;
- Tipo de amostragem;
- Tamanho da amostra.

5 - Testar o questionário.

6 – Coletar os dados seguindo o plano amostral.

7 – Decidir como os dados serão agrupados (média, mediana, etc.).

8 – Construir o arquivo de dados em forma de matriz quadrada, colocando em:

- Colunas: uma variável para cada produto (nome do produto);
- Linhas: os dados globais dos clientes, formando uma matriz de dissimilaridade (simétrica) com as colunas.

9 – Construir o mapa de percepção utilizando a técnica de Escalonamento Multidimensional (MDS).

Fonte: Drumond (1998).

A seguir apresentamos exemplos de utilização do Mapa de Percepção, construído pelo método de Avaliação de Atributos, como auxiliar um trabalho de QFD na etapa de elaboração da tabela de Qualidade Planejada.

Exemplos de Aplicação das Técnicas

EXEMPLO 1

O Grupo de desenvolvimento de produtos de uma empresa X está desenvolvendo uma nova Lasanha à Bolonhesa para o mercado, utilizando o método QFD. O Objetivo desse projeto era aumentar em 5% sua participação no mercado. Realizou-se uma pesquisa qualitativa onde foi levantada a Voz do Cliente, e foi construída a Tabela de Qualidade Exigida. Foram levantados cinco itens de qualidade. Para iniciar a construção da Qualidade Planejada, realizou-se uma pesquisa quantitativa para obtenção do Grau de Importância dos itens de qualidade, e análise de desempenho dos dois concorrentes diretos e do produto atual da empresa (ver Figura 5.8). A empresa não possuía conhecimento sobre a estrutura de mercado e não havia identificado oportunidades estratégicas. Assim, não possuía argumentos de venda validados e nem um conceito do novo produto. Em função disto, o grupo de desenvolvimento estava com dificuldades de preencher o Plano de Qualidade e o Argumento de Venda. Prevendo esta dificuldade, um questionário para pesquisa quantitativa foi elaborado de forma que os dados pudessem ser utilizados na construção de um Mapa de Percepção, utilizando a Avaliação de Atributos, a qual suportaria o grupo de desenvolvimento na construção da Qualidade Planejada. Este questionário utilizou o mesmo formato do apresentado na Figura A.3.5.

Tabela de Qualidade Exigida Nível 2	Grau de importância	Qualidade Planejada							
		Avaliação de desempenho			Planejamento			Peso	
		Nossa empresa	Empresa 2	Empresa 3	Plano de qualidade	Índice de melhoria	Argumento de vendas	Peso absoluto	Peso relativo
Ter tempero suave	5	5	2	5					
Ser leve	1	4	2	5					
Ser consistente	5	2	4	4					
Ser íntegra após o transporte	4	2	5	5					
Não desmanchar na hora de servir	4	1	4	5					
							Total	0	0%

Figura A.3.5 – Itens de qualidade, Grau de Importância e Avaliação de Desempenho.

O arquivo parcial dos dados construídos está demonstrado na Tabela A.3.3.

Cliente	Produto	Ter tempero suave	Ser leve	Ser consis-tente	Ser íntegra após transporte	Não desmanchar na hora de servir
1	1	4	4	2	2	2
2	1	5	5	1	1	1
3	1	4	5	1	2	1
4	1	5	4	1	2	2
5	1	5	4	2	2	2
6	1	5	5	2	2	2
7	1	5	5	1	1	1
8	1	5	5	1	1	1
1	2	2	2	4	4	4
2	2	1	1	5	5	5
3	2	1	2	5	5	4
4	2	2	1	4	5	5
5	2	1	1	5	5	5
6	2	3	3	5	5	5
7	2	2	2	5	4	4
8	2	2	2	5	5	5
1	3	5	5	4	5	5
2	3	4	4	4	5	5
3	3	5	5	5	5	5
4	3	5	5	4	4	4
5	3	5	4	5	5	5
6	3	4	4	4	5	5
7	3	4	4	4	5	4
8	3	5	5	5	5	5
Grau de importância médio		5	1	5	4	4

Tabela A.3.3 – Arquivo Parcial dos Dados.

A matriz de correlação entre os itens é:

Variável	Ter tempero	Ser leve	Ser consistente	Ser íntegra
Ser leve	**0,932**			
Ser consistente	−0,489	−0,510		
Ser íntegra	−0,481	−0,494	**0,954**	

Tabela A.3.4 – Matriz de Correlação entre os Itens (nível de significância 0,05).

| Não desmanchar | −0,438 | −0,489 | **0,949** | **0,978** |

Uma análise das correlações mostra dois grupos: 1) "Ter tempero suave" e "Ser leve"; 2) "Ser consistente", "Ser íntegra" após o transporte e "Não desmanchar" quando servir. Provavelmente, duas dimensões seriam suficientes para expressar a informação contida nos cinco itens pesquisados.

Foi utilizado o software estatístico MINITAB[5] para realização da análise fatorial, cujos resultados estão abaixo:

Quadro A.3.3 – Resultados da Análise Fatorial.

Factor Analysis: Ter tempero; Ser leve; Ser consistente; Ser íntegra; Não desmanchar

Principal Component Factor Analysis of the Correlation Matrix

Unrotated Factor Loadings and Communalities

Variable	Factor 1	Factor 2	Factor 3	Factor 4	Factor 5	Communality
Ter tempero	0,744	−0,643	−0,170	−0,052	0,030	1,000
Ser leve	0,766	−0,615	0,179	0,047	−0,028	1,000
Ser consistente	−0,928	−0,318	0,076	−0,180	0,000	1,000
Ser íntegro	−0,930	−0,341	0,029	0,107	0,082	1,000
Não desmanchar	−0,919	−0,367	−0,095	0,071	−0,082	1,000
Variance	3,7103	1,1445	0,0763	0,0538	0,0152	5,0000
% Var	**0,742**	**0,229**	0,015	0,011	0,003	1,000

Scree Plot of Ter temp-Não desm

Scree Plot of Ter temp-Não desm

Factor Analysis: Ter tempero; Ser leve; Ser consistente; Ser íntegra; Não desmanchar

Principal Component Factor Analysis of the Correlation Matrix

Unrotated Factor Loadings and Communalities

Variable	Factor 1	Factor 2	Communality
Ter tempero	0,744	−0,643	0,968
Ser leve	0,766	−0,615	0,965
Ser consistente	−0,928	−0,318	0,962
Ser íntegro	−0,930	−0,341	0,981
Não desmanchar	−0,919	−0,367	0,979
Variance	3,7103	1,1445	4,8548
% Var	0,742	0,229	0,971

Rotated Factor Loadings and Communalities
Varimax Rotation

Variable	Factor 1	Factor 2	Communality
Ter tempero	0,237	**0,955**	0,968
Ser leve	0,270	**0,944**	0,965
Ser consistente	**0,941**	−0,276	0,962
Ser íntegro	**0,956**	−0,258	0,981
Não desmanchar	**0,962**	−0,231	0,979
Variance	2,8555	1,9993	4,8548
% Var	0,571	0,400	0,971

Os resultados da Análise Fatorial mostraram que duas dimensões representam os cinco itens de qualidade. O Fator 1 representaria os itens "Ser consistente", "Ser íntegra após o transporte" e "Não desmanchar na hora de servir". Este recebeu o nome "Ser fácil de servir". O Fator 2 representaria "Ter tempero suave" e "Ser leve", e recebeu o nome de "Sabor".

Foi calculado o Grau de Preferência e realizou-se a análise de regressão para a elaboração do vetor ideal. Calculou-se o *escore* médio para cada dimensão dos produtos. Esses dados estão demonstrados no Quadro A.3.4.

Quadro A.3.4 – Análise de Regressão para o Cálculo de Preferência.

Cliente	Produto	Ter tempero suave	Ser leve	Ser consistente	Ser íntegra após o transporte	Não desmanchar na hora de servir	Scores Fator 1	Scores Fator 2	Grau de preferência
1	1	4	4	2	2	2	–1,06641	–0,06233	50
2	1	5	5	1	1	1	–1,56866	0,51737	43
3	1	4	5	1	2	1	–1,43811	0,20079	42
4	1	5	4	1	2	2	–1,19059	0,26420	50
5	1	5	4	2	2	2	–0,96066	0,31634	55
6	1	5	5	2	2	2	–0,86186	0,70541	56
7	1	5	5	1	1	1	–1,56866	0,51737	43
8	1	5	5	1	1	1	–1,56866	0,51737	43
1	2	2	2	4	4	4	–0,06191	–1,22174	64
2	2	1	1	5	5	5	0,44034	–1,80144	71
3	2	1	2	5	5	4	0,29857	–1,48619	68
4	2	2	1	4	5	5	0,31615	–1,47490	71
5	2	1	1	5	5	5	0,44034	–1,80144	71
6	2	3	3	5	5	5	0,84944	–0,26595	83
7	2	2	3	3	4	4	–0,19304	–0,88479	60
8	2	2	2	5	5	5	0,64489	–1,03370	77
1	3	5	5	4	5	5	1,02862	1,21741	90
2	3	4	4	4	5	5	0,82406	0,44966	84
3	3	5	5	5	5	5	1,25855	1,26954	95
4	3	5	5	4	4	4	0,55175	1,08150	82
5	3	5	4	5	5	5	1,15974	0,88046	94
6	3	4	4	4	5	5	0,82406	0,44966	84
7	3	4	4	4	5	4	0,58349	0,37584	80
9	3	5	5	5	5	5	1,25855	1,26954	95
Grau de importância médio	5	1	5	4	4		média		68,79

Regression Analysis: Preferência *versus* f1; f2
The regression equation is
Preferência = 68,8 + 17,6 f1 + 3,28 f2

Análise regressão	
	COEF 1
Bo - Pglobal	68,79
B1 (fator 1)	17,58
B2 (fator 2)	3,28
Importância Ref. B1	0,84
Importância Ref. B2	0,16
Inclinação vetor	**5,36**

Nossa empresa	
Fator 1	Fator 2
–1,28	0,37

Produto 2	
Fator 1	Fator 2
0,34	–1,25

Produto 3	
Fator 1	Fator 2
0,94	0,87

Construiu-se, então, o Mapa de Percepção, que é apresentado na Figura A.3.6 abaixo:

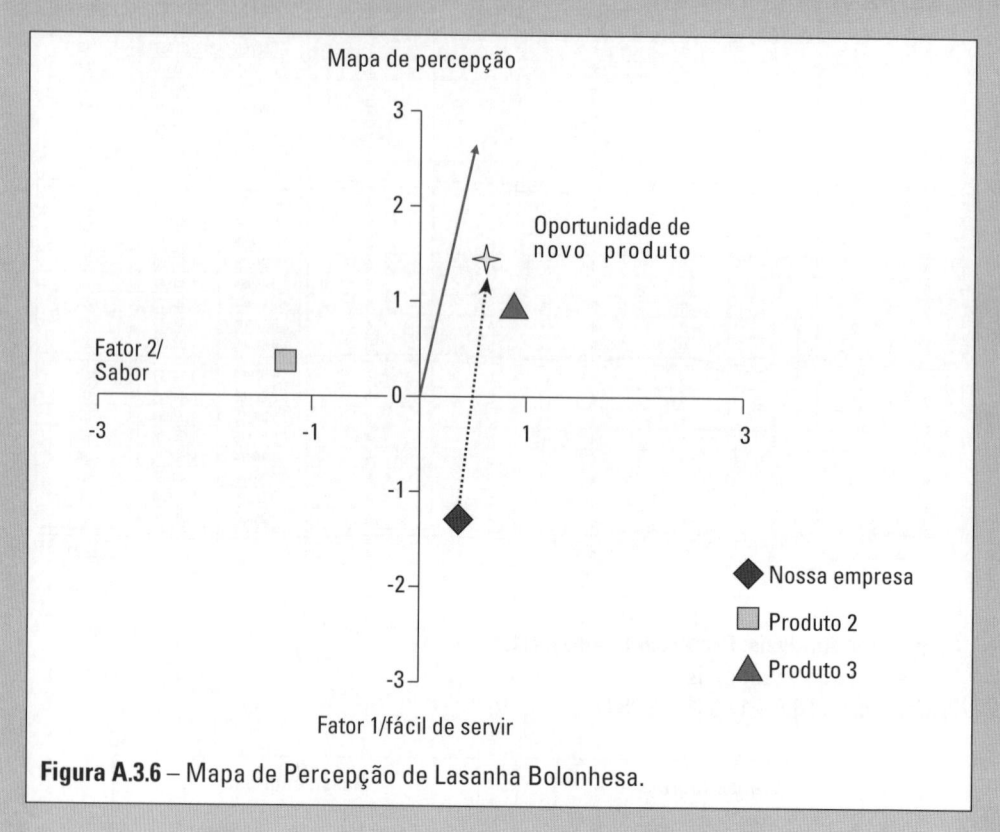

Figura A.3.6 – Mapa de Percepção de Lasanha Bolonhesa.

		Qualidade planejada							
			Avaliação de desempenho			Planejamento		Peso	
Tabela de Qualidade Exigida		Grau de importância	Nossa empresa	Empresa 2	Empresa 3	Plano de qualidade	Índice de melhoria	Argumento de vendas	Peso absoluto	Peso relativo
Nível 1	Nível 2									
Sabor	1.1 Ter tempero suave	5	5	2	5	5	1	1	5	9%
	1.2 Ser leve	1	4	2	5	4	1	1	1	2%
Ser fácil de servir	2.1 Ser consistente	5	2	4	4	5	2,5	1,5	18,8	32%
	2.2 Ser íntegra após o transporte	4	2	5	5	5	2,5	1	10	17%
	2.3 Não desmanchar na hora de servir	4	1	4	5	5	5	1,2	24	41%
									58,8	100%

Figura A.3.7 – Mapa de percepção auxiliando o preenchimento da Qualidade Planejada do QFD.

O vetor indica que a preferência dos consumidores aumenta em uma proporção maior quando o desempenho do fator 1 melhora à medida que melhora o desempenho do fator 2.

A inclinação do vetor de preferência indica o quão mais um fator influencia na satisfação do cliente que o outro. Sendo assim, como neste exemplo o vetor apresenta um ângulo de inclinação maior que 45° (mais próximo do eixo que representa o fator 2), concluímos que o desempenho da empresa na visão do consumidor é aumentado mais fortemente com uma melhoria no fator 2 do que com a mesma melhoria no fator 1.

O grupo de desenvolvimento visualizou uma oportunidade de um novo produto, representado pela estrela amarela no gráfico da Figura A.3.6. Visualizando esta oportunidade, definiu-se o conceito do novo produto: "Ser o mais consistente do mercado". Então foram preenchidos o Plano de Qualidade e Argumento de Venda com base na estratégia da empresa de alcançar o patamar de qualidade representado pela estrela amarela no mapa.

Escolheu-se manter constantes os itens do fator 1, pois (i) influenciariam menos na preferência dos clientes; e (ii) a empresa já possuía um padrão de qualidade muito bom neste fator. Decidiu-se melhorar ao máximo todos os itens de qualidade do fator 2, objetivando ganhar mercado dos concorrentes dois e três. Foi estabelecido um argumento de venda especial ao item de qualidade "Ser consistente", pois seria um item que possibilitaria um diferencial em relação aos dois concorrentes, aumentando as chances de alcançar o patamar de qualidade definido no mapa. Foi definido um argumento de venda comum para o item "Não desmancha na hora de servir", pois seria um diferencial para o cliente dois e também aumentaria as chances de alcançar o patamar definido no mapa.

Nota-se, ainda, que a definição dos nomes do nível 1 da tabela de qualidade exigida foi estabelecida em função da nomeação dos grupos dos fatores.

EXEMPLO 2

Voltando ao exemplo apresentado na seção 2 acerca da Análise de *Clusters*, a empresa decidiu montar um Mapa de Percepção utilizando uma avaliação entre os produtos (ou, mais especificamente, aplicando o Escalonamento Multidimensional), com o objetivo de avaliar graficamente a similaridade destes. O objetivo da construção deste gráfico foi auxiliar a empresa no trabalho de QFD na definição do mercado-alvo e na definição de sua estratégia. Para aplicação desta técnica, foi utilizado um software estatístico.

Os dados utilizados estão resumidos a seguir:

	Nem	P2	P3	P4	P5
Nem	0	4	1	6	8
P2	4	0	3	5	6
P3	1	3	0	8	7
P4	6	5	8	0	2
P5	8	6	7	2	0

Figura A.3.8 – Quadro demonstrativo da pesquisa de similaridades.

O Mapa de Percepção foi construído utilizando o software estatístico SPSS[11], e está mostrado abaixo:

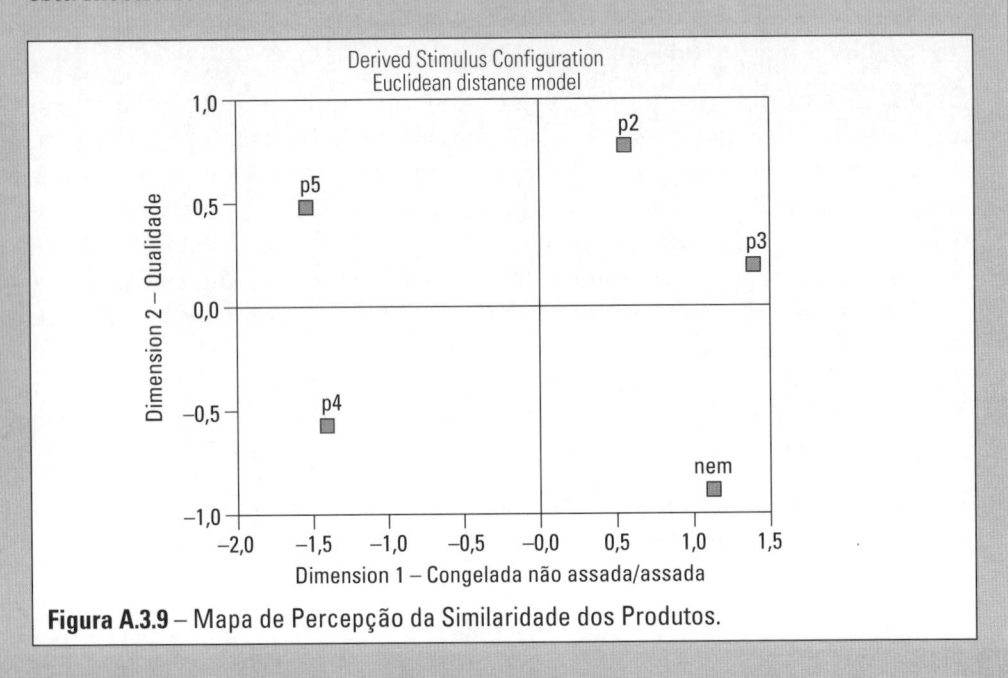

Figura A.3.9 – Mapa de Percepção da Similaridade dos Produtos.

Analisando o gráfico acima e as características de cada produto, a equipe definiu as dimensões do gráfico como sendo: Dimensão 1: Congelada Não Assada / Assada; Dimensão 2: Qualidade. Este gráfico reforça a definição de que existem dois segmentos de mercado, conforme concluído na análise de *Clusters*: Segmento das Lasanhas à Bolonhesa Congeladas Pré-Assadas e o das Lasanhas à Bolonhesa Congeladas Assadas. A empresa decidiu focar no segundo segmento. Para se diferenciar nesse mercado, ela teria de melhorar a qualidade

---

[11] *SPSS Base 14.0 User's Guide*

de seu produto com relação aos dos dois concorrentes; por isso, a análise de desempenho do QFD deveria ser realizada sobre esses produtos.

Concluímos, portanto, que a as técnicas estatísticas mencionadas neste apêndice podem ser utilizadas em um trabalho de QFD como auxiliares no desdobramento das informações necessárias no desenvolvimento do produto. É sugerido ao leitor interessado em se aprofundar no tema que consulte literatura especializada.

REFERÊNCIAS BIBLIOGRÁFICAS

DILLON, W.R. and Goldstein, M. Multivariate Analysis, John Wiley & Sons, 1984.

DOLAN, R.J. (1993) Managing the New Product Development Process, Addison-Wesley Publishing Company, 392 pp.

DRUMOND, F.B. (1998) Técnicas Estatísticas Para o Planejamento do Produto, Fundação Christiano Ottoni, UFMG, Belo Horizonte, Brasil.

HAIR, J. *Multivariate Data Analysis*. Prentice Hall. 1998.

JOHNSON R. A., Wichern D. W. (2002) Applied Multivariate Statistical Analysis. Prentice Hall. Quinta Edição. 767 pp.

Meet Minitab Versão 14 Para Windows. Setembro, 1993. Acessado em: http://www.minitab.com/support/docs/rel14/MeetMinitabPg.pdf

MINGOTI, S.A. *Análise de dados através de métodos de estatística multivariada: uma abordagem aplicada.*

SPSS Base 14.0 User's Guide

URBAN, G.L., Hauser, J.R. (1993) Design and Marketing of New Products, Prentice Hall, Englewood Cliffs. 701 pp.

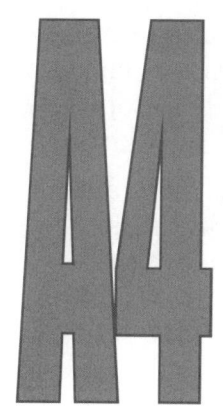

UTILIZAÇÃO DA ANÁLISE CONJUNTA COMO TÉCNICA AUXILIAR DO QFD

Leonel Del Rey de Melo Filho
Jonathan Simões Freitas
Lucas Maia Alves de Lima

1. Introdução

Análise Conjunta é uma técnica utilizada com o propósito de identificar e determinar os atributos que mais afetam a percepção de qualidade dos consumidores de um determinado segmento de mercado, e a partir daí, caso seja necessário, definir a especificação que melhor atende às necessidades de mercado. Esta técnica permite, portanto, que empresas desenvolvam produtos com a composição de atributos adequada para que os consumidores se sintam satisfeitos quanto a suas expectativas. Toda característica que distingue um produto de outro pode ser um atributo, por exemplo: preço, nome da marca, promoção, cor, comprimento, gosto etc. (Urban e Hauser, 1993; Gustafsson, 1993)[1]. De certo modo, esta técnica pode ser interpretada como um tipo de Planejamento e Análise de Experimentos no qual o foco principal é o mercado.

Para avaliar os atributos dos produtos investiga-se a estrutura de preferências dos clientes, permitindo assim o entendimento, por parte da empresa, de questões como (Drumond, 1998)[2]:

- quais são os atributos que mais afetam a preferência ou a intenção de compra de um produto;
- quais são os níveis dos atributos que mais afetam a preferência ou a intenção de compra de um produto;

---

[1] Gustafsson A. (1993) *QFD and Conjoint Analysis.* Linköping Studies in Science and Technology. Thesis No. 393.
[2] Drumond, F.B. (1998) Técnicas Estatísticas Para o Planejamento do Produto, Fundação Christiano Ottoni, UFMG, Belo Horizonte, Brasil.

- que valor ou utilidade os clientes atribuem a cada nível dos atributos;
- qual a previsão de participação de mercado ou volume de vendas para um novo produto, considerando diferentes cenários de mercado e níveis de performance nos diferentes atributos.

Para responder a estas questões a Análise Conjunta baseia-se na elaboração de diversas combinações diferentes para os valores dos atributos do produto. Essas possíveis alternativas são, então, submetidas à apreciação de uma amostra estatisticamente significativa de clientes, a partir dos quais obtém-se a escala de preferência. Esta abordagem fornece resultados confiáveis e sua utilização é aconselhável principalmente quando os custos de experimentação não são muitos elevados.

Aplicada junto com o QFD, a Análise Conjunta permite que os valores-metas das características da qualidade do produto, que são atributos, sejam estabelecidos tendo como referência a preferência dos clientes (Gustafsson, 1993). Podem também ser avaliados conjuntos de características da qualidade, ou ainda associações destes com outros fatores, como preço e marca.

Um resumo das principais etapas da Análise Conjunta é apresentado a seguir (Drumond, 1998):

1   Definição do produto;

2   Planejamento da pesquisa;
2.1 Determinação dos atributos que serão avaliados;
2.2 Determinação dos níveis dos atributos que serão avaliados;
2.3 Determinação das combinações dos níveis dos atributos (alternativas diferentes de produtos) que serão apresentadas aos clientes;
2.4 Escolha do procedimento de coleta de dados;
2.5 Escolha da forma de apresentação do produto aos clientes (estímulos ou conceitos);
2.6 Escolha do critério que os clientes devem utilizar para a comparação dos produtos;
2.7 Escolha do tipo de resposta que será solicitada aos clientes.

3   Escolha do tipo de análise dos dados;

4   Verificação da análise.

A seguir, será apresentado um exemplo de aplicação da Análise Conjunta como auxiliar ao método QFD.

2. Exemplo de aplicação da Análise Conjunta junto com o método QFD

Retomamos nesta seção o exemplo do isqueiro apresentado no Capítulo 6, Figura 6.11. A empresa que estava desenvolvendo o novo isqueiro focou no segmento feminino de classe B. Após definir os pesos, a equipe mensurou os valores das características da qualidade e comparou o produto atual com o da concorrência. Durante a definição das metas de desempenho, surgiram algumas dúvidas: não se tinha certeza sobre os valores mais adequados para as características da qualidade altura, largura e cor. Estas foram consideradas itens importantes, pois possuíam pesos relativos elevados (ver Figura A.4.1). Para definir os valores-metas destas características, decidiu-se utilizar a técnica de Análise Conjunta.

PQE = Pesos das QE PCQ = Pesos das CQ				PA = Pesos absolutos Pr = Pesos relativos					Qualidade planejada		
Características da Qualidade \ Qualidades exigidas	Altura	Largura	Peso	Durabilidade	Pressão de acendimento	Operacionalidade	Cor	Grau de interesse das mulheres	—	Pa	Pr
Acender sem falha				3	9	3			—	6	17,1%
Fácil de usar	9	9	9			3			—	12	34,2%
Carregar com segurança	3	3	1	9	3				—	4	11,4%
Poder usar por longo tempo				9	3	3	1		—	3	8,5%
É um modelo bonito	3	3	3				9	3	—	6,2	17,7%
Sentir apego	3	3		1		1	9	9	—	3,9	11,1%
									Total	35,1	100%
Pa	4,3	4,3	3,7	2,4	2,1	1,9	2,7	1,5	23,0	Total	
Pr	19%	19%	16%	11%	9%	8%	12%	7%	100%	Total	
Nossa empresa	5,5 ±0,01	2 ±0,01	—	—	—	—	Azul	—			
Produto da empresa X	6 ±0,01	2 ±0,01	—	—	—	—	Azul	—			
Produto da empresa Y	6 ±0,01	2 ±0,01	—	—	—	—	Azul	—			
Metas de desempenho			—	—	—	—	—				

Figura A.4.1 – Matriz da qualidade do isqueiro.

Assim, os atributos escolhidos foram: altura, largura e cor. Os níveis escolhidos para análise estão demonstrados na Tabela A.4.1.

Tabela A.4.1 Atributos e seus níveis.			
	Cor	Altura	Largura
Nível 1	Vermelho	6	1,5
Nível 2	Azul	5,5	2
Nível 3		6,5	2,5

Temos, portanto um total de $2 \cdot 3 \cdot 3 = 18$ diferentes combinações possíveis de produtos. Para representá-las, decidiu-se utilizar cartões com os atributos escolhidos representados em escala real, como no exemplo da Figura A.4.2.

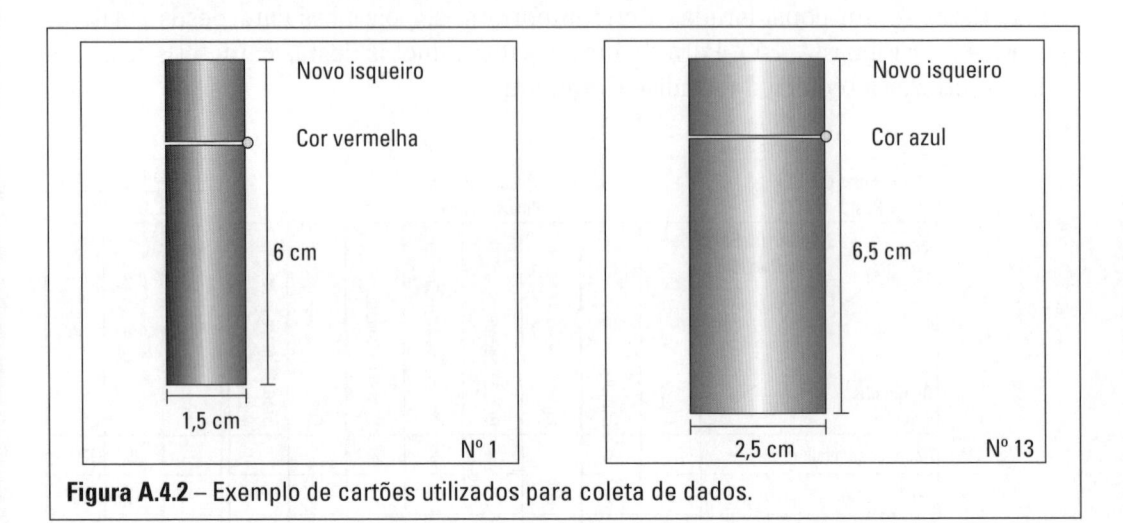

Figura A.4.2 – Exemplo de cartões utilizados para coleta de dados.

Foi obtida a ordem de preferência dos produtos por meio de entrevistas pessoais com 35 consumidores[3] selecionados do público-alvo. A pesquisa foi realizada da seguinte maneira:

1) Os cartões contendo as descrições dos 18 produtos foram entregues embaralhados ao entrevistado.
2) Solicitou-se que os cartões fossem separados em dois grupos: sendo um classificado como de maior preferência e o outro de menor preferência.
3) A seguir, pediu-se que os cartões da pilha de maior preferência fossem ordenados em ordem decrescente de preferência na parte superior de uma régua previamente construída. A distância entre os produtos na régua deveria representar a diferença de preferência entre os produtos. Posteriormente, o segundo grupo deveria ser agrupado também em ordem decrescente na parte inferior da régua. A Figura a seguir representa esquematicamente a situação descrita (Figura A.4.3).

O processo de coleta de dados realizado de acordo com a metodologia descrita anteriormente teve como resultado a estrutura apresentada na Tabela A.4.2. A partir desta base de dados, utilizou-se o procedimento de análise de variância, a fim de avaliar se as diferenças observadas em campo com relação à preferência dos consumidores eram realmente significativas do ponto de vista estatístico.

---

[3] Para maiores informações acerca de procedimentos para determinação do tamanho da amostra ver Drumond, Werkema e Aguiar (1996). Outro texto mais completo é: Lehman, D.R. Market Research and Analysis. 3 ed. Homewood: Richard D. Irwin, 1998. 879 p.

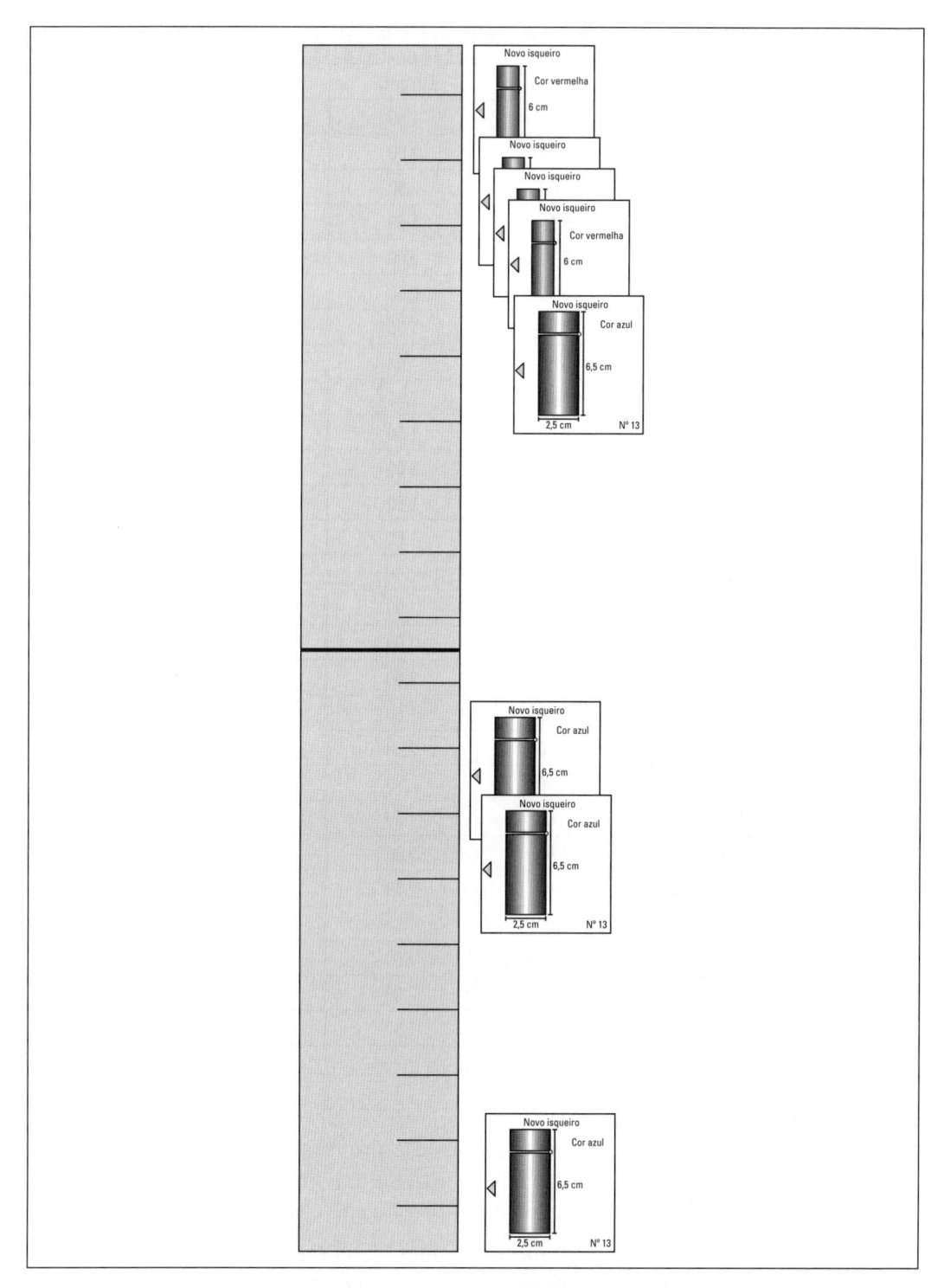

Figura A.4.3 – Representação da régua utilizada para obtenção dos valores de preferência.

Tabela A.4.2 Dados para realização da Análise de Variância.			
Cor	Altura	Largura	Preferência
Vermelho	6,00	1,50	14,0
Vermelho	6,00	2,00	13,2
Vermelho	6,00	2,50	12,4
Vermelho	5,50	1,50	11,6
Vermelho	5,50	2,00	10,8
Vermelho	5,50	2,50	10,0
Vermelho	6,50	1,50	9,2
Vermelho	6,50	2,00	8,4
Vermelho	6,50	2,50	7,6
Azul	6,00	1,50	6,8
Azul	6,00	2,00	6,0
Azul	6,00	2,50	5,2
Azul	5,50	1,50	4,4
Vermelho	6,00	1,50	14,4
Vermelho	6,00	2,00	13,5
Vermelho	6,00	2,50	12,6
Vermelho	5,50	1,50	12,1
Vermelho	5,50	2,00	11,1
Vermelho	5,50	2,50	10,4
Vermelho	6,50	1,50	9,4
Vermelho	6,50	2,00	8,5
Vermelho	6,50	2,50	7,9
Azul	6,00	1,50	7,2
Azul	6,00	2,00	6,3
Azul	6,00	2,50	5,7
Azul	5,50	1,50	4,8

Desta forma, tendo como variável resposta a preferência dos consumidores às diversas combinações de produtos, avaliaram-se tanto a influência de cada fator isoladamente, como também, a influência da interação entre eles.

A Figura A.4.4 a seguir apresenta os resultados obtidos utilizando-se o pacote estatístico MINITAB. A análise destes resultados (em especial os valores das estatísticas F e seus respectivos p-valores) permite-nos concluir, a nível de significância 5%, que os atributos afetam individualmente a preferência dos clientes, mas que isso não acontece quando os atributos são combinados, ou seja, não há interação entre os fatores do experimento.

Analysis of Variance for Preferen, using Adjusted SS for Tests						
Source	DF	Seq SS	Adj SS	Adj MS	F	P
Cor	1	918,776	918,776	918,776	8.136,78	0,000
Altura	2	279,854	279,854	139,927	1.240,73	0,000
Largua	2	32,369	32,369	16,184	143.51	0,000
Cor* Altura	2	0,179	0,179	0,089	0,79	0,458
Cor* Largura	2	0,019	0,019	0,009	0,08	0,921
Altura* Largura	4	0,045	0,045	0,011	0,10	0,982
Cor* Altura* Largura	4	0,135	0,135	0,034	0,30	0,878
Error	54	6,090	6,090	0,1134		
Total	71	1.237,464				

Figura A.4.4 – Resultados da análise de variância.

Os gráficos da preferência média para os diferentes níveis dos fatores foram construídos, e estão demonstrados na Figura A.4.5.

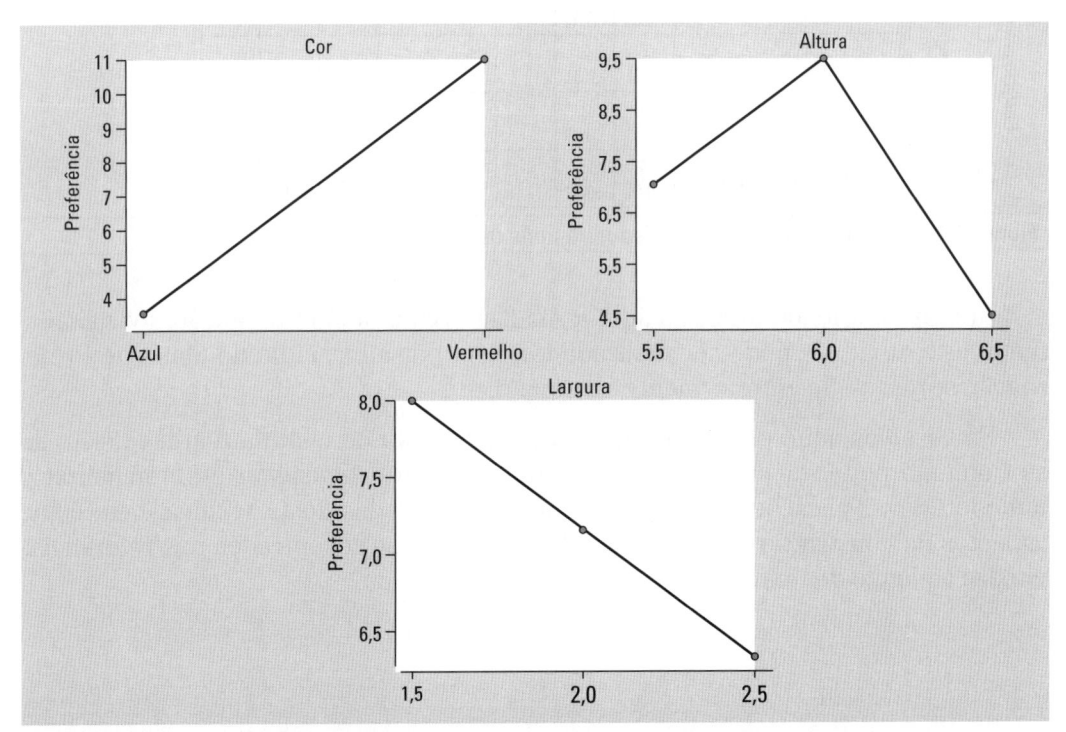

Figura A.4.5 – Preferência média para os diferentes níveis dos fatores.

Tendo em vista, portanto, os resultados obtidos, escolheram-se os níveis dos fatores que proporcionaram maiores valores numéricos de preferência. As metas de desempenho para as características da qualidade seriam, então:

- Cor: vermelho;

- Altura: 6,0 cm;

- Largura: 1,5 cm.

Estes dados foram então adicionados à qualidade projetada do QFD, a qual é apresentada na Figura A.4.6.

PQE = Pesos das QE PCQ = Pesos das CQ		Características da Qualidade	Altura	Largura	Peso	Durabilidade	Pressão de acendimento	Operacionalidade	Cor	Grau de interesse das mulheres	Qualidade planejada PQE		
							PA = Pesos absolutos Pr = Pesos relativos				—	Pa	Pr
		Qualidades exigidas									—		
Qualidae projetada	PCQ	Pa	4,3	4,3	3,7	2,4	2,1	1,9	2,7	1,5	23,0	Total	
		Pr	19%	19%	16%	11%	9%	8%	12%	7%	100%	Total	
	Valores e comparações	Nossa empresa	5,5 ±0,01	2 ±0,01	—	—	—	—	Azul	—			
		Protudo da empresa X	6 ±0,01	2 ±0,01	—	—	—	—	Azul	—			
		Produto da empresa Y	6 ±0,01	2 ±0,01	—	—	—	—	Azul	—			
		Metas de desempenho	6 ±0,01	1,5 ±0,01	—	—	—	—	Vermelho	—			

Figura A.4.6 – Matriz da qualidade do isqueiro após definição dos Valores-Metas.

Apesar de ter sido utilizada aqui a Análise Conjunta para definição dos valores-meta, esta atividade pode ser realizada também por intermédio do Mapa de Preferência, apresentado anteriormente no Apêndice 2.

Finalizamos aqui, portanto, uma breve exposição de como a técnica de Análise Conjunta pode ser utilizada como ferramenta para robustecer e potencializar o método QFD. Aplicações mais abrangentes e detalhadas desta técnica, bem como aspectos de construção teórica do modelo, podem ser encontrados nas referências citadas ao longo do texto.

REFERÊNCIAS BIBLIOGRÁFICAS

GUSTAFSSON, A. (1993) QFD and Conjoint Analysis. Linköping Studies in Science and Technology. Thesis No. 393.

DRUMOND, F.B. (1998) Técnicas Estatísticas Para o Planejamento do Produto, Fundação Christiano Ottoni, UFMG, Belo Horizonte, Brasil.

DRUMOND, WERKEMA e AGUIAR (1996).

LEHMAN, D.R. Market Research and Analysis. 3 ed. Homewood: Richard D. Irwin, 1998. 879 p.

MONTGOMERY, Design and Analysis of Experiments, 5 d., 1997

URBANG, L.; HAUSER, J.R. Design and Marketing of New Products. 2ed. Englewood Cliffs, N.J. Prentice Hall, 1993. 701 p.

DOLAN, Robert J. Managing the new product development process: cases and notes, Havard Business School, Addison-Wesley Publishing Company, Inc. 1993. 392 p.

Meet Minitab Versão 14 Para Windows. Setembro, 1993. Acessado em: http://www.minitab.com/support/docs/rel14/MeetMinitabPg.pdf